תלמוד בבלי

— מהדורת נאה —

בבא קמא חלק ג

Steinsaltz Center

ירושלים

KOREN

Please note that the number ranges that appear at the bottom of each daf of the Vilna pages indicate the corresponding pages of the Koren Talmud Bavli translation and commentary.

תלמוד בבלי

הוצאת קורן ירושלים

— מהדורת נאה —

מסכת בבא קמא
דף לו. עד דף נה.

COMMENTARY BY

Rabbi Adin Even-Israel Steinsaltz

EDITOR-IN-CHIEF

Rabbi Dr Tzvi Hersh Weinreb

EXECUTIVE EDITOR

Rabbi Joshua Schreier

STEINSALTZ CENTER

KOREN PUBLISHERS JERUSALEM

ראוי ליטול, ואין לו. והתניא: הרי זה משתלם לקטן מן המועד, ולגדול מן התם! דתפס.§ "היו שניהם של איש אחד — שניהם חייבים".§ א"ל רבא מפרזיקא לרב אשי, ש"מ: שוורים תמים שהזיקו, רצה — מזה גובה, רצה — מזה גובה? הכא במאי עסקינן — במועדין. אי במועדין, אימא סיפא: היה אחד גדול ואחד קטן, הניזק אומר: גדול הזיק, והמזיק אומר: לא כי, אלא קטן הזיק — המוציא מחבירו עליו הראיה; אי במועדין, מאי נפקא ליה מיניה? סוף סוף דמי תורא מעליא בעי לשלומי! א"ל: סיפא בתמין, ורישא במועדין. א"ל רב אחא סבא לרב אשי: אי במועדין — "חייבים"?! חייב גברא מיבעי ליה! ותו, מאי "שניהם"? אלא, לעולם בתמין, ורבי עקיבא היא, *דאמר: שותפין נינהו, וטעמא דאיתנהו לתרוייהו, דלא מצי מדחי ליה, אבל ליתנהו לתרוייהו, מצי אמר ליה: זיל אייתי ראיה דהאי תורא אזקך ואשלם לך.§

הדרן עלך המניח

שור שנגח ארבעה וחמשה שוורים זה אחר זה — ישלם לאחרון שבהם, ואם יש בו מותר יחזיר — לשלפניו, ואם יש בו מותר — יחזיר לשלפני פניו, והאחרון אחרון נשכר, דברי ר"מ. רבי שמעון אומר: שור שוה מאתים שנגח לשור שוה מאתים, ואין הנבלה יפה כלום — זה נוטל מנה וזה נוטל מנה; חזר ונגח שור אחר שוה מאתים — האחרון נוטל מנה, ושלפניו, זה נוטל חמשים זוז וזה נוטל חמשים זוז; חזר ונגח שור אחר שוה מאתים — האחרון נוטל מנה, ושלפניו חמשים זוז, ושנים הראשונים דינר זהב.§ **גמ'** מתניתין מני? דלא כר' ישמעאל ודלא כר' עקיבא! אי כר' ישמעאל, *דאמר: בעלי חובות נינהו, האי "אחרון אחרון נשכר", "ראשון ראשון נשכר" מבעי ליה! אי כר' עקיבא, דאמר: *תורא דשותפי הוא, האי "יש בו מותר — יחזיר

רש"י

ולהכי מוקים לה הכי, ולא מוקים לה כדאוקים למליעתא לעיל, בניזק שמא ומזיק ברי — דאם כן היינו הך, וסיפא אמאי אצטריך? *ורבה דאוקמא למליעתא דניזק שמא ומזיק ברי, ולא אוקמה בברי וברי וליתני ראוי ליטול ואין לו — משום דס"ל דסומכוס לא אמר חולקין בברי וברי, הלכך, רישא דקתני: לא כי אלא בסלע לקה — לא אצטריך למיתני' בברי וברי לאשמועינן דמוציא מחבירו כו'. להכי אוקמה למליעתא בשמא וברי, דתיקו נמי רישא בברי ושמא. דתפס. שקדם ניזק ותפס השור. שמע מינה. מדקתני שניהם. רצה מזה גובה רצה מזה גובה. ואם אבד האחד — קם חבירו במקומו ומשתלם הימנו. במועדין. דסוף סוף משלם מעליה, לפיכך כל נכסיו אחראין לפרעון. ה"ג: מאי נפקא ליה מינה סוף סוף דמי תורא מעליא בעי לשלומי. אלא לעולם בתמין. והאי דקתני "שניהם" — לאו כדקאמרת דמאיזה שירצה יגבה. אלא הא קמ"ל: דכל זמן ששניהם בפניו גובה, אבל אבד האחד אינו גובה. ור' עקיבא היא דאמר שותפין נינהו. בגוף של שור. הלכך אבד השור — אבד נזקו. הלכך, כי הוו שניהם הוא דמחייב, ואי ליתנהו לתרוייהו אלא אחד — אמר ליה: אייתי ראיה כו'. אבל לרבי ישמעאל, כיון דאמר בעל חוב הוא, חוזי הוא דמשעבד ביה — אבד האחד לא איבד את זכותו.

הדרן עלך המניח

שור שנגח ארבעה וחמשה. ובכולן היה תם, דמשתלם מגופו. והיכי דמי — כגון ראה שור ונגח, וראה שור ולא נגח. וראה שור ונגח. ואחר נגיחה שניה ראה ב' פעמים או ג' שור ולא נגח, דאפי' מועד לסירוגין ליכא. דשור אין נעשה מועד אא"כ נגח הג' נגיחות בשלשה שראה כסדרן, או שלא כסדרן ונעשה מועד לסירוגין, והיכא דסירוגין שוין, כדתניא לקמן בפירקין. ישלם. ס"ג תחילה לאחרון. ובגמרא מפרש מני. ואם יש בו מותר יחזיר לשלפניו. כל חצי נזקו, והראשונים יפסידו. רבי שמעון אומר. שותפין הן בנזקין. כיצד: שור [שוה] מאתים שנגח כו'. ושלפניו. זה ניזק ראשון, נוטל חמשים זוז, והבעלים חמשים זוז. דיש לניזק ראשון בו החצי, הלכך משלם חצי תשלומי נזקו. דסבר לה כר' עקיבא, דאמר: שותפים נינהו. חזר ונגח שור שוה מאתים האחרון נוטל מנה. החצי, מכל מי שהוא, דמגופו משתלם. ונמצא אותו שלפניו שהיה החצי שלו משלם מחלקו חצי מנזק שנוטל האחרון. ושנים הראשונים. ניזק ראשון והבעלים, שהיה להן לכל אחד רביע — משלמין כל אחד רביעית של נזקו. דינר זהב. עשרים וחמשה דינרים כסף, בפרק "הזהב" (ב"מ דף מה:). **גמ'** ראשון נשכר מבעי ליה. והאחרון יפסיד. שהרי אין ראשון שותף בו, שאתה שמירתו עליו להתחייב בנזקין. והא לא דמיא לחב עד שלא הזיק, דאמרינן ב"המניח" (לעיל דף לג:): קדמו בעלי חובות והגביהו — לא עשו כלום. דהתם הוא דאמר ליה ניזק לבעל חוב: מהאי תורא דאזקן מיניה משתלימנא, ובעל חוב לא מצי למימר ליה הכי. הלכך, ב"ח יטול נכסים אחרים, אבל הכא — האי ניזק והאי ניזק, ולא משתלם אלא מגופו, ומאי דשקיל האי מפסיד האי, הלכך קמא קמא קדים.

תוספות

ראוי ליטול ואין לו. פירוש: ראוי ליטול אם תפס, ואין לו אם לא תפס. [א] ודוקא היכא דיש לו תביעה על שני השוורים על הגדול ועל הקטן, אם תפס — משתלם. אבל מתני' דלעיל דאין לו תביעה אלא על הגדול, אפי' תפס הקטן — אין משתלם מיניה. ולא שייך לשנויי לעיל ראוי ליטול ואין לו — כיון דאם תפס לא משתלם מיניה. ובטענו חטים נראה דאם תפס שעורים — לא משתלם. וא"ת: אמאי לא מפני הכא כדלעיל, דקאמר ניזק שמא ומזיק ברי? וי"ל: דא"כ הו"א למיפרך: היינו הך, כדפירש בקונטרס. והשתא איכא צריכותא בכולהו בבי דמתניתין. דרישא אשמעינן אפילו מזיק שמא וניזק ברי פליגי רבנן עליה דסומכוס, ואמרי המוציא מחבירו עליו הראיה. והשתא דקטן וגדול משמיענו אפילו ניזק שמא ומזיק ברי פליג סומכוס. ואחד תם ואחד מועד אשמעינן דאפילו לר' אחא, דאמר בריש פרק "המוכר פירות" (ב"ב דף צב.): גמל האוחר בין הגמלים בידוע שזה הרגו — מודה הכא דלא תלינן במועד, כיון דשניהם רבין. והך דהניזקין שניס אשמועינן *דנתפס שקיל כדאמר מזיק. וסיפא דתם ומועד — אידי דאיירי בבא דלעיל בגדול וקטן ותם ומועד, איירי נמי הכא.

יש"מ. מדקתני "שניהם", רצה הו' ואם אבד האחד — קם חברו תחתיו, ומשתלם הימנו, כך פירש בקונטרס. וקשה: דלא הוה ליה למימר "שמע מינה", אלא מסיפא הוה ליה למפרך, דקתני: אחד גדול ואחד קטן — המוציא מחבירו עליו הראיה, ומשלם לגדול מן הקטן. א"כ, כשאבד אחד מהן — לא משתלם מאותו שנשאר! ונראה לפרש: דבשני שוורים שהזיקו שור בודאי איירי, דמשיב כאילו הוי חד גופא, ומשתלם מן השני. ואע"ג דמתניתין לא איירי אלא בענין שאנו מסופקים איזה מהן נגח — מ"מ דייק מלישנא דקתני "שניהם חייבים", לאשמועינן שיכול להיות שיהיו שניהם חייבין, כגון אי ידעינן בודאי שהזיקו שניהם יחד.

ורבי עקיבא היא דאמר שותפין נינהו. פירש בקונטרס: דלר' ישמעאל דאמר ב"ח הוא, חוזי הוא דמסיק ביה — אם אבד האחד לא איבד זכותו. וקשה: דהא לעיל (דף לג.) אמר אפילו לר' ישמעאל, שחטו — מה שעשה עשוי! ונראה לפרש: דמשום הכי מוקי לה כר' עקיבא — משום דלר' ישמעאל אין שום חידוש, דפשיטא דאיבד זכותו כשאבד האחד, כיון דב"ח הוא. אבל לר' עקיבא, דשותפי נינהו — ס"ד דהוי כאילו האחד מן השניס בחזקת הניזק, ומצי למימר ניזק: שלך נאבד ולא שלי*.

הדרן עלך המניח

שור שנגח ארבעה וחמשה. אי כרבי עקיבא דאמר שותפין נינהו יחזיר לכולן מבעי ליה. תימה: דלר' עקיבא נמי, אמאי אין ראשון נשכר? דלמה יהא מוטל עליו לשמור חלקו כל זמן שלא עמד בדין ולא באו עדים? דמה הוא יודע אם יזכה? וצריך לדחות: דכיון שיש בידו להביא עדים לאלתר ולזכות — מתחייב בשמירתו. *ולא מצי לשנויי כגון שאין בידו — דאם כן תיקשי ליה: לרבי עקיבא ראשון נשכר מבעי ליה. בגון

רבינו חננאל

משבועה דאורייתא וחייב בדרבנן ויש לו לגלגל עליו גם על השעורין ליתה לדרבה בר נתן: **מתני'** היו שניהן לאיש אחד שניהן חייבין כו'. אוקימנא בשוורין תמין ור' עקיבא היא דאמר שותפי נינהו וטעמא דאיתנהו לתרוייהו דלא מצי מדחי ליה אבל ליתנהו לתרוייהו מצי אמר ליה זיל אייתי לי ראייה דהאי תורא אזקך ואשלם לך:

הדרן עלך המניח את הכד

שור שנגח ד' וה' שוורים זה אחר זה ישלם לאחרון כו' באנו לחקור משנתנו ודנן והא אחרון נשכ' דברי רבי מאיר אליבא דמאן לא כר' ישמעאל ולא כר' עקיבא משום דר' מאיר תלמיד ר' ישמעאל ור' עקיבא כדגרסי' בתחלת עירובין הוצרכנו לומר ר' מאיר למי מהן שנאה דתניא יושם השור בב"ד דברי ר' ישמעאל ר' עקיבא אומר הוחלט השור ועלה אמרי' אי כר' ישמעאל דאמר בעלי חובות נינהו אמאי תני אחרון נשכר ראשון נשכר מיבעי ליה *) (שנו דין) בעל חוב כל הקודם זכה ומעת שנגח נגיחה הראשונה נתחייב לשלם מגופו של חצי השור חצי נזק לניזק. פשע המזיק ולא שימר השור ויצא והזיק חייב לשלם לראשון ולשני אי כר' עקיבא שנה ר' מאיר משנתו יחזיר לכולם מיבעי ליה דכולהו שותפי נינהו.

*) אולי צ"ל כדין בע"ח שכל הקודם זכה.

עין משפט נר מצוה

קו א ב מיי' פ"ע מהל' נזקי ממון הל' יא סמג עשין סו טוש"ע ח"מ סי' ת סעי' ג בהג"ה וסעי' ד:

קז ג ד מיי' שם הל' ה טוש"ע שם סעי' ב:

א ה מיי' פ"ע מהל' נזקי ממון הל' יב טוש"ע ח"מ סי' סא סעי' א:

מסורת הש"ס

בס"צ תו"ה שכנח הגיה ורב פפא ומהרש"ם לא הסכים עמו. ופירש דקאי אסתמא דתלמודא דאוקמי לדרבה הכי אבל לר"פ לא קשי' דאפשר דלית ליה האי תני' ראוי ליטול

[לעיל לג. לד.]

[שם]

[שם]

ועיין ברשב"א כמה שיטות שמביא פירושים אחרים

הגהות הגר"א

[א] תד"ה ראוי כו'. ודוקא כו'. נ"ב וכ"כ פוסקים תולקין ע"ז:

גי' ר"ת דלא מצי וע"ש

עין משפט נר מצוה

עיין מהרש"ם

ב א מיי' פ"ט מהל' נזקי ממון הל' יג סמג עשין סו טוש"ע ח"מ סי' תה סעי' ב:

ג ב מיי' שם הלכה יב טוש"ע שם סעיף א:

ד ג מיי' פ"ג מהל' חובל ומזיק הל' ט סמג עשין ע טוש"ע ח"מ סי' תכ סעי' מא:

עיין במפרשי תוס' על ד"ז

ה ד מיי' שם הלכה ו ופ"ג מהל' טוען ונטען הלכה ב ופ"ה מהל' ערכין הלכה ד ופ"א מהל' שקלים הלכה א ב ג ד ופ"ג מהל' נערה בתולה הל' א טוש"ע שם סעי' מב וסי' פח סעיף א וטוש"ע י"ד סי' שה סעי' א:

ו ה טוש"ע י"ד סי' רנח סעיף ה וסעיף ט:

יַחֲזִיר לְשֶׁלְּפָנָיו", (א) "לְכוּלָּם" מִבָּעֵי לֵיהּ! אָמַר רָבָא: לְעוֹלָם כְּר' יִשְׁמָעֵאל, דְּאָמַר: בַּעֲלֵי חוֹבוֹת נִינְהוּ, וּדְקַשְׁיָא לָךְ: "אַחֲרוֹן אַחֲרוֹן נִשְׂכָּר", "רִאשׁוֹן רִאשׁוֹן נִשְׂכָּר" מִבָּעֵי לֵיהּ! הב"ע — כְּגוֹן שֶׁתְּפָסוֹ נִיזָּק לִגְבּוֹת הֵימֶנּוּ, אוְנַעֲשָׂה עָלָיו כְּשׁוֹמֵר שָׂכָר לִנְזָקִין. אִי הָכִי, "יֵשׁ בּוֹ מוֹתָר — יַחֲזִיר לְשֶׁלְּפָנָיו", "יַחֲזִיר לַבְּעָלִים" מִבָּעֵי לֵיהּ! אָמַר רָבִינָא, הָכִי קָתָנֵי: אִם יֵשׁ בּוֹ מוֹתָר בִּנְזָקָיו — יַחֲזִיר לְשֶׁלְּפָנָיו. וְכֵן כִּי אֲתָא רָבִין אָמַר ר' יוֹחָנָן: מִשּׁוּם פְּשִׁיעַת שׁוֹמְרִין נָגְעוּ בָּהּ. בְּמַאי אוֹקִימְתָּא, כְּר' יִשְׁמָעֵאל? אִי הָכִי, אֵימָא סֵיפָא, ר' שִׁמְעוֹן אוֹמֵר: שׁוֹר שָׁוֶה מָאתַיִם שֶׁנָּגַח שׁוֹר שָׁוֶה מָאתַיִם, וְאֵין הַנְּבֵלָה יָפָה כְּלוּם — זֶה נוֹטֵל מָנֶה וְזֶה נוֹטֵל מָנֶה; חָזַר וְנָגַח שׁוֹר אַחֵר שָׁוֶה מָאתַיִם — הָאַחֲרוֹן נוֹטֵל מָנֶה, וְשֶׁלְּפָנָיו — זֶה נוֹטֵל חֲמִשִּׁים זוּז וְזֶה נוֹטֵל חֲמִשִּׁים זוּז; חָזַר וְנָגַח שׁוֹר שָׁוֶה מָאתַיִם — הָאַחֲרוֹן נוֹטֵל מָנֶה, וְשֶׁלְּפָנָיו נוֹטֵל חֲמִשִּׁים זוּז, וּשְׁנַיִם הָרִאשׁוֹנִים דִּינַר זָהָב. באַתָאן לְר' עֲקִיבָא, דְּאָמַר: תּוֹרָא דְּשׁוּתָּפֵי הוּא. רֵישָׁא ר' יִשְׁמָעֵאל וְסֵיפָא ר' עֲקִיבָא? אָמְרִי: אִין, דְּהָא אֲמַר לֵיהּ שְׁמוּאֵל לְרַב יְהוּדָה: *שִׁינָּנָא, שְׁבוֹק מַתְנִיתִין וְתָא בַּתְרַאי, רֵישָׁא ר' יִשְׁמָעֵאל וְסֵיפָא ר' עֲקִיבָא. (*אִתְּמַר נַמִי, אָמַר ר' יוֹחָנָן: הִקְדִּישׁוֹ נִיזָּק אִיכָּא בֵּינַיְיהוּ.) תְּנַן הָתָם: *גהַתּוֹקֵעַ לַחֲבֵירוֹ — נוֹתֵן לוֹ סֶלַע. ר' יְהוּדָה אוֹמֵר מִשּׁוּם ר"י הַגְּלִילִי: מָנֶה. הַהוּא גַּבְרָא דִּתְקַע לְחַבְרֵיהּ, שַׁלְחֵיהּ רַב טוֹבִיָּה בַּר מַתָּנָה לְקַמֵּיהּ דְּרַב יוֹסֵף: סֶלַע צוֹרִי תְּנַן, אוֹ סֶלַע מְדִינָה תְּנַן? אֲמַר לֵיהּ, תְּנֵיתוּהָ: וּשְׁנַיִם הָרִאשׁוֹנִים — דִּינַר זָהָב; וְאִי סָלְקָא דַּעְתָּךְ תָּנֵי תַּנָּא סֶלַע מְדִינָה, נִפְלוֹג וְנִתְנֵי עַד תְּרֵיסַר וְסֶלַע! א"ל: תַּנָּא *כִּי רוֹכְלָא לִיתְנֵי וְלֵיזִיל? מַאי הָוֵי עֲלָהּ? פְּשָׁטוּהָ מֵהָא *דְּאָמַר רַב יְהוּדָה אָמַר רַב: דכָּל כֶּסֶף הָאָמוּר בַּתּוֹרָה — כֶּסֶף צוֹרִי, וְשֶׁל דִּבְרֵיהֶם — כֶּסֶף מְדִינָה. אֲמַר לֵיהּ הַהוּא גַּבְרָא: הוֹאִיל וּפַלְגָּא דְּזוּזָא הוּא לָא בָּעֵינָא, נִתְבֵיהּ לַעֲנִיִּים. הֲדַר אֲמַר לֵיהּ: נִתְבֵיהּ נִיהֲלִי, אֵיזִיל וְאַבְרִי בֵּיהּ נַפְשַׁאי. א"ל רַב יוֹסֵף: הכְּבָר זָכוּ בֵּיהּ עֲנִיִּים; וְאַף עַל גַּב דְּלֵיכָּא עֲנִיִּים הָכָא, אֲנַן יַד עֲנִיִּים אֲנַן, *דְּאָמַר רַב יְהוּדָה אָמַר שְׁמוּאֵל: יְתוֹמִים אֵינָן

רש"י

יַחֲזִיר לְשֶׁלְּפָנָיו. כָּל חֲצִי נִזְקוֹ, וְשֶׁלִּפְנֵי פָנָיו יַפְסִידוּ. יַחֲזִיר לְכוּלָּן. אִישׁ לְפִי מַה שֶּׁהָיָה לוֹ בּוֹ, מִבָּעֵי לֵיהּ. שֶׁתְּפָסוֹ נִיזָּק כו'. וְכֵן שֵׁנִי, וְכֵן שְׁלִישִׁי, הִלְכָּךְ אֵין שְׁמִירָתוֹ אֶלָּא עָלָיו. יַחֲזִיר לַבְּעָלִים מִבָּעֵי לֵיהּ. דְּאֵין עַל הַבְּעָלִים לְהַפְסִיד מָנֶה שֶׁהָיָה לָהֶן בּוֹ מִשְּׁעַת נֶזֶק הָרִאשׁוֹן, שֶׁהֲרֵי לֹא הָיְתָה שְׁמִירָתוֹ עֲלֵיהֶן אֶלָּא עַל הַנִּיזָּק, וּכְשֶׁהִזִּיק לַשֵּׁנִי — אִיבֵּד רִאשׁוֹן מָנֶה שֶׁלּוֹ, וּתְפָסוֹ שֵׁנִי, וְנַעֲשָׂה עָלָיו שׁוֹמֵר. וְכֵן כּוּלָּן נַעֲשׂוּ שׁוֹמְרֵי שָׂכָר לִשְׁמוֹר חֵלֶק הַבְּעָלִים בְּהַהִיא הֲנָאָה דְּמִשְׁתַּלְּמֵי נִזְקַיְיהוּ מֵהַשּׁוֹר, דְּלָא אַעֲרִיקוּ לֵיהּ בְּעָלִים לְאַגְמָא. אִם יֵשׁ בּוֹ מוֹתָר בִּנְזָקָיו. כְּגוֹן שֶׁהָיָה נִזְקוֹ שֶׁל רְבִיעִי מְרוּבֶּה מִשֶּׁל חֲמִישִׁי, כְּגוֹן שׁוֹר שֶׁל רְבִיעִי שָׁוֶה מָנֶה — יֵשׁ לוֹ בַּמַּזִּיק חֲצִי מָנֶה, וְשֶׁל חֲמִישִׁי שָׁוֶה נ', וְאֵין לוֹ עַל זֶה אֶלָּא דִּינַר זָהָב — יַחֲזִיר דִּינַר זָהָב לְשֶׁלְּפָנָיו. וְכֵן כּוּלָּם, אִם נִזְקוֹ שֶׁל רִאשׁוֹן יוֹתֵר עַל שֶׁל אַחֲרוֹן. מִשּׁוּם פְּשִׁיעַת שׁוֹמְרִי' נָגְעוּ בָּהּ. לְחַיֵּיב אֶת הַנִּזָּקִין הָרִאשׁוֹנִים וְר' יִשְׁמָעֵאל הִיא. שְׁבוֹק מַתְנִי'. וְלָא תִּטְרַח לְאוֹקְמֵי פְּלוּגְתָּא דְּר"מ וְר"ש אַלִּיבָּא דְּחַד. וְאִי קַשְׁיָא: נוֹקְמָא לִדְר"מ נַמִי כְּר' עֲקִיבָא, וּכְשֶׁתְּפָסוֹ נִיזָּק, וְכִדְשַׁנִּינַן. דְּמַאי טַעְמָא מַפְּקִינַן לָהּ מֵר' עֲקִיבָא — מִשּׁוּם דְּקָתָנֵי יַחֲזִיר לְשֶׁלְּפָנָיו, וְהָא אוֹקְמִינַן אִם יֵשׁ בּוֹ מוֹתָר בַּנְּזָקִין! לֹא אֶפְשָׁר לְאוֹקְמָא כְּר' עֲקִיבָא. דְּאִי אָמְרַתְּ ר' יִשְׁמָעֵאל הִיא — אִצְטְרִיךְ לְאַשְׁמוּעִינַן דְּאַחֲרוֹן אַחֲרוֹן נִשְׂכָּר, דְּקמ"ל: הוֹאִיל וּתְפָסוֹ נִיזָּק נַעֲשָׂה עָלָיו שׁוֹמֵר [שָׂכָר], וְקָם לֵיהּ בִּרְשׁוּתֵיהּ, וְאַע"ג דְּלֹא נִישּׁוֹם הַשּׁוֹר בְּבֵ"ד כִּדְקָא בָּעֵינַן לְר' יִשְׁמָעֵאל. אֶלָּא לְר"ע — ל"ל לְמִיתְנֵי כְּלָל? בְּלֹא תְּפִיסָה נַמִי הָוֵי אַחֲרוֹן נִשְׂכָּר. הִקְדִּישׁוֹ נִיזָּק כו'. ל"ג (מַאי בֵּינַיְיהוּ). הַתּוֹקֵעַ. הַמַּכֵּהוּ כְּנֶגֶד אָזְנוֹ, לְשׁוֹן מוֹרִי. ל"א: תְּקִיעָה מַמָּשׁ. נוֹתֵן לוֹ סֶלַע. דְּמֵי בּוֹשְׁתּוֹ, לְבַד צַעַר וָנֶזֶק וְרִפּוּי אִם יֶשְׁנָם שָׁם. הַהוּא דִּתְקַע לֵיהּ. וְהָיָה זֶה תָּפוּס מִשֶּׁלּוֹ, דְּאִי לָאו הָכִי לֹא מַגְבִּינַן לֵיהּ בְּבָבֶל. סֶלַע צוֹרִי. ד' זוּזִים. סֶלַע מְדִינָה. שְׁמִינִית שֶׁבְּסֶלַע צוֹרִי, וְהוּא חֲצִי דִּינָר. וְכָל מָקוֹם שֶׁשָּׁנִינוּ שׁוּם כֶּסֶף מְדִינָה, בֵּין סֶלַע בֵּין שֶׁקֶל — הָוֵי שְׁמִינִית לְצוֹרִי. לִפְלוֹג. אַכַּתִּי, וְלִיתְנֵי בְּמַתְנִי': חָזַר וְנָגַח לְשׁוֹר אַחֵר שָׁוֶה מָאתַיִם — הָאַחֲרוֹן נוֹטֵל מָנֶה, וְשֶׁלְּפָנָיו — חֲמִשִּׁים זוּז, וְלִשֶּׁלְּפָנָיו — דִּינַר זָהָב, וּשְׁנַיִם הָרִאשׁוֹנִים, הַבְּעָלִים וְנִיזָּק רִאשׁוֹן — י"ב דִּינָר וְסֶלַע מְדִינָה, שֶׁהוּא חֲצִי דִּינָר! אֶלָּא ש"מ: לֹא תָּנֵי תַּנָּא סֶלַע מְדִינָה. וּלְהָכִי לֹא פָּלֵיג תּוּ, דְּלָא בָּעֵי לְמִיתְנֵי חֲצִי דִּינָר, דְּבַחֲצָאִין לָא אַיְירֵי. וְשֶׁל דִּבְרֵיהֶם. כְּגוֹן הַאי, דְּשִׁיעוּרָא דְּרַבָּנַן הוּא. כֶּסֶף צוֹרִי. הַסֶּלַע ד' דִּינָר. וְהַדִּינָר מִשְׁקָלוֹ זָהָב, וְכֵן קוֹרִין בְּקוּסְטַנְטִינ"א לְזָהָב דִּינָר. וְהוּא שְׁנַיִם וּמֶחֱצָה לְמִשְׁקַל הַבַּרְזֶל. הוֹאִיל וּפַלְגָּא דְּזוּזָא הוּא. דְּמִיחַיַּיב לִי, וְתוּ לָא — כְּסִיפָא לִי מִילְּתָא לְמִישְׁקְלֵיהּ, נִתְבֵיהּ לַעֲנִיִּים. אֲנַן יַד עֲנִיִּים אֲנַן. רַב יוֹסֵף הֲוָה גַּבַּאי, בְּשִׁילְהֵי "הַחוֹבֵל" (לקמן ד' נג.).

אֵין

תוספות

כגון שתפסו ניזק כו'. ודוקא לר' ישמעאל הוא נעשה שומר שכר. *אבל לר' עקיבא, דאמר: שותפין נינהו, וכיתא ושיבא הוי ברשות הניזק — לא נעשה שומר שכר אלא מחלקו, דעל כל אחד מוטל לשמור חלקו. והשתא אתי שפיר, דבין ר' מאיר ובין ר' שמעון איירי בשתפסו ניזק. ולא כפירוש הקונטרס.

אם יש בו מותר בנזקיו כו'. והשתא אחרון אחרון נשכר דמתניתין — לאחרון שבכולם, דהוא החמישי, קאי. אבל פעמים שהרביעי אין לו כלום והשלישי יש לו — כגון שנזקי ד' וה' שוים, ונזקי ג' יתרים. *ואפי' חמישי נמי, פעמים שאין לו כל נזקו — אם נזקיו יתרים על של רביעי, שאין נוטל אלא חלקו של רביעי. ומיהו, כשכל הנזקין שוין — כולן מפסידין והאחרון נשכר.

נותן לו סלע. בסלע מדינה איירי כדמוכח בסמוך. ומנה דר"י הגלילי הוא מנה צורי, כדמוכח ב"החובל" (לקמן דף נ:). ותימה לומר שחלוקים כ"כ זה מזה, דסלע מדינה אחד ממאתים במנה צורי! ונראה לר"ת: דלא פליגי, אלא האי בעני והאי בעשיר. ומיהו, מדקאמר ב"החובל" (שם): הא אנא, הא ר"י הגלילי — משמע קצת דפליגי. מ"מ, אע"ג דפליגי מצינו למימר דזה דיבר בעשיר וזה דיבר בעני, כר"ת, דה"א שאם בושתו של עני סלע, שלא יעלה בושתו של עשיר (ב) או פחות או יותר ממנה.

ושל דבריהם כסף מדינה. [א] נראה לר"י דרב יהודה לא איירי אלא בסלעים דומיא דכסף האמור בתורה, דמפרש פ"ק דקדושין (דף יא.) כסף קצוב. ולא מצינו כסף קצוב בתורה אלא סלעים, כדמפרש התם: ה' סלעים לפדיון הבן, נ' של אונס, ק' של מוציא ש"ר, ול' של עבד. ודומיא דהני הוי של דבריהם. אבל שאר מטבעות של דבריהם — הוי כסף צורי. דהא מנה של ר"י הגלילי הוי צורי, כדמוכח ב"החובל" (לקמן דף נ:). וכתובה נמי הוי מאתים זוז של צורי, למ"ד כתובת אשה דרבנן כמו למ"ד דאורייתא, דנפקא לן מ"כמוהר הבתולות". דלא פליגי רשב"ג ורבנן בפרק בתרא דכתובות (ד' קי:) אלא אם נותן לה ממעות ארץ ישראל או ממעות קפוטקיא, אבל לכ"ע נותן לה שוה מאתים זוז ממעות צורי. ואפילו כתובת אלמנה שהיא דרבנן — לכ"ע הוי מנה צורי, דבפ"ק דכתובות (דף יב.) משמע קצת דשל בתולה כפלים משל אלמנה, גבי אחד אלמנת כהן ואחד אלמנת ישראל.

יד עניים אנן. וא"ת: בלא יד עניים נמי מחייב לדקה באמירה, כדדרשינן בפ"ק דר"ה (דף ו.): "בפיך" — זו לדקה! וי"ל: דכמו שאין אדם מקדיש דבר שלא בא לעולם — ה"נ אין אדם נותן לדקה דבר שלא בא לעולם, וכשאמר "ניתביה לעניים" — הוי זה החוב כמו שלא בא לעולם. וכן אם היה אומר "ניתביה להקדש" — לא היה הקדש קונה. ונהי שאם היה אומר "חוב זה לכשיבא לידי אתנהו להקדש" או לצדקה — דומה שמתחייב מטעם נדר. אבל זה לא אמר כן, אלא אמר: תנהו לעניים, ולא נדר. ור"ח פירש: שזה לא היה רוצה לחזור בו מן הצדקה, אלא היה רוצה ללוותו לפי שעה ולהחזיר אחר לעניים תחתיו. וא"ל רב יוסף דיד עניים אנן, וזכינו בו במעמד שלשתן, ואמרינן בפ"ק דערכין (ד' ו.): האומר "סלע זו לצדקה", עד שלא בא ליד גבאי — מותר לשנותו, משבא ליד גבאי — אסור לשנותו*.

רבינו חננאל

ואמר רבא לעולם ר' ישמעאל וכגון שתפסו ניזק בתורת משכון לגבות ממנו דנעשה עליו שומר שכר ונתחייב לנזקים. דקיימ' לן המלוה על המשכון שומר שכר. ודחי' אי הכי יחזיר לשלפניו יחזיר לבעליו מיבעי ליה שאחריות השור על הניזק הוא ומשלו חייב לשלם והנותר לבעליו חייב להחזיר. ופירק רבינא לקיים דברי רבא ואמר הכי קתני אם יש בו מותר בנזיקין יחזיר וכן אמר ר' יוחנן משום פשיעת שומרין נגעו בה ופי' כגון שור שוה ר' שנגח לשור שוה ר' ואין הנבילה יפה כלום נתחייב המזיק לתת לניזק ק' שהוא חצי נזקו (א) עוד חזר ונגח שור שוה ק' שנזקו עוד חזר ונגח שור שוה ק' נזקו נ' זוז משלם הניזק הראשון מן המנה שהוא נושה במזיק נ' זוז לאחרון ונ' הנשארים מחזירם לניזק השני נמצא השני שחסר מן המנה שלו נ' זוז שכיון שתפסו לשור הניזק השני נתחייב באחריותו ולעולם כך הן חולקין וחצי השור לעולם חוזר לבעלים שנכנסו הנזקין במקומו ונתחייבו לשלם דיכול למימר להן אלו שבקתון לתוראי בהדאי הוינא נטריה ולא הוה נגח השתא דפשעתון ולא נטרתון ליה נזקין עלייכו רמו. ואקשי' אימא סיפא (ר' ישמעאל) [ר"ש] אומר שור שוה ר' שנגח שור שוה ר' עד האחרון נוטל מנה (והאחרון) [ושלפניו] נ' זוז ושנים הראשונים דינרי זהב הן הבעלין והניזק הראשון. הנה חלוקה מפורשת בחלוקת השותפין מכלל דמתני' ר' עקיבא היא דאמר שותפי נינהו אמרי רבא ורבינא אין כשמואל דאמר רישא ר' ישמעאל וסיפא ר' עקיבא. איתמר נמי אמר ר' יוחנן הקדישו ניזק איכא בינייהו לר' שמעון מוקדש לר' מאיר אינה מוקדש. וקיימא לן דכל מקום שחולקין ר' ישמעאל ור' עקיבא הלכה כר' עקיבא וכן ר' מאיר ור' שמעון (ג) הלכה כר' שמעון וכיון דקאי ר' שמעון כר' עקיבא כדאוקמא רבא ורבינא דהוא בתרא ודר' יוחנן נמי מסייעא להו ש"מ הלכתא כר' שמעון דמתני' ודייקינן ממתני' ואשכחנן חלוקתם לפי חשבון ממון וזהו פירושה שור שוה ר' שנגח שור שוה ר' ואין הנבילה יפה כלום נכנס השור בשותפות ביניהן נמצא שור זה חציו לניזק וחציו למזיק. חזר ונגח שור אחר שוה ר' הפסידו הניזק והמזיק מנה ונשאר להן מנה נמצא השור הזה חציו לניזק ולמזיק. וחציו לניזק השני ונגח שור אחר שוה ר' עוד הפסידו שלשתן מנה כל אחד לפי ממונו הניזק והמזיק היה להן בשור מנה הפסידו נ' זוז ונשארו להן נ' זוז הניזק השני היה לו בשור מנה הפסיד נ' זוז ונשאר לו נ' זוז והניזק האחרון נוטל חצי הנזק והוא מנה וזהו ששנינו האחרון והוא הניזק השלישי נוטל מנה והניזק השני נוטל נ' זוז והניזק הראשון והמזיק כל אחד דינר זהב שהוא כ"ה זוז אלו דמי השור וזו חלוקתם מפורשת לפי חשבון ממון איתברורה דר' שמעון כר' עקיבא אית ג) להו האי סברא ורבא ורבינא דבתרא הוא וכן הלכה. ההוא דתקע ליה לחבריה וחייבוה מיהא דתנן התוקע לחבירו נותן לו סלע. ופשטינן דהאי סלע פלגא דזוזא הוא. ואמר ההוא גברא דתקעו ליה הואיל ופלגא דזוזא הוא לא בעינא ליה ליתביה לעניי. הדר אמר להו ליתבוה לי איזיל איברי נפשאי כו' אמר ליה ר' יוסף כבר זכו ביה עניי כו' פירוש האי גברא לאו

מסורת הש"ס

[ברכות לו. וש"נ]

ס"א ל"ג

לקמן ל. קדושין יח: בכורות נ:

[גיטין לג. וש"נ]

[קדושין יח. ע"ש בכורות נ: ע"ש]

[ועי' תוספות ערכין ו. ד"ה מקבלת]

הגהות הב"ח

(א) גמ' לשלפניו יחזיר לכולם מבעי ליה: (ב) תוס' ד"ה נותן וכו' בושתו של עשיר פחות או יותר מסלע הס"ד:

הגהות הגר"א

[א] תוד"ה ושל כו' נראה לר"י כו'. נ"ב אבל ר"ח חולק וכ"פ הרמב"ם:

אֵינָן צְרִיכִין פְּרוֹזְבּוּל. וְכֵן תָּנֵי רָמִי בַּר חָמָא: הַיְּתוֹמִים אֵינָן צְרִיכִין פְּרוֹזְבּוּל, ר"ג וּבֵית דִּינוֹ אֲבִיהֶן שֶׁל יְתוֹמִין הָיוּ. *חָנָן בִּישָׁא תְּקַע לֵיהּ לְהַהוּא גַּבְרָא, אֲתָא לְקַמֵּיהּ דְּרַב הוּנָא, א"ל: זִיל הַב לֵיהּ פַּלְגָא דְּזוּזָא; הֲוָה לֵיהּ זוּזָא מַכָּא, (א) בָּעֵי לְמֵיתְבָה לֵיהּ מִינֵּיהּ פַּלְגָא דְּזוּזָא, לָא הֲוָה מִשְׁתַּקֵּיל לֵיהּ, תְּקַע לֵיהּ אַחֲרִינָא וִיהָבֵיהּ נִחֲלֵיהּ.§ **מתני'** שׁוֹר שֶׁהוּא מוּעָד לְמִינוֹ וְאֵינוֹ מוּעָד לְשֶׁאֵינוֹ מִינוֹ, מוּעָד לְאָדָם וְאֵינוֹ מוּעָד לִבְהֵמָה, מוּעָד לִקְטַנִּים וְאֵינוֹ מוּעָד לִגְדוֹלִים, אֶת שֶׁהוּא מוּעָד לוֹ — מְשַׁלֵּם נֶזֶק שָׁלֵם, וְאֶת שֶׁאֵינוֹ מוּעָד לוֹ — מְשַׁלֵּם חֲצִי נֶזֶק. אָמְרוּ לִפְנֵי רַבִּי יְהוּדָה: *ה"ז מוּעָד לְשַׁבָּתוֹת וְאֵינוֹ מוּעָד לְחוֹל? אָמַר לָהֶם: לְשַׁבָּתוֹת — מְשַׁלֵּם נֶזֶק שָׁלֵם, לִימוֹת הַחוֹל — מְשַׁלֵּם חֲצִי נֶזֶק. אֵימָתַי הוּא תָּם? מִשֶּׁיַּחֲזוֹר בּוֹ ג' יְמֵי שַׁבָּתוֹת.§ **גמ'** אִיתְּמַר, רַב זְבִיד אָמַר: "וְאֵינוֹ מוּעָד" תְּנַן, רַב פַּפָּא אָמַר: "אֵינוֹ מוּעָד" תְּנַן. רַב זְבִיד אָמַר: "וְאֵינוֹ מוּעָד" תְּנַן — הָא סְתָמָא הָוֵי מוּעָד; רַב פַּפָּא אָמַר: "אֵינוֹ מוּעָד" תְּנַן — דִּסְתָמָא לָא הָוֵי מוּעָד. רַב זְבִיד דָּיֵיק מִסֵּיפָא, רַב פַּפָּא דָּיֵיק מֵרֵישָׁא. רַב זְבִיד דָּיֵיק מִסֵּיפָא, דְּקָתָנֵי: מוּעָד לִקְטַנִּים וְאֵינוֹ מוּעָד לִגְדוֹלִים; אִי אָמְרַתְּ בִּשְׁלָמָא "וְאֵינוֹ מוּעָד" קָתָנֵי, הָא סְתָמֵיהּ הָוֵי מוּעָד, הָא קמ"ל דַּאֲפִי' מִקְּטַנִּים לִגְדוֹלִים נַמִי מִסְּתָמָא הָוֵי מוּעָד. אֶלָּא אִי אָמְרַתְּ "אֵינוֹ מוּעָד" קָתָנֵי, סְתָמָא לָא הָוֵי מוּעָד, הַשְׁתָּא י"ל מִקְּטַנִּים לִקְטַנִּים דְּעָלְמָא סְתָמָא לָא הָוֵי מוּעָד, מִקְּטַנִּים לִגְדוֹלִים צְרִיכָא לְמֵימַר דְּלָא הָוֵי מוּעָד? וְרַב פַּפָּא אָמַר לָךְ: אִיצְטְרִיךְ, סָלְקָא דַעְתָּךְ אָמִינָא, הוֹאִיל וּפָרַץ בֵּיהּ בְּהַהוּא מִינָא פָּרֵין בֵּיהּ, לָא שְׁנָא גְּדוֹלִים דִּידֵיהּ וְלָא שְׁנָא קְטַנִּים דִּידֵיהּ, קמ"ל דְּלָא הָוֵי מוּעָד. רַב פַּפָּא דָּיֵיק מֵרֵישָׁא, דְּקָתָנֵי: מוּעָד לְאָדָם אֵינוֹ מוּעָד לִבְהֵמָה; אִי אָמְרַתְּ בִּשְׁלָמָא "אֵינוֹ מוּעָד" תְּנַן, סְתָמָא לָא הָוֵי מוּעָד, הָא קמ"ל דַּאֲפִילּוּ מֵאָדָם לִבְהֵמָה נַמִי סְתָמָא לָא הָוֵי מוּעָד. אֶלָּא אִי אָמְרַתְּ "וְאֵינוֹ מוּעָד" קָתָנֵי, הָא סְתָמָא הָוֵי מוּעָד, הַשְׁתָּא י"ל מִבְּהֵמָה לִבְהֵמָה סְתָמָא הָוֵי מוּעָד, מֵאָדָם לִבְהֵמָה צְרִיכָא לְמֵימַר דְּהָוֵי מוּעָד? וְרַב זְבִיד אָמַר לָךְ: רֵישָׁא אַחֲזָרָה קָאֵי, כְּגוֹן דַּהֲוָה מוּעָד לְאָדָם וּמוּעָד לִבְהֵמָה, וַהֲדַר בֵּיהּ מִבְּהֵמָה, דְּקָאֵי גַּבֵּי בְּהֵמָה תְּלָתָא זִימְנֵי וְלָא נָגַח. מַהוּ דְּתֵימָא, כֵּיוָן דְּלָא הֲדַר בֵּיהּ מֵאָדָם — חֲזָרָה דִּבְהֵמָה לָאו חֲזָרָה הִיא, קמ"ל דַּחֲזָרָה דִּבְהֵמָה מִיהָא חֲזָרָה הִיא. מֵיתִיבֵי, סוֹמְכוֹס אוֹמֵר: *מוּעָד לְאָדָם מוּעָד לִבְהֵמָה, מִק"ו: וּמַה לְּאָדָם מוּעָד, לִבְהֵמָה לכ"ש? מִכְּלָל דת"ק "אֵינוֹ מוּעָד" קָאָמַר! א"ל רַב זְבִיד: סוֹמְכוֹס אַחֲזָרָה קָאֵי, וְהָכִי קא"ל לת"ק: דְּקָאָמְרַתְּ חֲזָרָה דִּבְהֵמָה חֲזָרָה הִיא — חֲזָרָה דִּבְהֵמָה לָאו חֲזָרָה הִיא, מִק"ו מֵאָדָם: וּמַה מֵּאָדָם לָא קָא מְהַדַּר בֵּיהּ, מִבְּהֵמָה לֹא כ"ש? אָמַר רַב אַשִׁי, ת"ש: אָמְרוּ לִפְנֵי רַבִּי יְהוּדָה: ה"ז מוּעָד לְשַׁבָּתוֹת וְאֵינוֹ מוּעָד לִימוֹת הַחוֹל. אָמַר לָהֶן: לְשַׁבָּתוֹת — מְשַׁלֵּם נֶזֶק שָׁלֵם, לִימוֹת הַחוֹל — מְשַׁלֵּם חֲצִי נֶזֶק; אִי אָמְרַתְּ בִּשְׁלָמָא "וְאֵינוֹ מוּעָד" קָתָנֵי, שַׁיּוּלֵי הוּא דְּקָא מְשַׁיְּילֵי [לֵיהּ] וְהוּא נַמִי קָמְהַדַּר לְהוּ. אֶלָּא אִי אָמְרַתְּ "אֵינוֹ מוּעָד" קָתָנֵי, אַגְמוּרֵי הוּא דְּקָא מַגְמְרִי לֵיהּ? וְתוּ, אִיהוּ מַאי קָא מְהַדַּר לְהוּ? אָמַר רַב יַנַּאי: מֵרֵישָׁא נַמִי דַּיְקָא, דְּקָתָנֵי: אֶת שֶׁמּוּעָד לוֹ — מְשַׁלֵּם נֶזֶק שָׁלֵם, וְאֶת שֶׁאֵינוֹ מוּעָד לוֹ — [מְשַׁלֵּם] ח"נ; אִי אָמְרַתְּ בִּשְׁלָמָא "וְאֵינוֹ מוּעָד" קָתָנֵי — פֵּרוּשֵׁי קָא מְפָרֵשׁ לָהּ. אֶלָּא אִי אָמְרַתְּ "אֵינוֹ מוּעָד" קָתָנֵי — פְּסָקָהּ, מַאי תּוּ: אֶת שֶׁמּוּעָד לוֹ מְשַׁלֵּם נֶזֶק שָׁלֵם וְאֶת שֶׁאֵינוֹ מוּעָד לוֹ מְשַׁלֵּם ח"נ? עַד הַשְׁתָּא לָא אַשְׁמְעִינַן דְּהַתָּם מְשַׁלֵּם ח"נ וּמוּעָד מְשַׁלֵּם נֶזֶק שָׁלֵם?! וְאת"ל נַמִי אִיתָא לִדְרַב פַּפָּא, נָגַח שׁוֹר חֲמוֹר וְגָמָל — נַעֲשָׂה מוּעָד לַכֹּל.§ ת"ר: רָאָה שׁוֹר — נָגַח, שׁוֹר — לֹא נָגַח, שׁוֹר — נָגַח, שׁוֹר — לֹא נָגַח, שׁוֹר — נָגַח, שׁוֹר — לֹא נָגַח, נַעֲשָׂה מוּעָד לְסֵירוּגִין לַשְּׁוָרִים.§ ת"ר: רָאָה שׁוֹר — נָגַח, חֲמוֹר — לֹא נָגַח, סוּס — נָגַח, גָּמָל — לֹא נָגַח, פֶּרֶד — נָגַח, עָרוֹד — לֹא נָגַח, נַעֲשָׂה מוּעָד לְסֵירוּגִין לַכֹּל. אִיבַּעְיָא לְהוּ: נָגַח

שׁוֹר

רש"י

אין צריכין פרוזבול. דבלאו הכי לא משמט שביעית לחוב שלהן, דאנן ידייהו דיתמי אנן, ורמי עלן לאפוכי בזכותייהו. הלכך שטרות שלהן כמסורים לב"ד דמי, ותנן: המוסר שטרותיו לב"ד אין משמיטין. וזהו גופו של פרוזבול: מוסרני לכם פלוני ופלוני הדיינין, במסכת גיטין (דף לו.). להכי נקט ר"ג — דנשיא הוה, ובית דינו ב"ד חשוב. זוזא מכא. פחותה נורתו. ולא הוה משתקיל ליה. לא היה יכול להוציאו. **מתני'** לקטנים. לעגלים. הרי הוא מועד לשבתות. לפי שהוא בטל ממלאכה, וזחה דעתו עליו. ואינו מועד לימות החול. מה משפטו של זה? תלמידיו היו שואלין אותו. ג' ימי שבתות. לאחר שהועד לשבתות העבירו לפניו שוורים בג' שבתות ולא נגח — חזר לתמותו. ואם חזר ונגח — אין משלם אלא חצי נזק. **גמ'** ואינו מועד תנן. ואין מועד לשאינו מינו, דידעינן ביה דלא נגח. וכגון דעברינהו להו קמיה ולא נגח. הלכך, למי שאינו מועד לו, אם נגחו אחר זמן — משלם חצי נזק. אבל מסתמא, אם הועד לזה — מועד אף לזה. וכן אם הועד לקטנים — מועד לגדולים. השתא יש לומר מקטנים לקטנים. כגון ממינו לשאינו מינו, אשמעינן רישא אינו מועד, מקטנים לגדולים מבעיא? דאפילו מאדם. דאית ליה מזלא, לא הוי סתמיה מועד לבהמה. אלא אי אמרת ואינו מועד. לשאינו מינו תנן. אבל סתמיה מועד. ממינו לשאינו מינו. השתא מבהמה לבהמה הוי מועד. ואפי' למין אחר. מאדם לבהמה מבעיא. והא ליכא למימר דהיא גופה אצטריך לאשמועינן, דהיכא דחזינן דאינו מועד לבהמה אינו משלם על בהמה אלא חצי נזק, דהא פשיטא לן דתם משלם חצי נזק. רישא אחזרה קאי. והיא גופה אצטריך, דאבהמה לא משלם אלא חצי נזק ואע"ג דאייעד ליה, הואיל והדר ביה — חזר לתמותו, ואע"ג דלא הדר ביה מאדם. שיולי משיילי ליה. היכא דחזינן דהועד לשבתות ובימי החול לא נגח, מאי דיניה. ותו איהו מאי קא מהדר להו. הא אינהו נמי "אינו מועד" קאמרי. פרושי קא מפרש לה. איידי דנקט לה משום דוקיא דידיה, דדייקינן: הא סתמא הוי מועד — על כרחיך אפקיה למילתיה. אלא אי אמרת אינו מועד תנן פסקה. למילתיה, ואשמועינן דאינו מועד, מאי תו דקתני "למי שאינו מועד" כו'? עד השתא כו'. בתמיה. ואם תמצא לומר נמי איתא לדרב פפא. דסתמיה לא הוי מועד לשאינו מינו. נגח שור וחמור וגמל נעשה מועד לכל. ולא בעינן ג' נגיחות לכל חד וחד, מאחר שנתקיימה העדאתו ע"י ג' מינין. לסירוגין. אם יגח לגופין אינו משלם אלא חצי נזק על האחרון. ערוד. חמור הבר.

חמור

תוספות

אין צריכין פרוזבול. דשטרות שלהם דמי כמסורין לב"ד, כך פירש בקונטרס. וא"ת: מלוה על פה מאי איכא למימר? דכותבין עליה פרוזבול, כדמוכח ב"השולח" (גיטין דף לו.)! וי"ל: דהוי כאילו החוב שלהם מסור לב"ד. ואפי' אין ללוה קרקע — מקנים לו חכמים קרקע בשביל תקנת היתומים, שאין כותבין פרוזבול אלא על הקרקע.

הרי הוא מועד לשבתות. מפרש בירושלמי: לפי שרואה אותם במלבושים נאים אחרים, וחשובים בעיניו נכרים ואינו מכירם.

משיחזור בו ג' שבתות. אע"ג דכבר אשמועינן רבי יהודה בפ' ב' (דף כג:) — אצטריך, דס"ד: הואיל ולאו מועד אלא לשבתות — לא בעי חזרה כ"כ. ולפ"ה ניחא, דמפרש מועד לשבתות לפי שאין עושה מלאכה. דקמ"ל, דאפי' שבת ממלאכה בימי החול ולא נגח — לא הוי חזרה.

רב זביד אמר ואינו מועד תנן. הא סתמא הוי מועד לשאין מינו, ואפילו מבהמה לאדם נמי שמעי' לה לקמן בפירקין (דף מא.) דסתמא הוי מועד. גבי הא דפריך: וכי מאחר דמתם קטלינן ליה, מועד היכי משכחת לה? ומפרש רב זביד: כגון שהרג ג' בהמות. והוה מצי למיתני במתני' מועד לבהמה ואינו מועד לאדם, לאשמועינן דסתמא הוי מועד. ומיהו, שמא חזר בו רב זביד מההיא דלקמן, כדפריך עלה התם, שאם לא תאמר כן קשי' ליה ההיא *דריש מכילתין (דף ג:).

שור ולא נגח. בתרא דנקט, (ב) כדי שאם יגח לאחר מכאן ישלם כ"ש.

נעשה מועד לסירוגין לשוורים. וא"ת: לרב זביד אפי' לכל דבר הוי מועד! וי"ל: כגון שראה שאר בהמות ולא נגחן.

נעשה מועד לסירוגין לכל. ע"כ בשלא ראה בינתיים כלום. ר"מ דאי ראה — לא הוי מועד [לכל] לסירוגין. וא"ת: כיון שלא ראה אחרים לשוורים לחודיה הוי מועד לכל לסירוגין לרב זביד! וי"ל: דקסבר רב זביד דרבותא קמ"ל, דס"ד: בהנך מיני דחזא ולא נגח — לא הוי מועד, ולאו בסירוגין תליא מלתא. א"נ: בשעה שנגח ג' מינים הללו היו לפניו מינים הרבה ולא נגח אלא אלו. דהשתא אם היו שלשתן שוורים הייתי אומר: כיון דלכל שעה מזומן ליגח השוורים ומניח שאר מינים — אין מועד ליגח אלא שוורים. אבל השתא דהוו ג' מינים — האחד מהם נוגח, ואינו חושש ליגח אלא האחד.

שור

רבינו חננאל

בהשולח גט בגיטין. רבן גמליאל ובית דינו אביהן של יתומין וכן הלכה: **מתני'** שור שהוא מועד למינו ואינו מועד לשאינו מינו. כו' רב זביד אמר ואינו מועד כגון שעומד יום עם מי שאינו מינו ואינו מנגחם אבל סתמא מועד הוי. ר' פפא אמר אינו מועד תנן. סתמיה לא הוי מועד. מועד למינו לא הוי מועד לשאינו מינו. ושקלינן וטרינן ואוקימנא למתני' כדוקי' דרב זביד שאם נגח ג' ימים ג' שוורים נעשה מועד מכאן ולהבא לכל בהמה ואפילו לחמורין ולגמלין וכיוצא בהן אבל אם נגח שור וראה חמור ומהלך עמו או עומד עמו ואינו נוגחו וכן שאר בהמה זולתי שור כי ראה שור מנגחו אינו מועד אלא לשוורים בלבד ואם עמד לנגח אפי' לנגח שאר בהמות תם הוא ואינו משלם נזק שלם עד שיעידו עליו שנגח ג' ימים לשאר בהמות. ודרב פפא נמי איתא דאסקינן לה ואם תימצא לומר נמי איתא לדרב פפא נגח שור חמור וגמל נעשה מועד לכל וקיימא לן כל אם תמצא לומר הלכה היא. ת"ר ראה שור ונגח ראה שור ולא נגח ראה שור ונגח ראה שור ולא נגח ראה שור ונגח ראה שור ולא נגח ג' ימים נעשה מועד לסירוגין לשוורים. ת"ר ראה שור ונגח ראה חמור ולא נגח ראה סוס ונגח גמל ולא נגח פרד ונגח ערוד ולא נגח נעשה מועד לסירוגין לכל. ואיברר לן פירושא (כנלס סד ע"א) דסירוגה ליום כ"ד דהכי קאמר לא חזאי בכ"ג וחזאי בכ"ד

עין משפט נר מצוה

ז א מיי' פ"ט מהל' שמיטה ויובל הלכה כד סמג לאוין רעא טור ש"ע ח"מ סי' סז סעיף כח:
ח ב ג ד מיי' פ"ו מהל' נזקי ממון הלכה ח:
ט ה ו מיי' שם הל' ט:
י ז מיי' שם הלכה י:

עי' רש"א נראה שצ"ל ההיא דמכילתין והיינו מתניתין דהכא ועי' מהר"ם

מסורת הש"ס

[בכורו' כ: ע"ש]

[במשנה שבמשניות ליתא הרי שהיה]

[לעיל כ:]

הגהות הב"ח

(א) גמ' הוה ליה זוזא מכא ולא הוה משתקיל ליה כצ"ל ותיבות בעי למיתבה ליה מיניה פלגא דזוזא לא הוה ליה אחרינא נמחק: (ב) תוס' ד"ה שור וכו' דנקט כדי נקט שלם:

גליון הש"ס

גמ' חנן בישא. ע' סנהדרין דף ג ע"א תוס' ד"ה שלא תנעול: שם הב לי' פלגא דזוזא. ע' סנהדרין דף ז ע"ב תוס' ד"ה קץ ילך:

שור שור ושור, חמור וגמל, [א]מהו? האי שור בתרא בתר שוורים שדינן ליה, ואכתי לשוורים הוא דאייעד, למידי אחרינא לא אייעד. או דילמא האי שור בתרא — בתר חמור וגמל שדינן ליה, ואייעד ליה לכולהו מיני? חמור וגמל, שור, שור ושור, [ב]מהו? האי שור קמא בתר חמור וגמל שדינן ליה, ואייעד ליה לכולהו מיני. או דילמא בתר שוורים שדינן ליה, ואכתי לשוורים הוא דאייעד, למינא אחרינא לא אייעד? שבת שבת ושבת, אחד בשבת ושני בשבת, [ג]מהו? הא שבת בתרייתא בתר שבת הוא דשדינן ליה, ואכתי לשבת הוא דאייעד, לימות החול לא אייעד. או דילמא בתר אחד בשבת ושני בשבת שדינן ליה, ואייעד ליה לכולי יומא? ה' בשבת וערב שבת ושבת, שבת ושבת, [ד]מהו? הא שבת קמייתא בתר ה' בשבת וע"ש שדינן ליה, ואייעד לכולהו יומי. או דילמא הא שבת קמייתא בתר שבתות הוא דשדינן ליה, ולשבתות הוא דאייעד? [ה]תיקו. § [ו]נגח שור יום ט"ו בחודש זה, ויום ט"ז בחודש זה, ויום י"ז בחודש זה — פלוגתא דרב [ז]ושמואל. *דאיתמר: ראתה יום ט"ו בחדש זה, ויום ט"ז בחדש זה, ויום י"ז בחדש זה — רב אמר: קבעה לה וסת, ושמואל אמר: [ח]עד שתשלש בדילוג. אמר רבא: [ט]שמע קול שופר ונגח, קול שופר ונגח, קול שופר ונגח — נעשה מועד לשופרות. פשיטא! מהו דתימא, הך שופר קמא סיוטא בעלמא הוא דנקטיה, קמ"ל. § **מתני'** [י]שור של (א) ישראל שנגח שור של הקדש, ושל הקדש שנגח לשור של הדיוט — פטור, שנאמר: °"שור רעהו", ולא שור של הקדש. *[כ]שור של ישראל שנגח לשור של גוי — פטור, א] ושל גוי שנגח לשור של ישראל, בין תם בין מועד — משלם נזק שלם. ב] § **גמ'** מתניתין דלא כר"ש בן מנסיא; דתניא: שור של הדיוט שנגח שור של הקדש, ושל הקדש שנגח שור של הדיוט — פטור, שנאמר: "שור רעהו", ולא שור של הקדש; *ר"ש בן מנסיא אומר: שור של הקדש שנגח שור של הדיוט — פטור, ושל הדיוט שנגח שור של הקדש, בין תם בין מועד — משלם נזק שלם. אמרי: מאי קא סבר ר"ש? אי "רעהו" דוקא — אפילו של הדיוט שנגח של הקדש ליפטר, ואי "רעהו" לאו דוקא — אפילו דהקדש נמי כי נגח דהדיוט ליחייב! וכי תימא: לעולם קסבר "רעהו" דוקא, ומיהו, דהדיוט כי נגח דהקדש היינו טעמא דמיחייב, משום דקא מייתי ליה מקל וחומר דהדיוט: ומה הדיוט שנגח של הדיוט — חייב, כי נגח דהקדש לא כל שכן דמיחייב? דיו לבא מן הדין להיות כנדון, מה להלן תם חצי נזק, הכא נמי חצי נזק! אלא אמר ריש לקיש: הכל היו בכלל נזק שלם, כשפרט לך הכתוב "רעהו" גבי תם — רעהו הוא דתם משלם חצי נזק, מכלל דהקדש, בין תם בין מועד — משלם נזק שלם,

דאם

שמות כא

רש"י

חמור וגמל שור שור ושור מהו. אם תמצא לומר היכא דהתחיל בשוורים שדינן לשור בתראה בתר מינו, הכא מאי? ראתה יום ט"ו בחודש זה ויום ט"ז בחודש זה כו'. ומתחילה היתה לימודה בימים אחרים. קבעה לה וסת. לדילוג. וכי חזיא הך ראייה שלישית בי"ז בחדש שלישי – דיה שעתה, ואינה מטמאה טהרות מעת לעת. כדתנן: כל אשה שיש לה וסת – דיה שעתה. *ושמואל אמר עד שתשלש בדילוג. אין לה וסת קבוע עד שתראה ראייה רביעית בי"ח. דראייה קמייתא לאו מנינא, דלאו בדילוג חזית. והכא נמי: לרב בג' נגיחות נעשה מועד לדילוג, ומשלם נזק שלם בשלישית. ולשמואל – עד שיגח רביעית בי"ח בחדש רביעי, דקמייתא לאו מנינא. ונראה דהך ברייתא נמי דאייתינן לעיל: [ראה] שור ונגח שור ולא נגח כו', לרב "נעשה מועד" דקתני – אשלישית [קאי], ולשמואל ה"ק: נעשה מועד לסירוגין, דכי הדר נגח – משלם נזק שלם. אבל בהך שלישית – תם הוא. סיוטא. ביעותא, שנבעת מקול השופר. כי נגח דהקדש ליפטר. לגמרי. הכל היו בכלל נזק שלם. האמור במועד, דכתיב במועד: "שלם ישלם שור", ובמועד לא נאמר – "רעהו" הלכך כולם במשמע. הרי לך הדיוט חייב בהקדש. הלכך, כשפרט לך הכתוב "רעהו" בתם – לא לפטור הדיוט בנזק הקדש בא, אלא להחמיר עליו בא, לשלם נזק שלם בהקדש. לימדך שלא להוציא תם מכלל נזק שלם אלא גבי רעהו. דא"כ. דליפטר בא, נכתביה גבי מועד. אבל הקדש בהדיוט פטור, דהקדש אפילו בכלל מועד לא היה, דליכא למימר "והועד בבעליו". וכ"ש בתם, דכתיב: "וכי יגוף שור איש". לשון אחר מפי המורה: אלא אמר ר"ל הכל היו בכלל נזק שלם. האי "אלא" לאו לאפוקי מכולה מילתא דלעיל קאתי, אלא לאפוקי ק"ו קאתי, וא"רעהו" דוקא סמיך, וה"ק: אלא אמר ר"ל: פטור דהקדש בהדיוט – כדקאמרי', דרעהו דוקא. אבל חיוב דהדיוט בהקדש – לאו בק"ו אתיא, דא"כ פרכינן דיו. אלא היינו טעמא דחייב: דאע"ג ד"רעהו" דוקא – ליכא למדרשיה גבי הדיוט תם שנגח הקדש לפטורא. דהכל היו בכלל נזק שלם של מועד, אחד הדיוט בהדיוט ואחד הדיוט בהקדש, דכתיב במועד "שלם ישלם שור" וגו' ולא פרט הכתוב כאן "רעהו" לפטור הדיוט בהקדש, ומדלא פרט לפטורא במועד ש"מ: כשפרט לך "רעהו" בתם – לא לפטור הדיוט בהקדש בא, אלא להחמיר עליו, לחייב הדיוט תם נזק שלם להקדש, וללמדך שלא להוציא תם מכלל מועד אלא בשור רעהו. דאי לפוטרו לגמרי בא – נכתביה לפטורא גבי מועד. אבל דהקדש בהדיוט, כיון ד"רעהו" דוקא – לא היה בכלל נזק שלם. דכיון דהקדש תם לגמרי פטור, דהא ליכא למדרשיה כדדרשינן גבי הדיוט, ולמימר: רעהו הוא דתם משלם חצי נזק, דהא אין רעהו להקדש, ועל כרחך לגמרי קא ממעט ליה. הלכך, הקדש מועד נמי לא היה בכלל נזק שלם, דכי היכי דתם פטור – מועד נמי פטור. דכי כתיב במועד נזק שלם – היכא דמיחייב חצי נזק בתמותו כתיב, דאתם דלעיל קאי "או נודע כי שור נגח הוא".

הופיע

תורה אור

תוספות

שור שור ושור חמור וגמל. וכגון שבין שוורים ראשונים ראה בהמות אחרות ולא נגח. ובבעיא שנייה — בין שוורים אחרונים. ואתי שפיר כולה סוגיא כרב זביד. ולא כרב אלפס שפירש סוגיא דשמעתין כרב פפא. ונראה לר"י: דהני תרי בעיות צ"אם תמצא לומר". דשור בתר שוורים שדינן ליה, דאיכא תרי טעמי: דסברא למשדייה בתר קמאי, ובתר שוורים שהן מינו. חמור וגמל שור שור ושור מהו? משדינן ליה בתר קמאי, או בתר שוורים שהן מינו?

יום ט"ו בחדש זה כו'. נראה דג' פעמים בט"ו בחדש לכ"ע הוי מועד, ובנדה נמי קובעת וסתה, אע"ג דליכא אלא שתי פעמים סוף ל' יום. דלא סוף ל' יום גרים, אלא ט"ו בחדש גרים, כמו ריש ירחא וריש ירחא וריש ירחא, דקבע וסתה בג' ראיות הללו, כדמשמע בשילהי "בנות כותים" (נדה ד' לט:). וכמו שבת שבת ושבת, דסגי בשלש פעמים, דלאו סוף ז' גרים אלא יום שבת. והיכא דאין שם היום גורם, ולא שם מנין החדש, כגון אם ראתה היום, ולסוף עשרים לראייתה זו ראתה, וחזרה וראתה לסוף עשרים — לכ"ע אין הראשונות מן המנין, דהא סוף עשרים גרים. וכן משמע בנדה בפ' "האשה" (ד' סג:), דתנן: היתה למודה לראות ליום ט"ו, ושינתה ליום עשרים זה וזה אסורים. שינתה ג"פ ליום עשרים — הותר יום ט"ו ונאסר יום כ', שאין האשה קובעת כו'. אלמא בעי' ג"פ ליום כ', ואין הראשונים של ט"ו יום מן המנין. ואין נראה לחלק משום דהתם למודה לראות. ועוד: מדקתני "שאין האשה קובעת" כו' — משמע דפסיקא ליה הכי בכל הנשים. ולפ"ז, אם נגח יום א', ויום ב' לא נגח, יום ג' נגח, ויום ד' לא נגח, יום ה' נגח, ויום ו' לא נגח — אין נעשה מועד לכ"ע עד שישלש בדלוג, ואין הראשונים מן המנין. ותימה: דגבי ראה שור ונגח, וראה שור ולא נגח — הוי ראשון מן המנין! וצריך לחלק בין סירוגים של ימים לסירוגים של שוורים.

עין משפט נר מצוה

יא א ב ג ד ה מיי' פ"ו מה' נזקי ממון הל' יב יג:

יב ו ז מיי' שם הל' יא:

יג ח מיי' פ"ח מהל' איסורי ביאה הלכה ו סמג לאוין קיא טוש"ע י"ד סי' קפט סעי' ז:

יד ט מיי' פ"ו מהל' נזקי ממון הל' יא:

טו י מיי' פ"ח שם הל' א סמג עשין סו:

טז כ מיי' שם הל' ה ועיין בהשגות ובמ"מ ובל"מ וסמג שם טוש"ע ח"מ סימן תו סעי' א:

רבינו חננאל

בכ"ד. איבעיא להו נגח שור שור שור חמור וגמל מהו האי שור בתרא בתר שוורים שדינן ליה ואכתי לשוורים הוא דאייעד. למינא אחרינא לא אייעד ועלתה בתיקו. ותיקו דממונא לקולא. ובעיא זו אליבא דרב פפא הוא ש"מ איתא לדרב פפא. פי' רב אמר קבעה לה וסת לדילוג. נגח ט"ו בניסן ט"ז באייר י"ז בסיון וחזר ונגח ט"ו בתמוז ויום י"ו באב ויום י"ז באלול וחזר ונגח יום ט"ו בתשרי ויום י"ו במרחשון ויום י"ז בכסלו זהו שילוש בדילוג. ובענין הזה גבי נדה כי האי גוונא ראתה בט"ו בתמוז ועוד ראתה בי"ו באב ועוד ראתה בי"ז באלול וחזרה *) וראתה ט"ו בתשרי וי"ו במרחשון וי"ז בכסלו. ושמואל אמר עד שתשלש בדילוג פי' הראיה הראשונה שראתה בט"ו בניסן אינה מן החשבון אלא צריכה לראות י"ו באייר י"ז בסיון י"ח בתמוז י"ט באב וכן לכל חודש: [מכאן ואילך לא נמצא פי' ר"ח בכ"י ומבל על דאבדן]

*) דברי רבינו אלו ופירושו בדברי הגמ' הובא ברשב"א בתו"ה הארוך בשער התוספות (דף קעג דפוס ברלין) בשמו וע"ש מה שכ' על דברי רבינו בזה.

א] כתב הרמב"ם ז"ל בהלכות נ"מ פ"ח הלכה ה וז"ל לפי שאין הכנענים מחייבין את האדם על בהמתו שהזיקה והרי אנו דנין להם כדיניהם. והוא מירושלמי ב"ק פ"ד ה"ג דאמרו עלה התם וז"ל ר' אבהו בשם ר' יוחנן אמר כדיניהם: ב] כתב הרמב"ם ז"ל שם וז"ל קנס זה הוא לכנענים לפי שאינן זהירין במצוה ואינן מסלקין הנזק. ואם לא תחייב אותן על נזקי בהמתן אין משמרין אותה ומפסידין ממון הבריות עכ"ל:

מסורת הש"ס

ע' רש"א ור"מ שרש"י חזר מפירוש זה

נדה סז.

לעיל יג:

לעיל ז. גיטין מט.

הגהות הב"ח

(א) במשנה שור של הדיוט שנגח שור של הקדש:

תורה אור

דְּאִם כֵּן נִכְתּוֹב קְרָא לְהַאי "רֵעֵהוּ" גַּבֵּי מוּעָד.§ "שׁוֹר שֶׁל יִשְׂרָאֵל שֶׁנָּגַח שׁוֹר שֶׁל גּוֹי — פָּטוּר".§ אָמְרִי: מִמָּה נַפְשָׁךְ? אִי "רֵעֵהוּ" דַּוְקָא — דְּגוֹי כִּי נָגַח דְּיִשְׂרָאֵל נַמִי לִיפָּטַר, וְאִי "רֵעֵהוּ" לָאו דַּוְקָא — אֲפִילּוּ דְּיִשְׂרָאֵל כִּי נָגַח דְּגוֹי נִחַיַּיב! א"ר אַבָּהוּ, אָמַר קְרָא: °"עָמַד וַיְמוֹדֶד אֶרֶץ רָאָה וַיַּתֵּר גּוֹיִם", רָאָה שֶׁבַע מִצְוֹת א) שֶׁקִּיבְּלוּ עֲלֵיהֶם בְּנֵי נֹחַ, כֵּיוָן שֶׁלֹּא קִיְּימוּ — עָמַד וְהִתִּיר מָמוֹנָן לְיִשְׂרָאֵל. ב) רַבִּי יוֹחָנָן אָמַר, מֵהָכָא: °"הוֹפִיעַ מֵהַר פָּארָן", מִפָּארָן הוֹפִיעַ מָמוֹנָם לְיִשְׂרָאֵל. תַּנְיָא נַמִי הָכִי: שׁוֹר שֶׁל יִשְׂרָאֵל שֶׁנָּגַח שׁוֹר שֶׁל גּוֹי — פָּטוּר; שׁוֹר שֶׁל גּוֹי שֶׁנָּגַח שׁוֹר שֶׁל יִשְׂרָאֵל בֵּין תָּם בֵּין מוּעָד — מְשַׁלֵּם נֶזֶק שָׁלֵם, שֶׁנֶּאֱמַר: "עָמַד וַיְמוֹדֶד אֶרֶץ רָאָה וַיַּתֵּר גּוֹיִם", וְאוֹמֵר: "הוֹפִיעַ מֵהַר פָּארָן". מַאי "וְאוֹמֵר"? וְכִי תֵּימָא: הַאי "עָמַד וַיְמוֹדֶד אֶרֶץ" מִבְּעֵי לֵיהּ לְכִדְרַב מַתָּנָה וְכִדְרַב יוֹסֵף — ת"ש: "הוֹפִיעַ מֵהַר פָּארָן", מִפָּארָן הוֹפִיעַ מָמוֹנָן לְיִשְׂרָאֵל. מַאי דְּרַב מַתָּנָה? דְּא"ר מַתָּנָה: "עָמַד וַיְמוֹדֶד אֶרֶץ רָאָה" וכו' — מָה רָאָה? רָאָה שֶׁבַע מִצְוֹת שֶׁנִּצְטַוּוּ עֲלֵיהֶן בְּנֵי נֹחַ וְלֹא קִיְּימוּם, עָמַד וְהִגְלָה אוֹתָם מֵעַל אַדְמָתָם. וּמַאי מַשְׁמַע דְּהַאי "וַיַּתֵּר" לִישָּׁנָא דְּאַגְלוּיֵי הוּא? כְּתִיב הָכָא: "וַיַּתֵּר גּוֹיִם", וּכְתִיב הָתָם: °"לְנַתֵּר בָּהֵן עַל הָאָרֶץ", וּמְתַרְגֵּם: לְקַפָּצָא בְהוֹן עַל אַרְעָא. מַאי דְּרַב יוֹסֵף? *דְּא"ר יוֹסֵף: "עָמַד וַיְמוֹדֶד אֶרֶץ רָאָה" וכו' מָה רָאָה? רָאָה שֶׁבַע מִצְוֹת שֶׁקִּיבְּלוּ עֲלֵיהֶם בְּנֵי נֹחַ וְלֹא קִיְּימוּם, עָמַד וְהִתִּירָן לָהֶם. אִיתְגּוּרֵי אִתְגַּר? א"כ, מָצִינוּ חוֹטֵא נִשְׂכָּר! אָמַר מָר בְּרֵיהּ דְּרַבָּנָא: לוֹמַר, שֶׁאֲפִילּוּ מְקַיְּימִין אוֹתָן — אֵין מְקַבְּלִין עֲלֵיהֶן שָׂכָר. וְלָא? *וְהָתַנְיָא, *ר"מ אוֹמֵר: מִנַּיִן שֶׁאֲפִילּוּ גּוֹי וְעוֹסֵק בַּתּוֹרָה שֶׁהוּא כְּכֹהֵן גָּדוֹל? ת"ל: °"אֲשֶׁר יַעֲשֶׂה אוֹתָם הָאָדָם וָחַי בָּהֶם", כֹּהֲנִים וּלְוִיִּם וְיִשְׂרְאֵלִים לֹא נֶאֱמַר, אֶלָּא "אָדָם"; הָא לָמַדְתָּ שֶׁאֲפִילּוּ גּוֹי וְעוֹסֵק בַּתּוֹרָה הֲרֵי הוּא כְּכֹהֵן גָּדוֹל! אָמְרִי: אֵין מְקַבְּלִים עֲלֵיהֶן שָׂכָר כִּמְצוּוֶּה וְעוֹשֶׂה, אֶלָּא כְּמִי שֶׁאֵינוֹ מְצוּוֶּה וְעוֹשֶׂה. *דְּא"ר חֲנִינָא: *אגָּדוֹל הַמְצוּוֶּה וְעוֹשֶׂה יוֹתֵר מִמִּי שֶׁאֵינוֹ מְצוּוֶּה וְעוֹשֶׂה.§ ת"ר: וּכְבָר שָׁלְחָה מַלְכוּת רוֹמִי שְׁנֵי סַרְדְּיוֹטוֹת אֵצֶל חַכְמֵי יִשְׂרָאֵל: לַמְּדוּנוּ תּוֹרַתְכֶם. קָרְאוּ וְשָׁנוּ וְשִׁלְּשׁוּ. בִּשְׁעַת פְּטִירָתָן אָמְרוּ לָהֶם: דִּקְדַּקְנוּ בְּכָל תּוֹרַתְכֶם וֶאֱמֶת הוּא, חוּץ מִדָּבָר זֶה שֶׁאַתֶּם אוֹמְרִים: שׁוֹר שֶׁל יִשְׂרָאֵל שֶׁנָּגַח שׁוֹר שֶׁל גּוֹי — פָּטוּר, שֶׁל גּוֹי שֶׁנָּגַח שׁוֹר שֶׁל יִשְׂרָאֵל בֵּין תָּם בֵּין מוּעָד — מְשַׁלֵּם נֶזֶק שָׁלֵם. ממ"נ, אִי "רֵעֵהוּ" דַּוְקָא — אֲפִילּוּ דְּגוֹי כִּי נָגַח דְּיִשְׂרָאֵל לִיפָּטַר, וְאִי "רֵעֵהוּ" לָאו דַּוְקָא — אֲפִילּוּ דְּיִשְׂרָאֵל כִּי נָגַח דְּגוֹי לִחַיַּיב! וְדָבָר זֶה אֵין אָנוּ מוֹדִיעִים אוֹתוֹ לַמַּלְכוּת. ג) רַב שְׁמוּאֵל בַּר יְהוּדָה שְׁכִיבָא לֵיהּ בְּרַתָּא, אֲמַרוּ לֵיהּ רַבָּנַן לְעוּלָּא: קוּם נֵיזַל נִינַחֲמֵיהּ, אֲמַר לְהוּ: מַאי אִית לִי גַּבֵּי נֶחָמְתָּא דְּבַבְלָאֵי דְּגִידּוּפָא הוּא, דְּאָמְרִי "מַאי אֶפְשָׁר לְמֶיעֱבַד", הָא אֶפְשָׁר לְמֶיעֱבַד — עָבְדִי? אֲזַל הוּא לְחוּדָאֵי גַּבֵּיהּ, א"ל: °"וַיֹּאמֶר ה' (*אֶל מֹשֶׁה) אַל תָּצַר אֶת מוֹאָב וְאַל תִּתְגָּר בָּם מִלְחָמָה", וְכִי מָה עָלָה עַל דַּעְתּוֹ שֶׁל מֹשֶׁה, לַעֲשׂוֹת מִלְחָמָה שֶׁלֹּא בִּרְשׁוּת? אֶלָּא נָשָׂא מֹשֶׁה ק"ו בְּעַצְמוֹ, אָמַר: וּמַה מִּדְיָנִים שֶׁלֹּא בָּאוּ אֶלָּא לַעֲזוֹר אֶת מוֹאָב, אָמְרָה תּוֹרָה: °"צָרוֹר אֶת הַמִּדְיָנִים וְהִכִּיתֶם אוֹתָם", מוֹאָבִים

הוֹפִיעַ. גִּילָּה מָמוֹנָן וְהִתִּירוֹ. מִפָּארָן. כְּשֶׁסִּיבֵּב וְהֶחֱזִיר הַתּוֹרָה עַל כָּל הָאוּמּוֹת וְלֹא קִיבְּלוּהָ. וְהִגְלָה אוֹתָם. כְּגוֹן "כַּפְתּוֹרִים הַיּוֹצְאִים מִכַּפְתּוֹר" (דברים ב), וּכְגוֹן "וּבְשֵׂעִיר יָשְׁבוּ הַחוֹרִים" וגו' (שם), וְכֵן אוּמּוֹת הַרְבֵּה. לוֹמַר שֶׁאֲפִי' מְקַיְּימִין אוֹתָן כו'. שֶׁהֲרֵי אֵינָם מְלוּוִּים, אֲבָל מְעוּנָּשִׁין לֹא פְּטָרָן. לַמְּדוּנוּ תּוֹרַתְכֶם. חוּץ מִדָּבָר זֶה. וְהֵם לֹא גִּילּוּ לָהֶם טַעֲמוֹ שֶׁל דָּבָר שֶׁיְּהֵא מָמוֹנוֹ שֶׁל גּוֹי בְּחֶזְקַת הֶפְקֵר, מִפְּנֵי הַסַּכָּנָה. דְּגִידּוּפָא הוּא. כְּלַפֵּי מַעְלָה.

מוֹאָבִים

דאם כן לכתוב רחמנא גבי מועד. וליכא למימר דכי כתב רחמנא "רעהו" בתם לפטור תם דהדיוט בהקדש קאתי, ומועד כדקאי קאי. ולהכי לא כתביה גבי מועד — ᵒדלא חייביה רחמנא במועד אלא במקום שחייב בתם, ולפטור לגמרי בשתיהם הדיוט בהקדש נמי לא אתי. דא"כ לכתביה רחמנא גבי מועד דהוי רבותא טפי, וגם ליכא למיטעי למדרשיה אלא לפטור, וכ"ש בתם. אלא ודאי מדלא כתב גבי מועד, אתא "רעהו" לחייב תם בהקדש נזק שלם, וה"ה שבא לפטור לגמרי תם דהקדש בהדיוט, וכיון דתם פטור — מועד נמי פטור. וה"ק קרא: רעהו הוא דאיכא חילוק בין תם למועד, אבל כשאינו רעהו — לא, דהדיוט בהקדש חייב, והקדש בהדיוט פטור.

עמד והתיר ממונן לישראל. משמע דוקא בענין זה שנגח *שור שלנו שור שלהם. ולמ"ד בפ' בתרא (לקמן דף קיג.) גזל גוי אסור — ניחא, אבל למ"ד מותר קשה.

מפארן הופיע ממונן לישראל. פי' הקונטרס: שסיבב והחזיר התורה בכל האומות ולא קבלוה. משמע שר"ל דבפארן נגלה לאומות. וכן משמע בתרגום ירושלמי דמתרגם: מטורא דגלא אתגלי לבני ישמעאל, ופארן ארץ ישמעאל היא, כדכתיב בהגר "ותשב במדבר פארן". ובריש מסכת ע"ז (דף ב: ושם*) אית דגרסי: מאי בעי בשעיר מאי בעי בפארן. וקשה: דבשבת פ' "ר"ע" (דף פט.) משמע דפארן הוא סיני, דקחשיב ה' שמות שנקרא לו: מדבר צין, מדבר קדש, מדבר פארן, מדבר סיני, מדבר קדמות! ונראה דמדבר סיני מדבר גדול, ומצד אחד נקרא סיני ומצד אחר נקרא פארן, וכל חמשה שמות דקחשיב במסכת שבת חמשה חלקים היו בו, שכל אחד שמו נקרא כן. ואע"ג דקדריש התם לכל השמות — אין להקפיד על זה. ובאותו צד ששמו פארן נגלה לבני ישמעאל.

אלא האדם. תימה: הא אין גוים קרויין אדם, כדתניא בפ' "המקבל" (ב"מ קיד:) אמר רשב"י אין קברי הגוים מטמאים באהל, שנאמר "אדם כי ימות באהל" אתם קרויים אדם, ואין הגוים קרויים אדם. ובפ' "ד' מיתות" (סנהדרין דף נט. ושם*) פי' בקונטרס: דר"מ דהכא כרבנן דפליגי עליה דרבי שמעון בן יוחי בפרק "הבא על יבמתו" (יבמות דף סא. ושם*). ורבינו תם מפרש דיש חילוק בין "אדם" ל"האדם". ד) תדע, מדפריך ביבמות מקראי דנביאים, ולא פריך מקראי דתורה ד"האדם והבהמה אשר ימצא בשדה" (שמות ט) אך התם הוי קודם מתן תורה. וא"ת: א"כ הוה ליה למימר "אדם", *ולא (נ"ל לא) נאמר אלא "האדם"! לאו פירכא היא, דהך ברייתא מתניא בת"כ, וטובא איכא התם בכי האי גוונא, דקתני התם: וכן הוא אומר (ישעיה כו) "פתחו שערים (ראשיכם) ויבא גוי" וגו', ויבאו כהנים לוים ישראלים לא נאמר, אלא "גוי צדיק". וכן הוא אומר "הטיבה [ה'] לטובים" — כהנים לוים וישראלים לא נאמר, אלא "לטובים", הא למדת שאפילו גוי ועוסק בתורה הרי הוא ככהן גדול. וא"ת: והא גוים נמי קרויים אדם, כדכתיב "לולי ה' שהיה לנו בקום עלינו אדם"! וי"ל: דבמקום שמזכיר השם מזכיר גוים בלשון "אדם", כלומר דבר שלם נולד מאדם. וכן גבי חירם (יחזקאל כח) "אתה אדם ולא אל", וכן "מה יעשה לי אדם" (תהלים קיח). וריב"א הקשה: מדכתיב (ישעיה מג) "ואתן אדם תחתיך"! ותירץ: דדרשינן "ואתן אדום תחתיך" גבי ההוא רומאה, בפרק בתרא דברכות (דף סב:). והא דאמר ב"השולח" (גיטין דף מז.): יש קנין לגוי בארץ ישראל לחפור בה בורות שיחין ומערות, מדכתיב "והארץ נתן לבני אדם" — בני אדם משמע אדם הראשון*. **הרי** הוא ככהן גדול. הא דנקט כהן גדול, משום דדרשינן בסוטה (דף ד:): "יקרה היא מפניים" — מכהן גדול הנכנס לפני ולפנים.

קראו ושנו ושלשו. וא"ת: והא אמרינן בחגיגה (דף יג.) המלמד תורה לגוי עובר בעשה ד"מגיד דבריו ליעקב" (תהלים קמז)! ויש לומר: דבע"כ עשו, ע"פ דברי המושל, ולא נתחייבו למסור עצמן. אי נמי: עשו עצמם גרים, כדאי' בספרי דפרשה "אף חובב עמים".

נשא משה קל וחומר. אור"ת: דלאו דוקא, אלא כלומר: עתיד משה לישא ק"ו, אם לא שהזהירו הכתוב תחילה. דקודם נאמר "אל תצר את מואב" ממה שנאמר "צרור את המדינים והכיתם אותם", כדדרשינן "עתה ילחכו" שלא היה מתיירא בלק אלא מלחיכה בעלמא, שלא היו מותרין אלא באנגריא. וקרא דמדין אחר מעשה דבלק היה. והא דקאמר נמי הקדוש ברוך הוא למשה: לא כשעלתה על דעתך — לאו דוקא. הקשה הר"ר אלחנן: דהכא משמע דאחר שנאמר "צרור את המדינים" עדיין היו מוזהרין שלא לצור מואב

יז א מיי' פ"א מהלכות ת"ת הלכה יג סמג עשין יב טוש"ע י"ד סי' רמו סעיף ו:

רש"ל הגיה שור שלהם שור שלנו כו' וכתב מהרנ"ש דא"ל להגיה דכוונת התוספות הוא דלענין נגיחה דוקא מותר גזל כנעני ונקט רישא דמילתא דמתיר. [ועי' מהרש"א ומהר"ם]:

[ד"ה מאי] [ועי' תוס' יבמות סא. ד"ה ואין וכ"כ בסנהדרין נט. דיש ספרים דגר' ר' ירמיה] [ועי' תוס' קדושין לא. ותוס' ע"ז ג. ד"ה גדול] [ד"ה אלא] [ד"ה ואין]

שיטה מקובצת

א) ראה שבע מצות וכו'. משמע דכל שמקיימין שבע מצות דינם אצלנו כדינגן אצלם. ומעתה אין צריך לומר באומות הגדורות בדרכי דתות ונמוסים (מאירי ז"ל): ב) **ממונן** לישראל. כלומר ראה שאכזרים ולב רע להם וחשודים על כל שהן מצווין משבע מצות וכ"ש שאינן מצרים בצרת אחיהם לפיכך קנסם הכתוב כדי שישמרו שוריהן וכ"ז לא דברו אלא על ז' אומות דכתיב בהו לא תחי' כל נשמה כו' (ה"ר יהונתן ז"ל): ג) **ודבר** זה אין אנו מודיעים למלכות. כ"ז מדברי הסרדיוטות הוא כלומר ובדבר הזה נעשה חסד עמכם שלא להודיעו למלכות (תלמידהר"פז"ל): ד) **בין** אדם להאדם. והיינו טעמא דהאדם הוי מיעוט אדם הוי מיעוט אחר מיעוט האדם הוי מיעוט כאומר המיושר שבאדם כמו הירך המיומנת שבירך ואין מיעוט אחר מיעוט אלא לרבות (הרא"ש ז"ל):

חבקוק ג · דברים לג · ויקרא יא · ע"ז ב: · ע"ז ג. סנהדרין נט. · ויקרא יח · לקמן פז. ע"ז ג. קדושין לא. · דברים ב [נ"ל אלי] · במדבר כה

גליון הש"ס

תוס' ד"ה דא"כ כו' דלא חייביה רחמנא במועד. עי' לקמן דף מב ע"א תוס' ד"ה כתב:

[ועי' תוספות יבמות סא. ד"ה ואין ומ"ש שם על הגליון]

יח א ב מיי' פ"ד מהל' מטמאי משכב ומושב הלכה י: רש"ל

יט ג מיי' פ"א מהל' נערה הלכה יא סמג עשין כל טוש"ע אה"ע סי' קעז:

מואב. ובבראשית רבה סוף פרשת ויצא קאמר דכששלח דוד יואב אל ארם נהרים ואל ארם צובה פגע במואבים ובקש לאבדם, והביאו לו אסטרטאות שלהם "אל תצר את מואב", והשיב דוד שהם פירצו גדר תחילה, דכתיב "וישלח מלאכים אל בלעם בן בעור" — משמע שמאותה שעה הותרו! ותירץ ר"י: דליחויא בעלמא השיב. וקרא דשופטים [שלאכם] עגלון מלך מואב היה לו להביא, אלא שמן התורה היה רוצה להביא [להם תשובה] מפני חילול השם. אע"פ שעל אדומים מייתי קרא דקבלה "ויאסוף אליו בני עמון ועמלק וילך [ויך את ישראל] וירשו את עיר התמרים", מ"מ כל זמן דמשכח דברי תורה — ניחא ליה לאתויי.

מואבים עצמן לא כן שכן. וא"ת: תינח מואב, אדומי ועמון מאי איכא למימר? וי"ל: דאצטריך לאסור בהן אנגריא שהיו מותרים, דאנגריא היה עושה שלא ברשות. ואע"פ שמזכיר ב' פרידות — על עמון לא אצטריך, אלא משום מואב.

לעולם יקדים אדם לדבר מצוה. לשם מצוה נתכוונו, כדאיתא בפרק "מי שאמר הריני נזיר ושמע חבירו ואמר ואני" (נזיר דף כג.).

גרי אריות הן. ואע"ג דפסקינן בסוף פ"ק דיבמות (דף טז.) הלכה (א) דגרי אמת כולן — הני מילי היכא שמתגיירים לגמרי, אבל גרי אריות דהכא לא נתגיירו לגמרי, כדכתי' בקרא "את ה' היו יראין ואת אלהיהם היו עובדין". ומ"ד גרי אמת — סבר דלבסוף נתגיירו לגמרי.

וחכמים מטהרים. בפרק "דם הנדה" (נדה נו:) פריך: אי דישראל מטהרין — דמאן מטמו? ומשני: מבין ישראל ומבין הכותים בחדריהם — טמאים לכ"ע, דכותים גרי אמת הן. והנמצאים בערי ישראל — טהורין, שלא נחשדו על כתמיהם, ואצנועי מצנעי להו. והנמצאים בערי הכותים — ר"מ מטמא, דנחשדו על כתמיהם, וחכמים מטהרים, דלא נחשדו.

על הנתינה. בכתובות פרש"י דאצטריך לאשמועינן שיש להם קנס, אע"פ שדוד גזר עליהם. והקשה ר"ת: דמדאורייתא אסירי בלאו ד"לא תתחתן", כדמסיק רבא בפ' "הערל" (יבמות דף עו.) דבגיותן לית להו חתנות, וכי מגיירי — אית להו חתנות. ובפרק "אלו הן הלוקין" (מכות יג.) קחשיב נתינה, וסתם נתינה דקתני בכל מקום היינו בגיורת שיש לה קנס, ותפסי בה קדושין. ובפרק "יש מותרות" (יבמות פה:) משמע נמי דנתינה דאורייתא, דאמר: ממזרת ונתינה איכא בינייהו, למ"ד דאורייתא — הא נמי דאורייתא. ובריש "אלו נערות" (כתובות דף כט:) גבי פלוגתא דשמעון התימני ור"ש בן מנסיא! ואור"ת: דדוד לא גזר עליהם אלא שעבוד, אבל מדאורייתא אסירי לבא בקהל מ"לא תתחתן בם". ובריש "אלו נערות" ראוי להאריך בזה יותר.

[יבמות כ: קדושין עה: סנהדרין פה: חולין ג: נדה נו:]

הגהות הב"ח
(א) תוס' ד"ה גרי וכו' הלכה דכולן גרי אמת ה"מ:

תורה אור

מוֹאָבִים עַצְמָן לֹא כָּל שֶׁכֵּן? אָמַר לוֹ הקב"ה: לֹא כְּשֶׁעָלְתָה עַל דַּעְתְּךָ עָלְתָה עַל דַּעְתִּי, שְׁתֵּי פְּרִידוֹת טוֹבוֹת יֵשׁ לִי לְהוֹצִיא מֵהֶן, רוּת הַמּוֹאֲבִיָּה וְנַעֲמָה הָעַמּוֹנִית; וַהֲלֹא דְּבָרִים ק"ו: וּמַה בִּשְׁבִיל שְׁתֵּי פְּרִידוֹת טוֹבוֹת חַס הקב"ה עַל ב' אוּמּוֹת גְּדוֹלוֹת וְלֹא הֶחֱרִיבָן, בִּתּוֹ שֶׁל רַבִּי אִם כְּשֵׁרָה הִיא וּרְאוּיָה הִיא לָצֵאת מִמֶּנָּה דָּבָר טוֹב — עַל אַחַת כַּמָּה וְכַמָּה דַּהֲוָה חַיָּה. *אָמַר רַבִּי חִיָּיא בַּר אַבָּא אָמַר רַבִּי יוֹחָנָן: אֵין הקב"ה מְקַפֵּחַ שְׂכַר כָּל בְּרִיָּה, אֲפִילּוּ שְׂכַר שִׂיחָה נָאָה, דְּאִילּוּ בְּכִירָה דְּקָאָמְרָה "מוֹאָב", אָמַר לוֹ הקב"ה לְמֹשֶׁה: °"אַל תָּצַר אֶת מוֹאָב וְאַל תִּתְגָּר בָּם מִלְחָמָה", מִלְחָמָה הוּא דְּלָא, הָא אַנְגַּרְיָא עֲבֵיד בְּהוּ; צְעִירָה דְּקָאָמְרָה "בֶּן עַמִּי", א"ל הקב"ה לְמֹשֶׁה: °"וְקָרַבְתָּ מוּל בְּנֵי עַמּוֹן אַל תְּצוּרֵם וְאַל תִּתְגָּר בָּם" כְּלָל, דַּאֲפִילּוּ אַנְגַּרְיָא לָא תַּעֲבֵיד בְּהוּ. *וְאָמַר ר' חִיָּיא בַּר אַבָּא אָמַר ר' יְהוֹשֻׁעַ בֶּן קָרְחָה: לְעוֹלָם יַקְדִּים אָדָם לִדְבַר מִצְוָה, שֶׁבִּשְׁבִיל לַיְלָה אַחַת שֶׁקְּדָמַתָּה בְּכִירָה לִצְעִירָה, קְדָמַתָּה אַרְבַּע דּוֹרוֹת לְיִשְׂרָאֵל: עוֹבֵד, יִשַׁי, וְדָוִד, וּשְׁלֹמֹה. וְאִילּוּ צְעִירָה — עַד רְחַבְעָם, דִּכְתִיב: °"וְשֵׁם אִמּוֹ נַעֲמָה הָעַמּוֹנִית". ת"ר: שׁוֹר שֶׁל יִשְׂרָאֵל שֶׁנָּגַח שׁוֹר שֶׁל כּוּתִי — פָּטוּר, וְשֶׁל כּוּתִי שֶׁנָּגַח שׁוֹר שֶׁל יִשְׂרָאֵל, תָּם — מְשַׁלֵּם חֲצִי נֶזֶק, וּמוּעָד — מְשַׁלֵּם נֶזֶק שָׁלֵם; ר"מ אוֹמֵר: שׁוֹר שֶׁל יִשְׂרָאֵל שֶׁנָּגַח שׁוֹר שֶׁל כּוּתִי — פָּטוּר, וְשֶׁל כּוּתִי שֶׁנָּגַח שׁוֹר שֶׁל יִשְׂרָאֵל, בֵּין תָּם בֵּין מוּעָד — מְשַׁלֵּם נֶזֶק שָׁלֵם. לְמֵימְרָא, דְּסָבַר ר"מ: *כּוּתִים גֵּרֵי אֲרָיוֹת הֵן? וּרְמִינְהִי: *[א]כָּל הַכְּתָמִים הַבָּאִים מֵרֶקֶם — טְהוֹרִים. רַבִּי יְהוּדָה מְטַמֵּא, מִפְּנֵי שֶׁהֵן גֵּרִים וְטוֹעִים; מִבֵּין הַגּוֹיִם — טְהוֹרִים; מִבֵּין יִשְׂרָאֵל וּמִבֵּין הַכּוּתִים — ר"מ מְטַמֵּא, וַחֲכָמִים [ב]מְטַהֲרִין, שֶׁלֹּא נֶחְשְׁדוּ (*יִשְׂרָאֵל) עַל כִּתְמֵיהֶן; אַלְמָא קָסָבַר ר"מ: כּוּתִים גֵּרֵי אֱמֶת הֵם! א"ר אַבָּהוּ: קְנָס הוּא שֶׁקָּנַס ר"מ בְּמָמוֹנָם, שֶׁלֹּא יִטַּמְעוּ בָּהֶם. מֵתִיב רַבִּי זֵירָא: *[ג]וְאֵלּוּ נְעָרוֹת שֶׁיֵּשׁ לָהֶם קְנָס: הַבָּא עַל הַמַּמְזֶרֶת, וְעַל הַנְּתִינָה, וְעַל הַכּוּתִית; וְאִי ס"ד קָנַס ר' מֵאִיר בְּמָמוֹנָם, ה"נ נִקְנוֹס כְּדֵי שֶׁלֹּא יִטַּמְעוּ בָּהֶן! אָמַר אַבַּיֵי: כְּדֵי שֶׁלֹּא

דברים ב | שם | מ"א יד

מוֹאָבִים עַצְמָן. שֶׁהִתְחִילוּ בְּקִלְקוּל, וְשָׂכְרוּ אֶת בִּלְעָם. פְּרִידוֹת. גּוֹזָלוֹת. בִּתּוֹ שֶׁל רַבִּי אִם רְאוּיָה. לְזֶרַע כָּשֵׁר, עַל אַחַת כַּמָּה וְכַמָּה שֶׁתִּחְיֶה. דְּקָאָמְרָה מוֹאָב. לְשׁוֹן פְּרִיצוּת, שֶׁהוּא מֵאָבִיהָ. אַנְגַּרְיָא. לְהִשְׁתַּעְבֵּד בָּהֶן לְהָבִיא לָהֶם מַיִם וּמָזוֹן. שׁוֹר שֶׁל יִשְׂרָאֵל שֶׁנָּגַח לְשֶׁל כּוּתִי פָּטוּר. לְקַמָּן מוֹקֵי טַעְמָא, דִּקְנָס הוּא שֶׁקְּנָסוּ שֶׁלֹּא יִטַּמְעוּ יִשְׂרָאֵל בִּבְנוֹתֵיהֶם. וְדַיָּין בִּקְנָס זֶה, אֲבָל כּוּלֵּי הַאי לָא קָנְסִינַן שֶׁיְּהֵא הֵם מְשַׁלְּמִים עַל הַתָּם נ"ש. וְר"מ חָשֵׁיב כּוּתִי כְּגוֹי. גֵּרֵי אֲרָיוֹת הֵן. בְּסֵפֶר מְלָכִים (ב יז) מְפוֹרָשׁ: "וַיְשַׁלַּח ה' בָּהֶם אֶת הָאֲרָיוֹת". וְכוּתִים כְּתִיבִי הָתָם: "וַיָּבֵא מֶלֶךְ אַשּׁוּר (אֲנָשִׁים) מִכּוּתָה" וְקָא חָשֵׁיב שְׁאָר מְקוֹמוֹת. מֵרֶקֶם טְהוֹרִים. עִיר שֶׁרוּבָּהּ גּוֹיִם הִיא, וְדַם גּוֹיָה טָהוֹר מִדְּאוֹרַיְיתָא, דִּכְתִיב (ויקרא יב): "דַּבֵּר אֶל בְּנֵי יִשְׂרָאֵל אִשָּׁה כִּי תַזְרִיעַ וְיָלְדָה", בַּת יִשְׂרָאֵל מְטַמְּאָה בְּלֵידָה וּבְנִדָּה וְלֹא גּוֹיָה. וְאע"ג דְּרַבָּנַן גָּזְרוּ עֲלֵיהֶם שֶׁיְּהוּ כְּזָבִין – עַל כִּתְמֵיהֶן לֹא גָּזְרוּ, דְּהָא כְּתָמִין דְּיִשְׂרָאֵל גּוּפַיְיהוּ מִדְּרַבָּנַן נִינְהוּ, דְּמִדְּאוֹרַיְיתָא "דָּם יִהְיֶה זוֹבָהּ בִּבְשָׂרָהּ" כְּתִיב (שם טו) – שֶׁתַּרְגִּישֶׁנּוּ מִגּוּפָהּ, וְלֹא שֶׁתִּמְצָאֵהוּ בְּבִגְדָהּ, וַאֲפִילּוּ רָאֲתָה מִגּוּפָהּ אָמְרִינַן בְּמַסֶּ' נִדָּה (דף לד.) שֶׁלֹּא גָּזְרוּ עַל דַּם גּוֹיָה טוּמְאָה אֶלָּא בְּעוֹדוֹ לַח, דִּתְנַן: דַּם הַגּוֹיָה, ב"ש מְטַהֲרִין, וב"ה אוֹמְרִים: כְּרוּקָהּ וּכְמֵימֵי רַגְלֶיהָ, מְטַמְּאִין לַח וְאֵינָן מְטַמְּאִין יָבֵשׁ. רַבִּי יְהוּדָה מְטַמֵּא מִפְּנֵי שֶׁהֵן. רוּבָּן גֵּרִים, וְדָמָן מְטַמֵּא, וּכְיִשְׂרָאֵל הֵם. אֶלָּא שֶׁהֵם טוֹעִין וְנוֹהֲגִין בְּחוּקּוֹת הַגּוֹיִם, וַהֲרֵי הֵן כְּיִשְׂרָאֵל מוּמָר. מִבֵּין יִשְׂרָאֵל כו'. בְּמַסֶּ' נִדָּה (דף נו:) פָּרְכִינַן: אִי דְּיִשְׂרָאֵל טְהוֹרִין דְּמַאן טְמֵאִין? וְתָרְלִינַן לָהּ הָכִי: מִבֵּין יִשְׂרָאֵל וּמִבֵּין הַכּוּתִים – טְמֵאִים. וְהַנִּמְצָאִים בְּעָרֵי יִשְׂרָאֵל בִּמְקוֹם הֶפְקֵר – טְהוֹרִים, שֶׁלֹּא נֶחְשְׁדוּ עַל כִּתְמֵיהֶן לְהַפְקִירָן, אֶלָּא מַצְנִיעִין אוֹתָם שֶׁלֹּא יִטַּמְּאוּ בָּהֶן טְהָרוֹת, וְהַנִּמְצָאִין בֵּין הַכּוּתִים, ר"מ מְטַמֵּא – שֶׁנֶּחְשְׁדוּ עַל כִּתְמֵיהֶן, וַחֲכָמִים מְטַהֲרִין, שֶׁלֹּא נֶחְשְׁדוּ עַל כִּתְמֵיהֶן לְהַפְקִירָן אֶלָּא מַצְנִיעִים אוֹתָם עַד שֶׁיִּכַּבְּסוּ. אַלְמָא, מִדְּאָמַר ר"מ דַּם כּוּתִים מְטַמֵּא – אַלְמָא גֵּרֵי אֱמֶת הֵן. קְנָס הוּא כו'. וְקָנֵיס לֵיהּ טְפֵי מִת"ק.
מִשּׁוּם

נזיר כג: הוריות י:

נזיר שם הוריות יא.

יבמות עז. נדה נו:

מהרנ"ש מ"ז

כתובות יא. כט.

גליון הש"ס
גמ' שור של כותי פטור. עי' סנהדרין דף פה ע"ב תוס' ד"ה ושורו כישראל:

ועל הכותית. סוגיא דשמעתין מוכחא דקסבר גרי אמת הן. וא"ת: א"כ מה חידוש לומר שיש להם קנס? וכי תימא, משום דאמר רבה בפרק "עשרה יוחסין" (קדושין דף עו.): ממזר מאחותו ומאשת איש נתערבו בהן מרישא שמעינן ליה דיש להן קנס, ואפילו ודאי ממזר, וכ"ש ספק ממזרת! וי"ל: דהיא גופה קמ"ל דגרי אמת הן, דאם היו גרי אריות — לא היו להן קנס. וא"ת: ולרבא דאמר בפרק "עשרה יוחסין" (שם) דעבד ושפחה נתערבו בהן, אמאי יש להן קנס? נימא לה: אייתי ראיה דלאו שפחה את, ושקול. דהא שפחה אין לה קנס, כדמוכח ב"אלו נערות" (כתובות ד' כט.). ועל כרחך לאו מטעם שהיא בחזקת בעולה אין לה קנס, כדאמרינן בירושלמי: דשפחה, אפילו משומרת אין לה קנס. ואע"ג דרובן לאו שפחה נינהו — מ"מ תקשה לשמואל דאמר אין הולכין בממון אחר הרוב! וי"ל: משום דכל חדא מוקמינן לה בחזקת אביה, שהשפחות נתערבו בהן ונשאו לכותים. אף על גב דלרבא פסלו כותים משום איסור שפחה, ולא מוקמינן להו בחזקת אביהן — מ"מ לענין קנס לא מחשבינן להו כשפחה, שלא יהא חוטא נשכר. ואף על גב דנקט רבא עבד ושפחה — לאו דוקא, לפי מה שפירש שהשפחות נשאו לכותים, והכותים לעבד. ואם כן משום עבד אין לפוסלן, דגוי ועבד הבא על בת ישראל — הולד כשר. **ה"נ** נקנום. מדרבנן לדרבנן נמי הוי מצי למיפרך, דמודו רבנן דקנסינן להו, דקתני: שור של ישראל שנגח שור של כותי — פטור. אלא משום דסתם מתניתין רבי מאיר, פריך מרבי מאיר ארבי מאיר.
שלא

שֶׁלֹּא יְהֵא חוֹטֵא נִשְׂכָּר. וְנִתְבֵיהּ לַעֲנִיִּים! אָמַר רַב מָרִי: מִשּׁוּם דְּהָוֵי מָמוֹן שֶׁאֵין לוֹ תּוֹבְעִים.§

מתני' אשׁוֹר שֶׁל פִּקֵּחַ שֶׁנָּגַח שׁוֹר שֶׁל חֵרֵשׁ שׁוֹטֶה וְקָטָן — חַיָּב, וְשֶׁל חֵרֵשׁ שׁוֹטֶה וְקָטָן שֶׁנָּגַח שׁוֹר שֶׁל פִּקֵּחַ — פָּטוּר. בשׁוֹר שֶׁל חֵרֵשׁ שׁוֹטֶה וְקָטָן שֶׁנָּגַח — בֵּית דִּין מַעֲמִידִין לָהֶן אַפּוֹטְרוֹפּוֹס וּמְעִידִין לָהֶן בִּפְנֵי אַפּוֹטְרוֹפּוֹס. נִתְפַּקַּח הַחֵרֵשׁ, נִשְׁתַּפָּה הַשּׁוֹטֶה, וְהִגְדִּיל הַקָּטָן — חָזַר לְתַמּוּתוֹ, דִּבְרֵי ר"מ; רַבִּי יוֹסֵי אוֹמֵר: גהֲרֵי הוּא בְּחֶזְקָתוֹ. דשׁוֹר הָאִצְטָדִין אֵינוֹ חַיָּב מִיתָה, שֶׁנֶּאֱמַר: °"כִּי יִגַּח", וְלֹא שֶׁיַּגִּיחוּהוּ.§ שמות כא

גמ' הָא גּוּפָא קַשְׁיָא; אָמְרַתְּ: שׁוֹר שֶׁל חֵרֵשׁ שׁוֹטֶה וְקָטָן שֶׁנָּגַח שׁוֹר שֶׁל פִּקֵּחַ — פָּטוּר, אַלְמָא: אֵין מַעֲמִידִין אַפּוֹטְרוֹפּוֹס לְתָם לִגְבּוֹת מִגּוּפוֹ. אֵימָא סֵיפָא: שׁוֹר שֶׁל חֵרֵשׁ שׁוֹטֶה וְקָטָן שֶׁנָּגַח — ב"ד מַעֲמִידִין לָהֶם אַפּוֹטְרוֹפּוֹס וּמְעִידִין לָהֶם בִּפְנֵי אַפּוֹטְרוֹפּוֹס, אַלְמָא: מַעֲמִידִין לָהֶם אַפּוֹטְרוֹפּוֹס לְתָם לִגְבּוֹת מִגּוּפוֹ! אָמַר רָבָא, הָכִי קָתָנֵי: וְאִם הוּחְזְקוּ נַגְחָנִין — מַעֲמִידִין לָהֶם אַפּוֹטְרוֹפּוֹס וּמְעִידִין לָהֶן בִּפְנֵי אַפּוֹטְרוֹפּוֹס, וּמְשַׁוִּינַן לְהוּ מוּעָד, דְּכִי הֲדַר וְנָגַח — לְשַׁלֵּם מֵעֲלִיָּיה. מֵעֲלִיַּית מַאן? רַבִּי יוֹחָנָן אָמַר: מֵעֲלִיַּית יְתוֹמִין, רַבִּי יוֹסֵי בַּר חֲנִינָא אָמַר: המֵעֲלִיַּית אַפּוֹטְרוֹפּוֹס. וּמִי א"ר יוֹחָנָן הָכִי? *וְהָאָמַר רַב יְהוּדָה אָמַר רַב אַסִי: ואֵין נִזְקָקִין לְנִכְסֵי יְתוֹמִין אֶלָּא א"כ רִבִּית אוֹכֶלֶת בָּהֶן, וְרַבִּי יוֹחָנָן אָמַר: אוֹ לִשְׁטָר שֶׁיֵּשׁ בּוֹ רִבִּית, זאוֹ לִכְתוּבַּת אִשָּׁה מִשּׁוּם מְזוֹנֵי! אֵיפוּךְ, רַבִּי יוֹחָנָן אָמַר: מֵעֲלִיַּית אַפּוֹטְרוֹפְּסִין, רַבִּי יוֹסֵי בַּר חֲנִינָא אָמַר: מֵעֲלִיַּית יְתוֹמִין. אָמַר רָבָא: מִשּׁוּם דְּקַשְׁיָא דְּרַבִּי יוֹחָנָן אַדְּרַבִּי יוֹחָנָן, מְשַׁוֵּית לֵיהּ לְרַבִּי יוֹסֵי בַּר חֲנִינָא טוֹעֶה? וְהָא רַבִּי יוֹסֵי בַּר חֲנִינָא *דַּיָּינָא הוּא, וְנָחֵית לְעוּמְקֵיהּ דְּדִינָא! אֶלָּא, לְעוֹלָם לָא תֵּיפוּךְ, וּמַזִּיק שָׁאנֵי. רַבִּי יוֹחָנָן אָמַר: מֵעֲלִיַּית יְתוֹמִים, דְּאִי אָמְרַתְּ מֵעֲלִיַּית אַפּוֹטְרוֹפּוֹס — מִמַּנְעִי

מִשּׁוּם דְּהָוֵי לֵיהּ מָמוֹן שֶׁאֵין לוֹ תּוֹבְעִים. אִי אָמְרַתְּ לֶיהֱוֵי דַּעֲנִיִּים — מַאן אָתֵי תָּבַע לֵיהּ לְדִינָא? אִי תָּבַע לֵיהּ עָנִי — א"ל לְעָנִי אַחֵר יָהֵיבְנָא לֵיהּ. **מתני'** שׁוֹר שֶׁל חֵרֵשׁ שֶׁנָּגַח לְשׁוֹר שֶׁל פִּקֵּחַ פָּטוּר. בַּגְּמָ' מְפָרֵשׁ: דְּאֵין מַעֲמִידִין אַפּוֹטְרוֹפּוֹס לְתָם לִגְבּוֹת מִגּוּפוֹ. אֲבָל בְּנִזְקֵי מוּעָד מַעֲמִידִין אַפּוֹטְרוֹפּוֹס לְשׁוֹר הַיְּתוֹמִים לִהְיוֹת בִּמְקוֹם הַבְּעָלִים, לְקַיֵּים "וְהוּעַד בִּבְעָלָיו", וְגוֹבִים הַנֶּזֶק מִנִּכְסֵי הַקַּרְקַע שֶׁל יְתוֹמִים. אֲבָל תָּם, דִּגְבִיָּיתוֹ מִגּוּפוֹ הוּא, וְהוּא מִטַּלְטְלִין — אֵין מַעֲמִידִין אַפּוֹטְרוֹפּוֹס לְכָךְ, כִּדְאָמְרִינַן בְּפ"ק (דף יד:): "שָׁוֶה כֶּסֶף" — מְלַמֵּד שֶׁאֵין ב"ד נִזְקָקִין אֶלָּא לִנְכָסִים שֶׁיֵּשׁ לָהֶם אַחֲרָיוּת, וְאוֹקִימְנָא בְּיַתְמֵי. וְאִיכָּא דְּאָמַר טַעְמָא — מִשּׁוּם דְּפַלְגָּא נִזְקָא קְנָסָא, וְיַתְמֵי לָאו בְּנֵי קְנָסָא נִינְהוּ. וְקַשְׁיָא לִי: א"כ מַאי "לִגְבּוֹת מִגּוּפוֹ" דְּנָקַט? וְעוֹד: לְקַמָּן בִּשְׁמַעְתִּין אָמְרִינַן בְּמוּעָד, לְמ"ד לַד תַּמּוּת בִּמְקוֹמָהּ עוֹמֶדֶת — אֵינָהּ נִגְבֵּית מִן הַיְּתוֹמִים מֵהַאי טַעְמָא. וְאִי טַעְמָא מִשּׁוּם קְנָסָא הוּא, בְּמוּעָד מִי הָוֵי קְנָסָא? הָא לָאו בְּחֶזְקַת שִׁימּוּר קָיְימִי! וּמְעִידִין בָּהֶן בִּפְנֵי אַפּוֹטְרוֹפּוֹס. וְקס"ד הַשְׁתָּא דְּהַאי "מְעִידִין בָּהֶם" דְּקָאָמַר — לְמִגְבֵּי ח"נ תַּמּוּת. וְקַשְׁיָא רֵישָׁא לְסֵיפָא. וּלְאַחַר שְׁלֹשָׁה עֵדִיּוֹת נַעֲשָׂה מוּעָד וּמְשַׁלֵּם נ"ש מֵעֲלִיָּיה. חָזַר לְתַמּוּתוֹ. דְּקָסָבַר: רְשׁוּת מְשַׁנָּה מוּעָד שֶׁיָּצָא מֵרְשׁוּת זֶה וְנִכְנַס לְיַד בְּעָלִים אֲחֵרִים — הָרְשׁוּת מְשַׁנָּה אֶת דִּין הַעֲדָאָתוֹ. שׁוֹר הָאִצְטָדִין. שֶׁמְּיוּחָד לִנְגִיחוֹת, וּמְלַמְּדִין אוֹתוֹ לְכָךְ. **גמ'** אֵין מַעֲמִידִין אַפּוֹטְרוֹפּוֹס. לְשׁוֹר תָּם שֶׁל חש"ו, לִהְיוֹת אַפּוֹטְרוֹפּוֹס בִּמְקוֹם בְּעָלִים, לְקַיֵּים "וְהוּעַד בִּבְעָלָיו" וְיִגְבֶּה חֲצִי נִזְקוֹ מִגּוּפוֹ. הָכִי קָאָמַר. שׁוֹר שֶׁל חֵרֵשׁ שׁוֹטֶה וְקָטָן שֶׁנְּגָחוּ, וְהוּחְזְקוּ נַגְחָנִין — מַעֲמִידִין לָהֶם אַפּוֹטְרוֹפּוֹס. וְלֹא לִגְבּוֹת ח"נ, אֶלָּא לְשַׁוְּיֵיהּ מוּעָד, דְּכִי הֲדַר נָגַח — מְשַׁלֵּם מֵעֲלִיָּיה. אֵין נִזְקָקִין. ב"ד לְנִכְסֵי יְתוֹמִין לִגְבּוֹת מֵהֶן כְּלוּם, וַאֲפִילּוּ שְׁטָר שֶׁכָּתַב אֲבִיהֶם, כִּדְמְפָרֵשׁ טַעְמָא בְּמַסֶּ' עֲרָכִין דְּיַתְמֵי לָאו בְּנֵי מִעְבַּד מִלְוָה נִינְהוּ. אֶלָּא נָטַר עַד דְּגָדְלֵי, וּמַפְּקִי לֵיהּ וְגָבֵי. וְהָתָם מוֹתְבִינַן לֵיהּ כַּמָּה תְּיוּבְתָּ', וְשַׁנִּינְהוּ: בִּשְׁטָר שֶׁיֵּשׁ בּוֹ רִבִּית. אֶלָּא אִם כֵּן רִבִּית אוֹכֶלֶת בָּהֶן. שֶׁלָּוָה אֲבִיהֶן מִגּוֹי בְּרִבִּית. דְּחָיְישִׁינַן לְהֶפְסֵד שֶׁלָּהֶן, וּמוֹכְרִין בֵּית דִּין מִנִּכְסֵיהֶן וּפוֹרְעִין אוֹתוֹ חוֹב. מִשּׁוּם מְזוֹנֵי. שֶׁכָּל זְמַן שֶׁלֹּא יִתְּנוּ לָהּ כְּתוּבָּה נִיזּוֹנֶת מִשֶּׁלָּהֶם. דַּיָּינָא הוּא. וְלָא קָאָמַר דְּנִזְקָקִין לְנִכְסֵי יְתוֹמִים.

שלא יהא חוטא נשכר. והא דמשמע בפ"ק דכתובות (דף יא. ושם) דלית ליה לרבא האי טעמא גבי גיורת שנתגיירה פחותה מבת ג' שנים, דמשמע ליה לרבא שאם היתה יכולה למחות כשהגדילה לא היה לה קנס — לא דמי. דהתם הוא דמן הדין אין לה קנס כלל, ומשום שלא יהא חוטא נשכר לא אמר דניתן לה, הואיל ומן הדין אין לה. אבל הכא, דמן הדין יש לה, אלא משום דבעיא למקנסה — סברא הוא דמשום שלא יהא חוטא נשכר מוקמינן לה אדינא. ובפרק "אלו נערות" (כתובות דף לו:) אית ליה שלא יהא חוטא נשכר בבת ישראל שבויה, משום דמוקמינן לה אקדושתה.

אין מעמידין אפוטרופוס לתם לגבות מגופו. תימה: מאי טעם דאין מעמידין? דאין לומר משום דאין ב"ד נזקקין אלא לנכסים שיש להן אחריות, כדאיתא בפ"ק (דף יד:) גבי שוה כסף, ואוקמינן ביתמי. דלא דמי כלל, דהתם מיירי בהזיקו בחיי האב, ומשום דמטלטלי דיתמי לא משתעבדי לב"ח. ואין לומר נמי דהיינו טעם — משום דפלגא נזקא קנסא, ויתמי לאו בני קנסא נינהו. דלמ"ד פלגא נזקא ממונא מאי איכא למימר? ועוד: אפילו במועד, למ"ד לד תמות במקומה עומדת אינו גובה ח"נ של לד תמות. °ואע"ג דהתם לאו קיתא אלא דינא! וגם אין לומר: משום דאיהו גופיה כי מזיק פטור, דפגיעתו רעה — ממונו לא כ"ש, ובמועד עבדי רבנן תקנה מפני תיקון העולם. דכשהלכו בעליו למדינת הים יהבינן ליה דין חרש, ואע"ג דלא שייך האי טעמא. וגם אין לומר: משום דמשתלם מגופו חשו חכמים שלא יפסיד שורו, שהוא דבר מסויים, אבל במועד דמשתלם מכל דבר — לא חשו. דהא לר' ישמעאל ב"ח הוא, ויכול לסלוקיה בזוזי! וי"ל דהטעם הוא: כיון דחס רחמנא על התם שלא ישלם נ"ש, הלכך לגבי יתמי חשו עלייהו. וכן מי שהלכו בעליו למדינת הים, כיון שאין להם בעלים גמורים אלא ע"י תקנת ב"ד בהעמדת אפוטרופוס — אקילו ביה רבנן. וכן המועד נמי, בלד תמות אין מעמידין אפוטרופוס, כיון דחס רחמנא עליה למ"ד לד תמות במקומה עומדת, שאם אין השור שוה חצי נזקו — אין משלם אלא מגופו.

אלמא מעמידין אפוטרופוס. וא"ת: וניתא דרישא כגון שלא היה אפוטרופוס בשעת נגיחה! וי"ל: דהא מילתא דפשיטא היא. **ואם** הוחזקו נגחנין. אין לפרש: שנגחו שלש פעמים, ומעמידין אפוטרופוס שאם יגח רביעית ישלם נ"ש. דהניחא אי ליעודי תורא בעינן, אלא אי ליעודי גברא בעינן — לא אייעד *באותה נגיחה. [באותן נגיחות כצ"ל] ועוד: דהאי תנא סבר רשות משנה, כדקתני סיפא: חזר לתמותו! וצ"ל: דהוחזקו נגחנים — רשעים ומשתגעים ליגח, כי ההיא דלקמן דשאלו בחזקת תם, דמוקי כגון שהכיר בו שהוא נגחן. ואפילו הוחזקו נגחנים ג' פעמים — לא יעשה מועד עד שיחזור ויגח שלש פעמים ברשות אפוטרופוס. **ורבי** יוחנן אמר או לשטר שיש בו רבית. וא"ת: והא טעמא דאין נזקקין — משום דחיישינן לצררי, כדמפרש רב הונא בריה דרב יהושע בפרק "גט פשוט" (ב"ב דף קעד. ושם), והתם פסקינן הלכתא כוותיה, והכא לא שייך טעמא דצררי! ורבא, דהכי נמי מפ' טעמא בפ' "שום היתומים" (ערכין דף כב. ושם) משום שובר — והכא לא שייך כלל, וא"כ, אמאי הוי דרבי יוסי בר חנינא טועה? וי"ל: ר' יוחנן קאמר בכל ענין אין נזקקין, בין במלוה הבאה מחמת עצמה — ומשום דאין מקבלין עדות שלא בפני בעל דין, ויתומים כשלא בפני בעל דין דמי, כדמוכח ב"הגוזל בתרא" (לקמן דף קיב) גבי *אמוה דרבי ירמיה, ובין במלוה הבאה מחמת אביהם, ואפילו בשטר המקויים אין נזקקין — [נ"ל בר אמוה] משום שובר וצררי. וא"ת: אדפריך משוית ליה לר' יוסי בר חנינא טועה, תקשה מר' יוסי בר חנינא אדרבי יוסי בר חנינא, דאמר ב"הגוזל בתרא" (שם:) גבי הא דאמר ר' יוחנן: וכי מקבלין עדות שלא בפני בעל דין — קבלה מיניה ר' יוסי בר חנינא כגון שהיה חולה או עדים חולים, או שהיו עדיו מבקשים ללכת למדינת הים, ושלחו לו ולא בא. אבל בענין אחר — לא! וי"ל: דשמא הוא מדמה קטנים להא.

דאי אמרת מעליית אפוטרופוס ממנעי ולא עבדי. מכאן מדקדק הר"ר חיים דאפוטרופסין לא משלמי אפילו פשעו בשל יתמי, דהא הכא פשע בשור האפוטרופוס, ואפ"ה מפטרי. ומה שהאפוטרופוס נשבע ליתמי, כדמשמע ב"הניזקין" (גיטין דף נב. ושם:) — היינו שלא עכב כלום משלהם, אבל אין נשבעין שלא פשעו, דאפילו פשעו — פטורים. והר"ר שלמה בחור ב"ר יוסף דקדק דמשלמי בפשיעה, מההיא ד"המפקיד" (ב"מ דף מג: ושם*) דההוא תורא דלא ה"ל ככי ושיני, וקאמר: נימא לאפוטרופוס: זיל שליש, אמר: אנא לבקרא מסרתיה. משמע דאם פשע — משלם. [ד"ה נימא] והשתא קשה אהדדי! ואור"י: דודאי מחייב אפוטרופוס לשלם בפשיעה, ולא ממנעי בין מינהו אבי יתומים בין מינהו בית דין, כדמפרש טעמא

כ א מיי' פ"ו מהלכות נ"מ הלכה ג סמג עשין סז טוש"ע ח"מ סי' תו סעיף ה:
כא ב מיי' שם הלכה ג:
כב ג מיי' שם הלכה ו:
כג ד מיי' שם הלכה ה ועיין בהשגות ובמ"מ ופ"י הלכה ח:
כד ה מיי' שם הלכה ד:
כה ו ז מיי' פי"ב מהל' מלוה ולוה הלכה ג סמג עשין לד טוש"ע ח"מ סי' קי סעיף א:

ערכין כב.

[לקמן נג. ב"מ קיז:]

גליון הש"ס

תום' ד"ה אין כו' ואע"ג דהתם לאו קנסא. וכ"כ תוס' לקמן דף מה ע"ב ד"ה לא:

כו א מיי' פ"ו מהלכות נזקי ממון הלכה ד:
כז ב ג מיי' שם הלכה ג:
כח ד מיי' שם הלכה ו וע"ש במ"מ:

מִמַּנְעִי וְלָא עָבְדִי. רַבִּי יוֹסֵי בַּר חֲנִינָא אָמַר: מֵעֲלִיַּית אַפּוֹטְרוֹפּוֹס, [א]וְחוֹזְרִין וְנִפְרָעִין מִן הַיְּתוֹמִים לְכִי גָּדְלִי. וּמַעֲמִידִים לָהֶן אַפּוֹטְרוֹפִּין לְתָם לִגְבּוֹת מִגּוּפוֹ — תַּנָּאֵי הִיא; דְּתַנְיָא: שׁוֹר שֶׁנִּתְחָרְשׁוּ בְּעָלָיו, וְשֶׁנִּשְׁתַּטּוּ בְּעָלָיו, וְשֶׁהָלְכוּ בְּעָלָיו לִמְדִינַת הַיָּם — יְהוּדָה בֶּן נָקוֹסָא אָמַר סוֹמָכוֹס: הֲרֵי הוּא בְּתַמּוּתוֹ עַד שֶׁיָּעִידוּ בּוֹ בִּפְנֵי הַבְּעָלִים. וַחכ"א: [ב]מַעֲמִידִין לָהֶן אַפּוֹטְרוֹפִּין וּמְעִידִין בָּהֶן בִּפְנֵי אַפּוֹטְרוֹפִּין; נִתְפַּקֵּחַ הַחֵרֵשׁ, נִשְׁתַּפָּה הַשּׁוֹטֶה, וְהִגְדִּיל הַקָּטָן, וּבָאוּ בְּעָלָיו מִמְּדִינַת הַיָּם — יְהוּדָה בֶּן נָקוֹסָא אָמַר סוֹמָכוֹס: חָזַר לְתַמּוּתוֹ עַד שֶׁיָּעִידוּ בּוֹ בִּפְנֵי בְּעָלִים. רַבִּי יוֹסֵי אָמַר: הֲרֵי הוּא בְּחֶזְקָתוֹ; *אָמְרוּ: מַאי "הֲרֵי הוּא בְּתַמּוּתוֹ" דְּקָאָמַר סוֹמָכוֹס? אִילֵימָא דְּלָא מִיַּיעַד כְּלָל, הָא מִדְּקָתָנֵי סֵיפָא חָזַר לְתַמּוּתוֹ, מִכְּלָל דְּאִיַּיעַד! אֶלָּא מַאי "הֲרֵי הוּא בְּתַמּוּתוֹ"? הֲרֵי הוּא בִּתְמִימוּתוֹ, דְּלָא מְחַסְּרִינַן לֵיהּ. אַלְמָא: אֵין מַעֲמִידִין אַפּוֹטְרוֹפּוֹס לְתָם לִגְבּוֹת מִגּוּפוֹ; וַחֲכָמִים אוֹמְרִים: מַעֲמִידִין לָהֶן אַפּוֹטְרוֹפּוֹס וּמְעִידִין לָהֶן בִּפְנֵי אַפּוֹטְרוֹפּוֹס. אַלְמָא: [ג]מַעֲמִידִין אַפּוֹטְרוֹפּוֹס לְתָם לִגְבּוֹת מִגּוּפוֹ. וְסֵיפָא בְּמַאי קָמִיפַּלְגִי? *רְשׁוּת מְשַׁנָּה אִיכָּא בֵּינַיְיהוּ, סוֹמָכוֹס סָבַר: [ד]רְשׁוּת מְשַׁנָּה, וְר' יוֹסֵי סָבַר: רְשׁוּת אֵינָהּ מְשַׁנָּה. ת"ר: שׁוֹר חֵרֵשׁ שׁוֹטֶה וְקָטָן שֶׁנָּגַח — רַבִּי יַעֲקֹב מְשַׁלֵּם ח"נ. ר' יַעֲקֹב מַאי עֲבִידְתֵּיהּ? אֶלָּא אֵימָא: רַבִּי יַעֲקֹב אוֹמֵר: מְשַׁלֵּם ח"נ. בְּמַאי עָסְקִינַן? אִי בְּתָם — פְּשִׁיטָא, דְּכ"ע נַמִי ח"נ הוּא דִּמְשַׁלֵּם! וְאִי בְּמוּעָד, אִי דְּעָבְדִי לֵיהּ שְׁמִירָה — כְּלָל כְּלָל לָא בָּעֵי לְשַׁלּוּמֵי, וְאִי דְּלָא עָבְדִי לֵיהּ שְׁמִירָה כּוּלֵּיהּ נֶזֶק בָּעֵי שַׁלּוּמֵי! אָמַר רָבָא: לְעוֹלָם בְּמוּעָד, וְהָכָא בְּמַאי עָסְקִינַן — דְּעָבְדִי שְׁמִירָה פְּחוּתָה וְלָא עָבְדִי לֵיהּ שְׁמִירָה מְעוּלָּה. וְרַבִּי יַעֲקֹב *סָבַר לָהּ כְּרַבִּי יְהוּדָה דְּאָמַר: צַד תַּמּוּת בִּמְקוֹמָהּ עוֹמֶדֶת, וְסָבַר לָהּ כְּרַבִּי יְהוּדָה דְּאָמַר: מוּעָד סַגִּי לֵיהּ בִּשְׁמִירָה פְּחוּתָה, וְסָבַר לָהּ כְּרַבָּנַן דְּאָמְרִי: מַעֲמִידִין אַפּוֹטְרוֹפּוֹס לְתָם לִגְבּוֹת מִגּוּפוֹ. א"ל אַבַּיֵי: וְלָא פְּלִיגִי? וְהָתַנְיָא: שׁוֹר שֶׁל חֵרֵשׁ שׁוֹטֶה וְקָטָן שֶׁנָּגַח, ר' יְהוּדָה מְחַיֵּיב, וְר' יַעֲקֹב אוֹמֵר: ח"נ הוּא דִּמְשַׁלֵּם! אָמַר רַבָּה בַּר עוּלָּא: מַה שֶּׁמְּחַיֵּיב ר' יְהוּדָה פֵּירֵשׁ ר' יַעֲקֹב. וּלְאַבַּיֵי דְּאָמַר פְּלִיגִי, בְּמַאי פְּלִיגִי? אָמַר לָךְ: הב"ע — בְּמוּעָד וְלָא נַטְרֵיהּ כְּלָל. ר' יַעֲקֹב סָבַר לָהּ כְּר' יְהוּדָה בַּחֲדָא, וּפָלֵיג עֲלֵיהּ בַּחֲדָא; סָבַר כְּר' יְהוּדָה בַּחֲדָא, דְּאִילּוּ ר' יְהוּדָה סָבַר: צַד תַּמּוּת בִּמְקוֹמָהּ עוֹמֶדֶת. וּפָלֵיג עֲלֵיהּ בַּחֲדָא, דְּאִילּוּ רַבִּי יְהוּדָה סָבַר: מַעֲמִידִין לָהֶן אַפּוֹטְרוֹפּוֹס לְתָם לִגְבּוֹת מִגּוּפוֹ, וְר' יַעֲקֹב סָבַר: אֵין מַעֲמִידִין, וְלֹא מְשַׁלֵּם אֶלָּא פַּלְגָּא דְּמוּעָד. אֲמַר לֵיהּ רַב אַחָא בַּר אַבַּיֵי לְרָבִינָא: בִּשְׁלָמָא לְאַבַּיֵי דְּאָמַר פְּלִיגִי — שַׁפִּיר. אֶלָּא לְרָבָא דְּאָמַר לָא פְּלִיגִי, אַדְּמוֹקֵי לַהּ בְּמוּעָד — נוֹקְמָא בְּתָם,

אִי

ממנעי ולא עבדי. אַפּוֹטְרוֹפּוֹס. **מֵעֲלִיַּית אַפּוֹטְרוֹפּוֹס.** שֶׁלֹּא שְׁמָרָהוּ כָּרָאוּי. וְחוֹזְרִין וְנִפְרָעִין מִן הַיְּתוֹמִים לְכִי גָּדְלִי. דְּאִי לָא — מִמְּנְעִי וְלָא עָבְדִי. חָזַר לְתַמּוּתוֹ. לְקַמָּן מְפָרֵשׁ מַאי קָאָמַר. **מַאי הֲרֵי הוּא** בְּתַמּוּתוֹ דְּקָאָמַר סוֹמָכוֹס. בְּרֵישָׁא. **אִילֵימָא דְּלָא מִיַּיעַד.** בְּשָׁלֹשׁ נְגִיחוֹת, לְשַׁלֵּם מֵעֲלִיָּיה כְּשֶׁהוּעַד. **הָא** מִדְּקָתָנֵי **סֵיפָא נִתְפַּקַּח** הַחֵרֵשׁ חָזַר לְתַמּוּתוֹ. דְּקָסָבַר: רְשׁוּת מְשַׁנָּה, מִכְּלָל דְּמֵעִיקָּרָא אִיַּיעַד לֵיהּ. הֲרֵי הוּא בִּתְמִימוּתוֹ. דְּלָא גָּבֵי נְגִיחוֹת תַּמּוּת מִינֵּיהּ, דְּאֵין מַעֲמִידִין אַפּוֹטְרוֹפּוֹס לְתָם לִגְבּוֹת מִגּוּפוֹ. רְשׁוּת מְשַׁנָּה. הָרְשׁוּת שֶׁנִּשְׁתַּנָּה לוֹ, שֶׁיָּצָא מִידֵי אַפּוֹטְרוֹפּוֹס וְנִכְנַס לִרְשׁוּת בְּעָלִים — מְשַׁנָּה אֶת הַעֲדָאָתוֹ. ה"ג: ר' יַעֲקֹב מְשַׁלֵּם ח"נ. **בְּמַאי** עָסְקִינַן. דְּאִצְטְרִיךְ לֵיהּ לְמִיתְנֵי ח"נ, וְלָא תְּנָא "רַבִּי יַעֲקֹב מְחַיֵּיב". **אִי** דְּעָבַד לֵיהּ שְׁמִירָה. מְעוּלָּה, וְנִפְרְצָה בַּלַּיְלָה אוֹ שֶׁפְּרָצוּהָ לִסְטִין, מִשּׁוּם הָכִי פָּטַר לֵיהּ מִנֶּזֶק שָׁלֵם — כְּלָל כְּלָל לָא בָּעֵי לְשַׁלּוּמֵי. וְאִי **דְּלָא** עָבַד לֵיהּ שְׁמִירָה. מְעוּלָּה, כּוּלֵּיהּ נֶזֶק בָּעֵי לְשַׁלּוּמֵי. שְׁמִירָה פְּחוּתָה. נָעַל בְּפָנֶיהָ כָּרָאוּי. וְאָמְרִינַן [לְקַמָּן] (ד' נה:): דֶּלֶת שֶׁיְּכוֹלָה לַעֲמוֹד בְּרוּחַ מְצוּיָה — זֶהוּ כָּרָאוּי. וְהַיְינוּ שְׁמִירָה פְּחוּתָה אֲבָל רוּחַ שֶׁאֵינָהּ מְצוּיָה. וְאִצְטְרִיךְ לְאַשְׁמוּעִינַן דִּמְשַׁלֵּם ח"נ וְלָא כּוּלּוֹ, וּלְאַפּוּקֵי מֵהָנֵי תַּנָּאֵי דִּפְלִיגִי בִּשְׁלְהֵי פִּירְקִין, דְּאִיכָּא לְמ"ד דְּפָטוּר, וְאִיכָּא דִּמְחַיֵּיב לֵיהּ נֶזֶק שָׁלֵם. וְאַשְׁמוּעִינַן הָכָא דְּרַבִּי יַעֲקֹב סָבַר לָהּ כְּרַבִּי יְהוּדָה, דְּאָמַר בִּשְׁלְהֵי פִּירְקִין בְּמוּעָד: סַגִּי לֵיהּ בִּשְׁמִירָה פְּחוּתָה, דְּמִיַּיתְּרִי בֵּיהּ קְרָאֵי וּמִפַּטַּר מִנֶּזֶק שָׁלֵם. וּמִיהוּ, בַּחֲצִי נֶזֶק מְחַיֵּיב, כִּדְאָמְרִינַן לְקַמָּן: לֹא פָּטַר ר' יְהוּדָה אֶלָּא עַל צַד הַעֲדָאָה שֶׁבּוֹ, אֲבָל צַד תַּמּוּת — בִּמְקוֹמָהּ עוֹמֶדֶת. וְתָם לָא סַגִּי לֵיהּ בִּשְׁמִירָה פְּחוּתָה, דְּלָא מִיַּיתְּרִי בֵּיהּ קְרָאֵי. וְאַע"ג דְּהַךְ צַד תַּמּוּת מִגּוּפֵיהּ מִשְׁתַּלֵּם — אִית לֵיהּ לְר' יַעֲקֹב מַעֲמִידִין אַפּוֹטְרוֹפּוֹס לְתָם לִגְבּוֹת מִגּוּפֵיהּ, כְּרַבָּנַן דִּפְלִיגִי עֲלֵיהּ דְּסוֹמָכוֹס לְעֵיל. **וְלָא פְּלִיגִי.** ר' יַעֲקֹב וְרַבִּי יְהוּדָה. **וּלְאַבַּיֵי דְּאָמַר פְּלִיגִי בְּמַאי** פְּלִיגִי. אִי בְּתָם — לָא קָאָמַר רַבִּי יְהוּדָה נ"ש, וְאִי בְּמוּעָד וּשְׁמִירָה פְּחוּתָה — הָא שָׁמְעִינַן לֵיהּ לְרַבִּי יְהוּדָה אֲפִילּוּ בְּשׁוֹר שֶׁל פִּיקֵּחַ ח"נ וְתוּ לָא. וְאִי בִּדְלָא נַטְרֵיהּ כְּלָל — מַאי טַעַם דְּר' יַעֲקֹב? **וְלֹא** נַטְרֵיהּ כְּלָל. וְקָאָמַר רַבִּי יְהוּדָה: נ"ש, הַחֲצִי מִן הָעֲלִיָּיה וְהַחֲצִי מִן גּוּפוֹ. דְּשָׁמְעִינַן לְרַבִּי יְהוּדָה לְקַמָּן דְּכָל תָּם וְנַעֲשָׂה מוּעָד — צַד תַּמּוּת בִּמְקוֹמָהּ עוֹמֶדֶת, וּמִגּוּפוֹ נִגְבֵּית. וְהַאי, אַע"ג דְּלֵית לֵיהּ בְּעָלִים בְּנֵי דֵּעָה — מַעֲמִידִין אַפּוֹטְרוֹפּוֹס לְתָם לִגְבּוֹת מִגּוּפוֹ צַד תַּמּוּת. וְרַבִּי יַעֲקֹב סָבַר לָהּ כְּרַבִּי יְהוּדָה **בַּחֲדָא.** דְּכָל תָּם וְנַעֲשָׂה מוּעָד — צַד תַּמּוּת בִּמְקוֹמָהּ עוֹמֶדֶת לִגְבּוֹת מִגּוּפוֹ. הִלְכָּךְ הָכָא פָּטוּר מִצַּד תַּמּוּת, דְּבָהָךְ פָּלֵיג עֲלֵיהּ, דְּקָסָבַר: אֵין מַעֲמִידִין אַפּוֹטְרוֹפּוֹס לְתָם כו'. **בִּשְׁלָמָא לְאַבַּיֵי דְּאָמַר פְּלִיגִי** שַׁפִּיר. מוֹקֵי לָהּ בְּמוּעָד לְמַתְנִיתָא קַמַּיְיתָא. דְּבְתָם לֵיכָּא לְאוֹקְמָא לְאַשְׁמוּעִינַן דְּמַעֲמִידִין אַפּוֹטְרוֹפּוֹס לְתָם, דְּאַשְׁמוּעִינַן לֵיהּ בְּמַתְנִיתָא בַּתְרַיְיתָא דְּקָאָמַר אֵין מַעֲמִידִין. הִלְכָּךְ ע"כ קַמַּיְיתָא נַמִי בְּמוּעָד וְלָא נַטְרֵיהּ כְּלָל, וּמְשַׁלֵּם ח"נ דְּמוּעֶדֶת. **אֶלָּא לְרָבָא דְּאָמַר לָא פְּלִיגִי.** וְאִית לֵיהּ לְר' יַעֲקֹב מַעֲמִידִין אַפּוֹטְרוֹפּוֹס לְתָם. **אַדְּמוֹקֵי לַהּ.** לְקַמַּיְיתָא בְּמוּעָד, לוֹקְמָא בְּתָם.

טעמא ב"הניזקין" (גיטין דף נב. ושם). אבל כאן, דשלא בשביל היתומים ממנין אותו, דטוב היה להם שלא היה להם אפוטרופוס, אלא בשביל תקנת העולם ממנין אותו כדי שישמור השור שלא יגח. אי אמרת דמשלם — ממנעי ולא עבדי. ובירושלמי ב"הנזקין" אמר: אתיא דר' יוחנן כרבנן? בתמיה. אפילו יסבור כאבא שאול דאמר מינוהו ב"ד ישבע — בעי ההוא בר איניש למיתב זוזי בגין דמתקרי מהימן. כלומר: לא ימנע בשביל כך אם יהיה זקוק לפרוע אם יפשע, דשמח הוא שנחשב בכך לנאמן כשב"ד ממנין אותו. אבל גבי שור אין נחשב לנאמן בשביל מנוי זה, שאין זה בשביל תקנת יתומים אלא בשביל שלא יזיק לעולם, ואין נחשב אלא כשומר בעלמא ששומר השור שלא יזיק. ודרבי יוסי ב"ח כאבא שאול? אפילו יסבור כרבנן — אדם מבריח עצמו מן השבועה, ואין אדם מבריח עצמו מן התשלומין. כלומר: בשביל השבועה יהיה נמנע, שלעולם צריך לישבע שלא עיכב כלום משלהם. ונראה דאפילו נאבד דבר משל יתומים — שלא ישבע שלא פשע, שאם כן יהיו נמנעים. אבל בזה אין חושש אם יש עדים, או אם מודה (א) הוא בעצמו שפשע — לא ימנע אם מזקיקין אותו לשלם. **אי בתם פשיטא.** וכ"ת: דאשמועי' דמעמידין אפוטרופוס לתם! א"כ ה"ל למתני: ר' יעקב מחייב, ותו לא. ומדנקט ח"נ — משמע דאיצטריך, דלא נימא נזק שלם.

ולא משלם אלא פלגא דמועד. ורבא לא בעי לשנויי הכי, מדלא קתני: ר' יהודה אומר חייב נ"ש ור' יעקב אומר ח"נ. ועוד: דמשמע ליה לרבא דכיון דלא נטריה כלל — חידוש. ומדקאמר: משלם ח"נ — משמע דקמ"ל דמשלם אפילו ח"נ. אבל השתא דנטריה שמירה פחותה — חידוש הוא, דקמ"ל דמשלם אפילו ח"נ. ועוד: דמשמע ליה ח"נ מגופו, כשאר ח"נ דבכל מקום. **אדמוקי** לה במועד לוקמיה בתם. תימה, דמעיקרא הוה פריך: אי בתם פשיטא, ולא הוה בעי למימר דאתא לאשמועינן דמעמידין אפוטרופוס לתם, כדפי' לעיל — דאם כן ה"ל למימר "רבי יעקב מחייב". והשתא פריך לאוקמיה בתם! וי"ל: דהשתא דאסיק אדעתיה דאמר צד תמות במקומה עומדת — לא מצי למתני "רבי יעקב מחייב". דאיצטריך להזכיר ח"נ לאשמועינן דמעמידין אפוטרופוס לתם, ואי הוה תני "מחייב" — הוה מוקמינן לה במועד, אבל תם פטור, דאין מעמידין אפוטרופוס לתם. ואיצטריך לאשמועינן דמועד משלם נ"ש, לאפוקי ממ"ד צד תמות במקומה עומדת. אבל מעיקרא, דלא הוה אסיק אדעתיה צד תמות כו' — פריך שפיר: אי בתם — פשיטא. דאי לאשמועינן מעמידין אפוטרופוס לתם אתא — לתני "מחייב", והוה מוקמינן ליה בתם, דלמועד לא איצטריך.

שור

נ"ל אמרי יעב"ץ

[לקמן מ:]

[לעיל יח: לקמן מה:]

הגהות הב"ח

(א) תוס' ד"ה דאי אמרת וכו' או אם יודע הוא בעצמו שפשע:

אי לר"י — דעבד ליה שמירה פחותה ולא עבד ליה שמירה מעולה, אי לר"א בן יעקב — דלא עביד ליה שמירה כלל. דתניא, ר"א בן יעקב אומר: אחד תם ואחד מועד ששמרן שמירה פחותה — פטורין. והא קמ"ל ר' יעקב, דמעמידין להן אפוטרופין לתם לגבות מגופו! א"ל, הכי קאמר: חדא דאית ביה תרתי טעמא. רבינא אמר: רשות משנה איכא בינייהו. כגון דהוה מועד, ונתפקח החרש, ונשתפה השוטה, והגדיל הקטן; ר"י סבר: הרי הוא בחזקתו, ר' יעקב סבר: רשות משנה.§ ת"ר: [א]אפוטרופסים משלמין מן העלייה, [ב]ואין משלמין כופר. מאן תנא *[ג]כופרא כפרה, ויתמי לאו בני כפרה נינהו? א"ר חסדא: ר' ישמעאל בנו של ר' יוחנן בן ברוקה היא. דתניא: *°"ונתן פדיון נפשו" — דמי ניזק. ר' ישמעאל בנו של רבי יוחנן בן ברוקה אומר: דמי מזיק; מאי לאו בהא קמיפלגי, דרבנן סברי: כופרא ממונא הוא, ור' ישמעאל בנו של רבי יוחנן בן ברוקה סבר: כופרא כפרה? א"ר פפא: לא, דכ"ע כופרא כפרה הוא, והכא בהא קמיפלגי, רבנן סברי: בדניזק שיימינן, ורבי ישמעאל בנו של רבי יוחנן בן ברוקה סבר: בדמזיק שיימינן. מ"ט דרבנן? נאמרה שיתה למטה ונאמרה שיתה למעלה, מה להלן בדניזק, אף כאן בדניזק. ור' ישמעאל בנו של רבי יוחנן בן ברוקה סבר: "ונתן פדיון נפשו" כתיב. ורבנן? אין, "פדיון נפשו" כתיב, מיהו כי שיימינן — בדניזק שיימינן. משבח ליה רבא לר"נ בדרב אחא בר יעקב דאדם גדול הוא, א"ל: לכשיבא לידך הביאהו לידי. כי אתא לגביה א"ל: בעי מינאי מילתא. בעא מיניה: שור של שני שותפין כיצד משלמין כופר? [ד]משלם האי כופר והאי כופר — כופר אחד אמר רחמנא ולא שני כופרין; האי חצי כופר והאי חצי כופר, כופר שלם אמר רחמנא ולא חצי כופר! אדיתיב וקא מעיין בה, א"ל, *תנן: [ה]חייבי ערכין ממשכנין אותן, [ו]חייבי חטאות ואשמות אין ממשכנין אותן; חייבי כופרין, מאי? כיון דכפרה הוא — כחטאת ואשם דמי, מחמר חמיר עילויה ולא בעי משכוניה. או דלמא: כיון דלחבריה הוא דבעי מיתבא ליה — ממונא הוא, ולא לגבוה הוא, ולא חמיר עליה [ז]ובעי משכוניה. אי נמי, כיון דהוא לא חטא וממוניה הוא דאזיק, לא חמיר מילתא עילויה ובעי משכוניה? א"ל: שבקן, *אסתגר בקמייתא.§ ת"ר: [ח]שאלו בחזקת תם ונמצא מועד — בעלים משלמין חצי נזק, ושואל משלם חצי נזק; הועד בבית שואל והחזירו לבעלים — בעלים משלמין חצי נזק, ושואל פטור מכלום. אמר מר: שאלו בחזקת תם ונמצא מועד — בעלים משלמין חצי נזק, ושואל חצי נזק. ואמאי? לימא ליה: תורא שאילי, אריא לא שאילי! אמר רב: הכא במאי עסקינן — [ט]שהכיר בו שהוא נגחן. ונימא ליה: תם שאילי, מועד לא שאילי! משום דא"ל: סוף סוף, אי תם הוה — פלגא נזקא בעית שלומי, השתא נמי זיל שלים פלגא נזקא. ונימא ליה: אי תם הוה, משתלם מגופו! משום דא"ל: סוף סוף, את לאו תורא בעית שלומי לדידי? ונימא ליה: אם

שמות כא

רש"י

אי לר"י. כלומר: אי כר"י סבירא ליה, דאמר לקמן: תם לא סגי ליה בשמירה פחותה — כגון דעבד ליה שמירה פחותה. אי לר"א בן יעקב. דאמר: תם סגי ליה בשמירה פחותה — כגון דלא עבד ליה שמירה כלל. ואיצטריך לר' יעקב לאשמועינן דמעמידין אפוטרופוס לתם. ולהכי תנא ה"נ ולא תנא "רבי יעקב מחייב" סתמא — דלא תימא: במועד קמיירי וכולה נזקא קאמר, אבל בתם אפילו פלגא נזקא נמי לא, דאין מעמידין. א"ל חדא דאית ביה תרתי טעמא. הואיל וס"ל לרבא דלא פליגי ר' יעקב ור"י — בכולהו סבירא ליה הכי. ולהכי אוקמה רבא במועד ובשמירה פחותה — דתשמע מינה דאית ליה לר' יעקב כרבי יהודה, דסגי ליה לגבי מועדת בשמירה פחותה, ולגבי תמות במקומה עומדת ולדידיה לא סגי ליה בשמירה פחותה. ותשמע נמי דמעמידין אפוטרופוס לתם לגבות מגופו. רשות משנה איכא בינייהו. בין רבי יעקב לר"י. הרי הוא בחזקתו. שהועד בבית אפוטרופוס, ומשלמים בעלים נ"ש — החצי מגופו והחצי מעלייה, ככל תמים שהועדו. משלמין מן העלייה. נזק. ואין משלמין כופר. היכא דהמית את האדם. בדניזק שיימינן. בגופו של מת, ובהכי מכפר מזיק. נאמרה שיתה למעלה. לענין דמי ולדות, "כאשר ישית עליו בעל האשה". ונאמרה שיתה למטה. במועד שהמית, "אם כופר יושת עליו". כיצד משלמין כופר. דבשלמא נזקין — האי פלגא משלם והאי פלגא משלם, דאהזיקא דניזק קפיד רחמנא, והאי מטי ליה נזק שלם. אבל כופרא — כפרה דמזיק הוא, ותרווייהו כפרה בעו, ובחצי כופר לא מיכפר. ממשכנין אותו. גזבר הקדש. דכיון דלאו לכפרה אתי — משהי ליה. חייבי חטאות אין ממשכנין אותן. דכיון (א) לכפוריה חטאיה קבעי לה — לא משהי ליה. אסתגר בקמייתא. הוסגרתי ונאלמתי בראשונה. ונמצא מועד. והזיק בבית שואל. בעלים משלמין ח"נ ושואל חצי נזק. דנטירותא דתם מיהא (ב) מקבל עליה. ובעלים, הואיל ולא הודיעוהו — משלמין החצי. הועד בבית שואל. שהזיק בתוך ימי שאילתו ג' פעמים. והחזירו לבעלים. ואח"כ הזיק — בעלים משלמין חצי נזק. לקמן מפרש טעמא, דקסבר רשות משנה. ופרכינן רישא לסיפא. אריא לא שאילי. נטירותא דאריא לא קבילית עלי — דאי תם הוה לא הוה נגח. שהכיר בו שהוא נגחן. אבל לא ידע שנגח ג' נגיחות. הלכך, נטירותא [דתם] נגח — קביל עליה, והוה ליה לנטורי. מגופו. ולא *משלי. הוה

תוספות

שור של ב' שותפין. בשני שוורים של שנים לא מלי למיבעי, דלר"י בן בתירא דאמר (סנהדרין דף עח.) בהכוהו עשרה בני אדם בזה אחר זה האחרון חייב — ה"נ האחרון חייב. ואי בבת אחת — כולן פטורין ממיתה, דכמיתת בעלים כך מיתת השור. וכיון דפטורין ממיתה פטורין מכופר, למ"ד לקמן אין השור בסקילה — אין הבעלים משלמין כופר. **כופר** אחד אמר רחמנא ולא ב'. ואע"ג דלגבי חטאת אמר בפ' "המצניע" (שבת דף צג: ושם*) גבי המוציא ככר לרה"ר והוציאו שנים חייבין, ומסתמא כל חד וחד חייב חטאת. התם, כיון דכל חד מיחייב אזדונו כרת — מיחייב נמי אשגגתו חטאת. ועוד, חטאת דלגבוה — אין להקפיד אי מביאין שתי חטאות, אבל כופר דלחבירו — למה ירויח זה במה שהשור לשנים. **כופר** שלם אמר רחמא ולא חצי כופר. דוקא לענין כופר דכפרה היא, דמסתמא כפרה שלימה בעיא. אבל לענין התשלומין — אמר לקמן ב"מרובה" (דף עח:): "ה' בקר" ואפילו ה' חצאי בקר. ו"שה" אפילו מקצת שה, דפ' "אותו ואת בנו" (חולין דף עט:). ו"דמו" [אפילו] מקצת דמו, ד"כיסוי הדם" (שם דף פח.). וחצי מתנות ד"הזרוע" (שם דף קלב.). ו"בכור" ואפילו מקצת בכור דריש בכורות (דף ג. ושם*) לא שייך לאתויי הכא. והיא *ד"חומש" ולא חצי חומש דפ' "יש בכור" (שם דף מח:) — שייך טפי. והא דמשלם תם חצי כופר לר' יוסי הגלילי — היינו כופר שלם דידיה. וכן המית מי שחציו עבד וחציו בן חורין ד"השולח" (גיטין דף מג:) דמשלם חצי כופר ליורשים — היינו כופר שלם דידיה*. **חייבי** כופר מאי. ביורשי הניזק עצמו מבעיא ליה, אם יכולין למשכנו. **ולימא** ליה אי תם הוה משתלם מגופו. הך פרכא לית ליה לר"י, דאמר לד תמות במקומה עומדת. וכן ההיא פירכא ד"הוה מערקנא ליה לאגמא". אבל ההיא פירכא ד"מודינא ומפטרי" — אתיא אף אליבא דר"י, דכיון דאייעד לאו קנסא הוא. **לאו** תורא בעית לשלומי. וא"ת: אי הוה תם לא הוה משתלם אלא כמו שהשור שוה, והשתא משלם כל חצי נזק מהעלייה, אע"פ שאין השור שוה כל כך! וי"ל: דהשתא נמי לא משלם אלא בשוויו של שור. אי

[לקמן מח.]
לעיל כז. מכות ב:
לקמן קב: ערכין כח.
ס"א מעלייה

הגהות הב"ח

(א) רש"י ד"ה חייבי וכו' דכיון לכפוריה: (ב) ד"ה בעלים כו' מיהא קיבל עליה:

עין משפט נר מצוה

כח א מיי' פ"ו מהלכות נזקי ממון הלכה ז:
כט ב מיי' שם פ"י הל"ו:
ל ג מיי' שם והלכה ז:
לא ד מיי' שם הלכה ה:
לב ה מיי' פ"ג מהלכות ערכין הלכה יד:
לג ו מיי' פי"ד מהלכות מעשה הקרבנות הלכה יז:
לד ז מיי' פ"ו מהלכות נזקי ממון הלכה ז:
לה ח ט י מיי' שם פ"ל הלכה ח ט וע"ש בהשגות ובמ"מ:

[ד"ה זה]
[ד"ה ורבי]
[דחמש ולא חצי חמש כצ"ל]
[וע' תוס' ב"ב נו: ד"ה ורבנן ובסנהדרין פו. ד"ה דבר]

גליון הש"ס

גמ' ונתן פדיון נפשו. עי' ערכין דף כ ע"א תוד"ה דמי: שם דמי ניזק. עי' ירושלמי ספ"ה דשבועות: שם דמי מזיק. עי' לקמן דף פד ע"א תוס' ד"ה אלא: שם משבח ליה רבה. כעין זה ברכות דף לח ע"א וש"נ: תום' ד"ה כופר שלם כו' אבל לענין התשלומין'. עי' ב"ב דף נו ע"ב תוס' ד"ה ורבנן: ד"ה ולימא כו' דכיון דאייעד. עי' לעיל דף לט ע"א תוס' ד"ה אין. ולקמן דף מה ע"ב תוס' ד"ה לא:

[גי' הערוך איסתגיד פי' חליתי מזאת השאלה כגון אסתניס אני שהוא בלשון יון חולה]

עין משפט
נר מצוה

לו א מיי' פ"ב מהלכות מלוה ולוה הלכה ו ועיין במ"מ סמג עשין לד טוש"ע ח"מ סי' פו סעיף א:

לז ב מיי' פ"ד מהל' נזקי ממון הלכה ט:

לח ג מיי' שם פ"י הלכה ח ועיין במ"מ ופ"ו הלכה ה:

לט ד מיי' פ"ד מהלכות איסורי מזבח הלכה ג סמג לאוין שיו:

מ ה ו ז ח מיי' שם הלכה א ופ"ג הלכה ו סמג שם:

מא ט מיי' פ"ד שם הלכה ה:

אִם תָּם הֲוָה מוֹדֵינָא וּמִפַּטְרִינָא! וַאֲפִילּוּ לְמ"ד *פַּלְגָא נִזְקָא מָמוֹנָא, נֵימָא לֵיהּ: אִי תָּם הוּא, הֲוָה מַעֲרִיקְנָא לֵיהּ לְאַגְמָא! אֶלָּא, הָכָא בְּמַאי עָסְקִינַן — כְּגוֹן דְּאַקְדֵּים בֵּי דִינָא וְתַפְסֵיהּ. אִי הָכִי, בְּעָלִים אַמַּאי מְשַׁלְּמִים חֲצִי נֶזֶק? נֵימָא לֵיהּ: אַתְפַּסְתֵּיהּ לְתוֹרַאי בִּידָא מַאן דְּלָא מָצֵינָא לְאִשְׁתַּעוּיֵי דִּינָא בַּהֲדֵיהּ! מִשּׁוּם דְּא"ל: אִי אַהֲדַרְתֵּיהּ נִיהֲלָךְ, לָאו מִינָּךְ הֲווּ שָׁקְלִי לֵיהּ? וְנֵימָא לֵיהּ: אִי אַהֲדַרְתֵּיהּ נִיהֲלֵיהּ, הֲוָה מַעֲרִיקְנָא לֵיהּ לְאַגְמָא! מִשּׁוּם דְּא"ל: סוֹף סוֹף לָאו מֵעָלַיָּיהּ הֲווּ מִשְׁתַּלְּמִי? הָנִיחָא הֵיכָא דְּאִית לֵיהּ נִכְסֵי, הֵיכָא דְּלֵית לֵיהּ נִכְסֵי מַאי אִיכָּא לְמֵימַר? מִשּׁוּם דְּא"ל: כִּי הֵיכָא דְּמִשְׁתַּעְבַּדְנָא לְדִידָךְ, הָכִי נַמִּי מִשְׁתַּעְבַּדְנָא לְהָאֵיךְ, מִדְּר' נָתָן; דְּתַנְיָא, *רַבִּי נָתָן אוֹמֵר: [א]מִנַּיִן לַנּוֹשֶׁה בַּחֲבֵירוֹ מָנֶה, וַחֲבֵירוֹ בַּחֲבֵירוֹ, מִנַּיִן שֶׁמּוֹצִיאִין מִזֶּה וְנוֹתְנִים לָזֶה? ת"ל: °"וְנָתַן לַאֲשֶׁר אָשַׁם לוֹ". (במדבר ה) "הוּעַד בְּבֵית שׁוֹאֵל וְהֶחֱזִירוֹ לַבְּעָלִים — בְּעָלִים מְשַׁלְּמִין חֲצִי נֶזֶק, וְשׁוֹאֵל פָּטוּר מִכְּלוּם". סֵיפָא *רְשׁוּת מְשַׁנָּה, רֵישָׁא רְשׁוּת אֵינָהּ מְשַׁנָּה! א"ר יוֹחָנָן: תַּבְרָא, מִי שֶׁשָּׁנָה זוֹ לֹא שָׁנָה זוֹ. רַבָּה אָמַר: מִדְּרֵישָׁא רְשׁוּת אֵינָהּ מְשַׁנָּה, סֵיפָא נַמִּי רְשׁוּת אֵינָהּ מְשַׁנָּה. וְסֵיפָא הַיְינוּ טַעְמָא, מִשּׁוּם דְּא"ל: לָאו כָּל כְּמִינָּךְ דְּמִיַּיעַדְתְּ לֵיהּ לְתוֹרַאי. רַב פַּפָּא אָמַר: מִדְּסֵיפָא [ב]רְשׁוּת מְשַׁנָּה, רֵישָׁא נַמִּי רְשׁוּת מְשַׁנָּה. וְרֵישָׁא הַיְינוּ טַעְמָא, מִשּׁוּם דְּכָל מָקוֹם שֶׁהוֹלֵךְ — שֵׁם בְּעָלָיו עָלָיו.§ [ג]"שׁוֹר הָאִצְטָדִין אֵינוֹ חַיָּיב מִיתָה" [וכו']§ אִיבַּעְיָא לְהוּ: מַהוּ לְגַבֵּי מִזְבֵּחַ? רַב אָמַר: [ד]כָּשֵׁר, וּשְׁמוּאֵל אָמַר: פָּסוּל. רַב אָמַר כָּשֵׁר, אָנוּס הוּא. וּשְׁמוּאֵל אָמַר פָּסוּל, הֲרֵי נֶעֱבַד בּוֹ עֲבֵירָה. מֵיתִיבֵי: (ויקרא א) °"מִן הַבְּהֵמָה" — *[ה]לְהוֹצִיא אֶת הָרוֹבֵעַ וְאֶת הַנִּרְבָּע, "מִן הַבָּקָר" — [ו]לְהוֹצִיא אֶת הַנֶּעֱבָד, "מִן הַצֹּאן" — [ז]לְהוֹצִיא אֶת הַמּוּקְצֶה, "וּמִן הַצֹּאן" — [ח]לְהוֹצִיא אֶת הַנּוֹגֵחַ; אָמַר רַבִּי שִׁמְעוֹן: אִם נֶאֱמַר רוֹבֵעַ, לָמָּה נֶאֱמַר נוֹגֵחַ? וְאִם נֶאֱמַר נוֹגֵחַ, לָמָּה נֶאֱמַר רוֹבֵעַ? מִפְּנֵי שֶׁיֵּשׁ בָּרוֹבֵעַ שֶׁאֵין בַּנּוֹגֵחַ, וְיֵשׁ בַּנּוֹגֵחַ שֶׁאֵין בָּרוֹבֵעַ; רוֹבֵעַ — [ט]עָשָׂה בּוֹ אוֹנֶס כְּרָצוֹן, נוֹגֵחַ — לֹא עָשָׂה בּוֹ אוֹנֶס כְּרָצוֹן. נוֹגֵחַ — מְשַׁלֵּם כּוֹפֶר, רוֹבֵעַ — אֵינוֹ מְשַׁלֵּם אֶת הַכּוֹפֶר. לְפִיכָךְ הוּצְרַךְ לוֹמַר רוֹבֵעַ וְהוּצְרַךְ לוֹמַר נוֹגֵחַ. קָתָנֵי מִיהַת: רוֹבֵעַ — עָשָׂה בּוֹ אוֹנֶס כְּרָצוֹן, נוֹגֵחַ — לֹא עָשָׂה בּוֹ אוֹנֶס כְּרָצוֹן. לְמַאי הִלְכְתָא, לָאו לְקָרְבָּן? לָא, לִקְטָלָא. הָכִי נַמִּי מִסְתַּבְּרָא, דְּאִי אָמְרַתְּ לְקָרְבָּן, נוֹגֵחַ לֹא עָשָׂה בּוֹ אוֹנֶס כְּרָצוֹן, לָאו אוֹנֶס דִּידֵיהּ כְּתִיב וְלָאו רָצוֹן דִּידֵיהּ כְּתִיב! אֶלָּא לָאו, לִקְטָלָא.§ אָמַר מָר: נוֹגֵחַ — מְשַׁלֵּם אֶת הַכּוֹפֶר, רוֹבֵעַ — אֵינוֹ מְשַׁלֵּם אֶת הַכּוֹפֶר. ה"ד? אִילֵימָא דִּרְבְעָהּ וְקַטְלַהּ, מָה לִּי קַטְלַהּ בְּקַרְנָא מָה לִּי קַטְלַהּ בִּרְבִיעָה! וְאֶלָּא דִּרְבְעָהּ וְלָא קַטְלַהּ, הַאי דְּלָא מְשַׁלֵּם כּוֹפֶר — מִשּׁוּם דְּלָא קַטְלַהּ הוּא! אָמַר אַבַּיֵי: לְעוֹלָם דִּרְבְעָהּ וְלָא קַטְלַהּ, דְּאַתְיוּהָ לְבֵי דִינָא וְקַטְלוּהָ, מַהוּ דְּתֵימָא כְּמַאן

רש"י

הֲוָה מוֹדֵינָא וּמִפַּטְרִינָא. דְּפַלְגָא נִזְקָא קְנָסָא, וּמוֹדֶה בִּקְנָס פָּטוּר. רֵישָׁא אֵין רְשׁוּת מְשַׁנָּה. בִּתְיוּבְתָּא מַיְיתֵי לָהּ: אַמַּאי קָתָנֵי רֵישָׁא כְּשֶׁהוּעַד בְּבֵית בְּעָלִים וְהִזִּיק בְּבֵית שׁוֹאֵל חַיָּיב בְּאוֹתָהּ נְגִיחָה נֶזֶק שָׁלֵם? תַּבְרָא. קַשְׁיָא אַהֲדָדֵי, וּמִי שֶׁשָּׁנָה זוֹ לֹא שָׁנָה זוֹ. לָאו כָּל כְּמִינָּךְ כו'. לֹא שֶׁלְּךָ הָיָה, וְלֹא נִזְהַרְתָּ בִּשְׁמִירָתוֹ. רֵישָׁא נַמִּי רְשׁוּת מְשַׁנָּה. כְּלוֹמַר: חַד תַּנָּא הוּא, וּלְתַנָּא דְּרֵישָׁא ס"ל נַמִּי הַךְ דְּסֵיפָא דִּרְשׁוּת מְשַׁנָּה. וְרֵישָׁא מִשּׁוּם הָכִי הֲרֵי הוּא בְּחֶזְקָתוֹ — שֶׁאֵין כָּאן שִׁינּוּי, רְשׁוּת שֶׁכָּל מָקוֹם שֶׁהוֹלֵךְ שֵׁם בְּעָלָיו עָלָיו. מַהוּ לְגַבֵּי מִזְבֵּחַ. שֶׁגַּבֵּי נוֹגֵחַ בְּרָצוֹן וְהֵמִית אָדָם פְּשִׁיטָא לָן דְּפָסוּל, כִּדִלְקַמָּן. מִן הַבְּהֵמָה. מִתְקַבֶּלֶת בְּהֵמוֹת וְלֹא כּוּלָּן. לְהוֹצִיא רוֹבֵעַ וְנִרְבָּע. ע"פ עֵד אֶחָד אוֹ ע"פ הַבְּעָלִים, שֶׁלֹּא נִסְקַל, דְּפָסוּל לְגַבֵּי מִזְבֵּחַ. אֶת הַנֶּעֱבָד. שֶׁעֲשָׂאוֹ ע"ז וְהִשְׁתַּחֲוָה לוֹ. הַמּוּקְצֶה. שֶׁיִּיחֲדוֹ לְהַקְרִיב לַע"ז. הַנּוֹגֵחַ. שֶׁהֵמִית אֶת הָאָדָם ע"פ עֵד אֶחָד אוֹ ע"פ בְּעָלִים, וְנִפְטָר מִן הַסְּקִילָה. אִם נֶאֱמַר רוֹבֵעַ לָמָּה נֶאֱמַר נוֹגֵחַ. הֲרֵי שְׁנֵיהֶן שָׁוִין בַּעֲבֵירָה לְעִנְיַן סְקִילָה בִּמְקוֹם עֵדִים. רוֹבֵעַ עָשָׂה בּוֹ אוֹנֶס כְּרָצוֹן. דְּנִרְבָּע אָנוּס הוּא וְנִסְקָל כְּרוֹבֵעַ, דִּכְתִיב: "וְאֶת הַבְּהֵמָה תַּהֲרוֹגוּ". נוֹגֵחַ לֹא עָשָׂה בּוֹ אוֹנֶס כְּרָצוֹן. דִּכְתִיב: "כִּי יִגַּח" — וְלֹא שֶׁיַּגִּיחוּהוּ. רוֹבֵעַ אֵינוֹ מְשַׁלֵּם כּוֹפֶר. לְקַמָּן מְפָרֵשׁ. לָאו לְקָרְבָּן. דִּלְעִנְיַן קָרְבָּן מַיְירֵי. לָא לִקְטָלָא. *וְהָכִי קָאָמַר נוֹגֵחַ לֹא עָשָׂה בּוֹ אוֹנֶס כְּרָצוֹן — לְעִנְיַן סְקִילָה בִּמְקוֹם עֵדִים. הִלְכָּךְ, אִי לָא מְעַטְיֵיהּ קְרָא לְעִנְיַן קָרְבָּן — לָא נָפְקָא לָן מֵרוֹבֵעַ, אֲפִילּוּ כִּי עֲבַד בְּרָצוֹן, דְּלִפְסוּל, דְּהָא קַל הוּא מֵרוֹבֵעַ לְעִנְיַן קְטָלָא. לֹא עָשָׂה. מַשְׁמַע: לֹא עָשָׂה בּוֹ הַכָּתוּב אוֹנֶס כְּרָצוֹן, וּמֵהֵיכָא נָפְקָא לֵיהּ דִּפְשִׁיטָא לֵיהּ? בְּחָצֵר

תוספות

אי תם הוה מודינא ומפטרינא. הך פירכא ליתא למ"ד מודה בקנס ואח"כ באו עדים חייב. וכי קאמר: אפילו למ"ד פלגא נזקא ממונא — ה"ה דהו"מ למפרך: אפילו למ"ד פלגא נזקא קנסא, ולמ"ד מודה בקנס ואח"כ באו עדים חייב, לימא ליה "אי תם הוה מעריקנא ליה לאגמא". אלא חדא מינייהו נקט. וא"ת: והאיך יכול לטעון "אי תם הוה מודינא", "אי תם הוה מעריקנא ליה"? הא קמן שלא הודה ולא הבריח, אע"פ שהיה סבור שהיה תם! וי"ל: דמיד אחר נגיחה הוגד לו שהוא מועד. וא"ת: לישני כגון שיש עדים שלא הוגד לו משעת נגיחה עד שילא לב"ד, ואפ"ה לא הודה ולא הבריח! הא לא שכיח, ועדיפא מיניה קמשני, דקדם ב"ד ותפסוה.

הוה מעריקנא ליה לאגמא. תימה: מה טענה היא זו? א"כ היה עושה שלא כדין! ובשלמא לרבי ישמעאל דאמר* ב"ח נינהו — ניחא קצת, דאיכא למימר דהוה אכלנא ליה התם, או מזבנינא ליה, ולא הוה אלא כמזיק שעבודו של חבירו ופטור. אבל לר"ע, דאמר שותפין נינהו — אי הוה מעריק היה גוזל לו שורו לניזק! ועוד: דב"ד ינדוהו אם לא ישלם אם יש לו! ונ"ל שרולה לומר: מתוך דברים אלו שהייתי עושה היה ניזק מתפשר עמי בדבר מועט, והיה מוחל לי, ונמלא שהפסדתני כל היתרון.

אי הכי בעלים אמאי משלמין ח"נ לימא ליה אתפסתיה לתוראי כו'. וא"ת: והרי הוא לא התפיסו בידים, דהא קדים ב"ד ותפסוה, והוא לא היה יודע שהוא מועד! וי"ל: דמיד כשנגח היה לו לחוש יותר שמא היה מועד. דנהי דקודם נגיחה אין לו לחוש כ"כ, לפי שאין הפסד מזומן, דשמא לא יגח. אבל לאחר שנגח — מזומנין ב"ד לתופסו, והיה לו לחוש להזהר שלא יפול ביד בית דין.

מן הבהמה להוציא הרובע כו'. בתמורה בפ' "כל האסורין" (דף כח: ושם) מפרש דגבי רביעה כתיב בהמה "ואיש אשר יתן שכבתו בבהמה". וגבי נעבד כתיב לשון בקר, כדכתיב "וימירו את כבודם בתבנית שור". ומוקי לה התם ע"פ עד אחד או על פי בעלים, דאי איכא עדים — בני קטלא נינהו. והך ברייתא פליגא אתנא דבי רבי ישמעאל, דנפקא ליה בפרק "אין מעמידין" (ע"ז דף כג:) מ"כי משחתם בהם מום" כו' — כל מקום שנאמר השחתה אינו אלא דבר ערוה וע"ז. וכן איתא בתמורה (דף כח:) דפליגי.

למה נאמר נוגח. הא דלא קאמר למה נאמר נעבד — דההוא פשיטא, דקיל מכולהו, דלאו בר קטלא הוא, ובעי קרא יתירא. **ויש** בנוגח כו'. בחד מנייהו סגי, דכיון דלא מפרשי קראי בהדיא הוה אוקימנא ליה בדדמי. ◉ולא שייך למימר שקולים הם ויבואו שניהם, דהני אומרות אין שקולות, ולא משכחת שיקול אלא בריש מכילתין. **רובע** עשה בו אונס כרצון. וא"ת: רובע באונס היכי משכחת לה? הא אין קישוי אלא לדעת! וי"ל: כגון שנתקשה למינו, ותקפתו והביאתו עליה. **לאו** לקרבן. והשתא ה"ק: נוגח לא עשה בו אונס כרצון. כלומר: השתא נמי שנכתב, אין שייך להעמיד פסול קרבן שלו אלא ברצון, כענין שיש בו חיוב מיתה. הלכך, כשלא היה כתוב כלל — אין שייך ללמוד אפילו רצון שלו מרובע, כיון דלא אפשר למילף בכל ענין בין באונס בין ברצון. וא"ת: אמאי ס"ד דלקרבן קאמר? דפי' דחוק הוא, כדמוכח בשמעתין. ומה קשה ליה אי לקטלא קאמר? דשייך שפיר לעשות קולא או חומרא פירכא מקטלא אקרבן, כמו שעשה ק"ו מכופר אקרבן! וי"ל: כיון דלא מפרש בהדיא לענין מה עשה, ו"לא עשה אונס כרצון" — משמע דלענין קרבן דאיירי ביה קרא קאמר, דאי לענין קטלא — הוה ליה למימר: לא חייב בו אונס כרצון.

כמאי

מסורת הש"ס

[לעיל טו. וש"נ]

פסחים לא. גיטין לז. כתובות יט. פב. [קדושין טו.]

[לעיל לט:]

ל"ל והכי

בכורות מא. תמורה כח. [נדה מא. זבחים פה:]

[לעיל לג.]

גליון הש"ס

גמ' רבה אמר מדרישא רשות. כעין זה בערובין דף טז ע"ב [יבמות דף קג ע"א זבחים דף קג ע"ב]:
תום' ד"ה ויש כו' ולא שייך למימר. עיין זבחים ד ע"ב תוס' ד"ה שקולים:

כמאן דקטלה דמי, קמ"ל. רבא אמר: לעולם דרבעה וקטלה, ודקא קשיא לך: מה לי קטלה (א) בקרנים מה לי קטלה ברביעה! קרן כוונתו להזיק, האי כוונתו להנאת עצמו הוא. במאי פליגי? *ברגל שדרסה על גבי תינוק בחצר הניזק, לאביי — משלם כופר, לרבא — לא משלם כופר. תניא כוותיה דרב: שור האיצטדין אינו חייב מיתה, וכשר לגבי מזבח, מפני שהוא כמעושה.§ **מתני'** שור שנגח את האדם ומת, מועד — משלם כופר, ותם — פטור מן הכופר, וזה וזה חייבין מיתה; וכן בבן, וכן בבת. נגח עבד או אמה — נותן שלשים סלעים, בין שהוא יפה מאה מנה, ובין שאינו יפה אלא דינר אחד.§ **גמ'** וכי מאחר דמתם קטלינן ליה, מועד היכי משכחת לה? אמר רבה: הכא במאי עסקינן — כגון שאמדוהו לשלשה בני אדם. רב אשי אמר: אומדנא לאו כלום הוא. אלא הכא במאי עסקינן — כגון שסיכן לשלשה בני אדם. רב זביד אמר: כגון שהרג שלשה בהמות. ומועד לבהמה הוי מועד לאדם? אלא אמר רב שימי: כגון שהרג שלשה גוים. ומועד לגוים הוי מועד לישראל? אלא אמר רשב"ל: כגון שהרג שלשה בני אדם טריפה. ומועד לטריפה הוי מועד לשלם? אלא אמר רב פפא: דקטל ועריק לאגמא, דקטל ועריק לאגמא. רב אחא בריה דרב איקא אמר: כגון שהוזמו זוממי זוממין. הניחא אי *לייעודי תורא בעינן — שפיר, אלא אי לייעודי גברא בעינן. מימר אמר ליה: לא הוה ידענא! כגון דאמרי: כל אימת דקטיל תוריה, גביה הוה קאי. *רבינא אמר: במכירין את בעל השור ואין מכירין את השור. מאי ה"ל למעבד? משום דאמרי ליה: תורא נגחנא אית לך בבקרך, איבעי לך נטורי כולי בקרך.§ "וזה וזה חייבין מיתה" כו'.§ *ת"ר: ממשמע שנאמר "סקל יסקל השור", איני יודע שנבילה היא, ונבילה אסורה באכילה? מה ת"ל "לא יאכל את בשרו"? מגיד לך הכתוב, שאם שחטו לאחר שנגמר דינו — אסור באכילה. אין לי אלא באכילה, בהנאה מנין? ת"ל: "ובעל השור נקי". מאי משמע? שמעון בן זומא אומר: כאדם שאומר לחבירו: יצא איש פלוני נקי מנכסיו ואין לו בהם הנאה של כלום. וממאי ד"לא יאכל את בשרו" להיכא דשחטו אחר שנגמר דינו שאסור באכילה? אימא, דהיכא דשחטו לאחר שנגמר דינו — שרי באכילה הוא, והאי "לא יאכל את בשרו" — להיכא דסקליה מסקל, דאסור בהנאה הוא, כדר' אבהו, *דאמר רבי אבהו אמר ר' אלעזר: כל מקום שנאמר "לא יאכל" "לא תאכל" "לא תאכלו", אחד איסור אכילה ואחד איסור הנאה במשמע, עד שיפרט לך הכתוב כדרך שפרט לך בנבילה: "לגר *בנתינה, ולגוי במכירה! אמרי: הני מילי היכא דנפיק ליה איסור אכילה ואיסור הנאה מקרא מ"לא יאכל". אבל הכא, דאיסור אכילה מ"סקל יסקל" נפקא, אי סלקא דעתך האי "לא יאכל את בשרו" איסור הנאה הוא, נכתוב רחמנא "לא יהנה"! אי נמי "לא יאכל", "את בשרו" למה לי? דאף על גב דעבדיה כעין בשר, דשחטיה — אסור. מתקיף לה מר זוטרא, אימא: הני מילי היכא

רש"י

בחצר הניזק. דאילו ברה"ר אין חייב ברגל לדברי הכל, דכתיב: "בשדה אחר", בפ' קמא (דף ג:). לאביי משלם כופר. אע"פ שלא נתכוון להזיק, דהא אוקי דרבעה ולא קטלה. הא קטלה — משלם כופר. **מתני'** וזה וזה חייבין מיתה. דבתם נמי כתיב: "סקל יסקל". וכן בבן וכן בבת. בין קטן ותינוקת קטנה חייב עליהן סקילה וכופר כגדולים. **גמ'** שאמדוהו לשלשה בני אדם. שרץ אחריהן זה אחר זה וברחו מפניו, ואמדו שאם לא ברחו היה הורגן. שסיכן ג' בני אדם. [לעיל כו.] לפיכך לא נסקל בשנים הראשונים. וכשנגח שלישי מתו כולם, הלכך משלם עליו כופר. הוי מועד לאדם. בתמיה. אטרפה לא קטלינן ליה, דגברא קטילא קטיל. הוי מועד לשלם. בתמיה. דקטל ועריק לאגמא. לאחר שהעידו בו ברח. שהוזמו זוממי זוממין. כשנגח ג' נגיחות ראשונות והעידו בו ג' כיתות עדים, באו כת אחת והזימום ופטרוהו. וכשנגח נגיחה שלישית והעידו בו באתה כת המזוממת להזימן, והוזמה אותה הכת אף על הזמות ראשונות. ונמצא השור מועד, ומשלם כופר על השלישית. הניחא אי לייעודי תורא בעינן. ג' ימים דכתיבי בקרא. שפיר. הרי נגח שלש נגיחות בג' ימים. ואע"ג שלא נתקיימה העדאתו אלא [נ"ל בכת] *בכת אחת — לא איכפת לן. אלא אי לייעודי גברא בעינן. שלשה ימים. אמר לא הוה ידענא. ג' נגיחות הראשונות, דאיתרעיה, שהמזימין הטעוני. גביה הוה קאי. שהמזימין העידו דגביה הוה קאי, וראה בנגיחותיו. רבינא אמר. משכחת לה דלא נסקל בשתים הראשונות, [לעיל כז.] כגון שהעדים המעידים עליו אין מכירין את השור וגם' הוכר. מאי הוה ליה. לבעלים למיעבד, ואמאי מחייבת ליה [לעיל כז:] כופר? לאחר שנגמר דינו. דהכי משמע קרא: משבא שור לידי סקילה — יסקל, ושוב לא יאכל את בשרו. להיכא דסקליה מסקל. ואתא "לא יאכל" לאוסרו בהנאה, וכדרבי אבהו. [פסחים כב: קדושין נו:] ו"נקי" מבעיא ליה לדרשה אחריתי, לחצי כופר ולדמי ולדות, כדלקמן. כדרך שפרט לך בנבילה. שכתב לך בה "לא תאכלו", והוצרך הכתוב לפרש לך בה היתר הנאה "לגר אשר [שם] בשעריך" וגו'. אלמא "לא תאכלו" איסור הנאה הוי משמע. ה"מ. דמפיק קרא לאיסור הנאה בלשון אכילה. היכא דנפיק לן אכילה והנאה מלא יאכל. אגב דמורי לן נמי אאכילה, מפיק ליה בלשון אכילה. אבל הכא דאכילה נפקא לן מסקול יסקל. אי להנאה גרידתא אתא — לכתוב "לא יהנה". אי נמי. אפילו לדידך, לכתוב [פסחים כא: ע"ש קדושין נו: חולין קיד:] "לא יאכל" ותו לא. את בשרו למה לי. אלא לאו לאשמועינן: אע"ג דעבדיה כעין בשר שחוטה בהכשר — אסור באכילה ובהנאה, דהשתא אצטריך ליה לקרא לאפוקי בלשון אכילה. אימא ה"מ. דאסור אם שחטו. היכא

תוספות

כמאן דקטלה דמי. וא"ת: ומה פשע השור? היא הרגה עצמה, שהרי הביאתו עליה! וי"ל: כמו שפירש ר"ח, שקפץ עליה השור לרבעה, ואלבשה בה יצרה ונתרצה. ואפילו למ"ד בכתובות פ' "נערה" (דף נא:) תחילתה באונס וסופה ברצון דמותר — היינו תחילת ביאה באונס. אבל הכא — תחילת ביאה זו ברצון, ואסורה לכ"ע, וה"ה שנהרגה. **הא** אין כוונתו להזיק. ואע"ג דכשכשה באמתה מבעיא בפ' "כיצד הרגל" (לעיל דף יט:) — לפי שיש שם שינוי קצת, ודמי טפי לקרן. אבל רביעה לאו שינוי הוא, ולא דמי לקרן. וכשן גמורה היא, שמזקת ע"י אכילה. **ברגל** שדרסה. מן הוה שייך למנקט הכא, אלא אגב דנקט רגל ספ"ב (דף כו.) נקטיה הכא. **לרבא** לא משלם כופר. אליבא דהך ברייתא קאמר, כדפי' [ד"ה אלמא] בספ"ב (דף כו.*). **מאחר** דמתם קטלינן כו'. לא מצי לאוקמי כגון שבשלש נגיחות ראשונות נתכוון להרוג הבהמה והרג את האדם — דכה"ג לא הוי מועד לאדם, הואיל ולא נתכוון לאדם. וגם בהרג ג' פעמים על פני בעליו לא הוי מועד, כדאמרינן בפרק שני (דף כד.): אין השור נעשה מועד עד שיעידו בו בפני בעלים, ובפני ב"ד. **כגון** שאמדוהו לג' בני אדם. כולה סוגיא מוכחא דלא מיחייב בשלישי נ"ש, כדפרישית בפ"ב [ד"ה ולא] (דף כד.*). **איני** יודע שהיא נבילה. א] וא"ת: אצטריך לבן פקועה לרבנן דרבי מאיר, דלא בעי שחיטה (חולין דף עד.)! וכ"ת: דלא אקרי שור — הא לענין פטר חמור מקרי שה בפ"ק דבכורות (דף יב.), ובפרק "בהמה המקשה" (חולין דף עד:). ואפילו שחוט מוכח ביומא (דף מט:. נ.) דמקרי פר, וכ"ש בן פקועה! וי"ל: בלאו הכי פריך שפיר. ולפי המסקנא ניחא, דנפקא לן מ"בשרו" — אע"ג דשחטיה ועבדיה כעין בשר. **והאי** לא יאכל להיכא דסקליה מסקל דאסור בהנאה. ו"בעל השור נקי" להנאת עורו. וכי תימא: לשתוק מ"לא יאכל"! אם כן לא הוה מוקמינן "נקי" אלא להנאת בשר דוקא. **כדרבי** אבהו. לרווחא דמלתא נקט, דבלאו רבי אבהו לא הוה מצי למימר אלא להנאה, דלאכילה לא צריך. **כל** מקום שנאמר לא יאכל. ואם תאמר: חמץ בפסח הנאתו יהיה בכרת, דכתיב "כי כל אוכל חמץ ונכרתה"! וכ"ת הכי נמי — א"כ בפרק "כל שעה" (פסחים דף כג:) דבעי מאי איכא בין חזקיה לרבי אבהו, הוה ליה למימר דהא איכא בינייהו! וי"ל: ד"לא יאכל" או "לא תאכל" ילפינן מ"לא תאכלו", אבל "כי כל אוכל" מ"לא תאכלו" — לא ילפינן. היכא

עין משפט נר מצוה

מב א מיי' פ"י מהלכות נזקי ממון הלכה ט י סמג עשין סה:

מג ב מיי' שם הלכה יג סמג שם:

מד ג מיי' שם הלכה א והלכה ב סמג שם:

מה ד מיי' שם פי"א הלכה א סמג עשין סו:

מו ה ו ז ח ט י כ מיי' שם פ"י הלכה ג סמג עשין סח ועי' במ"מ:

מז ל מיי' שם פי"א הלכה ט ופ"ד מהל' מאכלות אסורות הלכה כב סמג לאוין קלה ועשין סח:

מח מ מיי' פ"ח מהל' מאכלות אסורות הלכה טו סמג לאוין קלט:

מט נ מיי' פ"י מהלכות ע"ז הלכה ד:

גליון הש"ס

גמ' כגון שהרג ג' בהמות. עי' לעיל דף לז ע"א תוס' ד"ה רב זביד: **תוס'** ד"ה מאחר וכו' דכה"ג לא הוי מועד לאדם. עיין לקמן דף מד ע"א תוס' ד"ה והא תם הוא המקשן וכו':

הגהות מהר"ב רנשבורג

א] תוס' ד"ה איני יודע וכו'. וא"ת אצטריך לבן פקועה. עי' שיטה מקובצת ודו"ק:

הגהות הב"ח

(א) גמ' מה לי קטלה בקרנא מה:

מסורת הש"ס

[לעיל כו.] · נ"ל בכת · [לעיל כז.] · לעיל כז: · פסחים כב: קדושין נו: · שמות כא · שם · פסחים כא: ע"ש קדושין נו: חולין קיד: · [עי' רש"י קדושין נו: ד"ה לגר]

נ א מיי' פ"א מהלכות שחיטה הלכה יד סמג עשין סג טוש"ע י"ד סי' ו סעיף א:
נא ב מיי' פ"ד מהלכות מאכלות אסורות הלכה כב. ופ"ד מהל' אסורי מזבח הלכה א ב:
נב ג מיי' פ"י מהל' נזקי ממון הלכה ב והלכה יג:

הֵיכָא דִּבְדַק צוּר וְשָׁחַט בּוֹ, דַּעֲבָדֵיהּ כְּעֵין סְקִילָה. אֲבָל הֵיכָא דְּשַׁחֲטֵיהּ בְּסַכִּין – לָא! אָמְרִי: אַטּוּ סַכִּין כְּתִיבָא בְּאוֹרַיְיתָא? וְהָתְנַן: *[א]הַשּׁוֹחֵט בְּמַגַּל יָד, בְּצוּר, וּבְקָנֶה – שְׁחִיטָתוֹ כְּשֵׁירָה! וְהַשְׁתָּא דְּנָפְקָא לֵיהּ אִיסּוּר אֲכִילָה וְאִיסּוּר הֲנָאָה מִ"לֹּא יֵאָכֵל אֶת בְּשָׂרוֹ", "בַּעַל הַשּׁוֹר נָקִי" לָמָּה לִי? [ב]לַהֲנָאַת עוֹרוֹ. דְּסָלְקָא דַּעְתָּךְ אָמִינָא: בְּשָׂרוֹ הוּא דְּאָסוּר בַּהֲנָאָה, אֲבָל עוֹרוֹ נִשְׁתְּרֵי בַּהֲנָאָה, קָמַשְׁמַע לָן "בַּעַל הַשּׁוֹר נָקִי". וּלְהָנָךְ תַּנָּאֵי דְּמַפְּקִי לֵיהּ לְהַאי "בַּעַל הַשּׁוֹר נָקִי" לִדְרָשָׁה אַחֲרִינָא [כִּדְבָעֵינַן לְמֵימַר קַמָּן] הֲנָאַת עוֹרוֹ מְנָא לְהוּ? נָפְקָא לְהוּ מֵ"אֶת בְּשָׂרוֹ" – אֶת הַטָּפֵל לִבְשָׂרוֹ, מַאי נִיהוּ? עוֹרוֹ. וְהַאי תַּנָּא "אֶת" לָא דָּרֵישׁ, כִּדְתַנְיָא:* שִׁמְעוֹן הָעֲמְסוֹנִי, וְאָמְרִי לָהּ נְחֶמְיָה הָעֲמְסוֹנִי, הָיָה דּוֹרֵשׁ כָּל "אֶתִין" שֶׁבַּתּוֹרָה, כֵּיוָן שֶׁהִגִּיעַ °לְ"אֶת ה' אֱלֹהֶיךָ תִּירָא" [דברים ו] פֵּירַשׁ; אָמְרוּ לוֹ תַּלְמִידָיו: רַבִּי, כָּל "אֶתִין" שֶׁדָּרַשְׁתָּ מַה תְּהֵא עֲלֵיהֶן? אָמַר לָהֶם: כְּשֵׁם שֶׁקִּבַּלְתִּי שָׂכָר עַל הַדְּרִישָׁה, כָּךְ קִבַּלְתִּי שָׂכָר עַל הַפְּרִישָׁה; עַד שֶׁבָּא ר' עֲקִיבָא וְלִימֵּד: "אֶת ה' אֱלֹהֶיךָ תִּירָא" – לְרַבּוֹת תַּלְמִידֵי חֲכָמִים.§ ת"ר: "וּבַעַל הַשּׁוֹר נָקִי" – רַבִּי אֱלִיעֶזֶר אוֹמֵר: [ג]נָקִי מֵחֲצִי כּוֹפֶר; אָמַר לוֹ ר' עֲקִיבָא: וַהֲלֹא הוּא עַצְמוֹ אֵין מִשְׁתַּלֵּם אֶלָּא מִגּוּפוֹ, הֲבִיאֵהוּ לְבֵית דִּין וִישַׁלֵּם לְךָ! אָמַר לוֹ רַבִּי אֱלִיעֶזֶר: כָּךְ אֲנִי בְּעֵינֶיךָ, שֶׁדִּינִי בְּזֶה שֶׁחַיָּיב מִיתָה? אֵין דִּינִי אֶלָּא כְּשֶׁהֵמִית אֶת הָאָדָם עַל פִּי עֵד אֶחָד אוֹ עַל פִּי בְּעָלִים. עַל פִּי בְּעָלִים, מוֹדֶה בִּקְנָס הוּא! קָסָבַר: *כּוֹפְרָא כַּפָּרָה. תַּנְיָא אִידָךְ, אָמַר לוֹ רַבִּי אֱלִיעֶזֶר: עֲקִיבָא, כָּךְ אֲנִי בְּעֵינֶיךָ, שֶׁדִּינִי בְּזֶה שֶׁחַיָּיב מִיתָה? אֵין דִּינִי אֶלָּא בְּמִתְכַּוֵּין לַהֲרוֹג אֶת הַבְּהֵמָה – וְהָרַג אֶת הָאָדָם, לְגוֹי – וְהָרַג יִשְׂרָאֵל, לִנְפָלִים – וְהָרַג בֶּן קַיָּימָא. °הֵי אֲמַר לֵיהּ בְּרֵישָׁא? רַב כָּהֲנָא מִשְּׁמֵיהּ דְּרָבָא אָמַר: "מִתְכַּוֵּין" אֲמַר לֵיהּ בְּרֵישָׁא. רַב טַבְיוֹמֵי מִשְּׁמֵיהּ דְּרָבָא אָמַר: "הֵמִית" אֲמַר לֵיהּ בְּרֵישָׁא. רַב כָּהֲנָא מִשְּׁמֵיהּ דְּרָבָא אָמַר: "מִתְכַּוֵּין" אֲמַר לֵיהּ בְּרֵישָׁא. מָשָׁל לְצַיָּיד שֶׁשּׁוֹלֶה דָּגִים מִן הַיָּם,

מַשְׁכָּבָה

רש"י

הֵיכָא דִּבְדַק צוּר. דְּהַיְינוּ כְּעֵין סְקִילָה (בָּא) בַּאֲבָנִים. **אַטּוּ סַכִּין כְּתִיבָא בְּאוֹרַיְיתָא.** שֶׁתְּהֵא שְׁחִיטָתוֹ חֲשׁוּבָה לְהַתִּיר יוֹתֵר מִשְּׁחִיטַת צוּר. **וְהַשְׁתָּא דְּנָפְקָא לֵיהּ** אֲכִילָה וַהֲנָאָה **מִלֹּא יֵאָכֵל**. כְּרַבִּי אַבָּהוּ לְהֵיכָא דְּשַׁחֲטֵיהּ, וְכ"ש לְהֵיכָא דִּסְקָלֵיהּ בַּעַל הַשּׁוֹר נָקִי לָמָּה לִי? **אֶת לָא דָּרֵישׁ.** כִּדְתַנְיָא דְּפֵירֵשׁ מֵהֶן נְחֶמְיָה. אֶתִין וְגַמִּין רִיבּוּיִין. **שֶׁהִגִּיעַ לְאֶת ה' אֱלֹהֶיךָ תִּירָא.** לֹא יָדַע מַה לְרַבּוֹת. **נָקִי מֵחֲצִי כּוֹפֶר.** דְּלָא תֵּימָא כְּשֶׁהֵמִית מְשַׁלֵּם חֲצִי כּוֹפֶר, כִּי הֵיכִי דִּבְנְזָקִין ח"נ. **אָמַר לוֹ רַבִּי עֲקִיבָא.** פְּשִׁיטָא דְּפָטוּר. וַהֲלֹא אִם חַיָּיב הָיָה אֵין תַּשְׁלוּמָיו אֶלָּא מִגּוּפוֹ, וְזֶה שֶׁנִּסְקַל מִמַּה מְשַׁלֵּם? יֹאמְרוּ לוֹ בְּעָלִים: הֲבִיאֵהוּ לְבֵ"ד וִישַׁלְּמוּ לְךָ הֵימֶנּוּ. **אֵין דִּינִי.** אֵין מִדְרָשִׁי זֶה שֶׁאֲנִי דּוֹרֵשׁ אֶלָּא כְּשֶׁהֵמִית עַל פִּי עֵד אֶחָד, שֶׁאֵינוֹ נִסְקָל. אֲבָל מָמוֹנָא אֵימָא לְשַׁלֵּם, לְהָכִי אִצְטְרִיךְ קְרָא. מוֹדֶה בִּקְנָס. פָּטוּר. וְכִי הֵיכִי דְּמִפְּטַר מִקְּטָלָא – מִפְּטַר נַמִי מִכּוֹפֶר, וְלָמָּה לִי קְרָא? וְהוּא הַדִּין דַּהֲוָה מָצֵי לְמִפְרַךְ אַעֵד אֶחָד: פְּשִׁיטָא דְּפָטוּר. **קָסָבַר כּוֹפְרָא כַּפָּרָה.** לְפִיכָךְ, אִי לָא מְעַטֵּיהּ – הֲוָה אָמֵינָא לִיחַיֵּיב בֵּין בְּעֵד אֶחָד בֵּין ע"פ עַצְמוֹ, כִּי הֵיכִי דְּתֶיהֱוֵי לֵיהּ כַּפָּרָה. **אֶלָּא בְּמִתְכַּוֵּין לַהֲרוֹג כו'.** דְּפָטוּר מִסְּקִילָה, כִּדְתַנַן בְּמַתְנִי' (לקמן דף מד.). **מִתְכַּוֵּין אָמַר לֵיהּ בְּרֵישָׁא.** דִּרְאָיָה גְּדוֹלָה הִיא, דִּלְהַאי וַדַּאי אִצְטְרִיךְ קְרָא. אֲבָל הֵמִית עַל פִּי עֵד אֶחָד כו' – רְאָיָה קְטַנָּה הִיא, דְּאִיכָּא לְאוֹתוּבֵיהּ מוֹדֶה בִּקְנָס פָּטוּר. וּבְעֵד אֶחָד נַמִי אִיכָּא לְמֵימַר: פְּשִׁיטָא דְּלָא מְחַיֵּיב, דְּהָא תְּרֵי בָּעֵינַן לְאַפּוֹקֵי מָמוֹנָא, וַאֲפִילּוּ גַּבֵּי מוּעָד נַמִי פָּטוּר.

מַשְׁכָּבָה

תוספות

היכא דבדק צור כו'. אע"ג דשחיטה בצור כשירה, מכל מקום כיון דהך שחיטה כעין סקילה – אסרה תורה. ומשני: אטו סכין כתיב בהדיא ולא אתיא צור אלא מריבויא? כך הוא עיקר שחיטה בצור, אפילו לשחוט לכתחילה כמו בסכין, ולפיכך אין לחלק כלל בין צור לסכין. ובדין הוא דליבעי לאתויי ברייתא ד"בכל שוחטין בין בצור בין בקרומית" כו' (חולין דף טו:), דמשמע לכתחילה, אלא דניחא ליה להביא המשנה. ומ"מ סמיך אברייתא דשריא אפילו לכתחילה. וב"האיש מקדש" (קדושין דף נו:) מייתי הברייתא אהך מילתא גופה. **נפקא** להו מאת בשרו. משמע דרבי יוסי הגלילי דריש "אתין", דאיהו דריש לקמן: נקי מדמי ולדות. ותימה: דבפרק "המקשה" (חולין דף ע: ושם*) גבי הא דתנן, רבי יוסי הגלילי אומר: בטמאה – טמא, בטהורה – טהור. דדריש: מהלכי כפים בחיה טמאתי לך. ופריך: קלוטה במעי קלוטה ליטמא, דמהלכי ד' [במהלכי] ד' היא! ומאי קשה? הא קתני בטמאה טמא, והאי בטמאה הוא דרבי יוסי הגלילי, וכיון דדריש "אתין" – ע"כ כר"ש ס"ל, דאוסר גמל במעי פרה, כדמוכח בפ"ק דבכורות (ד' ו:) דמאן דשרי לא דריש "אתין"! וי"ל: דבחולין פריך מקלוט שראשו ורובו דומה לאמו, דמודה ר"ש דשרי, כדמוכח פרק קמא דבכורות (שם) °א"נ: רוצה ליישב דברי רבי יוסי הגלילי דבחולין אפילו לרבנן דבכורות*. **כיון** שהגיע לאת ה' אלהיך תירא פירש. אע"ג דבפ"ק דקדושין (ד' ל:) דריש: נאמר "איש אמו ואביו תיראו" ונאמר "את ה' אלהיך תירא" – השוה הכתוב מורא אב ואם למורא שמים. לא הוה ניחא ליה למדרשיה לאוקמי לעשה יתירא. **לרבות** ת"ח. וא"ת: "מפני שיבה תקום" למה לי? תיפוק ליה מהכא! וי"ל: דהכא ברבו מובהק, כדתנן (אבות פ"ד משנה י"ב): מורא רבך כמורא שמים. או ברב מופלג, דהוי כעין רבו. **נקי** מחצי כופר. לא בעי למימר נקי מדמי ולדות כרבי יוסי הגלילי, משום קושיא ד"אנשים". ומדמי עבד דהיינו שלשים של עבד לא קאמר – דכרים לקיש ס"ל, דאמר לקמן (ד' מג.) כשאין השור בסקילה דלא משלם קנס. ואע"ג דכופר מחייב רבי אליעזר – היינו משום דדריש "אם כופר" – לרבות כופר שלא בכוונה, כרבי יוחנן דלקמן. אבל "אם עבד" לא דריש, דה"ק ר"ל לקמן. וסברא דרבי עקיבא, דס"ד דתם משלם דמי עבד מן העלייה כדלקמן – לית ליה לרבי אליעזר. וא"ת: ולימא נקי מדמי עבד ממש משוי, *דבמקום דלא משלם קנס – משלם דמים, כדמשמע לקמן, הלכך אצטריך למפטר תם! וי"ל: כיון דבתם ליכא קנס בכוונה, שלא בכוונה נמי פשיטא דלא משלם דמים. א"נ: אין סברא להעמיד פטור ד"נקי" אלא אחיובא דכתיב בפרשה בהדיא, כגון כופר וקנס ודמי ולדות. ולפי הטעמים הללו א"ש נמי לרבי עקיבא, דדריש לקמן: נקי מדמי עבד – כלומר משלשים של עבד. ולא בעי למנקט נקי מחצי כופר – משום דאפילו מועד נמי פטור שלא בכוונה, ולא בעי לאוקמי נקי מדמי בן חורין – דמועד איכא דמים שלא בכוונה, כדמוכח לקמן. אלא היינו טעמא כדפרישית, או משום דדמים לא כתיבי, או משום דכיון דלא אשכחן כופר בתם, לא אצטריך למעט הדמים. וא"ת: והא לקמן ילפינן אשו שלא בכוונה משור שלא בכוונה, אע"ג דליכא כופר באש! וי"ל: דלא דמי, דבאש לא שייך כופר כלל, הלכך משום כופר לא שבקינן דמים. אבל שור דשייך ביה כופר, ואפ"ה ליכא כופר בתם אין סברא לחייבו דמים שלא בכוונה. ועי"ל טעם אחר לר"א, דמסתבר ליה לאוקמי בכופר מבכל דבר: דהכי משמע ליה פשטיה דקרא, מדכתיב בתריה "ואם שור נגח הוא" שישלם כופר. וא"ת: לרבי יוסי הגלילי, דאמר תם משלם חצי כופר, וקאמר: נקי מדמי ולדות – טפי הוה ליה למימר: נקי מחצי כופר, מטעמא דפרישית! וי"ל: דאין דומה לו סברא לפוטרו מחצי כופר, מאחר שחייבו הכתוב ח"נ. **הביאהו** לבית דין וישלם לך. וא"ת: והא לרבי יהודה מועד משלם כופר שלם אע"פ שהשור נסקל, דכתיב "והשור יסקל", וכתיב "אם כופר יושת עליו" – א"כ משלם מן העלייה, אע"ג דלענין ניזקין משתלם מגופו, דלד תמות במקומו עומדת! וי"ל: דשאני מועד דגלי ביה קרא, ושמא מצד מועדת מחייבו הכתוב כופר שלם. אבל תם, דלא כתיב בהדיא – לא מצי למילף אלא מניזקין, וניזקין גופייהו מגופו. **על** פי עד אחד או על פי בעלים. בריש פרק "התערובת" (זבחים ד' עא. ושם*), ובריש פרק "כל האסורים" (תמורה ד' כח. ושם) פי' הקונטרס דשור אין נהרג על פי בעלים, לא נוגח ולא רובע – משום דמודה בקנס הוא. ותימה לר"י: היכן מצינו דהריגת שור הוא קנס? ובפ"ק דסנהדרין (ד' י.) נמי, דקאמר פלוני רבע שורי – הוא ואחר מצטרפין להורגו, משום דאין אדם קרוב אצל ממונו. ומה בכך, מ"מ יפטר מטעם דמודה בקנס! ונראה: דהיינו טעמא דלא מחייב על פי הבעלים אפילו יהיו ב' כגון של שני שותפין ומעידין עליו – משום דאדם קרוב אצל ממונו. דהא דאמרינן בסנהדרין דאין אדם קרוב אצל ממונו – ה"מ כשבאין להעיד ג"כ על חבירו, דמתוך שנאמן על חבירו נאמן גם על שורו, כדמוכח סוגיא התם. אבל אמר שורי נרבע – לא מבעיא לן, דפשיטא דקרוב אצל ממונו הוא, כיון שלא בא להעיד על חבירו. **מודה** בקנס הוא. דקיימא לן פלגא נזקא קנסא. ונראה דהוה מצי למפרך אעד אחד, דאין סברא לומר שלא יחשוב מרשיע עצמו כשמודה ואין רוצה לישבע, ואף על גב דעל ידי העד בא עליו חיוב זה. אלא הפשוט יותר נקט.

הא

[מסורת הש"ס] תורה אור | חולין טו: קדושין נז: ע"ש | רש"ל | [פסחים כב: וש"נ] | קדושין נז. בכורות ו: ע"ש פסחים כב: [ועי' חגיגה יב.] | [לעיל מ.] | [ד"ה קלוטה] | ר"מ | [עי' תוס' מנחות יא: ד"ה וכו'] | [גי' ר"מ דבמועד] | [ד"ה על]

גליון הש"ס

גמ' הי אמר ליה ברישא. כעין זה נדה דף יג ע"א: **תום'** ד"ה נפקא כו' אי נמי רוצה ליישב. כעין זה עי' לקמן מז ע"א בתוס' ד"ה מאי טעמא גופה וכו':

תורה אור

משכח רברבי — שקיל, זוטרי — שקיל. רב טביומי משמיה דרבא אמר: "המית" אמר ליה ברישא; משל לצייד ששולה דגים מן הים, משכח זוטרי — שקיל, משכח רברבי — שדי זוטרי ושקיל רברבי. תניא אידך: °"בעל השור נקי" — רבי יוסי הגלילי אומר: נקי [א]מדמי ולדות; אמר לו ר"ע: הרי הוא אומר °"כי ינצו אנשים (ונגפו אשה)", אנשים — [ב]ולא שוורים! שפיר קאמר ר"ע! אמר רב עולא בריה דרב אידי: איצטריך; ס"ד אמינא: אנשים — ולא שוורים הדומין לאנשים, מה אנשים מועדין — אף שוורים מועדין, הא תם מיחייב, כתב רחמנא "בעל השור נקי" דפטור. אמר רבא: *יציבא בארעא וגיורא בשמי שמיא?! אלא אמר רבא: איצטריך; ס"ד אמינא: אנשים — ולא שוורים הדומין לאנשים, מה אנשים מועדין — אף שוורים מועדין, וק"ו לתמין דפטירי, הדר כתב רחמנא "בעל השור נקי" — תם פטור, ומועד חייב. א"ל אביי: אלא מעתה, גבי בושת נמי נימא הכי: אנשים — ולא שוורים הדומין לאנשים, מה אנשים מועדין — אף שוורים מועדין, וקל וחומר לתמין דפטירי — הדר כתב רחמנא "בעל השור נקי" — תם פטור, ומועד חייב! וכ"ת ה"נ — אי הכי, ליתני: "בעל השור נקי", רבי יוסי הגלילי אומר: פטור מדמי ולדות ומבושת! אלא, אביי ורבא דאמרי תרווייהו: [ג]אנשים — אין אסון באשה יענשו, [ד]יש אסון באשה — לא יענשו. ולא שוורים, דאע"ג דיש אסון — יענשו, הדר כתב רחמנא "בעל השור נקי" דפטור. מתקיף לה רב אדא בר אהבה: אטו באסון תליא מילתא? בכוונה תליא מילתא! אלא *אמר רב אדא בר אהבה: אנשים — [ה]כי נתכוונו זה לזה, אע"ג שיש אסון באשה יענשו, כי נתכוונו לאשה עצמה לא יענשו. ולא שוורים — דאפילו נתכוונו לאשה עצמה יענשו, כתב רחמנא "בעל השור נקי" — דפטירי. וכן כי אתא רב חגי מדרומא, אתא ואייתי מתניתא בידיה כוותיה דרב אדא בר אהבה. תניא אידך: "בעל השור נקי" — ר"ע אומר: נקי מדמי עבד. ונימא

שמות כא — שם — [הג"ה ס"ל מ"י]

רש"י

משכח רברבי. ברישא — שקיל להו, וכי הדר משכח זוטרי — שקיל. הכא נמי, אע"ג דרמייה גדולה אמר ליה ברישא, כי הדר משכח רמייה זוטרתי — אמרה ניהליה. משכח זוטרי. ברישא — שקיל להו, סבר: דלמא לא משכח אחריני. וכי הדר משכח רברבי, ולית ליה מנא כולי האי דליחזקינהו לכולהו — שדי זוטרי ושקיל רברבי. ה"נ, "המית" אמר ליה ברישא, דאכתי לא הוה ידע ליה מילתא דעדיפא מיניה, כי הדר משכח הך — הדר ביה מקמייתא. מדמי ולדות. נגח את האשה ויצאו ילדיה. כי ינצו אנשים. "ונגפו אשה הרה", ולא שוורים. אף שוורים. דפטר להו קרא — מועדים הוא דפטר, אבל תמין ליחייבו. כתב רחמנא ובעל השור נקי. למימר דלא דרשינן "אנשים ולא שוורים הדומין לאנשים", אלא: תם פטור ומועד חייב. גבי בושת נמי. דקיימא לן (לקמן דף פו.): שורו שבייש פטור. ונפקא לן מ"כי ינצו אנשים יחדו איש ואחיו וקרבה אשת וגו' וקצותה את כפה" — ממון, דהיינו בושת. נימא הכי כו'. וכ"ת ה"נ. דלרבי יוסי הגלילי משלם מועד ממון בושת. אלא אביי ורבא דאמרי תרווייהו. להכי אצטריך: דאי מדר"ע הוה אמינא "אנשים ולא שוורים" הכי מידרש: אנשים הוא דכי יש אסון באשה לא יענשו בדמי ולדות, דקם ליה בדרבה מיניה. אבל שוורים, אפילו יש אסון — יענשו בדמי ולדות, דליכא בה חיוב מיתה. כתב רחמנא כו'. אטו באסון תליא מילתא בכוונה תליא מילתא. ואפילו יש אסון באשה יענשו אם נתכוין לחבירו. דסבירא ליה לרב אדא כר' שמעון, דאמר במס' סנהדרין ב"אלו הן הנשרפין" (דף עט.): נתכוון להרוג את זה והרג את זה — פטור ממיתה וחייב ממון. ולית ליה דתנא דבי חזקיה, דאמר: לא חלקת בו בין מתכוין לשאין מתכוין לחייבו ממון, אלא לפוטרו ממון, ו"לא יהיה אסון" דקרא — בחבירו קדריש ליה: אם אין אסון בחבירו, אפילו יש אסון באשה — יענש. וכיון דאנשים אהיכא דיש אסון נמי יענשו, אשתכח דאמעיט שוורים בין ביש אסון בין בשאין אסון, "ובעל השור נקי" למה לי? ונימא

[ערכין ט. יומא מז.]

לקמן מט.

תוספות

הא תם מיחייב. לא בעי למימר: תם שמחויב ממה שהמועד פטור. דאטו משום דאייעד יהיה פטור יותר? אלא ה"ק: דמועד יהיה פטור שלא לחייבו בהעדאה יותר מתם. והא דקאמר יציבא בארעא — משום לד תמות הקל שאין משלם אלא מגופו חייב, לד מועדת לא כ"ש.

כתב רחמנא בעל השור נקי דפטור. ואצטריך למיכתב "אנשים". דאי לא כתב אלא "בעל השור נקי" — הוה מוקמינן נקי מחצי כופר, והוה מחייבינן בין תם בין מועד בדמי ולדות. אבל השתא דכתיב "אנשים" למעוטי מועד — אית לן לאוקמי פטור ד"נקי" אתם, דלא להוי יציבא בארעא וכו'.

כתב רחמנא בעל השור נקי תם פטור ומועד חייב. ונקי מדמי ולדות דקתני — לאו לפוטרו מדמי ולדות אצטריך, אלא כלומר: דוקא תם פטור מדמי ולדות. ואי לא כתב "אנשים" כלל — הוי פטרינן נמי במועד, דלא מחייב הכתוב במועד אלא במקום שחייב בתם, °כדפירשתי לעיל (לח.). ולהכי כתב "אנשים" — דליתי "נקי" לגלויי עליה דלא משתעי "אנשים ולא שוורים" אלא בתם. והא דתניא ב"החובל" (לקמן דף פז.): שור אין משלם אלא נזק ופטור מדמי ולדות — משמע דאיירי במועד דמשלם כ"ש, ועוד: דומיא דאדם, ואפילו הכי פטור מדמי ולדות — ההיא כר"ע אתיא.

גבי בושת נמי נימא הכי אנשים כו'. דגבי בושת כתיב "כי ינצו אנשים יחדו איש ואחיו". דמ"איש בעמיתו" לא נפקא אלא צער לחודיה, וריפוי ושבת נפקא מ"הזה" כדאמרינן ב"המניח" (לעיל דף לג.). ואפילו לר"ע, דמ"איש בעמיתו" נפקי כולהו — מודה הוא דבושת לא נפיק מיניה, אלא צער וריפוי ושבת, שרגילין להיות ע"י חבלה דומיא דנתינת מום. אבל בושת, דרגיל להיות רוב פעמים בלא חבלה — לא נפיק מ"איש", אלא מ"אנשים". (א) וא"ת: וריפוי ושבת, בין לר"ע ובין לרבנן, לילף מ"אנשים" דכתיב גבי ריפוי ושבת "וכי יריבון אנשים"! וי"ל: דקים ליה לגמרא דההוא "אנשים" אתא לדרשה אחרינא. ומהאי טעמא נמי א"ש דלא פריך: גבי ריפוי ושבת נמי נימא הכי. אבל ההוא דבושת קים לן דלמעוטי שוורים אתא. והא דלא פריך: גבי צער נמי נימא הכי דכתיב "איש בעמיתו" ולא שור בעמיתו, שור דומיא דאיש כו' — משום דניחא ליה למפרך מקרא ד"אנשים", דומיא דההיא דאיירי בה.

בכוונה תליא מילתא. פ"ה: דס"ל כר"ש, דאמר ב"אלו הן הנשרפין" (סנהדרין דף עט. ושם): נתכוון להרוג את זה והרג את זה — פטור ממיתה, וכיון דפטור ממיתה — חייב בדמי ולדות, דלית ליה דתנא דבי חזקיה. וקשה לר"י: וכי היה תמה רב אדא בר אהבה על אביי ורבא אם סבורין כרבנן? ועוד: דאריכא למימר דרב אדא ובריייתא דרב חגי דרומאה פליגי אתנא דבי חזקיה, וה"ל למפרך הכא כדפריך רבא עליה דרב דימי, פרק "אלו נערות" (כתובות דף לה. ושם*): ומי איכא מאן דלית ליה דתנא דבי חזקיה? ונראה לר"י: דרבא ואביי לא היו פוטרין שוורים מדמי ולדות מ"נקי" אלא דוקא היכא דלא נתכוונו לאשה, דומיא ד"אנשים" דמשתעי בהו קרא. אבל נתכוון לאשה עצמה — חייב, מדלא קאמר: אנשים אין אסון יענש הא יש אסון לא יענש, בין נתכוונו זה לזה בין לא נתכוונו זה לזה אלא לאשה עצמה, ולא שוורים דבין הכי ובין הכי יענש, כתב רחמנא "בעל השור נקי" דפטור, והוה משמע שפיר דפטור בכל ענין. אלא ודאי בנתכוונו לאשה עצמה חייבין לאביי ורבא. ואע"ג דבאנשים פטירי טפי כשמתכוונים לאשה — היינו משום דשייך בהו קם ליה בדרבה מיניה, אבל בשור לא שייך. ופריך רב אדא בר אהבה: והא ע"כ בכוונה תליא מלתא, לרבי דדריש ב"הנשרפין" (סנהדרין דף עט. ושם): "ונתתה נפש תחת נפש" — ממון, ולית ליה לא חלקת בין מתכוין לשאין מתכוין לענין דמי הנהרג. וסובר רב אדא דהוא הדין לענין דמי ולדות, דכיון דגלי קרא שיש לחלק בין מתכוין לשאין מתכוין לענין דמי הנהרג — לא נלמוד עוד שום פטור ממון כשאין מתכוין מכח הקישא, ואע"ג דאית ליה הקישא לענין שאר דברים. וא"כ לדידיה, אנשים — אפילו יש אסון באשה יענשו. ולדידיה יש לנו לפטור בשוורים אפילו נתכוונו לאשה, שאי אפשר לרבי לדרוש אלא כמו שדורש אחרי כן. ומדרבי נשמע לכולהו תנאי, שלא מצינו מחלוקת זה ביניהם. ואביי ורבא סבירי להו דדוקא למאי דגלי קרא, כגון לדמי הנהרג לרבי — גלי. אבל בשאר ממון — לא גלי. וכן מוכח ב"הפרה" (לקמן דף מט.) דאביי ורבא סבירי להו שהוא חייב בשוורים כשנתכוון לאשה עצמה. דתנן: שור שהיה מתכוין לחבירו והכה אשה ויצאו ילדיה — פטור מדמי ולדות. ודייקינן בגמרא: טעמא דנתכוון לחבירו, אבל נתכוון לאשה — משלם. נימא תהוי תיובתא דרב אדא בר אהבה. משמע דלרבא ואביי ניחא, דמחייבי. ומתניתין ד"החובל" (לקמן דף פז.) דפטר שור מדמי ולדות — דוקא כשלא נתכוין לאשה, דומיא דאנשים דקרא. ונימא

[ד"ה ומי]

עין משפט נר מצוה

נג א ב מיי' פי"א מהל' נזקי ממון הלכה ג:

נד ג ד ה מיי' פ"ד מהלכות חובל ומזיק הלכה ה ו סמג עשין ע טוש"ע ח"מ סי' תכג סעיף א וסעיף ד:

גליון הש"ס

תום' ד"ה כתב וכו' כדפי' לעיל דף לח ע"א תום' ד"ה דא"כ:

הגהות הב"ח

(א) תום' ד"ה גבי וכו' לא נפיק מאיש אלא מהזה כ"ב ס"א ולעיל בהמניח גרסי' אי מההוא ה"א צער לחודיה ול"ג צער ובושת דבושת נפק מאנשים:

תורה אור

*וְנֵימָא רַבִּי עֲקִיבָא לְנַפְשֵׁיהּ: וַהֲלֹא עַצְמוֹ אֵין מִשְׁתַּלֵּם אֶלָּא מִגּוּפוֹ, הֲבִיאֵהוּ לְבֵית דִּין וִישַׁלֵּם לְךָ! אָמַר רַב שְׁמוּאֵל בַּר רַב יִצְחָק: כְּשֶׁקָּדַם בְּעָלָיו וּשְׁחָטוֹ; מַהוּ דְּתֵימָא לִישְׁתַּלֵּם מִינֵּיהּ, קמ"ל: הוֹאִיל וּבַר קְטָלָא הוּא, אע"ג דְּשַׁחֲטֵיהּ — לָא לִישְׁתַּלֵּם מִינֵּיהּ. אִי הָכִי, לְרַבִּי אֱלִיעֶזֶר נַמִי כְּשֶׁקָּדַם וּשְׁחָטוֹ! ה"נ, וְסָבַר: דִּלְמָא אִית לֵיהּ טַעְמָא אַחֲרִינָא דַּעֲדִיף מֵהַאי, וְנֵימָא לֵיהּ. וְרַבִּי אֱלִיעֶזֶר נַמִי, לִישְׁנֵי לֵיהּ: שֶׁקָּדַם וּשְׁחָטוֹ! אָמַר לָךְ: הָתָם הוּא דְּנִתְכַּוֵּון לַהֲרוֹג אֶת הַבְּהֵמָה וְהָרַג אֶת הָאָדָם, דְּשׁוֹר לָאו בַּר קְטָלָא הוּא כְּלָל, דס"ד אָמִינָא נִיחַיַּיב — אִצְטְרִיךְ קְרָא לְמַעוּטֵי. אֲבָל הָכָא, דְּמֵעִיקָּרָא בַּר קְטָלָא הֲוָה — לָא צְרִיךְ קְרָא אע"ג דְּשַׁחֲטֵיהּ. וּלְר"ע נַמִי, וַדַּאי הָכִי הֲוָה! אֶלָּא אָמַר רַב אַסִי: הַאי מִילְּתָא מִפִּי דְּגַבְרָא רַבָּה שְׁמִיעַ לִי, וּמַנּוּ? רַבִּי יוֹסֵי בְּרַבִּי חֲנִינָא: סָלְקָא דַּעְתָּךְ אָמִינָא, הוֹאִיל *וְאָמַר ר"ע: אַף תָּם שֶׁחָבַל בְּאָדָם מְשַׁלֵּם בַּמּוֹתָר נֶזֶק שָׁלֵם, מִשְׁתַּלֵּם נַמִי [דְּמֵי עֶבֶד] מֵעֲלִיָּיה — כְּתַב רַחֲמָנָא "בַּעַל הַשּׁוֹר נָקִי". אֲמַר לֵיהּ רַבִּי זֵירָא לְרַב אַסִי: *וְהָא תַּבְרֵיהּ ר"ע לְגָזִיזֵיהּ! דְּתַנְיָא, ר"ע אוֹמֵר: יָכוֹל יְשַׁלֵּם מִן הָעֲלִיָּיה? ת"ל: °"כַּמִּשְׁפָּט הַזֶּה יֵעָשֶׂה לּוֹ", מִגּוּפוֹ מְשַׁלֵּם, וְאֵינוֹ מְשַׁלֵּם מִן הָעֲלִיָּיה! אֶלָּא אָמַר רָבָא: אִצְטְרִיךְ, ס"ד אָמִינָא, הוֹאִיל וּמַחְמִירַנִי בְּעֶבֶד יוֹתֵר מִבֶּן חוֹרִין, שֶׁבֶּן חוֹרִין יָפֶה סֶלַע — נוֹתֵן סֶלַע, שְׁלֹשִׁים — נוֹתֵן שְׁלֹשִׁים, וְעֶבֶד יָפֶה סֶלַע נוֹתֵן שְׁלֹשִׁים, מִשְׁתַּלֵּם נַמִי דְּמֵי עֶבֶד מִן הָעֲלִיָּיה, כְּתַב רַחֲמָנָא °"בַּעַל הַשּׁוֹר נָקִי". תַּנְיָא כְּוָתֵיהּ דְּרָבָא: "בַּעַל הַשּׁוֹר נָקִי" — ר"ע אוֹמֵר: נָקִי מִדְּמֵי עֶבֶד. וַהֲלֹא דִּין הוּא: הוֹאִיל וְחַיָּיב בְּעֶבֶד וְחַיָּיב בְּבֶן חוֹרִין, מַה כְּשֶׁחַיָּיב בְּבֶן חוֹרִין — חָלַקְתָּ בּוֹ בֵּין תָּם לְמוּעָד, אַף כְּשֶׁחַיָּיב בְּעֶבֶד — נַחֲלֵק בּוֹ בֵּין תָּם לְמוּעָד! וְעוֹד, ק"ו: וּמַה בֶּן חוֹרִין שֶׁנּוֹתֵן כָּל שָׁוְיוֹ — חָלַקְתָּ בּוֹ בֵּין תָּם לְמוּעָד, עֶבֶד שֶׁאֵינוֹ נוֹתֵן אֶלָּא שְׁלֹשִׁים — אֵינוֹ דִּין שֶׁנַּחֲלוֹק בּוֹ בֵּין תָּם לְמוּעָד? לֹא, מַחְמִירַנִי בְּעֶבֶד יוֹתֵר מִבֶּן חוֹרִין, שֶׁבֶּן חוֹרִין יָפֶה סֶלַע — נוֹתֵן סֶלַע, שְׁלֹשִׁים — נוֹתֵן שְׁלֹשִׁים, וְעֶבֶד יָפֶה סֶלַע נוֹתֵן שְׁלֹשִׁים, יָכוֹל יְהֵא חַיָּיב? ת"ל: "בַּעַל הַשּׁוֹר נָקִי", [א]נָקִי מִדְּמֵי עֶבֶד.§ תָּנוּ רַבָּנַן: °"וְהֵמִית אִישׁ אוֹ אִשָּׁה", אָמַר ר"ע: וְכִי מַה בָּא זֶה לְלַמְּדֵנוּ? אִם °לְחַיֵּיב עַל הָאִשָּׁה כְּאִישׁ, הֲרֵי כְּבָר נֶאֱמַר: °"כִּי יִגַּח שׁוֹר אֶת אִישׁ אוֹ אֶת אִשָּׁה"! אֶלָּא לְהַקִּישׁ אִשָּׁה לְאִישׁ, מָה אִישׁ [ב]נְזָקָיו לְיוֹרְשָׁיו, אַף אִשָּׁה [ג]נְזָקֶיהָ לְיוֹרְשֶׁיהָ. וְסָבַר ר"ע: לָא יָרֵית לָהּ בַּעַל? *וְהָתַנְיָא: °"וְיָרַשׁ אוֹתָהּ" — [ד]מִכָּאן שֶׁהַבַּעַל יוֹרֵשׁ אֶת אִשְׁתּוֹ, דִּבְרֵי ר"ע! אָמַר רֵישׁ לָקִישׁ: [ה]לֹא *אָמַר אֶלָּא בְּכוֹפֶר, °הוֹאִיל וְאֵין מִשְׁתַּלֵּם אֶלָּא לְאַחַר מִיתָה, וַהֲוָה לֵיהּ רָאוּי, *[ו]וְאֵין הַבַּעַל נוֹטֵל בָּרָאוּי כְּבַמּוּחְזָק. מַאי טַעְמָא? אָמַר קְרָא: °"וְהֵמִית אִישׁ אוֹ אִשָּׁה הַשּׁוֹר יִסָּקֵל וְגַם בְּעָלָיו יוּמָת, אִם כּוֹפֶר יוּשַׁת עָלָיו". וּבִנְזָקִין לֹא אָמַר ר"ע? וְהָתַנְיָא:* [ז]הִכָּה אֶת הָאִשָּׁה וְיָצְאוּ יְלָדֶיהָ — נוֹתֵן נֶזֶק וְצַעַר לָאִשָּׁה וּדְמֵי וְלָדוֹת לַבַּעַל. (א) [ח]אֵין הַבַּעַל — נוֹתֵן לְיוֹרְשָׁיו, אֵין הָאִשָּׁה — *נוֹתֶנֶת לְיוֹרְשֶׁיהָ; [ט]הָיְתָה שִׁפְחָה וְנִשְׁתַּחְרְרָה,

או

וְנֵימָא ר"ע לְנַפְשֵׁיהּ. דְּלַקְשֵׁי לֵיהּ לְר' אֱלִיעֶזֶר לְעֵיל. כְּשֶׁקָּדַם בְּעָלָיו וּשְׁחָטוֹ. קוֹדֶם שֶׁנִּגְמַר דִּינוֹ, אִצְטְרִיךְ לֵיהּ קְרָא לְמִפְטְרֵיהּ. אִי הָכִי. אַמַּאי מוֹתִיב ר"ע לְרַבִּי אֱלִיעֶזֶר לְעֵיל "הֲבִיאֵהוּ לְב"ד", וְלָא אַסִּיק אַדַּעְתֵּיהּ דְּמָצֵי לְשַׁנּוּיֵי לֵיהּ: כְּשֶׁקָּדַם וּשְׁחָטוֹ, אִי לֵית לֵיהּ טַעְמָא אַחֲרִינָא? אָמַר לָךְ. ר' אֱלִיעֶזֶר: שֶׁקָּדַם וּשְׁחָטוֹ – לָא אִצְטְרִיךְ קְרָא. דְּהָתָם כִּי הֲרָגוֹ שֶׁלֹּא בְּכַוָּונָה אִצְטְרִיךְ לְמִפְטְרֵיהּ מִכּוֹפֶר. דְּשׁוֹר לָאו בַּר קְטָלָא הוּא כְּלָל. וְאִי לָא מִיעֲטֵיהּ, הֲוָה אָמִינָא עִיקַּר חִיּוּבוֹ כּוֹפֶר הוּא. אֲבָל הָכָא. דְּשׁוֹר בַּר קְטָלָא הוּא – תְּחִילַּת דִּינוֹ נִפְטָר מִמָּמוֹן, וְלֹא חָלָה עָלָיו תַּשְׁלוּמִין דְּאִיכָּא לְמֵימַר "הֲבִיאֵהוּ לְב"ד". הִלְכָּךְ, כִּי קָדֵים וּשְׁחָטוֹ נַמִי בְּלָא קְרָא מִיפַּטַר, וְלָא צָרִיךְ קְרָא. לְר"ע נַמִי וַדַּאי הָכִי הוּא. קוּשְׁיָא הִיא. נְשַׁלֵּם דְּמֵי עֶבֶד מֵעֲלִיָּיה. וְאע"ג דְּמִקְטִיל, דְּהָא לְגַבֵּי חַבָּלַת אָדָם אֵין תּוֹרַת תָּם עָלָיו, וְאֵינוֹ נִפְטָר בְּטַעֲנַת "הֲבִיאֵהוּ לְב"ד" – כְּתַב רַחֲמָנָא "נָקִי". וְהָא תַּבְרֵיהּ רַבִּי עֲקִיבָא לְגָזִיזֵיהּ. דְּאַשְׁמְעִינַן בְּהֶדְיָא דְּאֵין מִשְׁתַּלֵּם אֶלָּא מִגּוּפוֹ, וְאַכַּתִּי אִיכָּא לְמֵימַר "הֲבִיאֵהוּ לְב"ד". הוֹאִיל וּמַחְמִירַנִי בְּעֶבֶד. לְגַבֵּי מוּעָד. חָלַקְתָּ בּוֹ בֵּין תָּם לְמוּעָד. דְּמוּעָד מְשַׁלֵּם כּוֹפֶר, וְתָם פָּטוּר. שֶׁאֵינוֹ נוֹתֵן אֶלָּא שְׁלֹשִׁים. אֲפִילּוּ שָׁוֶה ק' מָנֶה. וְהֵמִית אִישׁ וגו'. בְּמוּעָד כְּתִיב. נְזָקֶיהָ לְיוֹרְשֶׁיהָ. וְלֹא לְבַעְלָהּ. [וְיָרַשׁ אוֹתָהּ]. "וּנְתַתֶּם אֶת נַחֲלָתוֹ לִשְׁאֵרוֹ הַקָּרוֹב אֵלָיו" וגו'. שְׁאֵרוֹ זוֹ אִשְׁתּוֹ. וְהָא לֵיכָּא לְמֵימַר דִּלְדִידָהּ נֵיתִיב יְרוּשָּׁה דִּידֵיהּ – דְּהָא "מִמִּשְׁפַּחְתּוֹ" כְּתִיב. אֶלָּא ה"ק: "וּנְתַתֶּם אֶת נַחֲלָתוֹ לַקָּרוֹב אֵלָיו מִמִּשְׁפַּחְתּוֹ", וּשְׁאֵרוֹ שֶׁהִיא אִשְׁתּוֹ הוּא יוֹרֵשׁ אוֹתָהּ. לֹא אָמַר ר"ע. נְזָקֶיהָ לְיוֹרְשֶׁיהָ. אֶלָּא בְּכוֹפֶר הוֹאִיל וְאֵין מִשְׁתַּלֵּם אֶלָּא לְאַחַר מִיתָתָהּ. הִלְכָּךְ לֹא זָכְתָה בּוֹ מֵחַיִּים. וַהֲוָה לֵיהּ רָאוּי. וְלֹא מוּחְזָק, וְקַיְימָא לָן בְּ"יֵשׁ נוֹחֲלִין" (ב"ב דף קיג.) דְּאֵין הַבַּעַל יוֹרֵשׁ אֶת אִשְׁתּוֹ בָּרָאוּי לָבֹא לְאַחַר מִיתָתָהּ כְּבַמּוּחְזָק לָהּ מֵחַיִּים. מַאי טַעְמָא. אֵין כּוֹפֶר מִשְׁתַּלֵּם אֶלָּא לְאַחַר מִיתָה? אע"ג דִּכְתִיב "וְהֵמִית" – נֵימָא דְּכֵיוָן שֶׁהֶעֱמִידוּהוּ לְמִיתָה – לִישְׁתַּלֵּם מֵחַיִּים. [וְהֵמִית כו']. שׁוֹר אֵינוֹ בִּסְקִילָה עַד שֶׁיָּמוּת הַנִּיזָּק, דִּכְתִיב: "וְהֵמִית אִישׁ וְהַשּׁוֹר יִסָּקֵל". וּדְמֵי וְלָדוֹת לַבַּעַל. הַתּוֹרָה זִכְּתָה לוֹ, כִּדְכְתִיב: "בַּעַל הָאִשָּׁה" (שמות כא). אֵין הָאִשָּׁה *נוֹתֶנֶת לְיוֹרְשֶׁיהָ. נֶזֶק וָצַעַר. הָיְתָה שִׁפְחָה וְנִשְׁתַּחְרְרָה כו'. כְּלוֹמַר: הָיְתָה מְשׁוּחְרֶרֶת מְעוּבֶּרֶת מִמְּשׁוּחְרָר.

או

ונימא רבי עקיבא לנפשיה. ולא בעי למימר שלא היה יודע אותו תירוץ, וכשאמר לו רבי אליעזר קבלו — דפשוט לו לגמרא דמסתמא היה יודע. ומה שלא היה חושש — משום דאית ליה דרבה, דאי אין השור בסקילה אין הבעלים משלמים כופר. וא"ת: ודלמא "אם כופר" — לא דריש, "ואם עבד" — דריש! וי"ל: כיון דלא דריש "אם כופר" — כ"ש דלא דריש "אם עבד", כדמוכח לקמן. **אלא** אמר רב אסי כו'. וא"ת: ומה דוחקו לתרץ? נימא דגם ר"ע היה יודע וסובר אותו תירוץ שהשיב לו ר"א, וסבר: דלמא אית ליה טעמא אחרינא, כדאמר לעיל אקדם ושחטו! וי"ל: דגבי טעם דקדם ושחטו שייך לומר הכי, שאינו טעם טוב כדפרישית לעיל. אבל אטעם דהמית על פי עד אחד וגבי טעמא דנתכוין — לא שייך למימר דלמא אית ליה טעמא אחרינא, דטעמים חשובין הן, וליכא למפרך עלייהו מידי. **ועבד** יפה סלע נותן ל'. אע"ג דשוה ק' אין נותן אלא שלשים. מ"מ, כיון שנותן קצבה של שלשים אע"פ שאין שוה אלא סלע או יותר, שלעולם הקצבה עומדת, א"כ גם כשהשור אין שוה כלום — קיימת. **מה** כשחייב בן חורין חלקת בין תם למועד. ברייתא זו מוכחא דר"ע לא קבל תשובה דר"א, דהא לא דריש ר"ע נקי מחצי כופר, ואפילו הכי פוטר כאן בתם. והיינו משום דכי לא מיחייב סקילה — פשיטא דפטור מכופר. **נקי** מדמי עבד. פירוש: משלשים של עבד. ויש מפרשים דאפילו דמים לא משלם, וכ"ש קנס. **והוה** ליה ראוי. אף על גב דב"יש נוחלין" (ב"ב דף קיג.) דריש דאין הבעל נוטל בראוי כבמוחזק מקרא אחרינא — מהכא לא נפקא, דהוה אמינא דשאני כופר דלעולם הוי ראוי, ולא אתי מיניה שאר ראוי. וכופר נמי לא נפיק מהתם, דהתם בירושה שנפלה לאחר מיתת האשה אין הבעל נוטל בראוי. אבל כופר, דמחיים נעשה החבלה שהכופר בא על ידה — הוה אמינא דנוטל*. **נותן** נזק וצער לאשה. נקט נזק וצער, לפי שרגילות הוא שמצטערת יותר, וגם נפחתין דמיה כשמפלת ע"י הכאה, מכשיולדת בזמנה. אבל ריפוי ושבת — אורחא דמילתא הוא שאין צריכה ריפוי, וגם אינה מתבטלת יותר ממלאכה משאר יולדת, וכזה היה סופה כשתלד. וא"ת: ובושת מ"ט לא חשיב? וי"ל: נתכוין לבייש זה ובייש זה פטור לר"ש ב"החובל" (לקמן דף פו.), ומיירי דנתכוון להכות חבירו והכה האשה, כפשטיה דקרא. **היתה** שפחה ונשתחררה או גיורת זכה. פ"ה: נתעברה מן הגר ומן המשוחרר. וכן משמע ב"הפרה" (לקמן דף מט.) דקאמר: לא שנו אלא שחבל בה בחיי הגר. ואין לומר כריב"א, שנתעברה בעודה שפחה — דאין לבעל כלום דשל אדון נינהו, ועכשיו נשתחררה, כדמשמע לישנא דהיתה שפחה. דהא ב"הפרה" (שם) משמע כדפ"ה. והא דנקט "היתה שפחה ונשתחררה", ולא נקט "היתה משוחררת" — משום דע"כ כשאין לה בנים קאמר. ולהכי נקט "ונשתחררה", דמשמע עתה מקרוב. וה"ה לישראלית נשואה לגר ומת הגר, דפטור, דהא דמי ולדות לבעלה. והא דנקט שפחה וגיורת — משום דאורחא דמילתא כך, דסתם משוחררת נשואה למשוחרר, וסתמא גיורת לגר.

גרושה

עין משפט נר מצוה

נה א מיי' פ"י מהלכות נזקי ממון הלכה ב והלכה יג ופי"א הל' א:

נו ב ג מיי' שם פי"א הלכה ב סמג עשין סח:

נז ד מיי' פכ"ב מהל' אישות הלכה א ופ"א מהל' נחלות הלכה ח סמג לאוין פא ועשין נו טוש"ע אה"ע סי' צ סעיף א:

נח ה מיי' פי"א מהל' נזקי ממון הלכה ב סמג עשין סז:

נט ו מיי' פ"א מהלכות נחלות הלכה יא סמג עשין נו טוש"ע אה"ע סי' צ סעיף א:

ס ז ח מיי' פ"ד מהל' חובל ומזיק הלכה א ב סמג עשין ע טור ש"ע ח"מ סי' תכג סעיף א:

סא ט מיי' שם הלכה ד טוש"ע שם סעיף ג:

מסורת הש"ס: [עי' פסחי' ב:] | לעיל ה. לג. [ערכין יד:] | רש"ל | [לעיל ה.] | שמות כא | שם | שם | שם | במדבר כז | בדפו"י אמר ר"ע | [ב"ב קיג. קכה:] | שמות כא | לקמן מט. | נ"ל נותן | נ"ל נותן | [ועי' תוס' ב"ב קיב: ד"ה מה] | ב"ב קיא:

הגהות הב"ח

(א) גמ' אין הבעל נותן ליורשיו. נ"ב פירוש אם אין הבעל קיים נותן המזיק דמי ולדות ליורשיו ולא לאשה ואם אין האשה קיימת נותן המזיק נזק וצער ליורשיה אלמא דאף בשאר ניזקין דלאו כופר נמי הוי נזקיה ליורשיה ולא לבעל [והשאר חסר]:

גליון הש"ס

גמ' לחייב על האשה כאיש. עי' לעיל טו ע"א: שם הואיל ואין כו'. גיטין דף מג ע"א:

תורה אור

או גיורת — זכה! אמר רבה: בגרושה. וכן אמר ר"נ: בגרושה. אמרי: *גרושה נמי תיפלוג בדמי ולדות! אמר רב פפא: התורה זכתה דמי ולדות לבעל, אפילו בא עליה בזנות. מאי טעמא? אמר קרא: (שמות כא) °"כאשר ישית עליו בעל האשה". ונוקמה לרבה — כגון שגבו מעות, ולר"נ — כגון שגבו קרקע. *דאמר רבה: גבו קרקע — יש לו, גבו מעות — אין לו; ור"נ אמר: גבו מעות — יש לו, גבו קרקע — אין לו! אמרי הני מילי לבני מערבא אליבא דרבנן, כי קאמרי הכא — כרבי.§ אמר ר"ש בן לקיש: שור שהמית את העבד שלא בכוונה — פטור משלשים שקלים, שנאמר: (שם) °"כסף שלשים שקלים יתן לאדוניו והשור יסקל", כל זמן שהשור בסקילה — הבעלים משלמין שלשים שקלים, אין השור בסקילה — אין הבעלים משלמין שלשים שקלים. אמר רבה: שור שהמית בן חורין שלא בכוונה — פטור מכופר, שנאמר: (שם) °"השור יסקל וגם בעליו יומת, אם כופר יושת עליו", כל זמן שהשור בסקילה — בעלים משלמין כופר, אין השור בסקילה — אין בעלים משלמין כופר. איתיביה אביי: "המית שורי את פלוני" או "שורו של פלוני" — ה"ז משלם ע"פ עצמו; מאי לאו כופר? לא, דמים. אי דמים, אימא סיפא: "המית שורי את עבדו של פלוני" — אינו משלם על פי עצמו; ואי דמים, אמאי לא? אמר ליה: יכילנא לשנויי לך: רישא דמים, וסיפא קנס, מיהו *שנויא דחיקא לא משנינא לך. אידי ואידי דמים, מיהו

או גיורת. מעוברת מגר, ומתו שניהם — פטור מן הכל, שהוא קודם. הואיל ואין לה יורשין — כל הקודם בשלה זכה, וזה שישנו בידו — קודם לכל אדם. אבל ישראלית מעוברת מישראל, אפילו אין להם בנים — יש לה יורשין לירש חלקה. ויש לו יורשין לירש חלקו. ודוקא נשתחררה קודם חבלה, אבל היתה שפחה כשחבל בה — חייב בכל, אפילו בדמי ולדות ויתן לאדוניה. דדמי ולדות שפחה אינם אלא לבעלים שלה, כדאמרינן לקמן ב"שור שנגח את הפרה" (דף מט.) דאמר ליה: חמרתא מעברתא אזיקת מינאי. **בגרושה.** עסקינן, ומש"ה נותן ליורשיה, שגירשה אחר החבלה. **בעל האשה.** הפועל הקפיד. **ונוקמה לרבה כו'.** למה להו לרבה ולר"נ לאוקמה בגרושה? לוקמה מר כדאית ליה ומר כדאית ליה ב"יש נוחלין"! נוקמה לרבה כגון שגבו ב"ד מעות מן המזיק לשלם נזק וצער. ואע"פ שנתחייב לה מחיים — לא עדיף ממלוה בשטר. **דאמר רבה גבו.** יורשין קרקע במלוה שהלוה אביהם — יש לו לבכור פי שנים, דהוה ליה כמוחזק, דהאי קרקע אשתעבד ליה לאבוהון. **גבו מעות אין לו.** פי שנים, דלאו הני מעות הניח אביהן, והוי ראוי. **ור"נ אמר גבו מעות יש לו.** דכמוחזק דמי, שהרי מעות הלוה אביהם ומעות נטלו. **גבו קרקע אין לו.** דקרקע לא הניח אביהם, והוי ראוי. והכא נמי לוקמא ר"נ כגון שגבו קרקע דהוי ראוי. **אמרי.** הני מילי דאפלוג רבה ור"נ ב"יש נוחלין". **אליבא דבני מערבא.** דשלחו: בכור נוטל פי שנים במלוה ולא ברבית. ואוקימנא אליבא דרבנן דפליגי עליה דרבי, דאמרי: אין בכור נוטל פי שנים בשבח ששבחו נכסים לאחר מיתת אביהן. דאי רבי — אפילו ברבית נמי שקיל פי שנים, דשבחא דממילא הוא. ופרשוה רבה ור"נ להא דבני מערבא, דאמרי: לרבנן בכור נוטל פי שנים במלוה — מר בגבו מעות ומר בגבו קרקע. **וכי אמרי הכא.** בגרושה, ולא מוקמינן לה בהכי. **כרבי.** דאמר: בכור נוטל פי שנים בשבח — דכמוחזק דמי, וכ"ש במלוה — דכמאן דגביא דמי, לא שנא גבו קרקע ולא שנא גבו מעות. הלכך, אי לאו דגירשה — שקיל, דבעל כבכור. ומיהו, בכופר אפילו רבי מודה דראוי הוא, דהואיל ואין בו שום חיוב מחיים — לא הוי כשבחא דממילא. ה"ג [א] ה"מ לבני מערבא אליבא דרבנן כי קאמר הכא כרבי. **שור** שלא בכוונה פטור מסקילה, כדתנן במתני' (לקמן דף מד.): נתכוין להרוג את הבהמה כו', ויליפינן לה בגמרא כמיתת בעלים כך מיתת השור. **אין השור בסקילה אין הבעלים משלמין כופר.** ור"א דאמר לעיל (דף מא:): אין דיני אלא במתכוין להרוג כו' — פליג עליה, דמדאיצטריך קרא למפטריה בתם שלא בכוונה — מכלל דמועד שלא בכוונה (בר כופר הוא. ועוד: מתניתין בהדיא תנא לקמן דפליגי עליה, דקתני: מועד שלא בכוונה) פטור ממיתה וחייב בכופר. ורבה אקרא סמיך, ומוקמינן למתני' דלקמן כוותיה, דהאי דקתני מתני' פטור — מכופר ומסקילה קאמר. **או שורו של פלוני.** במועד אוקימנא בפירקא קמא. קתני מיהת: "המית שורי את פלוני" משלם ע"פ עצמו. **מאי לאו כופר.** ואע"ג דאין השור בסקילה, שהרי הודה, ואמרו: כמיתת בעלים כך מיתת השור, ואדם בהודאתו אינו נהרג. **לא דמים.** הא דקתני "משלם" לאו בתורת כופר דניבעי כפרה. דאפילו לא משלם נמי, כגון אי לית ליה נכסי — לאו בכלל עונש הוא, דאין כופר בלא סקילה דשור. אבל היכא דאית ליה נכסי — ע"כ משלם דמים, דלא גרעה מיתה מנזקין. דאילו אזקיה, אע"ג דאינו בסקילה — בעי לשלומי ליה פחת דמיו, ה"נ משלם דמיו ליורשיו. **אינו משלם ע"פ עצמו.** דשלשים של עבד קנס הן. **ואי דמים.** כלומר: ואי ס"ד יש תורת נזקין להיכא דקטליה, וע"כ כי היכי דבן חורין במקום שאין כופר משלם דמיו — עבד נמי במקום שאין קנס משלם דמיו, ואמאי קתני דלא? **שנויא דחיקא.** בתרי טעמא. מיהו

גרושה נמי תפלוג בדמי ולדות. דקס"ד דלא אקרי "בעל האשה" אלא כשהאשה תחתיו. וק"ק: דמאי פריך דתפלוג בדמי ולדות, אטו ולדות נררי נינהו דזכיה בהו? דהכי פריך לקמן (דף מט.) דבעל גופיה לא הוה זכי בהו אי לאו דאשכחן דזכי ליה רחמנא, ולאשה לא אשכחן דזכי!

אפילו בא עליה בזנות. בירושלמי בעי ר"ע: בא על אמו, בא על אחותו, יכול אף הוא בעל ההריון — ת"ל "בעל", אותו שראוי לקרות בעל, יצאו אלו שאינם ראויים לקרות בעל.

ונוקמה לרבה כגון שגבו מעות. הוה מצי למימר: לרבה אליבא דנפשיה לוקמיה בין בגבו מעות בין בגבו קרקע, דבסוף "גט פשוט" (ב"ב דף קעה:) מוכח דס"ל אליבא דנפשיה אפילו גבו קרקע אין לו, דשעבודא לאו דאורייתא. אלא לא חש לדקדק כל כך ולהאריך, שיהיה צריך להקשות ההיא דשעבודא לאו דאורייתא אההיא דגבו קרקע יש לו, ולתרצם.

ולרב נחמן שגבו קרקע. פי': כגון שגבו נמי קרקע, ולא בא למעוטי מעות. דהא דחשיב התם ר"נ מעות כמוחזקין — היינו גבי מלוה, כדפ"ה משום דזוזי יהיב וזוזי שקיל. אבל הכא לא שייך האי טעמא. ור"י מפרש: לפי שדרך בני אדם לפרוע מעות, חשיב ר"נ מעות מוחזקים.

אמר רבה שור שהמית בן חורין. כר"ע ס"ל, דלר"א ודאי חייב, כדאמרינן לעיל. ואביי דפריך סבר דאפילו ר"ע מודה דחייב כופר מועד שלא בכוונה מ"אם כופר" לרבות שלא בכוונה. והא דאצטריך ליה לר"ע לאוקמי "בעל השור נקי" לדמי עבד, ולא בעי לאוקמי "נקי" לחצי כופר שלא בכוונה — היינו משום דמ"אם כופר" לא מרבינן אלא דשלא בכוונה מחייב כבכוונה, והיינו דוקא מועד דמחייב ע"פ עדים בכוונה, אבל תם ע"פ עדים ליכא כופר בכוונה, משום ד"הביאהו לב"ד וישלם לך" — שלא בכוונה נמי, או ע"פ עצמו, ליכא לרבויי מ"אם כופר". ולהכי פריך שפיר ר"ע לר"א אפילו לאביי, דמכח "הביאהו לב"ד וישלם לך" יש לפוטרו אפילו שלא בכוונה בלאו קרא ד"נקי". וכן (אמר) רב דימי א"ר יוחנן לקמן, דאמר "אם כופר" לרבות כופר שלא בכוונה — אפילו לר"ע נמי קאמר הכי, *כדפריך אביי. ורב ושמואל דפליגי נמי לקמן (דף מד.) אמתני' דשור שהיה מתחכך בכותל בכופר שלא בכוונה, נראה לר"י אליבא דר"ע פליגי. והא דאיתותב רב מברייתא דמייתי תניא כוותיה דשמואל ותיובתא דרב, או תיובתא דרבה לגירסת רשב"ם — י"ל דחשיב ליה גמרא תיובתא גמורה, משום דאיירי בסיפא רבי יהודה ור"ש שהם תלמידי ר"ע, כדאמרינן בסנהדרין (דף פו.): וכולן אליבא דר"ע, וביבמות (דף סב:) נמי אמר: עד שבא ר"ע אצל רבותינו שבדרום ושנה להם. ור"א ס"ל דאיכא כופר שלא בכוונה בלא ריבוי ד"אם כופר", ולהכי אצטריך קרא ד"נקי" למעוטי תם שלא בכוונה מחצי כופר. ואת"ל דמרבויא ד"אם כופר" נפקא ליה כופר שלא בכוונה נמי לר"א, צ"ל דבהך סברא דפריך — לא מרבינן מ"אם כופר" שלא בכוונה אלא היכא דאיכא כופר בכוונה פליג איהו אדר"ע.

מאי לאו כופר לא דמים. וא"ת: למ"ד (לעיל דף מ.) כופר דמי ניזק, מאי איכא בין דמים לכופר? ונראה לר"י: כגון שמת המזיק, דאין כפרה לאחר מיתה, כמו חטאת ואשם דאין באין לאחר מיתה. אבל דמים משלם. ולפ"ז חמורה שלא בכוונה מבכוונה. והכי נמי יש חומרא אחרת שלא בכוונה מבכוונה למ"ד כופר דמי מזיק, דפעמים שהניזק שוה יותר מן המזיק. ועוד י"ל: דנפקא מינה בין דמים לכופר, דדמים יכול למחול, וכופר אין יכול למחול. ואי הוה פשיטא לן דכופר שלם אמר רחמנא ולא חצי כופר — הוה כ"מ נמי להא.

רישא דמים וסיפא קנס. תימה: מה תירוץ הוא זה? ואומר ר"י: דמצי ליישב פירוש המשנה כן: "המית שורי את פלוני" — הרי זה משלם תשלומין שחייבו הכתוב כגון כופר, על פי עצמו, ומשלמו בתורת דמים. אבל "עבדו של פלוני", תשלומין שחייבו הכתוב דהיינו שלשים של עבד — לעולם לא ישלם על פי עצמו.

אשו

(פסחי' ד' לח.) ב"ב דף קכל: ודף קעה:

[לעיל דף טו: [כתובות מח.]

[לקמן קו. כתובות מב:]

ס"א ל"ג

נ"ל כדפריך לאביי. מהר"ם

הגהות הגר"א

[א] רש"י סד"ה כרבי דאמר כו' ה"ג כו'. נ"ב לאפוקי מגירסת הרי"ף אבל בעלמא כרבי (ועי' בהגר"א אה"ע סי' ל סק"ה):

גליון הש"ס

גמ' גרושה נמי תפלוג בדמי ולדות. ק"ל דהא בל"ז יקשה על הרישא דאין בעל נותן ליורשיו דתפלוג היא בדמי ולדות דמאי שנא אלמנה מגרושה לענין זה וצ"ע:

מִיהוּ, בֶּן חוֹרִין דִּמְשַׁלֵּם כּוֹפֶר ע"פ עַצְמוֹ, וְהֵיכִי דָּמֵי — דְּאִי אֲתוּ סָהֲדֵי וְאַסְהִידוּ בֵּיהּ דִּקְטַל, וְלָא יָדְעֵי אִי תָּם הֲוָה אִי מוּעָד הֲוָה, וַאֲמַר מָרֵיהּ דְּמוּעָד הוּא, דִּמְשַׁלֵּם כּוֹפֶר עַל פִּי עַצְמוֹ — הֵיכָא דְּלֵיכָּא עֵדִים מְשַׁלֵּם דָּמִים; גַּבֵּי עֶבֶד שֶׁאֵינוֹ מְשַׁלֵּם קְנָס ע"פ עַצְמוֹ, וְהֵיכִי דָּמֵי — דְּאִי אֲתוּ עֵדִים וְאַסְהִידוּ בֵּיהּ דִּקְטַל, וְלָא יָדְעֵי אִי תָּם הֲוָה אִי מוּעָד הֲוָה, וַאֲמַר מָרֵיהּ מוּעָד הוּא, לָא מִשְׁתַּלֵּם קְנָס ע"פ עַצְמוֹ — הֵיכָא דְּלֵיכָּא עֵדִים לָא מְשַׁלֵּם דָּמִים. מְתִיב רַב שְׁמוּאֵל בַּר רַב יִצְחָק: כׇּל שֶׁחַיָּיב בְּבֶן חוֹרִין חַיָּיב בְּעֶבֶד, בֵּין בְּכוֹפֶר בֵּין בְּמִיתָה; כּוֹפֶר בְּעֶבֶד מִי אִיכָּא? אֶלָּא לָאו דָּמִים! אִיכָּא דְּאָמְרִי: הוּא מוֹתִיב לַהּ וְהוּא מְפָרֵק לַהּ; אִיכָּא דְּאָמְרִי: אֲמַר לֵיהּ רַבָּה, הָכִי קָתָנֵי: כׇּל שֶׁחַיָּיב בְּבֶן חוֹרִין, בְּכַוָּונָה עַל פִּי עֵדִים, כּוֹפֶר — חַיָּיב בְּעֶבֶד קְנָס. וְכׇל שֶׁחַיָּיב בְּבֶן חוֹרִין, שֶׁלֹּא בְּכַוָּונָה ע"פ עֵדִים, דָּמִים — חַיָּיב בְּעֶבֶד, שֶׁלֹּא בְּכַוָּונָה עַל פִּי עֵדִים, דָּמִים. א"ל רָבָא: אִי הָכִי, אִשּׁוֹ שֶׁלֹּא בְּכַוָּונָה ע"פ עֵדִים נְשַׁלֵּם דָּמִים! וּמְנָא לֵיהּ לְרָבָא דְּלָא מְשַׁלֵּם? אִילֵימָא מִדִּתְנַן: *הָיָה גְּדִי כָּפוּת לוֹ וְעֶבֶד סָמוּךְ לוֹ וְנִשְׂרַף עִמּוֹ — חַיָּיב, עֶבֶד כָּפוּת לוֹ וּגְדִי סָמוּךְ לוֹ וְנִשְׂרַף עִמּוֹ — פָּטוּר? הָאָמַר רֵישׁ לָקִישׁ: כְּגוֹן שֶׁהִצִּית בְּגוּפוֹ שֶׁל עֶבֶד, דְּקָם לֵיהּ בִּדְרַבָּה מִינֵּיהּ! וְאֶלָּא מֵהָא דְּתַנְיָא: *חוֹמֶר בָּאֵשׁ מִבְּבוֹר, שֶׁהָאֵשׁ מוּעֶדֶת לֶאֱכוֹל בֵּין דָּבָר הָרָאוּי לָהּ בֵּין דָּבָר שֶׁאֵין רָאוּי לָהּ, מַה שֶּׁאֵין כֵּן בְּבוֹר, וְאִילּוּ "שֶׁהָאֵשׁ מְשַׁלֶּמֶת שֶׁלֹּא בְּכַוָּונָה דָּמִים, מַה שֶּׁאֵין כֵּן בְּבוֹר" לָא קָתָנֵי? דִּלְמָא *תְּנָא וְשִׁיֵּיר! אֶלָּא, רָבָא גּוּפֵיהּ אִבַּעוּיֵי מִבָּעֲיָא לֵיהּ: אִשּׁוֹ שֶׁלֹּא בְּכַוָּונָה, מִי מְשַׁלֵּם דָּמִים אוֹ לָא? מִי אָמְרִינַן: גַּבֵּי שׁוֹר הוּא דִּבְכַוָּונָה מְשַׁלֵּם כּוֹפֶר — שֶׁלֹּא בְּכַוָּונָה מְשַׁלֵּם דָּמִים, אֲבָל אִשּׁוֹ, דִּבְכַוָּונָה לֹא מְשַׁלֵּם כּוֹפֶר — שֶׁלֹּא בְּכַוָּונָה נַמִי לֹא מְשַׁלֵּם דָּמִים. אוֹ דִּלְמָא: כֵּיוָן דְּגַבֵּי שׁוֹרוֹ שֶׁלֹּא בְּכַוָּונָה אע"ג דְּלֵיכָּא כּוֹפֶר מְשַׁלֵּם דָּמִים, גַּבֵּי אִשּׁוֹ נַמִי, אע"ג דִּבְכַוָּונָה לֹא מְשַׁלֵּם כּוֹפֶר, שֶׁלֹּא בְּכַוָּונָה מִיהַת מְשַׁלֵּם דָּמִים? וְלָא יָדְעִינַן, תֵּיקוּ.§ כִּי אֲתָא רַב דִּימִי א"ר יוֹחָנָן: "כּוֹפֶר", מַה ת"ל °"אִם כּוֹפֶר"? [א]לְרַבּוֹת כּוֹפֶר שֶׁלֹּא בְּכַוָּונָה כְּכוֹפֶר בְּכַוָּונָה. א"ל אַבָּיֵי: אֶלָּא מֵעַתָּה, עֶבֶד נַמִי, מַה ת"ל °"אִם עֶבֶד"? לְרַבּוֹת עֶבֶד שֶׁלֹּא בְּכַוָּונָה כְּעֶבֶד בְּכַוָּונָה! וְכִי תֵּימָא הָכִי נַמִי, וְהָאָמַר רֵישׁ לָקִישׁ: שׁוֹר שֶׁהֵמִית אֶת הָעֶבֶד שֶׁלֹּא בְּכַוָּונָה — פָּטוּר מִשְּׁלֹשִׁים שְׁקָלִים! א"ל: *גַּבְרָא אַגַּבְרָא קָא רָמֵית? כִּי אֲתָא רָבִין א"ר יוֹחָנָן: "עֶבֶד", מַה תַּלְמוּד לוֹמַר "אִם עֶבֶד"? [ב]לְרַבּוֹת עֶבֶד שֶׁלֹּא בְּכַוָּונָה כְּעֶבֶד בְּכַוָּונָה. וּלְרֵישׁ לָקִישׁ נַמִי נֵימָא: מִדְּ"עֶבֶד, אִם עֶבֶד" לָא דָּרֵישׁ, "כּוֹפֶר, אִם כּוֹפֶר" נַמִי לָא דָּרֵישׁ! אָמְרִי: לָא, "עֶבֶד, אִם עֶבֶד" לָא דָּרֵישׁ, "כּוֹפֶר, אִם כּוֹפֶר" דָּרֵישׁ. וּמַאי שְׁנָא? "עֶבֶד, אִם עֶבֶד" לָא כְּתִיב בִּמְקוֹם תַּשְׁלוּמִין, "כּוֹפֶר, אִם כּוֹפֶר" כְּתִיב בִּמְקוֹם תַּשְׁלוּמִין.§ "וְכֵן בְּבֵן אוֹ בְּבַת".§ ת"ר: °"אוֹ בֵן יִגָּח אוֹ בַת יִגָּח" — לְחַיֵּיב עַל הַקְּטַנִּים כִּגְדוֹלִים. וַהֲלֹא דִּין הוּא: הוֹאִיל וְחַיָּיב אָדָם בְּאָדָם וְחַיָּיב שׁוֹר בְּאָדָם, מָה כְּשֶׁחִיֵּיב אָדָם בְּאָדָם — לֹא שָׁנָא בֵּין קְטַנִּים לִגְדוֹלִים, אַף כְּשֶׁחִיֵּיב שׁוֹר בְּאָדָם — לֹא תַחֲלוֹק בּוֹ בֵּין קְטַנִּים לִגְדוֹלִים! וְעוֹד, קַל וָחוֹמֶר הוּא: וּמָה אָדָם בְּאָדָם, שֶׁלֹּא עָשָׂה בּוֹ קְטַנִּים כִּגְדוֹלִים — חִיֵּיב בּוֹ עַל הַקְּטַנִּים כִּגְדוֹלִים,
שׁוֹר

מִיהוּ בֶּן חוֹרִין. דְּאַשְׁכְּחַן בֵּיהּ כּוֹפֶר ע"פ עַצְמוֹ. וְהֵיכִי דָּמֵי כְּגוֹן דַּאֲתוּ סָהֲדֵי כו'. דְּהָכָא וַדַּאי מְשַׁלֵּם כּוֹפֶר, דְּכוּפְרָא כַּפָּרָה וְלָא קְנָסָא דְּלִיפַּטַּר מִשּׁוּם הוֹדָאַת עַצְמוֹ. וְהֵיכָא דְּלֵיכָּא עֵדִים כְּלָל הוּא דְּפַטְרָנָא מִכּוֹפֶר, מִשּׁוּם גְּזֵירַת הַכָּתוּב דְּאֵין הַשּׁוֹר בִּסְקִילָה. וְהָכָא הֲרֵי הַשּׁוֹר בִּסְקִילָה בְּהַעֲדָאַת הָעֵדִים, דְּאִי נַמִי תָּם הָוֵי — בַּר סְקִילָה הוּא, הִלְכָּךְ, הֵיכָא דְּלֵיכָּא עֵדִים כְּלָל, דְּאֵינוֹ בַּר כּוֹפֶר — מְשַׁלֵּם דָּמִים. אֲבָל עֶבֶד, דְּלָא מַשְׁכַּחַתְּ בֵּיהּ קְנָס ע"פ עַצְמוֹ, דְּאִי נַמִי אָתוּ סָהֲדֵי וְאָמְרִי קְטַל עֶבֶד וְלָא יָדְעִינַן אִי תָּם אִי מוּעָד, וְאָמַר מָרֵיהּ מוּעָד הוּא — דְּפָטוּר מִקְּנָס, אע"ג דְּהַשּׁוֹר בִּסְקִילָה וַאֲפִילּוּ תָּם, כִּדְאָמְרִינַן לְקַמָּן: כׇּל שֶׁחַיָּיב מִיתָה בְּבֶן חוֹרִין חַיָּיב בְּעֶבֶד, מִיהוּ, מוֹדֶה בִּקְנָס פָּטוּר. הִלְכָּךְ, כִּי לֵיכָּא עֵדִים כְּלָל — אֲפִילּוּ דָּמִים לָא מְשַׁלֵּם. אֶלָּא לָאו דָּמִים. וְקָתָנֵי: כׇּל שֶׁחַיָּיב בְּבֶן חוֹרִין חַיָּיב בְּעֶבֶד, וְכֵיוָן דְּאָמְרַתְּ בֶּן חוֹרִין ע"פ עַצְמוֹ מְשַׁלֵּם דָּמִים, אַמַּאי קָתָנֵי לְגַבֵּי עֶבֶד אֵינוֹ מְשַׁלֵּם ע"פ עַצְמוֹ? הָכִי קָאָמַר כׇּל שֶׁחַיָּיב כו'. הָכִי פֵּירוּשָׁא דְּבָרַיְיתָא: דְּקָתָנֵי "כׇּל" — לָאו בְּמוֹדֶה מִפִּי עַצְמוֹ (א) קָאֵי, אֶלָּא בְּהַעֲדָאַת עֵדִים כִּסְתָם כׇּל בָּאֵי לְבֵ"ד, וְהַעֲדָאַת עֵדִים לֵיכָּא מִידֵּי דְּמִחַיְּיבַתְּ בְּבֶן חוֹרִין דְּלָא מִיחַיֵּיב בְּעֶבֶד. וְהָכִי קָאָמַר: כׇּל שֶׁחַיָּיב בְּבֶן חוֹרִין בְּכַוָּונָה ע"פ עֵדִים כּוֹפֶר, כְּלוֹמַר: כׇּל שֶׁחַיָּיב בְּבֶן חוֹרִין כּוֹפֶר, כְּגוֹן בְּכַוָּונָה וע"פ עֵדִים — חַיָּיב נַמִי בְּעֶבֶד בְּכַוָּונָה ע"פ עֵדִים קְנָס שְׁלֹשִׁים, דְּהָא הַשּׁוֹר בִּסְקִילָה. וְכׇל שֶׁחַיָּיב בְּבֶן חוֹרִין דָּמִים, וְהֵיכִי דָּמֵי — כְּגוֹן שֶׁלֹּא בְּכַוָּונָה ע"פ עֵדִים — חַיָּיב נַמִי בְּעֶבֶד דָּמִים. אֲבָל ע"פ עַצְמוֹ, אע"ג דִּבְבֶן חוֹרִין מְשַׁלֵּם דָּמִים — בְּעֶבֶד פָּטוּר, כִּדַּאֲמַרַן, הוֹאִיל וּמָצִינוּ חִילּוּק בְּע"פ עַצְמוֹ בֵּין כּוֹפֶר דְּבֶן חוֹרִין לִקְנָס דְּעֶבֶד. אֲבָל בְּעֵדִים שֶׁלֹּא בְּכַוָּונָה לָא אַשְׁכַּחַן חוּמְרָא בְּכוֹפֶר מִבִּקְנָס, דְּהָכָא וְהָכָא פָּטוּר, הִלְכָּךְ לְגַבֵּי דָּמִים תַּרְוַיְיהוּ כִּי הֲדָדֵי נִינְהוּ. אִי הָכִי. דְּשׁוֹרוֹ שֶׁלֹּא בְּכַוָּונָה ע"פ עֵדִים, דְּלֵיתֵיהּ בְּתוֹרַת כּוֹפֶר — מְשַׁלֵּם דָּמִים, כֵּיוָן שֶׁיֵּשׁ דָּמִים לְמִיתַת אָדָם בְּמָקוֹם שֶׁאֵין כּוֹפֶר וּקְנָס. אִשּׁוֹ נַמִי, דְּלֵיתֵיהּ בְּתוֹרַת כּוֹפֶר — לְשַׁלֵּם דָּמִים שֶׁלֹּא בְּכַוָּונָה, דְּהָא יֶשְׁנָהּ בְּתוֹרַת נְזָקִין! וּמִיהוּ, בְּכַוָּונָה פְּשִׁיטָא לָן דְּפָטוּר, דְּקָם לֵיהּ בִּדְרַבָּה מִינֵּיהּ. הָיָה גְּדִי כָּפוּת לוֹ. לַגָּדִישׁ. חַיָּיב. אַגְּדִי וְאַגָּדִישׁ, וּפָטוּר עַל הָעֶבֶד — דְּהָיָה לוֹ לִבְרוֹחַ. עֶבֶד כָּפוּת לוֹ וּגְדִי סָמוּךְ לוֹ. וְנִשְׂרְפוּ עִמּוֹ — פָּטוּר. וְקָסָבַר רָבָא: הַאי פָּטוּר — אַעֶבֶד וּגְדִי קָאָמַר: אַעֶבֶד — מִשּׁוּם דְּאֵין תַּשְׁלוּמִין לְעֶבֶד אֶלָּא בִּמְקוֹם קְנָס בְּשׁוֹר הַמּוּעָד, וְאַגְּדִי — מִשּׁוּם דְּהָיָה לוֹ לִבְרוֹחַ. אֲבָל מִשּׁוּם דְּקָם לֵיהּ בִּדְרַבָּה מִינֵּיהּ לָא פָּטַר לֵיהּ, דְּקָסָבַר: אִשּׁוֹ מִשּׁוּם מָמוֹנוֹ, וְאֵין כָּאן חִיּוּב מִיתָה. הָאָמַר ר"ל. בְּפֶ' "כֵּילַד". כְּגוֹן שֶׁהִצִּית בְּגוּפוֹ שֶׁל עֶבֶד. דְּאִיכָּא עֲלֵיהּ חִיּוּב מִיתָה, וַאֲפִילּוּ אַגָּדִישׁ נַמִי פָּטַר לֵיהּ, מִשּׁוּם דְּקָם לֵיהּ בִּדְרַבָּה מִינֵּיהּ. בֵּין דָּבָר שֶׁאֵין רָאוּי לָהּ. לְיַחֲכֶה נִירוֹ וּסְכִסְכָה אֲבָנָיו. וְאִילּוּ שֶׁהָאֵשׁ מְשַׁלֶּמֶת שֶׁלֹּא בְּכַוָּונָה. דְּלֵיכָּא דְּרַבָּה מִינֵּיהּ, דָּמִים. מַה שֶּׁאֵין כֵּן בְּבוֹר. דְּפָטַר בֵּיהּ מִיתַת אָדָם, דִּכְתִיב שׁוֹר וְלֹא אָדָם, לָא קָתָנֵי. אֶלָּא רָבָא גּוּפֵיהּ. הָא דְּאוֹתִיב לְעֵיל אִשּׁוֹ שֶׁלֹּא בְּכַוָּונָה — לָאו דִּפְשִׁיטָא לֵיהּ דְּלָא מְשַׁלֵּם, וּבִתְיוּבְתָּא מַיְיתֵי לַהּ, אֶלָּא בִּלְשׁוֹן בָּעְיָא אַיְיתֵי לַהּ, וְהָכִי קָאָמַר לֵיהּ רָבָא לְרַבָּה: אִי הָכִי, דְּשׁוֹר שֶׁלֹּא בְּכַוָּונָה שֶׁאֵין כּוֹפֶר יֵשׁ דָּמִים, אִשּׁוֹ שֶׁלֹּא בְּכַוָּונָה מַאי? אֲבָל אֵשׁ דִּבְכַוָּונָה לֹא מְשַׁלֵּם (ב) כּוֹפֶר. חֲדָא — דְּאֵין כּוֹפֶר בְּאֵשׁ, וְעוֹד: דְּקָם לֵיהּ בִּדְרַבָּה מִינֵּיהּ. לְרַבּוֹת כּוֹפֶר שֶׁלֹּא בְּכַוָּונָה. אע"ג דְּאֵין הַשּׁוֹר בִּסְקִילָה, וּפְלִיגָא אַדְּרַבָּה. לְרַבּוֹת עֶבֶד שֶׁלֹּא בְּכַוָּונָה. לִקְנָס. אִם כּוֹפֶר כְּתִיב בִּמְקוֹם תַּשְׁלוּמִים. דִּסְבָרָא דְּלְרַבּוּיֵי אַחֲרִינֵי אָתָא — לְתַשְׁלוּמִין, דִּלְגוּפֵיהּ לָא אִצְטְרִיךְ, דַּהֲוָה לֵיהּ לְמִכְתַּב "כּוֹפֶר". אִם עֶבֶד לָא כְּתִיב גַּבֵּי תַּשְׁלוּמִין. אֶלָּא גַּבֵּי נְגִיחָה "אִם עֶבֶד יִגַּח", וּלְגוּפֵיהּ אִצְטְרִיךְ, לְחַלֵּק בֵּין עֶבֶד לְבֶן חוֹרִין. לְחַיֵּיב עַל הַקְּטַנִּים. סְקִילָה. וַהֲלֹא דִּין הוּא. וְלָא צָרִיךְ קְרָא. הוֹאִיל וְחַיָּיב. מִיתָה בְּאָדָם הַהוֹרֵג אֶת הָאָדָם. וְחַיָּיב. מִיתָה שׁוֹר בְּאָדָם. לֹא חִלַּקְתָּ בֵּין נֶהֱרָגִים קְטַנִּים לִגְדוֹלִים. דִּכְתִיב: "כִּי יַכֶּה כׇּל נֶפֶשׁ אָדָם" — אֲפִילּוּ קְטַנִּים בְּמַשְׁמַע. מָה אָדָם בְּאָדָם שֶׁלֹּא עָשָׂה כו'. רוֹצֵחַ קָטָן כְּגָדוֹל, דִּכְתִיב (ויקרא כד): "וְאִישׁ כִּי יַכֶּה" — אִישׁ וְלֹא קָטָן. חִיֵּיב בּוֹ. עַל הַנֶּהֱרָגִין קְטַנִּים כִּגְדוֹלִים.
שׁוֹר

תורה אור: שמות כא; שם; שם

אשו שלא בכוונה. על פי עדים לשלם דמים. כיון דשורו שלא בכוונה, אע"פ שאין יכול לבא בשום ענין לידי כופר וקנס — משלם דמים, אם כן באש נמי משלם דמים, אע"פ שאין יכול לבא בשום ענין לידי כופר. ולאו דוקא אשו שלא בכוונה, דה"ה אשו בכוונה. דאי בכוונה פשיטא ליה דלא משלם דמים — היכי דייק מההוא דעבד כפות לו דפטור? דלמא ההיא בכוונה! ודוקא אליבא דמ"ד אשו משום ממונו פריך, דהויא דומיא דשור. אבל למ"ד אשו משום חציו — היינו אדם המזיק.
וכי

סב א ב מיי' פ"י מהל' נזקי ממון הל' ט והל' יג סמג עשין מז:

הגהות הב"ח

(א) רש"י ד"ה הכי קאמר וכו' מפי עצמו קאמר אלא בהעדאת: (ב) ד"ה וכו' לא משלם דמים חדא:

לעיל דף כב: לקמן דף סא:
לעיל דף י. ע"ש
[סוכה כב. וש"נ]
[תענית ד: וש"נ]

שור באדם, שעשה בו קטנים כגדולים, אינו דין שחייב על הקטנים כגדולים? לא, אם אמרת אדם באדם שכן חייב בארבעה דברים, תאמר בשור שאינו חייב בד' דברים — ת"ל: °"או בן יגח או בת יגח", לחייב על הקטנים כגדולים. ואין לי אלא במועדין, בתם מנין? (א) דין הוא: הואיל וחייב באיש ואשה וחייב בבן ובת, מה כשחייב באיש ואשה — לא חלקת בו בין תם למועד, אף כשחייב בבן ובת — לא תחלוק בו בין תם למועד. ועוד, קל וחומר: מה איש ואשה שכן הורע כחם בנזקין — לא חלקת בו בין תם למועד, בן ובת שיפה כחם בנזקין — אינו דין שלא תחלוק בהן בין תם למועד? אמרת: וכי דנין קל מחמור להחמיר (*עליו? אם החמיר במועד החמור, תחמיר בתם הקל? ועוד,) אם אמרת באיש ואשה שכן חייבין במצות, תאמר בבן ובת שפטורין מן המצות? ת"ל: "או בן יגח או בת יגח", נגיחה *בתם נגיחה במועד, נגיחה למיתה נגיחה לנזקין.§

מתני' [א]שור שהיה מתחכך בכותל ונפל על האדם, נתכוין להרוג את הבהמה והרג את האדם, לגוי) והרג בן ישראל, לנפלים והרג בן קיימא — פטור.§ **גמ'** אמר שמואל: [ב]פטור ממיתה וחייב בכופר, ורב אמר: פטור מזה ומזה. ואמאי? הא תם הוא! *כדאמר רב: [ג]במועד ליפול על בני אדם בבורות, הכא נמי — במועד להתחכך על בני אדם בכתלים. אי הכי, בר קטלא הוא! בשלמא התם [ד]דחזא ירוקא ונפל, אלא הכא מאי איכא למימר? הכא נמי במתחכך בכותל להנאתו. ומנא ידעינן? [ה]דבתר דנפל קא מתחכך ביה. ואכתי

שמות כא

ב"ק מב.

שור באדם שעשה בו. שור קטן ההורג כשור גדול ההורג, °דהא שור בן יומו קרוי שור, דכתיב (ויקרא כב): "שור או כשב כי יולד". **אינו דין.** שחייב בו סקילה על תינוק קטן כבעל אדם גדול? שכן חייב. בנזקין בארבעה דברים שהשור פטור מהן. ונזק לא חשיב, דהא שור נמי נזקא משלם. ת"ל בן ובת. קטנים משמע, דלעיל מיניה כתיב: "והמית איש או אשה". **ואין לי אלא במועד.** דקרא במועד כתיב. **לא חלקת בין תם למועד.** לענין סקילה. שהורע כחן בנזקין. דאם הזיקו משלמין. יפה כחן. °דחרש שוטה וקטן פגיעתן רעה, החובל בהן — חייב, והן שחבלו באחרים — פטורין. **וכי דנין קל מחמור.** תם ממועד. להחמיר. על הקל, דנימא כי היכי דחמור חייב — קל נמי חייב? דקדרשת תם ממועד ב"מה מצינו", דקתני: חייב באיש ואשה וחייב בבן ובת — כמועד, דהא חיוב דבן ובת במועד הוא דכתיב, וקאמרת: מה חיוב דאיש ואשה (כמועד) עשה בו תם כמועד — אף בן ובת נעשה בו תם כמועד. ואשכחת דהא ילפת תם ממועד, דאי לא אשכחת חיוב דבן ובת במועד — לא הוה ילפת ליה בתם מאיש ואשה, דהא במועד גופיה אי לאו דרבינהו קרא לא מצית לאתויינהו מדינא לעיל. **אם החמיר.** הכתוב בבן ובת *באיש ואשה במועד כתב לך, שהרי חמור הוא לענין כופר. נחמיר. אנן מדינא בתם הקל? בתמיה. **אם אמרת באיש ואשה.** כלומר: וק"ו דדרשת נמי בסיפא — פירכא הוא. דאם אמרת באיש ואשה כו'. ל"א: וכי דנין קל (ג) וחומר בן ובת שפטורין מן המצות מאיש ואשה? וזה שמעתי. ולשון מצאתי, וקשר הוא מן האחרון, דהיכי פשיטא ליה הך קולא והך חומרא דקמתמה "וכי דנין" כו'? והא הך אשכחן חומרא בבן ובת דיפה כחן בנזקין מאיש ואשה. ת"ל או בן יגח או בת יגח. "יגח" "יגח" תרי זימני, דריבה לך נגיחה למועד ולתם, למיתה ולנזקין. **פטור ממיתה.** דהא לא נתכוין. דאמרינן לקמן (ע"ב): כמיתת בעלים אם הרג, כן מיתת השור שהרג. **וחייב בכופר.** דדרשינן: "כופר, אם כופר" — להביא שלא בכוונה. **ורב אמר פטור מזה ומזה.** כדדריש *רבה לעיל: "השור יסקל" וגו', כל זמן שהשור בסקילה — בעלים משלמין כופר. **והא תם הוא.** אפילו למאן דדריש "אם כופר" — ה"מ למועד שלא בכוונה. והאי תם הוא בחיכוך זה. **במועד ליפול על בני אדם בבורות.** לקמן ב"שור שנגח את הפרה" (דף מח:). **בשלמא התם.** גבי שור שנפל על האדם בבור — איכא לתרוצי כדמתרצינן התם, דהאי דלא קטלינן ליה בנגיחות ראשונות — כגון דחזא ירוקא ונפל שלא בכוונה על זה. שראה עשב בתוך פי הבור ובא לאוכלה, ונפל. **אלא הכא.** הואיל ומועד לכך, מאי שלא מתכוין איכא? **הכא נמי.** דקחזינן ליה דמתחכך להנאתו ולא להפילו עליו. **ואכתי**

[לקמן מה:]

ג"ל האיך

לקמן מח:

[ג"ל רבה]

וכי דנין קל מחמור. פ"ה: דהך פירכא — אדין ראשון, דלדין שני, דק"ו דאיש ואשה שהורע כחן בנזקין — לא דנין קל מחמור, דאפילו אי לא הוה כתיב מועד כלל הוה ילפינן בהאי קל וחומר. אע"ג דבק"ו נמי קאמר "לא חלקת" — האי לישנא לאו דוקא. ולכך אצטריך "לא אמרת" — לעשות פירכא לדין שני, שהוא ק"ו. **נגיחה** לנזקין. אצטריך לרבות נזקין, משום דדרשינן בסיפיה דהאי קרא בנזקין, ב"המניח" (לעיל דף ג.): כמשפט שור בשור. וכן בסוף פרקין, לענין שמירה מעולה דנזקין, דריש מ"לא ישמרנו" אע"ג ד"לא ישמרנו" גבי מיתה כתיב. **והא** תם הוא. לא בעי למימר דמתני' כר"י הגלילי, כדמוקי שמואל מתני' ב"הפרה" (לקמן דף מז:) גבי היה אביו או בנו בתוכו. דמאי דוחקיה דשמואל לאוקמי מתניתין כר"י הגלילי, ומה פלוגתא הוה שייך בזה דהוו פליגי רב ושמואל מתני' כמאן? ועוד: דרישא דמתני' דקתני: מועד דמשלם כופר ותם פטור מן הכופר — לא אתיא כר"י הגלילי. והא דלא מוקי שמואל מתני' לקמן במועד ליפול על בני אדם בבורות, דמפרש מילתא דהכא במועד להתחכך על בני אדם בכתלים — משום דהוה לא שכיחא כי האי. **והא** תם הוא. המקשן סבור שמתחכך בכותל להפילו ולא מתכוין להפילו על בני אדם, דא"כ לא היה פטור ממיתה. ועל זה מקשה: והא תם הוא, שאפילו עשה כן כמה פעמים והרג בני אדם שלא בכוונה — אין מועד להרוג אדם! °כדפי' לעיל, מדלא אשכחן מועד במתכוין להרוג את הבהמה והרג את האדם. ומשני: במועד להתחכך על בני אדם. פירוש: במתחכך להנאתו, כדמפרש ואזיל, דהוי מועד מתחילתו והוי כאורחיה. וא"ת: ומי דוחקו לשמואל לומר שחייב כופר? יעמידנו במתכוין להפיל הכותל ולא נתכוין להפיל על בני אדם, ופטור גם מכופר לפי שהוא תם! וי"ל: דלרב ושמואל משמע להו לישנא דמתני' דקתני "ונפל על האדם" שלא היה מתכוין להפילו, אלא ממילא אירע שנפל ע"י שהיה מתחכך בו להנאתו. ולכך קאמר שמואל: היכא דמתחכך בכותל להנאתו, כדמשמע לישנא דמתני' דפטור ממיתה וחייב כופר. ורב אמר: פטור מזה ומזה, כדמשמע לישנא דפטור — שפטור לגמרי. והמקשן היה סבור דהא דנקט במתני' "ונפל על האדם", ולא קתני "להפילו" — משום דלא מתכוין להפילו על האדם מיירי, אבל מ"מ במתכוין להפילו ושלא על האדם משמע ליה שמיירי.

הכא נמי במתחכך להנאתו. תימה: דהכא אמר רב דפטור מזה ומזה, ולקמן ב"הפרה" (ד' מח:) מוקי רב מתניתין דקתני: משלם הכופר — במועד ליפול על בני אדם בבורות וחזא ירוקא! ותירץ רבינו תם: דלקמן הוי רגל בכוונה, כשמניח עצמו בבור כדי לאכול הירק שבבור, ויודע שמתמעך האדם, כמו רגל שדורסה אע"ג תינוק שיודע שיהרוג התינוק. ולפיכך משלם כופר, אע"פ שאין השור בסקילה הואיל ואינו מתכוין להזיק, דילפינן רגל בכוונה מקרן בכוונה. אבל הכא שמתחכך בכותל להנאתו (*שלא בכוונה) הויא שן [שלא בכוונה], שאינו יודע שיפול הכותל על האדם — לפיכך פטור מן הכופר ככרן שלא בכוונה. ומועד דהכא ולקמן — לאו דוקא מועד בשלש פעמים, אלא כלומר בדבר שנעשה מועד מתחילתו, כגון שן ורגל. והא דפריך לקמן כדמוקי לה במועד ליפול על בני אדם בבורות — אי הכי בר קטלא הוא — דייק ממתני', דקתני "משלם הכופר", ולא קתני "חייב מיתה" — משמע דפטור הוא מן המיתה. ורש"י פירש כל הסוגיא לקמן בע"א, אבל דוחק הוא. ושם אפרש בע"ה. ועל פי' ר"ת נמי קשה: דפטר רגל בכוונה לדרוס על האדם ממיתה, כיון שלא נתכוין להרוג, א"כ ר"ש דיליף בשמעתין נזקין מקטלא — פטר רגל מנזקין בכוונת דריסה על הכלים כשלא נתכוין להזיק. וזה אי אפשר, דעל כרחך לאו בכוונת היזק חייביה רחמנא, דאי בכוונת היזק — א"כ היינו קרן, והואיל וכן, על כרחך ליכא למילף נזקין מקטלא לענין כוונה. ורבינו שמואל מצא בספר ישן דלא גרסינן מילתא דרב דפטר מזה ומזה, ולקמן גרסינן: תניא כוותיה דשמואל ותיובתא *דרב דפטר לעיל מכופר כשאין השור בסקילה.

ר"מ מ"ז

ר"מ

[ג"ל דרבה]

הוה

*) דאינהו הוו פטורי בדיניהו אם שנתכוין להרוג את זה והרג את זה.

סג א מיי' פ"י מהל' נזקי ממון הלכה ט סמג עשין סז:
סד ב ג ד ה ו מיי' שם הלכה י והלכה יג:

הגהות הב"ח

(א) גמ' בתם מנין והלא דין הוא: (ב) רש"י ד"ה אם אמרת וכו' ליכא אחרינא וכי דנין קל מחמור בן ובת.

גליון הש"ס

רש"י ד"ה שור באדם וכו' דהא שור בן יומו קרוי שור. לקמן סה ע"ב: **שם** ד"ה יפה כחן החרש שוטה וקטן וכו'. לקמן פז ע"א: **תום'** ד"ה והא תם הוא המקשן כו' כדפי' לעיל דף מא ע"א ד"ה מאחר:

עין משפט נר מצוה

מסורת הש"ס

וְאַכַּתִּי, צְרוּרוֹת נִינְהוּ! אָמַר רַב מָרִי בְּרֵיהּ דְּרַב כָּהֲנָא: °דְּקָאָזֵיל מִינֵּיהּ מִינֵּיהּ. תַּנְיָא כְּוָותֵיהּ דִּשְׁמוּאֵל וּתְיוּבְתָּא דְּרַב: *יֵשׁ חַיָּיב בְּמִיתָה וּבְכוֹפֶר, וְיֵשׁ חַיָּיב בְּכוֹפֶר וּפָטוּר מִמִּיתָה, וְיֵשׁ חַיָּיב בְּמִיתָה וּפָטוּר מִן הַכּוֹפֶר, וְיֵשׁ פָּטוּר מִזֶּה וּמִזֶּה; הָא כֵּיצַד? מוּעָד בְּכַוָּונָה — חַיָּיב בְּמִיתָה וּבְכוֹפֶר, מוּעָד שֶׁלֹּא בְּכַוָּונָה — חַיָּיב בְּכוֹפֶר וּפָטוּר מִמִּיתָה, תָּם בְּכַוָּונָה — חַיָּיב בְּמִיתָה וּפָטוּר מִכּוֹפֶר, תָּם שֶׁלֹּא בְּכַוָּונָה — פָּטוּר מִזֶּה וּמִזֶּה; וְהַנִּזָּקִין שֶׁלֹּא בְּכַוָּונָה — ר' יְהוּדָה [א] מְחַיֵּיב, וְר' שִׁמְעוֹן פּוֹטֵר. מַאי טַעֲמָא דְּרַבִּי יְהוּדָה? יָלֵיף מִכּוֹפְרוֹ, מַה כּוֹפְרוֹ שֶׁלֹּא בְּכַוָּונָה חַיָּיב, אַף הַנִּזָּקִין נַמִי שֶׁלֹּא בְּכַוָּונָה חַיָּיב; וְרַבִּי שִׁמְעוֹן יָלֵיף מִקְּטָלֵיהּ דְּשׁוֹר, מַה קְּטָלֵיהּ שֶׁלֹּא בְּכַוָּונָה פָּטוּר, אַף נְזָקִין שֶׁלֹּא בְּכַוָּונָה פָּטוּר. וְר' יְהוּדָה נַמִי נֵילַף מִקְּטָלֵיהּ! דָּנִין תַּשְׁלוּמִין מִתַּשְׁלוּמִין, וְאֵין דָּנִין תַּשְׁלוּמִין מִמִּיתָה. וְר' שִׁמְעוֹן נַמִי נֵילַף מִכּוֹפְרוֹ! דָּנִין חִיּוּבֵיהּ דְּשׁוֹר מֵחִיּוּבֵיהּ דְּשׁוֹר, לְאַפּוּקֵי כּוֹפֶר דְּחִיּוּבֵיהּ דִּבְעָלִים הוּא.§ "נִתְכַּוֵּין לַהֲרוֹג אֶת הַבְּהֵמָה וְהָרַג אֶת הָאָדָם [וכו'] — פָּטוּר".§ ^אהָא נִתְכַּוֵּין לַהֲרוֹג אֶת זֶה וְהָרַג אֶת זֶה — חַיָּיב. מַתְנִיתִין דְּלָא כְּר' שִׁמְעוֹן; דְּתַנְיָא, ר' שִׁמְעוֹן אוֹמֵר: אֲפִילּוּ נִתְכַּוֵּין לַהֲרוֹג אֶת זֶה וְהָרַג אֶת זֶה — פָּטוּר. מ"ט דְּרַבִּי שִׁמְעוֹן? דְּאָמַר קְרָא: °"הַשּׁוֹר יִסָּקֵל וְגַם בְּעָלָיו יוּמָת" (שמות כא), *כְּמִיתַת בְּעָלִים כָּךְ מִיתַת הַשּׁוֹר, מַה בְּעָלִים עַד דְּמִיכַּוֵּין לֵיהּ, אַף שׁוֹר נַמִי עַד דְּמִיכַּוֵּין לֵיהּ. וּבְעָלִים גּוּפַיְיהוּ מְנָלַן? *דְּאָמַר קְרָא: °"וְאָרַב לוֹ (דברים יט) וְקָם עָלָיו", ^בעַד שֶׁיִּתְכַּוֵּין לוֹ. וְרַבָּנַן, הַאי "וְאָרַב לוֹ" מַאי עָבְדִי לֵיהּ? אָמְרֵי דְּבֵי רַבִּי יַנַּאי: ^גפְּרָט לְזוֹרֵק אֶבֶן לְגוֹ. *הֵיכִי דָּמֵי? אִילֵימָא דְּאִיכָּא תִּשְׁעָה גּוֹיִם וְאֶחָד יִשְׂרָאֵל בֵּינֵיהֶם — תֵּיפּוֹק לֵיהּ דְּרוּבָּא גּוֹיִם נִינְהוּ!*) אִי נַמִי פַּלְגָא וּפַלְגָא — סְפֵק נְפָשׁוֹת לְהָקֵל! לָא צְרִיכָא, דְּאִיכָּא תִּשְׁעָה יִשְׂרְאֵלִים וְאֶחָד גּוֹי, דְּאע"ג דְּרוּבָּא יִשְׂרְאֵלִים נִינְהוּ, כֵּיוָן דְּאִיכָּא חֲדָא גּוֹי בֵּינַיְיהוּ — הָוֵי לֵיהּ קָבוּעַ, וְכָל קָבוּעַ כְּמֶחֱצָה עַל מֶחֱצָה דָּמֵי, *וּסְפֵק נְפָשׁוֹת לְהָקֵל.§ **מתני'** ^דשׁוֹר הָאִשָּׁה, וְשׁוֹר הַיְתוֹמִים, שׁוֹר הָאַפּוֹטְרוֹפּוֹס, שׁוֹר הַמִּדְבָּר, שׁוֹר הַהֶקְדֵּשׁ, שׁוֹר הַגֵּר שֶׁמֵּת וְאֵין לוֹ יוֹרְשִׁין — הֲרֵי אֵלּוּ חַיָּיבִין מִיתָה; ר' יְהוּדָה אוֹמֵר: שׁוֹר הַמִּדְבָּר, שׁוֹר הַהֶקְדֵּשׁ, שׁוֹר הַגֵּר שֶׁמֵּת — °פְּטוּרִין מִן הַמִּיתָה, לְפִי שֶׁאֵין לָהֶם בְּעָלִים.§ **גמ'** ת"ר: "שׁוֹר" "שׁוֹר" "שׁוֹר" שִׁבְעָה — לְהָבִיא שׁוֹר הָאִשָּׁה, שׁוֹר הַיְתוֹמִים, שׁוֹר הָאַפּוֹטְרוֹפּוֹס, שׁוֹר הַמִּדְבָּר, שׁוֹר הַהֶקְדֵּשׁ, שׁוֹר הַגֵּר שֶׁמֵּת וְאֵין לוֹ יוֹרְשִׁין; ר' יְהוּדָה אוֹמֵר: שׁוֹר הַמִּדְבָּר, שׁוֹר הַהֶקְדֵּשׁ, שׁוֹר הַגֵּר שֶׁמֵּת וְאֵין לוֹ יוֹרְשִׁין — פְּטוּרִין מִן הַמִּיתָה, לְפִי שֶׁאֵין לָהֶם בְּעָלִים. אָמַר רַב הוּנָא: פּוֹטֵר הָיָה רַבִּי יְהוּדָה אֲפִילּוּ נָגַח וּלְבַסּוֹף הִקְדִּישׁ, נָגַח וּלְבַסּוֹף הִפְקִיר; מִמַּאי? מִדְּקָתָנֵי תַּרְתֵּי: שׁוֹר הַמִּדְבָּר, וְשׁוֹר הַגֵּר שֶׁמֵּת וְאֵין לוֹ יוֹרְשִׁין; שׁוֹר הַגֵּר שֶׁמֵּת מַאי נִיהוּ? דְּכֵיוָן דְּאֵין לוֹ יוֹרְשִׁין הֲוָה לֵיהּ שׁוֹר הֶפְקֵר, הַיְינוּ שׁוֹר הַמִּדְבָּר הַיְינוּ שׁוֹר הַגֵּר שֶׁמֵּת וְאֵין לוֹ יוֹרְשִׁין! אֶלָּא לָאו הָא קָמַשְׁמַע לָן, דַּאֲפִילּוּ נָגַח וּלְבַסּוֹף הִקְדִּישׁ, נָגַח וּלְבַסּוֹף הִפְקִיר, שְׁמַע מִינַּהּ. *תַּנְיָא נַמִי הָכִי, יָתֵר עַל כֵּן אָמַר ר' יְהוּדָה: אֲפִילּוּ נָגַח וּלְבַסּוֹף הִקְדִּישׁ, נָגַח וּלְבַסּוֹף הִפְקִיר — פָּטוּר, שֶׁנֶּאֱמַר: *°"וְהוּעַד בִּבְעָלָיו וְהֵמִית" וגו' (שמות כא), עַד שֶׁתְּהֵא מִיתָה וְהַעֲמָדָה בַּדִּין שָׁוִין כְּאֶחָד. וּגְמַר דִּין לָא בָּעֵינַן? וְהָא "הַשּׁוֹר יִסָּקֵל" גְּמַר דִּין הוּא! אֶלָּא אֵימָא: עַד שֶׁתְּהֵא מִיתָה וְהַעֲמָדָה בַּדִּין וּגְמַר דִּין שָׁוִין כְּאֶחָד.§ **מתני'** ^ההַשּׁוֹר שֶׁהוּא יוֹצֵא לִיסָּקֵל וְהִקְדִּישׁוֹ בְּעָלָיו — אֵינוֹ מוּקְדָּשׁ, שְׁחָטוֹ — בְּשָׂרוֹ אָסוּר; וְאִם עַד שֶׁלֹּא נִגְמַר דִּינוֹ הִקְדִּישׁוֹ בְּעָלָיו — מוּקְדָּשׁ, וְאִם שְׁחָטוֹ — בְּשָׂרוֹ מוּתָּר. ^ו*מְסָרוֹ לְשׁוֹמֵר חִנָּם וּלְשׁוֹאֵל, לְנוֹשֵׂא שָׂכָר וּלְשׂוֹכֵר — נִכְנְסוּ תַּחַת הַבְּעָלִים, מוּעָד — מְשַׁלֵּם נֶזֶק שָׁלֵם, וְתָם — מְשַׁלֵּם חֲצִי נֶזֶק.§ **גמ'** תָּנוּ רַבָּנַן: *^זשׁוֹר שֶׁהֵמִית, עַד שֶׁלֹּא נִגְמַר דִּינוֹ, מְכָרוֹ — מָכוּר

*) ולאינהו בדיניהו הוו פטרי את שנתכוין להרוג את זה והרג את זה.

רש"י

וְאַכַּתִּי צְרוּרוֹת נִינְהוּ. וְאֵין כּוֹפֶר כָּתוּב אֶלָּא בִּנְגִיחָה, דְּהָוֵי גּוּפוֹ מַמָּשׁ. דְּקָאָזֵיל. כּוֹחַ. מִינֵּיהּ מִינֵּיהּ. ע"י דְּחִיפָתוֹ וְגִלְגּוּלוֹ כָּל שָׁעָה, עַד שֶׁמַּפִּילוֹ עָלָיו. וּמִיהוּ, אֵינוֹ מִתְכַּוֵּין לַהֲרוֹג. חַיָּיב בְּכוֹפֶר וּפָטוּר מִן הַמִּיתָה. דְּדָרְשִׁינַן "כּוֹפֶר, אִם כּוֹפֶר", וְהַיְינוּ כְּוָותֵיהּ דִּשְׁמוּאֵל. וְהַנִּזָּקִין. (א) שֶׁהִזִּיק שׁוֹר שֶׁלֹּא בְּכַוָּונָה, וְלֹא הָרַג. מִכּוֹפְרוֹ. דְּאָמְרִינַן: שֶׁלֹּא בְּכַוָּונָה חַיָּיב, מֵרִבּוּיָא דְּ"אִם כּוֹפֶר". חִיּוּבֵיהּ דְּשׁוֹר. תַּשְׁלוּמֵי נְזָקָיו מֵחֲמַת *הַבּוֹר בָּאִין. מֵחִיּוּבֵי' דְּשׁוֹר. קְטָלֵיהּ. כּוֹפֶר חִיּוּבָא דִּבְעָלִים. כַּפָּרַת נַפְשׁוֹ. מַה בְּעָלִים עַד דְּמִכַּוֵּין לֵיהּ. ר' שִׁמְעוֹן אִית לֵיהּ הַךְ סְבָרָא גַּבֵּי רוֹצֵחַ בְּ"אֵלּוּ הֵן הַנִּשְׂרָפִין" (סנהדרין דף עט.), וְרַבָּנַן פְּלִיגֵי עֲלֵיהּ וְאָמְרִי: אַף בְּעָלָיו נַמִי, מִתְכַּוֵּין לַהֲרוֹג אֶת זֶה וְהָרַג אֶת זֶה — חַיָּיב. דְּהַאי "וְאָרַב לוֹ" אָמְרִי דְּבֵי רַבִּי יַנַּאי: רַבָּנַן מוֹקְמִי לֵיהּ פְּרָט לְזוֹרֵק אֶבֶן לְגוֹ — לְתוֹךְ חֲבוּרַת אֲנָשִׁים, וְיֵשׁ שָׁם גּוֹיִם וְיִשְׂרְאֵלִים, וְאִיכָּא לְמֵימַר לְגוֹיִם נִתְכַּוֵּין. תֵּיפּוֹק לֵיהּ דְּרוּבָּא גּוֹיִם נִינְהוּ*). וְלָא אִיצְטְרִיךְ קְרָא לְמִפְטְרֵיהּ. וְאִי נַמִי. חֲמִשָּׁה גּוֹיִם וַחֲמִשָּׁה יִשְׂרְאֵלִים לָא אִיצְטְרִיךְ קְרָא לְמִפְטְרֵיהּ, דְּרַחֲמָנָא אָמַר (במדבר לה): "וְשָׁפְטוּ הָעֵדָה וְהִצִּילוּ הָעֵדָה" דְּהָא סְפֵק נְפָשׁוֹת לְהָקֵל. לָא צְרִיכָא דְּאִיכָּא תִּשְׁעָה יִשְׂרְאֵלִים. דְּאִי לָאו קְרָא הֲוָה אָמִינָא זִיל בָּתַר רוּבָּא, וּלְיִשְׂרָאֵל אִיכַּוֵּין, וְאע"ג דִּדְלְמָא לָאו לְהַאי אִיכַּוֵּין — נִתְכַּוֵּין לַהֲרוֹג אֶת זֶה וְהָרַג אֶת זֶה חַיָּיב, קָא מַשְׁמַע לָן קְרָא דְּהוֹאִיל וַהֲוָה לֵיהּ גּוֹי קָבוּעַ בֵּינֵיהֶן — כְּמֶחֱצָה עַל מֶחֱצָה דָּמֵי, וּסְפֵק נְפָשׁוֹת לְהָקֵל. וּלְכָל מִילֵּי דְּקַיְימָא לָן קָבוּעַ כְּמֶחֱצָה עַל מֶחֱצָה דָּמֵי — מֵהַאי קְרָא נָפְקָא לָן. **מתני'** שׁוֹר הַיְתוֹמִים. שֶׁאֵין לָהֶן אַפּוֹטְרוֹפּוֹס. אוֹ שׁוֹר אַפּוֹטְרוֹפּוֹס שֶׁל יְתוֹמִין, אֶלָּא שֶׁעַל אַפּוֹטְרוֹפּוֹס לְשׁוֹמְרוֹ. **גמ'** שׁוֹר שׁוֹר ז'. ז' שׁוֹר כְּתוּבִין בַּפָּרָשָׁה בְּנוֹגֵחַ אָדָם. שׁוֹר הָאִשָּׁה. דְּלָא תֵּימָא "בַּעַל הַשּׁוֹר" כְּתִיב, לְשׁוֹן זָכָר. מִדְּקָתָנֵי תַּרְתֵּי. שׁוֹר הֶפְקֵר תְּרֵי זִמְנֵי. **הא** קמ"ל. קָא דְּהָדַר תָּנָא שׁוֹר הַגֵּר לְר' יְהוּדָה, דְּאע"ג דְּנָגַח בְּחַיֵּי הַגֵּר, וּמֵת, וְהָוֵי לֵיהּ הֶפְקֵר — פָּטוּר. וְהוּעַד בִּבְעָלָיו. הַיְינוּ בְּב"ד, דְּאֵין הַעֲדָאָה אֶלָּא בְּב"ד. **מתני'** מְסָרוֹ לְשׁוֹמֵר חִנָּם. עַד שֶׁלֹּא נָגַח. וְלָאו אַרֵישָׁא קָאֵי אֶלָּא מִילְּתָא אַחֲרִיתִי הִיא. תַּחַת הַבְּעָלִים. מִתְחַיְּיבִין בִּנְזָקִין כַּבְּעָלִים. **גמ'** אִם עַד שֶׁלֹּא נִגְמַר דִּינוֹ מְכָרוֹ מָכוּר. וַאֲפִילּוּ לְרַבָּנַן דְּלָא דָּרְשֵׁי "בִּבְעָלָיו" דְּנֶהֱוֵי מִיתָה וְהַעֲמָדָה בַּדִּין כְּא' וּמִיחַיֵּיב קְטָלָא. מָכוּר

תוספות

הוה ליה פלגא ופלגא וספק נפשות להקל. תימה: למ"ד התראת ספק לא שמיה התראה, בלא טעמא דספק נפשות להקל פטרינן ליה מהאי טעמא דלא שמיה התראה, אפילו ס"ל דספיקא לחומרא. ואי אליבא דמ"ד שמיה התראה — היכי פטרינן ליה מהאי טעמא הכא? אם נמצא שישראל הרג — הא מחייבינן ליה בהכה את זה וחזר והכה את זה, *אע"ג דספק הוא, ובנותר שאמר לו אל תותיר! וי"ל: דשאני התם דיודע בבירור דיבא לידי איסור ודאי אם יותיר, או אם יכה את שניהם — משום הכי שמיה התראה. אבל הכא, כשזורק אבן לגו — אין ידוע שיבא לידי איסור ודאי, שאין יודע את מי יכה. **כל** קבוע כמחצה על מחצה דמי. מהכא נפקא בכל דוכתי, כדאיתא בפ"ק דכתובות (דף טו.). ותימה: לר' שמעון קבוע מנא ליה? ואין לומר הכא כדמסיק *בערכין (דף ז) וב"הנשרפין" (סנהדרין דף עט.) דר' שמעון יליף "נתינה" "נתינה" אייתר ליה "וארב לו" לקבוע. דאכתי לתנא דבי חזקיה קשה, מנא ליה דכל קבוע כו'? ועוד: כיון דפטר ר"ש אפילו בכולן ישראל, עד שיאמר "לפלוני אני מכוין" — לא שייך למדרשיה כלל! וי"ל: דלר' שמעון בכולן ישראל וגוי אחד, ואמר "לאותו שעומד שם אני מכוין" דפטור, מטעם קבוע מ"וארב לו", דכהאי גוונא כולן ישראל חייבין*. **שור** שור שבעה כו'. חד לגופיה ושית לאתויי. **שור** האשה. אצטריך (ב) לאתויי משום דאמר לעיל (ע"א) "כי יגח" נגיחה למיתה נגיחה לנזקין, ובנזקין כתיב "איש" דוקא, לכך אצטריך ריבוי. מכור

עין משפט נר מצוה

סה [א] מיי' פי"א מהל' נזקי ממון הלכה ו]:

סה א מיי' פ"י מהלכות נזקי ממון הלכה ט סמג עשין סז:

סו ב ג מיי' פ"ד מהל' רוצח הלכה א סמג לאוין קסג וע"ש בכ"מ:

[מכות טז.]

סז ד מיי' פ"י מהלכות נזקי ממון הלכה ו סמג שם:

סח ה מיי' שם פי"א הלכה ט סמג שם:

סט ו מיי' שם פ"ד הלכה ד סמג שם טוש"ע ח"מ סי' שצו סעיף ח:

ע ז מיי' שם פי"א הלכה ט סמג שם:

[לא מצאתי כן בערכין ובשאר דוכתי חוץ בסנהדרין]

[עיין תוספות כתובות טו. ד"ה פרט ותוס' נדה יח. ד"ה ספיקו]

מלשון רש"י שפי' דאין העדאה אלא בב"ד משמע דמוהועד יליף אבל מלשון התוס' לעיל [יג:] דפי' דלאו מוהועד קדריש צריכין להגיה והמית וגו'

מסורת הש"ס

[נ"ל הבור]

סנהדרין טו. עט: לקמן מה.

כתובות טו. סנהדרין עט.

[יומא פד:]

[שבת קכט. וש"נ]

לעיל יג:

שמות כא

לקמן נו:

לקמן לח:

הגהות הב"ח

(א) רש"י ד"ה והנזקין שור שהזיק שלא: (ב) תוס' ד"ה שור האשה אצטריך. נ"ב עי' בפ"ד מיתות סו ע"א [תוד"ה לרבות]:

גליון הש"ס

גמ' דקאזיל מיניה מיניה. לעיל יח ע"א: מתני' פטורין מן המיתה. עיין תשובת הרשב"א סי' קי"ד:

מכור, הקדישו — מוקדש, שחטו — בשרו מותר, החזירו שומר לבית בעליו — מוחזר; משנגמר דינו, מכרו — אינו מכור, הקדישו — אינו מוקדש, שחטו — בשרו אסור, החזירו שומר לבית בעליו — אינו מוחזר; *ר' יעקב אומר: אף משנגמר דינו, החזירו שומר לבעליו — מוחזר. לימא בהא קמיפלגי, דרבנן סברי: אין אומרין באיסורי הנאה "הרי שלך לפניך", ורבי יעקב סבר: אומרין באיסורי הנאה "הרי שלך לפניך"? אמר רבה: דכולי עלמא — [א]אומרין באיסורי הנאה "הרי שלך לפניך", דא"כ, נפלוג לענין חמץ בפסח! אלא הכא בגומרין דינו של שור שלא בפניו קמיפלגי, דרבנן סברי: [ב]אין גומרין דינו של שור אלא בפניו, דאמר ליה: אי אהדרתיה ניהלי — הוה מערקנא ליה לאגמא, השתא אתפשתיה לתוראי בידא דלא יכילנא לאשתעויי דינא בהדיה; ור' יעקב סבר: גומרין דינו של שור שלא בפניו, דאמר ליה: סוף סוף מיגמר הוו גמרי ליה לדינא. מאי טעמא דרבנן? שמות כא °"השור יסקל וגם בעליו יומת", *כמיתת הבעלים כך מיתת השור, מה בעלים בפניהם — אף שור בפניו. ור' יעקב: בשלמא בעלים בני טענה נינהו, אלא שור בר טענתא הוא? § [ג]"מסרו לשומר חנם ולשואל" כו'. § תנו רבנן: ארבעה נכנסו תחת הבעלים, ואלו הן: שומר חנם והשואל, נושא שכר והשוכר; הרגו, תמין — נהרגין ופטורין מן הכופר, מועדין — נהרגין ומשלמין את הכופר, וחייבין להחזיר דמי שור לבעליו, חוץ משומר חנם. אמרי: היכי דמי? אי דנטריה — אפילו כולהו נמי ליפטרו, ואי דלא נטריה — אפילו שומר חנם ניחייב! אמרי: הכא במאי עסקינן — [ד]דנטריה שמירה פחותה ולא נטריה שמירה מעולה, שומר חנם כלתה לו שמירתו, הנך לא כלתה שמירתן. אמרי: כמאן? אי כרבי מאיר, דאמר

רש"י

מכור. הוא לרדיא. הקדישו מוקדש. ונפקא מיניה דאי מיתהני מיניה — מעל. מוחזר. ואע"ג דשקלי ליה בי דינא — הוי שומר פטור, דהא כשהחזירו שור מעליא הוא. אינו מוקדש. דלאו ברשותיה דמריה קאי לאקדושיה. אין אומרין באיסורי הנאה הרי שלך לפניך. ונפקא מיניה לגזל חמץ ועבר עליו הפסח והחזירו – אינו מוחזר. דא"כ. דלרבנן אין אומרין. ליפלגו. רבנן בחמץ בפסח, ולימרו דחייב! והא[נן] קיימא לן ב"הגוזל עצים" (לקמן ד' לח:) דלרבנן אומר לו "הרי שלך לפניך". דקתני: גזל חמץ ועבר עליו הפסח והחזירו, וכן שור עד שלא נגמר דינו – אומרין לו "הרי שלך לפניך", אבל משנגמר – לא. והא סברא לרבנן הוא דשמיעא להו, וקתני דבחמץ בפסח מודו דאמרינן באיסורי הנאה "הרי שלך לפניך"! אלא דכולי עלמא אמרינן באיסורי הנאה "הרי שלך לפניך" היכא דאיסורא ממילא אתא ליה, כגון חמץ בפסח, ולא מני א"ל האי לאו מידי הוא. אבל הכא, משום הכי אמרי רבנן אינו מוחזר – דאמר ליה: אתפסתיה לתוראי כו', והזיקא דידים הוא, שהביאו לבי דינא. והאי דנקט "אי אהדרתיה ניהליה" – לאו משום דחיובא דלא אהדריה הוא, דא"כ בחמץ בפסח נמי לימא ליה "אי אהדרתיה ניהלי הוה אכילנא ליה". ועוד, לר' יעקב נמי, נהי דגומרים דינו של שור שלא בפניו – נימא ליה "אי אהדרתיה ניהלי הוה שחיטנא ליה". אלא חדא אהדריה לא מחייבי ליה רבנן, דהא קמהדר ליה השתא, ואמרינן באיסורי הנאה "הרי שלך לפניך". אלא חיוביה משום דהוליכו לב"ד בידים, והכי קאמר ליה: לא היה לך להוליכו לב"ד, דאי הוה בידי הוה מערקנא ליה מינייהו. סוף סוף מיגמר הוה גמרי ליה לדיניה. הלכך הוה ליה הזיקא דממילא, ולא בידים. מה בעלים בפניהם. כדכתיב: "עד עמדו לפני העדה למשפט" (במדבר לה). אי דנטריה. שמירה מעולה. כולהו נמי ליפטרו. מדמי שור, בר משואל, דהא אנוסין הם. שמירה פחותה. דלת שיכולה לעמוד ברוח מצויה. כלתה ליה שמירתו. דאין עליו להתחזק בשמירתו, ודי בכך, ולאו פשיעה היא. הלכך, לגבי בעלים פטור מדמי שור, דהא סגי ליה בשמירה פחותה, ובעי כפרה. והני לא כלתה שמירתן. שחייבין היו להתחזק בשמירתו שיהא שמור לבעליו, ופשיעה היא, מידי דהוה אגניבה ואבידה. כמאן אי כר"מ. דאמר במתניתין: מועד לא סגי ליה בשמירה פחותה, ומשום הכי נמי קתני משלמין כופר.

תוספות

מכור. פי' בקונטרס: לרדיא. ומשנגמר דינו אינו מכור — דאסור בהנאה. ואפילו ר"ת דמפרש ◉*דמחיים לא מיתסר — מ"מ הרי אסור להשהותו לענות דינו. ובמהדורא אחת פרש"י מכרו מכור — דאמר ליה מוכר: היה לך לשוחטו כיון שידעת שהרג, ואת הוא דאפסדת אנפשך, ולא הוי מקח טעות. וא"ת: וסיפא כשנגמר דינו דקתני: אינו מכור, מסתמא יודע שנגח ושנגמר דינו, דומיא דרישא שיודע שהרג, וא"כ ליהוי מעות מתנה כמו במקדש אחותו!* וי"ל: שאין הכל בקיאין בדין שור הנסקל, וסבור שיכול להשהותו לעשות בו מלאכתו. או אפילו לשחטו סבור דשרי. **דאם** כן ליפלוג בחמץ בפסח. פ"ה: ואנן קי"ל ב"הגוזל [עצים]" (לקמן דף לח:) דלרבנן אומר "הרי שלך לפניך". דקתני בברייתא: גזל חמץ ועבר עליו הפסח, שור והחזירו עד שלא נגמר דינו — אומר לו "הרי שלך לפניך". אבל משנגמר דינו — לא. והאי סברא לרבנן הוא דשמעינן להו, וקתני דבחמץ בפסח מודו. וקשה לפירושו: דסוגיא דהכא איתא נמי התם בהאי שמעתא, ומוכח התם דרבה שדחה ואמר דכ"ע אומרים באיסורי הנאה "הרי שלך לפניך", מדלא פליגי בחמץ בפסח — לא היה יודע אותה ברייתא, אלא רבה בר שמואל הביאה, ואמר ליה רב חסדא: אי משכחת להו לא תימא להו! ואור"י: דדייק מדלא פליגי בחמץ, שלא הייתי יכול לטעות ולהעמיד מחלוקתם במילתא אחריתי. **השתא** אתפסתיה לתוראי. פי' הקונטרס: אתפסתיה בידים, שמסרו לב"ד לדונו בסקילה, ולכך אין יכול לומר לו "הרי שלך לפניך" — לפי שהתפיסו בידים. והשתא לפי זה נוכל להעמיד כל הבבא דמתני' ב"הגוזל קמא" (לקמן ד' נו:) כרבנן דרבי יעקב לפי דחוי (א) דרבה. ושור היוצא ליסקל דקתני במתני' דהתם, דא"ל "הרי שלך לפניך" — כגון שתפסוהו ב"ד מאליהן. ומיהו רש"י פי' שם שאין מעמיד כרבנן רק רישא, אבל הסיפא דשור היוצא ליסקל דמתניתין — לא אתיא כרבנן אלא כר' יעקב דוקא. וזה פי' משום שרוצה להעמיד שור היוצא ליסקל דמתניתין בתפיסה בידים ליד ב"ד, דומיא דברייתא, דהיינו בהתפיסו בידים. וקשה לפירושו: דאם זה ההיזק לא הוי היזק ניכר — אפילו אתפסיה בידים לא יתחייב, ואם הוא ניכר — אפילו תפסו ב"ד מאליהן למה יפטר? וכי לא היה לו לשומרו שלא יבא לידי כך? ועוד: דאם הוא פטור כשתופסים אותו מאליהן, *כשתופסים אותו בידים נמי פטור. דסוף סוף אפילו לא היה מתפיסו בידים היו תופסים אותו מאליהן, ולא הפסידו בעלים בהתפסתו כלום! ונראה לר"י: דבתפסוהו מאליהן נמי חייב, דמה שנופל ליד ב"ד חשוב היזק ניכר, וכיון דעל ידי פשיעה נפל ליד ב"ד — חייב, ולא יכול לומר "הרי שלך לפניך" כמו בחמץ ועבר עליו הפסח שהוא היזק שאינו ניכר, הלכך יכול לומר שם "הרי שלך לפניך". ור' יעקב לא חשיב היזק ניכר מה שנופל ליד ב"ד וגמרו את דינו, כיון שאפילו לא בא לידם היו גומרין את דינו. ונמצא שאינו מפסיד ע"י שבא לידם, אלא כאילו גמרו דינו שלא בפניו חשיב, לפי שגם אז היה נאסר, והוי היזק שאין ניכר, ולכך יכול לומר לו "הרי שלך לפניך" כמו בחמץ ועבר עליו הפסח. ו"אי אהדרתיה" לאו נתינת טעם הוא, שהיה יכול להצילו ע"י כך, שאין תלוי בזה כמו שפ"ה. אלא כלומר: לא היו גומרין דינו שלא בפניו, ועכשיו גרמת שנתפס בידם וגומרין דינו ע"י מה שנפל בידם, וכיון שנפסד ע"י מה שנפל בידם — חשיב היזק ניכר, ולא תוכל לומר "הרי שלך לפניך". וכן משמע ב"הניזקין" (גיטין ד' נג:) דבהיזק ניכר אין יכול לומר "הרי שלך לפניך", דפריך ממתני' דגזל מטבע ונפסל כו', ואי אמרת היזק שאין ניכר שמיה היזק, פי' משום דחשיב כאילו ניכר — אמאי אומר ליה "הרי שלך לפניך"? גזל הוא, וממונא מעליא בעי לשלומי! כי אין זה ממון שגזל, כיון שחשוב כאילו ההיזק ניכר בו, שאין לך שינוי גדול מזה אילו היה ניכר. ושור תם דמזיק ברשות שומר, אפילו קודם גמר דין אם יחזירנו שומר לבעלים — לא יפטר בכך, כיון דמזיק ע"י פשיעת שומר ונפל ברשות ניזק להחליט לו מיד לר"ע להשתעבד בו, ולרבי ישמעאל לגבות מגופו — והוה ליה היזק ניכר, שהוא מופסד שנפל ברשות אחרים, ולא יכול לומר "הרי שלך לפניך" כמו שיכול לומר בשור שהרג אפילו לאחר גמר דין לר' יעקב, ולרבנן קודם גמר דין, ובחמץ לכ"ע. **אלא** שור בר טענה הוא. ואפילו דרשינן בעלמא כמיתת בעלים כך מיתת השור — להך מילתא אין סברא לדורשו. **חוץ** משומר חנם. הוא הדין דהוה מצי למימר: כולן פטורין בשמרו שמירה מעולה, חוץ משואל דחייב באונסים. **אפילו** כולהו נמי ליפטרו. ושואל גופיה, נהי דחייב לשלם דמי שור לבעלים — מ"מ כופר אין משלם.

בחזקת

מסורת הש"ס

לקמן עח: לח: [כתובות לב.]

[לעיל מד: וש"נ]

הגהות הב"ח

(א) תוס' ד"ה השתא וכו' לפי דחוי דרבה ושור:

עין משפט נר מצוה

[עי' תוס' סנהדרין [עח:] ד"ה בשור ותוספות זבחים עו: ד"ה לפי']

עא א מיי' פ"ג מהל' גזילה ואבידה הלכה ד סמג עשין עג טוש"ע ח"מ סי' שסג סעיף א:

[קדושין מו:]

עב ב מיי' פ"ח מהל' נזקי ממון הלכה י סמג עשין סז:

עג ג ד מיי' שם פ"ד הלכה ד סמג שם טוש"ע ח"מ סי' שצו סעיף ח:

גליון הש"ס

תוס' ד"ה מכור כו' דמחיים לא מתסר. עי' זבחים עא ע"א תוס' ד"ה אפילו:

נ"ל כשתופסים

עד א מיי' פ"א מהל' שכירות הלכה ב סמג עשין פ פט טוש"ע ח"מ סימן שז סעיף א:
עה ב טוש"ע ח"מ סי' שצו סעיף ח ועיין מיי' פ"ד מהל' נזקי ממון הלכה י ובהשגות ובמ"מ ובל"מ:
עו ג מיי' פ"ז מהלכות נזקי ממון הלכה א סמג עשין סז טור ש"ע ח"מ שם סעיף א:
עז ד מיי' שם הלכה ב ועיין בהשגות ובמ"מ ובל"מ סמג שם:

דְּאָמַר: *שׂוֹכֵר כְּשׁוֹמֵר חִנָּם דָּמֵי — לִיתְנֵי: חוּץ מִשּׁוֹמֵר חִנָּם וְהַשּׂוֹכֵר, וְאִי כְּר"י דְּאָמַר: שׂוֹכֵר כְּנוֹשֵׂא שָׂכָר דָּמֵי — נִיתְנֵי: חוּץ מִשּׁוֹמֵר חִנָּם, וְכוּלָּן בְּמוּעָדִין פְּטוּרִין לְעִנְיַן כּוֹפֶר! אָמַר רַב הוּנָא בַּר חִינָּנָא: הָא מַנִּי? ר"א הִיא, דְּאָמַר: אֵין לוֹ שְׁמִירָה אֶלָּא סַכִּין, וּלְעִנְיַן שׂוֹכֵר סָבַר לָהּ כְּר"י, דְּאָמַר: שׂוֹכֵר כְּנוֹשֵׂא שָׂכָר דָּמֵי. אַבָּיֵי אָמַר: לְעוֹלָם כְּר' מֵאִיר, וּכְדְמַחְלִיף רַבָּה בַּר אֲבוּהּ וְתָנֵי: *שׂוֹכֵר כֵּיצַד מְשַׁלֵּם? ר"מ אוֹמֵר: [א]כְּשׁוֹמֵר שָׂכָר, רַבִּי יְהוּדָה אוֹמֵר: כְּשׁוֹמֵר חִנָּם. א"ר אֶלְעָזָר: מָסַר שׁוֹרוֹ לְשׁוֹמֵר חִנָּם, הִזִּיק — חַיָּיב, הוּזַּק — פָּטוּר. אָמְרִי: הֵיכִי דָּמֵי? אִי דְּקַבֵּיל עֲלֵיהּ שְׁמִירַת נְזָקָיו — אֲפִילּוּ הוּזַּק נַמִי לִיחַיֵּיב, וְאִי דְּלָא קַבֵּיל עֲלֵיהּ שְׁמִירַת נְזָקָיו — אֲפִילּוּ הִזִּיק נַמִי לִיפָּטֵר! אָמַר רָבָא: לְעוֹלָם שֶׁקִּיבֵּל עָלָיו שְׁמִירַת נְזָקָיו, וְהָכָא בְּמַאי עָסְקִינַן — [ב]כְּגוֹן שֶׁהִכִּיר בּוֹ שֶׁהוּא נַגְחָן. וּסְתָמָא דְּמִילְּתָא, דְּלָא אָזֵיל אִיהוּ וּמַזִּיק אַחֲרִינֵי — קַבֵּיל עֲלֵיהּ, דְּאָתֵי אַחֲרִינֵי וּמַזְּקִי לֵיהּ לְדִידֵיהּ — לָא אַסֵּיק אַדַּעְתֵּיהּ.§

מתני' *קְשָׁרוֹ בְּעָלָיו בְּמוֹסֵרָה וְנָעַל בְּפָנָיו כָּרָאוּי, וְיָצָא וְהִזִּיק, אֶחָד תָּם וְאֶחָד מוּעָד — חַיָּיב, דִּבְרֵי ר"מ; *רַבִּי יְהוּדָה אוֹמֵר: [ג]תָּם — חַיָּיב, וּמוּעָד — פָּטוּר, שֶׁנֶּאֱמַר: °"וְלֹא יִשְׁמְרֶנּוּ בְּעָלָיו", וְשָׁמוּר הוּא זֶה; ר"א אוֹמֵר: אֵין לוֹ שְׁמִירָה אֶלָּא סַכִּין.§ [שמות כא]

גמ' מַאי טַעְמָא דְּר"מ? קָסָבַר: *סְתָם שְׁוָורִים לָאו בְּחֶזְקַת שִׁימּוּר קַיְימִי, וְאָמַר רַחֲמָנָא: תָּם נִיחַיֵּיב, דְּנִיבְעֵי לֵיהּ שְׁמִירָה פְּחוּתָה, הֲדַר אָמַר רַחֲמָנָא "וְלֹא יִשְׁמְרֶנּוּ" גַּבֵּי מוּעָד, דְּנִבְעֵי לֵיהּ שְׁמִירָה מְעוּלָּה, וְיָלֵיף *נְגִיחָה לְתָם נְגִיחָה לְמוּעָד; ר"י סָבַר: סְתָם שְׁוָורִים בְּחֶזְקַת שִׁימּוּר קָיְימִי, אָמַר רַחֲמָנָא: תָּם נְשַׁלֵּם, דְּנִיבְעֵי לֵיהּ שְׁמִירָה מְעוּלָּה, הֲדַר אָמַר רַחֲמָנָא "וְלֹא יִשְׁמְרֶנּוּ" גַּבֵּי מוּעָד, דְּנַעֲבֵיד לֵיהּ שְׁמִירָה מְעוּלָּה, *הָוֵי רִיבּוּי אַחַר רִיבּוּי, וְאֵין רִיבּוּי אַחַר רִיבּוּי אֶלָּא לְמַעֵט — מִיעֵט הַכָּתוּב לִשְׁמִירָה מְעוּלָּה. וְכִי תֵּימָא, נְגִיחָה לְתָם נְגִיחָה לְמוּעָד — הָא מִיעֵט רַחֲמָנָא "וְלֹא יִשְׁמְרֶנּוּ", לָזֶה וְלֹא לְאַחֵר. וְהָא מִיבָּעֵי לֵיהּ לְלָאו! אִם כֵּן, נִכְתּוֹב רַחֲמָנָא "וְלֹא יִשְׁמוֹר", מַאי "וְלֹא יִשְׁמְרֶנּוּ"? לָזֶה וְלֹא לְאַחֵר. תַּנְיָא, ר"א בֶּן יַעֲקֹב אוֹמֵר: אֶחָד תָּם וְאֶחָד מוּעָד שֶׁשְּׁמָרוֹ שְׁמִירָה פְּחוּתָה — פָּטוּר. מַאי טַעְמָא? סָבַר לָהּ כְּר"י, דְּאָמַר: מוּעָד בִּשְׁמִירָה פְּחוּתָה סַגִּי לֵיהּ, וְיָלֵיף נְגִיחָה לְתָם וּנְגִיחָה לְמוּעָד. אָמַר רַב אַדָּא בַּר אַהֲבָה: לֹא פָּטַר ר"י אֶלָּא צַד הָעֲדָאָה שֶׁבּוֹ, אֲבָל *צַד תַּמּוּת בִּמְקוֹמָהּ עוֹמֶדֶת. אָמַר רַב: [ד]מוּעָד לְקֶרֶן יָמִין אֵינוֹ מוּעָד לְקֶרֶן שְׂמֹאל. אָמְרִי: אַלִּיבָּא דְּמַאן? אִי אַלִּיבָּא דְּר"מ — הָאָמַר: אֶחָד תָּם וְאֶחָד מוּעָד שְׁמִירָה מְעוּלָּה בָּעֵי, אִי אַלִּיבָּא דְּרַבִּי יְהוּדָה — מַאי אִרְיָא קֶרֶן שְׂמֹאל? אֲפִילּוּ בְּיָמִין נַמִי אִית בֵּיהּ צַד תַּמּוּת וְאִית בֵּיהּ צַד מוּעֶדֶת! אָמְרִי: לְעוֹלָם כְּרַבִּי יְהוּדָה, וְלָא סְבִירָא לֵיהּ דְּרַב אַדָּא בַּר אַהֲבָה, וְהָכִי קָאָמַר: כִּי הַאי גַּוְונָא הוּא דְּמַשְׁכַּחַתְּ בֵּיהּ צַד תַּמּוּת וּמוּעֶדֶת, אֲבָל

דְּאָמַר שׂוֹכֵר כְּשׁוֹמֵר חִנָּם דָּמֵי. בְּבָבָא מְצִיעָא, בְּ"הַשּׁוֹאֵל" (ד' לה:) וְנִתְנֵי: חוּץ מִשּׁוֹמֵר חִנָּם וְהַשּׂוֹכֵר. וְאִי כְּר"י. הֵיכָא דִּשְׁמָרוֹ שְׁמִירָה פְּחוּתָה, אַמַּאי מְשַׁלְּמִים כּוֹפֶר? הָאָמַר ר"י מוּעָד סַגִּי לֵיהּ בִּשְׁמִירָה פְּחוּתָה! ר"א הִיא דְּאָמַר. בְּמַתְנִיתִין: אֵין לוֹ שְׁמִירָה לְמוּעָד אֶלָּא סַכִּין, וַאֲפִילּוּ שְׁמִירָה מְעוּלָּה, וְכ"ש הַאי דִּשְׁמִירָה פְּחוּתָה נַטְרֵיהּ. וּמִשּׁוּם הָכִי מְשַׁלְּמִין כּוֹפֶר. וּלְעִנְיַן דְּמֵי שׁוֹר נַמִי חַיָּיבִין, דַּעֲלֵיהֶן לְשׁוֹמְרוֹ שְׁמִירָה מְעוּלָּה הוֹאִיל וְנוֹשְׂאֵי שָׂכָר הֵן. וּבִדְנַטְרֵיהּ שְׁמִירָה מְעוּלָּה לָא מָצֵי מוֹקִים לָהּ אֲפִילּוּ לְר"א. דְּאַע"ג דִּלְעִנְיַן כּוֹפֶר חַיָּיבִין, דְּלָא סַגִּי לֵיהּ בִּשְׁמִירָה מְעוּלָּה — לְעִנְיַן דְּמֵי שׁוֹר לַבְּעָלִים פְּטוּרִין, דְּהָא נַטְרוּהוּ, וּמַאי הֲוָה לְהוּ לְמֶיעְבַּד? וּסְתָמָא דְּמִילְּתָא. שׁוֹר נַגְחָן כִּי מְקַבֵּל אִינִישׁ נְטִירוּתֵיהּ עֲלֵיהּ — לְמַה שֶּׁהוּא מוּחְזָק מְקַבֵּל עֲלֵיהּ, דְּלָא לַזִּיק אַחֲרִינֵי. אֲבָל דְּלָא לִיזְקֵיהּ אַחֲרִינֵי — לָא מַסִּיק אַדַּעְתֵּיהּ, שֶׁהֲרֵי אֵין שׁוֹר מִתְיַיצֵּב לְנֶגְדּוֹ מִפַּחְדּוֹ. **מתני'** וְנָעַל בְּפָנָיו כָּרָאוּי. הַיְינוּ שְׁמִירָה פְּחוּתָה, דֶּלֶת שֶׁיְּכוֹלָה לַעֲמוֹד בְּרוּחַ מְצוּיָה, לְקַמָּן בְּ"הַכּוֹנֵס" (דף נה:). וְלֹא יִשְׁמְרֶנּוּ בְּעָלָיו. בְּמוּעָד כְּתִיב, מִיעֵט הַכָּתוּב לִשְׁמִירָה מוּעֶטֶת, כִּדְמְפָרֵשׁ בַּגְּמָרָא. אֵין לוֹ שְׁמִירָה. לְמוּעָד. אֶלָּא סַכִּין. וַאֲפִילּוּ שְׁמָרוֹ שְׁמִירָה מְעוּלָּה וְהִפִּיל הַכּוֹתֶל וְיָצָא — חַיָּיב. וְשָׁלֹשׁ מַחְלוֹקוֹת בַּדָּבָר: לְר"מ — בִּשְׁמִירָה פְּחוּתָה חַיָּיב, וּבִמְעוּלָּה פָּטוּר. וּלְר"י — בִּפְחוּתָה נַמִי פָּטוּר, וּלְר"א — בִּמְעוּלָּה נַמִי חַיָּיב. **גמ'** לָאו בְּחֶזְקַת שִׁימּוּר קָיְימִי. אֵין אָדָם מְשַׁמֵּר שׁוֹרוֹ כְּלָל, אֶלָּא מַנִּיחוֹ וְיוֹצֵא. נְגִיחָה לְתָם נְגִיחָה לְמוּעָד. מִגְּזֵירָה שָׁוָה דְּלִבָּעֵי נַמִי תָּם שְׁמִירָה מְעוּלָּה. סְתָם שְׁוָורִים בְּחֶזְקַת שִׁימּוּר קָיְימִי. אֵין לְךָ אָדָם שֶׁאֵינוֹ מְשַׁמֵּר שׁוֹרוֹ שְׁמִירָה פְּחוּתָה, וְחִיֵּיב הַכָּתוּב בְּתָם — אַלְמָא שְׁמִירָה מְעוּלָּה בָּעֵי. הֲדַר כְּתַב כו'. וְכִי תֵימָא. נֵילַף נְגִיחָה נְגִיחָה, דְּתָם נַמִי לִסְגֵּי לֵיהּ בִּפְחוּתָה. וְהָא. "לֹא יִשְׁמְרֶנּוּ" מִבָּעֵי לֵיהּ לְלָאו, כְּלוֹמַר לְגוּפֵיהּ, דְּאִם לֹא שְׁמָרוֹ שְׁמִירָה מְעוּלָּה לִיחַיֵּיב, וְדָרְשִׁינַן בֵּיהּ רִיבּוּי אַחַר רִיבּוּי, וּמִיעוּטָא דְּתָם מְנָא לֵיהּ? לָזֶה. מִיעַטְתִּי לִפְחוּתָה, וְלֹא לְאַחֵר. אֲבָל צַד תַּמּוּת בִּמְקוֹמָהּ עוֹמֶדֶת. דְּלָא סַגִּי לֵיהּ בִּפְחוּתָה, וּמְשַׁלֵּם חֲצִי נֶזֶק. אַלִּיבָּא דְּמַאן. כְּלוֹמַר: הָא וַדַּאי לְעִנְיַן תַּשְׁלוּמִין לָא אִצְטְרִיךְ לֵיהּ לְרַב לְאַשְׁמוּעִינַן דְּלְיָמִין נֶזֶק שָׁלֵם, וְלִשְׂמֹאל שֶׁלֹּא הוּעַד לָהּ מְשַׁלֵּם חֲצִי נֶזֶק, דְּהָא כִּי הַאי גַּוְונָא טוּבָא תְּנַן, דַּאֲפִילּוּ מוּעָד לְאָדָם אֵינוֹ מוּעָד לִבְהֵמָה, וְכ"ש מוּעָד לְקֶרֶן יָמִין שֶׁהוּא צַד חֲזָקָה שֶׁבּוֹ אֵינוֹ מוּעָד לִשְׂמֹאל. אֶלָּא וַדַּאי רַב לְעִנְיַן שְׁמִירָה אַשְׁמוּעִינַן, וְאִי אַלִּיבָּא דְּר"מ — הָא תָּם וּמוּעָד לְעִנְיַן שְׁמִירָה כִּי הֲדָדֵי נִינְהוּ. לָא גָּרְסִינַן "אִי אַלִּיבָּא דְּר"מ פְּשִׁיטָא". וְאִי גָּרְסִינַן, הָכִי מְפָרֵשׁ: אִי אַלִּיבָּא דְּר"מ, וּלְעִנְיַן שְׁמִירָה לָא אַשְׁמַעִינַן רַב, דְּהָא אֵין חִילּוּק בִּשְׁמִירָתוֹ, אֶלָּא לְעִנְיַן תַּשְׁלוּמִין אַשְׁמַעִינַן — פְּשִׁיטָא, דְּהָא כִּי הַאי גַּוְונָא טוּבָא תְּנַן. **אֶלָּא אַלִּיבָּא** דְּר"י. וְאַשְׁמוּעִינַן רַב דְּאִם שְׁמָרוֹ שְׁמִירָה פְּחוּתָה, וְיָצָא וְהִזִּיק בְּקֶרֶן יָמִין שֶׁהוּעַד לָהּ — פָּטוּר, דְּמוּעָד בִּשְׁמִירָה פְּחוּתָה סַגְיָא לֵיהּ. וְאִם נָגַח בִּשְׂמֹאל — חַיָּיב, דְּתָם לָא אִמְעִיט לִשְׁמִירָה פְּחוּתָה. **מַאי אִרְיָא קֶרֶן שְׂמֹאל.** דְּאִי נָגַח בָּהּ חַיָּיב חֲצִי נֶזֶק? כִּי נָגַח בְּיָמִין נַמִי אִיכָּא צַד תַּמּוּת וּמוּעֶדֶת, לְחֶצְיוֹ פָּטוּר וּלְחֶצְיוֹ חַיָּיב, דְּהָא צַד תַּמּוּת בִּמְקוֹמָהּ עוֹמֶדֶת, וְאַשְׁכַּח דְּהָכָא נַמִי חֲצִי נֶזֶק מְשַׁלֵּם, וּמַאי נָפְקָא לָן מִדְּרַב? לֵית לֵיהּ דְּרַב אַדָּא. אֶלָּא לְגַמְרֵי פָּטַר בֵּיהּ ר"י. וְאַשְׁמַעִינַן רַב דְּכִי הַאי גַּוְונָא מַשְׁכַּחַתְּ צַד תַּמּוּת וּמוּעֶדֶת בְּחַד תּוֹרָא, וּלְעִנְיַן שְׁמִירָה, דְּאִם שְׁמָרוֹ שְׁמִירָה פְּחוּתָה וְהִזִּיק בְּקֶרֶן יָמִין — פָּטוּר לְגַמְרֵי, וְאִם בִּשְׂמֹאל — מְשַׁלֵּם חֲצִי נֶזֶק.
אֲבָל

בחזקת שימור קיימי. אין הפירוש כההיא דפ"ק (ד' טו.) גבי פלוגתא דפלגא נזקא קנסא. דבחזקת שימור דהתם — היינו דאין צריכין שימור, שאין דרכו להזיק כמו שן ורגל. אבל חזקת שימור דהכא — היינו שדרך בני אדם לשומרו, וסתם עביד להו שמירה פחותה. ור"ת גרס בדר' מאיר "בחזקת שימור" ובדרבי יהודה "לאו בחזקת שימור". ולפי הגיר' הכי פירושו: מאי טעמא דר' מאיר — קסבר: סתם שוורים בחזקת שימור חשיבי לבעלים, שסבורין הבעלים שאין דרכן להזיק ועל כן אינם חוששין לשומרם. וטעמא דר"י: סתם שוורים לאו בחזקת שימור חשיבי לבעלים, ונטרי להו שמירה פחותה. ולהך גירסא הוי פירוש חזקת שימור דהכא כחזקת שימור דפ"ק. ומיהו, בין לר"מ בין לר"י סברי שפיר פלגא נזקא קנסא. **והא** מיבעי ליה ללאו. נראה כגירסת הספרים דגרסי: והא מיבעי ליה לגופיה, כלומר: לריבוי אחר ריבוי. **לא** פטר ר"י אלא צד העדאה שבו. מסברא אומר כן, דאטו משום שנעשה מועד גרע ויפטר אפילו מח"נ בשמירה פחותה? וא"ת: התינח לחומרא, דאית לן למימר צד תמות במקומה עומדת מסברא כדפרישית. אלא לקולא, דאין משלם אלא מגופו, *ואין מעמידין אפוטרופוס, *מנלן? וי"ל: הואיל דצריכין אנו לומר צד תמות במקומה עומדת לחומרא — ה"ה לקולא. ומיהו, ליפטר בהודאתו למ"ד פלגא נזקא קנסא — לא אמרינן במקומה עומדת, °דכיון דאייעד — לאו קנסא הוא. **מועד** לקרן ימין. מצינו למימר דדוקא נקט, לפי שקרן ימין מזומן להזיק יותר מקרן של שמאל. אבל מועד לקרן שמאל — כ"ש דמועד לקרן ימין. או שמא אין מועד, ואורחא דמילתא נקט.
אלא

[לעיל יח.] [לעיל לט.] [לעיל לד:]

גליון הש"ס

תוס' ד"ה לא פטר כו' דכיון דאייעד לאו קנסא הוא. וכ"כ רש"י לעיל לט ע"א ד"ה שור של חרש ותוס' שם ד"ה אין מעמידין ולעיל מ ע"א תוס' ד"ה ולימא ליה:

[לקמן נו: וש"נ] [ב"מ פ: צג. לה: לקמן נז: שבועות מט:] [לקמן נה: לט: (ועי' בתוס' שבת נב. ד"ה קשרה)] [לעיל טו.] [לעיל מד.] [פסחים כג.] [לעיל יח. לט:]

רש"י: אֲבָל מוּעָד לְגַמְרֵי לָא מַשְׁכַּחַתְּ לָהּ לְצַד תַּמּוּת כְּלָל. דְּלִיחַיֵּיב חֲצִי נֶזֶק. שֶׁלֹּא יְגַדֵּל אָדָם כו'. הָכִי נַמִי הַאי "לֹא יִשְׁמְרֶנּוּ" – לֹא יְקַיְּימֶנּוּ הוּא.

הדרן עלך שור שנגח ארבעה וחמשה

שור שֶׁנָּגַח אֶת הַפָּרָה וְנִמְצָא עוּבָּרָהּ בְּצִדָּהּ. וּמֵת. וְאֵין יָדוּעַ אִם עַד שֶׁלֹּא נְגָחָהּ יָלְדָה. וְלֹא מֵת מֵחֲמַת הַנְּגִיחָה. אִם מִשֶּׁנְּגָחָהּ. וּמֵחֲמַת הַנְּגִיחָה הִפִּילַתּוּ. וּרְבִיעַ נֶזֶק. דְּהָא חַיָּיב חֲצִי נֶזֶק. וְהַאי וָלָד מוּטָּל בְּסָפֵק הוּא, וְחוֹלְקִין. וְכֵן פָּרָה שֶׁנָּגְחָה כו'. מְפָרֵשׁ בַּגְּמָ'. **גמ'** אִי נַמִי לְכִי הָא. דְּיָכוֹל לוֹמַר לִשְׁחִיטָה מְכַרְתִּיו לָךְ. וְאַף עַל גַּב דְּאִיכָּא לְמֵימַר זִיל בָּתַר רוּבָּא, וְרוּבָּא לִרְדִיָּא קָזָבְנִי וְהָוֵי מֶקַח טָעוּת – אַשְׁמְעִינַן מַתְנִיתִין דְּהוֹאִיל וְנָקִיט מוֹכֵר דְּמֵי, הָוָה לֵיהּ אִידָךְ מוֹצִיא מֵחֲבֵירוֹ וְעָלָיו הָרְאָיָה. לְנִכְסְתָא. לִשְׁחִיטָה. דְּמֵי רַדְיָא. יְקָרִין. בַּעַל

גמרא: אֲבָל מוּעָד לְגַמְרֵי לָא מַשְׁכַּחַתְּ בֵּיהּ צַד תַּמּוּת כְּלָל.§ "ר"א אוֹמֵר: אֵין לוֹ שְׁמִירָה אֶלָּא סַכִּין" (כו').§ אָמַר רַבָּה: מַאי טַעֲמָא דְּר"א? דְּאָמַר קְרָא: °"וְלֹא יִשְׁמְרֶנּוּ" – שׁוּב אֵין לוֹ שְׁמִירָה לָזֶה. [שמות כא] א"ל אַבַּיֵי: אֶלָּא מֵעַתָּה, דִּכְתִיב: °"וְלֹא יְכַסֶּנּוּ", [שם] נַמִי שׁוּב אֵין לוֹ כִּיסּוּי לָזֶה! וְכִי תֵּימָא הָכִי נַמִי, וְהָתְנַן: *כִּסָּהוּ כָּרָאוּי, וְנָפַל לְתוֹכוֹ שׁוֹר אוֹ חֲמוֹר וָמֵת – פָּטוּר! אֶלָּא אָמַר אַבַּיֵי: הַיְינוּ טַעֲמֵיהּ דְּר"א, כִּדְתַנְיָא, *ר' נָתָן אוֹמֵר: מִנַּיִין שֶׁלֹּא יְגַדֵּל אָדָם כֶּלֶב רַע בְּתוֹךְ בֵּיתוֹ, וְאַל יַעֲמִיד סוּלָּם רָעוּעַ בְּתוֹךְ בֵּיתוֹ? שֶׁנֶּאֱמַר: °"וְלֹא תָשִׂים דָּמִים בְּבֵיתֶךָ".§ [דברים כב]

הדרן עלך שור שנגח ארבעה וחמשה

[ב"ב נג.] **שור** *שֶׁנָּגַח אֶת הַפָּרָה וְנִמְצָא עוּבָּרָהּ בְּצִדָּהּ, וְאֵין יָדוּעַ אִם עַד שֶׁלֹּא נְגָחָהּ יָלְדָה אִם מִשֶּׁנְּגָחָהּ יָלְדָה – מְשַׁלֵּם חֲצִי נֶזֶק לַפָּרָה וּרְבִיעַ נֶזֶק לַוָּלָד. וְכֵן פָּרָה שֶׁנָּגְחָה אֶת הַשּׁוֹר וְנִמְצָא וְלָדָהּ בְּצִדָּהּ, וְאֵין יָדוּעַ אִם עַד שֶׁלֹּא נָגְחָה יָלְדָה אִם מִשֶּׁנָּגְחָה יָלְדָה – מִשְׁתַּלֵּם חֲצִי נֶזֶק מִן הַפָּרָה וּרְבִיעַ נֶזֶק מִן הַוָּלָד.§ **גמ'** אָמַר רַב יְהוּדָה אָמַר שְׁמוּאֵל: זוֹ דִּבְרֵי סוּמָכוֹס, *דְּאָמַר: מָמוֹן הַמּוּטָּל בְּסָפֵק – חוֹלְקִין, [לעיל לה: ב"מ ב: לח: ק. [ב"ב קמא.]] אֲבָל חֲכָמִים אוֹמְרִים: [א]זֶה כְּלָל גָּדוֹל בַּדִּין: הַמּוֹצִיא מֵחֲבֵירוֹ עָלָיו הָרְאָיָה. לָמָּה לִי לְמֵימַר "זֶה כְּלָל גָּדוֹל בַּדִּין"? אִצְטְרִיךְ, דַּאֲפִילּוּ [ב]נִיזָּק אוֹמֵר בָּרִי וּמַזִּיק אוֹמֵר שֶׁמָּא – הַמּוֹצִיא מֵחֲבֵירוֹ עָלָיו הָרְאָיָה. אִי נַמִי, לְכִי הָא דְּאִתְּמַר: *הַמּוֹכֵר שׁוֹר לַחֲבֵירוֹ וְנִמְצָא נַגְחָן, רַב אָמַר: הֲרֵי זֶה מֶקַח טָעוּת, [ב"ב נב.] וּשְׁמוּאֵל אָמַר: [ג]יָכוֹל שֶׁיֹּאמַר לוֹ: לִשְׁחִיטָה מְכַרְתִּיו לָךְ. אַמַּאי? וְנֶיחֱזֵי אִי גַּבְרָא דְּזָבֵין לְרַדְיָא, אִי גַּבְרָא דְּזָבֵין לְנִכְסְתָא! לָא צְרִיכָא, [ד]בְּגַבְרָא דְּזָבֵין לְהָא וּלְהָא. וְנֶיחֱזֵי אִי דְּמֵי רַדְיָא – לְרַדְיָא, אִי דְּמֵי נִכְסְתָא – לְנִכְסְתָא! [ה]לָא צְרִיכָא, דְּאוֹקִיר בִּישְׂרָא וְקָאֵי בִּדְמֵי רַדְיָא. אָמְרִי: וְאִי

תוספות:

אלא טעמא דר"א כדתניא. תימה: מהאי טעמא נמי לא תסגי בור בכסוי משום דרבי נתן! וי"ל: דבור אית ליה תקנתא טפי, כשמכסהו כראוי, משור נגחן. ועי"ל: דמעיקרא ודאי ס"ד דר"א לענין תשלומין קאמר. אבל השתא דמסקינן טעמא כדר' נתן – לאו לענין תשלומין איירי, אלא לגבי איסור בעלמא, דאסור לקיימו, ואיכא למימר דגבי בור נמי איכא. אבל מודה שאם שמרו שמירה מעולה והזיק פטור. מיהו, בשמירה פחותה ודאי לא סגיא, מדאוסר לקיימו, ולהכי אמר לעיל (דף מה:): הא מני ר"א היא.

הדרן עלך שור שנגח ד' וה'

שור שנגח את הפרה. זו דברי סומכוס. תימה: דבפרק "השואל" (ב"מ דף ק. ושם*) משמע דלא אמר סומכוס יחלוקו אלא בעומד באגם, גבי המחליף פרה בחמור. [ד"ה הא] דפריך בגמרא: אמאי יחלוקו? ונחזי ברשות דמאן קיימא! אמר שמואל: בעומדת באגם. ופריך: ונוקמה בחזקת מרא קמא! הא מני סומכוס היא. מדלא אמר "אלא" משמע דלא הדר ביה משנויא קמא. והך דהכא איכא לאוקמי בעומדת באגם לר"ע, דאמר יוחלט השור, אבל לר' ישמעאל דמצי לסלק ליה בזוזי – לא תתיישב. אך תהיה ד"התניח" (לעיל דף לה:) קשה, דדייק: זאת אומרת חלוקים עליו חביריו על סומכוס. דמשמע התם דאפילו בברי וברי קאמר סומכוס דחולקין, ואפילו עומד בביתו. מדלא אוקי מתניתין בעומד בביתו, או כרבי ישמעאל דאמר ב"ח הוא ומצי לסלוקי' בזוזי, ותיתי אפילו כסומכוס.

דאפילו ניזק אומר ברי ומזיק אומר שמא. וא"ת: והא מחויב שבועה ואין יכול לישבע הוא, שזה מודה במקצת בנזק הפרה, ובנזק הולד אומר איני יודע, ומתוך שאין יכול ישבע – משלם, כדאמר רבא בפרק "השואל" (ב"מ דף לח. ושם)! ומיהו, שמואל לית ליה האי סברא בפרק "כל הנשבעין" (שבועות דף מז. ושם*). [ד"ה מתוך] ועוד י"ל: דלמ"ד פלגא נזקא קנסא לא יהא מחויב שבועה גדולה מהודאת עצמו, דמודה בקנס פטור. [א] ועוד אומר ר"י: דלא דמי כלל, דהא טעמא דמחויב שבועה ואין יכול לישבע משלם, מפרש בפרק "כל הנשבעין" (שם) משום דכתיב "שבועת ה' תהיה בין שניהם" ולא בין היורשים. ומפרש התם: כגון שאמר ליה "מנה לאבא ביד אביך", ואמר ליה "חמשים ידענא וחמשים לא ידענא", דבאבוה כה"ג מיחייב. ועל כרחך צריך ליתן טעם למה באב חייב וביורשים פטור, דבלא טעמא אין לומר, כדאמר התם: אי דאמר ליה נ' אית ליה ונ' לית ליה – מה לי הוא מה לי אבוה. אלא היינו טעמא דבאב חייב "לא ידענא" – דהיה לו לידע אם חייב לו מנה אם לאו, אבל יורשיו לא היה להם לידע במילי דאבוהון. ומהאי טעמא אית ליה נמי למיפטר בשמעתין, שאין לו לידע דבר זה אם משנגחה ילדה או קודם. וא"ת: דהכא משמע דלית ליה לרב יהודה ברי עדיף, ולקמן בפרק בתרא (דף קיח.) וב"השואל" (ב"מ דף לז: ושם*): [ד"ה רב הונא] אמר "מנה לי בידך" והלה אומר "איני יודע", רב יהודה ורב הונא מחייבי, דברי עדיף! ואין לתרץ דהכא משמיה דשמואל קאמר, דהא בספ"ק דכתובות (דף יב: ושם*) בעי למימר: הא דרב יהודה ורב הונא – דשמואל היא, ולפי אותה סברא תקשה דשמואל אדשמואל! וי"ל: כדפרישית לעיל: דהתם ברי שלו טוב, שיודע שיכחישנו אם הוא משקר, וגם אותו יש לו לידע אם חייב לו אם לאו, הלכך מדטעין שמא – מוכחא מלתא דברי דהאי אמת הוא, וברי עדיף. אבל הכא מה שטוען ברי – לפי שיודע שזה לא היה בשעת נגיחה, וזה טוען שמא טוב, שאין לו לידע – משו"ה אין ברי עדיף. ובספ"ק דכתובות (שם) דבעי למימר: הא דרב הונא ורב יהודה – דשמואל היא, ולא מסיק אדעתיה הא דדחי התם במסקנא, היה יכול להקשות התם דשמואל אדשמואל, דהתם פסיק שמואל כר"ג דאמר: נאמנת בההיא ד"משארסתני נאנסתי" אע"ג דהתם אין לבעל לידע מתי נאנסת, והכא בשמעתין מודה שמואל דלא אמר ברי עדיף במקום שהברי גרוע. אלא שבכמה מקומות יכול לומר "וליטעמיך", ולא קאמר. וההיא ד"הבית והעלייה" (ב"מ דף קטז: ושם*) [ד"ה לימא] דהיה אחד מכיר מקצת אבניו נוטלן, ואמר [בגמ'] דאידך קאמר "איני יודע". ופריך: לימא תיהוי תיובתא דר"נ. ומשמע דלרב יהודה ניחא! התם י"ל: דרגילות הוא שכל אחד מכיר מקצת אבניו. וכן מוכח, דמוקי לה כגון שיש עסק שבועה ביניהם, ואם לא היה לו להכיר אבניו – לא הייתי אומר מתוך שאין יכול לישבע משלם, כדפרישית לעיל. וההיא דתנן ב"יש נוחלין" (ב"ב דף קלד. ושם קלה): "זה אחי" – אין נאמן, ויטול עמו בחלקו. ומוקי בגמ' דאמרי אינך "אין אנו יודעין". ודייק: זאת אומרת "מנה לי בידך" והלה אומר "איני יודע" – פטור, אע"ג דברי גרוע הוא, שאין להם לאחין לידע אם הוא אחיהם, דמה יודעים באותו שבא ממדינת הים – התם בלאו הכי דחי שפיר, ואין חושש לומר "וליטעמיך". ועוד י"ל: דהתם מצי למימר דהכי קאמר: זאת אומרת "מנה לי בידך", והלה אומר "איני יודע" – פטור, היכא דהוי ברי גרוע והשמא טוב, כעין ההיא דמתני' דהתם.

המוציא מחבירו עליו הראיה. משמע מהכא דאין הלכה כסומכוס, מדלא ס"ל שמואל כוותיה. ובשמעתין דכל דאלים גבר בפרק "חזקת הבתים" (ב"ב דף לה. ושם*) יש להאריך בזה. [ד"ה ומאי] **ונחזי** אי דמי רדיא לרדיא. פי' הרר"י בר מרדכי: דהכא אפי' כרבנן דאמרי ב"המוכר את הספינה" (שם דף עז:) מכר הצמד – לא מכר הבקר, ולית להו הדמים מודיעים – הכא מודו, דהני מילי גבי צמד דאיכא רובא וחזקה, דרובא קרו לצמד צמד ולבקר בקר, וגם הוא מוחזק. ואפילו לפי הספרים דלא גרסי רובא – מ"מ לא אתיא דמים לאודוייהו ומפקי מחזקה. אבל הכא רובא לרדיא זבני, ואיכא חזקה כנגד אותו הרוב, שהמוכר מוחזק – אמרינן הדמים מודיעים לסייע או לרוב או לחזקה. ורשב"ם פירש ב"המוכר פירות" (שם דף צג. ושם*) בענין אחר. [ד"ה ונחזי]

ה"ג

עין משפט נר מצוה:

א א ב מיי' פ"ט מהל' נזקי ממון הל' ב ג והלכה ו סמג עשין סח טוש"ע ח"מ סימן שצט סעיף ב ג וסימן ת סעיף א:

ב ג ד ה מיי' פט"ו מהלכות מכירה הל' ה סמג לאוין קע טוש"ע ח"מ סי' רלב סעי' כג:

מסורת הש"ס: לקמן נב. | לעיל טו: [כתובות מח:]

הגהות הגר"א

[א] תום' ד"ה דאפילו כו' ועוד אר"י כו'. נ"ב וכ"כ הראב"ד והרא"ש ספ"ו וש"פ. אבל הרמב"ם חולק:

גליון הש"ס

תום' ד"ה דאפילו וכו' ועי"ל דלמ"ד פלגא נזקא קנסא. עיין לעיל דף מא ע"ב תוספות ד"ה מודה:

עין משפט
נר מצוה

ג א מיי' שם טוש"ע ח"מ סי' רלב סעיף כג:
ד ב ג מיי' פ"ב מהל' חובל ומזיק הלכה כ כפי' התוס' בשם י"מ סמג עשין קו טוש"ע ח"מ סימן כל:

תורה אור

°וְאִי לֵיכָּא לְאִשְׁתַּלּוּמֵי מִינֵּיהּ לִישְׁקְלֵיהּ לְתוֹרָא בְּזוּזֵי, *דְּאָמְרִי אֱנָשֵׁי: מִמָּרֵי רַשְׁוָותָךְ פָּארֵי אִפְּרַע! לָא צְרִיכָא, דְּאִיכָּא לְאִשְׁתַּלּוּמֵי מִינֵּיהּ. רַב אָמַר: הֲרֵי זֶה מִקַּח טָעוּת, זִיל בָּתַר רוּבָּא, וְרוּבָּא דְּאֱינָשֵׁי לְרִדְיָא הוּא דְּזָבְנֵי. וּשְׁמוּאֵל אָמַר: יָכוֹל שֶׁיֹּאמַר לוֹ: לִשְׁחִיטָה מְכַרְתִּיו לְךָ, אוְלָא אָזְלִינַן בָּתַר רוּבָּא; כִּי אָזְלִינַן בָּתַר רוּבָּא – בְּאִיסּוּרָא, אֲבָל *בְּמָמוֹנָא – לָא אָזְלִינַן בָּתַר רוּבָּא, אֶלָּא הַמּוֹצִיא מֵחֲבֵירוֹ עָלָיו הָרְאָיָה. תַּנְיָא נַמִי הָכִי: שׁוֹר שֶׁנָּגַח אֶת הַפָּרָה וְנִמְצָא עוּבָּרָהּ בְּצִדָּהּ, וְאֵינוֹ יוֹדֵעַ אִם עַד שֶׁלֹּא נְגָחָהּ יָלְדָה אִם מִשֶּׁנְּגָחָהּ יָלְדָה – מְשַׁלֵּם חֲצִי נֶזֶק לַפָּרָה וּרְבִיעַ נֶזֶק לַוָּלָד, דִּבְרֵי סוּמָּכוֹס; וַחֲכָמִים אוֹמְרִים: הַמּוֹצִיא מֵחֲבֵירוֹ עָלָיו הָרְאָיָה. *א"ר שְׁמוּאֵל בַּר נַחְמָנִי: מִנַּיִן לְהַמּוֹצִיא מֵחֲבֵירוֹ עָלָיו הָרְאָיָה? שֶׁנֶּאֱמַר: °"מִי בַעַל דְּבָרִים יִגַּשׁ אֲלֵיהֶם", יַגִּישׁ רְאָיָה אֲלֵיהֶם. מַתְקִיף לָהּ רַב אַשִׁי: הָא °לָמָּה לִי קְרָא? *סְבָרָא הוּא, דְּכָאֵיב לֵיהּ כְּאֵיבָא אָזֵיל לְבֵי אָסְיָא! אֶלָּא, קְרָא לְכדר"נ אָמַר רַבָּה בַּר אֲבוּהּ, דְּאָמַר רַב נַחְמָן אָמַר רַבָּה בַּר אֲבוּהּ: במִנַּיִן שֶׁאֵין נִזְקָקִין אֶלָּא לַתּוֹבֵעַ תְּחִלָּה? שֶׁנֶּאֱמַר: "מִי בַעַל דְּבָרִים יִגַּשׁ אֲלֵיהֶם", יַגִּישׁ דְּבָרָיו אֲלֵיהֶם. אָמְרִי נְהַרְדְּעֵי: גפְּעָמִים שֶׁנִּזְקָקִין לַנִּתְבָּע תְּחִלָּה, וְהֵיכִי דָּמֵי? דְּקָא זִילֵי נִכְסֵיהּ. § "וְכֵן פָּרָה שֶׁנָּגְחָה אֶת הַשּׁוֹר" [וכו']. § חֲצִי נֶזֶק וּרְבִיעַ נֶזֶק? פַּלְגָּא נִזְקָא הוּא דְּבָעֵי שַׁלּוּמֵי, כּוּלֵּי נִזְקָא נְבִי רִבְעָא מַאי עֲבִידְתֵּיהּ?! אָמַר אַבַּיֵי: חֲצִי נֶזֶק – אֶחָד מֵאַרְבָּעָה בַּנֶּזֶק, וּרְבִיעַ נֶזֶק – אֶחָד מִשְּׁמֹנָה בַּנֶּזֶק. וְאִי פָּרָה וְוָלָד דְּחַד נִינְהוּ, ה"נ דְּמָצֵי א"ל לְבַעַל פָּרָה: מִמָּה נַפְשָׁךְ חֲצִי נֶזֶק הַב לִי. אֶלָּא, לָא צְרִיכָא, דְּפָרָה דְּחַד וְוָלָד דְּחַד. וְאִי דְּקָדֵים תַּבְעֵיהּ לְבַעַל פָּרָה תְּחִלָּה, הָכִי נַמִי דְּאָמַר לֵיהּ לְבַעַל פָּרָה: פָּרָה דִּידָךְ אַזִּיקְתַּן, הַב לִי רְאָיָה דְּאִית לָךְ שׁוּתָּפֵי. אֶלָּא, דְּקָדֵים תַּבְעֵיהּ לְבַעַל וָלָד תְּחִלָּה, דְּאָמַר לֵיהּ: גַּלֵּית אַדַּעְתָּךְ דְּשׁוּתָּפָא אִית לִי. אִיכָּא דְּאָמְרִי: אַף עַל גַּב דְּקָדֵים תַּבְעֵיהּ לְבַעַל פָּרָה תְּחִלָּה – מָצֵי מַדְחֵי לֵיהּ, דְּאָמַר לֵיהּ: מֵידַע יָדְעִי (אֲנָא) דְּשׁוּתָּפָא אִית לִי. אָמַר רָבָא: אַטּוּ "אֶחָד מֵאַרְבָּעָה בַּנֶּזֶק" וְ"אֶחָד מִשְּׁמֹנָה בַּנֶּזֶק" קָתָנֵי? "חֲצִי נֶזֶק" וּ"רְבִיעַ נֶזֶק" קָתָנֵי! אֶלָּא אָמַר רָבָא: לְעוֹלָם בְּפָרָה דְּחַד וְוָלָד דְּחַד, וְהָכִי קָאָמְרִינַן: אִיתָהּ לְפָרָה – מְשַׁלֵּם חֲצִי נֶזֶק מִפָּרָה,

לֵיתָא

בַּעַל דְּבָרִים. תּוֹבֵעַ. שֶׁאֵין נִזְקָקִין אֶלָּא לַתּוֹבֵעַ תְּחִלָּה. כְּגוֹן רְאוּבֵן תּוֹבֵעַ מִשִּׁמְעוֹן מָנֶה שֶׁהִלְוָהוּ (בְּעֵדִים אוֹ בִּשְׁטָר), וְשִׁמְעוֹן מְשִׁיבוֹ: תָּפַסְתָּ מִשֶּׁלִּי, הַחֲזֵר לִי מַה שֶּׁתָּפַסְתָּ. אוֹ: מַשְׁכּוֹן הָיָה בְּיָדְךָ וְנִפְחַת מִדָּמָיו שֶׁנִּשְׁתַּמַּשְׁתָּ בּוֹ – בַּתְּחִלָּה נִזְקָקִין לְטַעֲנַת רְאוּבֵן וּמוֹצִיאִים לוֹ הַמָּנֶה מִשִּׁמְעוֹן, וְאַחַר כָּךְ נִזְקָקִין לוֹ לְטַעֲנַת שִׁמְעוֹן לָדוּן עַל דְּבַר הַתְּפִיסָה וְהַמַּשְׁכּוֹן. דְּקָא זִילֵי נִכְסֵיהּ. שֶׁיֵּשׁ כָּאן תַּגָּרִין שֶׁיִּקְנוּהוּ בְּדָמִים יְקָרִים, וּמָחָר יֵלְכוּ לָהֶם. אִי נַמִי: שֶׁקַּרְקְעוֹתָיו זָלוֹת ע"י תְּבִיעָה זוֹ, שֶׁרוֹאִין אוֹתוֹ דָּחוּק. וְאִם יוֹצִיאוּ לוֹ תְּפִיסָתוֹ אוֹ מַשְׁכּוֹנוֹ – יִמְכְּרֵם וִישַׁלֵּם לוֹ מֵהֶן. חֲצִי נֶזֶק וּרְבִיעַ נֶזֶק. הֲרֵי כָּל הַנֶּזֶק חָסֵר רְבִיעַ, וְאַמַּאי? הָא תָּם הוּא, וּפַלְגָּא נִזְקָא הוּא דְּבָעֵי שַׁלּוּמֵי וְתוּ לָא. וְהַאי כָּל נִזְקָא נְכֵי רִבְעָא דְּמִחַיְּיבַתְּ לֵיהּ לְשַׁלּוּמֵי מַאי עֲבִידְתֵּיהּ? אָמַר אַבַּיֵי חֲצִי נֶזֶק. דְּקָתָנֵי – הַיְינוּ חֲצִי תַּשְׁלוּמִין שֶׁיֶּשְׁנוֹ עַל הַפָּרָה אִם אֵין וָלָד, דְּהָא אִיהִי מְשַׁלֶּמֶת ח"נ. הַשְׁתָּא מְשַׁלֵּם רְבִעָא, מִשּׁוּם דְּאִית לֵיהּ שׁוּתָּפוּת, וּכְדִמְפָרֵשׁ וְאָזֵיל דְּוָלָד דְּאִינִישׁ אַחֲרִינָא הוּא. וּרְבִיעַ נֶזֶק. דְּקָתָנֵי אַוָּלָד – רְבִיעַ חֲצִי נֶזֶק שֶׁהָיָה חַיָּיב אִם הוּא לְבַדּוֹ נָגַח, דְּהַיְינוּ אֶחָד מִשְּׁמֹנָה בַּנֶּזֶק, כִּדְמְפָרֵשׁ טַעְמָא. וְאִי פָּרָה וְוָלָד כו'. דְּפָרָה דְּחַד וְוָלָד דְּחַד. כְּגוֹן שֶׁמָּכַר לוֹ פָּרָה חוּץ מֵעוּבָּרָהּ. דְּא"ל. בַּעַל הַפָּרָה. גַּלֵּית אַדַּעְתֵּיךְ דְּשׁוּתָּפָא אִית לִי. וְרִבְעָא דְּנִזְקָא הוּא דְּמִחַיְּיבְנָא לָךְ. וּבַעַל וָלָד אָמַר לֵיהּ: אִי וַדַּאי עִם וָלָד נָגְחָה – הֲוָאִי אֲנָא שׁוּתָּפָא וּמִחַיְּיבְנָא לָךְ רִבְעָא דְּנִזְקָא, הַשְׁתָּא דְּמְסַפְּקָא לָךְ – שְׁמִינִית מִשְׁתַּלֶּמֶת מִינָּאִי.

לֵיתָא

ה"ג: אי דליכא לאשתלומי מיניה לשקול תורא בזוזי. לא צריכא דאיכא לאשתלומי מיניה. ואית דגרסי: אי דליתא להני זוזי. משמע שאם אין אותן מעות בעין שנתן לוקח למוכר, אפי' אית ליה זוזי אחריני – לא יהיב ליה זוזי. ואין נראה לר"ת, מאחר שמקח טעות הוא – סברא הוא שדינו כדין ב"ח. וב"ח, אי אית ליה זוזי – לא מצי לסלוקי בשאר מילי, כדמוכח ב"הכותב" (כתובות דף פו. ושם) בההוא דקאמר תולה מעותיו בגוי הוה. ואור"ת: שיש ג' דינים: לב"ח, ולנזקין, ולשכיר. דבעל חוב, אי אית ליה זוזי – לא מצי לסלוקי בשאר מילי, כדפי'. ואי לית ליה זוזי – לא מצי א"ל: זיל טרח וזבין ואייתי זוזי, כדמוכח ב"הכותב", והכא בשמעתין, דקאמר: ממרי רשוותך פארי אפרע. ונזקין, אפי' אית ליה זוזי – מצי לסלוקי בארעא, לרב הונא דאמר בפ"ק (דף ט.): או כסף או מיטב, ולרב פפא ולרב הונא בריה דרב יהושע כל מילי מיטב הוא. ובשכיר, אפי' לית ליה זוזי – אמרינן ליה: זיל טרח ואייתי זוזי, דגבי פועל לא אמרינן ממרי רשוותך פארי אפרע, כדמוכח ב"הבית והעלייה" (ב"מ דף קיח.).

שאין נזקקין אלא לתובע תחילה. פ"ה: כגון ראובן תובע לשמעון מנה שהלוהו, ושמעון משיבו: תפסת משלי, החזר לי מה שתפסת. או: משכון היה בידך ונפחת מדמיו שנשתמשת בו בתחילה – נזקקין לטענת ראובן ומוציאין לו המנה משמעון, ואח"כ נזקקין לשמעון לדון על דבר התפיסה והמשכון. והשתא צ"ל לפ"ה דמיירי כגון שיש לראובן שטר על המנה, דאי לאו הכי – נאמן שמעון, אפי' יש עדים לראובן, דהמלוה את חבירו בעדים אין צריך לפורעו בעדים. וא"ת: היכי דמי? אי יש לשמעון עדים מוכנים, או טוען שיביא עדים תוך ל' יום שתפס ראובן משלו – למה יגבה ראובן תחילה? והלא אם שואל ל' יום לפרוע חובו נותנים לו, שהוא זמן ב"ד. ואם שמעון אומר שיביא עדים שלו לאחר ל' יום – אפי' בלא קרא נמי לא היינו שומעין לו, ואפי' זילו נכסיה. דאטו אם אומר שלאחר שנה או שנתים יביא עדים מי שומעים ליה כלל? וי"ל: כגון דשמעון אומר: פלוני ופלוני בשעת מעשה היו יודעים שכדברי כן הוא, ואנו יודעים שהוא אומר אמת בזה, שהיו בשעת המעשה. ואי לאו קרא ה"א שראוי להמתין להם, אפי' סופן לבא לזמן מרובה. וי"מ: כגון שזה תובע שחבל בו, ושמעון אומר: יש לי שאר תביעות עליו, ומגבינן לראובן דמי חבלתו, אע"פ ששמעון אומר שהיום או למחר יביא עדים, ואין ממתינין לו כלל, דקי"ל ב"החובל" (לקמן דף צא.) *דאין נותנין זמן לחבלות. ויותר משמע לפרש לענין חבלה מלענין מלוה, מדמייתי עליה קרא ד"אשרו חמוץ" בפרק "אחד דיני ממונות" (סנהדרין דף לה. ושם*).

ורביע נזק אחד משמונה בנזק. תימה: היאך משוה הולד לפרה? פשיטא שלא עשה הולד נזק כמו הפרה! דאטו אם יש לו לאחד ט' חלקים ולאחד חלק אחד, מי ישלם זה כמו זה כאילו היתה חציה שלו? והא תניא בהדיא בפרק "ארבעה וחמשה" (לעיל דף לו.): האחרון נוטל מנה, ושלפניו [חמשים זוז ושניים] הראשונים דינר זהב. משמע שכל אחד מפסיד כפי מה שיש לו! ומפרש ריב"א: דכולה מלתא נקט לסימנא בעלמא, כאילו הולד עשה חצי נזק, אבל לעולם לא משלם אלא רביע נזקו. שאם הפרה שוה שמונים זוז בלא הולד, ועם הולד מנה, וחצי כל נזק שעשתה מנה, כגון שנגחה שור שוה מאתים – ונמצא חלק חמישית לולד. ואם היה ודאי שותף – היה נוטל הפרה עם הולד, ועכשיו שהוא ספק – נוטל חצי הולד שהוא עשר זוז, שהוא רביע נזקו של ולד.

גלית אדעתיך דשותפא אית לי. ומאחר שהודה שיש לו שותף – לא ישלם רק חצי התשלומין, ואידך פלגא לא משלם כולו בעל הולד דשמא ילדה ואח"כ נגחה, ומולקין. ואפי' לר' נתן, דאמר (לקמן דף נג.): כי ליכא לאשתלומי מהאי משתלם מהאי – מודה הכא. דעד כאן לא קאמר רבי נתן אלא בשור תם שדחף את חבירו לבור, שבעל השור אין לחייבו אלא רביע אע"פ שודאי הזיק – לפיכך משתלם כל השאר מבעל הבור, כיון שהבור הרגו לשור. אבל כאן, שאם הולד במעי אמו בשעת נגיחה יש לו להתחייב בתשלומין – אין לחייב הפרה תשלומין שהם על הולד לשלם אם נגח.

מידע ידעי דשותפות אית לי. פי': שיש לנו להעמיד הפרה בחזקת שהיא מעוברת, והשתא היא דילדה. ומודה סומכוס כיון דאיכא תרתי, שהוא מוחזק וגם איכא חזקת גופה – דאמרינן: המע"ה. הלכך לא משלם בעל הפרה אלא רביע, כאילו ודאי אית ליה שותפי. ומיהו, להוציא ממון מיד בעל הולד – אין מועלת חזקה, הלכך לא משלם בעל הולד אלא אחד משמינית נזק, ואידך אחד משמינית נזק מפסיד. וה"נ אשכחן בההוא דהמחליף פרה בחמור, דמוקי ב"השואל" (ב"מ דף ק. ושם*) כסומכוס, ולא אמרינן אוקי אחזקתיה והשתא הוא דילדה, להוציא ממון מחזקת מרה קמא. וקשה לר"י: דבפרק "השואל" (שם דף לז: ושם לח:) תנן: זה אומר איני יודע, וזה אומר איני יודע – יחלוקו, גבי שאלה היום ושכרה למחר, ומוקמא לה כסומכוס. ואמאי לא אמרינן: אוקמיה אחזקתה והשתא היא דמתה, להעמיד הממון ביד השואל, ויפטר מלשלם? ואור"י: דשמא יחלוקו לאו אשאלה היום ושכרה למחר קאי, אלא אשאל אחת ושכר אחת.

ליתא

מסורת הש"ס
רש"ל מ"ז
ב"מ קיח. ב"ב לב:
[לעיל כז: ב"ב לב:]
סנהדרין לה.
[עיין תוספות שבועות כב: ד"ה איבעית אימא]
רש"ל מ"ז
[ד"ה אשרו]
[עי' ש"ך חו"מ סימן כ"ד סק"ג מ"ש על דברי תוס' אלו]
[ד"ה הא]
שמות כד

גליון הש"ס
גמ' ואי ליכא לאשתלומי כו'. עיין לעיל דף כז ע"א תוספות ד"ה ואיכא נמי ועיין מהרש"א שם: שם למה לי קרא. כתובות כב ע"א נדה כה ע"א:

עין משפט נר מצוה

לֵיתָא לְפָרָה — מְשַׁתַּלֵּם רְבִיעַ נֶזֶק מוּלָד. טַעֲמָא דְּלָא יָדְעִינַן אִי הֲוָה וָלָד בַּהֲדָהּ כִּי נָגְחָה אִי לָא הֲוָה, אֲבָל אִי פְּשִׁיטָא לָן דַּהֲוָה וָלָד בַּהֲדָהּ כִּי נָגְחָה — מְשַׁתַּלֵּם כּוּלֵּיהּ חֲצִי נֶזֶק מוּלָד; רָבָא לְטַעֲמֵיהּ, דְּאָמַר רָבָא: [א]פָּרָה שֶׁהִזִּיקָה — גּוֹבֶה מִוּלָדָהּ, מַאי טַעֲמָא? גּוּפָהּ הִיא. [ב]תַּרְנְגוֹלֶת שֶׁהִזִּיקָה — אֵינוֹ גּוֹבֶה מִבֵּיצָתָהּ, מ"ט? פִּירְשָׁא בְּעָלְמָא הוּא. וְאָמַר רָבָא: [ג]אֵין שָׁמִין לַפָּרָה בִּפְנֵי עַצְמָהּ וְלַוָּלָד בִּפְנֵי עַצְמוֹ, אֶלָּא שָׁמִין לַוָּלָד עַל גַּב פָּרָה, שֶׁאִם אִי אַתָּה אוֹמֵר כֵּן — נִמְצָא אַתָּה מַכְחִישׁ אֶת הַמַּזִּיק; [ד]וְכֵן אַתָּה מוֹצֵא בְּקוֹטֵעַ יַד עַבְדּוֹ שֶׁל חֲבֵירוֹ, וְכֵן אַתָּה מוֹצֵא [ה]בְּמַזִּיק שָׂדֶה שֶׁל חֲבֵירוֹ. א"ל רַב אַחָא בְּרֵיהּ דְּרָבָא לְרַב אַשִׁי: וְאִי דִּינָא הוּא, לִיכְחוֹשׁ מַזִּיק! מִשּׁוּם דְּאָמַר לֵיהּ: פָּרָה מְעַבַּרְתָּא אַזִּיקְתָּךְ, פָּרָה מְעַבַּרְתָּא שַׁיְימְנָא לָךְ. פְּשִׁיטָא, פָּרָה דְּחַד וְוָלָד דְּחַד — [ו]פִּיטְמָא לְבַעַל פָּרָה, נִפְחָא מַאי? רַב פָּפָּא אָמַר: לְבַעַל פָּרָה, רַב אַחָא בְּרֵיהּ דְּרַב אִיקָא אָמַר: חוֹלְקִין. [ז]וְהִלְכְתָא: חוֹלְקִין.§ **מתני'** [ח]הַקַּדָּר שֶׁהִכְנִיס קְדֵרוֹתָיו לַחֲצַר בַּעַל הַבַּיִת שֶׁלֹּא בִּרְשׁוּת, וְשִׁבְּרָה בְּהֶמְתּוֹ שֶׁל בַּעַל הַבַּיִת — פָּטוּר. וְאִם הוּזְּקָה בָּהֶן — בַּעַל הַקְּדֵרוֹת חַיָּיב. וְאִם הִכְנִיס בִּרְשׁוּת — בַּעַל הֶחָצֵר חַיָּיב. [ט]הִכְנִיס פֵּירוֹתָיו לַחֲצַר בעה"ב שֶׁלֹּא בִּרְשׁוּת, וַאֲכָלָתַן בְּהֶמְתּוֹ שֶׁל בַּעַל הַבַּיִת — פָּטוּר, וְאִם הוּזְּקָה בָּהֶן — בַּעַל הַפֵּירוֹת חַיָּיב, וְאִם הִכְנִיס בִּרְשׁוּת — בַּעַל הֶחָצֵר חַיָּיב. [י]הִכְנִיס שׁוֹרוֹ לַחֲצַר בַּעַל הַבַּיִת שֶׁלֹּא בִּרְשׁוּת

רש"י

לֵיתָא לְפָרָה. וְהָא אֵין (א) מְשַׁלֵּם אֶלָּא מִגּוּפוֹ, וְאָמַר לֵיהּ: הַב לִי כּוּלָּהּ פַּלְגָא הֶזֵּיקָא מִוָּלָד, דְּאִיהוּ נַמִּי אַזִּיק בַּהֲדֵי פָרָה. וְרָבָא ס"ל דְּחַד גּוּפָא הוּא, וְהָוֵי כְּאֶחָד מֵאֵבָרֶיהָ, כִּדְמְפָרֵשׁ בְּסֵיפָא דְּמִילְּתֵיהּ. מְשַׁלֵּם לֵיהּ מִינָּהּ רִבְעָא דִּנְזָקָא, וְאִידָךְ רִבְעָא מַפְסִיד, וַאֲפִי' שָׁוֶה הַוָּלָד כָּל פַּלְגָא נִזְקָא. **מְשַׁתַּלֵּם כּוּלֵּיהּ חֲצִי נִזְקָא מוּלָד.** כִּי לֵיתָא לַפָּרָה. **פִּרְשָׁא.** דָּבָר הַמּוּפְרָשׁ מִמֶּנָּה. **אֵין שָׁמִין.** אַרֵישָׁא קָאֵי: שׁוֹר שֶׁנָּגַח אֶת הַפָּרָה וְהִפִּילָה — אֵין שָׁמִין כָּל אֶחָד בִּפְנֵי עַצְמוֹ, שֶׁעוֹלִין דְּמֵי הַנֵּזֶק הַרְבֵּה. אֲבָל שָׁמִין פָּרָה מְעוּבֶּרֶת, כַּמָּה הָיְתָה יָפָה תְּחִילָּה וְכַמָּה הִיא שָׁוָה עַכְשָׁיו, אִם מֵתָה אִם חַיָּה. **מַכְחִישׁ.** מַפְסִיד. וּלְקַמֵּיהּ פָּרֵיךְ: אִי דִּינָא הוּא — לִכְחוֹשׁ! **בְּקוֹטֵעַ יַד עַבְדּוֹ שֶׁל חֲבֵירוֹ.** אֵין שָׁמִין הַיָּד בִּפְנֵי עַצְמָהּ, לוֹמַר כַּמָּה אָדָם רוֹצֶה לִיטּוֹל לִקְטוֹעַ יַד עֶבֶד כָּזֶה. דְּוַדַּאי הָרוֹאֶה עַבְדּוֹ שָׁלֵם אֵין קוֹטֵעַ יָדָיו אֶלָּא בְּדָמִים מְרוּבִּים. אֲבָל שָׁמִין עֶבֶד זֶה כַּמָּה הוּא שָׁוֶה עַכְשָׁיו וְכַמָּה הָיָה שָׁוֶה תְּחִלָּה. **הַמַּזִּיק שְׂדֵה חֲבֵירוֹ.** קוֹצֵץ נְטִיעוֹתָיו, אוֹ אָכַל עֲרוּגָה אַחַת — אֵין שָׁמִין אוֹתָהּ לְבַדָּהּ. אֶלָּא שָׁמִין בֵּית סְאָה בְּאוֹתָהּ שָׂדֶה כַּמָּה הָיְתָה יָפָה תְּחִלָּה, וּמַה פָּחֲתוּ דָּמֶיהָ בִּשְׁבִיל עֲרוּגָה זוֹ. **פִּטּוּמָא.** מַה שֶּׁשָּׁמִין אוֹתָהּ שֶׁהָיְתָה יָפָה מִפְּנֵי שׁוּמָנָהּ — הָוֵי דְּבַעַל פָּרָה, דְּהָא וָלָד מְחַמְמֵיהּ לָא אָתֵי שׁוּמָנָהּ. **נִפְחָא מַאי.** מַה שֶּׁהָיְתָה יָפָה מִפְּנֵי נִפְחָהּ, לְמִי יְשַׁלֵּם? מתני'

תוספות

לִיתא לפרה משתלם רביע נזק כו'. לדברי רבא לא אתיא מתניתין כר"ע, דכיון דשותפין נינהו — הא אמרינן ב"המניח" (לעיל דף לד.): אם כיחש המזיק או שבח — ברשותן דתרוייהו. אלא כר' ישמעאל אתיא*. **מאי** טעמא גופה היא. מדאמר רבא בפרק "כל האסורין" בתמורה (דף ל: ושם) ובסנהדרין בפרק "הנשרפין" (דף פ. ושם): ולד הנרבעת והנוגחת — אסור, היא וולדה נגחו והיא וולדה נרבעו, אין להוכיח דעובר ירך אמו הוא, דהתם היינו טעמא שהולד עצמו נהנה מרביעה, והיא וולדה נגחו ונרבעו. אך משמעתין יש להוכיח, כי ליתא לפרה להשתלם משתלם מן הולד, ואם לאו ירך אמו — למה משתלם מולד חלקו וחלק הפרה? אטו שני שוורים תמים שהזיקו, אם נאבד אחד מהן מי הוה משלם חלקו וחלק חבירו? ותימה: דרבא גופיה אית ליה בפרק "בהמה המקשה" (חולין דף עה.): השוחט את הטריפה ומצא בה בן ט' חי דמותר, דארבע סימנין אכשר ביה רחמנא! ואור"י: דבכל מקום עובר ירך אמו הוא לבד לענין טריפה, דכיון שיש לו חיות בפני עצמו ליכא למימר שנטרף עם אמו. וכן הלכה, דבכ"מ עובר ירך אמו הוא לבר מטריפה. אע"ג דבפרק "כל האסורין" (תמורה דף ל: ושם) אמר רב הונא בר חיננא א"ר נחמן: מחלוקת שנתעברו ולבסוף נרבעו, דר"א סובר עובר ירך אמו הוא, ורבנן סברי לאו ירך אמו הוא אע"פ שהולד עצמו נהנה ברביעה — אין הלכה כן, אלא כדאמר רבא אמר רב נחמן התם: כשנרבעו ולבסוף עברו פליגי בזה וזה גורם, אבל עברו ולבסוף נרבעו — אסור. ואותו לשון דרבא אמר רב נחמן הוא עיקר, דמייתי לה בפרק "כל הצלמים" (ע"ז דף מו:) גבי המשתחוה לקמה. וכן משמע בתמורה בפרק "כילד מערימין" (דף כה.) דמסיק אדר' יוחנן דאמר עובר לאו ירך אמו: תיובתא דרבי יוחנן תיובתא. אע"ג דאמר בתר הכי: לימא תנאי היא — *כן דרך הגמ' כשאין הדבר עיקר אומר "תיובתא" אע"ג שיכול למצוא תנאי דפליגי. כדאשכחן ב"הניזקין" (גיטין דף נג.) דמסיק: תיובתא דמאן דאמר היזק שאינו ניכר שמיה היזק, ובתר הכי קאמר: לימא תנאי היא. ואע"ג דבפרק "הערל" (יבמות דף עח. ושם*) מייתי מילתיה דר' יוחנן דתמורה, ופריך עלה הא דאמר רבא גויה מעוברת שנתגיירה בנה אין צריך טבילה כו', ודחיק לשנויי שאני עובר כו' — לא משום שהיה מילתיה דרבי יוחנן עיקר, אלא משום דבעי לאוקמי מילתיה דרבא דגויה כו' לדברי הכל, [דהא] רבא גופיה אית ליה הכא עובר ירך אמו.

[עיין תוספות זבחים קיד. ד"ה וקסבר]

[ד"ה אלא]

רש"ל

מאי טעמא פירשא בעלמא הוא. והא דאמר ב"אילו טריפות" (חולין דף נח. ושם) גבי פלוגתא דר"א ורבי יהושע בולד טריפה: הכל מודים בבילת טריפה שהיא אסורה, מאי טעמא כיון דאגידה בגופה כגופה דמיא — היינו דוקא אותם שמעורות בגידין, שנמצאו אדומות במעי תרנגולת, חשיב כגוף התרנגולת. ולכך אין גובה מבילתה, דמי יימר שהיו מעורות בשעה שהזיקה התרנגולת. ואפילו לסומכוס, לכל הפחות מאותה דמתיילדא האידנא אין גובה — דמאתמול גמרה לה. אבל לענין טריפה — אסורה, דשמא בשעה שנטרפה היתה מחוברת. ואפילו אותם שנולדו מיד אחר שנטרפה אסורה מגזירה דרבנן, כמו שאסרו בילה דתרנגולת נבילה, דתנן במסכת עדיות (פ"ה מ"א) דב"ה אוסרין. ונראה דטעם דבילת תרנגולת נבילה אסורה אטו בילת טריפה שהגדילה באיסור, אע"פ שהיא גמורה*.

[עיין תוספות בילה ו: ד"ה בילים]

וכן אתה מוצא בקוטע יד עבדו כו'. וא"ת: אמאי לא קאמר נמי: וכן אתה מוצא בשומת דמי ולדות, דתנן במתני' לקמן (ד' מח:) ששמין אותה כמה היתה שוה האשה עד שלא ילדה מחמת ולדות, וכמה היא יפה משילדה. ואין שמין דמי ולדות בפני עצמן, שהיה נכחש מזיק ביותר, אלא שמין הכל ביחד. ורשב"ג לא נחלק על רבנן אלא בזה, שאם שמין כך — פטור המזיק, שהאשה משבחת יותר לאחר לידה. אבל לא בא לחלוק לומר שישומו הולדות בפני עצמם, כי בזה לא נתן טעם למה יחלוק בכך. אלא לרשב"ג שמין ולדות אגב אשה, כמה שוה אשה מעוברת למכור גופה בלא ולדות פחות מלמכור הכל ביחד! ונראה לר"י: דבין לרבנן ובין לרשב"ג שמין ולדות בפני עצמם ולא אגב האשה, משום דכיון דגוף האשה לאו ממון בעלים הוא, וגם לענין שאר תשלומי חבלות אינו שלו — אינו ראוי לשום ולדות אגב האשה כמו ולד אגב פרה. ומתני' לא איירי כלל בשומת הולד אלא בשומת שבח ולדות, ולכך לא מייתי הכא ראיה מדמי ולדות. וכן משמע דמתניתין לא איירי בשומת ולד כלל למאן דמפרש מילתיה דרשב"ג וכי אשה משבחת יותר קודם שתלד מלאחר שתלד, והא ודאי סברא גדולה הוא שדמיה עם הולדות מרובין מדמיה שלאחר לידה. אלא ודאי לא דברו רבנן ורשב"ג אלא בשומת שבח ולדות, אבל ולדות שמין לכ"ע בפני עצמם. וה"פ דמתניתין: כילד משלם דמי ולדות, ולא תימא דמי ולדות לבדן — אלא שמין את האשה כו', ומוסיפין הדמים הללו על דמי הולדות. ודמי ולדות גופייהו לא אצטריך לפרש מידי. והא דמקשה בגמרא: האי דמי ולדות שבח ולדות הוא — לאו משום דבכלל שומת האשה דמתניתין ליהוי דמי ולדות, אלא להיות נתוסף על דמי ולדות הוא דקתני לה במתניתין כדפרישית. וכי משני: כילד משלם דמי ולדות ושבח ולדות שמין את האשה כו' — היינו פי' שבח ולדות, אבל דמי ולדות א"צ לפרשו.

אי דינא הוא ליכחוש מזיק כו'. סובר המקשה כיון שפרה וולד שני גופין הן — שמין ולד בפני עצמו. ולא דמי לקוטע יד עבד, שכל העבד גוף אחד, וכן כל השדה שהיא הכל של ניזק כגוף אחד דמי. ולהכי מקשה: אי דינא הוא, כאשר נראה מתוך הסברא לפי שהן שני גופין — לכחוש מזיק! ומשני: הא נמי כגוף אחד דמי, דאמר ליה: פרה מעוברת כו'. **נפחא** מאי רב פפא אמר לבעל הפרה. ולא דמי לשבח ולדות, דהוי כולה לבעל לרבנן, ולרשב"ג חולקין. דהכא, כיון שבעל הפרה יכול למכור פרתו בלא ולד, נמצא כשמפסידו — מפסיד כל מה שדמיה נפחת. אבל אשה, דאינה יכולה למכור אותו שבח — אין ליפות כחה בשבח ולדות. אע"ג דבשאר נזקין גופה יש לה, אע"פ שאין יכולה למכור עצמה. מטעם זה יפה כח בעל הפרה בנפחא מכח האשה, בין לרבנן בין לרשב"ג. וכן למ"ד דבנפחא חולקין — יפה מטעם זה כח בעל הפרה בנפחא מכח האשה בשבח ולדות לרבנן.

הקדר שהכניס קדרותיו כו' הנך תלתא בבי צריכי, ולא זו אף זו קתני: דאי תנא קדירות — הוה אמינא ברשות חייב, לפי שנוחות לישבר, ובשמתא קבל עליה נטירותא, אבל פירות — לא. ואי תנא פירות — שנוחות להתקלקל, אבל בהמה — לא.

אימא

עין משפט נר מצוה

ה א ב מיי' פ"ט מהל' נזקי ממון הלכה א סמג עשין סח טוש"ע ח"מ סימן שצט סעיף א:

[עי' תוי"ט ר"פ זה ד"ה ורביע נזק]

ו ג מיי' שם הלכה ד טוש"ע שם סעיף ד:

ז ד מיי' פ"א מהלכות חובל ומזיק הלכה ב סמג עשין עא טוש"ע ח"מ סימן תכ סעיף טו:

ח ה מיי' פ"ד מהלכות נזקי ממון הלכה יג סמג עשין סח טוש"ע ח"מ סימן שצד סעיף ו:

ט ו ז מיי' פ"ט שם הלכה ה סמג שם טוש"ע ח"מ סימן שצט סעיף ה:

י ח ט מיי' פ"ג מהלכות נזקי ממון הל' יג יד סמג שם טוש"ע ח"מ סי' שצג סעיף א:

יא י מיי' שם פ"ז הל' ו סמג שם טוש"ע ח"מ סימן שצח סעיף א:

הגהות הב"ח

(א) רש"י ד"ה ליתא וכו' אין משתלם אלא:

גליון הש"ס

תוס' ד"ה מאי טעמא גופה היא וכו' בסה"ד אלא משום דבעי לאוקמי. כעין זה לעיל דף מא ע"ב בתוס' ד"ה נפקא:

יב א מיי' פ"ז מהלכות נזקי ממון הלכה ד סמג עשין סח טוש"ע ח"מ סימן שלח סעיף ב:
יג ב מיי' שם הלכה ה ועי' בהשגות ובמ"מ טוש"ע שם סעיף ד:
יד ג מיי' שם ופ"ג הל' יג סמג שם טוש"ע שם סעיף ה ועיין בהג"ה וסימן רלא סעיף ג וסי' שלג סעיף א:
טו ד מיי' שם פ"ג הלכה יד ועיין בהשגות ובמ"מ סמג שם טוש"ע ח"מ סימן שלג סעיף א:
טז ה מיי' שם טור ש"ע שם סעיף ב:
יז ו מיי' שם פ"ד הלכה ב סמג שם:
יח ז מיי' שם פ"ג הלכה יד טוש"ע ח"מ סי' שלג סעיף א בהג"ה:
יט ח טור ש"ע ח"מ סי' שלח סעיף ה בהג"ה עיין בטור ובב"י שם ובסימן רלא:

בִּרְשׁוּת, וְנָגְחוֹ שׁוֹרוֹ שֶׁל בַּעַל הַבַּיִת אוֹ שֶׁנְּשָׁכוֹ כַּלְבּוֹ שֶׁל בַּעַל הַבַּיִת – פָּטוּר. [א]נָגַח הוּא שׁוֹרוֹ שֶׁל בַּעַל הַבַּיִת – חַיָּיב; [ב]נָפַל לְבוֹרוֹ וְהִבְאִישׁ מֵימָיו – חַיָּיב; הָיָה אָבִיו אוֹ בְּנוֹ לְתוֹכוֹ – מְשַׁלֵּם אֶת הַכּוֹפֶר. *וְאִם הִכְנִיס בִּרְשׁוּת – בַּעַל הֶחָצֵר חַיָּיב; רַבִּי אוֹמֵר: [ג]בְּכוּלָּן אֵינוֹ חַיָּיב עַד שֶׁיְּקַבֵּל עָלָיו (א) לִשְׁמוֹר.§ **גמ'** טַעְמָא דְּשֶׁלֹּא בִּרְשׁוּת, הָא בִּרְשׁוּת – לָא מִיחַיַּיב בַּעַל קְדֵירוֹת בְּנִזְקֵי בְּהֶמְתּוֹ דְּבַעַל חָצֵר, וְלָא אָמְרִינַן קַבּוּלֵי קַבֵּיל בַּעַל קְדֵירוֹת נְטִירוּתָא דִּבְהֶמְתּוֹ דְּבַעַל חָצֵר. מַנִּי? רַבִּי הִיא, דְּאָמַר: כָּל בִּסְתָמָא לָא קַבֵּיל עֲלֵיהּ נְטִירוּתָא; אֵימָא סֵיפָא: אִם הִכְנִיס בִּרְשׁוּת – בַּעַל חָצֵר חַיָּיב – אֲתָאן לְרַבָּנַן, דְּאָמְרִי: בִּסְתָמָא נַמִי קַבּוּלֵי קַבֵּיל עֲלֵיהּ נְטִירוּתָא! וְתוּ, רַבִּי אוֹמֵר: בְּכוּלָּן אֵינוֹ חַיָּיב עַד שֶׁיְּקַבֵּל עָלָיו בַּעַל הַבַּיִת לִשְׁמוֹר; רֵישָׁא וְסֵיפָא רַבִּי, וּמְצִיעֲתָא רַבָּנַן! אָמַר ר' זֵירָא: *תַּבְרָא, מִי שֶׁשָּׁנָה זוֹ לֹא שָׁנָה זוֹ. רָבָא אָמַר: כּוּלָּהּ רַבָּנַן הִיא, וּבִרְשׁוּת – שְׁמִירַת קְדֵירוֹת קִבֵּל עָלָיו בַּעַל הֶחָצֵר, וַאֲפִילּוּ נִשְׁבְּרוּ בָּרוּחַ.§ "הִכְנִיס פֵּירוֹתָיו לַחֲצַר בַּעַל הַבַּיִת" וכו'.§ אָמַר רַב: [ד]לֹא שָׁנוּ אֶלָּא שֶׁהוּחְלְקָה בָּהֶן, [ה]אֲבָל אָכְלָה – פָּטוּר; מַאי טַעְמָא? *הֲוָה לָהּ שֶׁלֹּא תֹּאכַל. אָמַר רַב שֵׁשֶׁת: אָמֵינָא, *כִּי נַיִים וְשָׁכֵיב רַב אֲמַר לְהָא שְׁמַעְתָּא. דְּתַנְיָא: *[ו]הַנּוֹתֵן סַם הַמָּוֶת לִפְנֵי בֶּהֱמַת חֲבֵירוֹ – פָּטוּר מִדִּינֵי אָדָם וְחַיָּיב בְּדִינֵי שָׁמַיִם; סַם הַמָּוֶת הוּא דְּלָא עֲבִידָא דְּאָכְלָה, אֲבָל פֵּירוֹת דַּעֲבִידָא דְּאָכְלָה – בְּדִינֵי אָדָם נַמִי מִיחַיַּיב, וְאַמַּאי? הָוְיָא לָהּ שֶׁלֹּא תֹּאכַל! אָמְרִי: הוּא הַדִּין אֲפִילּוּ פֵּירוֹת נַמִי פָּטוּר מִדִּינֵי אָדָם, וְהָא קמ"ל, דַּאֲפִי' סַם הַמָּוֶת נַמִי דְּלָא עֲבִידָא דְּאָכְלָה – חַיָּיב בְּדִינֵי שָׁמַיִם. וְאִיבָּעֵית אֵימָא: סַם הַמָּוֶת נַמִי – בְּאַפַּרְזְתָא, דְּהַיְינוּ פֵּירֵי.§ מֵיתִיבֵי: [ז]הָאִשָּׁה שֶׁנִּכְנְסָה לִטְחוֹן חִטִּים אֵצֶל בַּעַל הַבַּיִת שֶׁלֹּא בִּרְשׁוּת, וַאֲכָלָתַן בְּהֶמְתּוֹ שֶׁל בַּעַל הַבַּיִת – פָּטוּר, אִם הוּזְּקָה – חַיֶּיבֶת; וְאַמַּאי? נֵימָא: הֲוָה לָהּ שֶׁלֹּא תֹּאכַל! אָמְרִי: וּמִי עֲדִיפָא מִמַּתְנִיתִין דְּאוֹקִימְנָא שֶׁהוּחְלְקָה בָּהֶן? וּדְקָאָרֵי לָהּ מַאי קָאָרֵי לָהּ? אָמַר לָךְ: בִּשְׁלָמָא מַתְנִיתִין קָתָנֵי "אִם הוּזְּקָה בָּהֶן" – שֶׁהוּחְלְקָה בָּהֶן הוּא, אֲבָל הָכָא קָתָנֵי "אִם הוּזְּקָה" וְלָא קָתָנֵי "בָּהֶן", אֲכִילָה הוּא דְּקָתָנֵי. וְאִידָךְ, אָמַר לָךְ: לָא שְׁנָא. ת"ש: הִכְנִיס שׁוֹרוֹ לַחֲצַר בעה"ב שֶׁלֹּא בִּרְשׁוּת, וְאָכַל חִטִּין וְהִתְרִיז וּמֵת – פָּטוּר, וְאִם הִכְנִיס בִּרְשׁוּת – בַּעַל הֶחָצֵר חַיָּיב; וְאַמַּאי? ה"ל שֶׁלֹּא יֹאכַל! אָמַר רָבָא: בִּרְשׁוּת אַשֶּׁלֹּא בִּרְשׁוּת קָרָמֵית? בִּרְשׁוּת – שְׁמִירַת שׁוֹרוֹ קִבֵּל עָלָיו, וַאֲפִי' חָנַק אֶת עַצְמוֹ.§ אִיבַּעְיָא לְהוּ: הֵיכָא דְּקַבֵּיל עֲלֵיהּ נְטִירוּתָא, מַהוּ? [ח]דְּנַפְשֵׁיהּ הוּא דְּקַבֵּיל עֲלֵיהּ, אוֹ דִּלְמָא אֲפִילּוּ נְטִירוּתָא דְּעָלְמָא קַבֵּיל עֲלֵיהּ? ת"ש, דְּתָנֵי רַב יְהוּדָה בַּר סִימוֹן בִּנְזָקִין דְּבֵי קַרְנָא: הִכְנִיס פֵּירוֹתָיו לַחֲצַר בַּעַל הַבַּיִת שֶׁלֹּא בִּרְשׁוּת, וּבָא שׁוֹר מִמָּקוֹם אַחֵר וַאֲכָלָן – פָּטוּר, וְאִם הִכְנִיס בִּרְשׁוּת – חַיָּיב; מַאן פָּטוּר וּמַאן חַיָּיב? לָאו פָּטוּר בַּעַל חָצֵר, [וְחַיָּיב בַּעַל חָצֵר]? אָמְרִי: לָא, פָּטוּר בַּעַל הַשּׁוֹר, וְחַיָּיב בַּעַל הַשּׁוֹר. וְאִי בַּעַל הַשּׁוֹר, מַאי הָכָא

מתני' הָיָה אָבִיו אוֹ בְּנוֹ. שֶׁל בַּעַל הַבַּיִת בְּתוֹכוֹ. מְשַׁלֵּם אֶת הַכּוֹפֶר. בַּגְּמָ' פָּרֵיךְ: הָא תָּם הוּא, וְאַמַּאי נָקַט הָכִי? **גמ'** טַעְמָא דְּשֶׁלֹּא בִּרְשׁוּת. מִשּׁוּם הָכִי, אִם הוּזְּקָה בָּהֶם – בַּעַל קְדֵירוֹת חַיָּיב. מַנִּי רַבִּי הִיא. דְּקָאָמַר בְּסֵיפָא: בְּכוּלָּן אֵינוֹ חַיָּיב כו'. דְּקס"ד דִּלְרַבָּנַן כִּי הֵיכִי דְּבַעַל חָצֵר בִּרְשׁוּת מִיחַיַּיב בְּנִזְקֵי קְדֵירוֹת, דְּבִסְתָמָא קַבֵּיל עֲלֵיהּ נְטִירוּתָא – הָכִי נַמִי מִיחַיַּיב בַּעַל קְדֵירוֹת בְּנִזְקֵי בַּעַל הַבַּיִת, דְּבִסְתָמָא כִּי יָהֵיב לֵיהּ בַּעַל הַבַּיִת רְשׁוּתָא לְמֵיעַל קַבֵּיל עֲלֵיהּ הָדָר נְטִירוּתָא דְּלָא לִיזְקוּ קְדֵירוֹתָיו לְבַעַל הֶחָצֵר. תַּבְרָא. קָשֶׁה אַהֲדָדֵי רֵישָׁא וְסֵיפָא דְּת"ק, וּמִי שֶׁשָּׁנָה זוֹ לֹא שָׁנָה זוֹ. וְתַנָּאֵי הִיא אַלִּיבָּא דְּרַבָּנַן, מָר סָבַר פְּלִיגִי רַבָּנַן עֲלֵיהּ דְּרַבִּי, וּמָר סָבַר לָא פְּלִיגִי. אֲפִי' נִשְׁבָּרִין בָּרוּחַ. ד"עוּל וְאַנְטְרֵיהּ לָךְ" קָאָמַר לֵיהּ. אֲבָל בַּעַל קְדֵירוֹת לָא קַבֵּיל עֲלֵיהּ מִידֵּי. לֹא שָׁנוּ. הָא דְּקָתָנֵי אִם הוּזְּקָה בָּהֶן בַּעַל הַפֵּירוֹת חַיָּיב. אֲבָל אָכְלָה. יוֹתֵר מִדַּאי, וּמֵתָה. בְּאַפַּרְזְתָא. עֵשֶׂב דַּעֲבִידָא לְמֵיכְלֵיהּ, וְהוּא סַם הַמָּוֶת לִבְהֵמָה. וְהִתְרִיז. אנפורד"א בְּלַעַ"ז. הֵיכָא דְּקַבֵּיל עֲלֵיהּ נְטִירוּתָא. כְּגוֹן לְרַבָּנַן סְתָמָא, וּלְרַבִּי – דְּאָמַר לֵיהּ: כְּנוֹס שׁוֹרְךָ וַאֲנִי אֶשְׁמְרֶנּוּ. דְּנַפְשֵׁיהּ. שֶׁלֹּא יִגָּחֶנּוּ שׁוֹרוֹ וְלֹא יִשָּׁכֶנּוּ כַּלְבּוֹ. הָוְיָא

אימא סיפא אם הכנים ברשות כו'. תימה לר"י: אמאי לא דייק מתחלת הבבא, דקתני: שלא ברשות ושברתן בהמתו של בעל הבית פטור, ברשות – חייב, דבסתמא קביל עליה נטירותא, כרבנן. וקשה להוזקה בהן בעל הקדירות חייב, כרבי! ועל הבבא בפני עצמה היה יכול להקשות: רישא וסיפא רבנן ומציעתא רבי! וי"ל: דמרישא אין יכול לדקדק, דשפיר מתוקמא כרבי. ושלא ברשות דנקט – משום דבעי למתני: ואם הוזקה בהם בעל הקדירות חייב. אבל לא מצי למימר דכולה רבנן, ושלא ברשות דנקט משום שברתן בהמה של בעל הבית פטור – דמשום הא לא אצטריך, דהא בהדיא קתני סיפא: ואם הכנים ברשות בעל החצר חייב. וא"ת: בבא דהכנים שורו, היכי מצי למימר: נגח לשורו של בעל הבית חייב דוקא שלא ברשות, הא ברשות פטור? בשלמא קדירות ופירות פטור, דכיון דמאליה הוזקה בהמתו של בעל הבית, דין (ב) שיפטר לרבי, דאמר בסתמא לא קביל עליה נטירותא. אבל כשנגח שורו לשורו של בעל הבית, אפילו לרבי דלא מקבל עליה נטירותא אמאי פטור ברשות? לא יהא אלא חצר השותפין, ובחצר השותפין חייב! וי"ל: דעכשיו סובר דלרבי כשמכנים שורו ברשות – הרי הוא כאילו מפרש בהדיא שיפטר כל אחד ואחד בנגיחות שורו ובכל נזקין. ולפי האמת, לרבי אם הכנים שורו ברשות, הזיק – חייב, הוזק – פטור, כדאמרינן לקמן גבי "כנוס שורך ואשמרנו".

ואפילו נשברו ברוח. ולא דמי ל"הא ביתא קמך" דפרק "הזהב" (ב"מ מט: ושם.), (ג) דאין אלא מראה מקום הוא לו, ואפילו נותן לו שכר אמר התם דלא מקבל עליה נטירותא, ואין נוטל שכר שמירה אלא שכר בית*.

הוה לה שלא תאכל. אין לפרש דלכך פטור, דחשיב כרוח שאינה מצויה. דהא לקמיה אמרינן דברשות חייב, גבי היה אוכל חטין והתריז ומת, משום דברשות מקבל עליה נטירותא. ומה בכך? והלא ש"מ פטור ברוח שאינה מצויה כדפי' בריש "המניח" (לעיל דף כז:)! אלא היינו טעמא: כיון שבמתכוין מביא עליו דבר שמזיקו – אינו ראוי זה להתחייב בכך.

באפרזתא. והא דלא אשמעינן בשאר פירות – לרבותא נקט סם המות, אע"פ שהיתה אבודה לגמרי מן העולם – אפ"ה פטור מדיני אדם. **שנכנסה** לטחון. רבותא נקט, שאף על גב שזה משתכר ברחיים – צריך רשות.

או דלמא אפילו מעלמא נמי. וא"ת: דאפילו נשברו ברוח מצויה אמר לעיל דקביל! וי"ל: דמבעיא ליה אי הוי דחוי בעלמא או לא. ועי"ל: נטירותא דעלמא, כגון בבהמות של אחרים, דלא מסיק אדעתיה שיכנסו בחצרו ויגחו את שורו של זה, מבעיא ליה. אבל אם יצא השור חוץ מחצרו של בעל הבית, ובאו שוורים ונגחוהו – לא מבעיא ליה, דהא פשיטא דמקבל עליה נטירותא אפילו מעלמא, כיון שיצא חוץ לחצר.

מאי לאו פטור בעל החצר וחייב בעל החצר. וא"ת: וילך ויתבע מבעל השור! ויש לומר: כגון דההוא שור הוי של חרש שוטה וקטן, דלאו בני תשלומין נינהו. א"נ: זה יתבע מבעל החצר, ובעל החצר יתבע מבעל השור.

לקמן נט: ב"מ פ"א: ביצה מ.

[שבת לב: וש"נ ועי' תוס' כתובות עה: ד"ה סברא]

[יבמות כד: וש"נ]

לקמן נו.

לקמן נז:

[ועיין תוספות לקמן מח: ד"ה ושמואל]

הגהות הב"ח
(א) במשנה עד שיקבל עליו בעל הבית לשמור: (ב) תוס' ד"ה אימא וכו' דין הוא שיפטר לרבי: (ג) ד"ה ואפילו וכו' דאינו אלא מראה:

הכא

מַאי בִּרְשׁוּת וּמַאי שֶׁלֹּא בִּרְשׁוּת אִיכָּא? אָמְרִי: בִּרְשׁוּת – הָוְיָא לָהּ שֵׁן בִּרְשׁוּת הַנִּיזָּק, וְשֵׁן בִּרְשׁוּת הַנִּיזָּק חַיֶּיבֶת. שֶׁלֹּא בִּרְשׁוּת – הָוְיָא לָהּ שֵׁן בִּרה"ר, וְשֵׁן בִּרְשׁוּת הָרַבִּים פְּטוּרָה. ת"ש: הִכְנִיס שׁוֹרוֹ לַחֲצַר בַּעַל הַבַּיִת שֶׁלֹּא בִּרְשׁוּת, וּבָא שׁוֹר מִמָּקוֹם אַחֵר וּנְגָחוֹ – פָּטוּר, וְאִם הִכְנִיס בִּרְשׁוּת – חַיָּיב; מַאן פָּטוּר וּמַאן חַיָּיב? לָאו פָּטוּר בַּעַל חָצֵר, וְחַיָּיב בַּעַל חָצֵר? לָא, פָּטוּר בַּעַל הַשּׁוֹר, וְחַיָּיב בַּעַל הַשּׁוֹר. אִי הָכִי, מַאי בִּרְשׁוּת וּמַאי שֶׁלֹּא בִּרְשׁוּת אִיכָּא? אָמְרִי: הָא מַנִּי? *ר' טַרְפוֹן הִיא, דְּאָמַר: מְשׁוּנֶּה קֶרֶן בַּחֲצַר הַנִּיזָּק – נֶזֶק שָׁלֵם מְשַׁלֵּם; בִּרְשׁוּת – הָוְיָא לָהּ קֶרֶן בַּחֲצַר הַנִּיזָּק, וּמְשַׁלֵּם נֶזֶק שָׁלֵם. שֶׁלֹּא בִּרְשׁוּת – הָוְיָא לָהּ קֶרֶן בִּרה"ר, וְלָא מְשַׁלְּמָא אֶלָּא חֲצִי נֶזֶק.§ הַהִיא אִיתְּתָא דְּעָלְתָה לְמֵיפָא בְּהַהוּא בֵּיתָא, אֲתָא בַּרְחָא דְּמָרֵי דְּבֵיתָא אֲכָלָהּ לְלִישָׁא, חֲבִיל וּמִית, [א]חַיְּיבַהּ רָבָא לְשַׁלּוּמֵי דְּמֵי בַּרְחָא. לֵימָא פְּלִיגָא אַדְּרַב, דְּאָמַר רַב: הָוְיָא לָהּ שֶׁלֹּא תֹּאכַל? אָמְרִי: הָכִי הַשְׁתָּא?! הָתָם שֶׁלֹּא בִּרְשׁוּת – לָא קַבֵּיל עֲלֵיהּ נְטִירוּתָא, הָכָא בִּרְשׁוּת – קַבֵּיל עֲלֵיהּ נְטִירוּתָא. וּמַאי שְׁנָא מֵהָאִשָּׁה שֶׁנִּכְנְסָה לִטְחוֹן חִטִּין אֵצֶל בַּעַל הַבַּיִת שֶׁלֹּא בִּרְשׁוּת, וַאֲכָלָתַן בְּהֶמְתּוֹ שֶׁל בַּעַל הַבַּיִת – פָּטוּר, וְאִם הוּזְּקָה – חַיֶּיבֶת; טַעְמָא שֶׁלֹּא בִּרְשׁוּת, הָא בִּרְשׁוּת – פָּטוּר? אָמְרִי: לִטְחוֹן חִטִּים, כֵּיוָן דְּלָא בָּעֲיָא צְנִיעוּתָא מִידֵּי – לָא בָּעֵי מְסַלְּקִי מַרְווֹתָא דְּחָצֵר נַפְשַׁיְיהוּ, וַעֲלֵיהּ דִּידֵיהּ רָמֵי נְטִירוּתָא. אֲבָל לְמֵיפָא, [ב]כֵּיוָן דְּבָעֲיָא הִיא צְנִיעוּתָא – מַרְווֹתָא דְּחָצֵר מְסַלְּקִי נַפְשַׁיְיהוּ, הִלְכָּךְ עֲלָהּ דִּידָהּ רַמְיָא נְטִירוּתָא.§ "הִכְנִיס שׁוֹרוֹ לַחֲצַר בַּעַל הַבַּיִת".§ אָמַר רָבָא: [ג]הִכְנִיס שׁוֹרוֹ לַחֲצַר בַּעַל הַבַּיִת שֶׁלֹּא בִּרְשׁוּת, וְחָפַר בָּהּ בּוֹרוֹת שִׁיחִין וּמְעָרוֹת – בַּעַל הַשּׁוֹר חַיָּיב בְּנִזְקֵי חָצֵר, וּבַעַל חָצֵר חַיָּיב בְּנִזְקֵי הַבּוֹר; אַף עַל גַּב *דְּאָמַר מָר: °"כִּי יִכְרֶה אִישׁ בּוֹר" – *[ד]וְלֹא שׁוֹר בּוֹר, הָכָא [ה]כֵּיוָן דְּאִית לֵיהּ לְהָאֵיךְ לְמַלּוּיֵיהּ וְלָא קָא מָלֵייהּ – כְּמַאן דְּכַרְיֵיהּ דָּמֵי. וְאָמַר רָבָא: [ו]הִכְנִיס שׁוֹרוֹ לַחֲצַר בַּעַל הַבַּיִת שֶׁלֹּא בִּרְשׁוּת, וְהִזִּיק אֶת בַּעַל הַבַּיִת אוֹ בַּעַל הַבַּיִת הוּזַּק בּוֹ – חַיָּיב, רָבַץ – פָּטוּר. וּמִשּׁוּם דְּרָבַץ פָּטוּר? אָמַר רַב פַּפָּא: מַאי רָבַץ? [ז]שֶׁהִרְבִּיץ גְּלָלִים וְנִטַּנְּפוּ כֵּלָיו שֶׁל בַּעַל הַבַּיִת, דְּהָוְיָא גְּלָלִים בּוֹר, וְלֹא מָצִינוּ בּוֹר שֶׁחַיָּיב בּוֹ אֶת הַכֵּלִים. הָנִיחָא לִשְׁמוּאֵל, *דְּאָמַר: כָּל תַּקָּלָה בּוֹר הוּא, אֶלָּא לְרַב דְּאָמַר: עַד דְּמַפְקַר לֵיהּ, מַאי אִיכָּא לְמֵימַר? (א) אָמְרִי: סְתָם *גְּלָלִים אַפְקוּרֵי מַפְקִיר לְהוּ. וְאָמַר רָבָא: [ח]נִכְנַס לַחֲצַר בַּעַל הַבַּיִת שֶׁלֹּא בִּרְשׁוּת, וְהִזִּיק אֶת בַּעַל הַבַּיִת אוֹ בַּעַל הַבַּיִת הוּזַּק בּוֹ – חַיָּיב, הִזִּיקוֹ בַּעַל הַבַּיִת – פָּטוּר. א"ר פַּפָּא: [ט]לָא אֲמָרַן אֶלָּא דְּלָא הֲוָה יָדַע בֵּיהּ, אֲבָל הֲוָה יָדַע בֵּיהּ, הִזִּיקוֹ בַּעַל הַבַּיִת – חַיָּיב; מ"ט? מִשּׁוּם דְּאָמַר לֵיהּ: [י]נְהִי דְּאִית לָךְ רְשׁוּתָא לְאַפּוּקֵי, לְאַזּוּקֵי לֵית לָךְ רְשׁוּתָא. וְאָזְדוּ לְטַעֲמַיְיהוּ, דְּאָמַר רָבָא, וְאִיתֵּימָא רַב פַּפָּא: שְׁנֵיהֶם

רש"י

הָוְיָא שֵׁן בַּחֲצַר הַנִּיזָּק. דְּכֵיוָן דְּיָהֵיב לֵיהּ בַּעַל חָצֵר רְשׁוּתָא לְעַיּוּלֵי – דּוּכְתָּא אַקְנֵי לֵיהּ בְּגַוֵּיהּ, וְהָוְיָא לֵיהּ חֲצַר הַנִּיזָּק. וַחֲצַר הַשּׁוּתָּפִין דְּפָטוּר בָּהּ עַל הַשֵּׁן וְעַל הָרֶגֶל – *ה"מ מְשׁוּתָּף לַחֲבֵרֵיהּ, דְּחָצֵר שֶׁל שְׁנֵיהֶם. אֲבָל שׁוֹר מֵעָלְמָא דְּעָל וְאַזֵּיק לְחַד מִינַּיְיהוּ – "וּבִעֵר בִּשְׂדֵה אַחֵר" קָרֵינַן בֵּיהּ. בִּרְשׁוּת הָרַבִּים. לָאו דַּוְקָא, תורה אור כְּלוֹמַר לָאו "בִּשְׂדֵה אַחֵר" דְּנִיזָּק קָרֵינָא בֵּיהּ. מַאי בִּרְשׁוּת וּמַאי שֶׁלֹּא בִּרְשׁוּת. בְּקֶרֶן אֵין חִילּוּק בֵּין חֲצַר הַנִּיזָּק לִרה"ר. אִי אָמְרַתְּ בִּשְׁלָמָא פָּטוּר וְחַיָּיב בַּעַל הֶחָצֵר – הַיְינוּ דְּשֶׁלֹּא בִּרְשׁוּת פָּטוּר, דְּאֵין עָלָיו לְשָׁמְרוֹ. וְלָא מְשַׁלְּמָא אֶלָּא חֲצִי נֶזֶק. וְהַאי פָּטוּר – מִנֶּזֶק שָׁלֵם קָאָמַר, וּבִרְשׁוּת חַיָּיב נ"ש. בַּרְחָא. עֵז. חֲבִיל. נִתְחַמֵּם. הָכָא בִּרְשׁוּת קַבֵּיל עֲלֵיהּ נְטִירוּתָא. דִּבְהֶמְתּוֹ. וְטַעְמָא דְּרָבָא לָאו מִשּׁוּם דְּקָסָבַר דְּמַאן דְּעַל בִּרְשׁוּת קַבֵּיל עֲלֵיהּ נְטִירוּתָא דִּבְהֵמוֹת בַּעַל חָצֵר – דְּהָא אִיהוּ הוּא דְּשָׁנֵי לְעֵיל: כּוּלָּהּ רַבָּנַן הִיא, וְאוֹקֵי דְּבַעַל קְדֵירוֹת כִּי עַל בִּרְשׁוּת לָא קַבֵּיל עָלָיו נְטִירוּתָא. וְהָכָא – כִּדְמְפָרֵשׁ טַעְמָא לְקַמֵּיהּ, דִּלְמֵיפָא בָּעֲיָא צְנִיעוּתָא וְאִסְתַּלְּקוּ מַרְווֹתָא דְּחָצֵר. וּגְמָרָא דְּאוֹתְבֵיהּ מֵהָאִשָּׁה שֶׁנִּכְנְסָה לִטְחוֹן – מִשּׁוּם דְּלָא אַסִּיק לְמִילְּתֵיהּ הוּא. לְמֵיפָא בָּעֲיָא צְנִיעוּתָא. שֶׁמְּגַלָּה זְרוֹעוֹתֶיהָ. וּבַעַל חָצֵר חַיָּיב בְּנִזְקֵי הַבּוֹר. אִם הִפְקִיר רְשׁוּתוֹ. וְאַף עַל גַּב דִּכְתִיב: "כִּי יִכְרֶה אִישׁ בּוֹר" וְלֹא [כִּי] יִכְרֶה שׁוֹר בּוֹר – ה"מ בְּבוֹר בִּרה"ר, דְּלָאו עֲלֵיהּ דִּידֵיהּ רַמְיֵיהּ לְמַלּוּיֵי. הָכָא כֵּיוָן דְּאִית לֵיהּ לְמַלּוּיֵיהּ. מִקַּמֵּי דְּלִיפְקְרֵיהּ, דְּהָא בּוֹר דִּידֵיהּ הוּא, וְכִי אַפְקַר בָּתַר הָכִי – נוֹתֵן תַּקָּלָה בִּרה"ר. הוּזַּק בּוֹ. שֶׁנִּתְקַל בּוֹ. רָבַץ פָּטוּר. קס"ד הַשְׁתָּא רָבַץ וְשִׁיבֵּר כֵּלִים, אוֹ נִתְקַל בּוֹ בע"ה לְאַחַר שֶׁרָבַץ. וְנִטַּנְּפוּ כֵּלָיו. לְאַחַר מִיכָּן. וְדַוְקָא כֵּלָיו, אֲבָל הוּא עַצְמוֹ הוּזַּק – חַיָּיב בַּעַל הַשּׁוֹר, וְלָא פָּטְרִינַן לֵיהּ מִשּׁוּם "אִישׁ בּוֹר וְלֹא שׁוֹר בּוֹר", דְּכָל מִידֵּי דְּהָווּ דִּידֵיהּ בִּשְׁעַת נְפִילָה, כְּגוֹן גְּלָלִים וּכְגוֹן שֶׁנָּפְלָה גְּמַלּוֹ וְלֹא הֶעֱמִידָהּ – מְחַיְּיבִינַן לֵיהּ מִשּׁוּם בּוֹר. וְאע"ג דְּאִיהוּ לָא כַּרְיֵיהּ אֶלָּא הַגָּמָל כָּרָהוּ, כֵּיוָן דְּבִשְׁעַת נְפִילָה דִּידֵיהּ הוּא וַעֲלֵיהּ לְסַלּוּקֵיהּ – כְּמוֹ דְּכַרְיֵיהּ אִיהוּ דָּמֵי, וְאַף עַל גַּב דְּמַפְקַר לֵיהּ בָּתַר שַׁעְתָּא. וְלָא דָּמֵי לְשׁוֹרוֹ שֶׁחָפַר בּוֹר בִּרְשׁוּת הָרַבִּים – דַּחֲפִירָה לָאו דִּידֵיהּ הִיא, וְלִדְלִיל הַנִּקְשָׁר בְּרֶגֶל הַתַּרְנְגוֹל מֵאֵלָיו – דִּדְלִיל לָאו דִּידֵיהּ הוּא. וְהִזִּיק. קָרֵי בֵּין מִתְכַּוֵּין בֵּין שֶׁאֵין מִתְכַּוֵּין, וּמִיהוּ בְּיָדַיִם הִזִּיקוֹ. הוּזַּק. שֶׁזֶּה הָיָה עוֹמֵד בִּמְקוֹמוֹ, וּבָא בַּעַל הַבַּיִת וְנִתְקַל בּוֹ. שְׁנֵיהֶם

תוספות

הכא ברשות קביל עליה נטירותא. אע"ג דלעיל אמר רבא דאדרבה, משום דברשות הוא דמקבל בע"ה נטירותא טפי, ואפי' חנק את עצמו, אלמא: הורע כחו של בעל הבית ברשות. הכא היינו טעמא כדמסיק – משום דבעיא צניעותא, שמגלה זרועותיה בשעת לישה ומסלק מרוותא נפשיה. ומש"ה פריך עליה מהאשה שנכנסה לטחון, ולא רצה להקשות מכל הנך דמתניתין, קדירות ופירות ושור – דמאשה ניחא ליה למפרך, דס"ד דאשה מסלקי מרוותא נפשייהו טפי משום יחוד.

אע"ג דאמר מר איש בור ולא שור בור. כלומר: ומתוך כך היה לנו לפטור בעל החצר. וא"ת: כ"ש דאי לא ממעטינן שור שהיה ראוי לפטור בעל החצר, דהוה ליה למירמי חיובא אבעל השור! וי"ל דה"ק: אע"ג דאמר מר "איש בור ולא שור בור", והיה (ב) ראוי לפטור כל אדם בבור שכרה שור, כלומר: ומתוך כך היה לנו לפטור בעל החצר, דה"ל למידרש מפסוק זה שלא יתחייב שום אדם בבור שכרה שור זה – אין סברא לדרוש כך, אלא כיון דעליה למלוייה – כמאן דכרייה דמי. ונראה [ג]דאפי' אם חפרו אדם, דבר חיובא הוא – חייב בעל החצר בנזקי בור, ועליה דידיה למלוייה, והחופר משלם בנזקי החצר. וצ"ע.

איש בור ולא שור בור. וא"ת: והא לעיל (דף כב.) פטרינן בעל הגמל כשלא שכשכה, למ"ד אשו משום ממונו, אע"ג דלא כתיב איש אש ולא שור אש! וי"ל: דהתם נמי כתיב "שלם ישלם המבעיר את הבערה" דמשמע: דוקא כשמבעיר עצמו הוא משלם.

וטינפו כליו. פ"ה: דוקא כליו, אבל הוא עצמו [הוזק] – חייב בעל השור, ולא פטרינן ליה משום "איש בור ולא שור בור". דכל מידי דהוה דיליה בשעת נפילה, כגון בגללים, וכן נפלה גמלו ולא העמידה, דמחייבת ליה משום בור אע"ג דאיהו לא כרייה אלא הגמל כרהו, כיון דבשעת כרייה דידיה הוא, ועליה רמי לסלוקיה ולא סלקיה – כמאן דכרייה דמי, אף על גב דמפקיר להו בתר שעתא. ולא דמי לשורו שחפר בור ברה"ר – דחפירה לאו דידיה הוא, ודליל הקשור ברגל התרנגול מאליו – דדליל לאו דידיה הוא, עכ"ל. משמע מתוך פ"ה, למאי דמסקינן סתם גללים אפקורי מפקר להו – דלא פטרינן אלא כליו דוקא, אבל הוא עצמו – חייב. ולר"י נראה: דודאי מעיקרא דס"ד דלא אפקריה – לא פטר אלא כליו, אבל לפי המסקנא דאמר דמפקר להו – אפי' הוא עצמו פטור, מידי דהוה אמפקיר נזקיו לאחר נפילת אונס. ונפילת גמלו מוקמינן דאתקל ואתקלא ביה גמליה, או דרך שרעתא דנהרא, דהוי פושע. אבל הכא דלא פשע, אע"פ שאם לא היה מפקיר היה חייב לסלק, מ"מ השתא דהפקירה – פטור. ופ"ה נראה יותר, שאין נראה שחוזר ממה שלא פטר אלא כליו. וחשיב האי מפקיר נזקין לאחר נפילת פשיעה, שפושע הוא שמכניס שורו שלא ברשות, שדרכו להרביץ גללים.

הזיקו ב"ה פטור. וא"ת: מתניתין היא בפרק "המניח" (לעיל דף לב: ושם) גבי מבקע דחייב, כשמבקע ברה"י והזיק ברה"י אחר, אבל הזיק באותו רשות היחיד – פטור! וי"ל, דהוה סלקא דעתך: התם – משום דאיכא תרי ספיקי, שמא לא תהא בקעת נתזת, וגם לא יבא שום אדם שם ויוזק. שניהם

עין משפט נר מצוה

כ א ב מיי' פ"ג מהל' נזקי ממון הלכה יד סמג עשין סז טוש"ע ח"מ סימן שצג סעיף ג:

כא ג מיי' שם פ"ז הלכה ו ופי"ב הלכה ז סמג שם טוש"ע ח"מ סימן שנח סעיף ג וסימן תי סעיף ד:

כב ד טוש"ע ח"מ סימן תי סעיף ה:

כג ה מיי' שם סמג שם טוש"ע שם סעי' ד וסימן שנח סעיף ג:

כד ו מיי' שם פ"ז הלכה ו סמג שם טוש"ע ח"מ סימן שנח סעיף ב:

כה ז מיי' שם פי"ג הלכה ד סמג שם טוש"ע ח"מ סימן תיא סעיף ז:

כו ח ט י מיי' פ"ז שם הלכה ו ופ"א הלכה ז ופ"ו מהלכות חובל ומזיק הלכה ג סמג שם וסימן ע טוש"ע ח"מ סימן שעח סעיף ד וסעיף ו וסימן שנח סעיף א וסימן תכא סעיף ז:

הגהות הב"ח

(א) גמ' אמרי סתם גללים. נ"ב עי' מ"ק מזה בב"מ דף סח ע"ב: (ב) תום' ד"ה אע"ג דאמר וכו' והיה דומה לפטור כל אדם בבור:

גליון הש"ס

תום' ד"ה אע"ג וכו' דאפילו אם חפרו. עיין לעיל דף כט ע"א תוס' ד"ה פליגי ולקמן דף מט ע"ב תוספות ד"ה ברה"י:

מסורת הש"ס (שוליים)

[לעיל יד.]

[לעיל יז. וש"נ]

שמות כא

[לקמן נג.]

[לעיל יט:]

[לעיל כח. וש"נ]

[ב"מ כז. סח:]

[א]שְׁנֵיהֶם בִּרְשׁוּת, אוֹ שְׁנֵיהֶם שֶׁלֹּא בִּרְשׁוּת, הִזִּיקוּ זֶה אֶת זֶה – חַיָּיבִין, הוּזְּקוּ זֶה בָּזֶה – פְּטוּרִין; טַעְמָא דִּשְׁנֵיהֶם בִּרְשׁוּת אוֹ שְׁנֵיהֶם שֶׁלֹּא בִּרְשׁוּת, אֲבָל אֶחָד בִּרְשׁוּת וְאֶחָד שֶׁלֹּא בִּרְשׁוּת, דְּבִרְשׁוּת – פָּטוּר, שֶׁלֹּא בִּרְשׁוּת – חַיָּיב.§ "נָפַל לַבּוֹר וְהִבְאִישׁ מֵימָיו – חַיָּיב".§ אָמַר רָבָא: [ב]לֹא שָׁנוּ אֶלָּא שֶׁהִבְאִישׁ בִּשְׁעַת נְפִילָה, אֲבָל לְאַחַר נְפִילָה – פָּטוּר; מ"ט? הָוֵי שׁוֹר – בּוֹר, וּמַיִם – כֵּלִים, וְלֹא מָצִינוּ בּוֹר שֶׁחִיֵּיב בּוֹ אֶת הַכֵּלִים. הָנִיחָא לִשְׁמוּאֵל, דְּאָמַר:* כָּל תַּקָּלָה בּוֹר הוּא. אֶלָּא לְרַב, דְּאָמַר: עַד דְּמַפְקַר לֵיהּ, מַאי אִיכָּא לְמֵימַר? אֶלָּא אִי אִיתְּמַר הָכִי אִיתְּמַר, אָמַר רָבָא: לֹא שָׁנוּ אֶלָּא שֶׁהִבְאִישׁ מִגּוּפוֹ, אֲבָל הִבְאִישׁ מֵרֵיחוֹ – פָּטוּר; מַאי טַעְמָא? גְּרָמָא בְּעָלְמָא הוּא, וּגְרָמָא בְּעָלְמָא לָא מִיחַיַּיב.§ "הָיָה אָבִיו אוֹ בְּנוֹ לְתוֹכוֹ – מְשַׁלֵּם אֶת הַכּוֹפֶר".§ וְאַמַּאי? הָא תָּם הוּא! *אָמַר רַב: [ג]בְּמוּעָד לִיפּוֹל עַל בְּנֵי אָדָם בְּבוֹרוֹת עָסְקִינַן. א"ה, בַּר קְטָלָא הוּא! אָמַר רַב יוֹסֵף: [ד]דַּחֲזָא יְרוֹקָא וּנְפַל. שְׁמוּאֵל אָמַר: *הָא מַנִּי? ר' יוֹסֵי הַגְּלִילִי הִיא, דְּאָמַר: תָּם – מְשַׁלֵּם חֲצִי כוֹפֶר. עוּלָּא אָמַר: ר' יוֹסֵי הַגְּלִילִי הִיא, דְּאָמַר כְּר' טַרְפוֹן, *דְּאָמַר: קֶרֶן בַּחֲצַר הַנִּיזָּק – נֶזֶק שָׁלֵם מְשַׁלֵּם, ה"נ – כּוֹפֶר שָׁלֵם מְשַׁלֵּם. בִּשְׁלָמָא לְעוּלָּא, הַיְינוּ דְּקָתָנֵי: הָיָה אָבִיו אוֹ בְּנוֹ לְתוֹכוֹ. אֶלָּא לִשְׁמוּאֵל, מַאי אִירְיָא אָבִיו אוֹ בְּנוֹ? אֲפִילּוּ אַחֵר נַמִי! אוֹרְחֵיהּ דְּמִילְּתָא קָתָנֵי.§ "וְאִם הִכְנִיס בִּרְשׁוּת – בַּעַל חָצֵר חַיָּיב" [כו'].§ אִיתְּמַר, רַב אָמַר: הִלְכְתָא כְּת"ק, וּשְׁמוּאֵל אָמַר: הִלְכְתָא כְּרַבִּי. תָּנוּ רַבָּנַן: "כְּנוֹס שׁוֹרְךָ וְשָׁמְרוֹ" – הִזִּיק חַיָּיב, הוּזַּק פָּטוּר; "כְּנוֹס שׁוֹרְךָ וַאֲנִי אֶשְׁמְרֶנּוּ" – הוּזַּק חַיָּיב, הִזִּיק פָּטוּר. הָא גּוּפָא קַשְׁיָא, אָמְרַתְּ: "כְּנוֹס שׁוֹרְךָ וְשָׁמְרוֹ" – הִזִּיק חַיָּיב, הוּזַּק פָּטוּר; טַעְמָא דְּא"ל "שָׁמְרוֹ" – דְּחַיָּיב בַּעַל הַשּׁוֹר וּפָטוּר בַּעַל חָצֵר, הָא סְתָמָא – חַיָּיב בַּעַל חָצֵר וּפָטוּר בַּעַל הַשּׁוֹר, דִּבִסְתָמָא מְקַבֵּל עֲלֵיהּ נְטִירוּתָא. אֵימָא סֵיפָא: "כְּנוֹס שׁוֹרְךָ וַאֲנִי אֶשְׁמְרֶנּוּ" – הוּזַּק חַיָּיב, הִזִּיק פָּטוּר; טַעְמָא דְּאָמַר לֵיהּ "וַאֲנִי אֶשְׁמְרֶנּוּ" הוּא דְּמִחַיַּיב בַּעַל הֶחָצֵר וּפָטוּר בַּעַל הַשּׁוֹר, הָא סְתָמָא – חַיָּיב בַּעַל הַשּׁוֹר וּפָטוּר בַּעַל חָצֵר, דִּבִסְתָמָא לָא מְקַבֵּל עֲלֵיהּ נְטִירוּתָא. אֲתָאן לְרַבִּי, דְּאָמַר: עַד שֶׁיְּקַבֵּל עָלָיו (א) נְטִירוּתָא בַּעַל הַבַּיִת לִשְׁמוֹר; רֵישָׁא רַבָּנַן, וְסֵיפָא רַבִּי! א"ר אֶלְעָזָר: תַּבְרָא, מִי שֶׁשָּׁנָה זוֹ לֹא שָׁנָה זוֹ. רָבָא אָמַר: כּוּלָּהּ רַבָּנַן הִיא, אַיְּידֵי דְּנָסֵיב רֵישָׁא "שָׁמְרוֹ", תְּנָא סֵיפָא "וַאֲנִי אֶשְׁמְרֶנּוּ". רַב פַּפָּא אָמַר: כּוּלָּהּ רַבִּי הִיא, וְסָבַר לָהּ כְּר' טַרְפוֹן, דְּאָמַר: קֶרֶן בַּחֲצַר הַנִּיזָּק – נֶזֶק שָׁלֵם מְשַׁלֵּם. הִלְכָּךְ, אֲמַר לֵיהּ "שָׁמְרוֹ" – לָא מַקְנֵי לֵיהּ מָקוֹם בֶּחָצֵר, וַהֲוָיא לֵיהּ קֶרֶן בַּחֲצַר הַנִּיזָּק, וְקֶרֶן בַּחֲצַר הַנִּיזָּק מְשַׁלֵּם נֶזֶק שָׁלֵם; לָא אֲמַר לֵיהּ "שָׁמְרוֹ" – אַקְנוּיֵי אַקְנֵי לֵיהּ מָקוֹם בֶּחָצֵר, וַהֲוָיא לֵיהּ חֲצַר הַשּׁוּתָּפִין, וְקֶרֶן בַּחֲצַר הַשּׁוּתָּפִין אֵינוֹ מְשַׁלֵּם אֶלָּא חֲצִי נֶזֶק.§

מתני' [ה]שׁוֹר שֶׁהָיָה מִתְכַּוֵּין לַחֲבֵירוֹ, וְהִכָּה אֶת הָאִשָּׁה וְיָצְאוּ יְלָדֶיהָ – פָּטוּר מִדְּמֵי וְלָדוֹת; [ו]וְאָדָם שֶׁהָיָה מִתְכַּוֵּין לַחֲבֵירוֹ, וְהִכָּה אֶת הָאִשָּׁה וְיָצְאוּ יְלָדֶיהָ – מְשַׁלֵּם דְּמֵי וְלָדוֹת. כֵּיצַד מְשַׁלֵּם דְּמֵי וְלָדוֹת? [ז]שָׁמִין אֶת הָאִשָּׁה כַּמָּה הִיא יָפָה עַד שֶׁלֹּא יָלְדָה, וְכַמָּה הִיא יָפָה מִשֶּׁיָּלְדָה. אָמַר רַבָּן שִׁמְעוֹן בֶּן גַּמְלִיאֵל:

א"כ

שְׁנֵיהֶם בִּרְשׁוּת. כְּגוֹן בִּרה"ר, אוֹ חֲצַר הַשּׁוּתָּפִין, אוֹ שֶׁנָּתַן לוֹ בַּעַל הַבַּיִת רְשׁוּת לִיכָּנֵס. אוֹ שְׁנֵיהֶן שֶׁלֹּא בִּרְשׁוּת. כְּגוֹן שְׁנֵיהֶן רָצִין בִּרה"ר. הִזִּיקוּ. בְּיָדַיִם זֶה אֶת זֶה, וַאֲפִי' שֶׁלֹּא בְּמִתְכַּוֵּין. חַיָּיבִין. דִּבִנְזָקִין לָא שָׁנֵי לָן בֵּין מִתְכַּוֵּין לְשֶׁאֵין מִתְכַּוֵּין. וְהָא דִּתְנַן בְּ"הַמַּנִּיחַ" (לעיל דף לב.): שְׁנַיִם שֶׁהָיוּ מְהַלְּכִין בִּרה"ר וְהִזִּיקוּ זֶה אֶת זֶה פְּטוּרִין, הַהוּא "הִזִּיקוּ" – הוּזְּקוּ הוּא, וְלָא דַּק בְּלִישָּׁנֵיהּ. דְּבִרְשׁוּת פָּטוּר. בֵּין הֶיזֵּק דְּיָדַיִם בֵּין הֶיזֵּק דְּמֵמֵילָא, וּדְלָא יָדַע לֵיהּ. שֶׁהִבְאִישׁ בִּשְׁעַת נְפִילָה. דְּהָוֵי מַזִּיק מַמָּשׁ, וְלָא דָּמֵי לְבוֹר. וּמַיִם כֵּלִים. כָּל חֲפָצִים כְּכֵלִים, דְּלָא חַיָּיב בְּבוֹר (*עָלָה מִיתָה אֶלָּא עַל נִזְקֵי בְּהֵמָה), וּשְׁאָר חֲפָצִים הֶיזֵּיקָן זוֹ הִיא מִיתָתָן. מַאי אִיכָּא לְמֵימַר. הָא לֵית לֵיהּ תּוֹרַת בּוֹר, וּמָמוֹנוֹ הוּא, וּמִשּׁוֹרוֹ לָמַדְנוּ, וְלָא פָּטַר בֵּיהּ כֵּלִים! מִגּוּפוֹ. שֶׁהָיָה מְלוּכְלָךְ בְּטִיט. אֲבָל מֵרֵיחֵיהּ. לָאו גּוּפֵיהּ הוּא, דְּסִרְחוֹן דִּנְבֵילָה מִמֵּילָא אָתֵי לֵיהּ, וּנְבֵילָה גְּרָמָא הוּא שֶׁגּוֹרֶמֶת לְסִרְחוֹן שֶׁיָּבֹא. בַּר קְטָלָא הוּא. בִּנְפִילָה קַמַּייתָא, וְהֵיאַךְ בָּא לִידֵי מוּעָד? בִּשְׁלָמָא גַּבֵּי מוּעָד דִּנְגִיחוֹת – אִיכָּא לְמֵימַר כְּדְאָמְרִינַן בְּפִירְקִין דִּלְעֵיל (דף מא.) דִּקְטַל וְעָרַק, א"נ – בְּשֶׁאֵין מַכִּירִין אֶת הַשּׁוֹר, אִי נַמִי – שֶׁהוּזְמוּ זוֹמְמֵי זוֹמְמִין. אֲבָל זֶה לֹא עָלָה מִן הַבּוֹר מֵאֵלָיו, וְלֵיכָּא לְמֵימַר עָרַק, וְלֹא אֵין מַכִּירִין, וְלֹא הוּזְמוּ, דְּמִילְּתָא דְּאִית לֵיהּ קָלָא הִיא. דַּחֲזָא יְרוֹקָא. עֵשֶׂב עַל פִּי הַבּוֹר, וּבָא לֶאֱכוֹל וְנָפַל, דְּהָךְ נְפִילָה לָא אִיכַּוֵּין. וּמִיהוּ, כּוֹפֶר שֶׁלֹּא בְּכַוָּונָה מְשַׁלֵּם בִּנְפִילָה אַחֲרוֹנָה. וְאַע"פ שֶׁאֵין הַשּׁוֹר בִּסְקִילָה, וְשָׁמְעִינַן לְרַב (לעיל דף מד.) דְּאָמַר פָּטוּר מִזֶּה וּמִזֶּה – ה"מ בְּמוּעָד לִנְגִיחוֹת בְּכַוָּונָה, וְעָרַק לַאֲגַמָּא בָּרִאשׁוֹנָה *וְנָגַח ד' שֶׁלֹּא בְּכַוָּונָה – פָּטַר לֵיהּ מִגְּזֵירַת הַכָּתוּב, דִּכְתִיב: "הַשּׁוֹר יִסָּקֵל וְגַם בְּעָלָיו" וגו', כָּל זְמַן שֶׁאֵין הַשּׁוֹר בִּסְקִילָה אֵין בְּעָלִים מְשַׁלְּמִין כּוֹפֶר. אֲבָל זֶה שֶׁלֹּא הָיְתָה בּוֹ חִיּוּב סְקִילָה כְּלָל – אֵין הַעֲדָאָתוֹ אֶלָּא לְכוֹפֶר שֶׁל שֵׁן וָרֶגֶל בַּחֲצַר הַנִּיזָּק, דְּאוֹקְמִינַן בְּרֶגֶל שֶׁדְּרָסָה ע"ג תִּינוֹק בַּחֲצַר הַנִּיזָּק, דְּאִיכָּא כּוֹפֶר בְּרֶגֶל, וְאַף עַל גַּב דְּשֶׁלֹּא בְּכַוָּונָה הוּא וְאֵין הַשּׁוֹר בִּסְקִילָה. וְה"נ דַּחֲזָא יְרוֹקָא וְנָפַל – תּוֹלָדָה דְּשֵׁן הִיא, דְּמִתְכַּוֵּין לַהֲנָאָתוֹ. וְא"ת: מְשׁוּנֶּה הוּא וְאֵין זוֹ שֵׁן! כֵּיוָן דְּאִייַעַד לֵיהּ אוֹרְחָא הוּא. וּלְאוֹקְמֵי לְהַךְ נְפִילָה אַחֲרוֹנָה בְּמִתְכַּוֵּין, וְהַשּׁוֹר בִּסְקִילָה – לָא מָצִינַן. דִּלְגַבֵּי כַּוָּונָה תָּם הוּא, וְלֵיכָּא כּוֹפֶר, דְּהָא כָּל כַּמָּה דְּלָא חֲזֵי יְרוֹקָא לָא אִייַעַד. וּשְׁמוּאֵל אָמַר. לְעוֹלָם בְּתָם, וּמַתְנִיתִין חֲצִי כוֹפֶר קָאָמַר, וְר' יוֹסֵי הִיא. עוּלָּא מוֹקִים לָהּ נַמִי בְּתָם וְכוֹפֶר שָׁלֵם. הַיְינוּ דְּקָתָנֵי אָבִיו אוֹ בְּנוֹ. דְּהָוֵי קֶרֶן בַּחֲצַר הַנִּיזָּק, דִּמְשַׁלֵּם כּוֹפֶר שָׁלֵם. אֶלָּא לִשְׁמוּאֵל דְּאָמַר חֲצִי כוֹפֶר, מַאי אִירְיָא כו'. מִי שֶׁשָּׁנָה זוֹ כו'. רֵישָׁא רַבָּנַן וְסֵיפָא רַבִּי. כּוּלָּהּ רַבִּי הִיא. וְסֵיפָא דַּוְקָא, וְרֵישָׁא לָא תִּידּוֹק מִינַּהּ: הָא סְתָמָא הוּזַּק חַיָּיב, דְּוַדַּאי סְתָמָא נַמִי, הִזִּיק – חַיָּיב, הוּזַּק – פָּטוּר. וְהַאי דְּנָקַט "וְשָׁמְרוֹ" – לְחִיּוּבֵיהּ נֶזֶק שָׁלֵם קָאָמַר, אִם הוּזַּק שׁוֹרוֹ שֶׁל בַּעַל חָצֵר. הָא סְתָמָא – חֲצִי נֶזֶק. **מתני'** שׁוֹר שֶׁהָיָה מִתְכַּוֵּין לַחֲבֵירוֹ. הוּא הַדִּין לְמִתְכַּוֵּין לָאִשָּׁה נַמִי פָּטוּר, כִּדְאָמְרִינַן בְּפִירְקִין דִּלְעֵיל (דף מב.): נָקִי מִדְּמֵי וְלָדוֹת. וּבַגְּמָ' מְפָרֵשׁ אַמַּאי נָקַט "מִתְכַּוֵּין לַחֲבֵירוֹ".

א"כ

שניהם ברשות. פ"ה: כגון ברה"ר. שלא ברשות – כגון שנכנס רליס ברה"ר. וקשה: דהיינו מתניתין בפרק "המניח" (לעיל דף לב.)! ונראה לפרש: כגון שנכנס לחצר בע"ה שלא ברשות או ברשות. דאית ליה לאסוקי אדעתיה: כמו שנתנו לו רשות – כמו כן נתנו לאחר רשות, או: כמו שהוא נכנס שלא ברשות – שמא גם אחר נכנס שלא ברשות. ולכך חייבין כשהזיקו זה את זה, אפי' הזיקו שלא מדעת. אבל אחד ברשות ואחד שלא ברשות – האי אית ליה לאסוקי אדעתיה בהאי, והאי לית ליה לאסוקי אדעתיה בהאי. ואם שלא מדעת הזיקו, ברשות – פטור, שלא ברשות חייב.

דחזא ירוקא ונפל. רש"י מוקי ההיא דהיה מתחכך בכותל, בג' פעמים הראשונים לא היתה כונתו להתחכך, אלא בכוונה להפיל על האדם. ופטור דקתני התם – אהך אחרונה שהיתה להתחכך. והראשונות אהנו שנעשה מתוך כך מועד, ובהך אחרינא חשיב ליה משונה קצת שהרג בנפילת הכותל, ולכך לא נחשב מועד אלא מחמת הראשונות. וזהו דוחק, דחשיב משונה מה שעושה להנאתו לאכול ירוקא או להתחכך. *וגם תימה הוא לומר דהוי מועד בהפלת כותל אחרונה שהיתה שלא בכוונה, על ידי הראשונות שהיו בכוונה. ולפירושו נ"ל דהא דקאמר הכא: במועד ליפול על בני אדם בבורות – לא הזכיר בני אדם אלא בשביל אחרונה, דבג' הראשונות לא חיישינן אלא שיהא מועד ויעשה אורחיה להפיל עצמו בבור לאכול הירק.

ושמואל אמר הלכתא כרבי. לכאורה נראה דהלכתא כשמואל בדיני. וצ"ע, דרבא קאמר לעיל: הכניס שורו לחצר בעל הבית שלא ברשות וחפר בו בורות שיחין ומערות – בעל השור חייב בנזקי חצר. משמע: אבל ברשות – פטור. ואי כרבי – אפי' ברשות חייב, דלרבי סתמא חייב בעל השור. וכולה סוגיא דלעיל מסיק רבא כרבנן, ואפי' נשברו ברוח ואפי' חנק עצמו*.

טעמא דאמר ליה שמרו. כולה הך סוגיא כרבא דלעיל. דלר' זירא לא קשה כלל רישא לסיפא, וכולה רבי היא, והוי סתמא שניהם פטורין בין ברישא בין בסיפא, דאין כל אחד מקבל עליו שמירת חבירו. ולרבנן הא סתמא שניהם חייבים.

אימא סיפא כו'. הכא לא משני "נעשה", כדמשני בפרק קמא דקדושין (דף ה:) גבי נתן הוא *ואמרה היא מקודשת נתנה היא *ואמר הוא אין מקודשת. משום דהכא אית ליה שנויא אחרינא, דקאמר תברא. אבל התם ליכא למימר תברא, דליכא פלוגתא במילתא.

חמרתא

כז א מיי' פ"א מהל' חובל ומזיק הלכה יא ופ"ו הלכה ג ועיין בהשגות ובמ"מ סמג עשין ע טוש"ע ח"מ סי' שעח סעיף ז וסימן תכא סעיף ח:

כח ב מיי' פ"ז מהלכות נזקי ממון הלכה ה ועיין בהשגות ובמ"מ סמג עשין סח טוש"ע ח"מ סימן שלח סעיף ד:

כט ג ד מיי' פ"י שם הלכה י סמג שם:

ל ה מיי' פי"א מהלכות נזקי ממון הלכה ג סמג שם טור ש"ע ח"מ סימן תה סעיף ג:

לא ו ז מיי' פ"ד מהל' חובל ומזיק הלכה א ב סמג עשין ע טוש"ע ח"מ סימן תכג סעיף א:

ועיין בספר כוס ישועות

הגהות הב"ח

(א) גמ' אתאן לרבי דאמר עד שיקבל עליה בעל הבית נטירותא רישא רבנן כצ"ל:

גליון הש"ס

גמ' ריה"ג היא דאמר כר"ט. קשה לי הא להדיא אר"ט כן בכופר דמשלם ברשות ניזק כופר שלם לעיל דף כו ע"א וא"כ למאי צריך ללמוד ממה דאמר ר"ט כן בנזק וגם הו"ל לומר בקיצור ר"ט היא דאמר תם משלם כופר שלם ברשות הניזק וצ"ע:

[ועי' תוספות ב"מ מט. ד"ה כל הא]

[צ"ל ואמר הוא]

[צ"ל ואמרה היא]

אולי צ"ל על המיתה אלא על הבהמה

[לעיל כח: לא:]

לעיל מד.

[לעיל טו. כו.]

[לעיל יז. וש"נ]

עיין ר"מ

אִ"כ מִשֶּׁהָאִשָּׁה יוֹלֶדֶת מַשְׁבַּחַת! אֶלָּא שָׁמִין אֶת הַוְּלָדוֹת כַּמָּה הֵן יָפִין וְנוֹתֵן לַבַּעַל, [א]וְאִם אֵין לָהּ בַּעַל — נוֹתֵן לְיוֹרְשָׁיו. הָיְתָה שִׁפְחָה וְנִשְׁתַּחְרְרָה אוֹ גִּיּוֹרֶת — פָּטוּר.§ **גמ'** טַעֲמָא דְּמִתְכַּוֵּין לַחֲבֵירוֹ, הָא מִתְכַּוֵּין לָאִשָּׁה — מְשַׁלֵּם דְּמֵי וְלָדוֹת; לֵימָא, תֶּיהֱוֵי תְּיוּבְתָּא דְּרַב אַדָּא בַּר אַהֲבָה, *דְּאָמַר רַב אַדָּא בַּר אַהֲבָה: שְׁוָורִים שֶׁנִּתְכַּוְּונוּ לָאִשָּׁה — פְּטוּרִים מִדְּמֵי וְלָדוֹת? אָמַר לָךְ רַב אַדָּא בַּר אַהֲבָה: הוּא הַדִּין [ב]דַּאֲפִי' נִתְכַּוְּונוּ לָאִשָּׁה נַמִּי פְּטוּרִים מִדְּמֵי וְלָדוֹת. וְהָא דְּקָתָנֵי: "שׁוֹר שֶׁהָיָה מִתְכַּוֵּין לַחֲבֵירוֹ", *אַיְּדֵי דְּקָא בָּעֵי לְמִיתְנָא סֵיפָא: "אָדָם שֶׁהָיָה מִתְכַּוֵּין לַחֲבֵירוֹ, דְּהָכִי כְּתִיב קְרָא — קָתָנֵי רֵישָׁא נַמִּי: "שׁוֹר שֶׁהָיָה מִתְכַּוֵּין לַחֲבֵירוֹ". אָמַר רַב פַּפָּא: [ג]שׁוֹר שֶׁנָּגַח אֶת הַשִּׁפְחָה וְיָצְאוּ יְלָדֶיהָ — מְשַׁלֵּם דְּמֵי וְלָדוֹת; מַאי טַעֲמָא? חֲמַרְתָּא מְעַבַּרְתָּא בְּעָלְמָא הוּא דְּאַזִּיק, דְּאָמַר קְרָא: °"שְׁבוּ לָכֶם פֹּה עִם הַחֲמוֹר", *עַם הַדּוֹמֶה לַחֲמוֹר.§ ⊕"כֵּיצַד מְשַׁלֵּם דְּמֵי וְלָדוֹת".§ דְּמֵי וְלָדוֹת? (א) שֶׁבַח וְלָדוֹת מִיבְּעֵי לֵיהּ! הָכִי נַמִּי קָאָמַר: כֵּיצַד מְשַׁלֵּם דְּמֵי וְלָדוֹת וְשֶׁבַח וְלָדוֹת? שָׁמִין אֶת הָאִשָּׁה כַּמָּה הִיא יָפָה עַד שֶׁלֹּא יָלְדָה, וְכַמָּה הִיא יָפָה מִשֶּׁיָּלְדָה.§ "אָמַר רשב"ג: א"כ, מִשֶּׁהָאִשָּׁה יוֹלֶדֶת מַשְׁבַּחַת".§ מַאי קָאָמַר? אָמַר רַבָּה, ה"ק: וְכִי אִשָּׁה מַשְׁבַּחַת קוֹדֶם שֶׁתֵּלֵד יוֹתֵר מִלְּאַחַר שֶׁתֵּלֵד? וַהֲלֹא אִשָּׁה מַשְׁבַּחַת לְאַחַר שֶׁתֵּלֵד יוֹתֵר מִקּוֹדֶם שֶׁתֵּלֵד! אֶלָּא שָׁמִין אֶת הַוְּלָדוֹת וְנוֹתְנִין לַבַּעַל. תַּנְיָא נַמִּי הָכִי: וְכִי אִשָּׁה מַשְׁבַּחַת קוֹדֶם שֶׁתֵּלֵד יוֹתֵר מִלְּאַחַר שֶׁתֵּלֵד? וַהֲלֹא אִשָּׁה מַשְׁבַּחַת לְאַחַר שֶׁתֵּלֵד יוֹתֵר מִקּוֹדֶם שֶׁתֵּלֵד! אֶלָּא שָׁמִין אֶת הַוְּלָדוֹת וְנוֹתְנִין לַבַּעַל. רָבָא אָמַר, הָכִי קָתָנֵי: וְכִי אִשָּׁה לְמִי שֶׁיּוֹלֶדֶת מַשְׁבַּחַת, וְאֵין לְעַצְמָהּ בְּשֶׁבַח וְלָדוֹת כְּלוּם? אֶלָּא שָׁמִין אֶת הַוְּלָדוֹת וְנוֹתְנִין לַבַּעַל, וְשֶׁבַח וְלָדוֹת חוֹלְקִין. תַּנְיָא נַמִּי הָכִי, אָמַר רשב"ג: וְכִי אִשָּׁה לְמִי שֶׁיּוֹלֶדֶת מַשְׁבַּחַת, וְאֵין לְעַצְמָהּ בְּשֶׁבַח וְלָדוֹת כְּלוּם? אֶלָּא שָׁמִין נֶזֶק בִּפְנֵי עַצְמוֹ וְצַעַר בִּפְנֵי עַצְמוֹ, וְשָׁמִין אֶת הַוְּלָדוֹת וְנוֹתְנִין לַבַּעַל, וְשֶׁבַח וְלָדוֹת חוֹלְקִין. קַשְׁיָא דְּרשב"ג אַדְּרשב"ג! ל"ק; כָּאן בִּמְבַכֶּרֶת, כָּאן בְּשֶׁאֵינָהּ מְבַכֶּרֶת. וְרַבָּנַן דְּאָמְרִי: שֶׁבַח וְלָדוֹת נַמִּי לַבַּעַל, מַאי טַעֲמָא? *כִּדְתְנַן: מִמַּשְׁמַע שֶׁנֶּאֱמַר °"וְיָצְאוּ יְלָדֶיהָ" אֵינִי יוֹדֵעַ שֶׁהִיא הָרָה? מַה ת"ל "הָרָה"? לוֹמַר לָךְ: שֶׁבַח הֵרָיוֹן לַבַּעַל. וְרשב"ג, הַאי "הָרָה" מַאי דָּרֵישׁ בֵּיהּ? מִבָּעֵי לֵיהּ לְכִדְתַנְיָא, ר"א בֶּן יַעֲקֹב אוֹמֵר: לְעוֹלָם אֵינוֹ חַיָּיב עַד שֶׁיַּכֶּנָּה כְּנֶגֶד בֵּית הַהֵרָיוֹן. אָמַר רַב פַּפָּא: לָא תֵּימָא כְּנֶגֶד בֵּית הֵרָיוֹן מַמָּשׁ, אֶלָּא כָּל הֵיכָא דְּסָלֵיק בֵּיהּ שִׁיחֲמָא לַוָּלָד, לְאַפּוֹקֵי יָד וְרֶגֶל דְּלָא.§ [ד]"הָיְתָה שִׁפְחָה וְנִשְׁתַּחְרְרָה אוֹ גִּיּוֹרֶת — פָּטוּר".§ אָמַר רַבָּה: לֹא שָׁנוּ [ה]אֶלָּא שֶׁחָבַל בָּהּ בְּחַיֵּי הַגֵּר וּמֵת הַגֵּר, דְּכֵיוָן דְּחָבַל בָּהּ בְּחַיֵּי הַגֵּר זָכָה בְּהוּ גֵּר, וְכֵיוָן דְּמֵת הַגֵּר זָכָה בְּהוּ מִן הַגֵּר. אֲבָל חָבַל בָּהּ לְאַחַר מִיתַת הַגֵּר — זָכְיָא לָהּ אִיהִי בְּגַוַּיְיהוּ, וּמִיחַיֵּיב לְשַׁלּוּמֵי לָהּ לְדִידָהּ. א"ר חִסְדָּא: מָרֵי דִּיכִי! אַטּוּ וְלָדוֹת צָרְרֵי נִינְהוּ וְזָכְיָא בְּהוּ? אֶלָּא אִיתֵיהּ לַבַּעַל — זָכָה לֵיהּ רַחֲמָנָא, לֵיתֵיהּ לַבַּעַל — לָא. מֵיתִיבֵי: *הִכָּה אֶת הָאִשָּׁה וְיָצְאוּ יְלָדֶיהָ — נוֹתֵן נֶזֶק וְצַעַר לָאִשָּׁה וּדְמֵי וְלָדוֹת לַבַּעַל. אֵין הַבַּעַל — נוֹתֵן לְיוֹרְשָׁיו, אֵין הָאִשָּׁה — נוֹתֵן לְיוֹרְשֶׁיהָ; הָיְתָה שִׁפְחָה וְנִשְׁתַּחְרְרָה אוֹ גִּיּוֹרֶת — זָכָה! אָמְרִי: וּמִי עֲדִיפָא מִמַּתְנִיתִין, דְּאוֹקִימְנָא שֶׁחָבַל בָּהּ בְּחַיֵּי הַגֵּר וּמֵת הַגֵּר? הָכָא נַמִּי שֶׁחָבַל בָּהּ בְּחַיֵּי הַגֵּר וּמֵת הַגֵּר. וְאִיבָּעֵית אֵימָא: לְאַחַר מִיתַת הַגֵּר,

וּתְנֵי

רש"י

א"כ מִשֶּׁהָאִשָּׁה יוֹלֶדֶת כו'. מְפָרֵשׁ בַּגְּמָרָא. וְנוֹתֵן לַבַּעַל. שֶׁהַתּוֹרָה זִכְּתָה לוֹ, דִּכְתִיב: "בַּעַל הָאִשָּׁה" (שמות כא). הָיְתָה שִׁפְחָה וְנִשְׁתַּחְרְרָה. כְּלוֹמַר: הָיְתָה מְשׁוּחְרֶרֶת אוֹ גִּיּוֹרֶת נְשׂוּאָה לְגֵר אוֹ לְעֶבֶד מְשׁוּחְרָר, וְאֵין לָהּ בַּעַל שֶׁמֵּת – פָּטוּר. דְּהַמַּחֲזִיק בְּנִכְסֵי הַגֵּר שֶׁמֵּת וְאֵין לוֹ יוֹרְשִׁין – זָכָה, וְזֶה קוֹדֵם לִזְכּוֹת בְּמַה שֶּׁבְּיָדוֹ, וְהַאי דְּנָקַט הַאי לִישָּׁנָא "הָיְתָה שִׁפְחָה וְנִשְׁתַּחְרְרָה", וְלָא נָקַט "הָיְתָה מְשׁוּחְרֶרֶת" – מִשּׁוּם דְּע"כ בְּשֶׁאֵין לָהּ בָּנִים הֵימֶנּוּ קָאָמַר. וְהַיְינוּ דְּקָאָמַר: הָיְתָה שִׁפְחָה וְנִשְׁתַּחְרְרָה, דְּמַשְׁמַע: עַתָּה מִקָּרוֹב, שֶׁעֲדַיִין לֹא הָיוּ לָהֶם בָּנִים. וְהוּא הַדִּין נַמִּי לְיִשְׂרְאֵלִית הַנְּשׂוּאָה לְגֵר וּמֵת הַגֵּר – דְּפָטוּר, דְּהָא דְּמֵי וְלָדוֹת לַבַּעַל. וְהַאי דְּנָקַט שִׁפְחָה וְגִיּוֹרֶת – מִשּׁוּם דִּסְתָם שִׁפְחָה מְשׁוּחְרֶרֶת נְשׂוּאָה לִמְשׁוּחְרָר, וּסְתָם גִּיּוֹרֶת לְגֵר. **גמ'** דְּרַב אַדָּא בַּר אַהֲבָה. בְּ"שׁוֹר שֶׁנָּגַח אַרְבָּעָה וַחֲמִשָּׁה" (לעיל דף מב.). דְּהָכִי כְּתִיב קְרָא. "כִּי יִנָּצוּ אֲנָשִׁים", אַלְמָא בְּמִתְכַּוֵּין לַחֲבֵירוֹ מִשְׁתָּעֵי. דְּמֵי וְלָדוֹת שֶׁבַח וְלָדוֹת הוּא. דְּקָתָנֵי שָׁמִין אֶת הָאִשָּׁה כו', וְיֵשׁ בִּכְלַל שׁוּמָא זוֹ דְּמֵי וְלָדוֹת, וּבַמֶּה שֶׁהָאִשָּׁה נִרְאֵית מְשׁוּבַּחַת וּבַעֲלַת אֵבָרִים מִפְּנֵי הָעוּבָּר וְדָמֶיהָ יְקָרִין. ה"ג קָאָמַר כֵּיצַד מְשַׁלֵּם דְּמֵי וְלָדוֹת וְשֶׁבַח וְלָדוֹת. שֶׁהֵן מַשְׁבִּיחִין אֶת הָאִשָּׁה. שָׁמִין אֶת הָאִשָּׁה. כַּמָּה הָאִשָּׁה יָפָה בִּשְׁבִיל וְלָדוֹת הַלָּלוּ עַד שֶׁלֹּא יָלְדָה, וְכַמָּה הִיא יָפָה עַכְשָׁיו כְּשֶׁנִּתְרוֹקְנָה וְנִפְחֲתוּ דָּמֶיהָ, וְנוֹתֵן לַבַּעַל. וְנִזְקָהּ שֶׁל אִשָּׁה אֵינוֹ בִּכְלַל שׁוּמָא זוֹ, דְּאֵין כָּאן אֶלָּא פְּחַת רִיקּוּן הָעוּבָּר. אֲבָל כְּחַשׁ גּוּפָהּ מֵחֲמַת הַמַּכָּה וְנִפְחֲתוּ דָּמֶיהָ מִשֶּׁהָיְתָה רְאוּיָה לִימָּכֵר כְּשֶׁהָיְתָה בְּרִיאָה רֵיקָנִית – הוּא נֶזֶק, וְאֵינוֹ שֶׁל בַּעַל, אֶלָּא כִּשְׁאָר חַבָּלָה הוּא. וְהַדִּין קָצוּב בִּכְתוּבּוֹת (דף סה:): בִּזְמַן שֶׁבַּסֵּתֶר – לָהּ שְׁנֵי חֲלָקִים וְלוֹ אֶחָד, וּבִזְמַן שֶׁבְּגָלוּי – לוֹ ב' חֲלָקִים כו'. **מַאי קָאָמַר.** דְּמַשְׁמַע דְּהָכִי קָאָמַר לֵיהּ: א"כ לְדִידָךְ אִית לָךְ דִּמְשֶׁהָאִשָּׁה יוֹלֶדֶת מַשְׁבַּחַת. וְת"ק הָא קָאָמַר דְּמַפְחֶתֶת. וַהֲלֹא אִשָּׁה מַשְׁבַּחַת. בְּדָמִים לְאַחַר שֶׁתֵּלֵד, דְּמַתְחִלָּה דָּמֶיהָ פְּחוּתִין לִימָּכֵר, שֶׁמְּסוּכֶּנֶת הִיא לָמוּת בְּצַעַר לֵידָה. וְהָכִי מַשְׁמַע מַתְנִיתִין: א"כ, דְּבָךְ שָׁמִין כִּדְקָאָמְרַתְּ – אִשְׁתַּכַּח דְּלָא יָהֵיב לֵיהּ מִידֵּי, דִּמְשֶׁהָאִשָּׁה יוֹלֶדֶת מַשְׁבַּחַת. וְכִי לְמִי שֶׁהָאִשָּׁה יוֹלֶדֶת. לְמִי שֶׁזִּכְּתָה תּוֹרָה דְּמֵי וְלָדוֹת יַהֲבִינַן נַמִּי שֶׁבַח דְּמֵי נֶפֶל, שֶׁדְּמֵי גּוּפָהּ מִתְעַלִּין? הָא וַדַּאי שֶׁבַח דְּמֵי נֶפֶל מֵחֲמַת גּוּפָהּ נַמִּי אָתֵי, וְנֶזֶק הוּא. חוֹלְקִין. שֶׁדְּמֵי הַנֶּפֶל מֵחֲמַת שְׁנֵיהֶן בָּאִין. **אֶלָּא** שָׁמִין נֶזֶק בִּפְנֵי עַצְמוֹ. הַיְינוּ כְּחַשׁ הַגּוּף מֵחֲמַת מַכָּה, וְדָמֶיהָ פְּחוּתִים מִשֶּׁהָיְתָה רֵיקָנִית בְּרִיאָה, וְאֵין כָּאן שׁוּמַת פְּחַת רִיקּוּן. וְצַעַר בִּפְנֵי עַצְמוֹ. וְנִזְקָא דְּהָכָא – כְּחַבָּלָה דְּעָלְמָא, הַקָּצוּב בְּמַסֶּכֶת כְּתוּבּוֹת, כִּדְפָרֵישִׁית לְעֵיל. וְשָׁמִין וְלָדוֹת. (ג) וְנוֹתֵן כָּל דְּמֵיהֶן לַבַּעַל. וְשֶׁבַח וְלָדוֹת. דְּהַיְינוּ פְּחַת דְּמֵי נֶפֶל גּוּפָהּ מֵחֲמַת רִיקּוּן הַוָּלָד, חוֹלְקִין. **קַשְׁיָא** דר"ש כו'. דְּהָכָא קָתָנֵי: וְשֶׁבַח וְלָדוֹת חוֹלְקִין, אַלְמָא אִשָּׁה מַשְׁבַּחַת לִימָּכֵר כְּשֶׁהִיא הָרָה יוֹתֵר מֵרֵיקָנִית. וּלְעֵיל קָתָנֵי: אִשָּׁה מַשְׁבַּחַת מִשֶּׁתֵּלֵד יוֹתֵר מִקּוֹדֶם לָכֵן. בִּמְבַכֶּרֶת. דָּמֶיהָ פְּחוּתִין קוֹדֶם לֵידָה מִלְּאַחַר לֵידָה, דִּמְסוּכֶּנֶת הִיא. **שִׁיחֲמָא.** חֲמִימוּת. וְהַיְינוּ כְּנֶגֶד כָּל הֶחָלָל כּוּלּוֹ. **זָכְיָא** בְּהוּ **אִיהִי.** דְּהָא וְלָדוֹת נִכְסֵי בַּעֲלֵיהֶן, (ג) וּכְשֶׁמֵּת הַגֵּר וַעֲדַיִין הִיא מְעוּבֶּרֶת – הִיא הֶחֱזִיקָה בָּהֶן, וְהִיא קוֹדֶם לְכָל אָדָם. הִלְכָּךְ, כִּי חָבַל בָּהּ בָּתַר – הָכִי מְשַׁלֵּם לָהּ לְדִידָהּ. **מָרֵי דִּיכִי.** בַּעַל שְׁמוּעָה זוֹ. "הַלָּזֶה" מְתַרְגְּמִינַן "דִּיכִי" (בראשית לז). **צָרְרֵי** נִינְהוּ. קִשְׁרֵי מָעוֹת וּכְסָפִים הֵן, שֶׁתִּזְכֶּה בָּהֶן מִן הַהֶפְקֵר? **אִיתֵיהּ** לַבַּעַל. אוֹ לְיוֹרְשָׁיו, זָכֵי לְהוּ רַחֲמָנָא. לֵיתֵיהּ לַבַּעַל כו'. דְּחִיּוּבָא אֵימַת אָתֵי לָהּ – בִּשְׁעַת חַבָּלָה, וַהֲרֵי אֵין לָהּ תּוֹבְעִין. **אֵין הָאִשָּׁה** נוֹתֵן לְיוֹרְשֶׁיהָ. הָא אוֹקִימְנָא בִּגְרוּשָׁה, לְפִיכָךְ אֵין הַבַּעַל יוֹרְשָׁהּ. בְּפֶרֶק "שׁוֹר שֶׁנָּגַח ד' וה'" (דף מג.). זָכָה. הַחוֹבֵל בְּמַה שֶּׁבְּיָדוֹ. וַאֲפִי' לְאַחַר מִיתַת הַגֵּר חָבַל בָּהּ – זָכָה בָּהּ.

לְרַבָּה

תוספות

חמרתא מעברתא כו'. וא"ת: הא גבי בור תנן בשלהי פרקין: נפל לתוכו עבד או אמה — פטור, ולא אמרינן דהוי כחמרתא מעברתא, ולא נמעטיה משור ולא אדם! וי"ל: דהכא לא מיעט הכתוב שור (ד) בדמי ולדות אלא במקום שהולדות של בעל, כדכתי' "בעל האשה". אבל כאן הולדות לאדון, דכתיב "האשה וילדיה תהיה לאדוניה".

אטו ולדות צררי נינהו. [א] ביורשים לא פליג רב חסדא, ומודה הוא דזכו. דהא בכתובות בפרק "נערה" (דף מג.) אצטריך קרא למעוטי שאין אדם מוריש זכות בתו לבנו, והכא ליכא מיעוט. ועוד: מדפריך לרבה מברייתא דהכה את האשה, ומוקי לה שחבל בחיי הגר. אבל לרב חסדא משמע דניחא לאחר מיתת הגר. ודווקא גר, אבל כשאינו גר — משלם דמי ולדות ליורשים.

ומי עדיף ממתניתין. וא"ת: ומאי ס"ד דמקשן? וכי לא ידע דלא עדיף? ויש לומר: משום דבהך ברייתא קתני נזק וצער, וכי היכי דנזק וצער איירי בכל ענין — כמו כן זכה בדמי ולדות איירי בכל ענין.

ותני

מסורת הש"ס

לעיל מב.

[שבת ל. וש"נ]

קדושין סח. [יבמות סב. כתובות קיא. נדה יז.]

בראשית כב

שמות כא

נ"ל כרדניא

לעיל מב.

תורה אור

עין משפט נר מצוה

לב א מיי' פ"ד מהלכות חובל ומזיק הלכה ב ועיין בהשגות ובמ"מ סמג עשין ע טוש"ע ח"מ סימן תכג סעיף א:

לג ב ג מיי' פי"א מהל' נזקי ממון הלכה ג ד סמג עשין סז טוש"ע ח"מ סימן תה סעיף ג:

לד ד ה מיי' פ"ד מהל' חובל ומזיק הלכה ג ד סמג עשין ע טוש"ע ח"מ סימן תכג סעיף ב:

הגהות הב"ח

(א) גמ' ושבח ולדות מיבעי ליה: (ב) רש"י ד"ה ושמין ולדות ונותנין כל: (ג) ד"ה זכיא וכו' בעליהן הן וכשמת: (ד) תוס' ד"ה חמרתא וכו' הכתוב שור מדמי ולדות.

הגהות הגר"א

[א] תוס' ד"ה אטו וולדות כו' ביורשים לא כו' נ"ב וכ"ד ש"פ ורמב"ם חולק (ועבהגר"א סימן תכ"ג ס"ק ז):

גליון הש"ס

גמ' כיצד משלם דמי ולדות. עיין לעיל דף מז ע"א תוספות ד"ה וכן:

עין משפט
נר מצוה

מסורת הש"ס

וּתְנֵי "זָכְתָה". לֵימָא כְּתַנָּאֵי: בַּת יִשְׂרָאֵל שֶׁנִּשֵּׂאת לְגֵר וְנִתְעַבְּרָה מִמֶּנּוּ, וְחָבַל בָּהּ בְּחַיֵּי הַגֵּר נוֹתֵן דְּמֵי וְלָדוֹת לַגֵּר, לְאַחַר מִיתַת הַגֵּר, תָּנֵי חֲדָא חַיָּיב, וְתָנֵי חֲדָא פָּטוּר, מַאי לָאו תַּנָּאֵי נִינְהוּ? לְרַבָּה וַדַּאי תַּנָּאֵי הִיא, אֶלָּא לְרַב חִסְדָּא מִי לֵימָא *תַּנָּאֵי הִיא? ל"ק: הָא רַבָּנַן הָא רשב"ג. אִי רשב"ג, מַאי אִרְיָא לְאַחַר מִיתָה? אֲפִי' מֵחַיִּים נַמִּי אִית לָהּ פַּלְגָּא! מֵחַיִּים אִית לָהּ פַּלְגָּא, לְאַחַר מִיתָה כּוּלֵּיהּ. וְאִיבָּעֵית אֵימָא: הָא וְהָא רשב"ג, כָּאן בְּשֶׁבַח וְלָדוֹת, כָּאן בִּדְמֵי וְלָדוֹת. אָמְרִי: מִשֶּׁבַח וְלָדוֹת לִישְׁמַע דְּמֵי וְלָדוֹת, וּמִדְּרשב"ג לִישְׁמַע לְרַבָּנַן! אָמְרִי: לָא, שֶׁבַח וְלָדוֹת דְּשַׁיְיכָא יָדָהּ בְּגַוַּייהוּ — זָכְיָא בְּהוּ בְּכוּלְּהוּ, דְּמֵי וְלָדוֹת דְּלָא שַׁיְיכָא יָדָהּ בְּגַוַּייהוּ — לָא זָכְיָא בְּהוּ כְּלָל.§ בָּעֵי מִינֵּיהּ רַב יֵיבָא סָבָא מר"נ: הַמַּחֲזִיק בִּשְׁטָרוֹתָיו שֶׁל גֵּר, מַהוּ? מַאן דְּמַחֲזִיק בִּשְׁטָרָא אַדַּעְתֵּיהּ דְּאַרְעָא הוּא דְּמַחֲזִיק, [א]וּבְאַרְעָא הָא לָא אַחְזִיק, *וּשְׁטָרָא נַמִּי לֹא קָנָה, דְּלָאו דַּעְתֵּיהּ אַשְּׁטָרָא. אוֹ דִּלְמָא [ב]דַּעְתֵּיהּ נַמִּי אַשְּׁטָרָא? א"ל: *עֲנִי מוֹרִי, *וְכִי לָצוּר ע"פ צְלוֹחִיתוֹ הוּא צָרִיךְ? א"ל: [ג]לָצוּר וְלָצוּר. אָמַר רַבָּה: [ד]מַשְׁכּוֹנוֹ שֶׁל יִשְׂרָאֵל בְּיַד גֵּר, וּמֵת הַגֵּר, וּבָא יִשְׂרָאֵל אַחֵר וְהֶחֱזִיק בּוֹ — מוֹצִיאִין אוֹתוֹ מִיָּדוֹ; מ"ט? כֵּיוָן דְּמִית לֵיהּ גֵּר, פָּקַע לֵיהּ שִׁעְבּוּדֵיהּ. [ה]מַשְׁכּוֹנוֹ שֶׁל גֵּר בְּיַד יִשְׂרָאֵל וּמֵת הַגֵּר, וּבָא יִשְׂרָאֵל אַחֵר וְהֶחֱזִיק בּוֹ — זֶה קָנָה כְּנֶגֶד מְעוֹתָיו וְזֶה קָנָה אֶת הַשְּׁאָר. וְאַמַּאי? תִּקְנֵי לֵיהּ חֲצֵירוֹ, *דְּהָאָמַר רַבִּי יוֹסֵי בַּר חֲנִינָא: [ו]חֲצֵירוֹ שֶׁל אָדָם קוֹנָה לוֹ שֶׁלֹּא מִדַּעְתּוֹ! אָמְרִי: הָכָא בְּמַאי עָסְקִינַן דְּלֵיתֵיהּ; כָּל הֵיכָא דְּאִיתָא לְדִידֵיהּ, דְּאִי בָּעֵי מִקְנֵי [מָצֵי] קָנֵי — קַנְיָא לֵיהּ [נַמִּי] חֲצֵירוֹ. כָּל הֵיכָא דְּלֵיתֵיהּ לְדִידֵיהּ, דְּאִי בָּעֵי הוּא לְמִיקְנֵי לָא מָצֵי קָנֵי — חֲצֵירוֹ נַמִּי לָא קַנְיָא. [ז]וְהִלְכְתָא: דְּלֵיתֵיהּ בַּחֲצֵירוֹ דְּלָא קָנָה.§ **מתני'** [ח]הַחוֹפֵר בּוֹר בִּרה"י וּפְתָחוֹ לִרה"ר, אוֹ בִּרה"ר וּפְתָחוֹ לִרה"י, בִּרה"י וּפְתָחוֹ לִרה"י אַחֵר — חַיָּיב.§ **גמ'** ת"ר: הַחוֹפֵר בּוֹר בִּרה"י וּפְתָחוֹ לִרה"ר, (*בִּרה"ר וּפְתָחוֹ לִרה"י) — חַיָּיב, וְזֶהוּ בּוֹר הָאָמוּר בַּתּוֹרָה, דִּבְרֵי ר' יִשְׁמָעֵאל; ר"ע אוֹמֵר: [ט]הִפְקִיר רְשׁוּתוֹ וְלֹא הִפְקִיר בּוֹרוֹ — זֶהוּ בּוֹר הָאָמוּר בַּתּוֹרָה. אָמַר רַבָּה: בְּבוֹר בִּרה"ר — כ"ע לָא פְּלִיגֵי דְּמִיחַיֵּיב, מ"ט? אָמַר קְרָא: °"כִּי יִפְתַּח" וְ"כִי יִכְרֶה", *אִם עַל פְּתִיחָה חַיָּיב, עַל כְּרִיָּיה לֹא כָּל שֶׁכֵּן? אֶלָּא, שֶׁעַל עִסְקֵי פְּתִיחָה וְעַל עִסְקֵי כְּרִיָּיה בָּאָה לוֹ; לֹא נֶחְלְקוּ אֶלָּא בְּבוֹר

שמות כא

ותני זכתה. ואין מגיה הברייתא, אלא כלומר: זכה מי שיש לו זכות. **משכונו** של ישראל ביד גר כו' מוציאין אותו מידו. ואפילו משכנו שלא בשעת הלואתו, ואפילו למ"ד בעל חוב קונה משכון. דע"כ אין לו אלא שעבוד עליו, כיון שהיה יכול לפדותו הישראל ולסלקו בדמים.

והלכתא דליתיה בחצר. פ"ה: דאמשכון קאי, דאם איתיה בחצר — קני, אע"פ שאין עומד בצד שדהו. וצריך לומר דאיירי בחצר המשתמרת, דאי בחצר שאין משתמרת — לא קנה אלא אם כן עומד בצד שדהו, כדאיתא בפ"ק דב"מ (דף יא. ושם*). ולמאי דס"ד דאיירי כשהמשכון בחצר ובעל החצר אין כאן — זה אינו כפי המסקנא של ב"מ. ולר"י נראה: דמעיקרא נמי הכי ס"ל דאיירי בחצר שאין משתמרת, ולא קנה אלא אם כן עומד בצד שדהו. וכן משמע נמי מבא זה והחזיק בה — אם כן לא היתה משתמרת אצל זה. והא דקאמר: והלכתא דליתיה בחצר — אבעל חצר קאי, כלומר: שינויא דשנינן שינויא הוא.

החופר בור ברה"י ופתחו לרה"ר. כללא דמילתא בכל הך שמעתתא: בור בתר פתחו אזלינן, דנחשב הבור כאילו הוא במקום שהפתח שם.

ברה"ר ופתחו לרה"י. פירש בקונט': והפקיר רשותו. וה"ה אם מתחילה סמכיה לרה"ר. ולא הוצרך לפרש בהפקיר רשותו אלא משום דמשמע ליה לישנא ד"פתחו לרה"י" — באמצע רה"י, כדמוכח בגמרא, דקתני: ברה"ר ופתחו לרה"י פטור, דמוקי שלא הפקיר לא רשותו ולא בורו. ומעיקרא ס"ד כשהפקיר רשותו ולא בורו, והיינו משום דמשמע ליה "ופתחו לרה"י" — באמצע רה"י.

ברה"י ופתחו לרה"י אחר. פ"ה: שהפקיר רשותו אותה שפי הבור בתוכה. אין נראה שר"ל שפתחו לרה"י של אדם אחר, ובא אותו אדם והפקיר רשותו. שלא היה לו לומר אותה בלשון נקבה. אלא משמע שרוצה לפרש הכל ברשות עצמו. ולשון "אחר" אינו מיושב לפירוש זה. ואין להקשות: אמאי אצטריך למתני: "ברה"י ופתחו לרה"י אחר"? ה"ל למימר: החופר בור ברה"י, ותו לא! דאגב אחריני נקט הכי, ופירש לנו שהבור והפתח הכל עושה ברשותו. ור"י מפרש: ברה"י ופתחו לרה"י אחר — דהיינו שחפר בור ברשות עצמו ופתחו לרשות חבירו. ואצטריך, דלא תימא: פתחו לרה"ר הוא דחייב — דשכיחי רבים (א) ומזקי, אבל ברה"י דליכא למיחש אלא לנזק יחידי — פטור. וכה"ג תניא ב"המניח" (לעיל לג:) גבי המבקע. ולפי פי' ר"י קשה: למה הוא חייב בנזקי בעל חצר אם נפל שורו לבור? כיון שהחופר משלם נזקי החצר — על בעל חצר למלוייה!

ת"ר החופר בור ברה"י ופתחו לרה"ר. וי"ס שכתוב בהן: ברה"ר ופתחו לרה"ר. והכי מתניא בתוספתא (פ"ו). וק"ק: הה"ל למימר: החופר בור ברה"ר. אבל אין להקפיד, משום דקאי אהנך דמתניתין דאיירי שהפתח ברשות אחרת, אצטריך לאשמועינן דאיירי באותו ענין שהבור והפתח במקום אחד ברשות הרבים.

על הברייה לא כ"ש. *במכלתין אמרינן: מכאן שאין עונשין מן הדין. אבל בתלמוד שלנו אין סובר כן, כדפרישית בריש המסכת (דף ב.*). [עיין תוס' לעיל ד': ד"ה ועדים].

בבור

לְרַבָּה וַדַּאי. ע"כ מוֹקֵי לְמִילְּתֵיהּ כְּתַנָּאֵי, דְּהוּא אָמַר חַיָּיב. וְהָא דְּתָנֵי פָּטוּר לָא מָצֵי מוֹקֵי לֵיהּ כְּווֹתֵיהּ, וְע"כ הָכִי מְתָרֵץ: אֲנָא דְּאָמְרִי כְּתַנָּא דִּמְחַיֵּיב. אֶלָּא לְרַב חִסְדָּא מִי לֵימָא. מִי מִיבַּעְיָא לֵיהּ לְאוֹקְמֵיהּ מִילְּתָא בִּפְלוּגְתָּא כְּתַנָּאֵי, וּלְמֵימַר: אֲנָא דְּאָמְרִי כְּתַנָּא דְּפָטַר. אוֹ מָצֵי לְתָרוּצֵי הַאי דְּתָנָא חַיָּיב בְּמִילְּתָא אַחֲרִיתִי, דְּלָא תִּקְשֵׁי לֵיהּ? לָא קַשְׁיָא. כְּלוֹמַר, אָמַר לָךְ רַב חִסְדָּא: תַּרְוַויְיהוּ תַּנָּאֵי כְּווֹתִי קָיְימִי, דְּבִדְמֵי וְלָדוֹת פָּטוּר. וְהָא דְּתַנְיָא חַיָּיב — בְּשֶׁבַח וְלָדוֹת, וְאַלִּיבָּא דְּר"ש, דְּאָמַר אִשָּׁה פַּלְגָּא בְּהוּ, וְהִיא קַיֶּימֶת. וְהָא. דְּתָנֵי פָּטוּר — רַבָּנַן הִיא, דְּאָמְרִי: כּוּלְּהוּ דְּבַעַל, וַהֲרֵי הוּא מֵת, וְזָכָה זֶה מִן הַהֶפְקֵר. אֲבָל רַבָּה לָא מָצֵי לְתָרוּצֵי מִידֵּי, דְּהָא אִיהוּ אָמַר: אִשָּׁה זָכְתָה בְּחֵלֶק בַּעְלָהּ מִן הַהֶפְקֵר, הוֹאִיל וְהִיא הָיְתָה מְעוּבֶּרֶת וּמוּחְזֶקֶת בָּהֶן בִּשְׁעַת מִיתָה. וְאַמַּאי פָּטוּר מִשֶּׁבַח וְלָדוֹת וּדְמֵי וְלָדוֹת? דִּידַהּ נִינְהוּ! מַאי אִרְיָא לְאַחַר מִיתַת. הַגֵּר, דְּתָנֵי חַיָּיב לִיתֵּן לָהּ חֶלְקָהּ. מֵחַיִּים. דְּגֵר. נַמִּי. חַיָּיב לִיתֵּן לָהּ חֶלְקָהּ. לְאַחַר מִיתָה. הַגֵּר. כּוּלֵּיהּ. דְּזָכְיָא בְּחֵלֶק שֶׁבַח וְלָדוֹת שֶׁל בַּעְלָהּ. אָמְרִי. א"כ קַשְׁיָא לְרַב חִסְדָּא. דְּמִשֶּׁבַח וְלָדוֹת הַמַּגִּיעַ חֶלְיוֹ בְּחַיֵּי הַגֵּר לַגֵּר, וְקָאָמַר ר"ש דִּכְשֶׁמֵּת וְהִיא מְעוּבֶּרֶת זָכְתָה הִיא בְּחֶלְקוֹ — נִשְׁמַע דְּזָכְתָה נַמִּי בִּדְמֵי וְלָדוֹת דְּבַעְלָהּ. דְּמַאי שְׁנָא דְּמֵי וְלָדוֹת מִשֶּׁבַח וְלָדוֹת? וּמִדר"ש. דְּאַשְׁמְעִינַן דְּזָכְתָה בְּחֶלְקוֹ — נִשְׁמַע נַמִּי לְרַבָּנַן דְּזָכְתָה בְּכוּלָּן. דְּרַבָּנַן לָא פְּלִיגֵי אֶלָּא בְּמֵחַיִּים, אֲבָל בִּזְכִיָּה דְּמִיתָה — לָא פְּלִיגֵי רַבָּנַן ור"ש. אָמְרִי. לָא דָּמוּ דְּמֵי וְלָדוֹת לְשֶׁבַח וְלָדוֹת. שֶׁבַח וְלָדוֹת. לר"ש, דְּשַׁיְיכָא בְּהוּ מֵחַיִּים בְּפַלְגָּא — כִּי מָיְית זָכְיָא בְּכוּלְּהוּ. בִּשְׁטָרוֹת שֶׁל גֵּר. שֶׁשִּׁיעְבֵּד לוֹ יִשְׂרָאֵל אַחֵר קַרְקְעוֹתָיו. מַהוּ. לִקְנוֹת אֶת הַנְּיָיר. וּשְׁטָרָא נַמִּי לָא קָנֵי. וְאִי אָתָא יִשְׂרָאֵל אַחֵר וְהֶחֱזִיק בָּהּ לָצוּר עַל פִּי צְלוֹחִיתוֹ — קַנְיֵיהּ. עֲנִי מוֹרִי. עֲנֵנִי אֲדוֹנִי. וְכִי לָצוּר עַל פִּי צְלוֹחִיתוֹ. דְּלֶיהֱוֵי דַּעְתֵּיהּ אַשְּׁטָרָא מֵעִיקָּרָא (וְלָאו דַּעְתֵּיהּ אַאַרְעָא). פָּקַע לֵיהּ שִׁעְבּוּדֵיהּ. וְקָם לֵיהּ בִּרְשׁוּתֵי' דְּמָרֵיהּ. דְּלֵיתֵיהּ. שֶׁאֵין הַמַּלְוֶה בָּעִיר. וְהִלְכְתָא. הָא דְּאָמְרִינַן: זֶה קָנָה אֶת הַשְּׁאָר. בִּדְלֵיתֵיהּ. לְמַשְׁכּוֹן בַּחֲצֵירוֹ שֶׁל מַלְוֶה בִּשְׁעַת מִיתַת הַגֵּר. אֲבָל אִיתֵיהּ לְמַשְׁכּוֹן בַּחֲצֵירוֹ — קָנֵי לֵיהּ חֲצֵירוֹ. **מתני'** וּפְתָחוֹ לרה"ר. וכ"ש אִם חָפַר בִּרה"ר וּפְתָחוֹ לִרְשׁוּת הָרַבִּים. וְלָא תֵּימָא דַּוְקָא חוֹפֵר בִּרְשׁוּתֵיהּ, דַּהֲוָה לֵיהּ בּוֹר דְּאִית לֵיהּ בְּעָלִים, אֲבָל חָפַר בִּרה"ר פָּטוּר — דְּהָא תָּנֵי סֵיפָא: הַחוֹפֵר בּוֹר בִּרה"ר וְנָפַל לְתוֹכוֹ כו'. בִּרה"ר וּפְתָחוֹ לִרה"י. דַּהֲוָה לֵיהּ בּוֹר בִּרה"י, וְהִפְקִיר רְשׁוּתוֹ, דְּלָא מָצֵי לְמֵימַר "מַאי בָּעֵית בִּרְשׁוּתִי", וְנָפַל דֶּרֶךְ פִּיו לְתוֹכוֹ. חַיָּיב. דְּקָסָבַר: חִיּוּבָא דְּבוֹר בֵּין בִּרְשׁוּת הָרַבִּים בֵּין בִּרְשׁוּת הַיָּחִיד הִיא, וּבִלְבַד שֶׁיַּפְקִיר רְשׁוּתוֹ. בִּרְשׁוּת הַיָּחִיד וּפְתָחוֹ לִרְשׁוּת הַיָּחִיד. אַף עַל גַּב דְּאֵין כָּאן צַד רְשׁוּת הָרַבִּים. חַיָּיב. וּבִלְבַד אִם הִפְקִיר רְשׁוּתוֹ, אוֹתָהּ שֶׁפִּי הַבּוֹר לְתוֹכָהּ. **גמ'** וּפְתָחוֹ לִרְשׁוּת הָרַבִּים. כֵּיוָן שֶׁהַתַּקָּלָה בִּרְשׁוּת הָרַבִּים, הֲוָה לֵיהּ כְּמִי שֶׁחֲפָרוֹ בִּרה"ר. וְזֶהוּ בּוֹר כו'. לְקַמֵּיהּ מְפָרֵשׁ מַאי זֶהוּ. סְתָם לָא גָּרְסִינַן. כ"ע לָא פְּלִיגֵי דְּמִיחַיֵּיב. ור"ע מוֹדֶה לֵיהּ לְרַבִּי יִשְׁמָעֵאל בְּבוֹר בִּרְשׁוּת הָרַבִּים דְּהוּא אָמוּר בַּתּוֹרָה. אֲבָל רַבִּי יִשְׁמָעֵאל לָא מוֹדֵי לֵיהּ לְרַבִּי עֲקִיבָא בְּבוֹר בִּרְשׁוּתוֹ, דְּקָסָבַר: כִּי אַפְקַרְנָא לָךְ רְשׁוּתִי — לָאו לְאִחַיּוּבֵי אֲנָא בְּהֶיזֵּיקָא אַפְקַרְתֵּיהּ. **אם** עַל פּוֹתֵחַ. שֶׁחֲפָרוֹ אַחֵר וְכִסָּהוּ, וּבָא אַחֵר וְגִילָּהוּ. **בָּאָה** לוֹ. שֶׁאֵין לוֹ חֵלֶק בּוֹ, אֶלָּא שֶׁכְּרָהוּ אוֹ שֶׁפְּתָחוֹ — דְּהַיְינוּ בִּרְשׁוּת הָרַבִּים, שֶׁאֵין הַקַּרְקַע שֶׁלּוֹ.

בַּעַל

תורה אור

לה א ב ג מיי' פ"א מהלכות זכייה ומתנה הלכה ט סמג עשין עג טוש"ע ח"מ סימן רעה סעיף יא:

לו ד מיי' שם פ"ב הל' יד סמג שם טוש"ע ח"מ שם סעיף כז [רב אלפס ב"ב פ"ג דף קפ"ד]:

[ד"ה ה"מ]

גי' רש"ל מי לימא תנאי היא ל"ק כאן בדמי ולדות כאן בשבח ולדות ואב"א הא והא בשבח ולדות ול"ק הא רבנן הא רשב"ג אי רשב"ג מאי ארי' כו' לאחר מיתה כולי' לישנא אחרינא הא והא בשבח ולדות הא רשב"ג והא רבנן ואב"א הא והא רשב"ג וכו' ומהרש"ק כתב וז"ל ל"ק הא רבנן הא רשב"ג ואב"א הא והא רשב"ג כאן בשבח ולדות כאן בדמי ולדות אי רשב"ג מאי ארי' כו' לאחר מיתה כוליה אמרי משבח ולדות לישמע כצ"ל וכן הגיה מהו' שכנא עכ"ל

[ב"מ ז: יג. ב"ב עו:]

לז ה מיי' שם הלכה טו טוש"ע שם סעיף כח [רב אלפס שם]:

לח ו מיי' שם הלכה טז ופ"ד שם הלכה ח ופט"ז מהלכות אבידה הלכה ח ופי"ז הלכה ח סמג שם וסימן עד טוש"ע ח"מ סימן רמג סעיף כא וסימן רסח סעיף ג וסימן רעה סעי' כח [רב אלפס שם]:

לט ז מיי' פ"ב מהלכות זכייה ומתנה הלכה טז סמג עשין עג טוש"ע ח"מ סי' רעה סעיף כח:

מ ח ט מיי' פי"ב מהל' נזקי ממון הלכה ב סמג עשין סח טוש"ע ח"מ סימן תי סעיף ו:

הגהות הב"ח

(א) תום' ד"ה ברה"י וכו' דשכיחי רבים ומתזקי אבל:

גליון הש"ס

תום' ד"ה ברה"י וכו' על בעל חצר למלוייה. עיין לעיל דף כט ע"א תוספות ד"ה פליגי ודף מח ע"א תוספות ד"ה אע"ג:

[עיין תוספות ב"ב נב. ד"ה אדעתא]

[סנהדרין כו: מנחות יז. פא.]

ב"מ יא. קב. קיח. חולין קמא:

ס"א ל"ג

רש"א מ"ז

[לקמן נ. נא.]

[נ"ל במכלתא]

[ד"ה ולא]

בבור ברשותו. ר"ע סבר: *אבור ברשותו נמי חייב, דכתיב: (שמות כא) °"בעל הבור" — בבור דאית ליה בעלים קאמר רחמנא. ור' ישמעאל סבר: בעל התקלה. אלא מאי "זהו בור האמור בתורה" דקאמר ר"ע? זהו בור שפתח בו הכתוב תחלה לתשלומין. ורב יוסף אמר: בבור ברה"י — כולי עלמא לא פליגי דמחייב, מאי טעמא? "בעל הבור" אמר רחמנא, בבור דאית ליה בעלים עסקינן. כי פליגי — בבור ברה"ר; רבי ישמעאל סבר: בבור ברה"ר נמי חייב, דכתיב: "כי יפתח" ו"כי יכרה", *אם על פתיחה חייב, על כרייה לא כ"ש? אלא שעל עסקי פתיחה ועל עסקי כרייה באה לו. ור"ע: הנהו מיצרך צריכי, דאי כתב רחמנא "כי יפתח", הוה אמינא: פותח הוא דסגי ליה בכסוי, כורה לא סגי ליה בכסוי עד דטאים ליה; ואי כתב רחמנא "כי יכרה", הוה אמינא: כרייה הוא דבעי כסוי משום דעבד מעשה, אבל פותח דלא עבד מעשה — אימא כסוי נמי לא בעי, קמ"ל. ואלא מאי "זהו בור האמור בתורה" דקאמר ר' ישמעאל? זהו בור שפתח בו הכתוב תחלה לניזקין. מיתיבי: החופר בור ברה"ר ופתחו לרה"י — פטור, ואף על פי שאינו רשאי לעשות כן, לפי גשאין עושין חלל תחת רה"ר; החופר בורות שיחין ומערות ברשות היחיד ופתחו לרה"ר — חייב; דוהחופר בורות ברה"י הסמוכה לרשות הרבים, כגון אלו ההחופרים לאושין — פטור. ור' יוסי בר' יהודה מחייב, עד שיעשה מחיצה עשרה, או עד שירחיק ממקום דריסת רגלי אדם וממקום דריסת רגלי בהמה ארבעה *טפחים; טעמא דלאושין, הא לאו לאושין — חייב, הא מני? בשלמא לרבה, רישא ר' ישמעאל וסיפא ר"ע. אלא לרב יוסף, בשלמא סיפא דברי הכל, אלא רישא מני? לא רבי ישמעאל ולא ר"ע! אמר לך רב יוסף: כולה דברי הכל היא, ורישא — שלא הפקיר לא רשותו ולא בורו. אמר רב אשי: השתא דאוקימתא לרב יוסף לדברי הכל, לרבה נמי לא תוקמה כתנאי; מדרישא ר' ישמעאל — סיפא נמי ר' ישמעאל, וטעמא דלאושין, הא לאו לאושין חייב — כגון דארווח ארווחי לרה"ר. מיתיבי: החופר בור ברשות היחיד ופתחו לרה"ר — חייב, ברה"י הסמוכה לרה"ר — פטור; בשלמא לרבה — כולה ר' ישמעאל היא. אלא לרב יוסף, בשלמא רישא רבי ישמעאל, אלא סיפא מני? לא ר' ישמעאל ולא ר"ע! אמר לך: בחופר לאושין, ודברי הכל. § *ת"ר: וחפר ופתח ומסר לרבים — פטור, חפר ופתח ולא מסר לרבים — חייב; וכן מנהגו של נחוניא חופר בורות שיחין ומערות, שהיה חופר ופותח ומוסר לרבים, וכששמעו חכמים בדבר, אמרו: קיים זה הלכה זו. הלכה זו ותו לא? אלא אימא: אף הלכה זו. § *תנו רבנן: מעשה בבתו של נחוניא חופר שיחין שנפלה לבור גדול, באו והודיעו את רבי חנינא בן דוסא. שעה ראשונה — אמר להם: שלום, שניה — אמר להם: שלום, שלישית — אמר להם: עלתה. אמרו לה: מי העלך? אמרה להם: זכר של רחלים נזדמן לי וזקן אחד מנהיגו. אמרו לו: נביא אתה? אמר להם: לא נביא אנכי ולא בן נביא אנכי, אלא כך אמרתי: דבר שאותו צדיק מצטער בו יכשל בו זרעו? אמר רבי אחא: אף על פי כן מת בנו בצמא, שנאמר: (תהלים נ) °"וסביביו נשערה מאד", מלמד שהקדוש ברוך הוא מדקדק עם סביביו אפילו כחוט השערה. ר' *נחוניא אמר, מהכא: (שם פט) °"אל נערץ בסוד קדושים רבה ונורא על כל סביביו". אמר ר' חנינא: כל האומר הקב"ה ותרן הוא — יותרו חייו, שנאמר: (דברים לב) °"הצור תמים פעלו כי כל דרכיו משפט". *א"ר חנא, ואיתימא ר' שמואל בר נחמני: מאי דכתיב:

ארך

רש"י

בעל התקלה. ולעולם ברה"ר, אבל ברשותו, אע"פ שהפקיר — פטור, כדפרישית. האי דנקט: ולא הפקיר בורו, דאם הפקיר אף בורו — הוה ליה בור ברה"ר. ומאי זהו דר"ע. בשלמא "זהו" דרבי ישמעאל — למעוטי דר"ע, אלא "זהו" דר"ע למעוטי מאי? הא בור ברה"ר נמי אמור בתורה כדדרשינן! לתשלומין. בור דאית ליה בעלים נאמר אצל תשלומין, כדכתיב: "בעל הבור ישלם". ובור ברה"ר נאמר אצל הניזקין, כדכתיב: "כי יפתח איש וכי יכרה ונפל שמה" וגו'. והכי קאמר ר"ע: אמאי פטרת בבור ברשותו? והלא זהו בור האמור בתורה אצל תשלומין! הנהו מיצרך צריכי. ולעולם ברשות היחיד, והפקיר רשותו ולא בורו, דהוה ליה ממונו שהזיק — חייב, משום דקרינן ביה "בעל הבור". אבל ברה"ר דלאו ממונו הוא — פטור. דטאים. יסתום *וימלא עפר. ומאי זהו דר' ישמעאל. הואיל ולדידיה תרווייהו כתיבי. לנזקין. בור ברה"ר פתח בו הכתוב תחלה כשדבר בנזקו "ונפל שמה שור או חמור" — בור ברשות הרבים דבר בו הכתוב "כי יפתח וכי יכרה ונפל". ואי קשיא: מתני' מני? רבה מוקי לה כר"ע דמחייב אתרווייהו, ורב יוסף מוקי לה כר' ישמעאל. פטור. אם נפל דרך פיו שברשותו. וקס"ד אפילו הפקיר רשותו פטור. אבל אם נפחתה הקמירה שקמר וכסה ברה"ר — חייב, דהאי תנא סבר: חיובא דבור ברה"ר הוא. לאושין. יסוד לחומת ביתו על פני כל רוחב הבית אצל רה"ר. וחבירו בספר עזרא (ד) "ואשיא יחיטו", ובגמרא "נפל אשיתא" (ברכות דף נו.). פטור. והיינו נמי כחופר בור ברשותו, דאית ליה בעלים, והפקיר רשותו, דלא מצי למימר ליה: מאי בעית ברשותי. הכא נמי לא מצי למימר ליה: למה הלכה בהמתך על שפתו — דהא ברשות הרבים היא. וטעמא דלאושין. שדרך לעשות כן, ואינו פושע. הא לאו לאושין חייב. אלמא: בור ברשותו חייב, וקשיא רישא לסיפא. רישא. דקתני: בור ברשותו פטור — ר' ישמעאל. וסיפא. דמיחייב, דדייקינן: הא לאו לאושין חייב — ר"ע. אלא לרב יוסף. דאמר: בור ברשותו דכולי עלמא חייב, רישא דקתני פטור, מני? לא רשותו ולא בורו. דא"ל: ברשותאי מאי בעית? ואצטריך לאשמועי', דאע"ג דאינו רשאי לעשות כן, דאין עושין חלל תחת רשות הרבים — מיהו, הואיל ולרשותו פתחו — פטור. דארווח בה ארווחי לרה"ר. (א) דהוה ליה חופר בור ברה"ר. והלכך, טעמא — דלאושין, הא לאו לאושין — חייב. ברה"י הסמוכה לרה"ר. (ב) כגון מקלה מקום מרשותו לרשות הרבים, דהוה ליה הפקיר רשותו — פטור. ומסר לרבים. דאמר לבני עירו: הבור זה שחפרתי צריך לכם לשתות מי גשמים המתכנסין שם, וראויה לשתות בהמות מהן, הרי הוא מסור לכם. חופר שיחין. לעולי רגלים בדרכים. שעה ראשונה. שעדיין היא ראויה להיות חיה בתוך המים. אמר להם שלום. תעלה. וכן שניה. שלישית. דהוה לה שהות שתמלא נפשה, אם ישנה שם. אמר להן. כבר עלתה ודאי. כדאמרינן לקמן, דפשיטא ליה דלא תמות שם. זכר של רחלים. אילו של יצחק. וזקן מנהיגו. אברהם. מצטער בו. לחפור בורות ומערות לעולי רגלים. עם סביביו. לצדיקים הדבקים בו. נשערה מאד. לשון חוט השערה. ונורא על כל סביביו. מטיל אימת משפטיו עליהם. ותרן. לעבור על כל פשעם. יותרו חייו. יופקרו חייו וגופו, שמורה אל הבריות לחטוא.

ארך

תוספות

בבור ברשותו. פי' בקונט': (ג) דקסבר [ר"י] דכי אפקרינא רשותאי, לא ליחייב אנא בהזיקא אפקריניה. משמע דרוצה לומר אם סמך הבור מתחילה לרה"ר — חייב לכולי עלמא. ואין משמע כן. ועוד, דבסמוך אמר: הא לאו לאושין — חייב, ואוקמה רבה כר"ע. אבל לרבי ישמעאל — משמע דפטור! וי"ל דהיינו טעמא: משום דא"ל: תורך ברשותי מאי בעי? שלא היה לו להתקרב כל כך אצל רשותי שתפול בבור. אמר לך רב יוסף כולה דברי הכל היא. לאו דוקא כולה, אלא רישא וסיפא דאקשי מינייהו. אבל מציעתא דקתני: ברה"י ופתחו לרשות הרבים חייב — לא אתיא אלא כרבי ישמעאל. כגון דארווח ארווחי לרה"ר. והשתא כולה דברי הכל: רישא כשלא הפקיר לא רשותו ולא בורו, וסיפא דארווח ארווחי. ומיהו, רבי יוסי בר יהודה דבעי הרחקה — לא מתוקמא כרבי ישמעאל. דבר שנצטער בו. וא"ת: אכתי מנא ליה? הא מת בנו בצמא! וי"ל: דמ"מ באותו דבר עצמו לא היה ראוי ליכשל. בירושלמי (שקלים פ"ה הל"א ע"ש): מלאך בדמות רבי חנינא נזדמן לה.

ארך

מסורת הש"ס

[לעיל כה.]

[עיין פרש"י לקמן נה: ד"ה עסס]

תוספתא פ"ו

שקלים ה: יבמות קכא: [ע"ש]

[ביבמות איתא חנינא]

ערובין כג. [ע"ש]

[לעיל מט: לקמן נא.]

גי' רש"ל אמות

עין משפט נר מצוה

מא א ב מיי' פי"ב מהלכות נזקי ממון הלכה ב סמג עשין סח טוש"ע ח"מ סי' תי סעיף ו:

מב ג מיי' פי"ג שם הלכה כג סמג שם טוש"ע ח"מ סי' תיז סעיף א וע"ש בהגה"ה:

מג ד ה טוש"ע ח"מ סי' תי סעיף ט:

מד ו מיי' שם הלכה כג סמג שם טור ש"ע שם סעיף ז וסימן תיז סעיף א:

הגהות הב"ח

(א) רש"י ד"ה דארווח בה ארווחי לרה"ר כגון מקלה מקום מרשותו לרה"ר דהוה ליה חופר: (ב) ד"ה ברה"י הסמוכה לרשות הרבים דהוה ליה הפקיר כנ"ל ותיבות כגון מקלה וכו' נמחק. (ג) תום' ד"ה בבור וכו' פי' בקונטרס לעיל דקסבר:

תורה אור

°"אֶרֶךְ אַפַּיִם" וְלָא כְּתִיב "אֶרֶךְ אַף"? אֶרֶךְ אַפַּיִם לַצַּדִּיקִים וְלָרְשָׁעִים.§ ת"ר: אלֹא יְסַקֵּל אָדָם מֵרְשׁוּתוֹ לִרה"ר. *מַעֲשֶׂה בְּאָדָם אֶחָד שֶׁהָיָה מְסַקֵּל מֵרְשׁוּתוֹ לִרה"ר, וּמְצָאוֹ חָסִיד אֶחָד, אָמַר לוֹ: רֵיקָה, מִפְּנֵי מָה אַתָּה מְסַקֵּל מֵרְשׁוּת שֶׁאֵינָהּ שֶׁלְּךָ לִרְשׁוּת שֶׁלְּךָ? לְגַלֵּג עָלָיו. לְיָמִים נִצְרַךְ לִמְכּוֹר שָׂדֵהוּ, וְהָיָה מְהַלֵּךְ בְּאוֹתוֹ רה"ר וְנִכְשַׁל בְּאוֹתָן אֲבָנִים, אָמַר: יָפֶה אָמַר לִי אוֹתוֹ חָסִיד מִפְּנֵי מָה אַתָּה מְסַקֵּל מֵרְשׁוּת שֶׁאֵינָהּ שֶׁלְּךָ לִרְשׁוּת שֶׁלְּךָ.§

מתני' ב*הַחוֹפֵר בּוֹר בִּרה"ר וְנָפַל לְתוֹכוֹ שׁוֹר אוֹ חֲמוֹר – חַיָּיב. גאֶחָד הַחוֹפֵר בּוֹר, שִׁיחַ וּמְעָרָה, חֲרִיצִין וּנְעִיצִין – חַיָּיב. א"כ, לָמָּה נֶאֱמַר בּוֹר? *דמַה בּוֹר שֶׁיֵּשׁ בּוֹ כְּדֵי לְהָמִית – עֲשָׂרָה טְפָחִים, אַף כָּל שֶׁיֵּשׁ בּוֹ כְּדֵי לְהָמִית – עֲשָׂרָה טְפָחִים. ההָיוּ פְּחוּתִין מֵעֲשָׂרָה טְפָחִים, וְנָפַל לְתוֹכוֹ שׁוֹר אוֹ חֲמוֹר וּמֵת – פָּטוּר, וְאִם הוּזַּק בּוֹ – חַיָּיב.§

גמ' *אָמַר רַב: בּוֹר שֶׁחִיְּיבָה עָלָיו תּוֹרָה – לְהֶבְלוֹ וְלֹא לַחֲבָטוֹ. אַלְמָא קָסָבַר: חֲבָטָה, קַרְקַע עוֹלָם הוּא דְּמַזְּקָא לֵיהּ; וּשְׁמוּאֵל אָמַר: ולְהֶבְלוֹ וְכ"ש לַחֲבָטוֹ, וְא"ת: לַחֲבָטוֹ אָמְרָה תּוֹרָה וְלֹא לְהֶבְלוֹ – הַתּוֹרָה הֵעִידָה עַל הַבּוֹר וַאֲפִילּוּ מָלֵא סְפוֹגִין שֶׁל צֶמֶר. מַאי בֵּינַיְיהוּ? אִיכָּא בֵּינַיְיהוּ דַּעֲבַד גּוּבָהּ בִּרה"ר, לְרַב – אַגּוּבָהּ לָא מִיחַיַּיב, לִשְׁמוּאֵל – זאַגּוּבָהּ נַמִי מִיחַיַּיב. מ"ט דְּרַב? דְּאָמַר קְרָא: "וְנָפַל", עַד שֶׁיִּפּוֹל דֶּרֶךְ נְפִילָה. (א) וְלִשְׁמוּאֵל? "וְנָפַל", כָּל דְּהוּ מַשְׁמַע. תְּנַן: א"כ, לָמָּה נֶאֱמַר בּוֹר? מַה בּוֹר שֶׁיֵּשׁ בּוֹ כְּדֵי לְהָמִית – עֲשָׂרָה טְפָחִים, אַף כָּל שֶׁיֵּשׁ בּוֹ כְּדֵי לְהָמִית – עֲשָׂרָה טְפָחִים; בִּשְׁלָמָא לִשְׁמוּאֵל, "אַף כָּל" לְאַתּוּיֵי גּוּבָהּ. אֶלָּא לְרַב, "אַף כָּל" לְאַתּוּיֵי מַאי? לְאַתּוּיֵי חֲרִיצִין וּנְעִיצִין. חֲרִיצִין וּנְעִיצִין בְּהֶדְיָא קָתָנֵי לְהוּ! תָּנֵי וַהֲדַר מְפָרֵשׁ. וְהָנֵי כּוּלְּהוּ דְּקָתָנֵי לָמָּה לִי? צְרִיכָא; דְּאִי תְּנָא בּוֹר, הֲוָה אָמִינָא: בּוֹר עֲשָׂרָה הוּא דְּאִית בֵּיהּ הַבְלָא, מִשּׁוּם דְּקָטִין וּכְרִיכָא, אֲבָל שִׁיחַ דַּאֲרִיךְ – אֵימָא בַּעֲשָׂרָה לֵית בֵּיהּ הַבְלָא; וְאִי תְּנָא שִׁיחַ, הֲוָה אָמִינָא: שִׁיחַ עֲשָׂרָה הוּא דְּאִית בֵּיהּ הַבְלָא, מִשּׁוּם דְּקָטִין, אֲבָל מְעָרָה דִּמְרַבְּעָא – אֵימָא בַּעֲשָׂרָה לֵית בָּהּ הַבְלָא; וְאִי תָּנֵי מְעָרָה, הֲוָה אָמִינָא: מְעָרָה בַּעֲשָׂרָה הוּא דְּאִית בָּהּ הַבְלָא, מִשּׁוּם דְּמִטַּלְּלָא, אֲבָל חֲרִיצִין דְּלָא מִטַּלְּלֵי – אֵימָא בַּעֲשָׂרָה לֵית בְּהוּ הַבְלָא; וְאִי תְּנָא חֲרִיצִין, הֲוָה אָמִינָא: חֲרִיצִין עֲשָׂרָה הוּא דְּאִית בְּהוּ הַבְלָא, מִשּׁוּם דְּלֵית בְּהוּ רְוִיחָא מִלְּעֵיל טָפֵי מִתַּתַּאי, אֲבָל נְעִיצִין דִּרְוִיחֵי מִלְּעֵיל טְפֵי מִתַּתַּאי – אֵימָא בַּעֲשָׂרָה לֵית בְּהוּ הַבְלָא, קמ"ל.§ תְּנַן: הָיוּ פְּחוּתִין מֵעֲשָׂרָה טְפָחִים וְנָפַל לְתוֹכוֹ שׁוֹר אוֹ חֲמוֹר וּמֵת – פָּטוּר, וְאִם הוּזַּק בּוֹ – חַיָּיב; נָפַל לְתוֹכוֹ שׁוֹר אוֹ חֲמוֹר וּמֵת – פָּטוּר, מ"ט? לָאו מִשּׁוּם דְּלֵית בֵּיהּ חֲבָטָה? לָא, מִשּׁוּם דְּלֵית בֵּיהּ הַבְלָא. אִי הָכִי, אִם הוּזַּק בּוֹ – חַיָּיב? הָא לֵית בֵּיהּ הַבְלָא! אָמְרִי: אֵין הַבְלָא לְמִיתָה, וְיֵשׁ הַבְלָא לְנֶזֶק. הַהוּא תּוֹרָא דִּנְפַל לְאַרִיתָא דְּדַלָּאֵי, שַׁחְטֵיהּ מָרֵיהּ, טַרְפֵיהּ רַב נַחְמָן. אָמַר רַב נַחְמָן: אִי שָׁקֵיל מָרֵיהּ דְּהַאי תּוֹרָא קַבָּא דְּקִמְחָא, וַאֲזַל תְּנָא בֵּי מִדְרְשָׁא: חאִם שֶׁהָתָה מֵעֵת לְעֵת כְּשֵׁרָה – לָא אַפְסְדֵיהּ לְתוֹרָא דְּשָׁוֶה כַּמָּה קַבֵּי. אַלְמָא קָסָבַר ר"נ: יֵשׁ חֲבָטָה בִּפְחוּת מֵעֲשָׂרָה. אֵיתִיבֵיהּ רָבָא לְרַב נַחְמָן: הָיוּ פְּחוּתִין מֵעֲשָׂרָה טְפָחִים, וְנָפַל לְתוֹכוֹ שׁוֹר אוֹ חֲמוֹר וּמֵת – פָּטוּר; מַאי טַעְמָא? לָאו מִשּׁוּם דְּלֵית בֵּיהּ חֲבָטָה?

לָא

רש"י

אֶרֶךְ אַף. מַשְׁמַע: מַאֲרִיךְ רוֹגֶז וּמַמְתִּין מִלִּיפָּרַע. "אֶרֶךְ אַפַּיִם" מַשְׁמַע: שְׁנֵי רְצוֹנִים, אַחַת שֶׁל טוֹבָה וְאַחַת שֶׁל רָעָה. לַצַּדִּיקִים. מְשַׁלֵּם שָׂכָר טוֹב לְאַלְתַּר. וְלָרְשָׁעִים. מִלִּפָּרַע מֵהֶן לְאַלְתַּר. לֹא יְסַקֵּל. לְפַנּוֹת אֲבָנִים. מֵרְשׁוּת שֶׁאֵינָהּ שֶׁלְּךָ. שֶׁמָּא אַתָּה עָתִיד לְמוֹכְרָהּ. לִרְשׁוּת שֶׁלְּךָ. רְשׁוּת הָרַבִּים כָּל יָמָיו הוּא שֶׁלּוֹ. לְגַלֵּג עָלָיו. לֹא הָיָה מַכִּיר טַעֲמוֹ שֶׁל דָּבָר. **מתני'** חֲרִיצִין וּנְעִיצִין. בּוֹר – עָגוֹל הוּא, שִׁיחַ – אֲרוּכָּה וּקְצָרָה, מְעָרָה – מְרוּבַּעַת וּמְכוּסָּה בְּקֵרוּי, אֶלָּא שֶׁיֵּשׁ לָהּ פֶּה. חֲרִיצִין – רְחָבִין וּמְרוּבָּעִין כִּמְעָרָה וְאֵינָן מְקוּרִין, אֶלָּא כָּל פִּיו פָּתוּחַ. נְעִיצִין. קְצָרִין מִלְּמַטָּה וּרְחָבִין מִלְמַעְלָה. סְתָם בּוֹר עֲשָׂרָה טְפָחִים. מַה בּוֹר שֶׁיֵּשׁ בּוֹ כְּדֵי לְהָמִית. דְּהַיְינוּ י' טְפָחִים. **גמ'** לְהֶבְלוֹ. מִשּׁוּם דַּעֲבַד לֵיהּ הֶבֶל לַבּוֹר, וְלֹא מִשּׁוּם חֲבָטוֹ. קַרְקַע עוֹלָם. וְאֵינוֹ שֶׁלּוֹ. שְׁמוּאֵל אָמַר לְהֶבְלוֹ. חִיְּיבָה תּוֹרָה, כִּדְקָאָמְרִינָן, וְאַע"ג דְּהַבְלָא מִמֵּילָא אָתֵי לֵיהּ. וְכ"ש לַחֲבָטוֹ, דְּאִיהוּ עֲבַד לֵיהּ חֲבָטָה. וְאִם תֹּאמַר. דַּוְקָא לַחֲבָטוֹ וְלֹא לְהֶבְלוֹ, דְּהָא מִמֵּילָא הוּא, וְאִיהוּ לָא עַבְדֵיהּ. הַתּוֹרָה הֵעִידָה עַל הַבּוֹר. דִּכְתִיב "בּוֹר" סְתָם. וַאֲפִילּוּ מָלֵא סְפוֹגִין שֶׁל צֶמֶר. דְּלֵיכָּא חֲבָטָה. מַאי בֵּינַיְיהוּ. מִכְּדֵי הֵיכָא דְּמֵת בּוֹ, בֵּין לְרַב בֵּין לִשְׁמוּאֵל – חַיָּיב. וַאֲפִילּוּ נִבְקַעַת כְּרֵיסוֹ אוֹ נִשְׁבְּרָה מַפְרַקְתּוֹ מְחַיֵּיב נַמִי רַב, דְּאִיכָּא לְמֵימַר הַבְלָא נַמִי קַטְלְתֵּיהּ. וַאֲפִי' נִשְׁבְּרָה רַגְלוֹ וְכִיחֵשׁ – אִיכָּא לְמֵימַר מֵחֲמַת הֶבֶל הַבּוֹר חָלָה וְכִיחֵשׁ. מַה לִּי אִי טַעְמָא דְּחִיּוּבָא מִשּׁוּם חֲבָטָה, מַה לִּי מִשּׁוּם הֶבֶל? דַּעֲבַד גּוּבָהּ. תֵּל גָּבוֹהַּ עֲשָׂרָה בִּרה"ר, וְעָלָה שָׁם שׁוֹר וְנָפַל. דְּהָכָא לֵיכָּא הַבְלָא אֶלָּא חֲבָט. דֶּרֶךְ נְפִילָה. בְּעוֹמֶק מַשְׁמַע וְעַל פָּנָיו. תָּנֵי. חֲרִיצִין וּנְעִיצִין בְּרֵישָׁא. וַהֲדַר מְפָרֵשׁ. מֵהֵיכָא נָפְקֵי. דְּקָטִין וּכְרִיכָא. קָצָר וְעָגוֹל. אֲבָל חֲרִיצִין. דִּרְחָבִין, וְלָא מִטַּלְּלֵי – אֵימָא לָא. לָאו מִשּׁוּם דְּלֵית בֵּיהּ חֲבָט. וְאַע"ג דְּאִית בֵּיהּ הֶבֶל, וְקַשְׁיָא לְתַרְוַיְיהוּ. לָא מִשּׁוּם דְּלֵית בֵּיהּ הַבְלָא. וְכ"ש דַּחֲבָטָה לֵית לֵיהּ. לְנִזָּקִין. חָלָה מֵחֲמַת הֶבֶל וְכִיחֵשׁ. אֲרִיתָא. יְאוֹר. דְּדַלָּאֵי. מַשְׁקֶה שָׂדוֹת, וְהִיא עֲמוּקָּה אַמָּה. וּלְפִיכָךְ הִיא נִקְרֵאת אַמַּת הַמַּיִם, דַּעֲמוּקָּה אַמָּה וּרְחָבָה אַמָּה. טְרָפֵיהּ רַב נַחְמָן. מִשּׁוּם רִיסוּקֵי אֵבָרִים, דְּהִיא אַחַת מִי"ח טְרֵיפוֹת, דִּתְנַן (חולין דף מג.): נָפְלָה מִן הַגַּג, וְאַע"פ דְּלָא חָזֵינַן בֵּיהּ מַכָּה אֶלָּא שֶׁאֵין יָכוֹל לַעֲמוֹד. וְאָמְרִינַן הָתָם (דף נא:): אִם שֶׁהָתָה מֵעֵת לְעֵת וּשְׁחָטָהּ – כְּשֵׁרָה, וְאִם עָמְדָה וְהָלְכָה – אֵינָהּ צְרִיכָה מֵעֵת לְעֵת. וְשׁוֹר זֶה לֹא עָמַד. קַבָּא דְּקִמְחָא. לְהוֹצָאוֹתָיו עַד שֶׁיֵּלֵךְ לִפְנֵי חֲכָמִים לִשְׁאוֹל, וְיוֹרוּהוּ אִם שֶׁהָתָה מֵעֵת לְעֵת וּשְׁחָטָהּ כְּשֵׁרָה. לָא אַפְסִיד. שֶׁהָיָה מַמְתִּין.

לָא

תוספות

ארך אפים לצדיקים ולרשעים. ב"עושין פסין" (עירובין דף כב. ושם) משמע לרשעים – להאבידם מן העוה"ב. וב"חלק" (סנהדרין דף קיא.) משמע לטובה. וי"ל: כשאין סופו לעשות תשובה – הוא לרעה, אבל בסופו לעשות תשובה – הוא לטובה. **איכא** בינייהו דעבד גובה. ה"נ הוי מצי למימר דנפל דרך אחוריו, דלרב לא מיחייב אלא דרך פניו דאיכא הבל. אי נמי: בבור שרחבה יותר על עומקה דליכא הבל, כדאמרינן (לקמן נא:). וחדא נקט. **לשמואל** אגובה נמי מיחייב. ע"כ בנתקל בגובה ונחבט בקרקע. דאי בנחבט בגובה – מודה רב דחייב, כמו באבנו וסכינו ומשאו, דאמר (לעיל דף ג.): אי דאפקריה – בין לרב בין לשמואל היינו בור. והיינו משום דחבטה דידיה הוא. וקשה דבנתקל בגובה ◎ונחבט בקרקע מודה שמואל דפטור, דקרקע עולם הזיקתו, כדמוכח לקמן (דף נג.), אמר שמואל: היכי דמי לאחוריו דפטור – כגון שנתקל בבור ונפל אחורי הבור! וי"ל: כגון דעבד גובה ה' טפחים, וסביב הגובה חפר בעומק ה' טפחים, ונתקל בגובה ונחבט בעומק בור. א"נ: דוקא התם גבי נפל מקול הכרייה פטר שמואל, שקול הכרייה גרם לו ליפול, וחבטה נמי לא גרם לו מעשיו, שנחבט בקרקע שחוץ לבור. ואין להקשות: דליחייב בעל הבור החצי, שעשה חצי התקלה. ובכל נמי ליחייב דהא מוקי לה כרבי נתן, דכי ליכא לאישתלומי מהאי משתלם מהאי! י"ל: דקסבר שמואל שאין לחייב בעל הבור לעולם, אפי' לרבי נתן, אלא כשעשה כל התקלה – אז יתחייב בעל הבור כשנחבט, ואפי' נחבט בקרקע עולם, או כשעשה ההיזק אע"ג שלא עשה התקלה. אבל בחצי התקלה לא יתחייב בור כשנחבט בקרקע עולם. ולפי זה אתי שפיר הא דמשמע לקמן (שם) נתקל באבן ונפל לבור, דמחייב בעל האבן, אע"ג דהאי בור לאו איהו כרייה. **תני** והדר מפרש. פי': תני והדר מפרש מהיכא נפקא לן. **אם** שהתה מעת לעת ושחטה כשירה. בפרק "אלו טריפות" (חולין נא: ושם) אומר: עמדה – אין צריכה מעת לעת, בדיקה ודאי בעי. הלכה – אפילו בדיקה לא בעי. אבל כששהתה מעת לעת אין להוכיח משם אי בעי בדיקה אי לא. ומתוך ה"ג משמע דבעי בדיקה, שפירש: אנן לא בקיאינן בבדיקה, ולדידן בעי י"ב חדש.

אמרי

עין משפט נר מצוה

מה א מיי' פי"ג מהל' נזקי ממון הל' כג סמג עשין סח טוש"ע ח"מ סי' תיז סעיף א:

מו ב מיי' שם פי"ב הלכה א סמג שם טוש"ע ח"מ סי' תי סעיף ו:

מז ג ד ה מיי' שם הל' י טוש"ע שם סעיף י:

מח ו מיי' שם הל' א וי"ד טוש"ע שם סעיף יז:

מט ז מיי' שם הל' טו טוש"ע שם סעיף יח:

נ ח מיי' פ"ט מהלכות שחיטה הלכה יט סמג עשין סג טוש"ע י"ד סי' נח סעיף ג:

גליון הש"ס

תוס' ד"ה לשמואל וכו' ונחבט בקרקע מודה שמואל. עיין לעיל דף כח ע"ב תוספות ד"ה ונשוף:

מסורת הש"ס

עירובין כב. סנהדרין קיא.

שמות לד

[תוספת' ספ"ב]

לעיל כט:

לקמן נא. סנהדרין מה.

לקמן נג. כז.

הגהות הב"ח

(א) גמ' דרך נפילה ושמואל ונפל:

לא, משום דלית ביה הבלא. אי הכי (א) "הוזק בו חייב", הא לית ביה הבלא! אמר ליה: אין הבל למיתה, ויש הבל לנזקין. איתיביה: *אבית הסקילה היה גבוה שתי קומות, ותני עלה: וקומה שלו, הרי כאן שלש; ואי סלקא דעתך יש חבטה בפחות מי', למה לי כולי האי? ולטעמיך, נעביד עשרה! אלא כר"נ, דאמר ר"נ אמר רבה בר אבוה, *אמר קרא: °"ואהבת לרעך כמוך", ברור לו מיתה יפה. אי הכי, נגבה טפי! משום דמינוול. איתיביה: °"כי יפול הנופל ממנו", "ממנו" — ולא (ב) בתוכו, כיצד? בהיתה רה"ר גבוה ממנו עשרה טפחים ונפל מתוכה לתוכו — פטור, עמוקה ממנו עשרה טפחים ונפל מתוכו לתוכה — חייב; ואי ס"ד יש חבטה בפחות מי', למה לי עשרה? א"ל: שאני בית, דכל פחות מעשרה לאו בית הוא. אי הכי, השתא נמי דהוי מאבראי עשרה, דל מיניה תקרה ומעזיבה, מגואי לא הוי עשרה! א"ל: כגון דחק מגואי. אי הכי, כי לא הוי נמי מאבראי עשרה, משכחת לה דהוי מגואי עשרה, כגון דחק בה טפי! אלא, היינו טעמא דר"נ, סבר: גמכריסא דתורא לארעא כמה הוי? ארבעה, אריתא דדלאי פמות הוי? שיתא, הא עשרה, דאישתכח דכי קא מחבט — מעשרה הוא דקא מחבט. אלא מתני' דקתני: מה בור שהוא כדי להמית — י' טפחים, אף כל שיש בו כדי להמית — י' טפחים, בשיתא נמי סגיא! אמרי: מתני' — דאיגנדר לבור. §

מתני' הבור של שני שותפין, עבר עליו הראשון ולא כסהו, והשני ולא כסהו — *השני חייב. §

גמ' אמרי: בור של שני שותפין היכי משכחת לה? הניחא אי סבירא לן כר"ע, *דאמר בור ברשותו חייב, משכחת לה בחצר של שניהם ובור של שניהם, והפקירו רשותן ולא הפקירו בורן. אלא אי סבירא לן בור ברשותו פטור, היכי משכחת לה דחייב עליה — ברה"ר, וברה"ר בור של שני שותפין היכי משכחת לה? אי דשוו שליח תרווייהו, ואמרי ליה: זיל כרי לן, ואזל כרה להו — *ואין שליח לדבר עבירה. ואי דכרה האי חמשה והאי חמשה — נסתלקו להו מעשה ראשון! הניחא לרבי ולנזקין משכחת לה. אלא לרבי ולמיתה, ולרבנן בין למיתה בין לנזקין, היכי משכחת לה? אמר רבי יוחנן: כגון שעקרו שניהן חוליא בבת אחת והשלימו לעשרה. מאי רבי ומאי רבנן? דתניא: *אחד החופר בור תשעה, ובא אחר והשלימה לעשרה — האחרון חייב; רבי אומר: אחר אחרון למיתה, ואחר שניהם לנזקין. מאי טעמא דרבנן? דאמר קרא: °"כי יפתח" ו"כי יכרה", *אם על פתיחה חייב, על כרייה לא כל שכן! אלא, להביא כורה אחר כורה שסילק מעשה ראשון. ורבי אמר לך: הנהו מיצרך צריכי, כדאמרינן. ורבנן נמי, מיצרך צריכי! אלא היינו טעמא דרבנן, אמר קרא: "כי יכרה איש בור", אחד ולא שנים. ורבי? ההוא מיבעי ליה: "כי יכרה איש בור" — ולא שור בור. ורבנן? תרי "איש בור" כתיבי. ורבי? *איידי דכתב האי כתב האי. וממאי דלחיובי בתרא? דלמא לחיובי קמא! לא סלקא דעתך, דאמר קרא: °"והמת יהיה לו", ההוא דקא עביד מיתה. והאי "והמת יהיה לו" מבעי ליה לכדרבא, *דאמר רבא: ישור פסולי המוקדשין שנפל לבור — פטור, שנאמר: "והמת יהיה לו", במי שהמת שלו! אמרי: ולאו ממילא שמעת מינה דבההוא דעבד מיתה עסקינן? § ת"ר: חאחד החופר בור עשרה, ובא אחר והשלימה לכ', ובא אחר והשלימה לשלשים — כולן חייבין. ורמינהו: אחד החופר בור עשרה, ובא אחר וסייד וכייד — האחרון חייב. לימא

תורה אור: ויקרא יט | דברים כב | שמות כא | שם

רש"י

לא משום דלית ביה הבלא. אבל חבטה אית ביה, ואפ"ה פטור – כרב. ולטעמיך נעביד י'. דהא בעשרה מיהא מודית דיש חבטה. מיתה יפה. שימות מהר. דמינוול. שנעשה חברים. ממנו ולא לתוכו. בית גבוה מרה"ר, שראוי ליפול ממנו לרה"ר – חייב במעקה. ולא בית עמוק מרה"ר, שהנופל נופל על גגו. גבוה ממנו י' טפחים ונופל מתוכה לתוכו. כלומר: שהנופל נופל מתוך רה"ר לתוכו על גגו. פטור. מן המעקה. ונפל מתוכו לתוכה. כלומר, שהנופל נופל מגגו לרה"ר. חייב. במעקה. למה לי. בית גבוה י', דמשמע הא בציר מהכי פטור ממעקה. לאו בית הוא. ותורה לא חייבה במעקה אלא בית, ואע"ג דיש חבטה. אי הכי. דטעמא משום דאינו קרוי בית הוא, אמאי קתני עמוקה ממנו י' טפחים חייב, כי הוי נמי עשרה נגד רה"ר? דל תקרה ומעזיבה לא הוי גואי י'. ולא חזי לדירה ולא הוי בית. משכחת לה. דהוי בית. דחק ליה מגוואי. עד דהוי מגוואי י' טפחים, והוי בית וחייב. אלא. טעמא ודאי משום דאין חבטה פחות מעשרה הוא, ולרב נחמן לא תקשי, דקסבר ר"נ כו'. דאיגנדר. שוכב היה ונתגלגל ונפל. מתני' השני חייב. והראשון פטור. ובגמרא מוקי לה כשהניחו ראשון לשני משתמש ודולה כשהלך לו. גמ' אין שליח לדבר עבירה. להתחייב שולחו, אלא שליח מיחייב. וסברא הוא, דאמרי' ליה: דברי הרב ודברי התלמיד דברי מי שומעין? הניחא לרבי. דאמר לקמן: אחר שניהן לנזקין. ובנזקין משכחת לה. דתרווייהו מיחייבי. אלא לרבי ולמיתה. דבמיתה מודה דאחרון חייב, ולא ראשון, היכי משכחת לה? שעקרו שניהם. שחפר האחד תשעה, ובא חבירו וסייעו, ועקרו בבת אחת חוליא מקרקעותיו. והשלימה לעשרה. דאין כאן אחרון (*לנזקין), דתרווייהו כי הדדי משוו ליה בור, ובין לרבי ובין לרבנן חייבין במיתה, וכ"ש בנזקין. מיצרך צריכי. כדאמרן לעיל בפירקין (דף נ.). אחד ולא ב'. מעטיה קרא לראשון, כדמפרש לקמיה. וכי מעטיה – לנזקין מעטיה, דאי ממיתה – לא אצטריך קרא, דהא לא עבד שיעור מיתה. שור פסולי המוקדשין. כגון בכור בעל מום שהוא של כהן, (ג) דקרינן ביה "שור רעהו", או שור קרבן שנפל בו מום ונפדה, דקרינא ביה "שור רעהו". ואפ"ה לענין בור – פטור, דכתיב: "והמת יהיה לו" – מי שראוי לו להאכיל נבילתו לכלבים, יצא זה כו'. דהכי אמרינן בבכורות (דף טו.) גבי פסולי המוקדשין שנפדו: "תזבח" – ולא גיזה, "בשר" – ולא חלב, "ואכלת" – ולא לכלביך. אבל שור שנגחו – חייב, כדמפרש לקמיה בפירקין. ולהכי נקט פסולי המוקדשים, דאילו קדשים תמים מאי איריא בור? אפי' שור שנגחו נמי פטור, דכתיב: "שור רעהו" ולא שור הקדש. לאו ממילא כו'. כלומר: תרתי שמעת מיניה. סייד וכייד. שמתחילה רחב היה, ולא היה בו הבל כל כך. וזה שסיידו – קצרו. כייד. עשה בו ציורין בכתלים בטיח הסיד שטח בו.

לימא

תוספות

אמרי אין הבל למיתה כו'. והמקשה היה סובר דלענין חבט שייך שפיר אין חבט למיתה אבל יש חבט לנזקין, אבל לענין הבל היה סובר דאי יש הבל למיתה יש הבל לנזקין, ואי אין הבל למיתה — לנזקין נמי אין הבל. נעביד פחותה מעשרה. והשתא מדמה טריפות דאדם לטריפות דבהמה, וכן ב"אלו טריפות" (חולין דף מג. ושם) ומייתי ראיה מאיוב. וקשה לר"ת דמחלק ביניהם*. בור של שני שותפין היכי משכחת לה. ולא בעי למימר שהפקירו רשותן ובורן, דפטור לכולי עלמא כדפרישית ב"המניח" (לעיל דף כח: ושם) ולא דמי למימר כגון שחפר זה עשרה וזה עשרים, דאמר לקמן דכולם חייבין — דאבור עשרה דמתניתין קאי. האחרון חייב. דוקא הוא, בשביל שהידש מיתה שלא היה מתחילה. אבל ראשון ח' וזה ט' — כולם חייבין בנזקין, כמו זה י' וזה עשרים. בור י' ובא אחר והשלימו לעשרים. והוא הדין לי"א, למאי דפריך עלה מסייד וכייד. ומשני: הא רבי והא רבנן.

שלא

מסורת הש"ס

סנהדרין מה. | [סנהדרין מה. נב. פסחים עה. כתובות לז:] | גי' הרי"ף והרמב"ם הראשון חייב לעיל נ. | [קדושין מב: וש"נ] | ס"א ל"ג | לעיל י. | [לעיל מט: נ] | לעיל מח. | [יבמות נב: וש"נ] | לקמן נג: נד.

עין משפט נר מצוה

נא א מיי' פט"ו מהל' סנהדרין הל' א סמג עשין קב:

נב ב מיי' פי"א מהל' רוצח הלכה ג סמג עשין עט טוש"ע ח"מ סי' תכז סעיף ז:

[עיין תוספות עירובין ז. ד"ה כגון ותוספות זבחים קטז. ד"ה ודלמא ותוספות גיטין ט. ד"ה וניקר ותוספות חולין מב: ד"ה ואמר ותוספות בכורות לז: ד"ה כדין]

נג ג ד טוש"ע י"ד סי' נח סעיף א ועי' בכ"מ פ"ט מהלכות שחיטה הלכה ח:

נד ה מיי' פי"ב מהל' נזקי ממון הלכה ז סמג עשין סז טוש"ע ח"מ סי' תי סעיף כה:

נה ו מיי' פ"ז מהלכות מעילה הל' ב טוש"ע ח"מ. שם סעיף ח:

נו ז מיי' פי"ב מהלכות נזקי ממון הלכה יז:

נז ח מיי' שם הל' יב סמג עשין סז טוש"ע ח"מ סי' תי סעיף יד:

הגהות הב"ח

(א) גמ' אי הכי ואם הוזק בו כל"ל: (ב) שם ממנו ולא לתוכו כיצד וכו' ונופל מתוכה וכו' ונופל מתוכו: (ג) רש"י ד"ה שור פסולי וכו' של כהן (דקרינא ביה שור רעהו) תא"מ ונ"ב עיין רש"י לקמן דף נג ע"ב:

גליון הש"ס

גמרא אין שליח לדבר עבירה. עיין במ"ל פ"ב מהלכות רוצח הלכה ב ובטורי אבן חגיגה דף י ד"ה וכי זה חוטא: שם כי יכרה איש בור ולא שור בור. לעיל דף יט ע"ב: תוס' ד"ה בור י' וכו' וה"ה לי"א. עיין לעיל דף י ע"ב תוס' ד"ה מאי קעביד:

לֵימָא הָא רַבִּי וְהָא רַבָּנַן? אָמַר רַב זְבִיד: הָא וְהָא רַבָּנַן; עַד כָּאן לָא קָאָמְרִי רַבָּנַן אַחֲרוֹן חַיָּיב — אֶלָּא הֵיכָא דְּלָא עֲבַד קַמָּא שִׁיעוּר מִיתָה, אֲבָל הֵיכָא דַּעֲבַד קַמָּא שִׁיעוּר מִיתָה, אֲפִילּוּ רַבָּנַן מוֹדוּ דְּכוּלָּן חַיָּיבִין. וְהָא סַיֵּיד וְכַיֵּיד, דְּקָא עֲבַד קַמָּא שִׁיעוּר מִיתָה, וְקָתָנֵי: אַחֲרוֹן חַיָּיב! אָמְרִי: הָתָם שֶׁלֹּא הָיָה בּוֹ הֶבֶל לְמִיתָה, וּבָא אַחֵר וְהוֹסִיף בָּהּ הֶבֶל לְמִיתָה. אִיכָּא דְּאָמְרִי, אָמַר רַב זְבִיד: הָא וְהָא רַבִּי; הַךְ דְּקָתָנֵי "כּוּלָּן חַיָּיבִין" — שַׁפִּיר, הָא דְּקָתָנֵי "אַחֲרוֹן חַיָּיב" — כְּגוֹן שֶׁלֹּא הָיָה בּוֹ הֶבֶל לֹא לְמִיתָה וְלֹא לִנְזָקִין, וּבָא אַחֵר וְהוֹסִיף בּוֹ הֶבֶל בֵּין לְמִיתָה בֵּין לִנְזָקִין. אָמַר רָבָא: [א]הִנִּיחַ אֶבֶן עַ"פ הַבּוֹר וְהִשְׁלִימָהּ לַעֲשָׂרָה, בָּאנוּ לְמַחֲלוֹקֶת רַבִּי [ב]וְרַבָּנַן. פְּשִׁיטָא! מַהוּ דְּתֵימָא, לְמַטָּה הוּא דְּהַבְלָא דִּידֵיהּ קָא קָטֵיל לֵיהּ, אֲבָל לְמַעְלָה דְּלָא הַבְלָא דִּידֵיהּ קָא קָטֵיל — אֵימָא לָא, קמ"ל. בָּעֵי רָבָא: טַם טֶפַח וְסִילֵּק אֲבָנָיו, מַהוּ? מִי אָמְרִינַן מַאי דַּעֲבַד שַׁקְלֵיהּ, אוֹ דִּלְמָא נִסְתַּלְּקוּ מַעֲשֵׂה רִאשׁוֹן וְקָמָה לֵיהּ כּוּלֵּיהּ בִּרְשׁוּתֵיהּ? [ג]תֵּיקוּ.§ אָמַר רַבָּה בַּר בַּר חָנָה אָמַר שְׁמוּאֵל בַּר מָרְתָא: [ד]בּוֹר שְׁמוֹנָה וּמֵהֶן שְׁנֵי טְפָחִים מַיִם — חַיָּיב; מ"ט? כָּל טֶפַח דְּמַיָּא, כִּתְרֵי דְּיַבָּשָׁה דָּמֵי. אִיבַּעְיָא לְהוּ: בּוֹר תִּשְׁעָה וּמֵהֶן טֶפַח אֶחָד מַיִם, מַהוּ? מִי אָמְרִינַן כֵּיוָן דְּלָא נְפִישִׁי מַיָּא לֵית בֵּיהּ הַבְלָא, אוֹ דִּלְמָא כֵּיוָן דַּעֲמִיק טְפֵי אִית בֵּיהּ הַבְלָא? בּוֹר שִׁבְעָה וּמֵהֶן שְׁלֹשָׁה טְפָחִים מַיִם, מַהוּ? מִי אָמְרִינַן כֵּיוָן דִּנְפִישִׁי מַיִם טְפֵי אִית בֵּיהּ הַבְלָא, אוֹ דִּלְמָא כֵּיוָן דְּלָא עֲמִיקָא לֵית בֵּיהּ הַבְלָא? [ה]תֵּיקוּ.§ בְּעָא מִינֵּיהּ רַב שֵׁיזְבִי מֵרַבָּה: הִרְחִיבָהּ, מַהוּ? א"ל: הֲרֵי מִיעֵט הַבְלָא. א"ל: אַדְּרַבָּה, הֲרֵי קֵירֵב הֶזֵּיקָא! אֶלָּא אָמַר רַב אַשִׁי: נֶיחֱזֵי אֲנַן, [ו]אִי בְּהַבְלָא מָיֵית — הֲרֵי מִיעֵט הַבְלָא, אִי בַּחֲבָטָה מָיֵית — הֲרֵי קֵירֵב הֶזֵּיקָא. אִיכָּא דְּאָמְרִי, אָמַר רַב אַשִׁי: נֶיחֱזֵי אֲנַן, [ז]אִי מֵהַהִיא גִּיסָא נָפַל — הֲרֵי קֵירֵב הֶזֵּיקָא, וְאִי מֵאִידָךְ גִּיסָא נָפַל — הֲרֵי מִיעֵט הַבְלָא.§ אִיתְּמַר: בּוֹר שֶׁעוֹמְקָהּ כְּרָחְבָּהּ — רַבָּה וְרַב יוֹסֵף דְּאָמְרִי *תַּרְוַיְיהוּ מִשְּׁמֵיהּ דְּרַבָּה בַּר בַּר חָנָה דְּאָמַר מִשְּׁמֵיהּ דְּרַבִּי מָנִי, חַד אָמַר: לְעוֹלָם יֵשׁ בָּהּ הֶבֶל — עַד שֶׁיְּהֵא רָחְבָּהּ יָתֵר עַל עוֹמְקָהּ, וְחַד אָמַר: [ח]לְעוֹלָם אֵין בָּהּ הֶבֶל — עַד שֶׁיְּהֵא עוֹמְקָהּ יָתֵר עַל רָחְבָּהּ.§ "עָבַר עָלָיו הָרִאשׁוֹן וְלֹא כִּסָּהוּ".§ וְרִאשׁוֹן מֵאֵימַת מִיפְּטַר? רַבָּה וְרַב יוֹסֵף דְּאָמְרִי תַּרְוַיְיהוּ מִשְּׁמֵיהּ דְּרַבָּה בַּר בַּר חָנָה דְּאָמַר מִשְּׁמֵיהּ דְּרַבִּי מָנִי, חַד אָמַר: מִשֶּׁמַּנִּיחוֹ מִשְׁתַּמֵּשׁ, וְחַד אָמַר: [ט]מִשֶּׁיִּמְסוֹר לוֹ דְּלָיו. כְּתַנָּאֵי: הַמַּדְלֶה מַיִם מִן הַבּוֹר, וּבָא חֲבֵירוֹ וְאָמַר לוֹ: הַנַּח לִי וַאֲנִי אֲדַלֶּה מַיִם, כֵּיוָן שֶׁהִנִּיחוֹ מִשְׁתַּמֵּשׁ — פָּטוּר; רַבִּי אֱלִיעֶזֶר בֶּן יַעֲקֹב אוֹמֵר: מִשֶּׁיִּמְסוֹר לוֹ דְּלָיו. בְּמַאי קָמִיפַּלְגִי? רַבִּי אֱלִיעֶזֶר בֶּן יַעֲקֹב סָבַר: יֵשׁ בְּרֵירָה, הַאי מִדִּידֵיהּ קָא מְמַלֵּא וְהַאי מִדִּידֵיהּ קָא מְמַלֵּא; וְרַבָּנַן סָבְרִי: אֵין בְּרֵירָה. אָמַר רָבִינָא: וְאָזְדוּ לְטַעֲמַיְיהוּ, דִּתְנַן: *הַשּׁוּתָּפִין שֶׁנָּדְרוּ הֲנָאָה זֶה מִזֶּה — אֲסוּרִין לִיכָּנֵס לֶחָצֵר, ר"א בֶּן יַעֲקֹב אוֹמֵר: [י]זֶה נִכְנָס לְתוֹךְ שֶׁלּוֹ וְזֶה נִכְנָס לְתוֹךְ שֶׁלּוֹ. בְּמַאי קָמִיפַּלְגִי? ר"א בֶּן יַעֲקֹב סָבַר: יֵשׁ בְּרֵירָה, הַאי לְדִנַפְשֵׁיהּ עָיֵיל וְהַאי לְדִנַפְשֵׁיהּ עָיֵיל; וְרַבָּנַן סָבְרִי: אֵין בְּרֵירָה. א"ר אֶלְעָזָר: [כ]הַמּוֹכֵר בּוֹר לַחֲבֵירוֹ, כֵּיוָן שֶׁמָּסַר לוֹ דְּלָיו — קָנָה. הֵיכִי דָּמֵי? אִי בְּכַסְפָּא — לִיקְנֵי בְּכַסְפָּא, אִי בַּחֲזָקָה — לִיקְנֵי בַּחֲזָקָה! לְעוֹלָם בַּחֲזָקָה, [ל]וּבָעֵי לְמֵימַר לֵיהּ "לֵךְ חֲזַק וּקְנֵי", וְכֵיוָן שֶׁמָּסַר לוֹ דְּלָיו, [מ]כְּמַאן דְּאָמַר לֵיהּ "לֵךְ חֲזַק וּקְנֵי" דָּמֵי.§ א"ר יְהוֹשֻׁעַ בֶּן לֵוִי: [נ]הַמּוֹכֵר בַּיִת לַחֲבֵירוֹ, כֵּיוָן

לֵימָא הָא. דְּקָתָנֵי חַיָּיבִין – רַבִּי הִיא, דְּאָמַר לְעֵיל גַּבֵּי חוֹפֵר בּוֹר תִּשְׁעָה, הוֹאִיל וַעֲבַד בּוֹ שִׁיעוּר נְזָקִין, דְּהָוֵי שׁוּתָּף בִּנְזָקִין. וְהָכָא דַּעֲבָדִי קַמָּאֵי שִׁיעוּר מִיתָה – הָווּ כּוּלָּם שׁוּתָּפִין בְּתַשְׁלוּמֵי מִיתָה. וְהָא. דְּקָתָנֵי: אַחֲרוֹן חַיָּיב וְרִאשׁוֹן פָּטוּר. רַבָּנַן. דְּדָיְיקִי, "אִישׁ" אֶחָד וְלֹא שְׁנַיִם. אֲפִילּוּ רַבָּנַן מוֹדוּ. דְּכִי כְּתִיב מִיעוּטָא – אַחוֹפֵר בּוֹר ט' כְּתִיב, דְּלֵיכָּא לְחַיּוּבֵיהּ מִן "וְהַמֵּת יִהְיֶה לּוֹ" – דְּהָא מַסְקָנָא דְּמִילְּתָא מִן "וְהַמֵּת יִהְיֶה לּוֹ" נָפְקָא לָן דְּהַהוּא דַּעֲבַד שִׁיעוּר מִיתָה מִחַיַּיב. וּמִיהוּ, כּוּלָּהּ מִילְּתָא לָא מָצִינוּ לְמֵילַף מִינָּהּ, דְּעִיקַּר קְרָא לְכִדְרָבָא אֲתָא. שֶׁלֹּא הָיָה בָּהּ הֶבֶל לְמִיתָה. שֶׁהָיְתָה רְחָבָה הַרְבֵּה. מש"ה פָּטוּר אַף בִּנְזָקִין, כִּדְאָמְרִינַן: אִישׁ אֶחָד וְלֹא שְׁנַיִם, דַּהֲוָה לֵיהּ כְּחוֹפֵר בּוֹר ט', וּבָא אַחֵר וְהִשְׁלִימָהּ לַעֲשָׂרָה. הָא וְהָא רַבִּי. דְּאִילּוּ רַבָּנַן, כִּי הֵיכִי דְּפָטְרִי חוֹפֵר ט' מִנְּזָקִין – פָּטְרִי נַמִי הָכָא לְקַמָּאֵי. כְּגוֹן שֶׁלֹּא הָיָה בּוֹ הֶבֶל לֹא לְמִיתָה וְלֹא לִנְזָקִין. הִלְכָּךְ רִאשׁוֹן פָּטוּר אַף בִּנְזָקִין, וְאַלִּיבָּא דְּרַב דְּאָמַר לְהֶבְלוֹ וְלֹא לַחֲבָטוֹ. וְאַלִּיבָּא דְּרַבִּי אִצְטְרִיךְ לְשַׁנּוּיֵי שֶׁלֹּא הָיָה בּוֹ הֶבֶל אֲפִי' לִנְזָקִין, דְּאִילּוּ הָיָה בּוֹ הֶבֶל לִנְזָקִין – הָוֵי רִאשׁוֹן שׁוּתָּף לִנְזָקִין. וְלִשְׁמוּאֵל דְּאָמַר אַף עַל הַחֲבָטָה חִיְּיבָה תּוֹרָה – מוֹקֵי לָהּ בְּמָלֵא סְפוֹגוֹת בְּקַרְקְעוֹתָיו, דְּאֵין כָּאן חֲבָט. בָּאנוּ לְמַחֲלוֹקֶת רַבִּי וְרַבָּנַן. לְרַבָּנַן אַחֲרוֹן חַיָּיב בֵּין לִנְזָקִין בֵּין לְמִיתָה, לְרַבִּי – אַחַר אַחֲרוֹן לְמִיתָה, אַחַר שְׁנֵיהֶן לִנְזָקִין. פְּשִׁיטָא. מַה לִּי הוֹסִיף לְמַטָּה, מַה לִּי הוֹסִיף לְמַעְלָה. מַהוּ דְּתֵימָא. בֵּין לְרַבִּי בֵּין לְרַבָּנַן, אַחֲרוֹן פָּטוּר – דְּלָאו הַבְלָא דִּידֵיהּ קְטַלֵיהּ. טַם טֶפַח. הַחוֹפֵר בּוֹר ט' וְאַחֵר הִשְׁלִימוֹ לַעֲשָׂרָה, וְחָזַר אַחֲרוֹן וְסָתַם וּמִילֵּא עָפָר אוֹתוֹ טֶפַח שֶׁהוֹסִיף. טַם. סָתַם בִּלְשׁוֹן אֲרַמִּי. ["סִתְּמוּס"] – טַמּוּנִין פְּלִשְׁתָּאֵי (בראשית כו). מַאי דַּעֲבַד שַׁקְלֵיהּ. וְרִאשׁוֹן חַיָּיב בִּנְזָקִין. קָמָה לֵיהּ בִּרְשׁוּתֵיהּ. וַהֲוָה לֵיהּ הַשְׁתָּא בּוֹר תִּשְׁעָה דְּאַחֲרוֹן, וְחַיָּיב מִיהָא בִּנְזָקִין. מַיָּא. מוֹסִיף הַבְלָא. הִרְחִיבָהּ. אֶחָד חוֹפֵר בּוֹר י', וּבָא חֲבֵירוֹ וְהִרְחִיב פִּיו. הֲרֵי מִיעֵט הַבְלָא. וְתָבֹא לוֹ בְּרָכָה. הֲרֵי קֵירֵב הֶזֵּיקָא. שֶׁמִּיעֵט מְקוֹם מַעֲמַד רַגְלַיִם, וְשֶׁמָּא לֹא הָיָה הוֹלֵךְ הַשּׁוֹר עַד מְקוֹם פִּי הַבּוֹר שֶׁבַּתְּחִלָּה. וְרִאשׁוֹן מֵאֵימַת מִיפְּטַר. דְּנִיטְעוֹן: עַל הַשֵּׁנִי הָיְתָה הַשְּׁמִירָה. דִּפְשִׁיטָא לָן דְּהָנֵי "עָבַר" דְּקָתָנֵי מַתְנִי' – נִשְׁתַּמֵּשׁ קָאָמַר, דְּאִי כִּדְקָתָנֵי מַתְנִי' שֶׁעָבְרוּ עָלָיו שְׁנֵיהֶן זֶה אַחַר זֶה – אַמַּאי רִאשׁוֹן פָּטוּר? הֲרֵי גַּם הוּא פָּשַׁע! דְּלָיו. כִּסּוּי הַבּוֹר לְכַסּוֹתוֹ. שֶׁהָרִאשׁוֹן פְּתָחוֹ וְדָלָה, וּבָא שֵׁנִי וּמִלְאָהוּ וּמָסַר לוֹ רִאשׁוֹן אֶת כִּיסּוּי הַבּוֹר. וְהַאי מִדִּידֵיהּ קְמַמַּלֵּא. וְלָא הָוֵי לֵיהּ שֵׁנִי שׁוֹאֵל עַל חֶלְקוֹ שֶׁל רִאשׁוֹן, שֶׁיְּהֵא כּוּלּוֹ מוּטָּל עָלָיו לְשׁוֹמְרוֹ. הִלְכָּךְ, אִם הִזִּיק – שְׁנֵיהֶם חַיָּיבִין. אֲבָל מָסַר לוֹ אֶת הַדְּלִי – נַעֲשָׂה זֶה שׁוֹמֵר שֶׁקִּיבֵּל עָלָיו לְכַסּוֹתוֹ. לֶחָצֵר. שֶׁל שְׁנֵיהֶן. לְתוֹךְ שֶׁלּוֹ. כָּל הֵיכָא דְּעָיֵיל יָכוֹל לוֹמַר: זֶה חֶלְקִי שֶׁאֲנִי דּוֹרֵךְ, וּמְהַנֵּי לֵיהּ בְּרֵירָה. לִיקְנְיֵיהּ בַּחֲזָקָה. מִשֶּׁנִּשְׁתַּמֵּשׁ בּוֹ, שֶׁהֲרֵי קַרְקַע נִקְנֵית בְּכֶסֶף בִּשְׁטָר וּבַחֲזָקָה. לְעוֹלָם בַּחֲזָקָה. לְגַבֵּי מְסִירַת דְּלָיו בָּעֵי לְאַחֲזוּקֵי בֵּיהּ. וּמִיהוּ, לְהָכִי מְהַנֵּי מְסִירָה, דְּאִי בַּחֲזָקָה לְחוּדָהּ – בָּעֵי לְמֵימַר לֵיהּ "לֵךְ חֲזַק וּקְנֵי" כו'.

מַשְׁכּוּבִית

שלא היה בו הבל למיתה. שהיה רחבו יותר מעמקו.
אי בהבלא מיית. הרבה הוא תימה, דנהי דמיעט הבלא, מכל מקום אם לא דהרחיב לא היה נופל!
השותפין שנדרו הנאה זה מזה אסורים ליכנס בחצר. בנדרים (דף מו:) מפרש: בין יש בה דין חלוקה, ובין אין בה דין חלוקה — אסורים. ואע"פ שאין יכול למחות ליכנס כשאין בו דין חלוקה — מ"מ יכול לאסור עליו. מידי דהוי אמשכיר בית לחבירו שיכול המשכיר להקדיש, כדאיתא במסכת ערכין בפ' "האומר משקלי" (דף כא. ושם), אע"פ שאין יכול למחות ביד השוכר שלא ליכנס. וא"ת: ומ"ש מב"ח דאתי ושקיל, אפי' הקדיש שדהו, אלא משום דר' אבהו מוסיף דינר שלא יאמר כו' (שם דף כג:)! וי"ל: דשאני ב"ח, דגוף הקרקע יוצא מתחת יד המקדיש. אבל גבי שוכר — לעולם אין גוף הקרקע יוצא מתחת יד המשכיר.
זה נכנס בתוך שלו. השתא משמע דדריסת הרגל אסור במודר הנאה, ואפילו ר"א בן יעקב לא שרי אלא שותפין — משום דבשלו נכנס. אבל בלא שותפים — מודה דאסור, דקפדי אדריסת רגל כדמשמע בסוף "חזקת הבתים" (ב"ב דף נז: ושם*). וקשה: דבפ"ק דמגילה (דף ח. ושם*) תנן: אין בין המודר הנאה מחבירו למודר ממנו מאכל, אלא דריסת רגל, וכלים שאין עושין בהן אוכל נפש. ופריך בגמרא: דריסת הרגל הא לא קפדי! ומאי קפריך? הא משמע הכא דקפדי! ומפרש ר"ת, דהכי פריך התם: דע"כ בדריסת הרגל דלא קפדי כמו בבקעה איירי. דאי בההיא דקפדי כגון בחצר, א"כ אפי' נודר הימנו מאכל יהא אסור, כיון דקפדי א"כ כיוצא בו משכירין, ותניא בנדרים בפ' "אין בין המודר" (דף לג): וכל דבר שאין עושה בו אוכל נפש, מקום שמשכירין כיוצא בו — אסור. וכיון דלא קפדי — אמאי אסור? והוא הדין דהוה מצי (א) למימר: כלים, הא לא קפדי!
כיון

[ד"ה רביעתא]
[ד"ה דריסת]

נח א ב ג מיי' פי"ב מהלכות נזקי ממון הלכה יב סמג עשין סז טוש"ע ח"מ סימן תי סעיף טו:
נט ד מיי' שם הל' יא וגרסתו להיפך כמו שכתוב בש"ס שלפנינו ועיין במ"מ טוש"ע שם סעיף יא:
ס ה מיי' שם טור ש"ע שם סעיף יב:
סא ו ז מיי' שם הלכה יג טוש"ע שם סעיף טז ועיין בהג"ה:
סב ח מיי' שם הל' יד טוש"ע שם סעיף יז ועיין ברא"ש:
סג ט מיי' שם הלכה ז טוש"ע שם סעיף כה:
סד י מיי' פ"ז מהלכות נדרים הלכה ד סמג לאוין רמב טוש"ע י"ד סי' רכו סעיף א:
סה כ ל נ מיי' פ"א מהלכות מכירה הלכה ט סמג עשין פב טוש"ע ח"מ סי' קצב סעיף ב:

[בהרא"ש ליתא מלת תרווייהו]

עיין בספר ת"ח

ביצה לט: נדרים מה: ב"ב נז:

הגהות הב"ח

(א) תום' ד"ה זה וכו' וה"ה דה"מ למיפרך כלים:

כֵּיוָן שֶׁמָּסַר לוֹ מַפְתֵּחַ – קָנָה. ה"ד? אִי בְּכַסְפָּא – לִיקְנֵי בְּכַסְפָּא, אִי בַּחֲזָקָה – לִיקְנֵי בַּחֲזָקָה! לְעוֹלָם בַּחֲזָקָה, וּבָעֵי לְמֵימַר לֵיהּ "לֵךְ חֲזַק וּקְנֵי", וְכֵיוָן שֶׁמָּסַר לוֹ מַפְתֵּחַ, כְּמַאן דְּאָמַר לֵיהּ "לֵךְ חֲזַק וּקְנֵי" דָּמֵי. אָמַר רֵישׁ לָקִישׁ מִשּׁוּם ר' יַנַּאי: [א]הַמּוֹכֵר עֵדֶר לַחֲבֵירוֹ, כֵּיוָן שֶׁמָּסַר לוֹ מַשְׁכּוֹכִית – קָנָה. ה"ד? אִי בִּמְשִׁיכָה – לִיקְנֵי בִּמְשִׁיכָה, אִי בִּמְסִירָה – לִיקְנֵי בִּמְסִירָה! לְעוֹלָם בִּמְשִׁיכָה, וּבָעֵי לְמֵימַר לֵיהּ "לֵךְ מְשׁוֹךְ וּקְנֵי", וְכֵיוָן דְּמָסַר לוֹ מַשְׁכּוֹכִית, [ב]כְּמַאן דְּאָמַר לֵיהּ "לֵךְ מְשׁוֹךְ וּקְנֵי" דָּמֵי. מַאי מַשְׁכּוֹכִית? הָכָא תַּרְגְּמוּ: קַרְקַשְׁתָּא. ר' יַעֲקֹב אוֹמֵר: עִיזָּא דְּאָזְלָא בְּרֵישׁ עֶדְרָא; כִּדְדָרַשׁ הַהוּא גְּלִילָאָה עֲלֵיהּ דְּרַב חִסְדָּא: כַּד רָגֵיז רַעְיָא עַל עָנָא, עָבֵיד לְנַגָּדָא סַמּוּתָא.§ **מתני'** [ג]כִּסָּהוּ הָרִאשׁוֹן, וּבָא הַשֵּׁנִי וּמְצָאוֹ מְגוּלֶּה וְלֹא כִּסָּהוּ – הַשֵּׁנִי חַיָּב. *[ד]כִּסָּהוּ כָּרָאוּי, וְנָפַל לְתוֹכוֹ שׁוֹר אוֹ חֲמוֹר וּמֵת – פָּטוּר; לֹא כִּסָּהוּ כָּרָאוּי, וְנָפַל לְתוֹכוֹ שׁוֹר אוֹ חֲמוֹר וּמֵת – חַיָּב. [ה]נָפַל לְפָנָיו מִקּוֹל הַכְּרִיָּיה – חַיָּב, לְאַחֲרָיו מִקּוֹל הַכְּרִיָּיה – פָּטוּר. *[ו]נָפַל לְתוֹכוֹ שׁוֹר וְכֵלָיו וְנִשְׁתַּבְּרוּ, חֲמוֹר וְכֵלָיו וְנִתְקָרְעוּ – חַיָּב עַל הַבְּהֵמָה וּפָטוּר עַל הַכֵּלִים. [ז]נָפַל לְתוֹכוֹ שׁוֹר חֵרֵשׁ שׁוֹטֶה וְקָטָן – חַיָּב; [ח]בֵּן אוֹ בַּת, עֶבֶד אוֹ אָמָה – פָּטוּר.§ **גמ'** וְרִאשׁוֹן עַד אֵימַת מִיפְּטַר? אָמַר רַב: בִּכְדֵי שֶׁיֵּדַע. וּשְׁמוּאֵל אָמַר: בִּכְדֵי שֶׁיּוֹדִיעוּהוּ. וְרַבִּי יוֹחָנָן אָמַר: [א] [ט]בִּכְדֵי שֶׁיּוֹדִיעוּהוּ, וְיִשְׂכּוֹר פּוֹעֲלִים, וְיִכְרוֹת אֲרָזִים וִיכַסֶּנּוּ.§ "כִּסָּהוּ כָּרָאוּי וְנָפַל לְתוֹכוֹ שׁוֹר אוֹ חֲמוֹר וּמֵת – פָּטוּר".§ כֵּיוָן דְּכִסָּהוּ כָּרָאוּי הֵיכִי נָפַל? אָמַר ר' יִצְחָק בַּר בַּר חָנָה: [י]שֶׁהִתְלִיעַ מִתּוֹכוֹ. אִיבַּעְיָא לְהוּ: כִּסָּהוּ כִּסּוּי שֶׁיָּכוֹל לַעֲמוֹד לִפְנֵי שְׁוָורִים וְאֵין יָכוֹל לַעֲמוֹד בִּפְנֵי גְמַלִּים, וַאֲתוּ גְּמַלִּים וְאַרְעוּהּ, וַאֲתוּ שְׁוָורִים וְנָפְלֵי בֵּיהּ, מַאי? אָמְרִי: הֵיכִי דָּמֵי? אִי דִּשְׁכִיחִי גְּמַלִּים – פּוֹשֵׁעַ הוּא, וְאִי דְּלָא שְׁכִיחִי גְּמַלִּים – אָנוּס הוּא! לָא צְרִיכָא, דְּאָתוּ לִפְרָקִים; מִי אָמְרִינַן כֵּיוָן דְּאָתְיָין לִפְרָקִים – פּוֹשֵׁעַ הוּא, דְּאִיבָּעֵי לֵיהּ אַסּוֹקֵי אַדַּעְתֵּיהּ. אוֹ דִּלְמָא כֵּיוָן דְּהַשְׁתָּא מִיהַת לֵיכָּא – אָנוּס הוּא? ת"ש: כִּסָּהוּ כָּרָאוּי, וְנָפַל לְתוֹכוֹ שׁוֹר אוֹ חֲמוֹר וּמֵת – פָּטוּר; ה"ד? אִילֵימָא כָּרָאוּי לִשְׁוָורִים וְכָרָאוּי לִגְמַלִּים, הֵיכִי נְפוּל? אֶלָּא לָאו כָּרָאוּי לִשְׁוָורִים

וְלָא

מַשְׁכּוֹכִית. לְקַמֵּיהּ מְפָרֵשׁ: דָּבָר הַמּוֹשֵׁךְ כָּל הָעֵדֶר אַחֲרָיו. ה"ד אִי בִּמְשִׁיכָה. שֶׁהִכִּישָׁהּ בְּמַקֵּל וְרָצְתָה לְפָנָיו, שֶׁכֵּן דֶּרֶךְ בְּהֵמָה דַּקָּה. לִיקְנֵי בִּמְשִׁיכָה. לָמָּה לִי מְסִירַת מַשְׁכּוֹכִית? אִי בִּמְסִירָה. קָנֵי לְהוּ, שֶׁהָיָה רה"ר אוֹ חָצֵר שֶׁאֵינָהּ שֶׁל שְׁנֵיהֶן, שֶׁאֵין מְשִׁיכָה קוֹנָה שָׁם. דְּאֵין מְשִׁיכָה אֶלָּא בְּסִמְטָא אוֹ בֶּחָצֵר שֶׁל שְׁנֵיהֶן. בְּ"הַמּוֹכֵר אֶת הַסְּפִינָה" בְּבָבָא בַּתְרָא (דף עו:). קַרְקַשְׁתָּא. גָּרְסִינַן. זוּג שֶׁמְּקַרְקֵשׁ בָּהּ לִפְנֵי הָעֵדֶר וְהוֹלֵךְ כּוּלּוֹ אַחֲרָיו. עִיזָּא דְּאָזְלָא בְּרֵישׁ עֶדְרָא. יֵשׁ לְבַעַל הָעֵדֶר עֵז חָרִיף, וְדֶרֶךְ הָעִזִּים לְהַלֵּךְ בָּרֹאשׁ, וְהָעֵדֶר הוֹלֵךְ אַחֲרֵיהֶם. עָבֵיד לְנַגָּדָא סַמּוּתָא. לָעֵז הַמּוֹשֶׁכֶת מְנַקֵּר עֵינֶיהָ, וְנִכְשֶׁלֶת וְנוֹפֶלֶת בַּבּוֹרוֹת, וְהָעֵדֶר אַחֲרֶיהָ. כָּךְ, כְּשֶׁהַמָּקוֹם נִפְרָע מִשּׂוֹנְאֵי יִשְׂרָאֵל – מְמַנֶּה לָהֶן פַּרְנָסִים שֶׁאֵינָן מְהוּגָּנִין. **מתני'** כִּסָּהוּ הָרִאשׁוֹן. כְּשֶׁנִּשְׁתַּמֵּשׁ בּוֹ. וּבָא הַשֵּׁנִי. לְהִשְׁתַּמֵּשׁ בּוֹ. וּמְצָאוֹ מְגוּלֶּה. כְּגוֹן שֶׁהִתְלִיעַ וְנִשְׁבַּר הַכִּסּוּי. הַשֵּׁנִי חַיָּב. וְהָרִאשׁוֹן פָּטוּר. וּבַגְּמָרָא מְפָרֵשׁ עַד מָתַי רִאשׁוֹן פָּטוּר. אֲבָל לֹא כִּסָּהוּ רִאשׁוֹן, וּבָא שֵׁנִי וּמְצָאוֹ מְגוּלֶּה וְלֹא כִּסָּהוּ – שְׁנֵיהֶן חַיָּיבִין. וּדְקָתָנֵי הַשֵּׁנִי חַיָּיב – הָא אוֹקִימְנָא שֶׁהֱנִיחוֹ רִאשׁוֹן לַשֵּׁנִי מִשְׁתַּמֵּשׁ, וְסָמַךְ עָלָיו שֶׁיְּכַסֶּנּוּ. כִּסָּהוּ כָּרָאוּי. וְעָבַר עָלָיו הַשּׁוֹר אוֹ חֲמוֹר, וְנָפַל וּמֵת. פָּטוּר. וּבַגְּמָרָא פָּרֵיךְ: הוֹאִיל וְכָרָאוּי הוּא, הֵיכִי נָפַל? נָפַל לְפָנָיו מִקּוֹל הַכְּרִיָּיה. בּוֹר כְּרוּיָה, וְנִכְנַס כּוֹרֶה שָׂכִיר לְתוֹכוֹ לְהַרְחִיב אוֹ לְהַעֲמִיק. וְשׁוֹר הוֹלֵךְ עַל שְׂפַת הַבּוֹר, וְשָׁמַע קוֹל הַפַּטִּישׁ, וְנִבְעַת וְנָפַל עַל פָּנָיו בַּבּוֹר (א). חַיָּיב. בַּעַל הַבּוֹר. וַאֲפִילּוּ שׁוֹר שֶׁהוּא פִּקֵּחַ, דְּאָמַר לְקַמָּן (דף נד:) בְּמַתְנִיתָא דְּבַעַל הַבּוֹר פָּטוּר, דְּאִיבָּעֵי עִיּוּנֵי וּמֵיזַל – הָכָא חַיָּיב, שֶׁקּוֹל הַכְּרִיָּיה בִּיעֲתוֹ. וּבַגְּמָרָא פָּרֵיךְ: נֵימָא כּוֹרֶה גָּרַם לֵיהּ. ל"א: לְפָנָיו מִקּוֹל הַכְּרִיָּיה בַּעַל הַבּוֹר חַיָּיב – דְּאַע"ג דְּאִיכָּא לְמֵימַר כּוֹרֶה גָּרַם לֵיהּ, וְכוֹרֶה גְּרָמָא בְּעָלְמָא הוּא דַּעֲבַד, דְּקַיְ"ל *הַמַּבְעִית אֶת חֲבֵירוֹ פָּטוּר מִדִּינֵי אָדָם, וְתַרְוַיְיהוּ לִיפַּטְרוּ – אפ"ה בַּעַל הַבּוֹר חַיָּיב, כְּר' נָתָן כִּדְמְפָרֵשׁ בַּגְּמָ'. וְזֶה שָׁמַעְתִּי. לְאַחֲרָיו מִקּוֹל הַכְּרִיָּיה פָּטוּר. כִּדְמְפָרֵשׁ בַּגְּמָרָא. וְאַיְּידֵי דְּנָקַט בְּרֵישָׁא מִקּוֹל הַכְּרִיָּיה, תָּנָא סֵיפָא לְאַחֲרָיו מִקּוֹל הַכְּרִיָּיה. בִּכְלֵי שׁוֹר שַׁיָּיכָא שְׁבִירָה – הָעוֹל וְהַמַּחֲרֵישָׁה, בִּכְלֵי חֲמוֹר שַׁיָּיכָא קְרִיעָה – חֲבִילַת בְּגָדִים וּמַרְדַּעַת שֶׁעַל גַּבָּיו. וּפָטוּר עַל הַכֵּלִים. כִּדְמְפָרֵשׁ בַּגְּמָרָא. שׁוֹר חֵרֵשׁ שׁוֹטֶה וְקָטָן כו'. מְפָרֵשׁ בַּגְּמָ'. בֵּן אוֹ בַּת. כְּלוֹמַר: אע"ג דִּקְטַנִּים הֵן, וְלֵיכָּא לְמֵימַר אִיבָּעֵי לְהוּ עִיּוּנֵי וּמֵיזַל – אפ"ה פָּטוּר מִגְּזֵירַת הַכָּתוּב: שׁוֹר וְלֹא אָדָם חֲמוֹר וְלֹא כֵּלִים. **גמ'** וְרִאשׁוֹן עַד אֵימַת מִיפְּטַר. הֵיכָא דְּבָא הַשֵּׁנִי וְנִשְׁתַּמֵּשׁ בּוֹ וְלֹא כִּסָּהוּ, עַד אֵימַת רַמְיָא כּוּלָּהּ חִיּוּבָא אַשֵּׁנִי, וְרִאשׁוֹן פָּטוּר? בִּכְדֵי שֶׁיֵּדַע. שֶׁיָּבֹא גַּם הָרִאשׁוֹן אַחֲרֵי כֵן וְיִרְאֶנּוּ מְגוּלֶּה. הוֹאִיל וּשְׁנֵיהֶן יוֹדְעִין שֶׁהוּא מְגוּלֶּה – רַמְיָא חִיּוּבָא אַתַּרְוַיְיהוּ. וּשְׁמוּאֵל אָמַר בִּכְדֵי שֶׁיּוֹדִיעוּהוּ. אע"פ שֶׁלֹּא בָּא וְרָאָהוּ – חַיָּיב בְּחֶלְקוֹ. וְלָא רַמְיָא כּוּלָּהּ אַשֵּׁנִי, דְּהָא לֹא גִּילָּהוּ, דְּנִחַיְּיבֵיהּ מִשּׁוּם פּוֹתֵחַ. לְשׁוֹן מוֹרִי. לָשׁוֹן אַחֵר: עַד כְּדֵי שֶׁיּוֹדִיעוּהוּ – אֲפִי' בָּא וְרָאָהוּ פָּטוּר עַד שֶׁיּוֹדִיעוּהוּ. וְלָשׁוֹן רִאשׁוֹן כָּשֵׁר. וְיִכְרוֹת אֲרָזִים כו'. אֲבָל לַשֵּׁנִי שֶׁבָּא וְנִשְׁתַּמֵּשׁ בּוֹ – לָא יָהֲבִינַן שִׁיעוּרָא כּוּלֵּי הַאי, דַּהֲוָה לֵיהּ לְאוֹתוּבֵי שׁוֹמְרִים עִילָּוֵיהּ. וְאַרְעוּהָ. קִלְקְלוּהָ, וְנַעֲשָׂה רְעוּעָה. וַאֲתוּ שְׁוָורִים וְנָפְלוּ בֵּיהּ. דְּאִי נָפְלוּ בֵּיהּ גְּמַלִּים – לָא מִבָּעְיָא לָן דְּחַיָּיב, דְּהָא לְגַבֵּי גְמַלִּים פּוֹשֵׁעַ הוּא. אִי שְׁכִיחִי גְּמַלִּים פּוֹשֵׁעַ הוּא. אַף לְגַבֵּי שְׁוָורִים, דְּאִית לֵיהּ לְאַסּוֹקֵי אַדַּעְתֵּיהּ דִּגְמַלִּים מַרְעֵי לֵיהּ.

וְלָא

כיון דמסר לו מפתח קנה ה"ד [אי] בכספא כו'. רשב"ם מפרש בפ' "חזקת הבתים" (ב"ב ד' נג: ושם ד"ה נעל) גבי נעל וגדר כל שהוא בנכסי הגר, דנעל — היינו שקבע מנעול בדלת לנעלו, דהוי בנין. אבל סגר הדלת בנכסי הגר — אין חזקה, דאין זה אלא כמבריח ארי מנכסי חבירו. ואע"ג דגבי שכירות הבתים אמר בריש מסכת פסחים (דף ד. ושם*) דכשמסר לו מפתחות הוי בחזקת השוכר לבדוק, וה"ה לקנותו — ה"מ מוכר ומשכיר בית לחבירו. אבל בנכסי הגר — מאן מסר ליה דליקני? וקשה לר"י: דהכא משמע בהדיא דמסירת מפתח לא קני, אלא הוי כאומר "לך חזק וקני". ודוקא גבי חמץ הוא דתלוי במסירת מפתח — דמי שמפתח בידו עליו לבדוק, כיון שהוא יכול ליכנס בזה הבית לבדוק. ומה שפי' דלא קני בנעילת דלת — אין נראה, דבגיטין בפרק "הזורק" (דף עז:) אומר גבי גט דתיזיל איהי ותיחוד ותפתח, אלמא: נעילה לחוד קניא, שלא היה יכול לעשות שום מנעול, דשבת היה. ואע"פ שאסור לקנות בשבת — בשכיב מרע שרי, שלא תטרוף דעתו, כדאמרי' בפרק "מי שמת" (ב"ב דף קנו: ושם). וב"חזקת הבתים" (שם דף נז.) נמי מוכח גבי ההוא דתנן: אלו דברים שיש להם חזקה ואלו שאין להם חזקה. ופריך הגמרא: מ"ש רישא ומ"ש סיפא. ומשני: אמר רבא כל שאילו בנכסי הגר קנה — בנכסי חבירו (ב) קנה, בנכסי הגר לא קנה — בנכסי חבירו לא קנה. א"כ הא דקתני סיפא הכניס תרנגולין לתוך הבית הרי זו חזקה — בנכסי הגר נמי קנה. והיינו טעמא דקנה — דמסתמא כשנתן שם תרנגולין נעל דלת כדי לשמרם. אלמא: בנעילת דלת סגי. ואין לדמות נעילת דלת למבריח ארי. דדוקא נתן צרור דסכר מיניה מיא הוא דאמרי' ב"חזקת הבתים" (ב"ב דף נג.) דהוי כמבריח ארי, אבל נעל, שנעל דלת בפני כל אדם ואין מניח אדם ליכנס — מוכחא מילתא שהבית שלו, וקני בנעילה לחודה. והא דאמר התם: הבונה פלטרין בנכסי הגר ובא אחר והעמיד להם דלתות קנה — אורחא דמילתא נקט, שאותו שמעמיד דלתות רגיל לנעלם, וה"ה נעל ולא העמיד. **בכדי** שידע. כלומר: שהקול יצא שהבור מגולה, דמסתמא שמע. ושמואל אמר: בשמיעה בעלמא לא מחייב, דאין סומך אשמיעה עד שיודיעוהו. ורבי יוחנן אמר: עד שיודיעוהו וישכור פועלים ויכרות ארזים. וה"ה השני שנותנין לו שיעור זה, אלא דלא בעינן שיודיעוהו — שכבר ידע. ושמואל סבר: דמיד יש לו להושיב שם שומרים, שלא יפול שום דבר בבור. **ואתו** שוורים ונפלו ביה. פ"ה: דאי נפלו בו גמלים — לא מיבעיא לן דחייב, דהא לגבי גמלים פושע הוא. וכן משמע הלשון. ויש ליתן טעם בדבר, דאפילו לא שכיחי גמלים כלל — יש לחוש שמא יבאו גמלים ויפלו. אבל אין לחוש שירעו גמלים ויפלו אחרי כן שוורים.

תא

סו א ב מיי' פ"ב מהל' מכירה הלכה ז סמג עשין פב טוש"ע ח"מ סי' קצו סעיף ד:
סז ג מיי' פי"ב מהל' נזקי ממון הל' ז סמג עשין סח טוש"ע ח"מ סי' תי סעיף כו:
[ד"ה אם]
סח ד מיי' שם הל' ד טוש"ע שם סעיף כב:
סט ה מיי' שם הלכה יח ועי' בהשגות ובמ"מ טור ש"ע שם סעיף לא:
ע ו מיי' שם פי"ג הלכה א סמג שם טוש"ע שם סעיף כא:
עא ז מיי' שם פי"ב הלכה טז סמג שם טוש"ע שם סעיף יט:
עב ח מיי' שם טוש"ע שם סעיף כ:
עג ט מיי' שם הלכה ז טוש"ע שם סעיף כו:
עד י מיי' שם הלכה ד ועיין בהשגות ובמ"מ טוש"ע שם סעיף כב:

לעיל מו.

לעיל רח.

לקמן דף נו.

הגהות הב"ח

(א) רש"י ד"ה נפל לפניו וד"ה חייב הד"א:
(ב) תום' ד"ה כיון וכו' בנכס' חבירו נמי קנה כל שאילו בנכסי הגר לא קנה בנכסי חבירו נמי לא קנה:

הגהות הגר"א

[א] גמ' בכדי שיודיעוהו. נ"ב גי' הרמב"ם שידע. וכ"ה גי' הרא"ש וטור:

עין משפט
נר מצוה

עה א מיי' פי"ב מהל' נזקי ממון הלכה ד סמג עשין סח טוש"ע ח"מ סי' תי סעיף כג:
עו ב ג מיי' שם הל' טז טוש"ע שם סעיף יט:
עז ד מיי' שם הלכה ה ועי' בהשגות ובמ"מ טוש"ע שם סעיף כד:

מסורת הש"ס

וְלֹא כָּרָאוּי לִגְמַלִּים; וְאִי דִּשְׁכִיחִי גְּמַלִּים — אַמַּאי פָּטוּר? פּוֹשֵׁעַ הוּא, וְאִי דְּלָא שְׁכִיחִי גְּמַלִּים — פְּשִׁיטָא, אָנוּס הוּא! אֶלָּא לָאו דְּאָתְיָין לִפְרָקִים, וַאֲתוּ גְּמַלִּים וְאַרְעוּהּ וַאֲתוּ שְׁוָורִים וּנְפַלוּ בֵּיהּ, וְקָתָנֵי: פָּטוּר; אַלְמָא: כֵּיוָן דְּהַשְׁתָּא לֵיכָּא — אָנוּס הוּא! אָמְרִי: לָא, לְעוֹלָם כָּרָאוּי לִשְׁוָורִים וְכָרָאוּי לִגְמַלִּים, וּדְקָא קַשְׁיָא לָךְ: הֵיכִי נְפוּל? א"ר יִצְחָק בַּר בַּר חָנָה: שֶׁהִתְלִיעַ מִתּוֹכוֹ. ת"ש: לֹא כִּסָּהוּ כָּרָאוּי, וְנָפַל לְתוֹכוֹ שׁוֹר אוֹ חֲמוֹר וּמֵת — חַיָּיב; הֵיכִי דָּמֵי? אִילֵימָא לֹא כָּרָאוּי לִשְׁוָורִים וְלֹא כָּרָאוּי לִגְמַלִּים — פְּשִׁיטָא, צְרִיכָא לְמֵימַר דְּחַיָּיב? אֶלָּא לָאו כָּרָאוּי לִשְׁוָורִים וְלֹא כָּרָאוּי לִגְמַלִּים; הֵיכִי דָּמֵי? אִי דִּשְׁכִיחִי גְּמַלִּים — פּוֹשֵׁעַ הוּא, וְאִי דְּלָא שְׁכִיחִי גְּמַלִּים — אָנוּס הוּא! אֶלָּא לָאו דְּאָתְיָין לִפְרָקִים, וַאֲתוּ גְּמַלִּים וְאַרְעוּהוּ וַאֲתוּ שְׁוָורִים וּנְפַלוּ בֵּיהּ, וְקָתָנֵי: חַיָּיב; אַלְמָא: כֵּיוָן דְּאָתְיָין לִפְרָקִים — פּוֹשֵׁעַ הוּא, דְּאִיבָּעֵי לֵיהּ אַסּוֹקֵי אַדַּעְתֵּיהּ! (א)לְעוֹלָם כָּרָאוּי לִשְׁוָורִים וְלֹא כָּרָאוּי לִגְמַלִּים, וּשְׁכִיחִי גְּמַלִּים. וּדְקָא קַשְׁיָא לָךְ: פּוֹשֵׁעַ הוּא! אַיְּידֵי דְּנָסֵיב רֵישָׁא כִּסָּהוּ כָּרָאוּי, נְסֵיב סֵיפָא נַמִי לֹא כִּסָּהוּ כָּרָאוּי. אִיכָּא דְּאָמְרִי: אהָא נַמִי וַדַּאי לָא אִיבַּעְיָא לָן, דְּכֵיוָן דְּאָתְיָין לִפְרָקִים — פּוֹשֵׁעַ הוּא, דְּאִיבָּעֵי לֵיהּ אַסּוֹקֵי אַדַּעְתֵּיהּ. כִּי אִיבָּעֵי לָן — הָכִי הוּא דְּאִיבַּעְיָא לָן: כִּסָּהוּ כִּסּוּי שֶׁיָּכוֹל לַעֲמוֹד בִּפְנֵי שְׁוָורִים וְאֵינוֹ יָכוֹל לַעֲמוֹד בִּפְנֵי גְּמַלִּים, וּשְׁכִיחִי גְּמַלִּים, וְהִתְלִיעַ מִתּוֹכוֹ, מַהוּ? מִי אָמְרִינַן: מִגּוֹ דַּהֲוֵי פּוֹשֵׁעַ אֵצֶל גְּמַלִּים הָוֵי פּוֹשֵׁעַ נַמִי לְעִנְיַן הַתְלָעָה, אוֹ דִּלְמָא לָא אָמְרִינַן מִגּוֹ? ת"ש: כִּסָּהוּ כָּרָאוּי, וְנָפַל לְתוֹכוֹ שׁוֹר אוֹ חֲמוֹר וּמֵת — פָּטוּר. וְאִתְּמַר עֲלָהּ, אָמַר רַבִּי יִצְחָק בַּר בַּר חָנָה: שֶׁהִתְלִיעַ מִתּוֹכוֹ; הֵיכִי דָּמֵי? אִילֵימָא כָּרָאוּי לִשְׁוָורִים וְכָרָאוּי לִגְמַלִּים, וְהִתְלִיעַ מִתּוֹכוֹ — פְּשִׁיטָא דְּפָטוּר, מַאי הֲוָה לֵיהּ לְמֶעְבַּד? אֶלָּא לָאו כָּרָאוּי לִשְׁוָורִים וְלֹא כָּרָאוּי לִגְמַלִּים, וּשְׁכִיחִי גְּמַלִּים, וְהִתְלִיעַ מִתּוֹכוֹ, וְקָתָנֵי: פָּטוּר; אַלְמָא לָא אָמְרִינַן: מִגּוֹ דַּהֲוֵי פּוֹשֵׁעַ לְעִנְיַן גְּמַלִּים הָוֵי פּוֹשֵׁעַ לְעִנְיַן הַתְלָעָה! לָא, לְעוֹלָם כָּרָאוּי לִגְמַלִּים וְכָרָאוּי לִשְׁוָורִים, וְהִתְלִיעַ מִתּוֹכוֹ. וּדְקָא קַשְׁיָא לָךְ: כִּי הִתְלִיעַ מַאי הֲוָה לֵיהּ לְמֶעְבַּד? מַהוּ דְּתֵימָא: אִיבָּעֵי לֵיהּ לְמֵיזַל וּמְנַקַּשׁ עֲלֵיהּ, קמ"ל. ת"ש: לֹא כִּסָּהוּ כָּרָאוּי, וְנָפַל לְתוֹכוֹ שׁוֹר אוֹ חֲמוֹר וּמֵת — חַיָּיב; הֵיכִי דָּמֵי? אִילֵימָא לֹא כָּרָאוּי לִשְׁוָורִים וְלֹא כָּרָאוּי לִגְמַלִּים, צְרִיכָא לְמֵימַר דְּחַיָּיב? אֶלָּא לָאו כָּרָאוּי לִשְׁוָורִים וְלֹא כָּרָאוּי לִגְמַלִּים; וְאִי דִּשְׁכִיחִי גְּמַלִּים — פּוֹשֵׁעַ הוּא, וְאִי דְּלָא שְׁכִיחִי גְּמַלִּים — אָנוּס הוּא! אֶלָּא לָאו דִּשְׁכִיחִי גְּמַלִּים, וְהִתְלִיעַ מִתּוֹכוֹ, וְקָתָנֵי: חַיָּיב; אַלְמָא אָמְרִינַן: מִגּוֹ דַּהֲוֵי פּוֹשֵׁעַ לְעִנְיַן גְּמַלִּים הָוֵי פּוֹשֵׁעַ לְעִנְיַן הַתְלָעָה! אָמְרִי: לָא, (ג) לְעוֹלָם כָּרָאוּי לִשְׁוָורִים וְלֹא כָּרָאוּי לִגְמַלִּים, וּשְׁכִיחִי גְּמַלִּים, וַאֲתוּ גְּמַלִּים וְאַרְעוּהוּ וַאֲתוּ שְׁוָורִים וּנְפַלוּ בֵּיהּ. וּדְקָא קַשְׁיָא לָךְ: פְּשִׁיטָא פּוֹשֵׁעַ הוּא! אַיְּידֵי דְּנָסֵיב רֵישָׁא כִּסָּהוּ כָּרָאוּי, נְסֵיב סֵיפָא נַמִי לֹא כִּסָּהוּ. ת"ש: *בנָפַל לְתוֹכוֹ שׁוֹר חֵרֵשׁ שׁוֹטֶה וְקָטָן סוּמָא וּמְהַלֵּךְ בַּלַּיְלָה — חַיָּיב, גפִּקֵּחַ וּמְהַלֵּךְ בַּיּוֹם — פָּטוּר; וְאַמַּאי? נֵימָא: מִדַּהֲוֵי פּוֹשֵׁעַ לְעִנְיַן חֵרֵשׁ — הָוֵי נַמִי פּוֹשֵׁעַ לְעִנְיַן פִּקֵּחַ! אֶלָּא לָאו שְׁמַע מִינַּהּ: דלָא אָמְרִינַן מִגּוֹ, שְׁמַע מִינַּהּ. § "נָפַל לְפָנָיו" כו'. § אָמַר רַב: לְפָנָיו — *לְפָנָיו מַמָּשׁ, לְאַחֲרָיו — אַחֲרָיו מַמָּשׁ, וְזֶה

לקמן נג:
נ"ל פניו רש"ל

וְלֹא כָּרָאוּי לִגְמַלִּים. וַאֲתוּ גְּמַלִּים וְאַרְעוּהּ. הָכִי הוּא דְּאִיבַּעְיָא לָן כו' וּשְׁכִיחִי גְּמַלִּים. וּמִיהוּ, גְּמַלִּים לָא אַרְעוּהּ, אֶלָּא מִתּוֹכוֹ הִתְלִיעַ, וְעָבַר עָלָיו שׁוֹר וְנִפְחַת. אִיבָּעֵי לָךְ לְמֵיזַל. תָּדִיר, וּלְמִנְקַשׁ עִילָּוֵיהּ בְּרַגְלֶיךָ בְּכֹחַ, וְלִבְדּוֹק שֶׁלֹּא הִתְלִיעַ. וְאִי דִּשְׁכִיחִי גְּמַלִּים. וַאֲתוּ וְאַרְעוּהּ — פְּשִׁיטָא, פּוֹשֵׁעַ הוּא. שׁוֹר חֵרֵשׁ. שׁוֹר שֶׁהוּא חֵרֵשׁ, אוֹ שׁוֹר שֶׁהוּא מְהַלֵּךְ בַּלַּיְלָה, אֲפִילּוּ הוּא פִּקֵּחַ — חַיָּיב. פִּקֵּחַ. וְנָפַל לְתוֹכוֹ בַּיּוֹם, פָּטוּר (הַאי פִּקֵּחַ) דְּאִיבָּעֵי לְעִיּוּנֵי וּמֵיזַל. *לְפָנָיו מַמָּשׁ. עַל פָּנָיו נָפַל, וּמֵת מִן הַהֶבֶל. וְזֶה

רש"ל מ"ז
נ"ל פניו רש"ל

תא שמע לא כסהו כראוי כו'. תימה: דמתחילה רצה להוכיח מרישא דפטור, א"כ ע"כ סיפא, איידי דתנא רישא: כסהו כראוי — תנא סיפא: לא כסהו כראוי, ולא אתא לאשמועינן מידי. א"כ היכי בעי להוכיח מידי מסיפא? וי"ל: דמעיקרא ודאי שלא היה יכול לומר טעם אחר צריך לומר "איידי". אבל השתא, שיכול למצוא חידוש — סברא הוא דלית לן למימר "איידי".

ושכיחי גמלים והתליע מתוכו מהו. כלומר: אם מתחילה עברו גמלים, ואח"כ באו שוורים ונפלו — פשיטא דחייב, דפושע הוא כיון דשכיחי גמלים. או אפי' אתו לפרקים — איבעי ליה לאסוקי אדעתיה. וכי מיבעיא לן — היכא דלא אתו גמלים, אלא באו שוורים ונפלו מחמת שהתליע מתוכו, מאי? אמרינן מגו או לא? ומסיק דלא אמרינן מגו. וא"ת: כי לא אמרי' מגו נמי מתחייב, דתחילתו בפשיעה הוא לענין שוורים — אם יעברו גמלים תחילה ואח"כ שוורים, וסופו באונס שהתליע! ותירץ ריב"א: דלא אמרינן תחילתו בפשיעה וסופו באונס חייב אלא היכא שמחמת הפשיעה בא האונס, אבל הכא לא בא האונס מחמת הפשיעה, דאפי' היה מכוסה כראוי לשוורים ולגמלים היה מתליע. וכן משמע ב"המפקיד" (ב"מ לו: ושם) גבי פשע בה ויצאה לאגם, דאפילו למ"ד תחילתו בפשיעה וסופו באונס חייב — התם פטור, דמלאך המות קטלה, מה לי הכא מה לי התם. וא"ת: ב"הכונס" (לקמן דף נו. ושם) גבי נפרצה בלילה, קאמר: בכותל רעוע כי חתרה אמאי פטור? תחילתו בפשיעה וסופו באונס הוא! והתם לא בא אונס מתוך הפשיעה, דאפי' כותל בריא יכול לחתור! וי"ל: דלקמן פרש"י שחתרה והפילה הכותל ע"י חתירה — הרי דמחמת הפשיעה שהיתה רעועה בא האונס, דאם היה בריא לא היה נופל בחתירה. ובסוף "הפועלים" (ב"מ דף צג: ושם) גבי רועה שהניח עדרו ובא לעיר, ובא ארי ודרס, דפריך אביי: תחילתו בפשיעה וסופו באונס הוא, דאי על בעידנא דלא עיילי אינשי, אפילו לא היה יכול להציל אם היה שם — חייב. והתם לא בא האונס מחמת הפשיעה, דמה לי הכא ומה לי התם, כיון שאינו יכול להציל! אומר ריב"ס: [דפי' רב אלפס] דלאביי ודאי חייב, אע"פ שלא בא האונס מחמת הפשיעה, כדמשמע ב"המפקיד" (שם), דקאמר: לא מבעיא למ"ד תחילתו בפשיעה וסופו באונס חייב כו'. מכלל דלמ"ד חייב — ניחא ליה לאביי בלאו טעמא דהבלא דאגמא קטלה. [א] ועוד: דבלאו הכי מפרש שפיר התם ר"י דלא קשה כלום, ואין להאריך כאן יותר. אבל קשה לר"י: דהיכי פשיט מנפל לתוכו שור חש"ו? הא לא דמי כלל. דהא לענין פקח — בדין הוא שלא יחשב פושע ע"י מגו, שהרי אין פושע לגבי שור פקח כלל. אבל בבעיא דידן — הוא פושע לענין שוורים כי מרעי (לגבי) גמלים לכיסוי, ולכך יש להועיל שם המגו להחשב פושע לענין שוורים אף לענין התלעה! ונראה לר"י: דכסהו שלא כראוי לגמלים איירי בכה"ג שמיד שהגמלים עוברים — נפחת תחתיהן הכיסוי. דהשתא ליכא פשיעה בשוורים כלל, ותחילתו וסופו באונס. דאי לא אתו גמלים — ראוי הוא לשוורים, ואי אתו גמלים — נפחת מכל וכל, וחזו שוורים פקחים (ג) ומזהרים ולא נפלי. ומ"מ, מגו ודאי איכא, ושפיר מיבעיא לן אי אמרי' מגו דהוי פושע לגמלים הוי פושע לשוורים בהתלעה. ולפ"ז לא שייך תחילתו בפשיעה וסופו באונס — דתחילתו וסופו באונס הוא. וא"ת: כיון שיודע דשור פקח פטור, דלאו פושע הוא — א"כ מאי קמיבעיא ליה? תפשוט ממתני', דתנן שור חש"ו חייב. הא פקח — פטור, ולא אמרינן מגו! וי"ל: דס"ד השתא דכל השוורים, בין שוטים בין פקחים — פטורין ביום וחייבין בלילה. ומתני' מיירי בלילה. וחרש דנקט — לרבותא, דס"ד דחרש לא מחייב, כדבעי למימר לקמן דחרשותו גרמה לו. ומהא דלא אמר: מגו דהוי פושע בלילה הוי פושע ביום — לא מצי למפשט מידי, דלא דמיא, כיון דההיא שעתא הוא אנוס. ועוד אור"י: דמצי למימר דשפיר ידע האמת דפקח פטור וחרש חייב. ונהי דלא אמר התם מגו — משום דחשיב לפקח כמזיק עצמו, וכמתכוין להפיל את עצמו לבור, והתורה לא חייבה בתקלת הבור אלא כשאין לו לעיין ולילך. אבל כשנפל ע"י התלעה — אז יש להתחייב ע"י מגו, כיון דלא שייך ביה טעמא דאיבעי ליה לעיוני. ובמסקנא כשפושט התלמוד — אין חושש בזה החילוק. וא"ת: אמאי נקט בעיא שלו בשכיחי גמלים? אפילו לא שכיחי גמלים כלל יכול לשאול דלענין גמלים עצמן חשיב פושע, וחייב עליו אם היו נופלים אפילו לא שכיחי, כדמוכח בבעיא קמייתא! וי"ל: דבלא שכיחי, או אפילו אתיין לפרקים — פשיטא דלא אמרינן מגו, כיון דלא שכיחי ביה חיובא דגמלים.

שמואל

רש"ל
ר"מ מ"ז

הגהות הב"ח

(א) גמ' דאיבעי ליה אסוקי אדעתיה (לעולם כראוי לשורים וכו' פושע הוא) איידי דנסיב רישא וכו' איכא דאמרי (הא נמי ודאי וכו' כי איבעי לן) תא"מ ונ"ב ס"א לעולם לא כראוי לשוורים ולא כראוי לגמלים ודקא קשיא לך כו': (ב) שם לענין התלעה אמרי (לא לעולם כראוי וכו' פושע הוא) תא"מ ונ"ב ס"א לא כראוי לשוורים ולא כראוי וכו': (ג) תוס' ד"ה ושכיחי וכו' וחזו שוורים פקחים ומזהרי ולא נפלי:

הגהות הגר"א

[א] תוס' ד"ה ושכיחי כו' ועוד דבלא"ה מפרש כו'. נ"ב עיין תוס' דב"מ צח ע"א ד"ה הוחמה כו' וי"ל כו' ור"א פירש כו':

וְזֶה וְזֶה בְּבוֹר. רַב לְטַעֲמֵיהּ, *דְּאָמַר רַב: בּוֹר שֶׁחִיְּיבָה עָלָיו תּוֹרָה — לְהֶבְלוֹ וְלֹא לַחֲבָטוֹ; וּשְׁמוּאֵל אָמַר: [א]בְּבוֹר, בֵּין מִלְּפָנָיו בֵּין מִלְּאַחֲרָיו — חַיָּיב. שְׁמוּאֵל לְטַעֲמֵיהּ, דְּאָמַר: לְהֶבְלוֹ וְכׇל שֶׁכֵּן לַחֲבָטוֹ. אֶלָּא הֵיכִי דָּמֵי לְאַחֲרָיו מִקּוֹל הַכְּרִיָּיה דְּפָטוּר? [ב]כְּגוֹן דְּנִתְקַל בְּבוֹר, וְנָפַל לַאֲחוֹרֵי הַבּוֹר חוּץ לַבּוֹר. אֵיתִיבֵיהּ: בְּבוֹר, בֵּין לְפָנָיו בֵּין לְאַחֲרָיו — חַיָּיב. תְּיוּבְתָּא דְּרַב! אָמַר רַב חִסְדָּא: מוֹדֶה רַב בְּבוֹר בִּרְשׁוּתוֹ דְּחַיָּיב, מִשּׁוּם דְּאָמַר לֵיהּ: מִמָּה נַפְשָׁךְ? אִי בְּהַבְלָא מִית — הַבְלָא דִּידָךְ הוּא, אִי בַּחֲבָטָא מִית — חֲבָטָא דִּידָךְ הוּא. רַבָּה אָמַר: הָכָא בְּמַאי עָסְקִינַן — בְּמִתְהַפֵּךְ, דִּנְפַל אַאַפֵּיהּ וְאִתְהַפִּיךְ וְנָפַל אַגַּבֵּיהּ, דְּהַבְלָא דְּאַהֲנֵי בֵּיהּ אַהֲנֵי בֵּיהּ. רַב יוֹסֵף אָמַר: הָכָא בְּנִזְקֵי בוֹר בְּשׁוֹר עָסְקִינַן, מַאי נִיהוּ? שֶׁהִבְאִישׁ אֶת מֵימָיו, דְּלָא שְׁנָא לְפָנָיו וְלָא שְׁנָא לְאַחֲרָיו — מִיחַיַּיב. תָּנֵי רַב חֲנַנְיָה לְסַיּוֹעֵי לְרַב: "וְנָפַל" — עַד שֶׁיִּפּוֹל דֶּרֶךְ נְפִילָה, מִכָּאן אָמְרוּ: נָפַל לְפָנָיו מִקּוֹל הַכְּרִיָּיה — חַיָּיב, לְאַחֲרָיו מִקּוֹל הַכְּרִיָּיה — פָּטוּר, וְזֶה וְזֶה בְּבוֹר. אָמַר מָר: נָפַל לְפָנָיו מִקּוֹל הַכְּרִיָּיה חַיָּיב. וְאַמַּאי? נֵימָא: כּוֹרֶה גָּרַם לֵיהּ! אָמַר רַב שִׁימִי בַּר אָשֵׁי: הָא מַנִּי? רַבִּי נָתָן הִיא, דְּאָמַר: [ג]בַּעַל הַבּוֹר הֶיזֵּקָא קָא עָבֵיד, *[ד]וְכׇל הֵיכָא דְּלָא אֶפְשָׁר לְאִשְׁתַּלּוּמֵי מֵהַאי מִשְׁתַּלֵּם מֵהַאי. דְּתַנְיָא: שׁוֹר שֶׁדָּחַף אֶת חֲבֵירוֹ לַבּוֹר — בַּעַל הַשּׁוֹר חַיָּיב, בַּעַל הַבּוֹר פָּטוּר; *רַבִּי נָתָן אוֹמֵר: [ה]בַּעַל הַשּׁוֹר מְשַׁלֵּם מֶחֱצָה וּבַעַל הַבּוֹר מְשַׁלֵּם מֶחֱצָה. וְהָתַנְיָא, רַבִּי נָתָן אוֹמֵר: [ו]בַּעַל הַבּוֹר מְשַׁלֵּם ג' חֲלָקִים וּבַעַל הַשּׁוֹר רְבִיעַ! לָא קַשְׁיָא: [ז]הָא בְּתָם, הָא בְּמוּעָד. וּבְתָם מַאי קָסָבַר? אִי קָסָבַר: הַאי כּוּלֵּיהּ הֶיזֵּקָא עֲבַד וְהַאי כּוּלֵּיהּ הֶיזֵּקָא עֲבַד — הַאי מְשַׁלֵּם פַּלְגָא וְהַאי מְשַׁלֵּם פַּלְגָא, וְאִי קָסָבַר: הַאי פַּלְגָא הֶיזֵּקָא עֲבַד וְהַאי פַּלְגָא הֶיזֵּקָא עֲבַד — בַּעַל הַבּוֹר מְשַׁלֵּם פַּלְגָא וּבַעַל הַשּׁוֹר רְבִיעַ, וְאִידָּךְ רִיבְעָא מַפְסִיד! אָמַר רָבָא: *רַבִּי נָתָן דַּיָּינָא הוּא וְנָחֵית לְעוּמְקָא דְּדִינָא; לְעוֹלָם קָסָבַר: הַאי כּוּלֵּיהּ הֶיזֵּקָא עֲבַד וְהַאי כּוּלֵּיהּ הֶיזֵּקָא עֲבַד. וּדְקָא קַשְׁיָא לָךְ: לְשַׁלֵּם הַאי פַּלְגָא וְהַאי פַּלְגָא! מִשּׁוּם דְּאָמַר לֵיהּ בַּעַל הַשּׁוֹר לְבַעַל הַבּוֹר: שׁוּתָּפוּתַאי מַאי אַהֲנְיָא לִי. אִיבָּעֵית אֵימָא, לְעוֹלָם קָסָבַר: הַאי פַּלְגָא הֶיזֵּקָא עֲבַד וְהַאי פַּלְגָא הֶיזֵּקָא עֲבַד, וּדְקָא קַשְׁיָא לָךְ: בַּעַל הַבּוֹר מְשַׁלֵּם פַּלְגָא וּבַעַל הַשּׁוֹר מְשַׁלֵּם רְבִיעַ, וְאִידָּךְ רִיבְעָא נַפְסִיד! [ח]מִשּׁוּם *דְּאָמַר לֵיהּ בַּעַל הַשּׁוֹר לְבַעַל הַבּוֹר: אֲנָא תּוֹרַאי בְּבֵירָךְ אַשְׁכַּחִיתֵיהּ, אַתְּ קַטְלְתֵּיהּ, מַאי דְּאִית לִי לְאִשְׁתַּלּוּמֵי מֵהֵיאָךְ מִשְׁתַּלְּמְנָא, מַאי דְּלֵית לִי לְאִשְׁתַּלּוּמֵי מֵהֵיאָךְ מִשְׁתַּלְּמְנָא מִמָּךְ.§ אָמַר רָבָא: [ט]הִנִּיחַ אֶבֶן ע"פ הַבּוֹר, וּבָא שׁוֹר וְנִתְקַל בָּהּ וְנָפַל בַּבּוֹר, בָּאנוּ לְמַחְלוֹקֶת [י]ר' נָתָן וְרַבָּנַן. פְּשִׁיטָא! מַהוּ דְּתֵימָא, הָתָם הוּא דְּאָמַר בַּעַל הַבּוֹר לְבַעַל הַשּׁוֹר: אִי לָאו בֵּירָא דִּידִי — תּוֹרָא דִּידָךְ הֲוָה קָטֵיל לֵיהּ, אֲבָל הָכָא מָצֵי א"ל בַּעַל אֶבֶן לְבַעַל הַבּוֹר: אִי לָאו בֵּירָא דִּידָךְ, אַבְנָא דִּידִי מַאי הֲוָה עָבְדָא? אִי הֲוָה מִיתְקַל בָּהּ, הֲוָה נָפַל וְקָאֵי! קמ"ל דְּאָמַר לֵיהּ: אִי לָאו אֶבֶן לָא הֲוָה נָפֵיל לְבֵירָא. אִיתְּמַר:

שׁוֹר

רש"י

וְזֶה וְזֶה בְּבוֹר. וַאֲפִילּוּ הָכִי אַשְׁמוּעִינַן מַתְנִיתִין דְּפָטוּר, הוֹאִיל וְלֹא מֵהַבְלָא מִית אֶלָּא מֵחֲבָטָא, וְקַרְקַע עוֹלָם דְּכׇל בְּנֵי רה"ר הִזִּיקַתּוּ. רַבָּה אָמַר הָכָא בְּמַאי עָסְקִינַן. דְּקָתָנֵי: לְאַחֲרָיו חַיָּיב. בְּמִתְהַפֵּךְ דִּנְפַל עַל אַפֵּיהּ. בְּרֵישָׁא. וּמִקַּמֵּי דְּמָטָא לְקַרְקָעִיתָהּ נִתְהַפֵּךְ וְנָפַל עַל גַּבֵּיהּ. דְּאַהֲנֵי בֵּיהּ. הַבְלָא שֶׁנִּכְנַס בּוֹ בִּתְחִילַּת נְפִילָתוֹ וְהוֹעִילָה בּוֹ לַהֲמִית — הִיא הֲמִיתַתּוּ. הָכָא בְּנִזְקֵי בוֹר בְּשׁוֹר. שֶׁהַשּׁוֹר נִכְנַס לֶחָצֵר בעה"ב שֶׁלֹּא בִּרְשׁוּת, וְלֹא הִפְקִיר לֹא רְשׁוּתוֹ וְלֹא בּוֹרוֹ, וְנָפַל לַבּוֹר וְהִבְאִישׁ אֶת מֵימָיו. דֶּרֶךְ נְפִילָה. עַל פָּנָיו מַשְׁמַע. דְּרוֹב בְּהֵמוֹת הַנּוֹפְלִין בָּעוֹמֶק — עַל פְּנֵיהֶם נוֹפְלִים. נָפַל לְפָנָיו מִקּוֹל הַכְּרִיָּיה חַיָּיב וְאַמַּאי נֵימָא כּוֹרֶה גָּרַם לֵיהּ. וְכוֹרֶה פָּטוּר הוּא, דִּגְרָמָא בְּעָלְמָא הוּא. (*וַאֲפִילּוּ הַכּוֹרֶה בַּעַל הַבּוֹר, אִיכָּא לְמִיפְטְרֵיהּ מֵהַאי טַעְמָא, דְּכֵיוָן דְּמִשּׁוּם גְּרָמָא נָפַל — אִסְתַּלַּק חִיּוּבָא דְּבוֹר מִינֵּיהּ, וְרָמֵי אַפְּשִׁיעוּתָא דְּקוֹל הַכּוֹרֶה, וְהַהוּא גְּרָמָא בְּעָלְמָא, דְּפָטוּר. ע"א) וּכְשֶׁאֵין הַכּוֹרֶה בַּעַל הַבּוֹר עָסְקִינַן, אֶלָּא שֶׁהוּא חֲבֵירוֹ, וּכְגוֹן שֶׁהָיְתָה בּוֹר כְּרוּיָה וְעוֹמֶדֶת קוֹדֶם לָכֵן. דְּאִי הַאי כַּרְיֵיהּ — הָוֵי כּוֹרֶה חַיָּיב, דְּאֵין שָׁלִיחַ לִדְבַר עֲבֵירָה, דְּאָסוּר לְקַלְקֵל רה"ר. בַּעַל הַבּוֹר הֶיזֵּקָא עָבֵיד. כְּלוֹמַר: בְּתוֹךְ שֶׁלּוֹ נִמְצָא הַנֶּזֶק. וְכׇל הֵיכָא דְּלֹא אֶפְשָׁר לְאִשְׁתַּלּוּמֵי מִכּוֹרֶה, דְּקוֹל גְּרָמָא בְּעָלְמָא הוּא — מִשְׁתַּלֵּם מִינֵּיהּ דְּבַעַל הַבּוֹר. בַּעַל הַבּוֹר פָּטוּר. בֵּין שֶׁהַשּׁוֹר הַנִּיזָּק שׁוֹטֶה, בֵּין שֶׁהוּא פִּקֵּחַ. דְּאָמַר לֵיהּ בַּעַל הַבּוֹר: אִי לָאו תּוֹרָךְ לֹא נָפַל, וְהַאי דְּחִיפָה מַעֲשֵׂה בְּיָדַיִם הֲוַאי, וְלֹא גְּרָמָא. רַבִּי נָתָן אוֹמֵר בַּעַל הַבּוֹר מְשַׁלֵּם מֶחֱצָה. שֶׁהֲרֵי בֵּין שְׁנֵיהֶם הֱמִיתוּהוּ. אֲפִי' הָוֵי שׁוֹר הַנִּיזָּק פִּיקֵּחַ — חַיָּיב, דְּלֵיכָּא לְמֵימַר: אִבָּעֵי לָךְ עִיּוּנֵי וּמֵיזַל, דְּהָא חֲבֵירוֹ דְּחָפוֹ. הָא בְּתָם. בַּעַל הַשּׁוֹר מְשַׁלֵּם רְבִיעַ. וְטַעְמָא מְפָרֵשׁ לְקַמֵּיהּ. הָא בְּמוּעָד. דְּמִיחַיַּיב נ"ש. דְּכׇל חַד מְשַׁלֵּם מֶחֱצָה, מִמָּה נַפְשָׁךְ; אִי תַּרְוַיְיהוּ כּוּלֵּיהּ הֶיזֵּקָא עֲבִיד, דְּעַל יְדֵי חַד מִינַּיְיהוּ מָיֵית — הַשְׁתָּא דַּעֲבְדֵי תַּרְוַיְיהוּ מְשַׁלֵּם כׇּל חַד פַּלְגָא. אִי כׇּל חַד וְחַד פַּלְגָא הֶיזֵּקָא עֲבִיד — מַאי דַּעֲבַד מְשַׁלֵּם, דְּהָא מוּעָד הוּא. אִי קָסָבַר הַאי כּוּלֵּיהּ הֶיזֵּקָא עֲבַד. הוֹאִיל דִּבְלֹא בּוֹר נַמִי מָיֵית — הָוֵי כְּאִילּוּ הֱמִיתוֹ כּוּלּוֹ, וְכֵן גַּבֵּי בּוֹר. הוֹאִיל וּבְלֹא מַכַּת נְגִיחוֹת הַשּׁוֹר הָוֵי מָיֵית — כְּאִילּוּ הֱמִיתוֹ כּוּלּוֹ. וּמִשּׁוּם הָכִי מַחְמִיר ג' חֲלָקִים עַל בַּעַל הַבּוֹר. הַאי מְשַׁלֵּם פַּלְגָא וְהַאי פַּלְגָא. כֵּיוָן דְּבַעַל הַשּׁוֹר נַמִי כּוּלֵּיהּ הֶיזֵּקָא עֲבַד, וְשׁוֹר תָּם מְשַׁלֵּם חֲצִי נֶזֶק שֶׁהוּא עוֹשֶׂה. וְאִי קָסָבַר. הוֹאִיל וּשְׁנֵיהֶם עֲשָׂאוּהָ יַחַד, הַאי פַּלְגָא עֲבַד וְהַאי פַּלְגָא עֲבַד — וּמִשּׁוּם הָכִי שׁוֹר רְבִיעַ הוּא דִּמְשַׁלֵּם, דְּהָא תָּם הוּא. וּפַלְגָא מַאי דַּעֲבַד מְשַׁלֵּם. וּבַעַל הַשּׁוֹר. דְּתָם הוּא — לְשַׁלֵּם רְבִיעַ, וּבַעַל הַבּוֹר דְּמוּעָד הוּא — לְשַׁלֵּם פַּלְגָא, וְאִידָּךְ מַפְסִיד נִיזָּק. רַבִּי נָתָן אַב בֵּית דִּין. בְּמַסֶּכֶת הוֹרָיוֹת בְּסוֹפָהּ. שׁוּתָּפוּתַאי מַאי אַהֲנְיָא לִי. בְּלָאו שׁוּתָּפוּת נַמִי פַּלְגָא הוּא דִּמְשַׁלַּמְנָא. וְכֵיוָן דְּבַעַל הַבּוֹר נַמִי כּוּלֵּיהּ הֶיזֵּקָא עָבִיד — מְשַׁלֵּם ג' חֲלָקִים. אַתְּ קַטְלְתֵּיהּ. בְּתוֹךְ שֶׁלְּךָ מְצָאתִי. מַאי דְּאִית לִי כו'. אֲבָל רַבָּנַן בָּתַר מְעִיקָּרָא אָזְלֵי, וְסָבְרֵי דְּבַעַל הַשּׁוֹר כּוּלֵּהּ הֶיזֵּקָא עֲבַד. הִלְכָּךְ, בְּמוּעָד בַּעַל הַשּׁוֹר מְשַׁלֵּם כּוּלֵּיהּ, וּבְתָם בַּעַל הַשּׁוֹר מְשַׁלֵּם פַּלְגָא וּפַלְגָא מַפְסִיד. וְגַבֵּי מַתְנִיתִין נַמִי — בָּתַר כּוֹרֶה אָזְלִינַן וּשְׁנֵיהֶם פְּטוּרִין. הִנִּיחַ אֶבֶן. בּוֹר כְּרוּיָה, וְאָדָם אַחֵר בָּא וְהִנִּיחַ אֶבֶן עַל שְׂפָתָהּ. בָּאנוּ לְמַחְלוֹקֶת כו'. לְרַבָּנַן בַּעַל הָאֶבֶן חַיָּיב, דְּהוּא גָּרַם כׇּל הַנְּפִילָה. וּמִשּׁוּם גְּרָמָא בִּנְזָקִין לֵיכָּא לְמִיפְטְרֵיהּ, דְּאֶבֶן נַמִי הַיְינוּ בּוֹר, וְהֶיזֵּקָא בְּיָדַיִם הוּא, כְּדְתַנְיָא בְּפ"ג (דף כח:), הָא מַה דּוֹמֶה לָזֶה אֲבָנוֹ וְסַכִּינוֹ כו'. וּלְרַבִּי נָתָן — בֵּין שְׁנֵיהֶם מְשַׁלְּמִי.

ה"ג

תוספות

שמואל לטעמיה דאמר להבלו וכ"ש לחבטו. וא"ת: דלמא כי מחייב בחבטו — היינו כשנתקל בבור, אבל הכא — הכרייה גרם לו ליפול, וגם נחבט בקרקע עולם — בהא הוה פטור! וי"ל: דשפיר הוי לטעמיה, דאשכחן דמחייב בחבטה כשנחבט על ידי מעשיו.

בעל השור חייב. פי': מחצה. ובעל הבור פטור לגמרי, גזירת הכתוב מ"ונפל שמה שור או חמור" מעצמו, ולא שיפילוהו אחרים. כדפרישית פרק קמא (דף יג. וסס*).

ובעל הבור משלם מחצה. בשוטה או מהלך בלילה קאמר. דאי בפקח ביום — הא תנינא לעיל דפטור. וכי תימא: ה"מ — כשנופל מעצמו, אבל הפילוהו אחרים — חייב. א"כ כשנופל נמי מעצמו ליחייב, דתחילתו בפשיעה פן יפול ע"י שוורים, וסופו באונס חייב! אלא על כרחיך שור פקח נשמר יפה, (א) ותרחק על כן נגן הבור שאין שוורים אחרים יכולין להפילו בתוכו.

לעולם קסבר האי פלגא נזקא כו' אנא תוראי בבירך אשכחיתיה. וא"ת: כיון דפלגא נזקא עבד, מה סברא היא זו? דמשום דאשכחיה בבור משלם יותר ממה שהזיק?! והיה רוצה ר"י לפרש דה"ק: האי פלגא הזיקא עביד בעלמא, כגון בשני שוורים שהזיקו. אבל הכא בשור שדחף חבירו לבור — שבור עושה הזיקא עבד, כדאמר: את קטלתיה, דבבירך אשכחיתי'. ולכך מאי דלית לי לאשתלומי מייה — משתלמנא מינך. וחזר בו ר"י מפירוש זה, דא"כ מועד לר' נתן אמאי משלם מחצה? כי היכי דמהני שותפות לבור, שאין הבור משלם אלא חצי ממה שהזיק — כמו כן יועיל שותפות הבור לשור, ולא ישלם השור מחצה! ובתם נמי איכא להקשות: אמאי משלם רביע? ע"כ נראה דבור נמי פלגא נזקא עבד, ומשום שגמר ההיזק ודומה כמי שעשאו כולו — אמרינן: כי ליכא לאשתלומי מבעל השור משתלם מבעל הבור.

שור

עין משפט נר מצוה

עח א ב ג ד מיי' פי"ב מהלכות נ"מ הלכה יח סמג עשין סח טוש"ע ח"מ סי' תי סעיף לא ועי' במ"מ ובהשגות:

עט ה ו ז ח מיי' שם הלכה יט טוש"ע שם סעיף לב:

פ ט י מיי' שם הלכה כ טוש"ע שם סעיף לג:

מסורת הש"ס

לעיל נ: נ.

רש"ל מ"ז

[לעיל יג.]

[לעיל כח:]

לט. ב"מ קיז:]

[לעיל יג.]

[ד"ה אי]

הגהות הב"ח

(א) תוס' ד"ה ובעל וכו' יפה ומתרחק כל כך:

גליון הש"ס

רש"י ד"ה באנו למחלוקת וכו' דאבן נמי היינו בור. עיין לעיל דף כח ע"ב תוס' ד"ה וניסוף:

עין משפט
נר מצוה

פא א ב ג מיי' פי"ב מהל' נ"מ הל' כא:
פב מיי' פ"ו מהל' חובל ומזיק הלכה טז סמג עשין ע טוש"ע ח"מ סי' תי סעיף לד:
[עי' תוס' לעיל יב: ד"ה ואם איתא וכו' גרסי רבא]
פג ה מיי' שם טוש"ע שם סעיף לו:
[עי' תוס' לעיל יב: ד"ה ואם]
פד ו מיי' שם טוש"ע שם סעיף לה:
פה ז מיי' שם הל' טז:
פו ח מיי' שם וסמג שם טור ש"ע שם סעיף לו:
פז ט מיי' שם הל' טז:

מסורת הש"ס

תורה אור

אשור ושור פסולי המוקדשין שנגחו, (מאי ניהו? שור בכור דלא פריק ליה,) אביי אמר: במשלם ח"נ, *רבינא אמר: משלם רביע נזק. הא והא בתם, הא כרבנן והא גכרבי נתן. איבעית אימא: הא והא כרבנן, הא בתם הא במועד. איכא דאמרי, אביי אמר: ח"נ, רבינא אמר: כוליה נזק. הא והא במועד, הא כרבנן והא כר' נתן. איבעית אימא: הא והא כרבי נתן, הא במועד והא בתם. אמר רבא: דשור ואדם שדחפו לבור, לענין נזקין — כולן חייבין, הלענין ארבעה דברים ודמי ולדות — אדם חייב, ושור ובור פטור. זלענין כופר ושלשים של עבד — שור חייב, אדם ובור פטורים. חלענין כלים טושור פסולי המוקדשין — אדם ושור חייבין, ובור פטור; מאי טעמא? *אמר קרא: °"והמת יהיה לו" — במי שהמת שלו, *יצא זה שאין המת שלו. למימרא, דפשיטא ליה לרבא? והא מיבעיא בעי ליה לרבא! דבעי רבא: שור פסולי המוקדשין שנפל לבור, מהו? האי "והמת יהיה לו" — במי שהמת שלו, יצא זה שאין המת שלו. או דילמא "והמת יהיה לו" — *לבעלים מטפלין בנבילה הוא דאתא? בתר דבעיא הדר פשטה. אלא, בעלים מטפלין בנבילה מנא ליה? נפקא ליה מן "והמת יהיה לו" דשור. מאי חזית ד"והמת יהיה לו" דשור — מפקת ליה לבעלים מטפלין בנבילה, "והמת יהיה לו" דבור — מפקת ליה למי שהמת שלו? איפוך אנא! מסתברא פטור גבי בור, הואיל ופטר בו את הכלים. אדרבה, פטור גבי שור, שכן פטר בו חצי נזק! כוליה נזק מיהת לא אשכחן. § "נפל לתוכו שור וכליו ונשתברו" כו'. § מתניתין דלא כר' יהודה, דתניא: *ר"י מחייב על נזקי כלים בבור. מאי טעמא דרבנן? דאמר קרא: °"ונפל שמה שור או חמור", "שור" — ולא אדם, "חמור" — ולא כלים. ורבי יהודה? "או" — לרבות את הכלים. ורבנן?

רש"ל מ"ז
שמות כא
שם

או

רש"י: (*ה"ג: מאי ניהו שור בכור דלא פריק ליה. בכור בעל מום שאין בר פדיון. דכיון דלאו בר פדיון הוא – לא נפק מקדושה קמייתא. הלכך, שור הקדש קרינא ביה. ואע"פ שהכהן אוכלו – לא קרינא ביה "שור רעהו", דמשלחן גבוה קזכו. והאי דנקט "פסולי המוקדשים" ולא נקט "שור ושור הקדש שנגחו" – רבותא אשמעינן, דאף לבכור בעל מום פטור, הואיל ולא נפדה. אבל פסולי המוקדשין שנפדו – חייב לשלם אם נגחו, ד"שור רעהו" קרינא ביה. מדאמר לקמן בשמעתין דשור הדיוט שנגח לשור פסולי המוקדשין – חייב, אלמא "שור רעהו" הוי). שור הדיוט ושור פסולי המוקדשים שנגחו. בין שניהם שור. אביי אמר ח"נ משלם. בעל השור, והשאר מפסיד הניזק. ובתם מוקמינן לה, וכרבי נתן, דאמר: מה דלית ליה לאשתלומי מהאי לשתלם מהאי. והוי כמי שאין לו שותף, ומשלם ח"נ כדינו. כרבנן. רביע נזק, הואיל ויש לו שותף. וזה שאינו יכול להשתלם מן הקדשים – יפסיד. ואיבעית אימא. תרוייהו כרבנן, ולא פליגי. בתם. רביע נזק, הואיל ויש לו שותף. ומועד – חצי נזק, והשאר יפסיד. שור ואדם שדחפו. דבר אחד לבור, ונמצאו שלשתן שותפין בנזק: השור והבור והאדם. לענין נזקין. כגון אם דחפו שם אדם והוזק – משלמין בין כולן פחת דמיו, דכולן חייבין בנזקי אדם. דהא דקיימא לן לגבי בור: שור ולא אדם – בקטלא קיימא לן, כגון אם נפל לתוכו עבד ומת. אבל בנזקין – חייב. וכרבי נתן היא דלא אזיל בתר דחיפה לחודה. ארבעה דברים. שהן לבד מנזק. אדם. שדחפו חייב. אבל השור והבור – פטורים, דקיימא לן (לעיל ד' כו.): "איש בעמיתו" ולא שור בעמיתו. וכן בדמי ולדות: "אנשים" כתיב (גבי ולדות) ולא שוורים. לענין כופר. אם מת. שור חייב. כדינו ובמועד. אדם ובור פטורין. אדם – דהא בר קטלא הוא. ואי נמי לא אתרו ביה – פטור, מדתנא דבי חזקיה ב"המכה את הכד" (לעיל לה.). ובור – דכתיב "שור" ולא אדם. ושור פסולי המוקדשין. אם דחפו לתוכו שור פסולי המוקדשין שנפדה, דקרינא ביה "שור רעהו" אחר שפדאו. מאי טעמא. בור פטור. דכתיב והמת יהיה לו. גבי בור. מי שהמת שלו. שיכול למכור הנבילה, יצא זו שאף על פי שנפדה טעון קבורה, דאמרינן גבי פסולי המוקדשין שנפדו במס' בכורות בפ' שני (ד' טו.): "תזבח" – ולא גיזה, "בשר" – ולא חלב, "ואכלת" – ולא לכלביך, מכאן שאין פודין את הקדשים להאכילן לכלבים. לבעלים מטפלין בנבילה. כדאמרינן בפ"ק (ד' י:): "והמת יהיה לו" – לניזק. אתה אומר לניזק כו'. ומאי חזית דהאי והמת יהיה לו דשור מפקת ליה לבעלים מטפלין בנבילה. ומחייבת ליה אנגיחת פסולי המוקדשין. איפוך אנא. ואוקימנא חיובא דפסולי המוקדשין אבור. שור ולא אדם. מדלא כתיב "ונפל שמה הנופל" אלמא: למעוטי אתא. ולקמיה פריך: שאר בהמות מנא ליה? דלמא כולם ממעטינן.

לחלק

רש"ל מ"ז וכו' לגם מתוספות משמע שרב יהודאי פירש כן ולא רש"י וכ' מהרכ"ש מ"ש ברש"י ה"ג ר"ל הלכות גדולות בא לומר שכן נמצא בהלכות גדולות שחבר רבי יהודאי גאון ומ"מ נראה שאינו מלשון רש"י שהרי כתב לעיל בפשיטות דלא כוותיה וכאן לא הזכיר שחולק עליו אלא שתלמיד אחד כתבו בגליון.
[לעיל נח. נד.]
[עי' תוס' זבחים עא: ד"ה ובטריפה]
[לעיל י: וש"נ]
רש"ל מ"ז
לעיל ה: וש"נ

תוספות: שור ושור פסולי המוקדשים שנגחו. פירש רב יהודאי גאון: דהיינו שור בכור, דלא פריק ליה. ולפי שאין לו פדיון, אעפ"י שדינו להיות נשחט במדינה ונאכל לכהנים במומו כצבי וכאיל, דאפילו להאכילו לגוים מתיר ר' עקיבא בבכורות (דף לג:), מטעם דאיתקש לצבי ואיל — אפי' הכי לא חשיב בחיין ממון הדיוט ו"שור רעהו". וכן כל פסולי המוקדשים שלא נפדו. אבל במוקדשין שנפדו ליכא לאוקמי, ד"שור רעהו" מקרו אע"פ שאסורים בגיזה ועבודה. דהא לקמן בשמעתין מחייבינן שור הדיוט שהמית שור פסולי המוקדשין, ובור נמי הוה מחייבינן, אי לאו משום דכתיב "והמת יהיה לו"*.

הא כרבנן הא כר' נתן. וקמ"ל דאפי' בשני שוורים יהיה הדין כמו בשור ובור. אע"ג דבשור ובור לר' נתן שייך טפי למימר כי ליכא לאשתלומי משור משתלם מבור, מטעם דאמר: אנא תוראי בבירך אשכחיתיה, את קטלתיה. ובשור ושור ליכא למימר הכי. ולרבנן הא קמ"ל: דלא תימא דוקא בשור ובור אמרינן הכי, דכי ליכא לאשתלומי מבור לא משתלם משור — דהיינו משום דבור עושה עיקר המעשה, ואיהו קטל בהבליה, לכך לא נטיל חיובו על השור אע"ג דליכא לאשתלומי מיניה. אבל בשור ושור, שאין בזה עיקר ההיזק יותר מבזה — הוה אמינא דאפילו לרבנן, כי ליכא לאשתלומי מהאי — משתלם מהאי. ונראה לר"י: דאביי ורבינא ס"ל: האי כוליה הזיקא עבד והאי כוליה הזיקא עבד. דאי ס"ל פלגא נזקא עבד — למה יאמר רבי נתן דכי ליכא לאשתלומי מהאי משתלם מהאי? הא לא שייך הכא טעמא ד"אנא תוראי". ולא קאמר: הא והא כרבי נתן, הא כמ"ד פלגא נזקא עבד והא כמאן דאמר כולה נזקא עבד — משום דנראה לו לגמרא טעם ראשון שאמר רבא עיקר, דהא כולה נזקא עבד. ולהכי מוקי כולהו כוותיה.

שור ואדם שדחפו לבור. ⊕ לא שדחף אדם בכוונה — דא"כ בעל הבור אמאי מחייב? דאטו אם ישים אדם טליתו של חבירו באש של חבירו, וכי יתחייב בעל האש? ואם תאמר: אי שלא בכוונה — אמאי יתחייב בבושת? ויש לומר: כגון שידע האדם בשעת* נפילת חבירו. וחשיב בכוונה, מידי דהוה אנתהפך דסוף פ"ב (לעיל ד' כז.). לענין כופר ושלשים של עבד שור חייב. וא"ת: והא שור פטור ממיתה, כיון שהוא ואדם דחפו. דהוי כמו (לעיל י:) הכוהו עשרה בני אדם בעשר מקלות, דבבת אחת דברי הכל פטור. וכיון דלא מיחייב מיתה — לא מיחייב כופר, דלעיל בפ' "ד' וה'" (ד' מג. ושם) משמע דרבא ס"ל כרבה, דאמר: דאי אין השור בסקילה — אין הבעלים משלמין כופר. דאמר בהדיא: דשלא בכוונה משלם דמים! ונראה דלא איירי כשדחפוהו שניהם בבת אחת, אלא כל אחד בפני עצמו.: לענין כלים ושור פסולי המוקדשין. כשנפדו איירי. דאי לא נפדו — אדם ושור נמי פטורין, מדכתיב "רעהו". תימה: דבבור אמאי פטור כיון שנפדו? והא הוי המיתה שלו, למ"ד פודין הקדשים להאכילן לכלבים! ואי הוה איירי בשלא נפדו — ניחא, שלא יכולים לפדותו לאחר מיתה, דבעינן העמדה והערכה. ואפילו למ"ד אין פודין — קשה, דמוכח בפרק "כל שעה" (פסחים דף כט:) דהיינו דווקא להאכילן לכלבים, אבל להסיקן תחת תבשילו — פודין לכ"ע, בשמעתתא דאוכל חמץ של הקדש במועד מעל. ומסיק רב אשי: לכ"ע אין פודין כו', ודכ"ע דבר הגורם לממון לאו כממון דמי. ובפלוגתא דר' יוסי הגלילי ורבנן קמפלגי. אלמא: מדמעל — פודין להסיקו תחת תבשילו, או לצורך הנאה אחרת. וכן פי' שם הקונט'. ואין לתמוה: מ"ש אכילת כלב משאר הנאות? דדלמא כיון דמיעטיה מ"ואכלת" ולא לכלביך — לית לן למעוטי אלא כיוצא בה, אכילה. ומיהו, אליבא דרב יוסף דמפרש התם: לעולם בפודין הקדשים להאכילן לכלבים קמפלגי — צ"ל ודאי דאין חילוק בין אכילת כלב לשאר הנאות. ושמא רבא כרב יוסף ס"ל. נפקא ליה מוהמת יהיה לו דשור. ואע"ג דלא ילפינן שור מבור לפטור, היכא שאין המיתה שלו — מ"מ ילפינן בור משור לבעלים מטפלים בנבילה. דג' קראי כתיבי, כדאמרינן בפ"ק (דף י:). איפוך אנא. וא"ת: אם כן "רעהו" דכתב רחמנא למה לי לאפוקי הקדש? וי"ל: דאצטריך להקדש שנגח הדיוט. אך קשה, דמ"שור איש" נפקא.

או

[עי' לעיל ו. תוס' ד"ה לאתויי]

גליון הש"ס
תום' ד"ה שור ואדם וכו' לא שדחף אדם. עיין לעיל ד' ו ע"א תוס' ד"ה לאתויי:

"אוֹ" מִבָּעֵי לֵיהּ לְחַלֵּק. וְרַבִּי יְהוּדָה? לְחַלֵּק מִ"וְנָפַל" נָפְקָא. וְרַבָּנַן? "וְנָפַל" טוּבָא מַשְׁמַע. אֵימָא: "וְנָפַל" – כְּלָל, "שׁוֹר וַחֲמוֹר" – פְּרָט, כְּלָל וּפְרָט – אֵין בַּכְּלָל אֶלָּא מַה שֶּׁבַּפְּרָט, שׁוֹר וַחֲמוֹר אִין, מִידֵי אַחֲרִינָא לָא! אָמְרִי: "בַּעַל הַבּוֹר יְשַׁלֵּם" – חָזַר וְכָלַל, כְּלָל וּפְרָט וּכְלָל אִי אַתָּה דָּן אֶלָּא כְּעֵין הַפְּרָט, מָה הַפְּרָט מְפוֹרָשׁ בַּעֲלֵי חַיִּים, אַף כָּל בַּעֲלֵי חַיִּים. אִי מָה הַפְּרָט מְפוֹרָשׁ דָּבָר שֶׁנִּבְלָתָהּ מְטַמְּאָה בְּמַגָּע וּבְמַשָּׂא, אַף כָּל דָּבָר שֶׁנִּבְלָתָהּ מְטַמְּאָה בְּמַגָּע וּבְמַשָּׂא, *אֲבָל עוֹפוֹת לָא! אִם כֵּן, נִכְתּוֹב רַחֲמָנָא חַד פְּרָטָא. הֵי נִכְתּוֹב? אִי כְּתַב "שׁוֹר", הֲוָה אָמֵינָא: קָרֵב לְגַבֵּי מִזְבֵּחַ – אִין, שֶׁאֵינוֹ קָרֵב לְגַבֵּי מִזְבֵּחַ – לָא. (א) וְאִי כְּתַב רַחֲמָנָא "חֲמוֹר", ה"א: קָדוֹשׁ בִּבְכוֹרָה – אִין, שֶׁאֵין קָדוֹשׁ בִּבְכוֹרָה – לָא! אֶלָּא, אָמַר קְרָא: °"וְהַמֵּת יִהְיֶה לּוֹ", כָּל דְּבַר מִיתָה. בֵּין לְרַבָּנַן דְּקָא מְמַעֲטֵי לְהוּ לְכֵלִים, וּבֵין לְר' יְהוּדָה דְּקָא מְרַבֵּי לְהוּ לְכֵלִים, כֵּלִים בְּנֵי מִיתָה נִינְהוּ?! אָמְרִי: שְׁבִירָתָן זוֹ הִיא מִיתָתָן. *וּלְרַב דְּאָמַר: בּוֹר שֶׁחִיְּיבָה עָלָיו תּוֹרָה – לְהֶבְלוֹ וְלֹא לַחֲבָטוֹ, בֵּין לְרַבָּנַן בֵּין לְרַבִּי יְהוּדָה, כֵּלִים בְּנֵי הֶבְלָא נִינְהוּ? אָמְרִי: בַּחֲדָתֵי, דְּמִיפַּקְעִי מֵהֶבְלָא. הַאי "וְהַמֵּת יִהְיֶה לּוֹ" מִבָּעֵי לֵיהּ לִכְדְרָבָא. *דְּאָמַר רָבָא: שׁוֹר פְּסוּלֵי הַמּוּקְדָּשִׁין שֶׁנָּפַל לַבּוֹר – פָּטוּר, שֶׁנֶּאֱמַר: "וְהַמֵּת יִהְיֶה לּוֹ", בְּמִי שֶׁהַמֵּת שֶׁלּוֹ, יָצָא זֶה שֶׁאֵין הַמֵּת שֶׁלּוֹ! אֶלָּא, אָמַר קְרָא: °"כֶּסֶף יָשִׁיב לִבְעָלָיו", לְרַבּוֹת כָּל דְּאִית לֵיהּ בְּעָלִים. א"ה, אֲפִילּוּ כֵּלִים וְאָדָם נַמִי! אָמַר קְרָא: "שׁוֹר" – וְלֹא אָדָם, "חֲמוֹר" – וְלֹא כֵּלִים. וּלְרַבִּי יְהוּדָה דְּקָא מְרַבֵּי לְהוּ לְכֵלִים, בִּשְׁלָמָא "שׁוֹר" מְמַעֵט בֵּיהּ אָדָם, אֶלָּא "חֲמוֹר" מַאי מְמַעֵט בֵּיהּ? *אֶלָּא אָמַר רָבָא: "חֲמוֹר" דְּבוֹר לְרַבִּי יְהוּדָה, וְ"שֶׂה" דַּאֲבֵידָה לְדִבְרֵי הַכֹּל – קַשְׁיָא.§ "נָפַל לְתוֹכוֹ שׁוֹר חֵרֵשׁ שׁוֹטֶה וְקָטָן – חַיָּיב".§ מַאי "שׁוֹר חֵרֵשׁ שׁוֹטֶה וְקָטָן"? אִילֵימָא שׁוֹר שֶׁל חֵרֵשׁ, שׁוֹר שֶׁל שׁוֹטֶה, שׁוֹר שֶׁל קָטָן. הָא שׁוֹר שֶׁל פִּקֵּחַ – פָּטוּר?! אָמַר רַבִּי יוֹחָנָן: שׁוֹר שֶׁהוּא חֵרֵשׁ, שׁוֹר שֶׁהוּא שׁוֹטֶה, שׁוֹר שֶׁהוּא קָטָן. הָא

רש"י

לְחַלֵּק. דְּלָא תֵּימָא: אֵינוֹ חַיָּיב עַד שֶׁיִּפּוֹל שָׁם שׁוֹר וַחֲמוֹר כְּאַחַד. וְנָפַל. לְשׁוֹן יָחִיד. וְנָפַל טוּבָא מַשְׁמַע. [כְּמוֹ "וַיַּעַשׂ בְּצַלְאֵל וְאָהֳלִיאָב"] (שמות לו), "וּבָא הָאוֹת וְהַמּוֹפֵת" (דברים יג), "וּבָא הָאֲרִי וְאֶת הַדּוֹב" (שמואל א יז). מִידֵי אַחֲרִינָא לָא. וּשְׁאָר מִילֵּי מְנָלַן? אַף כָּל בַּעֲלֵי חַיִּים. לְרַבָּנַן קָמְתָרֵץ לָהּ. וּלְר' יְהוּדָה, אֲתָא "אוֹ" וְרַבֵּי אַף שְׁאָר מִטַּלְטְלִין. עוֹפוֹת אֵין מְטַמְּאִין בְּמַגָּע וּבְמַשָּׂא. א"כ. דְּלָא רַבֵּי אֶלָּא מַאי דְּדָמֵי לֵיהּ לִפְרָטָא מִשְּׁנֵי לְדָדִין. לִכְתּוֹב רַחֲמָנָא חַד פְּרָט. אוֹ שׁוֹר אוֹ חֲמוֹר, וְדָרְשִׁינַן כָּל כְּעֵין הַפְּרָט. וּמִדְּכָתַב אִידָךְ, אִם אֵינוֹ עִנְיָן לְדָבָר שֶׁנִּבְלָתוֹ מְטַמְּאָה, דְּהָא אָתֵי בִּכְלָלָא – תְּנֵהוּ עִנְיָן לְעוֹפוֹת דְּדָמוּ לִפְרָטָא בְּחַד צַד, דַּהֲוָה בַּעֲלֵי חַיִּים. וְאִיכָּא לְמִפְרַךְ: הַשְׁתָּא דְּתַרְוַיְיהוּ צְרִיכִי, מֵהֵיכָא מְמַעֵט אָדָם? אֶלָּא מֵהַךְ מִלְּתָא דְּעוֹפוֹת מַקְשֵׁי וְאָזֵיל, עַד דְּמַפֵּיק לֵיהּ מִכּוּלֵּיהּ טַעְמָא. שֶׁאֵין קָדוֹשׁ בִּבְכוֹרָה לָא. כְּגוֹן סוּסִים וּגְמַלִּים. כָּתַב רַחֲמָנָא שׁוֹר דְּלָא אִיצְטְרִיכָא, דְּהָא מִכְּלָל אָתֵי לְרַבּוּיֵי אֲפִי' סוּסִים וּגְמַלִּים, הוֹאִיל וְדָמוּ לִפְרָטָא מִשְּׁנֵי לְדָדִין: בַּעֲלֵי חַיִּים וְנִבְלָתָן מְטַמְּאָה. אֲבָל עוֹפוֹת דְּלָא דָּמוּ אֶלָּא בְּחַד צַד – לָא. אֶלָּא. לָא תֵּימָא: חָזַר וְכָלַל לְמִדְרְשֵׁיהּ בִּכְלָל וּפְרָט וּכְלָל. אֶלָּא אֵימָא: אָמַר קְרָא "וְהַמֵּת יִהְיֶה לּוֹ" כו'. כֵּלִים בְּנֵי מִיתָה נִינְהוּ. בִּתְמִיָּה. וְל"ל קְרָא לְמַעֲטִינְהוּ לְרַבָּנַן? וְרַבִּי יְהוּדָה הֵיכִי מָצֵי לְרַבּוּיִינְהוּ? הָא לָא קָרֵינַן בְּהוּ "וְהַמֵּת יִהְיֶה לּוֹ"! שְׁבִירָתָן זוֹ הִיא מִיתָתָן. הִלְכָּךְ, לְרַבָּנַן אֲתָא חֲמוֹר לְמַעוּטִינְהוּ, הוֹאִיל וְלָאו מִיתָה מַמָּשׁ הִיא, וְשׁוֹר – לְמַעוּטֵי אָדָם שֶׁאֵינוֹ מִין בְּהֵמָה. וְאִי כָּתַב רַחֲמָנָא חַד – הֲוָה אָמֵינָא לְמַעוּטֵי אָדָם, אֲבָל כֵּלִים לָא, דְּכִי קָא מְמַעֵט – בַּעֲלֵי חַיִּים דְּכַוָותֵיהּ קָא מְמַעֵט, לְהָכִי אִיצְטְרִיךְ חֲמוֹר. וּלְרַבִּי יְהוּדָה, "אוֹ" לְרַבּוּיֵי כֵּלִים אֲתָא, אַף ע"ג דְּלָאו בְּנֵי מִיתָה נִינְהוּ מַמָּשׁ. וְשׁוֹר – לְמַעוּטֵי אָדָם, בַּעֲלֵי חַיִּים דְּכַוָותֵיהּ. וּלְקַמָּן פָּרֵיךְ: לְר' יְהוּדָה חֲמוֹר לָמָּה לִי? בַּחֲדָתֵי. חֲדָשִׁים. שׁוֹר פְּסוּלֵי הַמּוּקְדָּשִׁין. שֶׁנִּפְדָּה, אֵין הַמִּיתָה שֶׁלּוֹ. דְּקַיְימָא לָן בִּבְכוֹרוֹת בְּפֶרֶק ב' (דף טו.) גַּבֵּי פְּסוּלֵי הַמּוּקְדָּשִׁין לְאַחַר פִּדְיוֹנוֹ: "תִּזְבַּח" – וְלֹא גִּיזָּה, "בָּשָׂר" – וְלֹא חָלָב, "וְאָכַלְתָּ" – וְלֹא לִכְלָבֶיךָ. שׁוֹר וְלֹא אָדָם. שֶׁאֵינוֹ מִין בְּהֵמָה. וְשֶׂה דַּאֲבֵידָה. כֵּיוָן דִּכְתִיב "לְכָל אֲבֵדַת אָחִיךָ", לָמָּה לִי דְּכָתַב רַחֲמָנָא חֲמוֹר וְשׁוֹר וְשֶׂה וְשַׂלְמָה? וּבְפֶרֶק "אֵלּוּ מְצִיאוֹת" דָּרְשִׁינַן לְהוּ לְכוּלְּהוּ, בַּר מִשֶּׂה. הָא שֶׁל פִּקֵּחַ פָּטוּר. בִּתְמִיָּה: הֵיכָא פַּטְרֵיהּ קְרָא?

תוספות

"אוֹ" מבעי ליה לחלק. האי סוגיא כר' יאשיה, דמצריך "או" לחלק. בכל דוכתין. אבל לרבי יונתן אין צריך "או" לחלק. ותימה: א"כ סוגיא זו דלא כהלכתא, דבפ' "השואל" (ב"מ דף נה:) מוקי אביי כרבי יאשיה, ורבא כרבי יונתן, וקי"ל כרבא לגבי דאביי! ובפ' "אותו ואת בנו" (חולין דף עח:) גבי פלוגתא דחוששין לזרע האב משמע דתליא בפלוגתא דרבי יונתן ור' יאשיה, נמי יש לתמוה: למה אין אנו פוסקין כמ"ד כר' יונתן, מכח מילתיה דרבא בפרק "השואל"? הוה אמינא קרב לגבי מזבח אין. תימה: למה לא ילפינן הכא "שור שור" משבת? ובמסקנא נמי, דמרבינן עופות מדכתיב "ישיב לבעליו" כל דאית ליה בעלים, ל"ל? נילף מ"שור שור", או "חמור חמור" משבת, כמו חסימה ופריקה לקמן, וממילא אמעיט אדם, דליכא למילף משבת, כדאמרינן לקמן (ע"ב) גבי כלאים: להנהה הקשתיו ולא לדבר אחר! וכן גבי תשלומי כפל והשבת אבידה, מה צריך ריבוי לקמן? נילף משבת! ומיהו, להפרשה דהר סיני ניחא, דלא שייך למילף משבת — דעדיין לא נאמרו עשרת הדברות. וי"ל: דבמקום שייך לדרוש בכלל ופרט לא ילפינן "שור שור" משבת, וכן כל הני — דהוה דרשינן בכלל ופרט, דתשלומי כפל דרשינן ליה בהדיא ב"מרובה" (לקמן דף סג.) אי לאו רבויא ד"כל", וכן יש לפרש בהשבת אבידה. אבל בכל אחריני י"ל דלא מדריש בכלל ופרט וכלל. קרב לגבי מזבח. בפ"ק דקדושין (דף יז.) גבי הענקה דכתיב לאן גורן ויקב לא ממעט כל דבר שאין קרב לגבי מזבח, משום דבכלל גורן הוי כמה דברים שאין קריבים לגבי מזבח. אבל בפ"ק דחולין (דף כה:) צ"ע, דכתיב "כל מעשה עזים תתחטאו" דאמר: עזים — למעוטי עופות. ואמאי לא ממעטינן כל דבר שאין קרב לגבי מזבח? ומיהו, להה״א לישנא דאמר לקמן "כל" ריבויא הוא — לא קשה מהתם. בין לרבי יהודה דמרבה כלים בני מיתה נינהו. וא"ת: ומאי פריך? כ"ש משום דלאו בני מיתה נינהו צריכי ריבויא לרבי יהודה! וי"ל: דלר' יהודה נמי הוה ממעט כלים מחמור, אי לאו ריבויא. ולהכי פריך: בין לרבנן דממעטי להו כלים מחמור, ובין לרבי יהודה דמרבה להו כלים מ"או" לאפוקי ממיעוט דחמור — הא לאו בני מיתה נינהו. בין לרבנן בין לר' יהודה כלים בני הבלא נינהו. אפילו למאן דאית ליה בפ' "המניח" (לעיל דף כט.) דלרבי יהודה מפקיר נזקיו לאחר נפילת פשיעה פטור, וא"כ לא מחייב רבי יהודה אלא בבור ברשותו, ובבור ברשותו אצטריך שפיר למיפטר כלים בחבטה, דחבטה דידיה הוא — מ"מ פריך שפיר, דבהיזק הבל משתעי קרא, מדדריש רב "ונפל" עד שיפול דרך נפילה, וחבטה היכא דהוי דידיה אתיא בק"ו. ובהבל דמשתעי ביה קרא אית לן לאשכוחי ריבויא דכלים לר"י. ומיהו, אין נראה שידרוש ר' יהודה אפילו לרב עד שיפול דרך נפילה. דכיון דלא מחייב אלא בבור ברשותו — אין לו לדורשו, כמו שמואל אין דורשו, משום דבכל מקום שיתחייב בהבל מתחייב בחבטה. חמור דבור לר' יהודה כו'. והא דלא קאמר נמי גם לב"ה דבריש "הגוזל קמא" לקמן (דף צז.)(ב) — דלא חשיב אלא הנך דדמו, ⁕דהוו בעלי חיים. הקשה הר"ר משה מפונטייז"א: ואימא דחמור אתא למעט שטרות! ואור"י: דלמאן דלא דאין דינא דגרמי — אפי' הוא עצמו פטור. ולמאן דדאין דינא דגרמי — נמי לא מחייב אלא מדרבנן, כדמוכח *בפרק "הכונס" (לקמן דף סב.), דמיבעיא ליה אי עשו תקנת נגזל במסור או לא, ואי דינא דגרמי דאורייתא — למה לא עשו תקנת נגזל במסור, כמו בנגזל? שה דאבידה לדברי הכל קשיא. וא"ת: לגופיה אצטריך, למהוי פרט וכלל ונעשה כלל מוסיף על הפרט, ואתרבו כל מילי. דשור וחמור ושלמה אצטריך כל חד וחד למילתיה, כדדריש בפ' "אלו מציאות" (ב"מ דף כז.), ואי לא שה דמייתר — הוה משיירי חד מינייהו לפרט וכלל, ולא הוה דרשינן ביה מידי! וי"ל: דבכל מקום שיש פרט וכלל רגיל רבינו שמואל ליתן טעם למה לי לפרט, כיון דאתרבי כל מילי. ומפרש דשמא יש דברים שלא היה מתרבי מהכלל אם לא שקדמו פרט להיות כלל מוסיף עליו, ולרבות כל דבר. והכא קים ליה לבעל התלמוד דמאבידה סתם הוה שמעינן שפיר כל אבידה, כאילו יש פרט וכלל, שאין למעט שום אבידה מבנין אב או מק"ו או בשום ענין, וא"צ כאן פרט כדי שלא למעט מן הכלל שום דבר על ידי שום דין. א"נ "לכל אבידה" כתיב, והוי "לכל" ריבויא לרבות כל אבידה כאילו יש פרט וכלל. אף על גב דדרשינן מיניה בע"ז (דף כו:) לרבות המומר — מכל מקום איכא למדרש נמי כל אבידה, דאתרוייהו קאי ריבויא — א"אבידה" וא"אחיך", ומרבינן כל אבידה דכל אחד ולכאחיך.

בהמתך

עין משפט נר מצוה

פח א מיי' פי"ב מהל' נזקי ממון הלכה א סמג עשין סח טוש"ע ח"מ סי' תי סעיף א:

הגהות הב"ח

(א) גמ' שאינו קרב לגבי מזבח לא כתב רחמנא חמור ואי כתב רחמנא חמור וכו' שאין קדוש בבכורה לא כתב רחמנא שור אלא אמר קרא: (ב) תום' ד"ה חמור וכו' הגוזל קמא קשיא דלא חשיב:

גליון הש"ס

תום' ד"ה חמור וכו' דהוו בעלי חיים. עיין מנחות דף יד ע"ב:

מסורת הש"ס

רש"ל

[לקמן סג.]

[לעיל כ: נג.]

לעיל נה. [נג:]

שמות כא

שם

ב"מ כז.

[עי' תוס' לקמן עא: ד"ה וסבר ותוספות כתובות לד. ד"ה סבר]

עין משפט
נר מצוה

פט א מיי' פי"ב מהל' נזקי ממון הלכה טז ועי' בהשגות ובמ"מ סמג עשין סח טוש"ע ח"מ סי' תי סעיף יט:
צ ב מיי' שם הלכה א סמג שם טוח"מ שם:
צא ג מיי' פ"א מהל' גניבה הלכה ו:
צב ד מיי' פי"ד מהל' אבידה הל' א טוש"ע ח"מ סי' רנט סעיף א:
צג ה מיי' פי"ג מהל' רוצח הלכה א סמג עשין פ טוש"ע ח"מ סי' רעב סעיף א:
צד ו מיי' פי"ג מהל' שכירות הל' ב סמג לאוין קפד טוש"ע ח"מ סי' שלח סעיף ב:

[עי' תוס' שבת עג: ותוספות כתובות ס. ד"ה מפרק]

צה ז מיי' פ"ט מהל' כלאים הל' א סמג לאוין רפא טוש"ע י"ד סי' רנז סעיף א וסעיף י:
צו ח מיי' פ"כ מהל' שבת הלכה א טוש"ע א"ח סי' שה סעיף א:
צז ט מיי' שם וסמג שם טוש"ע י"ד סי' רנז סעיף א י:
צח י מיי' פ"ז מהל' מעשר שני הלכה ג סמג עשין קלו:
צט כ מיי' פ"ט מהל' כלאים הלכה י סמג לאוין רפא טוש"ע י"ד סי' רנז סעיף טז:

מסורת הש"ס

בהמתך דדברות הראשונות כלל. לא חשיב ליה כלל ופרט המרוחקים זה מזה, דאחרונות וראשונות חדא מילתא היא, דזכור ושמור בדבור אחד נאמרו [ר"ה כז. שבועות כ:].

ואימא מה הפרט מפורש דבר שנבלתו מטמא. תימה: [א"כ] פרט ל"ל? דבכלל בהמתך נמי כתיבו! ועוד, כשאומר: מה הפרט מפורש בעלי חיים אף כל בעלי חיים, ועופות בכלל, היכי ס"ד דאתרבו עופות? לימא דכללא גופיה ממעט להו!

פרי מפרי וגדולי קרקע. הכא משמע דבקר ובאן אקרי גידולי קרקע. ותימה: דבפ"ק דקדושין (דף יז.) גבי הענקה אמר דאי כתב רחמנא גורן — ה"א: גידולי קרקע אין, בעלי חיים לא. כתב רחמנא צאן! וי"ל: דלענין דבר היוצא ממש מן הארץ לא חשיב בהמה גידולי קרקע. ואין להאריך כאן יותר*.

הָא שׁוֹר שֶׁהוּא פִּקֵּחַ — פָּטוּר?! אָמַר ר' יִרְמְיָה: לָא מִבָּעֲיָא קָאָמַר, לָא מִבָּעֲיָא שׁוֹר שֶׁהוּא פִּקֵּחַ דְּחַיָּיב, אֲבָל שׁוֹר חֵרֵשׁ שׁוֹטֶה וְקָטָן — אֵימָא: חֵרְשׁוּתוֹ גָּרְמָה לוֹ, קַטְנוּתוֹ גָּרְמָה לוֹ, וְלִיפָּטַר, קמ"ל. א"ל רַב אַחָא לְרָבִינָא, וְהָתַנְיָא: נָפַל לְתוֹכוֹ בַּר דַּעַת — פָּטוּר; מַאי לָאו שׁוֹר בַּר דַּעַת? א"ל: לָא, אָדָם. אֶלָּא מֵעַתָּה, אָדָם בֶּן דַּעַת הוּא דְּפָטוּר, הָא לָאו בֶּן דַּעַת הוּא דְּחַיָּיב? "שׁוֹר" — וְלֹא אָדָם כְּתִיב! אֶלָּא מַאי "בֶּן דַּעַת"? מִין בֶּן דַּעַת. א"ל, וְהָתַנְיָא: נָפַל לְתוֹכוֹ שׁוֹר בֶּן דַּעַת — פָּטוּר! אֶלָּא אָמַר רָבָא: [א]שׁוֹר וְהוּא חֵרֵשׁ, שׁוֹר וְהוּא שׁוֹטֶה, שׁוֹר וְהוּא קָטָן דַּוְקָא. אֲבָל שׁוֹר וְהוּא פִּקֵּחַ — פָּטוּר, מַאי טַעֲמָא? דְּבָעֵי לֵיהּ עִיּוּנֵי וּמֵיזַל. תַּנְיָא נַמִּי הָכִי: *נָפַל לְתוֹכוֹ שׁוֹר חֵרֵשׁ שׁוֹטֶה וְקָטָן וְסוּמָא וּמְהַלֵּךְ בַּלַּיְלָה — חַיָּיב, פִּקֵּחַ וּמְהַלֵּךְ בַּיּוֹם — פָּטוּר.§ **מתני'** אֶחָד שׁוֹר וְאֶחָד כָּל בְּהֵמָה — [ב]לִנְפִילַת הַבּוֹר, וּלְהַפְרָשַׁת הַר סִינַי, [ג]וּלְתַשְׁלוּמֵי כֵפֶל, [ד]וְלַהֲשָׁבַת אֲבֵידָה, [ה]לִפְרִיקָה, [ו]לַחֲסִימָה, [ז]לְכִלְאַיִם, [ח]וּלְשַׁבָּת; [ט]וְכֵן *חַיָּה וְעוֹף כַּיּוֹצֵא בָּהֶן. א"כ, לָמָּה נֶאֱמַר שׁוֹר אוֹ חֲמוֹר? אֶלָּא שֶׁדִּבֵּר הַכָּתוּב בַּהוֹוֶה.§ **גמ'** לִנְפִילַת הַבּוֹר — °"כֶּסֶף יָשִׁיב לִבְעָלָיו" כְּתִיב, כָּל דְּאִית לֵיהּ בְּעָלִים, כִּדְאָמְרַן. לְהַפְרָשַׁת הַר סִינַי — °"אִם בְּהֵמָה אִם אִישׁ לֹא יִחְיֶה", *וְחַיָּה בִּכְלַל בְּהֵמָה הֲוָיָא, "אִם" לְרַבּוֹת אֶת הָעוֹפוֹת. לְתַשְׁלוּמֵי כֵפֶל — כִּדְאָמְרִינַן: °"עַל כָּל דְּבַר פֶּשַׁע", כָּלַל כָּל דָּבָר פְּשִׁיעָה. לַהֲשָׁבַת אֲבֵידָה — °"לְכָל אֲבֵדַת אָחִיךָ". לִפְרִיקָה — יָלֵיף "חֲמוֹר" "חֲמוֹר" מִשַּׁבָּת. *לַחֲסִימָה — יָלֵיף "שׁוֹר" "שׁוֹר" מִשַּׁבָּת. לְכִלְאַיִם, אִי כִּלְאַיִם דַּחֲרִישָׁה — יָלֵיף "שׁוֹר" "שׁוֹר" מִשַּׁבָּת, אִי כִּלְאַיִם דְּהַרְבָּעָה — יָלֵיף "בְּהֶמְתְּךָ" "בְּהֶמְתְּךָ" מִשַּׁבָּת. וְגַבֵּי שַׁבָּת מְנָלַן? דְּתַנְיָא, ר' יוֹסֵי אוֹמֵר מִשּׁוּם ר' יִשְׁמָעֵאל: בַּדִּבְּרוֹת הָרִאשׁוֹנוֹת נֶאֱמַר: °"עַבְדְּךָ וַאֲמָתְךָ וּבְהֶמְתֶּךָ", וּבַדִּבְּרוֹת הָאַחֲרוֹנוֹת נֶאֱמַר: °"וְשׁוֹרְךָ וַחֲמֹרְךָ וְכָל בְּהֶמְתֶּךָ", וַהֲלֹא שׁוֹר וַחֲמוֹר בִּכְלַל כָּל בְּהֵמָה הָיוּ, וְלָמָּה יָצְאוּ? לוֹמַר לְךָ: מַה שׁוֹר וַחֲמוֹר הָאָמוּר כָּאן — חַיָּה וְעוֹף כַּיּוֹצֵא בָּהֶן, אַף כָּל חַיָּה וְעוֹף כַּיּוֹצֵא בָּהֶן. אֵימָא: בְּהֵמָה דְּדִבְּרוֹת הָרִאשׁוֹנוֹת — כְּלָל, "שׁוֹרְךָ וַחֲמוֹרְךָ" דְּדִבְּרוֹת הָאַחֲרוֹנוֹת — פְּרָט, כְּלָל וּפְרָט אֵין בַּכְּלָל אֶלָּא מַה שֶּׁבַּפְּרָט; שׁוֹר וַחֲמוֹר — אִין, מִידֵּי אַחֲרִינָא — לָא! אָמְרִי: "וְכָל בְּהֶמְתְּךָ" דְּדִבְּרוֹת הָאַחֲרוֹנוֹת — חָזַר וְכָלַל, כְּלָל וּפְרָט וּכְלָל אִי אַתָּה דָּן אֶלָּא כְּעֵין הַפְּרָט; מַה הַפְּרָט מְפוֹרָשׁ בַּעֲלֵי חַיִּים, אַף כָּל בַּעֲלֵי חַיִּים. וְאֵימָא: מַה הַפְּרָט מְפוֹרָשׁ דָּבָר שֶׁנִּבְלָתוֹ מְטַמֵּא בְּמַגָּע וּבְמַשָּׂא, אַף כָּל דָּבָר שֶׁנִּבְלָתוֹ מְטַמֵּא בְּמַגָּע וּבְמַשָּׂא, *אֲבָל עוֹפוֹת לָא! אָמְרִי: א"כ, נִכְתּוֹב רַחֲמָנָא חַד פְּרָטָא. הֵי נִכְתּוֹב רַחֲמָנָא? אִי כְּתַב רַחֲמָנָא שׁוֹר, ה"א: קָרֵב לְגַבֵּי מִזְבֵּחַ — אִין, שֶׁאֵינוֹ קָרֵב לְגַבֵּי מִזְבֵּחַ — לָא, כְּתַב רַחֲמָנָא חֲמוֹר; וְאִי כְּתַב רַחֲמָנָא חֲמוֹר, ה"א: קָדוֹשׁ בִּבְכוֹרָה — אִין, שֶׁאֵין קָדוֹשׁ בִּבְכוֹרָה — לָא, כְּתַב רַחֲמָנָא שׁוֹר! אֶלָּא, "וְכָל בְּהֶמְתְּךָ" רִיבּוּיָא הוּא. וְכָל הֵיכָא דִּכְתַב רַחֲמָנָא "כָּל", רִיבּוּיָא הוּא? וְהָא גַּבֵּי מַעֲשֵׂר דִּכְתִיב "כָּל", וְקָא דָּרְשִׁינַן לֵיהּ בִּכְלָל וּפְרָט! דְּתַנְיָא: *°"וְנָתַתָּה הַכֶּסֶף בְּכֹל אֲשֶׁר תְּאַוֶּה נַפְשְׁךָ" — כְּלָל, "בַּבָּקָר וּבַצֹּאן וּבַיַּיִן וּבַשֵּׁכָר" — פְּרָט, "וּבְכֹל אֲשֶׁר תִּשְׁאָלְךָ נַפְשֶׁךָ" — חָזַר וְכָלַל, כְּלָל וּפְרָט וּכְלָל אִי אַתָּה דָּן אֶלָּא כְּעֵין הַפְּרָט; [י]מַה הַפְּרָט מְפוֹרָשׁ פְּרִי מִפְּרִי וְגִידּוּלֵי קַרְקַע, אַף כָּל פְּרִי מִפְּרִי וְגִידּוּלֵי קַרְקַע! אָמְרִי: "בְּכֹל" — כְּלָלָא, "כָּל" — רִיבּוּיָא. אִיבָּעֵית אֵימָא: "כָּל" נַמִּי כְּלָלָא הוּא, מִיהוּ הַאי "כָּל" דְּהָכָא רִיבּוּיָא הוּא, מִדַּהֲוָה לֵיהּ לְמִכְתַּב "וּבְהֶמְתֶּךָ" כִּדְכְתִיב בַּדִּבְּרוֹת הָרִאשׁוֹנוֹת, וּכְתַב "וְכָל בְּהֶמְתְּךָ", שְׁמַע מִינַּהּ רִיבּוּיָא. הָשְׁתָּא דְּאָמְרַתְּ: "כָּל" רִיבּוּיָא הוּא, "בְּהֶמְתְּךָ" דְּדִבְּרוֹת הָרִאשׁוֹנוֹת וְשׁוֹר וַחֲמוֹר דְּדִבְּרוֹת הָאַחֲרוֹנוֹת ל"ל? אָמְרִי: שׁוֹר — לְאַגְמוֹרֵי "שׁוֹר" "שׁוֹר" לַחֲסִימָה, "חֲמוֹר" — לְאַגְמוֹרֵי "חֲמוֹר" "חֲמוֹר" לִפְרִיקָה, "בְּהֶמְתְּךָ" — לְאַגְמוֹרֵי "בְּהֶמְתְּךָ" "בְּהֶמְתְּךָ" לְכִלְאַיִם. אִי הָכִי, אֲפִילּוּ אָדָם לִיתַּסַר! אַלְמָּה תְּנַן: *[כ]אָדָם מוּתָּר עִם כּוּלָּן לַחֲרוֹשׁ וְלִמְשׁוֹךְ! אָמַר רַב פָּפָּא: *פַּפּוּנָאֵי יָדְעִי טַעֲמָא דְּהָא מִילְּתָא, וּמַנּוּ? רַב אַחָא בַּר יַעֲקֹב; אָמַר קְרָא: °"לְמַעַן יָנוּחַ עַבְדְּךָ וַאֲמָתְךָ כָּמוֹךָ", לַהֲנָחָה הִקַּשְׁתִּיו וְלֹא לְדָבָר אַחֵר.§ שָׁאַל רַבִּי חֲנִינָא בֶּן עֲגִיל אֶת רַבִּי חִיָּיא בַּר אַבָּא: מִפְּנֵי מָה בַּדִּבְּרוֹת הָרִאשׁוֹנוֹת לֹא נֶאֱמַר בָּהֶם טוֹב, וּבַדִּבְּרוֹת הָאַחֲרוֹנוֹת נֶאֱמַר

הָא שׁוֹר וְהוּא פִּקֵּחַ פָּטוּר. בִּתְמִיָּה. מִין בֶּן דַּעַת. הַיְינוּ אָדָם. וַאֲפִי' הוּא שׁוֹטֶה — מִין בֶּן דַּעַת הוּא. שׁוֹר חֵרֵשׁ שׁוֹטֶה וְקָטָן. שׁוֹר שֶׁהוּא חֵרֵשׁ אוֹ שׁוֹטֶה אוֹ קָטָן אוֹ סוּמָא, אוֹ מְהַלֵּךְ בַּדֶּרֶךְ בַּלַּיְלָה וַאֲפִילּוּ הוּא פִּקֵּחַ. **מתני'** וּלְהַפְרָשַׁת הַר סִינַי. "אִם בְּהֵמָה אִם אִישׁ" כְּתִיב, וַאֲנַן מְרַבִּינַן חַיָּה וְעוֹף בַּגְּמָרָא. וּלְתַשְׁלוּמֵי כֵפֶל. וְאע"ג דִּכְתִיב: "מִשּׁוֹר וְעַד חֲמוֹר", שְׁאָר בְּהֵמָה וְחַיָּה מְרַבִּינַן בַּגְּמָ'. וְכֵן בְּכוּלְּהוּ. לִפְרִיקָה. "עָזוֹב תַּעֲזוֹב עִמּוֹ" (שמות כג). לְכִלְאַיִם. דְּהַרְבָּעָה, אע"ג דִּכְתִיב: "בְּהֶמְתְּךָ לֹא תַרְבִּיעַ כִּלְאַיִם", הָוֵי נַמִּי חַיָּה וְעוֹף בִּכְלָל, כִּדְיָלֵיף בַּגְּמָרָא. וְכֵן לְעִנְיַן כִּלְאַיִם דְּהַנְהָגָה דְּ"לֹא תַחֲרוֹשׁ בְּשׁוֹר וַחֲמוֹר". בַּהוֹוֶה. בַּדָּבָר הָרָגִיל לִהְיוֹת. **גמ'** חַיָּה בִּכְלַל בְּהֵמָה. דִּכְתִיב: "זֹאת הַבְּהֵמָה אֲשֶׁר תֹּאכֵלוּ", וּכְתִיב בַּתְרֵיהּ: "אַיָּל וּצְבִי" (דברים יד). לְתַשְׁלוּמֵי כֵפֶל עַל כָּל דְּבַר פֶּשַׁע עַל שׁוֹר כו' כָּל דְּבַר פְּשִׁיעָה. וַאֲפִי' דָּבָר שֶׁאֵין בּוֹ רוּחַ חַיִּים, בְּפֶרֶק "מְרוּבָּה" (לקמן סב:). מִשַּׁבָּת. דִּכְתִיב: "שׁוֹרְךָ וַחֲמוֹרְךָ וְכָל בְּהֶמְתֶּךָ" (דברים ה). יָלֵיף בְּהֶמְתְּךָ בְּהֶמְתְּךָ מִשַּׁבָּת. מַה לְהַלָּן חַיָּה וְעוֹף בִּכְלָל, כִּדְמְפָרֵשׁ לְקַמֵּי'. בַּדִּבְּרוֹת הָרִאשׁוֹנוֹת נֶאֱמַר בְּהֶמְתֶּךָ. וְלֹא נֶאֱמַר בָּהֶן שׁוֹר וַחֲמוֹר, וּבַדִּבְּרוֹת הָאַחֲרוֹנוֹת הוֹסִיף לְהַזְכִּיר שׁוֹר וַחֲמוֹר. וַהֲלֹא. אַף הֵן בִּכְלַל "כָּל בְּהֶמְתֶּךָ" הָאָמוּר בְּלִידָן הָוֵי. מַה שׁוֹר וַחֲמוֹר הָאָמוּר כָּאן חַיָּה וְעוֹף כַּיּוֹצֵא בָּהֶן. וּלְקַמֵּיהּ מְפָרֵשׁ טַעְמָא מִ"וְכָל" דְּמַשְׁמַע רִיבּוּי. אַף כָּל. מָקוֹם שֶׁנֶּאֱמַר שׁוֹר וַחֲמוֹר, כְּגוֹן פְּרִיקָה וַחֲסִימָה וְדוֹמִין לָהֶן — חַיָּה וְעוֹף כַּיּוֹצֵא בָּהֶן. נִכְתּוֹב רַחֲמָנָא חַד פְּרָטָא. וְדָרְשִׁינַן כָּל דְּדָמֵי לֵיהּ מִשְּׁנֵי צְדָדִין. מִדִּכְתַב אִידָךְ, אִם אֵינוֹ עִנְיָן לְדָבָר שֶׁנִּבְלָתוֹ מְטַמְּאָה — תְּנֵהוּ לְעִנְיַן עוֹפוֹת, דְּדָמֵי לִפְרָטָא בְּחַד צַד, דְּהָווּ בַּעֲלֵי חַיִּים דִּכְווֹתֵיהּ. כָּתַב רַחֲמָנָא שׁוֹר. דְּלָא אִצְטְרִיךְ, דְּהָא קָדוֹשׁ הוּא בִּבְכוֹרָה, וּמֵ"חֲמוֹר" קָאָתֵי — תְּנֵהוּ לְעִנְיַן סוּסִים וּגְמַלִּים דְּדָמֵי לִפְרָטָא מִשְּׁנֵי צְדָדִין: נִבְלָתוֹ מְטַמְּאָה, וּבַעֲלֵי חַיִּים הֵן. אֲבָל עוֹפוֹת — לָא. רִיבּוּיָא הוּא. וְלָא מִדְרַשׁ בִּכְלָל וּפְרָט, וְרִיבָּה הַכֹּל. פְּרִי מִפְּרִי. וָלָד מִוָּלָד, יַיִן מֵעֲנָבִים, וְשֵׁכָר מִתְּמָרִים. לְמַעוּטֵי כְּמֵהִין וּפִטְרִיּוֹת וּמַיִם וּמֶלַח, דְּאֵינוֹ פְּרִי מִפְּרִי. וְגִידּוּלֵי קַרְקַע — לְמַעוּטֵי דָּגִים, שֶׁאֵינָן נִקְחִין בְּכֶסֶף מַעֲשֵׂר. הָשְׁתָּא דְּאָמְרַתְּ כָּל רִיבּוּיָא הוּא. וַאֲפִי' עוֹפוֹת, לָמָּה לִי דִּפְרַט בְּהֵמָה וְשׁוֹר וַחֲמוֹר? אִי הָכִי. דְּכִלְאַיִם מִשַּׁבָּת יָלְפִינַן. אָדָם נַמִּי לִיתַּסַר. לִמְשׁוֹךְ בַּקָּרוֹן עִם הַבְּהֵמָה. דְּהָא גַּבֵּי שַׁבָּת מוּזְהָר כִּבְהֵמָה, דִּכְתִיב: "וְעַבְדְּךָ וַאֲמָתְךָ וּבְהֶמְתֶּךָ". פַּפּוּנָאֵי. בְּנֵי פַּפּוּנְיָא, שֵׁם מָקוֹם. רַב אַחָא בַּר יַעֲקֹב. מִפַּפּוּנְיָא הָיָה, דְּאָמְרִינַן בְּ"הַשּׁוּתָּפִין" (ב"ב דף טז.): דָּרֵישׁ רַב אַחָא בַּר יַעֲקֹב מִפַּפּוּנְיָא: שָׂטָן וּפְנִינָּה לְשֵׁם שָׁמַיִם נִתְכַּוְּונוּ. לַהֲנָחָה הִקַּשְׁתִּיו. עֶבֶד וְאָמָה לִבְהֵמָה, אֲבָל לֹא לְעִנְיַן אִיסּוּר אַחֵר.

תורה אור: שמות כא; שם יט; שם כב; דברים כב; שמות כ; דברים ה; שם יד; שם ה

לעיל נב: · [כריתות כא:] · [לעיל יז: וש"נ] · [ב"מ פט.] · לקמן סג. · שם נזיר לה: עירובין כז. · [קידושין לה] · כלאים פ"ח מ"ו [שבת נד.]

נֶאֱמַר בָּהֶם טוֹב? אָמַר לוֹ: עַד שֶׁאַתָּה שׁוֹאֲלֵנִי לָמָּה נֶאֱמַר בָּהֶם טוֹב, *שְׁאָלֵנִי אִם נֶאֱמַר בָּהֶן טוֹב אִם לָאו, שֶׁאֵינִי יוֹדֵעַ אִם נֶאֱמַר בָּהֶן טוֹב אִם לָאו. כְּלָךְ אֵצֶל ר' תַּנְחוּם בַּר חֲנִילָאי, שֶׁהָיָה רָגִיל אֵצֶל ר' יְהוֹשֻׁעַ בֶּן לֵוִי שֶׁהָיָה בָּקִי בָּאַגָּדָה. אֲזַל לְגַבֵּיהּ, א"ל: מִמֶּנּוּ לֹא שָׁמַעְתִּי, אֶלָּא כָּךְ אָמַר לִי שְׁמוּאֵל בַּר נַחוּם אֲחִי אִמּוֹ שֶׁל רַב אַחָא בְּרַבִּי חֲנִינָא, וְאָמְרִי לָהּ אֲבִי אִמּוֹ שֶׁל רַב אַחַי בְּרַבִּי חֲנִינָא: הוֹאִיל וְסוֹפָן לְהִשְׁתַּבֵּר. וְכִי סוֹפָן לְהִשְׁתַּבֵּר מַאי הָוֵי? אָמַר רַב אַשִׁי: חַס וְשָׁלוֹם, פָּסְקָה טוֹבָה מִיִּשְׂרָאֵל. א"ר *יְהוֹשֻׁעַ: הָרוֹאֶה טֵי"ת בַּחֲלוֹמוֹ — סִימָן יָפֶה לוֹ. מ"ט? אִילֵימָא מִשּׁוּם דִּכְתִיב "טוֹב", אֵימָא: °"וְטֵאטֵאתִיהָ בְּמַטְאֲטֵא הַשְׁמֵד"! חַד טֵי"ת קָאָמְרִינַן. אֵימָא: °"טוּמְאָתָהּ בְּשׁוּלֶיהָ"! טֵי"ת בֵּי"ת קָאָמְרִינַן. אֵימָא: °"טָבְעוּ בָאָרֶץ שְׁעָרֶיהָ"! אֶלָּא, הוֹאִיל וּפָתַח בּוֹ הַכָּתוּב לְטוֹבָה תְּחִילָּה, שֶׁמִּ"בְּרֵאשִׁית" עַד °"וַיַּרְא אֱלֹהִים אֶת הָאוֹר" לֹא כְּתִיב טֵי"ת. *וְא"ר יְהוֹשֻׁעַ בֶּן לֵוִי: הָרוֹאֶה הֶסְפֵּד בַּחֲלוֹמוֹ — חָסוּ עָלָיו מִן הַשָּׁמַיִם וּפְדָאוּהוּ. הָנֵי מִילֵּי בִּכְתָבָא. § "וְכֵן חַיָּה וְעוֹף כַּיּוֹצֵא בָהֶן" וכו'. § אָמַר ר"ל, [א]כָּאן שָׁנָה רַבִּי: *תַּרְנְגוֹל טַוָּוס וּפַסְיוֹנֵי — כִּלְאַיִם זֶה בָּזֶה. פְּשִׁיטָא! אָמַר רַב חֲבִיבָא: מִשּׁוּם דְּרָבוּ בַּהֲדֵי הֲדָדֵי, מַהוּ דְּתֵימָא מִין חַד הוּא, קמ"ל. § *אָמַר שְׁמוּאֵל: [ב]אַוָּוז וְאַוַּוז הַבָּר — כִּלְאַיִם זֶה בָּזֶה. מַתְקִיף לָהּ רָבָא בַּר רַב חָנָן: מַאי טַעְמָא? אִילֵימָא מִשּׁוּם דְּהַאי אֲרִיךְ קוֹעֵיהּ וְהַאי זוּטַר קוֹעֵיהּ? אֶלָּא מֵעַתָּה, גַּמְלָא פַּרְסָא וְגַמְלָא טַיְּיעָא, דְּהַאי אַלִּים קוֹעֵיהּ וְהַאי קַטִּין קוֹעֵיהּ, הָכִי נַמִי דְּהָווּ כִּלְאַיִם זֶה בָּזֶה?! אֶלָּא אָמַר אַבַּיֵי: [ג]זֶה בֵּיצָיו מִבַּחוּץ, וְזֶה בֵּיצָיו מִבִּפְנִים. רַב פַּפָּא אָמַר: הָא טְעוּנָה חֲדָא בֵּיעֲתָא בְּשִׁיחֲלָא, וְהָא טְעוּנָה כַּמָּה בֵּיעֲתָא בְּשִׁיחֲלָא. א"ר יִרְמְיָה אָמַר רֵישׁ לָקִישׁ: [ד]הַמַּרְבִּיעַ שְׁנֵי מִינִים שֶׁבַּיָּם — לוֹקֶה. מַאי טַעְמָא? אָמַר רַב אַדָּא בַּר אַהֲבָה מִשְּׁמֵיהּ דְּעוּלָּא: אָתְיָא "לְמִינֵהוּ" "לְמִינֵהוּ" מִיַּבָּשָׁה. בָּעֵי רַחֲבָה: *הַמַּנְהִיג בְּעִיזָּא וְשִׁיבּוּטָא, מַהוּ? מִי אָמְרִינַן: כֵּיוָן דְּעִיזָּא לָא נָחֵית בַּיָּם וְשִׁיבּוּטָא לָא סָלֵיק לַיַּבָּשָׁה — לָא כְּלוּם עָבֵיד, אוֹ דִּלְמָא הַשְׁתָּא מִיהַת קָא מַנְהִיג? מַתְקִיף לָהּ רָבִינָא: אֶלָּא מֵעַתָּה, חִיבֵּר חִטָּה וּשְׂעוֹרָה בְּיָדוֹ, וְזָרַע חִטָּה בָּאָרֶץ וּשְׂעוֹרָה בְּחוּצָה לָאָרֶץ, הָכִי נַמִי דְּמִחַיֵּיב! אָמְרִי: הָכִי הַשְׁתָּא? הָתָם — אֶרֶץ מְקוֹם חִיּוּבָא, חוּצָה לָאָרֶץ לָא מְקוֹם חִיּוּבָא, [ה]הָכָא — אִידֵי וְאִידֵי חִיּוּבָא הוּא. §

הדרן עלך שור שנגח את הפרה

רש"י

נֶאֱמַר בָּהֶן טוֹב. גַּבֵּי כִּיבּוּד אָב וָאֵם, דִּכְתִיב בָּהֶן: "לְמַעַן יִיטַב לָךְ". וּפָתַח בּוֹ. טֵי"ת שֶׁכְּתוּבָה רִאשׁוֹן בַּתּוֹרָה נֶאֶמְרָה לְטוֹבָה. הֶסְפֵּד. תֵּיבָה זוֹ לְבַדָּהּ הֶרְאוּהוּ. כָּאן שָׁנָה. בְּמִשְׁנָה זוֹ, דְּקָתָנֵי כִּלְאַיִם נוֹהֵג בְּעוֹפוֹת, לָמַדְנוּ דְּכָל עוֹפוֹת כִּלְאַיִם זֶה בָּזֶה מִין בְּשֶׁאֵינוֹ מִינוֹ. טַוָּוס. פווא"ן בְּלַעַ"ז. פַּסְיוֹנֵי. מִין שֶׁלָּיו שֶׁקּוֹרִין פירדי"ץ. קוֹעֵיהּ. חַרְטוּמוֹ, בי"ק בְּלַעַ"ז. טַיְּיעָא. עַרְבִי. אַלִּים קוֹעֵיהּ. צַוָּארוֹ עָב. קַטִּין. דַּק. בֵּיצָיו מִבַּחוּץ. בֵּיצֵי הַזְּכָרוֹת נִיכָּרִין בְּאַוָּוז הַבָּר מִבַּחוּץ. בְּשִׁיחֲלָא. בְּטְעִינָה אַחַת. אַוָּוז בַּר אֵינוֹ טוֹעֵן בֵּיצָה שְׁנִיָּה עַד שֶׁתֵּלֵד אֶת הָרִאשׁוֹנָה. הִנְהִיג בְּעִיזָּא וְשִׁיבּוּטָא. קָשַׁר קָרוֹן לָעֵז, וְדָג זֶה לָף עַל הַמַּיִם, וְזֶה מוֹשֵׁךְ עִמּוֹ עַל שְׂפַת הַיָּם. כִּלְאַיִם בְּחוּצָה לָאָרֶץ לֹא נָהֲגָה, דְּמִצְוָה הַתְּלוּיָה בָּאָרֶץ הִיא, וְכָל חוֹבַת קַרְקַע אֵין נוֹהֵג אֶלָּא בָּאָרֶץ מִן הַתּוֹרָה. אִידֵי וְאִידֵי מְקוֹם חִיּוּבָא. אִם הָיָה מַנְהִיג סְפִינָה בַּיָּם בִּשְׁנֵי דָגִים שֶׁל שְׁנֵי מִינִין — חַיָּיב, דְּהָא דָּרְשִׁינַן "לְמִינֵהוּ" "לְמִינֵהוּ" מִיַּבָּשָׁה.

הדרן עלך שור שנגח את הפרה

תוספות

אמר ר"ל כאן שנה רבי תרנגול טווס ופסיוני כו' מהו דתימא מין אחד הוא קמ"ל. ואע"ג דלא אשמעי' ממתניתין דליהוו תרי מיני אע"ג דרבו בהדי הדדי, ולא שמעינן אלא דאיסור כלאים שייך בעופות — מ"מ אתי שפיר. דהכי קאמר ר"ל: כאן שנה רבי, כלומר: כיון ששנה רבי דיש כלאים בעופות, א"כ תרנגול טווס ופסיוני כלאים זה בזה, כי מסברא דנפשין יש לנו לדעת שאלו המינים חלוקים זה מזה ואינם מין אחד, ואע"ג דרבו בהדי הדדי. וכיוצא בזה יש ביבמות בפרק "חרש" (דף קיג:) וב"הנזקין" (גיטין נה.), אמר רבא: מעדותו של רבי יוחנן בן גודגדא שהעיד על חרשת שהשיאה אביה שיוצאת בגט, אמר לעדים: ראו גט זה שאני נותן לאשתי, וחזר ואמר לה: כנסי שטר חוב זה — מגורשת. מי לא א"ר יוחנן בן גודגדא לא בעינן דעת — ה"נ כו'. פשיטא. מהו דתימא כיון דאמר: כנסי שטר חוב זה — בטולי בטליה, קמ"ל. אע"ג דלא ידע רבא ממילתיה דרבי יוחנן בן גודגדא דלא בטליה במה שאמר כנסי שטר חוב זה, אלא מסברא דנפשיה — אפ"ה קאמר מעדותו שמעי' ליה. וכיוצא בזה יש הרבה בגמרא.

המרביע שני מינים. ר"י ב"ר יהודה היה מגיה: המנהיג ב' מינים שבים לוקה. משום דבבראשית רבה (פ"ז) ובירושלמי דכלאים (פ"א) משמע דאי אפשר להרביע דגים. ומיהו, אין צריך להגיה, דדגים דוקא הוא דמשמע דאין להרביעם, אבל מין חיות הים — שייך ביה איסור הרבעה. והכא איכא לאוקמי במין חיה שיכול אדם להרביע, דקאמר בבראשית רבה: המרביע מין חית הים לוקה. ובתר הכי קאמר: כל נקוש שנאמר בו "למינהו" — כלאים נוהג בו. ופריך אהך ברייתא: והרי דגים שנאמר בהו "למינהו", וכי כלאים הרבעה בהם, והיאך יכול להרביעם? ומשני: דהא דקאמר בדגים כלאים נוהג בהם — היינו דוקא בהנהגה, אבל בהרבעה לא משכחת לה. משמע דבחיות הים משכחת שפיר הרבעה, להכי לא פריך שם אמרביע חיות הים היאך לוקה, אלא אמאן דאמר כל שנאמר בו "למינהו" דהיינו אפילו שאר דגים, כלאים נוהג בהם. **אתיא** למינהו למינהו מיבשה. ומשבת לא מצי למילף, דמרבוי ד"וכל בהמתך" לית לן לרבויי אלא כל מילי דיבשה שאדם רגיל לאמר אחריהם, (א) דבמחמר כתיב קרא דבהמתך גבי שבת. **למינהו** מיבשה. וא"ת: ומה צריך ללמוד מיבשה? תיפוק ליה מדכתיב בגופיה "למינהו", ד"באלו טריפות" (חולין דף ס. ושם*) משמע דאי הוה כתיב "למינהו" בלווי של דשאים אסור להרכיב שני דשאים זה בזה! וי"ל: ד"למינהו" לחודיה לא הוה משמע שנכתב איסור כלאים אי לאו "חוקותי תשמרו", דדריש שמואל: חוקות שחקקתי לך כבר, ומפרש ר"ת: שחקק במעשה בראשית שכתוב בו "למינהו", והיינו "למינהו" דיבשה, דבהמה ואילן דאיירי ביה קרא ד"חוקותי". אבל מ"למינהו" דים לחודיה ליכא למילף מיניה דגים. וא"ת: דסוגיא דגמרא דלא כרבנן דפ' "ד' מיתות" (סנהדרין דף ס. ושם*) דלא מחייבי בני נח לא בכלאים ולא בהרבעה, אלמא: לא דרשינן "למינהו"! וי"ל: נהי דלא דרשינן "למינהו" לגבי בני נח, דלא אשכחן דמוזר בהו רחמנא, לגבי ישראל דהוזהרו גבי כלאים — דרשינן ליה. וכ"מ לגבי דגים, א"נ להרכבת אילן. דקרא ד"שדך" לא איירי אלא בזרעים, והשתא דכתיב "למינהו" באילן — דרשינן מיניה: מה בהמתך בהרבעה — אף שדך בהרכבת אילן. ובהא פליגי ר"א ורבנן, דר"א יליף מ"חוקותי שחקקתי לך כבר" שהוזהרו בני נח על הכלאים, כלומר מ"למינהו", ורבנן לא ילפי מיניה, אלא שנרמזו מ"למינהו" דמעשה בראשית, ומ"מ לא נאסרו לבני נח. ואתי שפיר, דאתיא אפילו כרבנן מילתיה דשמואל. וא"ת: ל"ל למילף כלאים דהרבעה "בהמתך" "בהמתך" משבת לרבויי עופות? תיפוק ליה מ"למינהו" כי היכי דילפינן דגים! וי"ל: דאי לאו ג"ש לא הוי מפקי קרא ד"בהמתך" ממשמעותא. אבל השתא דאתי ג"ש ומפקא לקרא ממשמעותא — מרבינן אפילו דגים "למינהו" "למינהו" מיבשה. **המנהיג** בעיזא ושיבוטא. וא"ת: דמשמע דפשיטא ליה דבשני מינים שבים חייב, והא "למינהו" גבי הרבעה והרכבה כתיב, ולא גבי זריעה והנהגה, כדמוכח בפ' "ד' מיתות" (שם) דלא מיתסרי בני נח בחרישה וזריעה, ולא אוקמינן "חוקות שחקקתי לך כבר", כלומר ב"למינהו" דמעשה בראשית, אלא דומיא ד"בהמתך לא תרביע" — מה בהמתך בהרבעה, אף שדך בהרכבה! וי"ל: דסברא דמוקמינן "למינהו" בין בישראל בין לבני נח, לכל אחד כמו שמצינו איסורו במקום אחר — לבני נח בהרבעה, ולישראל אף בהנהגה. ועי"ל: כי היכי דילפינן שבת "בהמתך" "בהמתך" מהרבעה לאסור דגים בשבת במלאכה, והדר ילפינן כלאים דהנהגה משבת. **אלא** מעתה חיבר חטה ושעורה וזרע חטה בארץ ושעורה בחוצה לארץ. כגון בערוגה אחת, בסמוך בפחות מג' טפחים, דצריך להרחיק בין זרע לזרע כדמוכח במס' שבת פרק "א"ר עקיבא" (דף פה.). והא דבעי ר' יאשיה חטה ושעורה וחרצן במפולת יד — להתחייב בכלאי הכרם קאמר, אבל בכלאי זרעים — חייב בחטה ושעורה לחודה. והך סוגיא נקט כרבנן דלא בעו אלא ב' מינין, אבל ר"י פליג, ומצריך שלשה זרעים או מב' מינין או מג' מינין דתנן (כלאים פ"א מ"ט): הזורע חטה ושעורה כאחד — חייב, ר"י אומר: שני חטין ושעורה אחת, או שני שעורים וחטה אחת, או חטה ושעורה וכוסמת, ובלבד שיהיו שלשה.

הדרן עלך שור שנגח את הפרה

מסורת הש"ס

[עי' תוס' ב"ב קיג. ד"ה תרווייהו]

[בעין יעקב איתא ר' יהושע בן לוי]

ישעיה יד

איכה א

קס ב

בראשית א ברכות נז.

[תוספתא דכלאים פ"א]

[בכורות ח.]

סנהדרין נט:

[ד"ה הרכיב]

[ד"ה חקים]

עין משפט נר מצוה

ק א מיי' פ"ט מהלכות כלאים הלכה ה סמג לאוין רפא רפב טוש"ע י"ד סי' רצז סעיף ו:

קא ב ג מיי' שם טוש"ע שם סעיף ז:

קב ד מיי' שם הל' ח טוש"ע שם סעיף ח:

קג ה מיי' שם הל' ח:

הגהות הב"ח

(א) תוס' ד"ה אתיא וכו' דבמחמר כתיב קרא:

גליון הש"ס

גמ' אם לאו שאיני יודע כו'. עי' ב"ב קיג ע"א תוד"ה תרווייהו: שם המנהיג בעיזא ושיבוטא. עי' ע"ז דף לט ע"א תוס' ד"ה וסימנך:

Koren Talmud Bavli

THE NOÉ EDITION

BAVA KAMMA

Steinsaltz Center

KOREN

תלמוד בבלי

KOREN TALMUD BAVLI

THE NOÉ EDITION

בבא קמא

BAVA KAMMA

Daf 36a through Daf 55a

COMMENTARY BY

Rabbi Adin Even-Israel Steinsaltz

EDITOR-IN-CHIEF

Rabbi Dr Tzvi Hersh Weinreb

SENIOR CONTENT EDITOR

Rabbi Dr Shalom Z Berger

EXECUTIVE EDITOR

Rabbi Joshua Schreier

STEINSALTZ CENTER

KOREN PUBLISHERS JERUSALEM

Supported by the Matanel Foundation

Koren Talmud Bavli, The Noe Edition
Vol. 21c: Tractate Bava Kamma, Daf 36a through Daf 55a
Paperback, ISBN, 978-965-7765-96-8

First Hebrew/English paperback edition, 2023

Koren Publishers Jerusalem Ltd.
PO Box 4044, Jerusalem 91040, ISRAEL
PO Box 8531, New Milford, CT 06776, USA
www.korenpub.com

Steinsaltz Center

Steinsaltz Center is the parent organization of institutions established by Rabbi Adin Even-Israel Steinsaltz

PO Box 45187, Jerusalem 91450 ISRAEL
Telephone: +972 2 646 0900, Fax +972 2 624 9454
www.steinsaltz-center.org

Printed in Turkey

הִנֵּה יָמִים בָּאִים, נְאֻם אֲדֹנָי יֱהוִה, וְהִשְׁלַחְתִּי רָעָב בָּאָרֶץ,
לֹא־רָעָב לַלֶּחֶם וְלֹא־צָמָא לַמַּיִם, כִּי אִם־לִשְׁמֹעַ אֵת דִּבְרֵי יהוה.

Behold, days are coming – says the Lord God – I will send a hunger to the land, not a hunger for bread nor a thirst for water, but to hear the words of the Lord. (AMOS 8:11)

The Noé edition of the Koren Talmud Bavli
with the commentary of Rabbi Adin Even-Israel Steinsaltz
is dedicated to all those who open its covers
to quench their thirst for Jewish Knowledge,
in our generation of Torah renaissance.

This beautiful edition is for the young, the aged,
the novice and the savant alike,
as it unites the depth of Torah knowledge
with the best of academic scholarship.

Within its exquisite and vibrant pages,
words become worlds.

It will claim its place in the library of classics,
in the bookcases of the Beit Midrash,
the classrooms of our schools,
and in the offices of professionals and business people
who carve out precious time to grapple with its timeless wisdom.

For the Student and the Scholar

DEDICATED BY LEO AND SUE NOÉ

Steinsaltz Center

Executive Director, Steinsaltz Center

Rabbi Meni Even-Israel

Managing Editor

Rabbi Jason Rappoport

Senior Content Editor

Rabbi Dr. Shalom Z. Berger

Editors

Rabbi Dr. Joshua Amaru, *Coordinating Editor*
Rabbi Avishai Magence, *Content Curator*
Tal Avrahami
Aryeh Bernstein
Menucha Chwat
Rabbi Yoel Domb
Rabbi Yehoshua Duker
Betzalel Philip Edwards
Rabbi Yonatan Shai Freedman
Raphael Friedman
Rabbi Uri Goldstein
Rabbi Alan Haber
Rabbi Tzvi Chaim Kaye
Stephen Lauber
Sholom Licht
Elisha Loewenstern
Rafi Miller
Rabbi Eli Ozarowski
Rabbi David Sedley
Shira Shmidman
Rabbi Michael Siev
Avi Steinhart

Copy Editors

Aliza Israel, *Coordinator*
Bracha Hermon
Ita Olesker
Debbie Ismailoff
Shira Finson
Ilana Sobel
Deena Nataf
Eliana Kurlantzick Yorav
Erica Hirsch Edvi
Nava Wieder
Sara Henna Dahan

Language Consultants

Dr. Stephanie E. Binder, *Greek & Latin*
Rabbi Yaakov Hoffman, *Arabic*
Dr. Shai Secunda, *Persian*
Shira Shmidman, *Aramaic*

KOREN

Design & Typesetting

Dena Landowne Bailey, *Typesetting*
Tani Bayer, *Jacket Design*
Raphaël Freeman, *Design & Typography*

Images

Eliahu Misgav, *Illustration & Image Acquisition*
Daniel Gdalevich, *Illustration & Image Acquisition*

Introduction by the Publisher

The Talmud has sustained and inspired Jews for thousands of years. Throughout Jewish history, an elite cadre of scholars has absorbed its learning and passed it on to succeeding generations. The Talmud has been the fundamental text of our people.

Beginning in the 1960s, Rabbi Adin Even-Israel Steinsaltz שליט״א created a revolution in the history of Talmud study. His translation of the Talmud, first into modern Hebrew and then into other languages, as well the practical learning aids he added to the text, have enabled millions of people around the world to access and master the complexity and context of the world of Talmud.

It is thus a privilege to present the *Koren Talmud Bavli*, an English translation of the talmudic text with the brilliant elucidation of Rabbi Steinsaltz. The depth and breadth of his knowledge are unique in our time. His rootedness in the tradition and his reach into the world beyond it are inspirational.

Working with Rabbi Steinsaltz on this remarkable project has been not only an honor, but a great pleasure. Never shy to express an opinion, with wisdom and humor, Rabbi Steinsaltz sparkles in conversation, demonstrating his knowledge (both sacred and worldly), sharing his wide-ranging interests, and, above all, radiating his passion. I am grateful for the unique opportunity to work closely with him, and I wish him many more years of writing and teaching.

Our intentions in publishing this new edition of the Talmud are threefold. First, we seek to fully clarify the talmudic page to the reader – textually, intellectually, and graphically. Second, we seek to utilize today's most sophisticated technologies, both in print and electronic formats, to provide the reader with a comprehensive set of study tools. And third, we seek to help readers advance in their process of Talmud study.

To achieve these goals, the *Koren Talmud Bavli* is unique in a number of ways:

- The classic *tzurat hadaf* of Vilna, used by scholars since the 1800s, has been reset for great clarity, and opens from the Hebrew "front" of the book. Full *nikkud* has been added to both the talmudic text and Rashi's commentary, allowing for a more fluent reading with the correct pronunciation; the commentaries of *Tosafot* have been punctuated. Upon the advice of many English-speaking teachers of Talmud, we have separated these core pages from the translation, thereby enabling the advanced student to approach the text without the distraction of the translation. This also reduces the number of volumes in the set. At the bottom of each *daf*, there is a reference to the corresponding English pages. In addition, the Vilna edition was read against other manuscripts and older print editions, so that texts which had been removed by non-Jewish censors have been restored to their rightful place.
- The English translation, which starts on the English "front" of the book, reproduces the *menukad* Talmud text alongside the English translation (in bold) and commentary and explanation (in a lighter font). The Hebrew and Aramaic text is presented in logical paragraphs. This allows for a fluent reading of the text for the non-Hebrew or non-Aramaic reader. It also allows for the Hebrew reader to refer easily to the text alongside. Where the original text features dialogue or poetry, the English text is laid out in a manner appropriate to the genre. Each page refers to the relevant *daf*.

- Critical contextual tools surround the text and translation: personality notes, providing short biographies of the Sages; language notes, explaining foreign terms borrowed from Greek, Latin, Persian, or Arabic; and background notes, giving information essential to the understanding of the text, including history, geography, botany, archaeology, zoology, astronomy, and aspects of daily life in the talmudic era.
- Halakhic summaries provide references to the authoritative legal decisions made over the centuries by the rabbis. They explain the reasons behind each halakhic decision as well as the ruling's close connection to the Talmud and its various interpreters.
- Photographs, drawings, and other illustrations have been added throughout the text – in full color in the Standard and Electronic editions, and in black and white in the Daf Yomi edition – to visually elucidate the text.

This is not an exhaustive list of features of this edition, it merely presents an overview for the English-speaking reader who may not be familiar with the "total approach" to Talmud pioneered by Rabbi Steinsaltz.

Several professionals have helped bring this vast collaborative project to fruition. My many colleagues are noted on the Acknowledgments page, and the leadership of this project has been exceptional.

RABBI MENACHEM EVEN-ISRAEL, DIRECTOR OF THE STEINSALTZ CENTER, was the driving force behind this enterprise. With enthusiasm and energy, he formed the happy alliance with Koren and established close relationships among all involved in the work.

RABBI DR. TZVI HERSH WEINREB שליט״א, EDITOR-IN-CHIEF, brought to this project his profound knowledge of Torah, intellectual literacy of Talmud, and erudition of Western literature. It is to him that the text owes its very high standard, both in form and content, and the logical manner in which the beauty of the Talmud is presented.

RABBI JOSHUA SCHREIER, EXECUTIVE EDITOR, assembled an outstanding group of scholars, translators, editors, and proofreaders, whose standards and discipline enabled this project to proceed in a timely and highly professional manner.

RABBI MEIR HANEGBI, EDITOR OF THE HEBREW EDITION OF THE STEINSALTZ TALMUD, lent his invaluable assistance throughout the work process, supervising the reproduction of the Vilna pages.

RAPHAËL FREEMAN, EXECUTIVE EDITOR OF KOREN, created this Talmud's unique typographic design which, true to the Koren approach, is both elegant and user friendly.

It has been an enriching experience for all of us at Koren Publishers Jerusalem to work with the Steinsaltz Center to develop and produce the *Koren Talmud Bavli*. We pray that this publication will be a source of great learning and, ultimately, greater *avodat Hashem* for all Jews.

Matthew Miller, Publisher
Koren Publishers Jerusalem
Jerusalem 5772

Contents

For the vocalized Vilna Shas layout, please open as a Hebrew book.

Introduction to **Perek IV**

And if one man's ox hurts the ox of another, and it dies; then they shall sell the live ox, and divide its monetary value, and the carcass they shall also divide. Or if it is known that the ox was a goring ox in time past, and its owner has not secured it, he shall pay an ox for an ox and the carcass shall be his.

(Exodus 21:35–36)

And when an ox gores a man or a woman, and they die, the ox shall be stoned, and its flesh shall not be eaten; but the owner of the ox shall be clear. But if the ox was a goring ox in time past, and warning has been given to its owner, and he has not secured it, and it killed a man or a woman; the ox shall be stoned, and its owner also shall be put to death. If a ransom is placed upon him, then he shall give for the redemption of his life whatsoever is placed upon him. Whether it has gored a son or has gored a daughter, according to this judgment shall it be done to him. If the ox gores a slave or a maidservant, he shall give to their master thirty shekels of silver, and the ox shall be stoned.

(Exodus 21:28–32)

This chapter discusses *halakhot* concerning the primary category of damages known as Goring. These include the case of an ox goring another ox and the case of an ox that injures or kills a person. In both cases the Torah distinguishes between an innocuous ox and a forewarned ox.

Following the discussion in the previous chapter concerning the calculation of compensation for damage caused by an innocuous ox, this chapter opens with a discussion of a case where the ox injured or killed several other animals. Since compensation is paid exclusively from proceeds of the sale of the belligerent ox, in a case where several animals were injured or killed, the proceeds must be divided among their owners. The manner in which the compensation is divided depends on the definition of the damaged parties' rights to the belligerent ox; is it considered a partnership between the owner and the damaged parties, or is it considered a debt, to which the ox is liened?

The Torah distinguishes between a forewarned ox that causes damage, for which the owner is liable to pay the full cost of the damage, and a non-forewarned, or innocuous ox, for which he is liable to pay only half the cost of the damage. The definition of a forewarned ox is clarified; once an ox is established as forewarned, is it considered forewarned with regard to goring and causing all forms of damage, at all times, and with regard to all targets, or is it considered forewarned only with regard to those for which it has an established pattern of belligerent behavior? Another issue is whether and when a forewarned ox can revert to its former status of innocuousness.

Concerning an innocuous ox, the chapter discusses the significance of the expression: "One man's ox hurts the ox of another" (Exodus 21:35), in determining the nature of the owners to whom this *halakha* is relevant. This chapter also examines cases where the ox is consecrated to the Temple or belongs to a gentile, where the ox belongs to a halakhically incompetent person, and where it is under the custody of a steward.

With regard to a forewarned ox that causes damage, the Torah states: "And the owner has not secured it." This raises the question of whether or not there is a degree of safeguarding that would deem the ox's owner exempt from paying damages. The chapter also explores whether the responsibility for damage caused by the ox can be transferred by its owner to a bailee.

The Torah states that an ox that kills a person, whether it was innocuous or forewarned, is liable to be killed by stoning. Issues that require clarification are whether

or not this applies to an ox that kills a person unintentionally, and whether the age or sex of the victim is of any consequence. There is also a discussion here as to whether the Torah's explicit mention of the ox's owner indicates that an ox that is not owned by a specific person is not killed.

The sentencing of an ox to stoning has ritual ramifications as well. Not only is it prohibited to eat the ox, it is prohibited to derive any benefit from it. This chapter discusses the stage at which this prohibition takes effect, and its ramifications concerning the acquisition and ownership of the ox.

If the ox that killed was forewarned, its owner is liable to pay ransom. The purpose of this ransom is investigated: Is it in order to compensate the victim's family or to atone for the owner? The manner in which the ransom is calculated is discussed as well. The chapter investigates whether or not the owner is liable to pay the victim's monetary value to his family, in a case where he is exempt from paying ransom, e.g., where the ox was innocuous. Similarly, the chapter discusses a case where an ox killed a slave but the owner is exempt from paying the slave's owner the thirty-shekel fine.

Perek **IV**
Daf **36** Amud **a**

מתני׳ שׁוֹר שֶׁנָּגַח אַרְבָּעָה וַחֲמִשָּׁה שְׁוָורִים זֶה אַחַר זֶה – יְשַׁלֵּם לָאַחֲרוֹן שֶׁבָּהֶם, וְאִם יֵשׁ בּוֹ מוֹתָר – יַחֲזִיר לְשֶׁלְּפָנָיו, וְאִם יֵשׁ בּוֹ מוֹתָר – יַחֲזִיר לְשֶׁלִּפְנֵי פָנָיו, וְהָאַחֲרוֹן אַחֲרוֹן נִשְׂכָּר, דִּבְרֵי רַבִּי מֵאִיר.

MISHNA With regard to an innocuous **ox that gored four or five other oxen**[NH] **one after the other,** its owner **shall pay** the owner of **the last** one **of them** half of the damages from the proceeds of the sale of the belligerent ox; **and if there is surplus** value left **in** his ox after he pays that owner, **he shall return** it to the owner of **the previous** ox that was gored; **and if there is** still **surplus** value left **in** his ox after he pays that owner, **he shall return** it **to the** one **prior to the previous** one. The principle is that the owner of **the latest** of the oxen gored in succession **gains.** This is **the statement of Rabbi Meir.**

רַבִּי שִׁמְעוֹן אוֹמֵר: שׁוֹר שָׁוֶה מָאתַיִם שֶׁנָּגַח לְשׁוֹר שָׁוֶה מָאתַיִם, וְאֵין הַנְּבֵלָה יָפָה כְּלוּם – זֶה נוֹטֵל מָנֶה וְזֶה נוֹטֵל מָנֶה;

Rabbi Shimon says that the division of the compensation is as follows: With regard to an innocuous **ox worth two hundred** dinars **that gored an ox worth two hundred** dinars, thereby killing it, **and the carcass is worthless,** the injured party **takes one hundred dinars,** i.e., half the cost of the damage, from the proceeds of the sale of the belligerent ox, **and** the owner of the belligerent ox **takes** the remaining **one hundred dinars.**

חָזַר וְנָגַח שׁוֹר אַחֵר שָׁוֶה מָאתַיִם – הָאַחֲרוֹן נוֹטֵל מָנֶה, וְשֶׁלְּפָנָיו, זֶה נוֹטֵל חֲמִשִּׁים זוּז וְזֶה נוֹטֵל חֲמִשִּׁים זוּז;

If the ox, after goring the first ox but before compensation had been paid, **again gored another ox worth two hundred** dinars, and the carcass is worthless, the owner of **the last** ox that was gored **takes one hundred dinars, and** with regard to payment for **the previous** goring, the owner of **this** ox that was gored **takes fifty dinars,** which is half the remaining value of the belligerent ox after one hundred dinars were paid to the last injured party, **and** the owner of **that** belligerent ox **takes** the remaining **fifty dinars.**

חָזַר וְנָגַח שׁוֹר אַחֵר שָׁוֶה מָאתַיִם – הָאַחֲרוֹן נוֹטֵל מָנֶה, וְשֶׁלְּפָנָיו חֲמִשִּׁים זוּז, וּשְׁנַיִם הָרִאשׁוֹנִים דִּינַר זָהָב.

If the ox, after goring the first two oxen but before compensation had been paid, again **gored another ox worth two hundred** dinars, and the carcass is worthless, **the last** injured party **takes one hundred dinars, the previous one** takes **fifty dinars, and the first two,** i.e., the first injured party and the owner of the belligerent ox, divide the remainder, each receiving **one gold dinar,** which is worth twenty-five silver dinars.

גמ׳ מַתְנִיתִין מַנִּי? דְּלָא כְּרַבִּי יִשְׁמָעֵאל וּדְלָא כְּרַבִּי עֲקִיבָא!

GEMARA Whose opinion is expressed in the **mishna?**[N] Apparently the mishna is **neither in accordance with** the opinion of **Rabbi Yishmael, nor in accordance with** the opinion of **Rabbi Akiva** (see 33a).

אִי כְּרַבִּי יִשְׁמָעֵאל, דְּאָמַר: בַּעֲלֵי חוֹבוֹת נִינְהוּ, הַאי ״אַחֲרוֹן אַחֲרוֹן נִשְׂכָּר״, ״רִאשׁוֹן רִאשׁוֹן נִשְׂכָּר״ מִבָּעֵי לֵיהּ! אִי כְּרַבִּי עֲקִיבָא, דְּאָמַר: תּוֹרָא דְּשׁוּתָּפֵי הוּא, הַאי ״יֵשׁ בּוֹ מוֹתָר

The Gemara explains: **If** the mishna had been **in accordance with** the opinion of **Rabbi Yishmael, who says** that the owners of the gored oxen **are** considered **creditors** of the owner of the belligerent ox, then instead of stating **this** *halakha* that the owner of **the latest** of the oxen gored in succession **gains,** the mishna **should have** stated that the owner of **the earliest** of the oxen gored in succession **gains,** since the creditor to whom the ox is initially liened collects first. And **if** the mishna had been **in accordance with** the opinion of **Rabbi Akiva, who says** that **the** belligerent **ox belongs to** its owner and to the injured party, who are considered **partners** in the ownership of the ox, then instead of stating **this** ruling that **if there is surplus** value remaining in the ox after he pays that owner

NOTES

An ox that gored four or five oxen – שׁוֹר שֶׁנָּגַח אַרְבָּעָה וַחֲמִשָּׁה שְׁוָורִים: This is referring to an innocuous ox, as in the case of a forewarned ox, the damages the owner is liable to pay are not limited to the value of the goring ox, and therefore the last injured party has no advantage over the first one. With regard to the question of how an ox that gores four or five times can remain innocuous, Rashi explains that in between the incidents, the ox refrained from goring other oxen. Therefore, it was never rendered a forewarned ox. The Ra'avad suggests that the ox gored several times consecutively without its owner being warned, so it was not rendered forewarned.

Whose opinion is expressed in the mishna – מַתְנִיתִין מַנִּי: Rabbeinu Ḥananel writes that this question has special significance here, since Rabbi Meir was the disciple of both Rabbi Yishmael and Rabbi Akiva. It is therefore of particular interest to clarify which opinion of his teachers he follows in this mishna.

HALAKHA

An ox that gored four or five oxen – שׁוֹר שֶׁנָּגַח אַרְבָּעָה וַחֲמִשָּׁה שְׁוָורִים: If an innocuous ox gores several oxen in succession, the owners of the belligerent ox and the first dead ox are considered partners in the ownership of the belligerent ox. For instance, if an ox worth two hundred dinars injures another ox worth two hundred dinars, and the carcass is worthless, the owner of the belligerent ox pays the owner of the dead ox one hundred dinars, or half the cost of the damage. If the belligerent ox gores another ox, causing damage worth another two hundred dinars, the latter injured party receives a share of one hundred dinars from the value of the belligerent ox, and its owner and the initial injured party divide the remaining one hundred dinars of its value. If the ox gores again, its value is divided in the same manner. This is in accordance with the opinion of Rabbi Shimon, who follows Rabbi Akiva's opinion that the owner of the belligerent ox and the injured party become joint owners of the belligerent ox (Rambam *Sefer Nezikin, Hilkhot Nizkei Mamon* 9:12; *Shulḥan Arukh, Ḥoshen Mishpat* 401:1).

Perek **IV**
Daf **36** Amud **b**

יַחֲזִיר לְשֶׁלְּפָנָיו״, ״לְכוּלָּם״ מִבָּעֵי לֵיהּ!

he shall return it **to the** owner of the **previous** ox, the mishna **should have** ruled that the surplus shall be returned **to all of them,** i.e., all the prior injured parties, since they all share joint ownership of the belligerent ox.

NOTES

Where the first injured party seized – שֶׁתְּפָסוֹ נִיזָּק: Why is the mishna considered to be in accordance with the opinion of Rabbi Yishmael and not that of Rabbi Akiva? Rashi explains that according to Rabbi Akiva, this ruling would be obvious, and therefore the mishna would not need to state it. By contrast, *Tosafot* say that this ruling is not in accordance with Rabbi Akiva's opinion, as he maintains that the injured party cannot be considered solely responsible for the safeguarding of the ox, even if he seized it, as the injured party and the owner are joint owners of the ox. Several early commentaries maintain that he is not considered a paid bailee even with regard to his own share (Rabbeinu Yehonatan of Lunel; Ra'ah; Rabbeinu Efrayim).

With regard to a bailee's negligence – מִשּׁוּם פְּשִׁיעַת שׁוֹמְרִין: Each of the injured parties is considered negligent, as each of them seized the ox in turn, and it then gored another ox while in their possession. Therefore, the last injured party receives payment, as the previous injured parties are considered paid bailees and are thereby responsible for the subsequent damage.

אָמַר רָבָא: לְעוֹלָם כְּרַבִּי יִשְׁמָעֵאל, דְּאָמַר: בַּעֲלֵי חוֹבוֹת נִינְהוּ, וּדְקַשְׁיָא לָךְ: ״אַחֲרוֹן אַחֲרוֹן נִשְׂכָּר״, ״רִאשׁוֹן רִאשׁוֹן נִשְׂכָּר״ מִבְּעֵי לֵיהּ! הָכָא בְּמַאי עָסְקִינַן – כְּגוֹן שֶׁתְּפָסוֹ נִיזָּק לִגְבּוֹת הֵימֶנּוּ, וְנַעֲשָׂה עָלָיו כְּשׁוֹמֵר שָׂכָר לְנֵזֶק.

Rava said: Actually, the mishna is **in accordance with** the opinion of **Rabbi Yishmael, who says** that all the injured parties **are creditors. And as for the difficulty you** pose, that instead of stating that the owner of **the latest** of the oxen gored in succession **gains,** the mishna **should have** stated that the owner of **the earliest** of the oxen gored in succession **gains,** that can be answered. **With what are we dealing here?** We are dealing with a case **where the first injured** party **seized**[N] the ox[H] **to collect** payment **from it, and** consequently **became like a paid bailee** with regard **to damage** it causes. Therefore, he is responsible for any subsequent attacks by the ox. Similarly, if the next injured party seizes the ox from the first as compensation, he becomes responsible for any subsequent attacks.

אִי הָכִי, ״יֵשׁ בּוֹ מוֹתָר – יַחֲזִיר לְשֶׁלְּפָנָיו״, ״יַחֲזִיר לַבְּעָלִים״ מִבְּעֵי לֵיהּ!

The Gemara asks: **If so,** instead of the mishna stating that **if there is surplus** value left **in** his ox after he pays that owner, **he shall return** it **to** the owner of **the previous** ox that was gored, **it should have** stated that **he shall return it to its owner,** since half the value of the belligerent ox belongs to its owner, who is not responsible for any later damage it causes.

אָמַר רָבִינָא, הָכִי קָתָנֵי: אִם יֵשׁ בּוֹ מוֹתָר בִּנְזָקָיו – יַחֲזִיר לְשֶׁלְּפָנָיו.

Ravina said that **this is what** the mishna **is teaching: If there is surplus** value **with regard to its damages,** i.e., the latter injured party sustained less of a loss than the previous one, that injured party **shall return** this surplus value **to the previous** injured party.

וְכֵן כִּי אֲתָא רָבִין אָמַר רַבִּי יוֹחָנָן: מִשּׁוּם פְּשִׁיעַת שׁוֹמְרִין נָגְעוּ בָּהּ.

Similarly, when Ravin came from Eretz Yisrael, he related that **Rabbi Yoḥanan said:** The mishna **touched on this** topic **with regard to a bailee's negligence.**[N]

בְּמַאי אוֹקִימְתָּא, כְּרַבִּי יִשְׁמָעֵאל? אִי הָכִי, אֵימָא סֵיפָא, רַבִּי שִׁמְעוֹן אוֹמֵר: שׁוֹר שָׁוֶה מָאתַיִם שֶׁנָּגַח שׁוֹר שָׁוֶה מָאתַיִם, וְאֵין הַנְּבֵלָה יָפָה כְּלוּם – זֶה נוֹטֵל מָנֶה וְזֶה נוֹטֵל מָנֶה;

The Gemara asks: **In accordance with which** opinion **did you interpret** the ruling in the mishna? Was it **in accordance with** the opinion of **Rabbi Yishmael? If so, say the latter clause** of the mishna: **Rabbi Shimon says** that the division of the compensation is as follows: With regard to an innocuous **ox worth two hundred** dinars **that gored an ox worth two hundred** dinars, thereby killing it, **and the carcass is worthless,** the injured party **takes one hundred dinars** from the proceeds of the sale of the belligerent ox, **and** the owner of the belligerent ox **takes** the remaining **one hundred dinars.**

חָזַר וְנָגַח שׁוֹר אַחֵר שָׁוֶה מָאתַיִם – הָאַחֲרוֹן נוֹטֵל מָנֶה, וְשֶׁלְּפָנָיו – זֶה נוֹטֵל חֲמִשִּׁים זוּז וְזֶה נוֹטֵל חֲמִשִּׁים זוּז; חָזַר וְנָגַח שׁוֹר שָׁוֶה מָאתַיִם – הָאַחֲרוֹן נוֹטֵל מָנֶה, וְשֶׁלְּפָנָיו נוֹטֵל חֲמִשִּׁים זוּז, וּשְׁנַיִם הָרִאשׁוֹנִים דִּינַר זָהָב.

If the ox, after goring the first ox but before compensation had been paid, **again gored another ox worth two hundred** dinars, and the carcass is worthless, the owner of **the last** ox that was gored **takes one hundred dinars; and** with regard to payment for **the previous** goring, the owner of **this** ox that was gored **takes fifty dinars,** which is half the remaining value of the belligerent ox after one hundred dinars were paid to the last injured party, **and** the owner of **that** belligerent ox **takes** the remaining **fifty dinars.** If the ox, after goring the first two oxen but before compensation had been paid, again **gored another ox worth two hundred** dinars, and the carcass is worthless, **the last** injured party **takes one hundred dinars, the previous one** takes **fifty dinars, and the first two** divide the remainder, each receiving **one gold dinar,** which is worth twenty-five silver dinars.

HALAKHA

Where the first injured party seized the ox – כְּגוֹן שֶׁתְּפָסוֹ נִיזָּק: If the owner of a gored ox seizes the innocuous ox that gored it to collect compensation from it, he is considered a paid bailee and is responsible for any subsequent damage the ox causes while in his possession, while its owner is exempt from liability. For example, in a case where an ox worth two hundred dinars gores another ox worth two hundred dinars and the carcass is worthless, if the injured party seizes the ox in order to collect one hundred dinars worth of compensation from it, and it then gores another ox, causing one hundred and fifty dinars worth of damage, the latter injured party receives half his damages, or seventy-five dinars, and the former injured party receives only the difference between the value of the damages, i.e., twenty-five dinars. The owner of the ox receives one hundred dinars. This is in accordance with the interpretation of Rashi.

The Rema notes that according to *Tosafot*, the owner of the ox and the first injured party each pay half of the compensation to which the second injured party is entitled, as according to Rabbi Akiva they become partners in ownership of the ox. In the case detailed above, they would each be responsible for half of the seventy five dinars due to the injured party. It makes no difference whether or not the injured party seizes the ox (Rambam *Sefer Nezikin, Hilkhot Nizkei Mamon* 9:13; *Shulḥan Arukh, Ḥoshen Mishpat* 401:2).

אֲתָאן לְרַבִּי עֲקִיבָא, דְּאָמַר: תּוֹרָא דְשׁוּתָּפֵי הוּא. רֵישָׁא רַבִּי יִשְׁמָעֵאל וְסֵיפָא רַבִּי עֲקִיבָא?

The Gemara continues: In the ruling of Rabbi Shimon, **we arrive at the opinion of Rabbi Akiva, who says that the ox belongs to** its owner and to the injured party, who are considered **partners** in the ownership of the ox. Is it possible that **the first clause** is in accordance with the opinion of **Rabbi Yishmael and the latter clause** is in accordance with the opinion of **Rabbi Akiva?**

אָמְרִי: אִין, דְּהָא אֲמַר לֵיהּ שְׁמוּאֵל לְרַב יְהוּדָה: שִׁינָּנָא, שְׁבוֹק מַתְנִיתִין וְתָא בָּתְרַאי, רֵישָׁא רַבִּי יִשְׁמָעֵאל וְסֵיפָא רַבִּי עֲקִיבָא.

The Sages **said** that **yes,** this is the case, **as Shmuel said to Rav Yehuda: *Shinnana*,[L] leave** the presumption that **the** entire **mishna** follows one opinion **and follow my** interpretation: **The first clause** is in accordance with the opinion of **Rabbi Yishmael and the latter clause** is in accordance with the opinion of **Rabbi Akiva.**

אִתְּמַר נַמִי, אָמַר רַבִּי יוֹחָנָן: הִקְדִּישׁוֹ נִיזָּק אִיכָּא בֵּינַיְיהוּ.

It was also stated that **Rabbi Yoḥanan says:** The practical difference **between** the opinions of Rabbi Meir and Rabbi Shimon in the mishna is with regard to a case where **the injured** party **consecrated** the ox. If he is a partner in the ownership of the ox, his consecration takes effect; if he is considered merely a creditor, the consecration is ineffective. Evidently, Rabbi Yoḥanan also holds that the dispute in the mishna corresponds to the dispute between Rabbi Yishmael and Rabbi Akiva.

תְּנַן הָתָם: הַתּוֹקֵעַ לַחֲבֵירוֹ – נוֹתֵן לוֹ סֶלַע. רַבִּי יְהוּדָה אוֹמֵר מִשּׁוּם רַבִּי יוֹסֵי הַגְּלִילִי: מָנֶה.

§ With regard to the gold dinar mentioned in the mishna, **we learned** in another mishna **there** (90a): **One who slaps [*hatokea*] another**[HN] is liable to **give him a *sela***[N] as a compensatory fine. **Rabbi Yehuda says in the name of Rabbi Yosei HaGelili:** He is liable to give him **one hundred dinars.**

הַהוּא גַּבְרָא דִּתְקַע לְחַבְרֵיהּ, שַׁלְחֵיהּ רַב טוֹבִיָּה בַּר מַתָּנָה לְקַמֵּיהּ דְּרַב יוֹסֵף: סֶלַע צוֹרִי תְּנַן, אוֹ סֶלַע מְדִינָה תְּנַן?

The Gemara relates: There was **a certain man who slapped another.**[N] **Rav Toviya bar Mattana sent** an enquiry **before Rav Yosef,** asking him whether the *sela* **we learned** about in the mishna is referring to **a Tyrian *sela*,** which is worth four dinars, **or** whether the *sela* **we learned** about in the mishna is referring to **a provincial *sela*,** worth only half of a dinar, or one-eighth of a Tyrian *sela*.

אֲמַר לֵיהּ, תְּנֵיתוּהָ: וּשְׁנַיִם הָרִאשׁוֹנִים – דִּינָר זָהָב; וְאִי סָלְקָא דַּעְתָּךְ תָּנֵי תַּנָּא סֶלַע מְדִינָה, נִפְלוֹג וְנִתְנֵי עַד תְּרֵיסַר וְסֶלַע!

Rav Yosef **said to him: You learned this** in a mishna: **And the first two** divide the remainder, each receiving **one gold dinar,** worth twenty-five silver dinars. **And if it enters your mind** that **the *tanna* teaches** monetary sums using **a provincial *sela*** in order to calculate compensation, **let him** further **divide** the value that the first two litigants receive **and teach** a case where the belligerent ox gored an additional ox, so that their shares decrease **until** they reach **twelve dinars and one *sela*** apiece, which are twelve and a half dinars. The fact that he does not do so indicates that the mishna does not use a provincial *sela*, whose value is less than one dinar, and therefore a gold dinar cannot be divided in a manner that leaves each party with whole coins.

LANGUAGE

Shinnana – שִׁינָּנָא: This was a nickname for Rav Yehuda that appears in several places in the Talmud. According to Rashi, the name means sharp or brilliant. The *ge'onim* assert that they are certain that this is an expression describing one with large teeth, noting that the expression was still employed in their time.

HALAKHA

One who slaps another – הַתּוֹקֵעַ לַחֲבֵירוֹ: If one slaps another, he is liable to pay him a fine of one *sela*, in accordance with the opinion of the first *tanna* in the mishna. The Rambam holds that this includes compensation for pain, humiliation, medical costs, and loss of livelihood. The Rema cites the *Tur* and the Rosh, both citing the Rif, who claim that this fine includes only compensation for humiliation and pain; medical costs and loss of livelihood are evaluated on a case-by-case basis (Rambam *Sefer Nezikin, Hilkhot Ḥovel UMazik* 3:3; *Shulḥan Arukh, Ḥoshen Mishpat* 420:41–42).

NOTES

Slaps [*tokea*] another – תּוֹקֵעַ לַחֲבֵירוֹ: Rashi interprets *tokea* as referring to a slap in the face. He also cites his teacher, who explains that it means to shout in another's ear (see Rabbeinu Ḥananel). Rabbeinu Barukh cites another interpretation which states that it means to clap hands disparagingly, causing humiliation but not physical injury.

Is liable to give him a *sela* – נוֹתֵן לוֹ סֶלַע: According to Rashi, payment of a *sela* is intended to compensate for the humiliation caused to the victim, but it does not include compensation for any pain or damage suffered. Some commentaries maintain that according to the Rif the *sela* is intended to compensate for pain and humiliation but not for damage (Rosh; *Nimmukei Yosef*).

A certain man who slapped another – הַהוּא גַּבְרָא דִּתְקַע לְחַבְרֵיהּ: The early commentaries raise the question as to how this payment, which is a fine, can be collected in Babylonia, where the incident took place. Sages can be ordained only in Eretz Yisrael, and only ordained judges are authorized to assess fines. Rashi explains that this is a case where the victim seized money from the offender after he was slapped, in which case judges in Babylonia are authorized to adjudicate whether or not he must return the money. The Rashba rejects this explanation, as based on the discussion it does not appear that the money was in the victim's possession, but rather, in that of the offender. He explains that the purpose of this hearing was to order the offender to go to court in Eretz Yisrael.

אֲמַר לֵיהּ: תַּנָּא כִּי רוֹכְלָא לִיתְנֵי וְלֵיזִיל?

Rav Toviya bar Mattana **said to him:** This is not proof; **should the *tanna* have continued teaching** additional cases, exhausting all possibilities, **like a peddler**[B] selling his wares, who advertises every item of his merchandise? The cases cited in the mishna suffice to illustrate the point.

מַאי הֲוֵי עֲלָהּ? פַּשְׁטוּהָ מֵהָא דְּאָמַר רַב יְהוּדָה אָמַר רַב: כׇּל כֶּסֶף הָאָמוּר בַּתּוֹרָה – כֶּסֶף צוֹרִי, וְשֶׁל דִּבְרֵיהֶם – כֶּסֶף מְדִינָה.

What halakhic conclusion was reached **about** this matter? The Sages **resolved it based on that which Rav Yehuda says that Rav says: All** references to **coinage mentioned in the Torah**[H] refer to **Tyrian coinage,**[B] **whereas** all mentions **of** coinage in the **statements of** the Sages refer to **provincial coinage.** Therefore, a person who slaps another is fined a provincial *sela*, worth half of a dinar.

אֲמַר לֵיהּ הַהוּא גַּבְרָא: הוֹאִיל וּפַלְגָּא דְּזוּזָא הוּא לָא בָּעֵינָא, נִתְבֵּיהּ לַעֲנִיִּים. הֲדַר אֲמַר לֵיהּ: נִתְבֵּיהּ נִיהֲלִי, אֵיזִיל וְאַבְרִי בֵּיהּ נַפְשַׁאי.

Following the verdict, **that man** who was slapped **said to** Rav Yosef: **Since** the fine **is** only **half a dinar, I do not want it,** as it is beneath me to collect such an amount. Instead, **let him give it to the poor. Then** he **retracted** his decision, and **said to** Rav Yosef: **Let him give it to me, and I will go and sustain [*ve'avri*]**[N] **myself with it.**

אֲמַר לֵיהּ רַב יוֹסֵף: כְּבָר זָכוּ בֵּיהּ עֲנִיִּים; וְאַף עַל גַּב דְּלֵיכָּא עֲנִיִּים הָכָא, אֲנַן יַד עֲנִיִּים אֲנַן, דְּאָמַר רַב יְהוּדָה אָמַר שְׁמוּאֵל: יְתוֹמִים

Rav Yosef said to him: Since you already committed to give it to charity, **the poor have already acquired it**[H] and it now belongs to them. **And although there are no poor** people **here** to acquire it, **we,** the court, **are the hand,** i.e., the legal extension, **of the poor.**[N] We represent them, **as Rav Yehuda says** that **Shmuel says: Orphans**

BACKGROUND

Like a peddler – כִּי רוֹכְלָא: A peddler would engage in small transactions, usually wandering from town to town with a large basket divided into several compartments to arrange his merchandise, consisting of cosmetics and other small items.

A peddler would constantly announce his wares to prospective customers. Since he did not have a fixed store from which to sell, he would enumerate out loud all the items he was selling, simultaneously highlighting those wares that he said were different from those of other peddlers. This was the origin of the simile: Like a peddler, which is commonly used by the Gemara to describe the enumeration of an entire list of items.

Tyrian coinage – כֶּסֶף צוֹרִי: There were two main types of coinage used in talmudic times. Tyrian coinage was based on silver, and was used in biblical times as well. The other type, referred to as provincial coinage, used the same names for the coins, but the value of each coin was one-eighth of the value of the parallel Tyrian coin. This use of the same names for coins of different values was common in many countries and eras, and exists to a certain degree today as well. For example, gold coins sometimes carried the same name as cheaper coins and bills. It was therefore necessary to clarify whether a certain sum that was mentioned referred to Tyrian coinage or provincial coinage.

HALAKHA

All references to coinage mentioned in the Torah, etc. – כׇּל כֶּסֶף הָאָמוּר בַּתּוֹרָה וכו׳: All mentions of coinage in the Torah refer to Tyrian coinage. Any mention of *sela* in the writings of the Sages refers to a provincial *sela*, which was half a silver dinar and three bronze dinars. This is the amount one is fined for slapping another (Rambam *Sefer Nezikin*, *Hilkhot Ḥovel UMazik* 3:10; *Shulḥan Arukh*, *Ḥoshen Mishpat* 420:42).

The poor have already acquired it – כְּבָר זָכוּ בֵּיהּ עֲנִיִּים: If one declares: When so-and-so pays me the money he owes me, I will consecrate it, or: I will dedicate it to charity, when he receives the money he is obligated to transfer it to its declared destination. Furthermore, if one declares in the presence of his debtor and the local charity collector: The money that so-and-so owes me is hereby dedicated to charity, the money automatically belongs to the poor, as property can be legally transferred via a declaration in the presence of all three parties. The Rema adds that this transaction can be performed in the presence of a local person of stature instead of the charity collector. Similarly, if a person is owed a fine, and he declares in the presence of the charity collector, or the local leadership, that instead of collecting the fine it shall be given to charity, he cannot retract his pledge. This is in accordance with the ruling of Rav Yosef (*Shulḥan Arukh*, *Yoreh De'a* 258:8–9).

NOTES

I will…sustain [*avri*] – אַבְרִי: Rabbeinu Barukh interprets *avri* based on the verse: "That I may eat [*ve'evre*] from her hand" (II Samuel 13:6). In this context, it means: I will buy myself something to eat with this half dinar.

We are the hand of the poor – יַד עֲנִיִּים אֲנַן: Rashi explains that Rav Yosef was the charity collector. Nevertheless, it is apparent from the continuation of the Gemara that even if he was not, it was sufficient that he was a judge in the local court, and is thereby considered a steward of the poor.

The commentaries ask why this reason is necessary; the plaintiff cannot renege on his pledge to give the money to charity, as his pledge constitutes a vow. The Rif and *Tosafot* answer that a vow relating to an item that has not yet come into being is ineffective. Therefore, since the plaintiff still had not received the money, his vow was not binding.

Rabbeinu Ḥananel explains that the man did not intend to renege on his pledge. Instead, he planned to first use the money for himself and then donate that amount of money to the poor. The reason he may not do so is that once he declared that he was giving these particular coins to the poor, they acquired them immediately. Since the court represents the poor, his declaration was stated in the presence of all three parties, namely, the giver of the money, the one who acquires it, and the one in whose possession it currently rests. Through this mode of acquisition, one may transfer money that he is owed to a third party without it having to enter his possession first.

אֵינָן צְרִיכִין פְּרוֹזְבּוֹל.

do not require a document that prevents the Sabbatical Year from abrogating an outstanding debt [*prosbol*][HBN] by transferring the right of collection to the court. The reason that orphans do not require this document is because the court is legally considered to be their steward, and their debts are therefore transferred to the court automatically, even without a *prosbol*.

וְכֵן תָּנֵי רָמִי בַּר חָמָא: הַיְתוֹמִים אֵינָן צְרִיכִין פְּרוֹזְבּוֹל, רַבָּן גַּמְלִיאֵל וּבֵית דִּינוֹ אֲבִיהֶן שֶׁל יְתוֹמִין הָיוּ.

Similarly, Rami bar Ḥama taught: Orphans do not require a ***prosbol*****,** as **Rabban Gamliel and his court were** tantamount to **the fathers of orphans,** as they were vigilant to collect all of the debts owed to orphans. Subsequently, the courts in every generation have this status.

חָנָן בִּישָׁא תְּקַע לֵיהּ לְהַהוּא גַּבְרָא, אֲתָא לְקַמֵּיהּ דְּרַב הוּנָא, אֲמַר לֵיהּ: זִיל הַב לֵיהּ פַּלְגָא דְּזוּזָא; הֲוָה לֵיהּ זוּזָא מַכָּא, בָּעֵי לְמֵיתְבָה לֵיהּ מִינֵּיהּ פַּלְגָא דְּזוּזָא, לָא הֲוָה מִשְׁתַּקֵּיל לֵיהּ, תְּקַע לֵיהּ אַחֲרִינָא וִיהָבֵיהּ נִהֲלֵיהּ.

The Gemara relates: **Ḥanan the wicked**[N] **slapped a certain man. He** then **came before Rav Huna** for judgment. Rav Huna **said to him: Go give him a half-dinar,** which is the fine imposed for such an act. Ḥanan the wicked **had a clipped dinar,**[B] and **wanted to give him a half-dinar from it,** but **there was no one** who wanted **to take it**[N] from him to give him smaller coins for it. Ḥanan the wicked then **gave him another slap,** rendering himself liable to pay an additional fine of half a dinar, **and gave him** the clipped dinar as payment.

מתני׳ שׁוֹר שֶׁהוּא מוּעָד לְמִינוֹ וְאֵינוֹ מוּעָד לְשֶׁאֵינוֹ מִינוֹ, מוּעָד לָאָדָם וְאֵינוֹ מוּעָד לִבְהֵמָה, מוּעָד לִקְטַנִּים וְאֵינוֹ מוּעָד לִגְדוֹלִים, אֶת שֶׁהוּא מוּעָד לוֹ – מְשַׁלֵּם נֶזֶק שָׁלֵם, וְאֶת שֶׁאֵינוֹ מוּעָד לוֹ – מְשַׁלֵּם חֲצִי נֶזֶק.

MISHNA With regard to **an ox that is forewarned with regard to its own species,**[HB] as it already gored other oxen three times, **but is not forewarned with regard to other species;** or an ox that is **forewarned with regard to people,**[N] **but is not forewarned with regard to animals;** or one that is **forewarned with regard to small** specimens of a species, **but is not forewarned with regard to large** specimens of that species; in all these cases, if the ox gores the type of animal or person **with regard to which it is forewarned,** its owner **pays the full** cost of the **damage, and if** it gores an animal or person **with regard to which it is not forewarned, he pays half** the cost of **the damage.**

אָמְרוּ לִפְנֵי רַבִּי יְהוּדָה: הֲרֵי זֶה מוּעָד לְשַׁבָּתוֹת וְאֵינוֹ מוּעָד לְחוֹל? אָמַר לָהֶם: לְשַׁבָּתוֹת – מְשַׁלֵּם נֶזֶק שָׁלֵם, לִימוֹת הַחוֹל – מְשַׁלֵּם חֲצִי נֶזֶק.

The Sages **said before Rabbi Yehuda:** What would be the *halakha* if **this** ox **is forewarned with regard to** ***Shabbatot***[HN] **but is not forewarned with regard to weekdays? He said to them:** For damage it causes **on** ***Shabbatot*** its owner **pays the full** cost of the **damage, and** for damage it causes on **weekdays, he pays half** the cost of the **damage.**

NOTES

Orphans do not require a ***prosbol*** **– יְתוֹמִים אֵינָן צְרִיכִין פְּרוֹזְבּוֹל:** Rashi explains that documents pertaining to orphans are considered as if they were transferred to the court. *Tosafot* add that even loans by oral agreement granted by orphans, which are also forgiven in the Sabbatical Year, are considered as if they were written in a document that was transferred to the court. Even if the borrowers do not have the requisite land for a *prosbol*, the court grants them land for the purpose of writing the *prosbol*. This *halakha* applies only to orphans who are minors. If the orphans are adults, the debt they are owed is treated like debt owed to any other adult (*Nimmukei Yosef*).

Ḥanan the wicked – חָנָן בִּישָׁא: The Ra'ah, cited in *Shita Mekubbetzet*, explains that this incident was brought here as proof that Rav Huna also maintains that the *sela* mentioned in connection with one who slaps another is referring to a provincial *sela*, i.e., half a dinar. Furthermore, it is derived from this story that one may pay even a fine with a coin that people will be hesitant to accept, and the plaintiff must accept it (*Nimmukei Yosef*).

There was no one who wanted to take it – לָא הֲוָה מִשְׁתַּקֵּיל לֵיהּ: A clipped coin of any value is not readily accepted by people, particularly when given in exchange for two unflawed half-dinar coins. Yet, when no change must be given for it, there are people who would accept it, which allowed Ḥanan to use it to pay his fine (Rashba).

Forewarned with regard to people – מוּעָד לָאָדָם: In the Jerusalem Talmud it is asked how it is possible for an ox to be forewarned with regard to people; having already killed three people, the ox should have been put to death by stoning for killing the first person. The answer given is that it gored gentiles, or alternatively, it chased three people and put their lives in danger, but did not kill them.

Forewarned with regard to ***Shabbatot*** **– מוּעָד לְשַׁבָּתוֹת:** Why would an ox be more likely to gore specifically on Shabbat? In the Jerusalem Talmud it is explained that as people wear different clothes on Shabbat, the ox does not recognize them, and since they appear to be strangers, it gores them. Accordingly, this status applies only with regard to goring people (Maharam). Rashi explains that since the ox is not utilized for labor on Shabbat, it feels free and unrestrained, which can cause it to gore more than on days where it is utilized for labor.

HALAKHA

Orphans do not require a ***prosbol*** **– יְתוֹמִים אֵינָן צְרִיכִין פְּרוֹזְבּוֹל:** Orphans who are minors and who are owed money by others do not require a *prosbol*, since the court is tantamount to the father of the orphans. By contrast, adult orphans require a *prosbol* like everyone else (Rambam *Sefer Zera'im, Hilkhot Shemitta VeYovel* 9:24; *Shulḥan Arukh, Ḥoshen Mishpat* 67:28).

An ox that is forewarned with regard to its own species – שׁוֹר שֶׁהוּא מוּעָד לְמִינוֹ: An ox that is forewarned with regard to its own species is not considered forewarned with regard to other species. Similarly, if it is forewarned with regard to people it is not considered forewarned with regard to animals, and if it is forewarned with regard to small specimens of a species it is not forewarned with regard to large specimens of that species. If the ox gores a person or animal with regard to which it is forewarned, its owner is liable to pay the full cost of the damage, and if it gores a person or animal with regard to which it is not forewarned, he pays half the cost of the damage. This is the ruling of Rabbeinu Ḥananel and the Rif, in accordance with the opinion of Rav Pappa. *Tosafot* disagree and hold in accordance with the opinion of Rav Zevid (Rambam *Sefer Nezikin, Hilkhot Nizkei Mamon* 6:8).

Forewarned with regard to ***Shabbatot*****, etc. – מוּעָד לְשַׁבָּתוֹת וכו׳:** If an ox is forewarned with regard to *Shabbatot*, it is not considered forewarned with regard to weekdays, and vice versa. If an ox that is forewarned with regard to Shabbat causes damage on Shabbat its owner is liable to pay the full cost of the damage, and if it causes damage on a weekday, its owner is liable to pay half the cost of the damage (Rambam *Sefer Nezikin, Hilkhot Nizkei Mamon* 6:8).

BACKGROUND

Prosbol **– פְּרוֹזְבּוֹל:** The *prosbol* is a contract written in the Sabbatical Year, when monetary debts are canceled. Most authorities hold that it is written at the end of the year. The one who writes the document declares that he delivers all loans owed to him to the court, so that repayment is due the court, and not to him. This practice was enacted by Hillel the Elder when he saw that people were refraining from lending money to the poor because the debt would be abrogated by the Sabbatical Year. The practice also benefited lenders, as it ensured that loans could be collected.

Clipped dinar – זוּזָא מַכָּא: This term refers to a coin whose form has become eroded or damaged, either as a result of being beaten, or simply due to prolonged use. While a coin's basic value in talmudic times was based on the value of the metal from which it was made, its worth was nevertheless greatly enhanced by being stamped with a government seal attesting to the nature of the metal and its weight. As a result, a coin whose imprint had worn away became suspect, and those not expert in matters of coinage would be reluctant to accept it.

Forewarned with regard to its own species – מוּעָד לְמִינוֹ: Non-predatory animals normally do not attack animals of another species. When such animals engage in violent behavior it is typically with their own kind, whether during mating season, or when establishing control over territory. Consequently, if a domestic animal establishes a violent pattern of behavior, it is usually only in relation to other members of its own species. Only in rare cases would it be violent with other species as well.

אֵימָתַי הוּא תָּם? מִשֶּׁיַּחֲזוֹר בּוֹ שְׁלֹשָׁה יְמֵי שַׁבָּתוֹת.

When is it rendered **innocuous**[H] again[N] after being forewarned with regard to Shabbat? It reverts to its innocuous status **when** its behavior **reverts** to normal, i.e., when it refrains from goring for **three days of Shabbat,** i.e., Shabbat in three successive weeks.

גמ׳ אִיתְּמַר, רַב זְבִיד אָמַר: ״וְאֵינוֹ מוּעָד״ תְּנַן, רַב פַּפָּא אָמַר: ״אֵינוֹ מוּעָד״ תְּנַן.

GEMARA **It was stated** that **Rav Zevid said:** The version of the mishna that **we learned** states: With regard to an ox that is forewarned with regard to its own species **but is not forewarned** with regard to other species, referring to an ox that is proven to be innocuous with regard to other species, if it gores another species, its owner pays only half the cost of the damage. **Rav Pappa said:** The version of the mishna that **we learned** states: An ox that is forewarned with regard to its own species **is not forewarned** with regard to other species. Accordingly, the mishna is teaching that the fact that it is forewarned with regard to goring one species does not render it forewarned with regard to goring other species, until it is proven otherwise.

רַב זְבִיד אָמַר: ״וְאֵינוֹ מוּעָד״ תְּנַן – הָא סְתָמָא הָוֵי מוּעָד; רַב פַּפָּא אָמַר: ״אֵינוֹ מוּעָד״ תְּנַן – דִּסְתָמָא לָא הָוֵי מוּעָד.

The Gemara explains: **Rav Zevid said** that the version of the mishna that **we learned** states: With regard to an ox that is forewarned with regard to its own species **but is not forewarned** with regard to other species, indicating that it is referring specifically to an ox that is proven to be innocuous with regard to other species. This implies that in **an ordinary** case, where there is no such proof, the ox **is** considered **forewarned** with regard to all species. **Rav Pappa,** by contrast, **said** that the version of the mishna that **we learned** states: An ox that is forewarned with regard to its own species **is not forewarned** with regard to other species, meaning **that** in **an ordinary** case, the ox **is not** considered **forewarned** with regard to other species.

רַב זְבִיד דָּיֵיק מִסֵּיפָא, רַב פַּפָּא דָּיֵיק מֵרֵישָׁא.

Rav Zevid inferred his opinion **from the latter clause** of the mishna, whereas **Rav Pappa inferred** his opinion **from the former clause.**

רַב זְבִיד דָּיֵיק מִסֵּיפָא, דְּקָתָנֵי: מוּעָד לִקְטַנִּים וְאֵינוֹ מוּעָד לִגְדוֹלִים; אִי אָמְרַתְּ בִּשְׁלָמָא ״וְאֵינוֹ מוּעָד״ קָתָנֵי, הָא סְתָמֵיהּ הָוֵי מוּעָד, הָא קָא מַשְׁמַע לָן דַּאֲפִילּוּ מִקְּטַנִּים לִגְדוֹלִים נָמֵי מִסְּתָמָא הָוֵי מוּעָד.

Rav Zevid inferred his opinion **from the latter clause, as it teaches:** An ox that is **forewarned with regard to small** specimens of a species, **but is not forewarned with regard to large** specimens of that species. **Granted, if you say** that the mishna **teaches** in the first clause: With regard to an ox that is forewarned with regard to its own species **but is not forewarned** with regard to other species, indicating that in **an ordinary** case the ox **is** considered **forewarned** with regard to all animals, **this** clause of the mishna **teaches us that even from** being forewarned with regard to **small** specimens of a species, in **an ordinary** case the ox **is** thereby considered **forewarned with regard to large** specimens of that species, which is a more far-reaching statement, as an ox is less likely to gore large animals.

אֶלָּא אִי אָמְרַתְּ ״אֵינוֹ מוּעָד״ קָתָנֵי, סְתָמָא לָא הָוֵי מוּעָד,

But if you say that the mishna **teaches:** An ox that is forewarned with regard to its own species **is not forewarned** with regard to other species, meaning that in **an ordinary** case, where there is no proof to the contrary, the ox **is not** considered **forewarned** with regard to other species, there is a difficulty with the latter clause of the mishna.

הַשְׁתָּא יֵשׁ לוֹמַר מִקְּטַנִּים לִקְטַנִּים דְּעָלְמָא סְתָמָא לָא הָוֵי מוּעָד, מִקְּטַנִּים לִגְדוֹלִים צְרִיכָא לְמֵימַר דְּלָא הָוֵי מוּעָד?

The Gemara explains: **Now** that **it can be said** that **from** being forewarned with regard to **small** oxen, in **an ordinary** case, the ox **is not** thereby considered **forewarned with regard to small** animals **in general, need it be said that from** being forewarned with regard to **small** specimens of a species **it is not** thereby considered **forewarned with regard to large** specimens of that species? It must be that the mishna reads: But is not forewarned, indicating that only when the ox is proven to be innocuous with regard to other species and then it gores another species is its owner liable to pay only half the cost of the damage. Otherwise, he must pay the full cost of the damage.

HALAKHA

When is it rendered innocuous – אֵימָתַי הוּא תָּם: An ox that is considered forewarned with regard to goring on Shabbat or weekdays reverts to its innocuous status once children pet it then and it does not gore them, in accordance with the earlier conclusion of the Gemara (24a), and contrary to the opinion of Rabbi Yehuda here (Rambam *Sefer Nezikin, Hilkhot Nizkei Mamon* 6:8).

NOTES

When is it rendered innocuous again – אֵימָתַי הוּא תָּם: The novel element of this ruling is that although Rabbi Yehuda holds that an ox that does not gore for three days reverts to being innocuous, in this case it is not rendered innocuous until three *Shabbatot* pass without it goring (*Nimmukei Yosef*).

וְרַב פָּפָּא אָמַר לָךְ: אִצְטְרִיךְ, סָלְקָא דַּעְתִּיךְ אָמֵינָא, הוֹאִיל וּפָרֵץ בֵּיהּ בְּהַהוּא מִינָא פָּרֵץ בֵּיהּ, לָא שְׁנָא גְּדוֹלִים דִּידֵיהּ וְלָא שְׁנָא קְטַנִּים דִּידֵיהּ, קָא מַשְׁמַע לָן דְּלָא הָוֵי מוּעָד.

And Rav Pappa could have **said to you** in response that even if the mishna reads: An ox that is forewarned with regard to its own species **is not forewarned** with regard to other species, the latter clause is **necessary,** as otherwise it might **enter your mind to say** that **since it breached** the norm by attacking one **of that species, it** is considered to have **breached** the norm entirely **with regard to** that species, and there **is no difference** with regard to **large** members **of** the species **and** there **is no difference** with regard to **small** members **of it,** as the ox is now likely to gore any of them. Therefore, this clause of the mishna **teaches us that it is not** considered **forewarned** with regard to the large animals of that species.

רַב פָּפָּא דָּיֵיק מֵרֵישָׁא, דְּקָתָנֵי: מוּעָד לָאָדָם אֵינוֹ מוּעָד לִבְהֵמָה; אִי אָמְרַתְּ בִּשְׁלָמָא "אֵינוֹ מוּעָד" תְּנַן, סְתָמָא לָא הָוֵי מוּעָד, הָא קָא מַשְׁמַע לָן דַּאֲפִילּוּ מֵאָדָם לִבְהֵמָה נַמִי סְתָמָא לָא הָוֵי מוּעָד.

As stated previously, **Rav Pappa inferred** his opinion **from the former clause** of the mishna. **As** the mishna **teaches:** An ox that is **forewarned with regard to people is not forewarned with regard to animals. Granted, if you say** that **we learned** that the mishna states: An ox that is forewarned with regard to its own species **is not forewarned** with regard to other species, which would indicate that in **an ordinary** case, where there is no proof to the contrary, **it is not** considered **forewarned** with regard to other species, then the mishna, in the next clause, **teaches us this, that even from** being forewarned with regard to **people,** in **an ordinary** case, the ox **is not** considered **forewarned with regard to animals.** The ox is considered innocuous with regard to animals, although it is more common for an ox to gore an animal than a person.

אֶלָּא אִי אָמְרַתְּ "וְאֵינוֹ מוּעָד" קָתָנֵי, הָא סְתָמָא הָוֵי מוּעָד, הָשְׁתָּא יֵשׁ לוֹמַר מִבְּהֵמָה לִבְהֵמָה סְתָמָא הָוֵי מוּעָד, מֵאָדָם לִבְהֵמָה צְרִיכָא לְמֵימַר דְּהָוֵי מוּעָד?

But if you say that the mishna **teaches** in the first clause: With regard to an ox that is forewarned with regard to its own species **but is not forewarned** with regard to other species, indicating that in **an ordinary** case **it is** considered **forewarned** with regard to other species, then there is a difficulty with the following clause of the mishna. **Now** that **it can be said** that even **from** being forewarned with regard to one species of **animal,** in **an ordinary** case, **it is** thereby considered **forewarned** with regard **to** other species of **animals, need it be said that from** its being forewarned with regard to **people it is** also considered **forewarned with regard to animals?**

וְרַב זְבִיד אָמַר לָךְ: רֵישָׁא אַחֲזָרָה קָאֵי, כְּגוֹן דַּהֲוָה מוּעָד לָאָדָם וּמוּעָד לִבְהֵמָה, וְהָדַר בֵּיהּ מִבְּהֵמָה, דְּקָאֵי גַּבֵּי בְּהֵמָה תְּלָתָא זִימְנֵי וְלָא נָגַח. מַהוּ דְּתֵימָא, כֵּיוָן דְּלָא הָדַר בֵּיהּ מֵאָדָם – חֲזָרָה דִּבְהֵמָה לָאו חֲזָרָה הִיא, קָא מַשְׁמַע לָן דַּחֲזָרָה דִּבְהֵמָה מִיהָא חֲזָרָה הִיא.

And Rav Zevid could have **said to you** in response: **The former clause** in the mishna **relates to** the ox **reverting** to its innocuous status, i.e., a case **where** the ox **was forewarned with regard to man and forewarned with regard to animals, and reverted** to its innocuous status **with regard to animals, as it stood in** close **proximity to an animal three times and did not gore. Lest you say** that **since it did not** demonstratively **revert to** its innocuous behavior toward **people,** as it did not refrain from goring people, its **reversal with regard to animals is not** considered **a reversal,** the mishna **teaches us that** its **reversal with regard to animals is nevertheless** considered **a reversal,** and it no longer has the status of a forewarned ox with regard to goring animals.

מֵיתִיבִי, סוּמָכוֹס אוֹמֵר: מוּעָד לָאָדָם מוּעָד לִבְהֵמָה, מִקַּל וָחוֹמֶר: וּמָה לָאָדָם מוּעָד, לִבְהֵמָה לֹא כׇּל שֶׁכֵּן? מִכְּלָל דְּתַנָּא קַמָּא "אֵינוֹ מוּעָד" קָאָמַר!

The Gemara **raises an objection** to Rav Zevid's opinion from a *baraita*: **Sumakhos says:** An ox that is **forewarned with regard to people is** considered **forewarned with regard to animals, due to an *a fortiori*** inference: **If it is forewarned with regard to people,** is it **not** clear **all the more so** that it is forewarned **with regard to animals?** The Gemara elaborates: **By inference, the first *tanna*,** i.e., the *tanna* of the mishna, **is saying** that the ox **is not** considered **forewarned** with regard to animals, in accordance with the opinion of Rav Pappa.

אָמַר לָךְ רַב זְבִיד: סוּמָכוֹס אַחֲזָרָה קָאֵי, וְהָכִי קָאָמַר לֵיהּ לְתַנָּא קַמָּא: דְּקָאָמְרַתְּ חֲזָרָה דִּבְהֵמָה חֲזָרָה הִיא – חֲזָרָה דִּבְהֵמָה לָאו חֲזָרָה הִיא, מִקַּל וָחוֹמֶר מֵאָדָם: וּמָה מֵאָדָם לָא קָא מַהְדַר בֵּיהּ, מִבְּהֵמָה לֹא כׇּל שֶׁכֵּן?

The Gemara answers: **Rav Zevid** could have **said to you** that **Sumakhos's** statement can be interpreted as **relating to** the ox **reverting** to its innocuous status, **and this is** what he **is saying to the first *tanna*:** Contrary to **what you are saying,** that the ox's **reversal with regard to animals is considered a reversal** although it has not yet reversed its behavior toward people, I maintain that its **reversal with regard to animals is not** considered **a reversal, due to an *a fortiori*** inference **from** the *halakha* of an animal forewarned with regard to **people: If** the ox **has not reverted to** its innocuous behavior toward **people,** is it **not** clear **all the more so** that it has not truly reverted **to** its innocuous behavior toward **animals?**

אֲמַר רַב אַשִׁי, תָּא שְׁמַע: אָמְרוּ לִפְנֵי רַבִּי יְהוּדָה: הֲרֵי זֶה מוּעָד לְשַׁבָּתוֹת וְאֵינוֹ מוּעָד לִימוֹת הַחוֹל. אָמַר לָהֶן: לְשַׁבָּתוֹת – מְשַׁלֵּם נֶזֶק שָׁלֵם, לִימוֹת הַחוֹל – מְשַׁלֵּם חֲצִי נֶזֶק;

Rav Ashi said: Come and **hear** a proof for Rav Zevid's opinion from the mishna: The Sages **said before Rabbi Yehuda:** What would be the *halakha* if **this** ox **is forewarned with regard to *Shabbatot* but is not forewarned with regard to weekdays? He said to them: For** damage it causes on ***Shabbatot*** its owner **pays the full** cost of the **damage,** and **for** damage it causes on **weekdays, he pays half** the cost of **the damage.**

אִי אָמְרַתְּ בִּשְׁלָמָא ״וְאֵינוֹ מוּעָד״ קָתָנֵי, שַׁיּוּלֵי הוּא דְּקָא מְשַׁיְּילִי [לֵיהּ] וְהוּא נָמֵי קָמְהַדַּר לְהוּ. אֶלָּא אִי אָמְרַתְּ ״אֵינוֹ מוּעָד״ קָתָנֵי, אַגְמוּרֵי הוּא דְּקָא מַגְמְרִי לֵיהּ? וְתוּ, אִיהוּ מַאי קָא מַהֲדַר לְהוּ?

Granted, if you say that the mishna **teaches: But was not forewarned** with regard to weekdays, **they were asking him** about the *halakha* in that case, **and likewise, he was answering them** with a ruling. **But if you say** that **it teaches:** This ox that is forewarned with regard to *Shabbatot* **is not forewarned** with regard to weekdays, the mishna would be understood as saying that an ox that is forewarned with regard to Shabbat is not considered forewarned with regard to weekdays. Is it possible that the Sages **were teaching him** this *halakha*? **And furthermore, what was he responding to them?** They had already stated themselves that the ox is not considered forewarned with regard to weekdays.

אָמַר רַב יַנַּאי: מֵרֵישָׁא נָמֵי דַּיְקָא, דְּקָתָנֵי: אֶת שֶׁמּוּעָד לוֹ – מְשַׁלֵּם נֶזֶק שָׁלֵם, וְאֶת שֶׁאֵינוֹ מוּעָד לוֹ – [מְשַׁלֵּם] חֲצִי נֶזֶק;

Rav Yannai said: Rav Zevid's opinion **can be inferred from the former clause** of the mishna **as well, as it teaches:** If the ox gores an animal or person **with regard to which it is forewarned,** its owner **pays the full** cost of the **damage, and** if it gores an animal or person **with regard to which it is not forewarned, he pays half** the cost of **the damage.**

אִי אָמְרַתְּ בִּשְׁלָמָא ״וְאֵינוֹ מוּעָד״ קָתָנֵי – פֵּירוּשֵׁי קָא מְפָרֵשׁ לַהּ.

Granted, if you say that the mishna **teaches** in the first clause: With regard to an ox that is forewarned with regard to its own species **but is not forewarned** with regard to other species, this clause **is explaining** the *halakha* in that case, i.e., if the ox is forewarned only with regard to its species, its owner is liable to pay the full cost of the damage only if it gores another ox.

אֶלָּא אִי אָמְרַתְּ ״אֵינוֹ מוּעָד״ קָתָנֵי – פְּסָקָהּ, מַאי תּוּ: אֶת שֶׁמּוּעָד לוֹ מְשַׁלֵּם נֶזֶק שָׁלֵם וְאֶת שֶׁאֵינוֹ מוּעָד לוֹ מְשַׁלֵּם חֲצִי נֶזֶק? עַד הָשְׁתָּא לָא אַשְׁמְעִינַן דְּהָתָם מְשַׁלֵּם חֲצִי נֶזֶק וּמוּעָד מְשַׁלֵּם נֶזֶק שָׁלֵם?!

But if you say that the mishna **teaches:** An ox that is forewarned with regard to its own species **is not forewarned** with regard to other species, and the *halakha* was already **determined** at the beginning of the mishna, namely, that the ox is not considered forewarned with regard to other species, then **what** need is there for the mishna to **further** state: If the ox gores an animal or person **with regard to which it is forewarned,** its owner **pays the full** cost of the **damage, and** if it gores an animal or person **with regard to which it is not forewarned, he pays half** the cost of **the damage? Has** the mishna **not taught us until now that for an innocuous** ox its owner **pays half** the cost of **the damage and for a forewarned** ox **he pays the full** cost of the **damage?**

וְאִי תֵּימְצֵי לוֹמַר נָמֵי אִיתָא לִדְרַב פָּפָּא, נָגַח שׁוֹר חֲמוֹר וְגָמָל – נַעֲשָׂה מוּעָד לַכֹּל.

The Gemara comments: **And even if you say** that **Rav Pappa's** opinion, which says that an ox that is forewarned with regard to its own species is not considered forewarned with regard to other species, **is accepted,** nevertheless, if an ox **gored an ox, a donkey, and a camel,**[H] **it is** thereby **rendered forewarned** with regard **to all** of them. The ox is rendered forewarned with regard to all three species, regardless of the fact that it did not gore each individual species three times.

תָּנוּ רַבָּנַן: רָאָה שׁוֹר – נָגַח, שׁוֹר – לֹא נָגַח, שׁוֹר – נָגַח, שׁוֹר – לֹא נָגַח, שׁוֹר – נָגַח, שׁוֹר – לֹא נָגַח, נַעֲשָׂה מוּעָד לְסֵירוּגִין לִשְׁווֹרִים.

§ **The Sages taught:** If an ox **saw an ox** and **gored** it,[H] and subsequently saw another **ox** but **did not gore** it, again saw **an ox** and **gored** it and then saw **an ox** but **did not gore** it, and a third time saw **an ox** and **gored** it and saw **an ox** and **did not gore** it, in this case **it is rendered forewarned with regard to alternate oxen.**[N] The ox is considered forewarned with regard to goring every other ox that it sees and is considered innocuous with regard to the oxen in between. If it then gores two oxen in a row, the owner of the ox is liable for only half the cost of the damage for the second ox.

HALAKHA

If an ox gored an ox, a donkey, and a camel – **נָגַח שׁוֹר חֲמוֹר וְגָמָל**: If one ox gores another ox on one day, gores a donkey the next day, and gores a camel the day after that, it is considered forewarned with regard to all animals (Rambam *Sefer Nezikin, Hilkhot Nizkei Mamon* 6:9).

If it saw an ox and gored it, etc. – **רָאָה שׁוֹר נָגַח וכו׳**: If an ox sees another ox and gores it, and the next day it sees an ox but does not gore it, and the day after that it sees an ox and gores it, but on the fourth day it sees one and does not gore it, and on the fifth day it gores an ox, while on the sixth it sees an ox but does not gore it, in this case the ox is considered forewarned with regard to oxen on alternate days (Rambam *Sefer Nezikin, Hilkhot Nizkei Mamon* 6:10).

NOTES

It is rendered forewarned with regard to alternate oxen – **מוּעָד לְסֵירוּגִין לִשְׁווֹרִים**: Although Rav Zevid holds that in an ordinary case an ox that is forewarned with regard to its own species is forewarned with regard to other species as well, in this case it is forewarned only with regard to oxen. *Tosafot* explain that the reason is that in every instance that the ox gored another ox, there was another animal present that it did not gore.

תָּנוּ רַבָּנַן: רָאָה שׁוֹר – נָגַח, חֲמוֹר – לֹא נָגַח, סוּס – נָגַח, גָּמָל – לֹא נָגַח, פֶּרֶד – נָגַח, עָרוֹד – לֹא נָגַח, נַעֲשָׂה מוּעָד לְסֵירוּגִין לַכֹּל.

The Sages taught: If an ox saw **an ox and gored** it, and then saw **a donkey** but **did not gore it,**[H] and saw **a horse** and **gored** it, then saw **a camel** and **did not gore** it, and saw **a mule** and **gored** it, and then saw **a wild donkey** [*arod*][B] and **did not gore** it, in this case it **is rendered forewarned** with regard **to alternate** animals of **all** species.[N]

אִיבַּעְיָא לְהוּ: נָגַח

A dilemma was raised before the Sages: If an ox **gored**

HALAKHA

And then saw a donkey but did not gore it, etc. – חֲמוֹר לֹא נָגַח וכו׳: If an ox sees another ox and gores it, and the next day it sees a camel but does not gore it, and the day after that it gores a horse, but on the following day it sees a camel and does not gore it, and the fifth day it gores a mule, but on the sixth day it sees a wild donkey and does not gore it, in this case, the ox is considered forewarned with regard to all the species that it gored, on alternate days (Rambam *Sefer Nezikin, Hilkhot Nizkei Mamon* 6:10).

BACKGROUND

Wild donkey [*arod*] – עָרוֹד: The *arod* has been identified as the wild donkey, of which there are two species: The Asian wild donkey, *Equus hemionus*, and the African wild donkey, *Equus africanus*. Some hold that the *arod* is to be identified specifically as the African species, which was apparently found in Eretz Yisrael in ancient times. The *arod* lives on plains and deserts and is similar in build and behavior to a horse.

African wild donkey

Asian wild donkey

NOTES

It is rendered forewarned with regard to alternate animals of all species – מוּעָד לְסֵירוּגִין לַכֹּל: The Rambam, who understands that the incidents of goring took place on alternate days, maintains that the ox is rendered forewarned only with regard to the species that it gored, i.e., oxen, horses, and wild donkeys. If the ox then gores a mule, the owner does not pay the full cost of the damage. The Ra'avad disagrees, as the wording of the Gemara indicates that it is referring to all species.

Perek **IV**
Daf **37** Amud **b**

שׁוֹר שׁוֹר וְשׁוֹר, חֲמוֹר וְגָמָל, מַהוּ?

an ox, another **ox, and** a third **ox,** and then **a donkey and a camel,**[H] with regard to **what is** it considered forewarned?

הַאי שׁוֹר בַּתְרָא בָּתַר שְׁוָורִים שָׁדֵינַן לֵיהּ, וְאַכַּתִּי לִשְׁוָורִים הוּא דְּאִיַּיעַד, לְמִידֵי אַחֲרִינָא לָא אִיַּיעַד. אוֹ דִּילְמָא הַאי שׁוֹר בַּתְרָא – בָּתַר חֲמוֹר וְגָמָל שָׁדֵינַן לֵיהּ, וְאִיַּיעַד לֵיהּ לְכוּלְּהוּ מִינֵי?

The Gemara presents the possibilities: With regard to **this last ox** that was gored together with the donkey and the camel, **do we place it** together **with** the previously gored **oxen, and** accordingly the belligerent ox **was still rendered forewarned** only **with regard to oxen,** whereas **with regard to other** species it **was not rendered forewarned? Or perhaps we place this last ox** together **with the donkey and the camel, and it was rendered forewarned with regard to all of the species** it gored.

חֲמוֹר וְגָמָל, שׁוֹר, שׁוֹר וְשׁוֹר, מַהוּ? הַאי שׁוֹר קַמָּא בָּתַר חֲמוֹר וְגָמָל שָׁדֵינַן לֵיהּ, וְאִיַּיעַד לֵיהּ לְכוּלְּהוּ מִינֵי. אוֹ דִּילְמָא בָּתַר שְׁוָורִים שָׁדֵינַן לֵיהּ, וְאַכַּתִּי לִשְׁוָורִים הוּא דְּאִיַּיעַד, לְמִינָא אַחֲרִינָא לָא אִיַּיעַד?

The Gemara adds a similar dilemma: If an ox gored **a donkey and a camel,** and then **an ox, an ox, and** another **ox, what is the** *halakha*? The Gemara presents the possibilities: With regard to **this first ox** that it gored, **do we place it** together **with the camel and donkey, and** the belligerent ox **was** accordingly **rendered forewarned with regard to all species? Or perhaps we place it** together **with the** two **oxen** that it gored afterward, **and** accordingly, **it was still rendered forewarned** only **with regard to oxen,** whereas **it was not rendered forewarned with regard to other species.**

שַׁבָּת שַׁבָּת וְשַׁבָּת, אֶחָד בְּשַׁבָּת וְשֵׁנִי בְּשַׁבָּת, מַהוּ? הָא שַׁבָּת בַּתְרַיְיתָא בָּתַר שַׁבָּת הוּא דְּשָׁדֵינַן לֵיהּ, וְאַכַּתִּי לְשַׁבָּת הוּא דְּאִיַּיעַד, לִימוֹת הַחוֹל לָא אִיַּיעַד. אוֹ דִּילְמָא בָּתַר אֶחָד בְּשַׁבָּת וְשֵׁנִי בְּשַׁבָּת שָׁדֵינַן לֵיהּ, וְאִיַּיעַד לֵיהּ לְכוּלֵּי יוֹמָא?

Similarly, if it gored on **Shabbat,** on **Shabbat, and** on **Shabbat,** i.e., on three consecutive *Shabbatot*, and then on **Sunday and** on **Monday, what is** the *halakha*? With regard to **this last Shabbat, do we place it** together **with the** previous **Shabbat, and** the ox **was still rendered forewarned** only **with regard to Shabbat,** whereas **with regard to weekdays it was not rendered forewarned? Or perhaps we place it** together **with** the goring on **Sunday and Monday, and it was** thereby **rendered forewarned with regard to all days** of the week.

HALAKHA

An ox, another ox, and a third ox, a donkey and a camel – שׁוֹר שׁוֹר וְשׁוֹר חֲמוֹר וְגָמָל: If an ox gores three oxen on three consecutive days, and then on the next day it gores a donkey, and the next day gores a camel; or alternatively, if it first gores a donkey, then a camel, and then three oxen on the next three days, it is uncertain whether it is considered forewarned only with regard to oxen or with regard to each of the species it gored. Similarly, if it gored on three consecutive *Shabbatot*, and then on the following two weekdays, or vice versa, it is uncertain whether it is forewarned only with regard to Shabbat or with regard to all days of the week. In all of these cases, the owner is liable to pay only half the cost of the damage; but if the injured party seizes the full cost of the damage, the court does not repossess it from him, as this is the *halakha* concerning monetary matters which remain unresolved in the Gemara (Rambam *Sefer Nezikin, Hilkhot Nizkei Mamon* 6:12–13).

חֲמִישִׁי בְּשַׁבָּת וְעֶרֶב שַׁבָּת וְשַׁבָּת, שַׁבָּת וְשַׁבָּת, מַהוּ? הָא שַׁבָּת קַמַּיְיתָא בָּתַר חֲמִישִׁי בְּשַׁבָּת וְעֶרֶב שַׁבָּת שָׁדֵינַן לֵיהּ, וְאִיַּיעַד לְכוּלְּהוּ יוֹמֵי. אוֹ דִּילְמָא הָא שַׁבָּת קַמַּיְיתָא בָּתַר שַׁבָּתוֹת הוּא דְּשָׁדֵינַן לֵיהּ, וּלְשַׁבָּתוֹת הוּא דְּאִיַּיעַד?

If an ox gored on **Thursday, and Friday, and Shabbat,** and then the next **Shabbat and** the next **Shabbat** after that, **what is** the *halakha*? With regard to **this first Shabbat, do we place it** together **with Thursday and Friday,** and thereby hold that the ox **was rendered forewarned with regard to all days** of the week? **Or perhaps we place this first Shabbat** together **with** the other ***Shabbatot*, and** the ox **is rendered forewarned only with regard to *Shabbatot*?**

תֵּיקוּ.

These dilemmas **shall stand** unresolved.

נָגַח שׁוֹר יוֹם חֲמִשָּׁה עָשָׂר בְּחוֹדֶשׁ זֶה, וְיוֹם שִׁשָּׁה עָשָׂר בְּחוֹדֶשׁ זֶה, וְיוֹם שִׁבְעָה עָשָׂר בְּחוֹדֶשׁ זֶה – פְּלוּגְתָּא דְּרַב וּשְׁמוּאֵל.

§ If **an ox gored** on **the fifteenth day of this month,** and subsequently gored on **the sixteenth day**[H] of the **month** after **that, and** then on **the seventeenth** day of the **month after that,**[B] the *halakha* is subject to a **dispute** between **Rav and Shmuel** with regard to a parallel discussion concerning a woman whose menstrual cycle begins on a different day each month.

דְּאִתְּמַר: רָאֲתָה יוֹם חֲמִשָּׁה עָשָׂר בְּחֹדֶשׁ זֶה, וְיוֹם שִׁשָּׁה עָשָׂר בְּחֹדֶשׁ זֶה, וְיוֹם שִׁבְעָה עָשָׂר בְּחֹדֶשׁ זֶה – רַב אָמַר: קָבְעָה לָהּ וֶסֶת, וּשְׁמוּאֵל אָמַר: עַד שֶׁתְּשַׁלֵּשׁ בְּדִילּוּג.

As it was stated: If a woman **saw** menstrual blood on **the fifteenth day of this month, and** on **the sixteenth day of the month** after **that, and** on **the seventeenth** day **of the month** after **that, Rav says: She** has thereby **established her menstrual cycle** [*veset*],[LN] i.e., a month and one day. **And Shmuel says:** Her menstrual cycle is not established **until she skips** a day **three times.**[NH] According to Shmuel, the cycle is established in this case not by the date per se, but rather by the pattern of one additional day every month. Only when this occurs for three consecutive months, i.e., when she menstruates in the fourth month, is this pattern established.

אֲמַר רָבָא: שָׁמַע קוֹל שׁוֹפָר וְנָגַח, קוֹל שׁוֹפָר וְנָגַח, קוֹל שׁוֹפָר וְנָגַח – נַעֲשָׂה מוּעָד לְשׁוֹפָרוֹת.

§ **Rava said:** If an ox **heard the sound of a shofar and gored,**[H] and again heard **the sound of a shofar and gored,** and a third time heard **the sound of a shofar and gored, it is rendered forewarned with regard to** the sound of ***shofarot*.**

פְּשִׁיטָא! מַהוּ דְּתֵימָא, הַךְ שׁוֹפָר קַמָּא סִיּוּטָא בְּעָלְמָא הוּא דְּנָקְטֵיהּ, קָא מַשְׁמַע לָן.

The Gemara asks: **Isn't this obvious?** The Gemara answers: **Lest you say** that **this first shofar merely startled** [*siyyuta*][L] the ox, prompting it to gore, and that consequently it should not count for the purpose of rendering the ox forewarned, Rava **teaches us** that since the ox repeatedly gored upon hearing the sound of a shofar, this sound is considered a consistent impetus for its goring.

מתני׳ שׁוֹר שֶׁל יִשְׂרָאֵל שֶׁנָּגַח שׁוֹר שֶׁל הֶקְדֵּשׁ, וְשֶׁל הֶקְדֵּשׁ שֶׁנָּגַח לְשׁוֹר שֶׁל הֶדְיוֹט – פָּטוּר, שֶׁנֶּאֱמַר: ״שׁוֹר רֵעֵהוּ״, וְלֹא שׁוֹר שֶׁל הֶקְדֵּשׁ.

MISHNA With regard to **an ox of a Jew that gored a consecrated ox,**[H] **and** conversely, **a consecrated** ox **that gored a non-sacred ox,** i.e., an ox owned by a Jew, the owner of the ox is **exempt** from paying compensation, **as it is stated:** "And if one man's ox hurts **the ox of another**" (Exodus 21:35). It is derived from the phrase "the ox of another" that one is liable only if it is a non-sacred ox, **but not if it is a consecrated ox,** which belongs to the Temple treasury, regardless of whether the latter was the ox that gored or the ox that was gored.

BACKGROUND

If an ox gored on the fifteenth day…and on the seventeenth day – נָגַח שׁוֹר יוֹם חֲמִשָּׁה עָשָׂר...וְיוֹם שִׁבְעָה עָשָׂר: There is some evidence to support the theory that the full moon is correlated with aberrant behavior in animals. Scientists have conducted numerous studies which appear to show a statistically significant correlation between a full moon and animals biting humans. This might explain why an ox would be more likely to gore during this period of the month. Since the lunar month is sometimes longer than the calendar month, such as when the month consists of twenty-nine days, the full moon occurs on different days, depending on the month. Some studies also suggest that the full moon is correlated with menstruation, although this point is disputed.

LANGUAGE

Menstrual cycle [*veset*] – וֶסֶת: From the Greek ἔθος, *ethos*, meaning custom or habit. In modern Hebrew, the term *veset* refers to a woman's menstrual cycle.

Startle [*siyyuta*] – סִיּוּטָא: The origin of this word is unclear, although some suggest that it derives from the root *samekh*, *vav*, *tet*, meaning movement from place to place. Accordingly, the word corresponds to the English word shock. It refers to a sudden scare, a fright, or a nightmare.

NOTES

She has thereby established her menstrual cycle – קָבְעָה לָהּ וֶסֶת: Based on this pattern, when a woman is next expected to menstruate she has the presumptive status of ritual impurity, until she checks herself and verifies that she did not begin to menstruate. The establishing of this cycle nullifies any previous cycle, so the time she is expected to menstruate based on prior patterns is disregarded.

Tosafot write that if she begins menstruating on the same date in three consecutive months, e.g., the fifteenth of the month, a cycle is determined in accordance with the opinion of Shmuel. Since this cycle is based on a date, and not on the interval between menstruations, three times establishes the presumptive cycle. Furthermore, when the pattern is based exclusively on the length of the interval, i.e., the number of days between menstruations, Rav concedes that the first menstruation does not count toward establishing the cycle. While in the case of an ox that is forewarned with regard to alternate oxen the pattern is established the third time it gores, the *halakha* for a pattern with regard to an ox that gores is different than the *halakha* for a pattern with regard to a woman's menstrual cycle.

The Ra'avad in *Ba'alei HaNefesh* and the *Ba'al HaMaor* discuss whether the comparison between the *halakhot* of a goring ox and a menstrual cycle is in fact based on an intrinsic similarity between the *halakhot* of the two topics, or whether it is merely a mnemonic, and does not indicate that the *halakhot* of the two subjects can be derived one from the other.

Until she skips a day three times – עַד שֶׁתְּשַׁלֵּשׁ בְּדִילּוּג: Rashi explains that since only with the onset of the second menstruation can it be said that it occurs one day later in the month than the previous menstruation, the first menstruation does not contribute to the establishment of the cycle. Therefore, the cycle is established only following the fourth time. According to Rabbeinu Ḥananel and other commentaries, Shmuel does not mean: Until she skips a day three consecutive months, but rather: Until she experiences a series of skipping three times. In order for the cycle to be established she must experience the series mentioned by Rav three times, for a total of nine months. This is because the cycle is not based on a fixed number of days, since not all months are equal in length, nor does it depend on a particular date of the month.

HALAKHA

If an ox gored on the fifteenth day…and on the sixteenth day – נָגַח שׁוֹר יוֹם חֲמִשָּׁה עָשָׂר...וְיוֹם שִׁשָּׁה עָשָׂר: If an ox gores on the fifteenth day of the month, and then on the sixteenth day of the following month, and then on the seventeenth of the third month, it is not considered forewarned with regard to these dates until the pattern repeats itself three times, in accordance with the opinion of Shmuel (Rambam *Sefer Nezikin*, *Hilkhot Nizkei Mamon* 6:11).

Until she skips a day three times – עַד שֶׁתְּשַׁלֵּשׁ בְּדִילּוּג: If a woman begins menstruating every month with a consistent skip in the date, e.g., the fifteenth of Nisan, the sixteenth of Iyyar and the seventeenth of Sivan, the pattern does not determine her menstrual cycle until she begins menstruating on the eighteenth of Tammuz, in accordance with the opinion of Shmuel. The later authorities hold that she should, as a matter of stringency, begin following the pattern after the third time she begins menstruating, and she therefore takes it into account with regard to the eighteenth of Tammuz and the nineteenth of Av, in accordance with the opinion of Rav. This is because Rav's opinion is accepted in matters of ritual law. Consequently, the later authorities hold one must be concerned, as a matter of stringency, to account for the opinions of both Shmuel and Rav (Rambam *Sefer Kedusha*, *Hilkhot Issurei Bia* 8:6; *Shulḥan Arukh*, *Yoreh De'a* 189:7).

If an ox heard the sound of a shofar and gored, etc. – שָׁמַע קוֹל שׁוֹפָר וְנָגַח וכו׳: If an ox heard the sound of a shofar on three occasions and gored each time, it is considered forewarned with regard to the sound of the shofar (Rambam *Sefer Nezikin*, *Hilkhot Nizkei Mamon* 6:11).

An ox of a Jew that gored a consecrated ox – שׁוֹר שֶׁל יִשְׂרָאֵל שֶׁנָּגַח שׁוֹר שֶׁל הֶקְדֵּשׁ: If a non-sacred ox gores a consecrated ox, or if a consecrated ox gores a non-sacred ox, in both cases the owner is exempt, since the Torah obligates one to pay for damages only in a case where his ox gored the ox of another person. This ruling is in accordance with the mishna (Rambam *Sefer Nezikin*, *Hilkhot Nizkei Mamon* 8:1).

שׁוֹר שֶׁל יִשְׂרָאֵל שֶׁנָּגַח לְשׁוֹר שֶׁל גּוֹי – פָּטוּר, וְשֶׁל גּוֹי שֶׁנָּגַח לְשׁוֹר שֶׁל יִשְׂרָאֵל, בֵּין תָּם בֵּין מוּעָד – מְשַׁלֵּם נֶזֶק שָׁלֵם.

With regard to **an ox of a Jew that gored the ox of a gentile,**[NH] the owner of the belligerent ox is **exempt** from liability. **But** with regard to an ox **of a gentile that gored the ox of a Jew,** regardless of **whether** the goring ox was **innocuous or forewarned,** the owner of the ox **pays the full** cost of the **damage.**

גמ׳ מַתְנִיתִין דְּלָא כְּרַבִּי שִׁמְעוֹן בֶּן מְנַסְיָא; דְּתַנְיָא: שׁוֹר שֶׁל הֶדְיוֹט שֶׁנָּגַח שׁוֹר שֶׁל הֶקְדֵּשׁ, וְשֶׁל הֶקְדֵּשׁ שֶׁנָּגַח שׁוֹר שֶׁל הֶדְיוֹט – פָּטוּר, שֶׁנֶּאֱמַר: ״שׁוֹר רֵעֵהוּ״, וְלֹא שׁוֹר שֶׁל הֶקְדֵּשׁ; רַבִּי שִׁמְעוֹן בֶּן מְנַסְיָא אוֹמֵר: שׁוֹר שֶׁל הֶקְדֵּשׁ שֶׁנָּגַח שׁוֹר שֶׁל הֶדְיוֹט – פָּטוּר, וְשֶׁל הֶדְיוֹט שֶׁנָּגַח שׁוֹר שֶׁל הֶקְדֵּשׁ, בֵּין תָּם בֵּין מוּעָד – מְשַׁלֵּם נֶזֶק שָׁלֵם.

GEMARA **The mishna is not in accordance with the** opinion **of Rabbi Shimon ben Menasya, as it is taught** in a *baraita*: With regard to **a non-sacred ox that gored a consecrated ox, or a consecrated** ox **that gored a non-sacred ox,** the owner of the ox is **exempt** from liability, **as it is stated: "The ox of another,"** indicating: **But not a consecrated ox. Rabbi Shimon ben Menasya says:** With regard to **a consecrated ox that gored a non-sacred ox,** the Temple treasury is **exempt** from liability; **but** with regard to **a non-sacred** ox **that gored a consecrated ox, whether** it was **innocuous or forewarned,** the owner **pays the full** cost of the **damage.**

אָמְרִי: מַאי קָא סָבַר רַבִּי שִׁמְעוֹן? אִי ״רֵעֵהוּ״ דַּוְקָא – אֲפִילּוּ שֶׁל הֶדְיוֹט שֶׁנָּגַח שֶׁל הֶקְדֵּשׁ לִיפָּטַר, וְאִי ״רֵעֵהוּ״ לָאו דַּוְקָא – אֲפִילּוּ דְּהֶקְדֵּשׁ נַמִּי כִּי נָגַח דְּהֶדְיוֹט לִיחַיַּיב!

The Sages **said: What does Rabbi Shimon** ben Menasya **hold?** Why does he distinguish between a consecrated ox that gored a non-sacred ox and a non-sacred ox that gored a consecrated ox? **If** the phrase **"of another"** is meant in **a precise** manner, then **even** with regard to **a non-sacred** ox **that gored a consecrated ox** the owner of the belligerant ox **should be exempt** from liability, as the victim is not the ox of another, but belongs to the Temple treasury. **And if** the phrase **"of another"** is **not** meant in **a precise** manner, but rather, includes all oxen, then **a consecrated** ox **that gored a non-sacred** ox **should render** the Temple treasury **liable as well.**

וְכִי תֵּימָא: לְעוֹלָם קָסָבַר ״רֵעֵהוּ״ דַּוְקָא, וּמִיהוּ, דְּהֶדְיוֹט כִּי נָגַח דְּהֶקְדֵּשׁ הַיְינוּ טַעְמָא דְּמִיחַיַּיב, מִשּׁוּם דְּקָא מַיְיתֵי לֵיהּ מִקַּל וָחוֹמֶר דְּהֶדְיוֹט: וּמָה הֶדְיוֹט שֶׁנָּגַח שֶׁל הֶדְיוֹט – חַיָּיב, כִּי נָגַח דְּהֶקְדֵּשׁ לֹא כׇּל שֶׁכֵּן דְּמִיחַיַּיב?

And if you would say that **actually** Rabbi Shimon ben Menasya **holds** that **"of another"** is meant in **a precise** manner, and accordingly, if a consecrated ox gores a non-sacred ox the Temple treasury is exempt from liability; **but nevertheless, when a non-sacred** ox **gores a consecrated** ox, **this is the reason** its owner **is liable: Because** Rabbi Shimon ben Menasya **infers it *a fortiori* from** the case of **a non-sacred** ox, as follows: **If** in the case of **a non-sacred** ox **that gores** another **non-sacred** ox the owner of the belligerent ox **is liable,** is it **not** clear **all the more so that when it gores a consecrated** ox the owner of the ox **is liable?**

דַּיּוֹ לַבָּא מִן הַדִּין לִהְיוֹת כַּנִּדּוֹן, מָה לְהַלָּן תָּם חֲצִי נֶזֶק, הָכָא נַמִּי חֲצִי נֶזֶק!

If this is Rabbi Shimon ben Menasya's reasoning, then his ruling that the owner of the ox pays the Temple treasury the full cost of the damage, whether his ox was innocuous or forewarned, is problematic, as **it is sufficient for the** conclusion that **emerges from** an *a fortiori* **inference to be like** its **source.** In other words, a *halakha* derived by means of an *a fortiori* inference cannot be more stringent than the *halakha* of the source from which it is derived. Therefore, **just as there,** in a case where an individual's **innocuous** non-sacred ox gores another non-sacred ox, the owner pays only **half** the cost of **the damage, here too,** if an innocuous non-sacred ox gores a consecrated ox, its owner should be liable to pay only **half** the cost of **the damage.**

אֶלָּא אָמַר רֵישׁ לָקִישׁ: הַכֹּל הָיוּ בִּכְלַל נֶזֶק שָׁלֵם, כְּשֶׁפֵּרַט לְךָ הַכָּתוּב ״רֵעֵהוּ״ גַּבֵּי תָּם – רֵעֵהוּ הוּא דְּתָם מְשַׁלֵּם חֲצִי נֶזֶק, מִכְּלַל דְּהֶקְדֵּשׁ, בֵּין תָּם בֵּין מוּעָד – מְשַׁלֵּם נֶזֶק שָׁלֵם,

Rather, Reish Lakish said that Rabbi Shimon ben Menasya's reasoning is as follows: In principle, **all** cases of damage **were included** among those **in** which the owner pays the **full** cost of the **damage.** The *halakha* that in a case of an innocuous ox the owner pays only half the cost of the damage is an exception to the rule, and **when the verse specified** the term **"of another" with regard to an innocuous** ox, it intended **that it is** specifically when one's **innocuous** ox gores the ox of **another** that the owner **pays** only **half** the cost of **the damage.** And **by inference,** if it gores **a consecrated** ox, **whether** the belligerent ox **is innocuous or forewarned** its owner **pays the full** cost of the **damage.**

NOTES

An ox of a Jew that gored the ox of a gentile, etc. – שׁוֹר שֶׁל יִשְׂרָאֵל שֶׁנָּגַח לְשׁוֹר שֶׁל גּוֹי וכו׳: Post-talmudic rabbis have found this distinction troubling. There are various explanations offered concerning this issue. The Meiri maintains that the talmudic Sages were referring to pagans in their locale, who were themselves without moral and ethical restrictions, and who subjected the Jews to merciless persecution. He further asserts that by his time, when much of humanity had been exposed to the moral and ethical teachings of the major religions and were disciplined by those norms, such prescriptions are not applicable to contemporary gentiles. The Meiri's opinion has been endorsed by a number of later rabbinic authorities including Rabbi Avraham Yitzḥak Kook, Rabbi Yeḥiel Yaakov Weinberg, and Rabbi Eliezer Waldenberg.

HALAKHA

An ox of a Jew that gored the ox of a gentile, etc. – שׁוֹר שֶׁל יִשְׂרָאֵל שֶׁנָּגַח לְשׁוֹר שֶׁל גּוֹי וכו׳: If the ox of a Jew gores an ox of a gentile, the owner is exempt from liability, whether the ox was innocuous or forewarned. By contrast, if an ox of a gentile gores a Jew's ox, the owner of the ox pays the full cost of the damage, whether the ox was innocuous or forewarned (Rambam *Sefer Nezikin, Hilkhot Nizkei Mamon* 8:5).

דְּאִם כֵּן נִכְתּוֹב קְרָא לְהַאי ״רֵעֵהוּ״ גַּבֵּי מוּעָד.

Because if so, if one whose ox gores a consecrated ox is exempt from liability, **let the verse write this** phrase: **"Of another," with regard to** the case of **a forewarned** ox. One could then infer that the owner is exempt from liability in the case of an innocuous ox as well, as the liability with regard to an innocuous ox is less severe than with regard to a forewarned ox. The stating of this exemption specifically in the context of an innocuous ox indicates that the exemption is only concerning the leniency stated in the verse, that if the gored ox belongs to another person, the owner of the belligerent ox is liable to pay only half the cost of the damage.

״שׁוֹר שֶׁל יִשְׂרָאֵל שֶׁנָּגַח שׁוֹר שֶׁל גּוֹי – פָּטוּר״. אָמְרִי: מִמַּה נַּפְשָׁךְ? אִי ״רֵעֵהוּ״ דַּוְקָא – דְּגוֹי כִּי נָגַח דְּיִשְׂרָאֵל נַמִי לִיפַּטַר, וְאִי ״רֵעֵהוּ״ לָאו דַּוְקָא – אֲפִילּוּ דְּיִשְׂרָאֵל כִּי נָגַח דְּגוֹי נִחַיַּיב!

§ The mishna teaches: With regard to **an ox of a Jew**[N] **that gored the ox of a gentile,** the owner of the belligerent ox is **exempt** from liability; whereas if a gentile's ox gores a Jew's ox, the owner is liable to pay the full cost of the damage. The Sages **said:** This statement is difficult **whichever way you** look at it. **If** the phrase **"of another"** is meant in **a precise** manner, and therefore the liability applies only if his ox gores the ox of another Jew, **when a gentile's** ox **gores that of a Jew he should also be exempt** from liability. **And if** the phrase **"of another"** is **not** meant in **a precise** manner, then **even when a Jew's** ox **gores that of a gentile** the owner of the belligerent ox **should be liable.**

אֲמַר רַבִּי אַבָּהוּ, אָמַר קְרָא: ״עָמַד וַיְמֹדֶד אֶרֶץ רָאָה וַיַּתֵּר גּוֹיִם״, רָאָה שֶׁבַע מִצְוֹת שֶׁקִּיבְּלוּ עֲלֵיהֶם בְּנֵי נֹחַ, כֵּיוָן שֶׁלֹּא קִיְּימוּ – עָמַד וְהִתִּיר מָמוֹנָן לְיִשְׂרָאֵל.

Rabbi Abbahu said that the reason for this ruling is that **the verse states: "He stood and shook the earth; He beheld, and made the nations tremble** [*vayyatter*]**"** (Habakkuk 3:6). This is homiletically interpreted to mean that God **saw the seven mitzvot that the descendants of Noah accepted upon themselves**[B] to fulfill, and **since they did not fulfill** them, **He arose and permitted** [*vehittir*][L] **their money**[N] **to the Jewish people,** so that in certain cases Jews are not liable for damage caused to gentiles.

רַבִּי יוֹחָנָן אֲמַר, מֵהָכָא: ״הוֹפִיעַ מֵהַר פָּארָן״, מִפָּארָן הוֹפִיעַ מָמוֹנָם לְיִשְׂרָאֵל.

Rabbi Yoḥanan said that the source for this *halakha* is **from here:** It is stated in reference to the giving of the Torah: "The Lord came from Sinai and rose from Seir unto them; **He appeared from Mount Paran"** (Deuteronomy 33:2), which is homiletically interpreted to mean: **From** the time God came from Mount **Paran,** when giving the Torah, **the money of** the gentile nations **appeared,** i.e., it was revealed and granted **to the Jewish people.**[N]

תַּנְיָא נַמִי הָכִי: שׁוֹר שֶׁל יִשְׂרָאֵל שֶׁנָּגַח שׁוֹר שֶׁל גּוֹי – פָּטוּר; שׁוֹר שֶׁל גּוֹי שֶׁנָּגַח שׁוֹר שֶׁל יִשְׂרָאֵל בֵּין תָּם בֵּין מוּעָד – מְשַׁלֵּם נֶזֶק שָׁלֵם, שֶׁנֶּאֱמַר: ״עָמַד וַיְמֹדֶד אֶרֶץ רָאָה וַיַּתֵּר גּוֹיִם״, וְאוֹמֵר: ״הוֹפִיעַ מֵהַר פָּארָן״.

This is also taught in a *baraita*: With regard to **an ox of a Jew that gored the ox of a gentile,** the owner of the belligerent ox is **exempt** from liability. By contrast, with regard to **an ox of a gentile that gored the ox of a Jew, whether** it was **innocuous or forewarned,** the owner of the belligerent ox **pays the full** cost of the **damage, as it is stated: "He stood and shook the earth; He beheld, and made the nations tremble." And** another verse **states: "He appeared from Mount Paran."**

NOTES

An ox of a Jew, etc. – שׁוֹר שֶׁל יִשְׂרָאֵל וכו׳: The reason given in the Gemara for the lack of symmetry between the *halakha* in the cases of when the oxen of Jews and gentiles gore each other is that God punished the gentile nations by appropriating their money for the benefit of the Jews. Nevertheless, several commentaries suggest additional explanations for this *halakha*. The Rambam hypothesizes in the *Mishne Torah* that perhaps gentile law did not hold a person liable for damage caused by his animal; therefore *halakha* applies the same legal standard to them as they do to themselves and does not deem a Jew liable to compensate a gentile for damage caused to him by his ox.

Nevertheless, since gentiles do not safeguard their animals sufficiently, the Sages penalized them and held them liable for damages in the same way as a Jew would be, in order to motivate them to take greater care in safeguarding their property. Accordingly, some raise the question as to why a gentile pays the full cost of the damage if his innocuous ox gored the ox of a Jew. One suggested answer is that the term "of another" excludes a gentile from the *halakha* of an innocuous ox in any event, and that this leniency pertains exclusively to Jews.

The reason cited in the Jerusalem Talmud for the *halakha* that a gentile is liable to pay the full cost of the damage when his innocuous ox gores the ox of a Jew is that in gentile law there is no distinction between an innocuous ox and a forewarned one; one is liable to pay the full cost of the damage in any case. Moreover, even if two gentiles appear before a Jewish court for judgment, having consented to follow Jewish law, the one whose ox caused the damage is ordered to pay the owner of the gored ox the full cost of the damage.

BACKGROUND

Seven Noahide mitzvot – שֶׁבַע מִצְוֹת בְּנֵי נֹחַ: According to Jewish tradition, the descendants of Noah were commanded to fulfill seven basic mitzvot: An obligation to establish laws and legal courts, and the prohibitions against eating from an animal while it is alive, cursing God, theft, idolatry, incest, and murder. These seven mitzvot are incumbent upon all gentiles, as they all descend from Noah, and if they transgress them they are liable to receive court-imposed capital punishment.

LANGUAGE

Permitted [*hittir*] – הִתִּיר: One of the meanings of the root *nun, tav, reish*, common to both *vayyatter* and *hittir*, is to permit.

NOTES

He arose and permitted their money, etc. – עָמַד וְהִתִּיר מָמוֹנָן וכו׳: This does not mean that it is permitted to steal their property, but rather that in the case under discussion, where an ox belonging to a Jew gores one belonging to a gentile, the owner of the ox is exempt from liability (*Tosafot*). The Meiri adds that these *halakhot*, as well as other rulings in the Talmud concerning gentiles, do not apply to gentile nations that observe the seven Noahide mitzvot and enforce law and order.

From Mount Paran, the money of the gentile nations appeared to the Jewish people – מִפָּארָן הוֹפִיעַ מָמוֹנָם לְיִשְׂרָאֵל: *Tosafot* explain that the sons of Yishmael were offered the Torah at Paran, which is their homeland, but they refused to accept it since it proscribed theft. For this reason they forfeited the right to financial compensation for damage. That is why the Gemara refers to the giving of the Torah by invoking Mount Paran and not Mount Sinai.

מַאי "וְאוֹמֵר"?

The Gemara asks: **What** is the reason the *baraita* adds: **And** another verse **states,** indicating that the first verse is not a sufficient source?

וְכִי תֵּימָא: הַאי "עָמַד וַיְמֹדֶד אֶרֶץ" מִבָּעֵיא לֵיהּ לְכִדְרַב מַתָּנָה וְכִדְרַב יוֹסֵף – תָּא שְׁמַע: "הוֹפִיעַ מֵהַר פָּארָן", מִפָּארָן הוֹפִיעַ מָמוֹנָן לְיִשְׂרָאֵל. מַאי דְּרַב מַתָּנָה? דְּאָמַר רַב מַתָּנָה: "עָמַד וַיְמֹדֶד אֶרֶץ רָאָה" וְכוּ' – מָה רָאָה? רָאָה שֶׁבַע מִצְוֹת שֶׁנִּצְטַוּוּ עֲלֵיהֶן בְּנֵי נֹחַ וְלֹא קִיְּימוּם, עָמַד וְהִגְלָה אוֹתָם מֵעַל אַדְמָתָם.

The Gemara explains that this is how the *baraita* is to be understood: **And if you would say that this** verse: **"He stood and shook the earth" is necessary to express that which Rav Mattana and Rav Yosef** derived from the verse, **come and hear** another source: **"He appeared from Mount Paran,"** meaning: **From Paran their money appeared to the Jewish people. What is Rav Mattana's** exposition? It is **as Rav Mattana says: "He stood and shook the earth." What did He see? He saw the seven mitzvot that the descendants of Noah were commanded but did not fulfill,** and **He arose and exiled them from their land**[B] on account of their transgressions.

וּמַאי מַשְׁמַע דְּהַאי "וַיַּתֵּר" לִישָּׁנָא דְּאַגְלוּיֵי הוּא? כְּתִיב הָכָא: "וַיַּתֵּר גּוֹיִם", וּכְתִיב הָתָם: "לְנַתֵּר בָּהֵן עַל הָאָרֶץ", וּמְתַרְגְּמִינַן: לְקַפְּצָא בְּהוֹן עַל אַרְעָא.

And from where may it **be inferred that this** term *vayyatter* **is a term of exile? It is written here: "And made the nations tremble [*vayyatter*]"** (Habakkuk 3:6), **and it is written there: "*Lenatter* upon the earth"** (Leviticus 11:21), **which is translated** into Aramaic as: **"To leap upon the earth."** Apparently, the root *nun*, *tav*, *reish*, common to both words, indicates uprooting from one place to another.

מַאי דְּרַב יוֹסֵף? דְּאָמַר רַב יוֹסֵף: "עָמַד וַיְמֹדֶד אֶרֶץ רָאָה" וְכוּ' – מָה רָאָה? רָאָה שֶׁבַע מִצְוֹת שֶׁקִּיבְּלוּ עֲלֵיהֶם בְּנֵי נֹחַ וְלֹא קִיְּימוּם, עָמַד וְהִתִּירָן לָהֶם.

What is Rav Yosef's exposition? It is **as Rav Yosef says: "He stood and shook the earth; He beheld." What did He see? He saw the seven mitzvot that the descendants of Noah accepted upon themselves and did not fulfill,** so **He arose and permitted** their prohibitions **to them.**

אִיתְּגוּרֵי אִתְּגַר? אִם כֵּן, מָצִינוּ חוֹטֵא נִשְׂכָּר! אָמַר מָר בְּרֵיהּ דְּרַבְנָא: לוֹמַר, שֶׁאֲפִילּוּ מְקַיְּימִין אוֹתָן – אֵין מְקַבְּלִין עֲלֵיהֶן שָׂכָר.

The Gemara asks: **Did they** thereby **profit,** in that their prohibitions became permitted to them? **If so, we have found a transgressor who is rewarded. Mar, son of Rabbana, says:** This is not to say that for them to transgress their mitzvot is no longer a sin; rather, it is **to say that even if they fulfill them, they do not receive reward for** fulfilling **them.**

וְלָא? וְהָתַנְיָא, רַבִּי מֵאִיר אוֹמֵר: מִנַּיִן שֶׁאֲפִילּוּ גּוֹי וְעוֹסֵק בַּתּוֹרָה שֶׁהוּא כְּכֹהֵן גָּדוֹל? תַּלְמוּד לוֹמַר: "אֲשֶׁר יַעֲשֶׂה אֹתָם הָאָדָם וָחַי בָּהֶם", כֹּהֲנִים לְוִיִּם וְיִשְׂרְאֵלִים לֹא נֶאֱמַר, אֶלָּא "אָדָם"; הָא לָמַדְתָּ שֶׁאֲפִילּוּ גּוֹי וְעוֹסֵק בַּתּוֹרָה הֲרֵי הוּא כְּכֹהֵן גָּדוֹל!

The Gemara asks: **But** do they **not** receive reward for fulfilling those mitzvot? **But isn't it taught** in a *baraita* that **Rabbi Meir says: From where** is it derived **that even a gentile who engages in Torah is** considered **like a High Priest? The verse states** with regard to the mitzvot: **"Which if a person does, he shall live by them"** (Leviticus 18:5). **It is not stated:** Which if **priests and Levites and Israelites** do, they shall live by them, **but rather: A person,** indicating that all people are included. **You have therefore learned that even a gentile who engages in Torah study**[N] **is** considered **like a High Priest.**[N]

אָמְרִי: אֵין מְקַבְּלִים עֲלֵיהֶן שָׂכָר כִּמְצוּוֶּה וְעוֹשֶׂה, אֶלָּא כְּמִי שֶׁאֵינוֹ מְצוּוֶּה וְעוֹשֶׂה. דְּאָמַר רַבִּי חֲנִינָא: גָּדוֹל הַמְּצוּוֶּה וְעוֹשֶׂה יוֹתֵר מִמִּי שֶׁאֵינוֹ מְצוּוֶּה וְעוֹשֶׂה.

The Sages **said** in response: Rav Yosef meant that **they do not receive the reward as** does **one who is commanded** to perform a mitzva **and performs** it, **but as** does **one who is not commanded** to perform a mitzva **and performs**[N] it anyway. **As Rabbi Ḥanina says:** One who is **commanded and performs** a mitzva **is greater**[HN] **than** one who **is not commanded and performs** it.

BACKGROUND

Exiled them from their land – הִגְלָה אוֹתָם מֵעַל אַדְמָתָם: It is recorded in the Bible (II Kings 17:24) that the Assyrian king Sennacherib uprooted all the nations that he conquered from their lands and resettled them in other places, as it is stated: "I have removed the bounds of the peoples, and have robbed their treasures" (Isaiah 10:13). This is also the source for the permission to marry male converts from Moab and Ammon; although the Torah prohibits marrying converts from these nations, the people living there at present are from other nations (*Yadayim* 4:4; *Berakhot* 28a).

HALAKHA

One who is commanded and performs a mitzva is greater – גָּדוֹל הַמְּצוּוֶּה וְעוֹשֶׂה: Anyone who performs a mitzva that he is not commanded to perform does not receive the same degree of reward as one who was commanded to perform the mitzva and fulfills it (Rambam *Sefer HaMadda*, *Hilkhot Talmud Torah* 1:13).

NOTES

Even a gentile who engages in Torah study, etc. – אֲפִילּוּ גּוֹי וְעוֹסֵק בַּתּוֹרָה וכו׳: The Rashba explains that this refers to a gentile who studies the mitzvot that are relevant to him, and that gentiles are prohibited from studying mitzvot that were given exclusively to the Jewish people. A Jew is likewise prohibited from teaching him those mitzvot (see *Sanhedrin* 59a).

Is considered like a High Priest – הֲרֵי הוּא כְּכֹהֵן גָּדוֹל: The Ra'ah, cited in the *Shita Mekubbetzet*, explains that the Gemara is illustrating this point by way of exaggeration, as the High Priest is required to fulfill additional mitzvot beyond those required of other Jews.

But as does one who is not commanded and performs – אֶלָּא כְּמִי שֶׁאֵינוֹ מְצוּוֶּה וְעוֹשֶׂה: The Meiri explains that a person who does not see the mitzvot as binding, even if in practice he observes them of his own free will, does not have the same status as one who performs the mitzvot with a sense of obligation.

One who is commanded and performs is greater, etc. – גָּדוֹל הַמְּצוּוֶּה וְעוֹשֶׂה וכו׳: Rav Yosef did not always subscribe to this opinion, as in tractate *Kiddushin* (31a) it is related that he initially extolled his status of being blind, which according to some opinions exempted him from performing mitzvot. After he heard Rabbi Ḥanina's statement that one who performs a mitzva he is commanded to perform is greater than one who performs it but is not so commanded, he apparently considered it to be authoritative, as his exposition in the Gemara is in accordance with that statement. Additionally, he concludes in tractate *Kiddushin* that if anyone would tell him that the blind are also obligated to perform mitzvot, he would make a festive meal for the other Sages.

תָּנוּ רַבָּנַן: וּכְבָר שָׁלְחָה מַלְכוּת רוֹמִי שְׁנֵי סַרְדְּיוֹטוֹת אֵצֶל חַכְמֵי יִשְׂרָאֵל: לַמְּדוּנוּ תּוֹרַתְכֶם. קָרְאוּ וְשָׁנוּ וְשִׁלְּשׁוּ. בִּשְׁעַת פְּטִירָתָן אָמְרוּ לָהֶם: דִּקְדַּקְנוּ בְּכָל תּוֹרַתְכֶם וֶאֱמֶת הוּא, חוּץ מִדָּבָר זֶה שֶׁאַתֶּם אוֹמְרִים: שׁוֹר שֶׁל יִשְׂרָאֵל שֶׁנָּגַח שׁוֹר שֶׁל גּוֹי – פָּטוּר, שֶׁל גּוֹי שֶׁנָּגַח שׁוֹר שֶׁל יִשְׂרָאֵל בֵּין תָּם בֵּין מוּעָד – מְשַׁלֵּם נֶזֶק שָׁלֵם.

The Sages taught the following story in the context of the aforementioned *halakha*: **And the Roman kingdom once sent**[B] **two military officials** [*sardeyotot*][L] **to the Sages of Israel,** and ordered them in the name of the king: **Teach us your Torah.** The officials **read** the Torah, **and repeated it,**[N] **and** repeated it again, reading it for the **third** time. **At the time of their departure, they said to the** Sages: **We have examined your entire Torah and it is true, except for this one matter that you state,**[N] i.e., that with regard to **an ox of a Jew that gored the ox of a gentile,** the owner is **exempt** from liability, whereas with regard to the ox **of a gentile that gored the ox of a Jew, whether** it was **innocuous or forewarned,** the owner **pays the full** cost of the **damage.**

מִמָּה נַפְשָׁךְ? אִי "רֵעֵהוּ" דַּוְקָא – אֲפִילּוּ דְּגוֹי כִּי נָגַח דְּיִשְׂרָאֵל לִיפַּטַר, וְאִי "רֵעֵהוּ" לָאו דַּוְקָא – אֲפִילּוּ דְּיִשְׂרָאֵל כִּי נָגַח דְּגוֹי לִחַיַּיב! וְדָבָר זֶה אֵין אָנוּ מוֹדִיעִים אוֹתוֹ לַמַּלְכוּת.

The officials' reasoning was that this *halakha* is difficult **whichever way you** look at it. **If** the phrase **"of another"** is meant in **a precise** manner, that the owners of both oxen must both be Jewish, then **even when** the ox **of a gentile gores the ox of a Jew** the owner of the ox **should be exempt** from liability. **And if** the phrase **"of another"** is **not** meant in **a precise** manner, and the oxen of all are included, then **even when** the ox **of a Jew gores the ox of a gentile** the owner **should be liable.** They added: **But we will not inform this matter to the kingdom;** having acknowledged that the entire Torah is true, we will not reveal this ruling, as it will displease the kingdom.

רַב שְׁמוּאֵל בַּר יְהוּדָה שְׁכִיבָא לֵיהּ בְּרַתָּא, אֲמַרוּ לֵיהּ רַבָּנַן לְעוּלָּא: קוּם נֵיזַל נִינַחֲמֵיהּ, אֲמַר לְהוּ: מַאי אִית לִי גַּבֵּי נֶחָמְתָּא דְּבַבְלָאֵי דְּגִידּוּפָא הוּא, דְּאָמְרִי "מַאי אֶפְשָׁר לְמֶיעֱבַד", הָא אֶפְשָׁר לְמֶיעֱבַד – עָבְדִי?

§ Incidentally, it is related that **the daughter** of **Rav Shmuel bar Yehuda**[P] **died. The Sages said to Ulla: Arise; let us go console him.** Ulla **said to them: What** business **do I have with the consolation of Babylonians, which is** actually **heresy?**[N] **As, they say** while consoling mourners: **What can be done?**[H] This seems to suggest that **if it were possible to do** something, acting against the Almighty's decree, **they would do** so, which is tantamount to heresy. Therefore, Ulla declined to accompany the Babylonian Sages.

אֲזַל הוּא לְחוּדַאי גַּבֵּיהּ, אֲמַר לֵיהּ: "וַיֹּאמֶר ה׳ (אֶל מֹשֶׁה) אַל תָּצַר אֶת מוֹאָב וְאַל תִּתְגָּר בָּם מִלְחָמָה", וְכִי מָה עָלָה עַל דַּעְתּוֹ שֶׁל מֹשֶׁה, לַעֲשׂוֹת מִלְחָמָה שֶׁלֹּא בִּרְשׁוּת? אֶלָּא נָשָׂא מֹשֶׁה קַל וָחוֹמֶר בְּעַצְמוֹ, אָמַר: וּמַה מִּדְיָנִים שֶׁלֹּא בָּאוּ אֶלָּא לַעֲזוֹר אֶת מוֹאָב, אָמְרָה תּוֹרָה: "צָרוֹר אֶת הַמִּדְיָנִים וְהִכִּיתֶם אוֹתָם",

Ulla therefore **went** to console Rav Shmuel bar Yehuda **by himself,** and **said to him:** The verse states: **"And the Lord said to me, do not be at enmity with Moab, neither contend with them in battle"** (Deuteronomy 2:9). **What entered Moses's mind,** that God had to warn him not to undertake a particular action? Did it enter his mind **to wage war** with the Moabites **without permission? Rather, Moses reasoned an** ***a fortiori*** **inference by himself, saying: And if** with regard to **the Midianites, who came only to help the Moabites** harm the Jewish people (see Numbers, chapter 22), **the Torah said: "Harass the Midianites and smite them"** (Numbers 25:17),

BACKGROUND

The Roman kingdom…sent, etc. – **שָׁלְחָה מַלְכוּת רוֹמִי וכו׳**: Although the Romans were the de facto rulers of Eretz Yisrael for about one hundred years before the destruction of the Temple, they did not show any interest in Judaism until much later, when an interest began to develop in certain circles, primarily among the upper class. A number of men and women from the higher echelon of Roman society became God-fearing, and some converted to Judaism or were associated with Judaism in various ways. Their interest in Judaism was both genuine, akin to the Greeks' interest in translating the Torah at an earlier period, and a political tool connected to the spread of early Christianity.

LANGUAGE

Military officials [*sardeyotot*] – **סַרְדְּיוֹטוֹת**: From the Greek στρατιώτης, *stratiotēs*, meaning soldier or officer.

PERSONALITIES

Rav Shmuel bar Yehuda – **רַב שְׁמוּאֵל בַּר יְהוּדָה**: Rav Shmuel bar Yehuda was a second- and third-generation Babylonian *amora* who studied primarily under Rav Yehuda. It is related that he was a member of a family of converts, and apparently both he and his father converted. He apparently spent a significant period of time in Eretz Yisrael, studied under the Sages there, and transmitted what he had learned from the Babylonian *amora'im*. He later returned to Babylonia and, like Ulla and Ravin, was considered one of the emissaries who conveyed the Torah of Eretz Yisrael to Babylonia.

HALAKHA

What can be done – **מַאי אֶפְשָׁר לְמֶיעֱבַד**: A person should not say to a mourner: What can you do? Nothing can be done to change what happened. The statement is tantamount to heresy, as it indicates that if there were something to be done the mourner would do so. Rather, one should accept the divine decree with love (*Shulḥan Arukh*, *Yoreh De'a* 376:2).

NOTES

Read the Torah and repeated it, etc. – **קָרְאוּ וְשָׁנוּ וכו׳**: *Tosafot* explain that although one is prohibited from teaching Torah to a gentile (*Ḥagiga* 13a), in this case they had no choice, due to the king's order. Alternatively, *Tosafot* suggest that these officials pretended that they wanted to convert. It is related in the Jerusalem Talmud that although they studied the Torah three times, through divine providence they forgot everything they learned after departing.

Except for this one matter that you state – **חוּץ מִדָּבָר זֶה שֶׁאַתֶּם אוֹמְרִים**: The *Yam shel Shlomo* writes that it is clear that the Roman oficials not only read the written Torah, but asked the Sages to teach them how the verses are understood according to the oral tradition. He asks: Since the *halakha* is not explicit in the verse, that when an ox belonging to a Jew gores the ox of a gentile, the owner is exempt from liability, whereas when an ox belonging to a gentile gores the ox of a Jew, whether it was innocuous or forewarned, the owner is liable, why didn't the Sages just explain it according to its straightforward meaning, i.e., either that both are exempt or that both are liable? He explains that it is apparent from this *baraita* that one is not permitted to misrepresent the *halakhot* of the Torah, even if by teaching the true *halakha* one will place himself in danger.

Which is heresy – **דְּגִידּוּפָא הוּא**: Ulla was of the opinion that a person is obligated to accept heavenly justice with love and to wholeheartedly bless God in the face of bad events, just as he does in good times. By contrast, the other Sages maintained that the expression: What can be done, is not a protest against divine justice but an attempt to calm the mourner, saying to him that since he cannot change matters, there is no point in mourning excessively (*Nimmukei Yosef*; *Yam shel Shlomo*).

מוֹאָבִים עַצְמָן לֹא כׇּל שֶׁכֵּן?

with regard to the **Moabites themselves,** is it **not** clear **all the more so** that they should be attacked?

אָמַר לוֹ הַקָּדוֹשׁ בָּרוּךְ הוּא: לֹא כְּשֶׁעָלְתָה עַל דַּעְתְּךָ עָלְתָה עַל דַּעְתִּי, שְׁתֵּי פְּרִידוֹת טוֹבוֹת יֵשׁ לִי לְהוֹצִיא מֵהֶן, רוּת הַמּוֹאֲבִיָּה וְנַעֲמָה הָעַמּוֹנִית;

To counter this, **the Holy One, Blessed be He, said to him: That which has entered your mind has not entered Mine,** because **I have two virtuous fledglings** [*feridot*],[L] i.e., girls, **to extract from them: Ruth the Moabite,** who will be the foremother of the dynasty of David, **and Naamah the Ammonite,** Solomon's wife, from whom the continuation of that dynasty will emerge. For the sake of these women, the Moabites and Ammonites must not be destroyed.

וַהֲלֹא דְּבָרִים קַל וָחוֹמֶר: וּמַה בִּשְׁבִיל שְׁתֵּי פְּרִידוֹת טוֹבוֹת חַס הַקָּדוֹשׁ בָּרוּךְ הוּא עַל שְׁתֵּי אוּמּוֹת גְּדוֹלוֹת וְלֹא הֶחֱרִיבָן, בִּתּוֹ שֶׁל רַבִּי אִם כְּשֵׁרָה הִיא וּרְאוּיָה הִיא לָצֵאת מִמֶּנָּה דָּבָר טוֹב – עַל אַחַת כַּמָּה וְכַמָּה דַּהֲוָה חַיָּה.

Ulla continued: **And are these matters not** inferred ***a fortiori*? If for the sake of two virtuous fledglings the Holy One, Blessed be He, had pity on two large nations and did not destroy them,** then **if the daughter of my teacher,**[N] Rav Shmuel bar Yehuda, **was righteous, and she** had the **potential for something good to emerge from her,** it is **all the more so** clear **that she would have lived.**

אָמַר רַבִּי חִיָּיא בַּר אַבָּא אָמַר רַבִּי יוֹחָנָן: אֵין הַקָּדוֹשׁ בָּרוּךְ הוּא מְקַפֵּחַ שְׂכַר כׇּל בְּרִיָּה, אֲפִילּוּ שְׂכַר שִׂיחָה נָאָה,

§ Having mentioned the Moabites and Ammonites, the Gemara cites that **Rabbi Ḥiyya bar Abba says** that **Rabbi Yoḥanan says: The Holy One, Blessed be He, does not deprive any creature of** its **reward.**[N] He rewards every person for his good deeds, and provides **reward even for** using **pleasant speech** by using euphemisms.

דְּאִילּוּ בְּכִירָה דְּקָאָמְרָה ״מוֹאָב״, אָמַר לוֹ הַקָּדוֹשׁ בָּרוּךְ הוּא לְמֹשֶׁה: ״אַל תָּצַר אֶת מוֹאָב וְאַל תִּתְגָּר בָּם מִלְחָמָה״, מִלְחָמָה הוּא דְּלָא, הָא אַנְגַּרְיָא עֲבֵיד בְּהוּ;

As with regard to the descendants of the **elder** of the two daughters of Lot, **who said** that the name of her son, whom she conceived with her father, would be **Moab,** meaning: From father, **the Holy One, Blessed be He, said to Moses: "Do not be at enmity with Moab, neither contend with them in battle,"** indicating that specifically a full-fledged **battle was not** authorized **but** that the Jewish people could **impose forced labor** [*angarya*][L] **on them.**

צְעִירָה דְּקָאָמְרָה ״בֶּן עַמִּי״, אֲמַר לֵיהּ הַקָּדוֹשׁ בָּרוּךְ הוּא לְמֹשֶׁה: ״וְקָרַבְתָּ מוּל בְּנֵי עַמּוֹן אַל תְּצֻרֵם וְאַל תִּתְגָּר בָּם״ כְּלָל, דַּאֲפִילּוּ אַנְגַּרְיָא לָא תַּעֲבֵיד בְּהוּ.

By contrast, with regard to the descendants of the **younger** daughter, **who said** her son's name would be **ben Ami,** meaning: Son of my nation, merely alluding to the fact she conceived him through an incestuous union, **the Holy One, Blessed be He said to Moses: "And when you come near against the children of Ammon, do not harass them, nor contend with them"** (Deuteronomy 2:19). In other words, do not contend with them **at all; do not even impose forced labor on them.** This additional prohibition was a reward for her employing a euphemism when naming her son.

וְאָמַר רַבִּי חִיָּיא בַּר אַבָּא אָמַר רַבִּי יְהוֹשֻׁעַ בֶּן קׇרְחָה: לְעוֹלָם יַקְדִּים אָדָם לִדְבַר מִצְוָה, שֶׁבִּשְׁבִיל לַיְלָה אַחַת שֶׁקְּדָמַתָּה בְּכִירָה לַצְּעִירָה, קָדְמָתָהּ אַרְבַּע דּוֹרוֹת לְיִשְׂרָאֵל: עוֹבֵד, יִשַׁי, וְדָוִד, וּשְׁלֹמֹה. וְאִילּוּ צְעִירָה – עַד רְחַבְעָם, דִּכְתִיב: ״וְשֵׁם אִמּוֹ נַעֲמָה הָעַמֹּנִית״.

And with regard to the daughters of Lot, **Rabbi Ḥiyya bar Abba says** that **Rabbi Yehoshua ben Korḥa says: A person should always hasten to perform a mitzva,**[N] **as due to the one night by which the elder** daughter of Lot **preceded the younger** daughter, with the intention of performing a mitzva by bringing children into the world, **she preceded her by four generations** in having her descendants enter **into the Jewish people.** They are: **Obed,** son of Ruth the Moabite, **Yishai, David, and Solomon. Whereas,** the descendants of **the younger** daughter did not join the Jewish people **until Rehoboam,** Solomon's son, was born, **as it is written: "And his mother's name was Naamah the Ammonite"** (1 Kings 14:31).

תָּנוּ רַבָּנַן: שׁוֹר שֶׁל יִשְׂרָאֵל שֶׁנָּגַח שׁוֹר שֶׁל כּוּתִי – פָּטוּר, וְשֶׁל כּוּתִי שֶׁנָּגַח שׁוֹר שֶׁל יִשְׂרָאֵל, תָּם – מְשַׁלֵּם חֲצִי נֶזֶק, וּמוּעָד – מְשַׁלֵּם נֶזֶק שָׁלֵם;

§ **The Sages taught:** With regard to **the ox of a Jew that gored the ox of a Samaritan,** the owner is **exempt** from liability. **But** with regard to the ox **of a Samaritan that gored the ox of a Jew,** if the Samaritan's ox was **innocuous he pays half** the cost of **the damage, and if** it was **forewarned, he pays the full** cost of the **damage.** Accordingly, the *halakha* with regard to Samaritans is not identical to that of a gentile, who is liable to pay the full cost of the damage even for the act of an innocuous ox.

LANGUAGE

Fledglings [*peridot*] – **פְּרִידוֹת:** This word usually means dove, in particular a young dove. Some scholars suggests that it originates from the word *perat*, or individual, referring to one dove out of a pair, as they are usually laid and raised in pairs. Others claim that it stems from the Greek **πτερίδιος**, *pteridios*, meaning bird or winged or feathered creature.

Forced labor [*angarya*] – **אַנְגַּרְיָא:** From the Greek word ἀγγαρεία, *angareia*, meaning impressment into public service.

NOTES

The daughter of my teacher – **בִּתּוֹ שֶׁל רַבִּי:** The later commentaries explain that certainly Ulla did not want to upset Rav Shmuel bar Yehuda by saying that his daughter was not virtuous. Rather, the situation was probably that she died childless, so Rav Shmuel bar Yehuda was despondent, thinking that she had not fulfilled her role in this world. Ulla comforted him by saying that God decrees this fate only if the person has already completed his or her role in life.

The Holy One, Blessed be He, does not deprive any creature of its reward – **אֵין הַקָּדוֹשׁ בָּרוּךְ הוּא מְקַפֵּחַ שְׂכַר כׇּל בְּרִיָּה:** This statement seems to follow from the earlier discussion with regard to the reward for a gentile who performs his commandments even though he is rewarded only as one who is not commanded to fulfill them. In this case the action does not even fall within the domain of the seven Noahide mitzvot, since employing pleasant speech is not enumerated among them. Despite this, the nation of Ammon received a reward for their progenitor's sensitivity in maintaining pleasant speech even though she did not intend to fulfill any mitzva with her action. The obligation for a Jew to maintain pleasant speech is discussed by various Sages in tractate *Pesaḥim* (3a).

A person should always hasten to perform a mitzva – **לְעוֹלָם יַקְדִּים אָדָם לִדְבַר מִצְוָה:** The Gemara (*Nazir* 23a) states that the daughters of Lot had noble intentions. They were under the impression that the entire world had been destroyed together with Sodom, as occurred in the Flood. Consequently, they wanted to repopulate the world so that the human race would not become extinct.

רַבִּי מֵאִיר אוֹמֵר: שׁוֹר שֶׁל יִשְׂרָאֵל שֶׁנָּגַח שׁוֹר שֶׁל כּוּתִי – פָּטוּר, וְשֶׁל כּוּתִי שֶׁנָּגַח שׁוֹר יִשְׂרָאֵל, בֵּין תָּם בֵּין מוּעָד – מְשַׁלֵּם נֶזֶק שָׁלֵם.

Rabbi Meir says: With regard to **the ox of a Jew that gored the ox of a Samaritan,**[H] the owner of the ox is **exempt** from liability. **And** with regard to the ox **of a Samaritan that gored the ox of a Jew, whether** it was **innocuous or forewarned,** the owner **pays the full** cost of the **damage,** like a gentile.

לְמֵימְרָא, דְּסָבַר רַבִּי מֵאִיר: כּוּתִים גֵּרֵי אֲרָיוֹת הֵן?

The Gemara asks: **Is this to say that Rabbi Meir holds** that **Samaritans are converts** who had converted due to fear **of lions,**[N] i.e., the original conversion of the Samaritans was under duress and consequently meaningless, and therefore he assigns to them the same status as gentiles with regard to liability for damages?

וּרְמִינְהִי: כׇּל הַכְּתָמִים הַבָּאִים מֵרֶקֶם – טְהוֹרִים. רַבִּי יְהוּדָה מְטַמֵּא, מִפְּנֵי שֶׁהֵן גֵּרִים וְטוֹעִים;

And the Gemara **raises a contradiction** to this suggestion from a mishna (*Nidda* 56b): **All bloodstained** clothes,[H] presumably from menstrual blood, **that come from** the city of **Rekem**[NB] **are ritually pure,** since most of the residents there are gentiles, and the bloodstains of gentile women are not ritually impure. Nevertheless, **Rabbi Yehuda deems** them **impure because,** in his opinion, the inhabitants of Rekem **are converts who are mistaken,** i.e., they converted, and they do not observe the mitzvot because they have forgotten Judaism. He holds that since they are halakhically Jewish, their blood is ritually impure.

מִבֵּין הַגּוֹיִם – טְהוֹרִים; מִבֵּין יִשְׂרָאֵל וּמִבֵּין הַכּוּתִים – רַבִּי מֵאִיר מְטַמֵּא, וַחֲכָמִים מְטַהֲרִין, שֶׁלֹּא נֶחְשְׁדוּ יִשְׂרָאֵל עַל כִּתְמֵיהֶן;

Bloodstained clothes that come **from among gentiles** are considered **pure.** With regard to bloodstained clothes that come **from among Jews or from among Samaritans, Rabbi Meir deems** them **impure,** as he suspects them of not taking care to keep impure clothes out of the public domain. **And the Rabbis deem** them **pure,**[N] **as Jews** and Samaritans **are not suspected of** not being careful about **their bloodstains.**

אַלְמָא קָסָבַר רַבִּי מֵאִיר: כּוּתִים גֵּרֵי אֱמֶת הֵם!

Apparently, Rabbi Meir holds that **Samaritans are true converts;** otherwise the *halakha* concerning them would be the same as for gentiles, whose bloodstains are not impure at all. This being the case, why does Rabbi Meir regard them as gentiles with regard to liability to pay damages?

אָמַר רַבִּי אַבָּהוּ: קְנָס הוּא שֶׁקְּנָסָם רַבִּי מֵאִיר בְּמָמוֹנָם, שֶׁלֹּא יִטְמְעוּ בָּהֶם.

Rabbi Abbahu says: They are true converts, and are therefore considered Jews by Torah law inasmuch as in the event that a Jew's ox causes damage to them, the owner of the ox is liable to pay damages, and if an innocuous ox belonging to them gores a Jew's ox, the owner pays only half the cost of the damage. Nevertheless, **Rabbi Meir imposed a monetary fine on them,** giving them the status of gentiles, **so that** Jews **would not assimilate with them.**[N]

מְתִיב רַבִּי זֵירָא: וְאֵלּוּ נְעָרוֹת שֶׁיֵּשׁ לָהֶם קְנָס: הַבָּא עַל הַמַּמְזֶרֶת, וְעַל הַנְּתִינָה, וְעַל הַכּוּתִית; וְאִי סָלְקָא דַעְתָּךְ קְנָסָם רַבִּי מֵאִיר בְּמָמוֹנָם, הָכִי נָמֵי נִקְנוֹס כְּדֵי שֶׁלֹּא יִטְמְעוּ בָּהֶן!

Rabbi Zeira raises an objection to this answer from a mishna (*Ketubot* 29a): **And these** are the cases **of young women for whom there is a fine**[H] paid to their fathers by one who rapes them. Not only is one who rapes a Jewish young woman of unflawed lineage liable to pay this fine, but so is **one who engages in intercourse with a** *mamzeret*, **or with a female Gibeonite, or with a female Samaritan.** Rabbi Zeira states his objection: **And if it enters your mind that Rabbi Meir imposed a monetary fine on them** to render them like gentiles, **so too, let us fine** a female Samaritan who is raped, by rendering her ineligible to receive the fine for rape, **so that** people will not consider them regular Jews and **will not assimilate with them.**

אָמַר אַבָּיֵי: כְּדֵי

Abaye said: According to Rabbi Meir, the reason the Sages did not revoke this fine is **in order**

HALAKHA

Samaritan – כּוּתִי: Samaritans nowadays have the same status as gentiles in all regards (Rambam *Sefer Kinyan, Hilkhot Avadim* 6:6; *Shulḥan Arukh, Yoreh De'a* 267:47).

All bloodstained clothes – כׇּל הַכְּתָמִים: Bloodstains from Jews are ritually impure, while bloodstains from gentiles are pure. Bloodstained clothes that are found in the public domain have the presumption of ritual purity even in locales inhabited predominantly by Jews, as it is assumed that a Jew would not discard ritually impure clothes in a public area. Bloodstained clothes found hidden in holes and other concealed places are presumed impure. Even when deemed ritually impure, the impurity of bloodstains is considered uncertain (Rambam *Sefer Tahara, Hilkhot Metamei Mishkav UMoshav* 4:10).

Young women for whom there is a fine – נְעָרוֹת שֶׁיֵּשׁ לָהֶם קְנָס: If a man rapes or seduces a virgin who is forbidden to him by a Torah prohibition, even if the prohibition is not punishable by *karet*, e.g., he rapes a *mamzeret*, if he was forewarned about the prohibition, he is flogged and does not pay the fine. If he was not forewarned, he pays the fine and is not liable to receive lashes (Rambam *Sefer Nashim, Hilkhot Na'ara Betula* 1:11).

NOTES

Converts who had converted due to fear of lions – גֵּרֵי אֲרָיוֹת: Rabbeinu Tam writes in *Sefer HaYashar* that if a person has decided to convert, his conversion is not negated by the fact that he has ulterior motives, such as fear; once he converts properly, he is considered a valid convert. Rather, this statement was meant to allude to what is related in II Kings (17:24–41), that although the Samaritans accepted the mitzvot, out of fear of the lions that were attacking people, they still continued to practice idolatry, thereby rendering their conversion void (see Meiri).

Bloodstained clothes that come from Rekem, etc. – כְּתָמִים הַבָּאִים מֵרֶקֶם וכו׳: By Torah law, gentiles do not impart ritual impurity during their lifetime, as the *halakhot* of ritual purity relate exclusively to Jews. Nevertheless, the Sages instituted that the menstrual blood of gentile women is impure as well, in order to encourage Jews to distance themselves from gentiles. As bloodstains from Jewish women impart impurity by rabbinic law and not by Torah law, bloodstains that are not definitively from menstrual blood are not deemed impure if they are from gentile women. This is because the Sages did not rule stringently about their enactments.

Bloodstained clothes that come from among Jews…the Rabbis deem them pure – מִבֵּין יִשְׂרָאֵל...חֲכָמִים מְטַהֲרִין: This is referring to bloodstained clothes that are found in the public domain. Those that are found in concealed areas are impure (*Nidda* 56b).

So that Jews would not assimilate with them – שֶׁלֹּא יִטְמְעוּ בָּהֶם: Rabbi Meir considers the Samaritans to be true converts, and the Torah commands the Jewish nation to love converts and to draw them closer. Despite this, in this case the Sages wished to minimize the fraternizing between Jews and Samaritans, as they are converts whose commitment to the Oral Law is suspect, since they never actually accepted the Oral Law upon their conversion. Moreover, they did not accept the sanctity of the Temple in Jerusalem or the belief in resurrection of the dead. They even built a separate altar on Mount Gerizim and sacrificed offerings to God on it. For these reasons, even if one grants that their conversion was valid, the Sages did not want Jews to marry or intermingle with them.

BACKGROUND

Rekem – רֶקֶם: The location of Rekem is not altogether clear from the sources, as the city is seldom mentioned. Most Aramaic translations render the biblical Kadesh Barnea (see Deuteronomy 1:2) as Rekem, which would make it a city in the southeastern part of Eretz Yisrael near the ancient Nabatean site of Petra, in modern-day Jordan.

שֶׁלֹּא יְהֵא חוֹטֵא נִשְׂכָּר.

that the sinner, i.e., the rapist, **should not be rewarded.**

וְנִתְבֵיהּ לַעֲנִיִּים! אָמַר רַב מָרִי: מִשּׁוּם דַּהֲוֵי מָמוֹן שֶׁאֵין לוֹ תּוֹבְעִים.

The Gemara suggests: **But** if that is the reason, **let him give** the fine **to the poor** instead of to the Samaritan who he raped, to prevent assimilation. **Rav Mari said:** This is not done, **because it is money that has no claimants.**[N] Since one would not be liable to give it to a specific poor person, the rapist could evade payment by responding to any claimant that he wants to give it to a different poor person. The Sages upheld the Torah law as it stands, and the fine is given to the Samaritan so that the sinner will not benefit.

מתני׳ שׁוֹר שֶׁל פִּקֵּחַ שֶׁנָּגַח שׁוֹר שֶׁל חֵרֵשׁ שׁוֹטֶה וְקָטָן – חַיָּיב, וְשֶׁל חֵרֵשׁ שׁוֹטֶה וְקָטָן שֶׁנָּגַח שׁוֹר שֶׁל פִּקֵּחַ – פָּטוּר.

MISHNA **If an ox of a** halakhically **competent person gored an ox of a deaf-mute,**[H] **an imbecile, or a minor,** all of whom are not considered halakhically competent, the owner **is liable** for damages. **But if** an ox **of a deaf-mute, an imbecile, or a minor gored an ox of a** halakhically **competent person,** the owner of the ox is **exempt** from liability.

שׁוֹר שֶׁל חֵרֵשׁ שׁוֹטֶה וְקָטָן שֶׁנָּגַח – בֵּית דִּין מַעֲמִידִין לָהֶן אַפּוֹטְרוֹפּוֹס וּמְעִידִין לָהֶן בִּפְנֵי אַפּוֹטְרוֹפּוֹס.

If an ox belonging to a deaf-mute,[H] **an imbecile, or a minor gored** another ox and caused damage, **the court appoints a steward for them and warns them** with regard to the ox that gored **in the presence of the steward.** The ox is thereby rendered a forewarned ox, since the steward is considered its owner with regard to the requirement of the verse: "And warning has been given to its owner" (Exodus 21:29).

נִתְפַּקַּח הַחֵרֵשׁ, נִשְׁתַּפָּה הַשּׁוֹטֶה, וְהִגְדִּיל הַקָּטָן – חָזַר לְתַמּוּתוֹ, דִּבְרֵי רַבִּי מֵאִיר; רַבִּי יוֹסֵי אוֹמֵר: הֲרֵי הוּא בְּחֶזְקָתוֹ.

If, after the ox was rendered forewarned in this manner, **the deaf-mute regained his hearing,**[H] **the imbecile became** halakhically **competent, or the minor reached** the age of **majority,** the ox has thereby **reverted to its** status of **innocuousness.**[N] This is **the statement of Rabbi Meir,** who maintains that the ox had the status of a forewarned ox only while it was under the custody of the steward. **Rabbi Yosei says: It retains its** previous **status** of being forewarned.

שׁוֹר הָאִצְטָדִין אֵינוֹ חַיָּיב מִיתָה, שֶׁנֶּאֱמַר: "כִּי יִגַּח", וְלֹא שֶׁיַּגִּיחוּהוּ.

If a stadium [*ha'itztadin*][L] **ox,**[BH] i.e., one that is trained to fight in a stadium, gores and kills a person, it **is not liable** to be put to **death, as it is stated:** "And **if an ox gores** a man or a woman" (Exodus 21:28). This is referring only to an ox that gores on its own initiative, **but not to** the case of an ox where others **induced it to gore.** Therefore, the owner of a stadium ox, which is trained to gore, is exempt from liability if it does.

HALAKHA

An ox of a halakhically competent person gored an ox of a deaf-mute – שׁוֹר שֶׁל פִּקֵּחַ שֶׁנָּגַח שׁוֹר שֶׁל חֵרֵשׁ: If an ox belonging to a halakhically competent person gores the ox of a deaf-mute, an imbecile, or a minor, its owner is liable to pay damages (*Shulḥan Arukh*, *Ḥoshen Mishpat*, 406:5).

An ox belonging to a deaf-mute, etc. – שׁוֹר שֶׁל חֵרֵשׁ וכו׳: If an ox belonging to a deaf-mute, an imbecile, a minor, or a person who went overseas causes damage, the owner is exempt from liability. Nevertheless, a warning is issued in the presence of a court-appointed steward (Rambam *Sefer Nezikin*, *Hilkhot Nizkei Mamon* 6:3).

The deaf-mute regained his hearing – נִתְפַּקַּח הַחֵרֵשׁ: If an ox belonging to a deaf-mute, an imbecile, a minor, or a person who went overseas was rendered forewarned while in the custody of a steward, and the deaf-mute subsequently regained his hearing, or the imbecile became halakhically competent, or the minor reached the age of majority, or the owner returned from overseas, and the ox then gored, the *halakhot* of a forewarned ox still apply to it, as this status is not revoked by the change in custody. This is in accordance with the opinion of Rabbi Yosei, whose opinion is accepted in his disputes with Rabbi Meir (Rambam *Sefer Nezikin*, *Hilkhot Nizkei Mamon* 6:6).

A stadium ox – שׁוֹר הָאִצְטָדִין: A stadium ox, which is trained to gore other oxen, is not put to death if it kills a person. The Rambam maintains that it cannot even be rendered a forewarned ox with regard to its goring other oxen, while the Ra'avad disagrees (Rambam *Sefer Nezikin*, *Hilkhot Nizkei Mamon* 6:5).

NOTES

Money that has no claimants – מָמוֹן שֶׁאֵין לוֹ תּוֹבְעִים: Why is the fine not collected by the court, which represents the poor (see 36b), in order to deliver the funds to those in need? *Tosefot Rabbeinu Peretz* explain that since the money cannot be claimed by a particular individual, no one will go through the trouble of suing the rapist in court, which would require the testimony of witnesses. Consequently, the rapist will not be fined at all.

The ox has thereby reverted to its status of innocuousness – חָזַר לְתַמּוּתוֹ: As is explained later in the Gemara, since the ox was rendered forewarned while in the custody of another person who was not its owner, it is not considered forewarned, as the owner must be warned by the court.

LANGUAGE

Stadium [*itztadin*] – אִצְטָדִין: From the Greek στάδιον, *stadion*, and the Latin stadium, which mean an arena for horse racing, or an amphitheater for events such as gladiator fights, either between people or between a person and an animal.

BACKGROUND

Stadium ox – שׁוֹר הָאִצְטָדִין: This refers to a bull trained and designated for bullfights. Bulls were often bred and trained to be particularly wild and aggressive, for the purpose of being used in these showcases. Additionally, it was routine to induce the bull to attack and gore in the arena, as remains the case in modern day bullfights, sometimes even by stabbing it.

גמ׳ הָא גּוּפָא קַשְׁיָא; אָמְרַתְּ: שׁוֹר שֶׁל חֵרֵשׁ שׁוֹטֶה וְקָטָן שֶׁנָּגַח שׁוֹר שֶׁל פִּקֵּחַ – פָּטוּר, אַלְמָא: אֵין מַעֲמִידִין אַפּוֹטְרוֹפּוֹס לְתָם לִגְבּוֹת מִגּוּפוֹ. אֵימָא סֵיפָא: שׁוֹר שֶׁל חֵרֵשׁ שׁוֹטֶה וְקָטָן שֶׁנָּגַח – בֵּית דִּין מַעֲמִידִין לָהֶם אַפּוֹטְרוֹפּוֹס וּמְעִידִין לָהֶם בִּפְנֵי אַפּוֹטְרוֹפּוֹס, אַלְמָא: מַעֲמִידִין לָהֶם אַפּוֹטְרוֹפּוֹס לְתָם לִגְבּוֹת מִגּוּפוֹ!

GEMARA The Gemara comments: **This matter itself is difficult.** First the mishna **said:** If an ox **of a deaf-mute, an imbecile, or a minor gored an ox of** a halakhically **competent person,** the owner of the ox is **exempt** from liability. **Apparently,** the court **does not appoint a steward**[N] **for** the owner of **an innocuous** ox **for** the purpose of **collecting** damages **from** the proceeds of the sale of **its body. But say the latter clause** of the mishna: **If an ox belonging to a deaf-mute, an imbecile, or a minor gored** another ox and caused damage, **the court appoints a steward for them and warns them** with regard to the ox that gored **in the presence of the steward. Apparently,** the court **appoints a steward for** the owner of **an innocuous ox for** the purpose of **collecting** damages **from its body.**

אֲמַר רָבָא, הָכִי קָתָנֵי: וְאִם הוּחְזְקוּ נַגְחָנִין – מַעֲמִידִין לָהֶם אַפּוֹטְרוֹפּוֹס וּמְעִידִין לָהֶן בִּפְנֵי אַפּוֹטְרוֹפּוֹס, וּמְשַׁוֵּינַן לְהוּ מוּעָד, דְּכִי הֲדַר וְנָגַח – לְשַׁלֵּם מֵעֲלִיָּיה.

Rava said that **this is what** the mishna **is teaching:** A steward is not appointed to enable collection of compensation from the bodies of innocuous oxen, **but if they have acquired the reputation of being habitually goring** oxen,[N] as this was not an isolated incident, the court **appoints a steward** for the owners, **and warns them in the presence of the steward, and** thereby **renders** the oxen **forewarned.** This is so **that when** one of the oxen **gores again,** the owner will be liable **to pay** compensation **from** his **superior-quality** property,[H] and not only from the proceeds of the sale of the goring ox.

מֵעֲלִיַּית מַאן? רַבִּי יוֹחָנָן אָמַר: מֵעֲלִיַּית יְתוֹמִין, רַבִּי יוֹסֵי בַּר חֲנִינָא אָמַר: מֵעֲלִיַּית אַפּוֹטְרוֹפּוֹס.

The Gemara asks: **From whose superior-quality** property is compensation collected for damage caused by a forewarned ox belonging to minor orphans? **Rabbi Yoḥanan says: From the superior-quality property of the orphans. Rabbi Yosei bar Ḥanina**[P] **says: From the superior-quality** property **of the steward.**

וּמִי אֲמַר רַבִּי יוֹחָנָן הָכִי? וְהָאָמַר רַב יְהוּדָה אָמַר רַב אַסִי: אֵין נִזְקָקִין לְנִכְסֵי יְתוֹמִין אֶלָּא אִם כֵּן רִבִּית אוֹכֶלֶת בָּהֶן,

The Gemara asks: **But did Rabbi Yoḥanan** actually **say this? But doesn't Rav Yehuda say** that **Rav Asi says:** The court **does not attend to the property of orphans**[H] to have them pay a debt **unless interest is eroding** their estate.[H] In other words, in a case where the orphans' father borrowed money from a gentile with interest, the court ensures that the debt is paid from the orphans' property, since if they wait to pay the debt, it will grow dramatically. Apparently, in other cases the court does not collect from their property.

וְרַבִּי יוֹחָנָן אָמַר: אוֹ לִשְׁטָר שֶׁיֵּשׁ בּוֹ רִבִּית, אוֹ לִכְתוּבַּת אִשָּׁה מִשּׁוּם מְזוֹנֵי!

And Rabbi Yoḥanan says: The court collects from them **either to** pay a debt recorded in **a document that has** the payment of **interest** stipulated in it, in order to ensure that the interest does not diminish the value their estate, **or for** the payment of **a woman's marriage contract,**[H] **due to** their interest in not paying for her **sustenance.** A widow can claim her marriage contract from her deceased husband's property, and as long as she does not receive it, her husband's heirs are responsible for providing her sustenance. In a case where the heirs are minor orphans, the court collects payment of the marriage contract from the orphans' property, so that they will not have to pay for her sustenance in the interim. Evidently, Rabbi Yoḥanan holds that with the exception of these two cases, the court does not collect debts from the property of orphans.

NOTES

The court does not appoint a steward, etc. – **אֵין מַעֲמִידִין אַפּוֹטְרוֹפּוֹס וכו׳:** Rashi cites an explanation that payment of half the cost of the damage is a fine, and fines are not imposed on minor orphans, deaf-mutes or imbeciles. Rashi himself maintains that the reason the court does not appoint a steward is that the compensation for damage caused by an innocuous ox is collected from the proceeds of the sale of the ox itself, and since an ox is categorized as movable property, it cannot be collected from orphans, as the court does not appropriate the moveable property of orphans. *Tosafot* reject this reason, as the principle that the movable property of orphans is not liened to a creditor applies only to their father's creditor, and not to a person to whom they themselves owe money. *Tosafot* explain that since the Torah treats the owner of an innocuous ox leniently, deeming him liable to pay only half the cost of the damage, the Sages continued this policy, exempting him entirely in the case of orphans, or anyone else who is incapable of safeguarding his property. The Rashba considers this explanation weak.

But if they have acquired the reputation of being habitually goring oxen – **וְאִם הוּחְזְקוּ נַגְחָנִין:** This does not mean that the ox was already rendered forewarned in the father's lifetime after having gored three times, as the *tanna* holds that a change of custody changes the status of the ox, and it should therefore revert to the status of an innocuous ox. Rather, *Tosafot* and other commentaries maintain that if the ox has been established as wild and dangerous, a steward is appointed to safeguard it, as well as to enable collection of the full cost of the damage after it gores three times and is rendered forewarned while in his custody.

HALAKHA

And renders the oxen forewarned, so that when it gores again, the owner will be liable to pay from his superior-quality property – **וּמְשַׁוֵּינַן לְהוּ מוּעָד דְּכִי הֲדַר וְנָגַח לְשַׁלֵּם מֵעֲלִיָּיה:** The Rambam writes that if an ox belonging to a deaf-mute, an imbecile, or a minor was forewarned in the presence of the steward, and it subsequently gores and causes damage again, the full cost of the damage is collected from the property of the steward, who is reimbursed when the orphans reach the age of majority. This is in accordance with the opinion of Rabbi Yosei bar Ḥanina, as Rava refers to him as one who delves into the complexities of *halakha*, and Rava defends his opinion accordingly. Other authorities (Rabbeinu Ḥananel; Rabbi Yehuda of Barcelona; Rosh) rule that compensation is not collected from the steward, in accordance with the opinion of Rabbi Yoḥanan, as he was Rabbi Yosei bar Ḥanina's teacher, and the opinion of a disciple is not accepted when in conflict with the opinion of his teacher (Rambam *Sefer Nezikin, Hilkhot Nizkei Mamon* 6:4; *Tur, Ḥoshen Mishpat* 406).

The court does not attend to the property of orphans – **אֵין נִזְקָקִין לְנִכְסֵי יְתוֹמִין:** Payment for damage is collected from the property of one's heirs only if they are adults. This *halakha* applies even for a debt recorded in a document, in accordance with the opinion of Rav Yehuda (Rambam *Sefer Mishpatim, Hilkhot Malve VeLoveh* 12:1; *Shulḥan Arukh, Ḥoshen Mishpat* 110:1).

Unless interest is eroding it – **אֶלָּא אִם כֵּן רִבִּית אוֹכֶלֶת בָּהֶן:** If inherited property is liened to a gentile for a debt that carries interest, and the heirs are minors, the court appoints a steward and the property is sold in order to repay the loan. The Rema writes that the court may also repay a debt from the property of orphans when it is in the orphans' interest to do so, e.g., where a creditor is willing to forgive part of the debt if payment is made immediately (Rambam *Sefer Mishpatim, Hilkhot Malve VeLoveh* 12:3; *Shulḥan Arukh, Ḥoshen Mishpat* 110:1, and see *Shakh* there).

For a woman's marriage contract – **לִכְתוּבַּת אִשָּׁה:** If a woman claims her marriage contract from the heirs of her husband who are still minors, the court appoints a steward for the purpose of paying her marriage contract, in accordance with the opinion of Rabbi Yoḥanan (Rambam *Sefer Mishpatim, Hilkhot Malve VeLoveh* 12:3; *Shulḥan Arukh, Ḥoshen Mishpat* 110:1).

PERSONALITIES

Rabbi Yosei bar Ḥanina – **רַבִּי יוֹסֵי בַּר חֲנִינָא:** Rabbi Yosei bar Ḥanina, or ben Ḥanina, was a third-generation *amora* who lived in Eretz Yisrael. He was a disciple of Rabbi Yoḥanan and was ordained by him, although he also studied under Reish Lakish and other Sages. There are instances where he disagrees with the opinions of his teacher Rabbi Yoḥanan. He was a judge in the city of Caesarea, an important center of commerce with a large population, and this naturally lent itself to many monetary disputes, enabling him to gain vast experience and expertise in monetary matters. He engaged in halakhic discourse with all of the Sages of his generation, including the students of Rabbi Yoḥanan and many students of his own, as he was apparently the head of the yeshiva in his city.

Many of his statements are quoted by the Sages of the next generation, and his contributions to *aggada* and *halakha* are found throughout both the Babylonian Talmud and the Jerusalem Talmud. Sometimes his critical comments are cited using expressions such as: Rabbi Yosei bar Ḥanina laughed at this. Some scholars maintain that the expression: They laughed at this in the West, i.e., Eretz Yisrael, is a reference to Rabbi Yosei bar Ḥanina. He apparently engaged in commerce, and was also a landowner. The Talmud relates how his sons died, one after another, during his lifetime, and it does not appear that he left behind any other sons.

אֵיפוֹךְ, רַבִּי יוֹחָנָן אָמַר: מֵעֲלִיַּית אַפּוֹטְרוֹפְּסִין, רַבִּי יוֹסֵי בַּר חֲנִינָא אָמַר: מֵעֲלִיַּית יְתוֹמִין.

The Gemara answers: **Reverse** the opinions. **Rabbi Yoḥanan** is the one who **says** that payment for damage caused by forewarned oxen is collected **from the superior-quality** property **of the steward,** and **Rabbi Yosei bar Ḥanina** is the one who **says** that it is collected **from the superior-quality** property **of the orphans.**

אֲמַר רָבָא: מִשּׁוּם דְּקַשְׁיָא דְּרַבִּי יוֹחָנָן אַדְּרַבִּי יוֹחָנָן, מְשַׁוֵּית לֵיהּ לְרַבִּי יוֹסֵי בַּר חֲנִינָא טוֹעֶה? וְהָא רַבִּי יוֹסֵי בַּר חֲנִינָא דַּיָּינָא הוּא, וְנָחֵית לְעוּמְקֵיהּ דְּדִינָא!

Rava said in response: **Due to the difficulty** created by the contradiction between the statement **of Rabbi Yoḥanan** here **and** the statement **of Rabbi Yoḥanan** there, **you render Rabbi Yosei bar Ḥanina mistaken,** by attributing an opinion to him that is not the *halakha*? **Wasn't Rabbi Yosei bar Ḥanina a judge who delved into the complexities of the *halakha*?**

אֶלָּא, לְעוֹלָם לָא תֵּיפוֹךְ, וּמַזִּיק שָׁאנֵי. רַבִּי יוֹחָנָן אָמַר: מֵעֲלִיַּית יְתוֹמִים, דְּאִי אָמְרַתְּ מֵעֲלִיַּית אַפּוֹטְרוֹפּוֹס

Rather, one can resolve the contradiction in another manner: **Actually, do not reverse** the opinions. **And** the resolution to the contradiction is that although Rabbi Yoḥanan holds that debts are not collected from the property of minor orphans, the *halakha* with regard to **one who causes damage** to another by not safeguarding his animal **is different.**[N] **Rabbi Yoḥanan says** that compensation is collected **from the superior-quality** property **of the orphans, because if you say** that it should be collected **from the superior-quality** property **of the steward,**

NOTES

And the *halakha* with regard to one who causes damage is different – וּמַזִּיק שָׁאנֵי: The Rosh explains that the appointment of a steward in this case is not for the benefit of the orphans but rather for the benefit of society, as otherwise there would be no one to prevent the oxen from causing substantial damage. For this reason, if the ox causes damage, compensation must be paid to the injured party, either by the steward himself or from the property of the orphans.

Perek **IV**
Daf **39** Amud **b**

מִמַּנְעִי וְלָא עָבְדִי. רַבִּי יוֹסֵי בַּר חֲנִינָא אָמַר: מֵעֲלִיַּית אַפּוֹטְרוֹפּוֹס, וְחוֹזְרִין וְנִפְרָעִין מִן הַיְתוֹמִים לִכִי גָּדְלִי.

people **will refrain from becoming** stewards,[N] fearing that they would incur a financial loss by having to pay for damage caused by the orphans' animals. By contrast, **Rabbi Yosei bar Ḥanina says** that it is collected **from the superior-quality** property **of the steward,** and there is no concern that people will refrain from becoming stewards, because if they pay for the orphans **they are subsequently repaid by the orphans**[N] **when they grow up.**

וּמַעֲמִידִים לָהֶן אַפּוֹטְרוֹפִּין לְתָם לִגְבּוֹת מִגּוּפוֹ – תַּנָּאֵי הִיא;

The Gemara notes: **And** the matter of whether or not the court **appoints stewards for** the halakhically incompetent owners **of an innocuous** ox **for** the purpose of **collecting** damages **from** the sale of **its body** if it gores **is subject to a dispute between *tanna'im*.**

דְּתַנְיָא: שׁוֹר שֶׁנִּתְחָרְשׁוּ בְּעָלָיו, וְשֶׁנִּשְׁתַּטּוּ בְּעָלָיו, וְשֶׁהָלְכוּ בְּעָלָיו לִמְדִינַת הַיָּם – יְהוּדָה בֶּן נָקוֹסָא אָמַר סוּמָכוֹס: הֲרֵי הוּא בְּתַמּוּתוֹ עַד שֶׁיָּעִידוּ בּוֹ בִּפְנֵי הַבְּעָלִים. וַחֲכָמִים אוֹמְרִים: מַעֲמִידִין לָהֶן אַפּוֹטְרוֹפִּין וּמְעִידִין בָּהֶן בִּפְנֵי אַפּוֹטְרוֹפִּין;

As it is taught in a *baraita*: With regard to **an ox whose owner became a deaf-mute, or whose owner became an imbecile, or whose owner went overseas,** if the ox gores, **Yehuda ben Nakosa**[L] said that **Sumakhos said: It retains its** status of **innocuousness until** the court **renders it forewarned in the presence of the owner. And the Rabbis say:** The court **appoints stewards for them, and the** ox **is rendered forewarned in the presence of the stewards.**

נִתְפַּקַּח הַחֵרֵשׁ, נִשְׁתַּפָּה הַשּׁוֹטֶה, וְהִגְדִּיל הַקָּטָן, וּבָאוּ בְּעָלָיו מִמְּדִינַת הַיָּם – יְהוּדָה בֶּן נָקוֹסָא אָמַר סוּמָכוֹס: חָזַר לְתַמּוּתוֹ עַד שֶׁיָּעִידוּ בּוֹ בִּפְנֵי בְעָלִים. רַבִּי יוֹסֵי אָמַר: הֲרֵי הוּא בְּחֶזְקָתוֹ;

If the deaf-mute regained his hearing, or **the imbecile became** halakhically **competent, or the minor reached majority, or its owner came** back **from overseas, Yehuda ben Nakosa** said that **Sumakhos said:** The ox **has reverted to its** previous status of **innocuousness, until it is rendered forewarned in the presence of the owner. Rabbi Yosei said:** The ox **retains its status** of being forewarned.

אָמְרוּ: מַאי "הֲרֵי הוּא בְּתַמּוּתוֹ" דְּקָאָמַר סוּמָכוֹס? אִילֵימָא דְּלָא מִיַּיעַד כְּלָל, הָא מִדְּקָתָנֵי סֵיפָא חָזַר לְתַמּוּתוֹ, מִכְּלָל דְּאִיַּיעַד!

The Sages said: What did Sumakhos mean **by saying** that **it retains its** status of **innocuousness? If we say that** he meant that **it is not rendered forewarned at all,** and is still considered innocuous, **from** the fact **that** Sumakhos himself **teaches in the latter clause** of the *baraita* that the ox **has reverted to its** previous status of **innocuousness,** it is clear **by inference that** previously **it was rendered forewarned.**

NOTES

People will refrain from becoming stewards – מִמַּנְעִי וְלָא עָבְדִי: The Meiri infers from here that when the court desires to appoint someone as a steward, he may decline and he cannot be forced to accept the appointment.

There is a dispute among the early commentaries as to whether a steward is liable for damage caused by his own negligence. Some claim that he is exempt, as otherwise people will refrain from becoming stewards; by contrast, others maintain that he is liable, reasoning that negligent behavior can be avoided by the steward and is not a reason for him to decline the position (*Tosafot*; see Rashba and *Shita Mekubbetzet*).

They are subsequently repaid by the orphans – חוֹזְרִין וְנִפְרָעִין מִן הַיְתוֹמִים: The *Penei Yehoshua* holds that even Rabbi Yosei bar Ḥanina would concede that a steward for a deaf-mute or an imbecile does not pay with his own property but rather from that of his ward, as opposed to the case of orphans, where the steward trusts that he will be reimbursed in the future. In the case of a deaf-mute or an imbecile, there is no certainty that he will ever recover from his condition. Therefore, no one would be willing to assume stewardship for the property of a deaf-mute or an imbecile if he would be required to pay for damage caused by their animals.

LANGUAGE

Nakosa – נָקוֹסָא: Some scholars assert that this is a Greek name. It probably means cook or butcher, as it does in Syriac. The Gemara mentions Rabbi Yehuda ben Nakosa further on in this tractate (81b).

אֶלָּא מַאי "הֲרֵי הוּא בְּתַמּוּתוֹ"? הֲרֵי הוּא בִּתְמִימוּתוֹ, דְּלָא מְחַסְּרִינַן לֵיהּ. אַלְמָא: אֵין מַעֲמִידִין אַפּוֹטְרוֹפּוֹס לְתָם לִגְבּוֹת מִגּוּפוֹ; וַחֲכָמִים אוֹמְרִים: מַעֲמִידִין לָהֶן אַפּוֹטְרוֹפּוֹס וּמְעִידִין לָהֶן בִּפְנֵי אַפּוֹטְרוֹפּוֹס. אַלְמָא: מַעֲמִידִין אַפּוֹטְרוֹפּוֹס לְתָם לִגְבּוֹת מִגּוּפוֹ.

Rather, what did Sumakhos mean by saying that **it retains its** status of **innocuousness** [*betammuto*]? He meant that **it retains its completeness** [*bitmimuto*], **as we do not reduce its** owner's share of it by collecting compensation from the sale of its body. Rather, the injured party must wait until the owner becomes competent or returns. **Apparently,** the court **does not appoint a steward for** the owner **of an innocuous** ox to enable the injured party **to collect** damages **from its body. And the Rabbis,** who disagree with Sumakhos, **say** that the court **appoints a steward for** the owner **and renders** the ox **forewarned in the presence of the steward. Apparently,** they hold that the court **does appoint a steward for** the owner **of an innocuous** ox to enable the injured party **to collect** damages **from its body.**

וְסֵיפָא בְּמַאי קָמִיפַּלְגִי? רְשׁוּת מְשַׁנָּה אִיכָּא בֵּינַיְיהוּ, סוּמָכוֹס סָבַר: רְשׁוּת מְשַׁנָּה, וְרַבִּי יוֹסֵי סָבַר: רְשׁוּת אֵינָהּ מְשַׁנָּה.

The Gemara asks: **And in the latter clause** of the *baraita*, **with regard to what** principle **do they disagree?** The Gemara answers: The difference **between them** is with regard to whether a change of **custody changes** the status[N] of the ox. **Sumakhos holds** that a change of **custody changes** the status of the ox, **whereas Rabbi Yosei holds** that a change of **custody does not change** it; rather, it is determined by the actions of the ox itself, regardless of its custody.

תָּנוּ רַבָּנַן: שׁוֹר חֵרֵשׁ שׁוֹטֶה וְקָטָן שֶׁנָּגַח – רַבִּי יַעֲקֹב מְשַׁלֵּם חֲצִי נֶזֶק.

§ **The Sages taught** in a *baraita*: With regard to **an ox that gored** that belonged to **a deaf-mute, an imbecile, or a minor, Rabbi Ya'akov pays half** the cost of **the damage.**

רַבִּי יַעֲקֹב מַאי עֲבִידְתֵּיהּ? אֶלָּא אֵימָא: רַבִּי יַעֲקֹב אוֹמֵר: מְשַׁלֵּם חֲצִי נֶזֶק.

The Gemara asks: **What did Rabbi Ya'akov do** that he should pay for the damage? **Rather,** emend the *baraita* and **say: Rabbi Ya'akov says** that **he pays half** the cost of **the damage.**

בְּמַאי עָסְקִינַן? אִי בְּתָם – פְּשִׁיטָא, דְּכוּלֵּי עָלְמָא נַמִי חֲצִי נֶזֶק הוּא דִּמְשַׁלֵּם! וְאִי בְּמוּעָד, אִי דְּעָבְדִי לֵיהּ שְׁמִירָה – כְּלָל כְּלָל לָא בָּעֵי לְשַׁלּוּמֵי, וְאִי דְּלָא עָבְדִי לֵיהּ שְׁמִירָה – כּוּלֵּיהּ נֶזֶק בָּעֵי שַׁלּוּמֵי!

The Gemara asks: **With what are we dealing? If** it is **with regard to** an **innocuous** ox, **isn't this obvious? Everyone** else **also** holds that one **pays half** the cost of **the damage** caused by their ox that gored, so what is the novel element of Rabbi Ya'akov's statement? **And if** it is **with regard to a forewarned** ox it is unclear why the owner pays half the cost of the damage, as **if** it is a case **where he provided** adequate **safeguarding for it he is not required to pay at all, and if** it is a case **where he did not provide** adequate **safeguarding for it he is required to pay the entire** cost of the **damage.**

אֲמַר רָבָא: לְעוֹלָם בְּמוּעָד, וְהָכָא בְּמַאי עָסְקִינַן – דְּעָבְדִי שְׁמִירָה פְּחוּתָה וְלָא עָבְדִי לֵיהּ שְׁמִירָה מְעוּלָּה.

Rava said: Actually, Rabbi Ya'akov stated his ruling **with regard to a forewarned** ox, **and here we are dealing with** a case **where he provided reduced safeguarding and did not provide superior safeguarding for it.**

וְרַבִּי יַעֲקֹב סָבַר לָהּ כְּרַבִּי יְהוּדָה דְּאָמַר: צַד תַּמּוּת בִּמְקוֹמָהּ עוֹמֶדֶת, וְסָבַר לָהּ כְּרַבִּי יְהוּדָה דְּאָמַר: מוּעָד סַגִּי לֵיהּ בִּשְׁמִירָה פְּחוּתָה,

And Rabbi Ya'akov holds in accordance with the opinion of **Rabbi Yehuda, who says** that when an ox is rendered forewarned the liability for **its element of innocuousness remains in place.** In other words, with regard to half of the damages, it is treated like an innocuous ox, and it is treated as a forewarned ox only with regard to the other half of the damages. Therefore, half the cost of the damage is still collected from the proceeds of the sale of its body. **And** furthermore, with regard to another issue Rabbi Ya'akov **holds in accordance with** the opinion of **Rabbi Yehuda, who says** that although superior safeguarding is necessary for an innocuous ox, **reduced safeguarding is sufficient for a forewarned** ox. Consequently, one who safeguards his forewarned ox in this manner is exempt from paying the additional half that he would be liable to pay due to the ox's forewarned status. He is liable with respect to the half that he pays due to its remaining element of innocuousness.

וְסָבַר לָהּ כְּרַבָּנַן דְּאָמְרִי: מַעֲמִידִין אַפּוֹטְרוֹפּוֹס לְתָם לִגְבּוֹת מִגּוּפוֹ.

And Rabbi Ya'akov also **holds in accordance with** the opinion of **the Rabbis, who say** that the court **appoints a steward for** the owner **of an innocuous** ox to enable the injured party **to collect** damages **from its body.** Therefore, Rabbi Ya'akov rules that in the case in the *baraita*, where a forewarned ox owned by a halakhically incompetent person is safeguarded in a reduced fashion, half the cost of the damage must be paid from the proceeds of the sale of its body.

NOTES

A change of custody changes the status – רְשׁוּת מְשַׁנָּה: The dispute over this *halakha* is apparently based on the interpretation of the verse: "And warning has been given to its owner" (Exodus 21:29). The opinion that a change of custody changes the ox's status derives from the verse that an ox is not considered forewarned unless its current owner, or custodian, was warned about it; whereas Rabbi Yosei, who disagrees, holds that since its owner at the time was warned, the ox remains forewarned even after it changes ownership or custody. Rabbeinu Yehonatan of Lunel interprets Sumakhos's opinion, which is also Rabbi Meir's opinion, in a unique fashion: Since the owner's condition has changed, i.e., the deaf-mute was cured, the minor grew up, and so forth, the ox's behavior may have changed as well. Therefore, it can no longer be considered forewarned.

אָמַר לֵיהּ אַבָּיֵי: וְלָא פְּלִיגִי? וְהָתַנְיָא: שׁוֹר שֶׁל חֵרֵשׁ שׁוֹטֶה וְקָטָן שֶׁנָּגַח, רַבִּי יְהוּדָה מְחַיֵּיב, וְרַבִּי יַעֲקֹב אוֹמֵר: חֲצִי נֶזֶק הוּא דִּמְשַׁלֵּם! אָמַר רַבָּה בַּר עוּלָּא: מַה שֶּׁמְּחַיֵּיב רַבִּי יְהוּדָה פֵּירֵשׁ רַבִּי יַעֲקֹב.

Abaye said to Rava: **But do** Rabbi Yehuda and Rabbi Ya'akov **not disagree** with regard to this matter? **But isn't it taught** in a *baraita* that with regard to **an ox of a deaf-mute, an imbecile, or a minor, that gored, Rabbi Yehuda deems** the owner **liable, and Rabbi** Ya'akov **says that he pays** only **half** the cost of **the damage? Rabba bar Ulla says:** There is no disagreement here; **Rabbi Ya'akov** merely **explained what Rabbi Yehuda deems him liable** to pay.

וּלְאַבָּיֵי דְּאָמַר פְּלִיגִי, בְּמַאי פְּלִיגִי?

The Gemara asks: **And according to Abaye, who says** that Rabbi Ya'akov and Rabbi Yehuda **disagree, with regard to what** principle **do they disagree?**

אָמַר לָךְ: הָכָא בְּמַאי עָסְקִינַן – בְּמוּעָד וְלָא נַטְרֵיהּ כְּלָל.

The Gemara answers: Abaye could have **said to you** that **here we are dealing with a forewarned** ox whose owner **did not safeguard it at all** and that is consequently liable for the full cost of the damage.

רַבִּי יַעֲקֹב סָבַר לַהּ כְּרַבִּי יְהוּדָה בַּחֲדָא, וּפְלִיג עֲלֵיהּ בַּחֲדָא; סָבַר כְּרַבִּי יְהוּדָה בַּחֲדָא, דְּאִילּוּ רַבִּי יְהוּדָה סָבַר: צַד תַּמּוּת בִּמְקוֹמָהּ עוֹמֶדֶת. וּפְלִיג עֲלֵיהּ בַּחֲדָא, דְּאִילּוּ רַבִּי יְהוּדָה סָבַר: מַעֲמִידִין לָהֶן אַפּוֹטְרוֹפּוֹס לְתָם לִגְבּוֹת מִגּוּפוֹ, וְרַבִּי יַעֲקֹב סָבַר: אֵין מַעֲמִידִין, וְלָא מְשַׁלֵּם אֶלָּא פַּלְגָא דְּמוּעָד.

And **Rabbi Ya'akov holds in accordance with** the opinion **of Rabbi Yehuda with regard to one** issue **and disagrees with him with regard to one** issue. **He holds in accordance with** the opinion of **Rabbi Yehuda with regard to one** issue, **as Rabbi Yehuda holds** that when an ox is rendered forewarned **its element of innocuousness remains in its place,** and Rabbi Ya'akov agrees. **And he disagrees with him with regard to one** issue, **as Rabbi Yehuda holds** that the court **appoints a steward for** the owner **of an innocuous** ox to enable the injured party **to collect** damages **from its body, whereas Rabbi Ya'akov holds** that the court **does not appoint** a steward. Therefore, the owner is exempt from paying the half for which he would be liable due to the ox's element of innocuousness, **and pays only the half** damages he is liable to pay **due to** its **forewarned** status.[N]

אָמַר לֵיהּ רַב אַחָא בַּר אַבָּיֵי לְרָבִינָא: בִּשְׁלָמָא לְאַבָּיֵי דְּאָמַר פְּלִיגִי – שַׁפִּיר. אֶלָּא לְרָבָא דְּאָמַר לָא פְּלִיגִי, אַדְמוֹקֵי לַהּ בְּמוּעָד – נוֹקְמָא בְּתָם,

Rav Aḥa bar Abaye said to Ravina: Granted, according to Abaye, who says that **they disagree,** the explanation **works out well. But according to Rava, who says** that **they do not disagree, instead of interpreting** the *baraita* as referring **to a forewarned** ox, **he should have interpreted it** as referring **to an innocuous** ox.

NOTES

And pays only the half he is liable to pay due to its forewarned status – וְלָא מְשַׁלֵּם אֶלָּא פַּלְגָא דְּמוּעָד: Rava does not accept this explanation because the expression: Half damages, generally refers to what is paid from the value of the body of an innocuous ox (*Tosafot*).

Perek **IV**
Daf **40** Amud **a**

אִי לְרַבִּי יְהוּדָה – דַּעֲבַד לֵיהּ שְׁמִירָה פְּחוּתָה וְלָא עֲבַד לֵיהּ שְׁמִירָה מְעוּלָּה, אִי לְרַבִּי אֱלִיעֶזֶר בֶּן יַעֲקֹב – דְּלָא עָבֵיד לֵיהּ שְׁמִירָה כְּלָל.

There are two scenarios in which the *baraita* could be interpreted as referring to an innocuous ox. **If** one wants to interpret it **in accordance with** the opinion of **Rabbi Yehuda,** it can be discussing a case **where he provided reduced safeguarding for it and did not provide superior safeguarding for it. If** one wants to interpret it **in accordance with** the opinion of **Rabbi Eliezer ben Ya'akov,** it can be discussing a case **where he did not provide safeguarding for it at all.**

דְּתַנְיָא, רַבִּי אֱלִיעֶזֶר בֶּן יַעֲקֹב אוֹמֵר: אֶחָד תָּם וְאֶחָד מוּעָד שֶׁשְּׁמָרָן שְׁמִירָה פְּחוּתָה – פְּטוּרִין. וְהָא קָא מַשְׁמַע לָן רַבִּי יַעֲקֹב, דְּמַעֲמִידִין לָהֶן אַפּוֹטְרוֹפִּין לְתָם לִגְבּוֹת מִגּוּפוֹ!

As it is taught in a *baraita*: **Rabbi Eliezer ben Ya'akov says:** With regard to **both an innocuous ox and a forewarned** ox whose owner **provided reduced safeguarding for them, he is exempt.** The owner is liable only if he did not safeguard them at all. **And** accordingly, **Rabbi Ya'akov teaches us this, that** the court **appoints stewards for** the owners **of an innocuous** ox to enable the injured party **to collect** damages **from** the proceeds of the sale of **its body.**

אָמַר לֵיהּ, הָכִי קָאָמַר: חֲדָא דְּאִית בֵּיהּ תַּרְתֵּי טַעֲמָא.

Ravina **said to him** that **this is what** Rava **was saying** by interpreting Rabbi Ya'akov's statement with regard to a forewarned ox: Rabbi Ya'akov stated **one** matter **containing two** elements of **reasoning** [***ta'ama***][N] in accordance with Rabbi Yehuda's opinion, namely, that a forewarned ox retains its element of innocuousness, and that reduced safeguarding is sufficient for a forewarned ox.

NOTES

One matter containing two *ta'ama* – חֲדָא דְּאִית בֵּיהּ תַּרְתֵּי טַעֲמָא: According to Rashi, *ta'ama* here means issue or matter. The first issue taught in the *baraita*, according to Rava's interpretation, is that Rabbi Ya'akov accepts Rabbi Yehuda's opinion with regard to two *halakhot*, and the second is that the court appoints a steward for an innocuous ox. In *Tosefot Rabbeinu Peretz*, the word *ta'ama* is understood in reference to an element of reasoning, and it is referring to Rabbi Yehuda's rulings with which Rabbi Ya'akov concurs.

רָבִינָא אָמַר: רְשׁוּת מְשַׁנָּה אִיכָּא בֵּינַיְיהוּ. כְּגוֹן דַּהֲוָה מוּעָד, וְנִתְפַּקַּח הַחֵרֵשׁ, וְנִשְׁתַּפָּה הַשּׁוֹטֶה, וְהִגְדִּיל הַקָּטָן; רַבִּי יְהוּדָה סָבַר: הֲרֵי הוּא בְּחֶזְקָתוֹ, רַבִּי יַעֲקֹב סָבַר: רְשׁוּת מְשַׁנָּה.

Ravina himself **said**[N] a different explanation of the *baraita*: The practical difference **between** Rabbi Yehuda and Rabbi Ya'akov **is** with regard to whether a change of **custody changes** the status of the ox. **For example,** in a case where the ox **was forewarned** while in the custody of the steward **and** subsequently **the deaf-mute regained his hearing, or the imbecile became** halakhically **competent, or the minor reached majority,** and the ox returned to its owner's custody. **Rabbi Yehuda holds** that **it is** still **in its** previous **status,** the change of custody notwithstanding, and that therefore the owner is liable for the full cost of the damage. By contrast, **Rabbi Ya'akov holds** that the change of **custody changes** the status of the ox, which reverts to innocuousness, and so the owner pays only half the cost of the damage.

תָּנוּ רַבָּנַן: אַפּוֹטְרוֹפְּסִים מְשַׁלְּמִין מִן הָעֲלִיָּיה, וְאֵין מְשַׁלְּמִין כּוֹפֶר.

§ **The Sages taught** in a *baraita*: **Stewards** are liable to **pay from** their **superior-quality** property for damage caused by forewarned oxen under their custody, **but they do not pay a ransom**[NHB] if the oxen killed a person.

מַאן תְּנָא כּוֹפְרָא כַּפָּרָה, וְיַתְמֵי לָאו בְּנֵי כַּפָּרָה נִינְהוּ?

The Gemara asks: **Who is the** *tanna* who **taught** that the purpose of **ransom is atonement**[N] for the owner of the ox, **and** that therefore a minor orphan's steward is exempt from liability to pay it, as **orphans are not subject to** the obligation of **atonement** since they are not morally responsible?

אָמַר רַב חִסְדָּא: רַבִּי יִשְׁמָעֵאל בְּנוֹ שֶׁל רַבִּי יוֹחָנָן בֶּן בְּרוֹקָה הִיא. דְּתַנְיָא: ״וְנָתַן פִּדְיֹן נַפְשׁוֹ״ – דְּמֵי נִיזָּק. רַבִּי יִשְׁמָעֵאל בְּנוֹ שֶׁל רַבִּי יוֹחָנָן בֶּן בְּרוֹקָה אוֹמֵר: דְּמֵי מַזִּיק;

Rav Ḥisda said: It is Rabbi Yishmael, son of Rabbi Yoḥanan ben Beroka. As it is taught in a *baraita*: The verse: "If a ransom is imposed upon him, **then he shall give for the redemption of his life**" (Exodus 21:30), is referring to the monetary **value of the injured** party. **Rabbi Yishmael, son of Rabbi Yoḥanan ben Beroka, says:** The ransom corresponds to the monetary **value of the one liable for the damage.**

מַאי לָאו בְּהָא קָמִיפַּלְגִי, דְּרַבָּנַן סָבְרִי: כּוֹפְרָא מָמוֹנָא הוּא, וְרַבִּי יִשְׁמָעֵאל בְּנוֹ שֶׁל רַבִּי יוֹחָנָן בֶּן בְּרוֹקָה סָבַר: כּוֹפְרָא כַּפָּרָה?

What, do they not disagree with regard to this very issue? In other words, **the Rabbis hold** that **ransom is monetary restitution** for the damage caused, and therefore the heirs of the victim must be paid the monetary value of the victim. **And Rabbi Yishmael, son of Rabbi Yoḥanan ben Beroka, holds** that **ransom is atonement** for causing the death of a person. Accordingly, the amount of the ransom is the monetary value of the one liable, since, from the perspective of his moral responsibility for the incident, he deserves to pay with his life. Although the court does not impose capital punishment, his atonement is through payment of his own value.

אָמַר רַב פָּפָּא: לָא, דְּכוּלֵּי עָלְמָא כּוֹפְרָא כַּפָּרָה הוּא, וְהָכָא בְּהָא קָמִיפַּלְגִי, רַבָּנַן סָבְרִי: בִּדְנִיזָּק שָׁיְימִינַן, וְרַבִּי יִשְׁמָעֵאל בְּנוֹ שֶׁל רַבִּי יוֹחָנָן בֶּן בְּרוֹקָה סָבַר: בִּדְמַזִּיק שָׁיְימִינַן.

Rav Pappa said: No, it is possible **that** according to **everyone ransom is atonement, and here they disagree with regard to this issue: The Rabbis hold** that **we evaluate** the amount that is appropriate for atonement **according to** the monetary value **of the injured** party, **and Rabbi Yishmael, son of Rabbi Yoḥanan ben Beroka, holds** that **we evaluate** it **according to** the value of **the one liable for the damage.** All agree that the purpose of the ransom is atonement.

מַאי טַעְמָא דְּרַבָּנַן? נֶאֶמְרָה שִׁיתָה לְמַטָּה וְנֶאֶמְרָה שִׁיתָה לְמַעְלָה, מָה לְהַלָּן בִּדְנִיזָּק, אַף כָּאן בִּדְנִיזָּק.

The Gemara elaborates: **What is the reasoning of the Rabbis? Imposing is stated** in the **later** verse: "If ransom is imposed upon him" (Exodus 21:30), **and imposing is stated** in the **earlier** verse, concerning a person who injures a pregnant woman, causing her to miscarry: "He shall be punished as the husband of the woman shall impose upon him" (Exodus 21:22). This verbal analogy indicates comparison of the two *halakhot*: **Just as there,** with regard to compensation for causing miscarriage, the evaluation is **according to** the monetary value **of the injured** party, i.e., the fetus, **so too here,** the ransom is **according to** the value **of the injured** party.

וְרַבִּי יִשְׁמָעֵאל בְּנוֹ שֶׁל רַבִּי יוֹחָנָן בֶּן בְּרוֹקָה סָבַר: ״וְנָתַן פִּדְיֹן נַפְשׁוֹ״ כְּתִיב.

And Rabbi Yishmael, son of Rabbi Yoḥanan ben Beroka, holds that the fact that **it is written: "And he shall give for the redemption of his life,"** indicates that the ransom is redemption of the life of the ox's owner, and its amount should accordingly be the owner's monetary value.

NOTES

Ravina said, etc. – **רָבִינָא אָמַר וכו׳**: The early commentaries explain Ravina's statement as a support for Rava's explanation of the first *baraita*. By interpreting the second *baraita* as relating to an entirely different issue, Ravina interprets it in a manner that does not contradict Rava's interpretation of the first *baraita*, without having to resort to Rabba bar Ulla's forced explanation that Rabbi Ya'akov was merely elaborating on Rabbi Yehuda's statement.

But they do not pay a ransom – **וְאֵין מְשַׁלְּמִין כּוֹפֶר**: The commentaries ask why the steward is not liable to pay the ransom, as the ox was under his custody and the responsibility therefore was his. The Ra'ah answers that since incurring liability to pay ransom would result in people refraining from accepting the role of steward, the Sages exempted a steward from liability for ransom. He adds that the steward is not liable to pay on behalf of the orphans because, unlike a situation of paying monetary restitution, minors do not require atonement (*Shita Mekubbetzet*).

The purpose of ransom is atonement, etc. – **כּוֹפְרָא כַּפָּרָה וכו׳**: *Tosefot Rabbeinu Peretz* lists three practical differences between the opinion that the purpose of the ransom is atonement and the opinion that it is monetary restitution. First, if it is monetary restitution the heirs of the victim could waive their rights to it, whereas if it is atonement it is the liable party's obligation to pay it. Second, if it is monetary restitution and the liable party does not have the funds to pay, he is not required to go to great lengths to obtain the necessary funds, but if it is for his atonement he must go to great lengths to obtain the funds. Third, if it is monetary restitution minor orphans and other halakhically incompetent people are liable to pay, but if it is for atonement, they are exempt from liability to pay, as they do not require atonement.

HALAKHA

But they do not pay a ransom – **וְאֵין מְשַׁלְּמִין כּוֹפֶר**: If an ox belonging to minor orphans or to other people who are halakhically incompetent is in the custody of a steward, and it gores a person and kills him, the steward is not required to pay a ransom, even according to the opinion that damages are collected from his property. The reason is that the purpose of ransom is atonement, and these owners do not require atonement (Rambam *Sefer Nezikin*, *Hilkhot Nizkei Mamon* 10:6).

BACKGROUND

Ransom – **כּוֹפֶר**: This term is used to describe the payment that the Torah imposes on one whose animal has killed a Jew (see Exodus 21:30), as he thereby redeems his soul from death at the hand of Heaven. This payment is imposed only if the animal had already perpetrated a series of attacks, as its owner should have taken precautions to restrain it. The verse describes the penalty as the "redemption of his life" (Exodus 21:30).

וְרַבָּנַן? אִין, ״פִּדְיוֹן נַפְשׁוֹ״ כְּתִיב, מִיהוּ כִּי שָׁיְימִינַן – בִּדְנִיזָּק שָׁיְימִינַן.

And the Rabbis would respond to this reasoning that **indeed, the** phrase: **"For the redemption of his life," is written,** indicating that the purpose of the ransom is redemption of his life. **Nevertheless, when we evaluate** the amount he is liable to pay, **we evaluate** it **according to the** value **of the injured** party.

מְשַׁבַּח לֵיהּ רָבָא לְרַב נַחְמָן בִּדְרַב אַחָא בַּר יַעֲקֹב דְּאָדָם גָּדוֹל הוּא, אֲמַר לֵיהּ: לִכְשֶׁיָּבֹא לְיָדְךָ הֲבִיאֵהוּ לְיָדִי.

§ **Rava was praising Rav Aḥa bar Ya'akov**[P] **before Rav Naḥman,** saying **that he is a great man. Rav Naḥman said to him: When** he happens to **come to you, bring him to** visit **me.**

כִּי אֲתָא לְגַבֵּיהּ אֲמַר לֵיהּ: בְּעֵי מִינַּאי מִילְּתָא. בְּעָא מִינֵּיהּ: שׁוֹר שֶׁל שְׁנֵי שׁוּתָּפִין כֵּיצַד מְשַׁלְּמִין כּוֹפֶר?

When Rav Aḥa bar Ya'akov eventually **came to him,** Rav Naḥman **said to him: Ask me something.** Rav Aḥa bar Ya'akov **asked him:** If **an ox belonging to two partners**[NH] kills a person, **how do they pay the ransom?**

מְשַׁלֵּם הַאי כּוֹפֶר וְהַאי כּוֹפֶר – כּוֹפֶר אֶחָד אָמַר רַחֲמָנָא וְלֹא שְׁנֵי כוֹפָרִין; הַאי חֲצִי כוֹפֶר וְהַאי חֲצִי כוֹפֶר, כּוֹפֶר שָׁלֵם אָמַר רַחֲמָנָא וְלֹא חֲצִי כוֹפֶר!

If **this** partner **pays** the **ransom** in full **and that** partner also pays the **ransom** in full, it would seem incorrect, as **the Merciful One states** that **one ransom**[N] shall be paid, **but not two ransoms.** If **this** partner pays **half** the **ransom and that** partner pays **half** the **ransom,** it would also seem incorrect, as **the Merciful One states** that a **full ransom**[N] shall be paid, **but not half a ransom.**

אַדְּיָתֵיב וְקָא מְעַיֵּין בָּהּ, אֲמַר לֵיהּ, תְּנַן: חַיָּיבֵי עֲרָכִין מְמַשְׁכְּנִין אוֹתָן, חַיָּיבֵי חַטָּאוֹת וַאֲשָׁמוֹת אֵין מְמַשְׁכְּנִין אוֹתָן; חַיָּיבֵי כוֹפָרִין, מַאי?

While Rav Naḥman **was sitting and pondering this** question, Rav Aḥa bar Ya'akov asked him another question. **He said to him: We learned** in a mishna: The court **repossesses** property **from those liable** to pay their **valuations** who are delaying their payments.[H] But the court **does not repossess** property **from those liable** to bring **sin-offerings and guilt-offerings;**[H] they are relied upon to bring their offerings of their own initiative, as it is assumed they want to atone for their transgressions (*Arakhin* 21a). In light of this mishna, **what is the** *halakha* with regard to **those liable** to pay **ransom?**[H]

כֵּיוָן דְּכַפָּרָה הוּא – כְּחַטָּאת וְאָשָׁם דָּמֵי, מִחְמַר חָמִיר עִילָּוֵיהּ וְלָא בָּעֵי מַשְׁכּוֹנֵיהּ. אוֹ דִּלְמָא: כֵּיוָן דִּלְחַבְרֵיהּ הוּא דְּבָעֵי מֵיתְבָא לֵיהּ – מָמוֹנָא הוּא, וְלָא לַגָּבוֹהַּ הוּא, וְלָא חָמִיר עֲלֵיהּ וּבָעֵי מַשְׁכּוֹנֵיהּ.

Should it be reasoned that **since it is atonement, it is similar to** the cases of **a sin-offering and a guilt-offering,** which a person **treats seriously,** as it is in his interest to achieve atonement, **and** therefore the court **does not need to repossess** property **from him? Or perhaps** it should be reasoned that **since he is required to give** the ransom **to another** person, he considers **it a financial** liability **and** does **not** consider **it** an obligation **toward the Most High, and** consequently he **does not treat it seriously** enough; and therefore the court **needs to repossess** property **from him,** as he might not pay it.

אִי נַמִי, כֵּיוָן דְּהוּא לָא חָטָא וּמָמוֹנֵיהּ הוּא דְּאַזֵּיק, לָא חָמִיר מִילְּתָא עִילָּוֵיהּ וּבָעֵי מַשְׁכּוֹנֵיהּ?

Alternatively, it could be reasoned that **since he** himself **did not sin but rather it is his property,** i.e., his ox, **that caused the damage, he does not treat the matter seriously** enough, **and** therefore the court **needs to repossess** property **from him** to ensure payment.

אֲמַר לֵיהּ: שְׁבָקַן, אִסְתַּגַּר בְּקַמַּיְיתָא.

Rav Naḥman **said to him: Leave me alone. I am** still **stuck on the first** question and have no solution, so you must not raise further difficult questions.

HALAKHA

An ox belonging to two partners – **שׁוֹר שֶׁל שְׁנֵי שׁוּתָּפִין**: If an ox belonging to two partners kills a person, the Rambam rules that each partner pays the full ransom, since each one of them requires a complete atonement. It is explained in the *Maggid Mishne* that since the dilemma was not resolved in the Gemara, the Rambam rules stringently. Although uncertain cases in monetary law are generally treated leniently, ransom is for atonement and should therefore be treated stringently (Rambam *Sefer Nezikin*, *Hilkhot Nizkei Mamon* 10:5).

Those liable to pay their valuations who are delaying their payments – **חַיָּיבֵי עֲרָכִין**: If one vows to consecrate his valuation, i.e., his monetary value, to the Temple treasury, but is not paying it, the court repossesses property from him of the amount he vowed (Rambam *Sefer Hafla'a*, *Hilkhot Arakhin* 3:14).

Those liable to bring sin-offerings and guilt-offerings – **חַיָּיבֵי חַטָּאוֹת וַאֲשָׁמוֹת**: If one is liable to bring a sin-offering or a guilt-offering and is delaying in doing so, the court does not compel him to bring it, since it is assumed that he wants to gain atonement. If one is liable to bring a nazirite's sin-offering, the court does compel him to bring it (Rambam *Sefer Avoda*, *Hilkhot Ma'aseh HaKorbanot* 14:17).

Those liable to pay ransom – **חַיָּיבֵי כוֹפָרִין**: If a person is liable to pay ransom, the court repossesses property from him of the amount he owes. Since this issue was not resolved in the Gemara, the ruling is stringent, as ransom is for atonement and is not considered monetary law (Rambam *Sefer Nezikin*, *Hilkhot Nizkei Mamon* 10:4).

PERSONALITIES

Rav Aḥa bar Ya'akov – **רַב אַחָא בַּר יַעֲקֹב**: Rav Aḥa bar Ya'akov was a disciple of Rav Huna. He clearly lived a long life, as he engaged in halakhic discourse with Abaye and Rava, who were born many years after Rav Huna died. He resided in the city of Paphunya, where he was the chief rabbi, and instituted several ordinances. He is referred to in some places as Pappunai, or the one from Paphunya. Rava extolled him as being a great man with regard to his scholarship in Torah, and Rav Naḥman esteemed his sharpness as well. Rav Aḥa bar Ya'akov was also one of the most righteous men of his generation in addition to being a miracle worker. Several of the Sages of the next generation studied under him.

NOTES

An ox belonging to two partners, etc. – **שׁוֹר שֶׁל שְׁנֵי שׁוּתָּפִין וכו׳**: This question was raised in light of the opinion that the ransom is for atonement. According to the opinion that it is monetary restitution, it is divided between the two partners, as is any other debt shared by two partners.

The Merciful One states one ransom – **כּוֹפֶר אֶחָד אָמַר רַחֲמָנָא**: The early commentaries discuss why each of the partners would not be liable to pay a full ransom to atone for their respective culpabilities. The Ra'avad explains this by way of comparison to the statement in tractate *Karetot* (23a) that if two people take part in the same transgression, e.g., they share an olive-bulk of forbidden animal fat, neither brings an offering to achieve atonement. *Tosafot* and the Rashba explain that there is no reason for the heirs of the victim to profit from the fact that the belligerent ox belongs to two people.

The Merciful One states a full ransom – **כּוֹפֶר שָׁלֵם אָמַר רַחֲמָנָא**: The purpose of the ransom is atonement, and if the full amount is not paid it does not effect atonement. Although there is an opinion that for an innocuous ox that gored and killed a person one pays only half a ransom, this is because half the cost of the damage is the standard liability for the act of an innocuous ox, so half a ransom is considered its full ransom.

תָּנוּ רַבָּנַן: שְׁאָלוֹ בְּחֶזְקַת תָּם וְנִמְצָא מוּעָד – בְּעָלִים מְשַׁלְּמִין חֲצִי נֶזֶק, וְשׁוֹאֵל מְשַׁלֵּם חֲצִי נֶזֶק;

The Sages taught: Even though one who borrows an ox from another is generally responsible for damage that it causes, **if he borrowed it on the presumption** that it was **innocuous** and it gored and caused damage, **and it was** then **found** to be **forewarned, the owner pays half** the cost of **the damage and the borrower pays half** the cost of **the damage.**

הוּעַד בְּבֵית שׁוֹאֵל וְהֶחֱזִירוֹ לִבְעָלִים – בְּעָלִים מְשַׁלְּמִין חֲצִי נֶזֶק, וְשׁוֹאֵל פָּטוּר מִכְּלוּם.

If the ox **was rendered forewarned in the house of the borrower,** i.e., it gored three times while in his possession, and he was warned in court, **and he** then **returned it to the owner** and it subsequently gored, **the owner pays half** the cost of **the damage,** as with regard to him it is still considered innocuous, having become forewarned while not in his custody, **and the borrower is exempt from** paying **any** compensation, since the ox is no longer in his custody.

אָמַר מָר: שְׁאָלוֹ בְּחֶזְקַת תָּם וְנִמְצָא מוּעָד – בְּעָלִים מְשַׁלְּמִין חֲצִי נֶזֶק, וְשׁוֹאֵל חֲצִי נֶזֶק. וְאַמַּאי? לֵימָא לֵיהּ: תּוֹרָא שְׁאִילִי, אַרְיָא לָא שְׁאִילִי!

The Master said in the *baraita*: If one **borrowed** the ox **on the presumption** that it was **innocuous and it was found** to be **forewarned, the owner pays half** the cost of **the damage and the borrower pays half** the cost of **the damage.** The Gemara asks: **But why** should the borrower pay at all? **Let him say to** the owner: **I borrowed an ox; I did not borrow a lion.** I did not accept responsibility for safeguarding a forewarned ox, which behaves violently like a lion.

אָמַר רַב: הָכָא בְּמַאי עָסְקִינַן – שֶׁהִכִּיר בּוֹ שֶׁהוּא נַגְחָן.

Rav said: Here we are dealing with a case **where** the borrower **was aware** at the time he borrowed it **that it was a goring** ox[N] and liable to cause damage.

וְנֵימָא לֵיהּ: תָּם שְׁאִילִי, מוּעָד לָא שְׁאִילִי!

The Gemara asks: **But** if that is the case, **let him say to** the owner: Even though I knew that it was a goring ox, nevertheless, **I borrowed an innocuous** ox. **I did not** intend to **borrow a forewarned** ox and thereby accept responsibility for safeguarding an ox for which one must pay the full cost of its damage.

מִשּׁוּם דְּאָמַר לֵיהּ: סוֹף סוֹף, אִי תָּם הֲוָה – פַּלְגָא נִזְקָא בָּעֵית שַׁלּוּמֵי, הַשְׁתָּא נָמֵי זִיל שַׁלֵּים פַּלְגָא נִזְקָא.

The Gemara answers that the borrower is liable **because** the owner **can say to him: Ultimately,** even **if it was innocuous, you would be required to pay half the damages.** Therefore, **now too, go pay half the damages.**

וְנֵימָא לֵיהּ: אִי תָּם הֲוָה, מִשְׁתַּלֵּם מִגּוּפוֹ!

The Gemara asks: **But** if that is the case, **let** the borrower **say to** the owner: **If it was innocuous,** the damages **would be paid from** the proceeds of the sale of **the body of** the ox, not from my property.

מִשּׁוּם דְּאָמַר לֵיהּ: סוֹף סוֹף, אַתְּ לָאו תּוֹרָא בָּעֵית שַׁלּוּמֵי לְדִידִי?

The Gemara answers: The borrower cannot say this, **because** the owner **can say to him: Ultimately, would you not have been required to pay me** back the full value of my **ox?**[NH] As a borrower you are obligated to return the ox to me in the same condition that you borrowed it. Even if compensation was collected from the proceeds of its sale you would still have been required to return its full value to me. Therefore, in any event you would effectively be paying for the damage, so you are not losing anything from the fact that the ox is forewarned.

וְנֵימָא לֵיהּ:

The Gemara asks: **But** if that is the case, **let** the borrower **say to him:**

NOTES

Where the borrower was aware that it was a goring ox – שֶׁהִכִּיר בּוֹ שֶׁהוּא נַגְחָן: Rashi explains that the borrower knew that the ox had gored but not that it had gored three times. Other commentaries explain that he even knew that the ox had gored several times but did not know that the owner had been warned three times, thereby rendering the ox forewarned (*Torat Ḥayyim*).

Would you not have been required to pay me back my ox, etc. – אַתְּ לָאו תּוֹרָא בָּעֵית שַׁלּוּמֵי לְדִידִי וכו׳: *Tosafot* raise a difficulty with this answer, as in the case of an innocuous ox compensation is paid only from the proceeds of the sale of the ox, and if it is worth less than half the cost of the damage, that is all the owner is liable to pay. In this case, however, where the ox is forewarned, even if the damage is more than the value of the belligerent ox the borrower is liable to pay from his property. They answer that the *baraita* apparently means that the borrower is liable to pay half the cost of the damage only if it does not exceed the value of the ox that he borrowed (see *Tosefot Rabbeinu Peretz*).

HALAKHA

Would you not have been required to pay me back my ox – אַתְּ לָאו תּוֹרָא בָּעֵית שַׁלּוּמֵי לְדִידִי: If a bailee safeguards another person's innocuous ox and the ox causes damage, and the court collects half the cost of the damage from the value of the ox, the bailee must compensate the ox's owner for the lost value (Rambam *Sefer Nezikin, Hilkhot Nizkei Mamon* 4:12; *Shulḥan Arukh, Ḥoshen Mishpat* 396:8).

אִם תָּם הֲוָה מוֹדֵינָא וּמִפַּטְרִינָא!

If the ox **was innocuous, I would have admitted** my liability **and would** thereby **have been exempt.** A fine is imposed only as result of the testimony of two witnesses; if the offender admits his liability, no fine is imposed. Therefore, since the liability to pay half the cost of the damage for the act of an innocuous ox is a fine, the borrower could have rendered himself exempt from liability through admission.

וַאֲפִילּוּ לְמַאן דְּאָמַר פַּלְגָא נִזְקָא מָמוֹנָא, נֵימָא לֵיהּ: אִי תָּם הוּא, הֲוָה מַבְרִיקְנָא לֵיהּ לְאַגְמָא!

And even according to the one who says that payment of **half the damage is** considered **monetary restitution,** not a fine, and therefore his admission would not have rendered himself exempt from liability, **let** the borrower **say to him: If** the ox **was innocuous, I would have smuggled it out to the marsh** [*agma*][NB] so that the injured party would not find it in my possession. He would then be unable to collect damages from me, since he can collect payment only from the proceeds of the sale of the ox. By contrast, compensation for damage caused by a forewarned ox can be collected from all of the owner's property, and the borrower had no way of rendering himself exempt from liability. Therefore, it is unclear why the borrower is liable to pay half the cost of the damage.

אֶלָּא, הָכָא בְּמַאי עָסְקִינַן – כְּגוֹן דְּאַקְדֵּים בֵּי דִינָא וְתַפְסֵיהּ.

The Gemara answers: **Rather, here we are dealing with** a case **where the court seized** the ox **first,**[H] before the borrower had the chance to admit his liability or to smuggle the ox to the marsh. Therefore, the borrower cannot claim that he would have been able to render himself exempt from liability.

אִי הָכִי, בְּעָלִים אַמַּאי מְשַׁלְּמִים חֲצִי נֶזֶק? נֵימָא לֵיהּ: אַתְפַּסְתֵּיהּ לְתוֹרַאי בִּידָא מַאן דְּלָא מָצֵינָא לְאִשְׁתַּעוּיֵי דִּינָא בַּהֲדֵיהּ! מִשּׁוּם דְּאָמַר לֵיהּ: אִי אַהַדַרְתֵּיהּ נִיהֲלָךְ, לָאו מִינָּךְ הֲווּ שָׁקְלִי לֵיהּ?

The Gemara asks: **If so, why does the owner pay half** the cost **of the damage? Let him say to** the borrower: **You let my ox be seized by** the court, **with whom I cannot engage in litigation** in an attempt to reach a compromise; the court collects full payment, and you are responsible for this situation. Therefore, you should pay the entire amount. The Gemara answers that the owner is liable to pay **because** the borrower **can say to him: If I would have returned it to you, would** the court **not have taken it from you?**

וְנֵימָא לֵיהּ: אִי אַהַדַרְתֵּיהּ נִיהֲלַיהּ, הֲוָה מַבְרִיקְנָא לֵיהּ לְאַגְמָא! מִשּׁוּם דְּאָמַר לֵיהּ: סוֹף סוֹף לָאו מֵעַלִּיָּיה הֲווּ מִשְׁתַּלְּמִי?

The Gemara asks: **But** if that is the case, **let** the owner **say to him** in response: **If you would have returned it to me I would have smuggled it to the marsh,** and the court would not have been able to seize it. The Gemara answers: The owner cannot say this, **because** the borrower **can say to him: Ultimately, would** the injured party **not** then **have received payment from** your **superior-quality** property, as is the *halakha* in the case of a forewarned ox, where the compensation paid is not only from the proceeds of the sale of the belligerent ox?

הָנִיחָא הֵיכָא דְּאִית לֵיהּ נִכְסֵי, הֵיכָא דְּלֵית לֵיהּ נִכְסֵי מַאי אִיכָּא לְמֵימַר?

The Gemara comments: **This** explanation **works out well** in a case **where** the owner **has** other **property** from which compensation can be collected, besides the ox. But **where he does not have** other **property, what is there to say?** In that case, the borrower has in fact caused him loss.

מִשּׁוּם דְּאָמַר לֵיהּ: כִּי הֵיכָא דְּמִשְׁתַּעְבַּדְנָא לְדִידָךְ, הָכִי נַמִי מִשְׁתַּעְבַּדְנָא לְהָאֵיךְ, מִדְּרַבִּי נָתָן;

The Gemara answers: The reason the borrower is exempt is **because** he **can say to** the owner: **Just as I am indebted to you,** to return your ox to you, **so too, I am indebted to that** injured party to whom you owe compensation. This is **due to the ruling of Rabbi Natan.**[N]

HALAKHA

Where the court seized the ox first – כְּגוֹן דְּאַקְדֵּים בֵּי דִינָא וְתַפְסֵיהּ: If one borrowed an ox on the presumption that it is innocuous and subsequently discovered that it is forewarned, the Rambam rules that if he knew in the first place that it was a goring ox, the owner pays half the cost of the damage and the borrower pays half the cost of the damage. But if he did not know that it was a goring ox, he is exempt, and the owner pays the full cost of the damage. According to the Ra'avad the borrower pays half the cost of the damage only if the court seized the ox (Rambam *Sefer Nezikin, Hilkhot Nizkei Mamon* 4:8 and *Maggid Mishne* and *Kesef Mishne* there).

NOTES

I would have smuggled it out to the marsh – הֲוָה מַבְרִיקְנָא לֵיהּ לְאַגְמָא: The Ra'avad asks how this would have saved him from having to pay, as he clearly would not have left the ox in the marsh permanently, and the court would have ordered him to pay upon his return. The Ra'avad answers that he could have slaughtered it there or sold it secretly to another person.

Tosafot raise a fundamental question: Given that according to *halakha* the owner must pay compensation to the injured party, why should a claim that he could have avoided payment by nefarious means be accepted in court? Furthermore, the court would have punished him for this behavior. They answer: Although he could have smuggled the ox to the marsh to induce the plaintiff to compromise with him rather than to avoid payment entirely, now he does not have even this small leverage.

I am indebted to that injured party due to the ruling of Rabbi Natan – מִשְׁתַּעְבַּדְנָא לְהָאֵיךְ מִדְּרַבִּי נָתָן: Several *halakhot* pertaining to Rabbi Natan's ruling are derived from this statement. The Rashba derives that the ruling is limited to a case where the middleman does not have any property with which to pay his creditor. If he has property, his creditor cannot collect the debt from the third party who owes him money, according to the principle that a debt is not collected from liened property that has been sold if the debtor has unsold property. It is derived in *Tosefot Rabbeinu Peretz* that Rabbi Natan's ruling applies not only to loans but to deposits as well. Furthermore, it is inferred that the latter debtor can repay his debt to the former creditor even when his immediate creditor, the middleman, objects to this (see Rashba).

BACKGROUND

Marsh [*agma*] – אַגְמָא: The Aramaic word *agma*, like its Hebrew counterpart *agam*, refers to a marsh, a place next to a river or a pond that is abundant in vegetation such as reeds, low trees, and grass. These are damp areas with a variety of plants that thrive in wet conditions. Owing to the fact that the region of Babylonia is flat, with a large amount of river erosion, it has many swamps, creating marshes. These marshes, being swampy, boggy areas, and occasionally being flooded when the rivers overflow, were areas of ownerless land but were often used as grazing pasture for animals.

דְּתַנְיָא, רַבִּי נָתָן אוֹמֵר: מִנַּיִן לַנּוֹשֶׁה בַּחֲבֵירוֹ מָנֶה, וַחֲבֵירוֹ בַּחֲבֵירוֹ, מִנַּיִן שֶׁמּוֹצִיאִין מִזֶּה וְנוֹתְנִים לָזֶה? תַּלְמוּד לוֹמַר: ״וְנָתַן לַאֲשֶׁר אָשַׁם לוֹ״.

As it is taught in a *baraita* that **Rabbi Natan says: From where** is it derived that if one **is owed one hundred dinars by another,**[H] **and the other** person, i.e., the debtor, is owed one hundred dinars **by another** person, the court **appropriates** payment **from that** latter debtor **and gives** the money directly **to this** first creditor, without going through the middleman, who is both the first debtor and the second creditor? **The verse states,** with regard to returning stolen property: **"And he gives it to the one with regard to whom he is guilty"** (Numbers 5:7), indicating that there is a situation where the liable party pays a third party to whom his creditor owes money in turn.

״הוּעַד בְּבֵית שׁוֹאֵל וְהֶחֱזִירוֹ לִבְעָלִים – בְּעָלִים מְשַׁלְּמִין חֲצִי נֶזֶק, וְשׁוֹאֵל פָּטוּר מִכְּלוּם״.

It is stated at the end of the *baraita* cited earlier (40a): If the ox **was rendered forewarned in the house of the borrower,**[H] **and the** borrower then **returned it to the owner** and it subsequently gored, **the owner pays half** the cost of **the damage and the borrower is exempt from** paying **any** compensation.

סֵיפָא רְשׁוּת מְשַׁנָּה, רֵישָׁא רְשׁוּת אֵינָהּ מְשַׁנָּה!

The Gemara asks: **The last clause** of that *baraita* indicates that a change of **custody changes** the status of the ox; if it was rendered forewarned while in the borrower's possession and was then returned to its owner, the owner pays only half the cost of the damage for any subsequent damage it might cause, as it is no longer considered forewarned. By contrast, **the first clause** of the same *baraita*, which teaches that the ox retains its status as forewarned even after being borrowed, indicates that a change of **custody does not change** the status of the ox.

אָמַר רַבִּי יוֹחָנָן: תַּבְרָא, מִי שֶׁשָּׁנָה זוֹ לֹא שָׁנָה זוֹ.

Rabbi Yoḥanan said. This *baraita* **is disjointed** [*tavra*]. The *tanna* **who taught this** clause **did not teach that** clause.

רַבָּה אָמַר: מִדְּרֵישָׁא רְשׁוּת אֵינָהּ מְשַׁנָּה, סֵיפָא נַמִּי רְשׁוּת אֵינָהּ מְשַׁנָּה. וְסֵיפָא הַיְינוּ טַעֲמָא, מִשּׁוּם דְּאָמַר לֵיהּ: לָאו כָּל כְּמִינָךְ דִּמְיַיעֲדַתְּ לֵיהּ לְתוֹרַאי.

Rabba said: From the fact that **the first clause** follows the opinion that a change of **custody does not change** the status of the ox, it is inferred that **the last clause also** follows the opinion that a change of **custody does not change** its status. **And this is the reason** that in **the last clause** the ox reverts to its status of innocuousness: It is **because** the owner **can say to** the borrower: **It is not in your power to render my ox forewarned,** as I did not give it to you with that intention and it was your negligence that caused the change in its status. Therefore, the owner is not liable to pay additional compensation that results from the status the ox acquired under the custody of the borrower.

רַב פָּפָּא אָמַר: מִדְּסֵיפָא רְשׁוּת מְשַׁנָּה, רֵישָׁא נַמִּי רְשׁוּת מְשַׁנָּה. וְרֵישָׁא הַיְינוּ טַעֲמָא, מִשּׁוּם דְּכָל מָקוֹם שֶׁהוֹלֵךְ – שֵׁם בְּעָלָיו עָלָיו.

Rav Pappa said: From the fact that **the last clause** follows the opinion that a change of **custody changes** the status of the ox,[H] it is inferred that **the first clause also** follows the opinion that a change of **custody changes** its status. **And this is the reason** that in **the first clause** the ox is considered forewarned even when in the custody of the borrower: It is **because wherever it goes, the name of its owner is upon it.** Since it was rendered forewarned under its owner's custody, with whom it remains identified, it is not considered to have undergone a change of custody.

״שׁוֹר הָאִצְטָדִין אֵינוֹ חַיָּיב מִיתָה״. אִיבַּעְיָא לְהוּ: מַהוּ לְגַבֵּי מִזְבֵּחַ?

§ The mishna teaches that **a stadium ox is not liable** to be put to **death,** since it was trained to gore. **A dilemma was raised before** the Sages: If an ox kills a person it may not be brought as an offering, even if it is not put to death. If a stadium ox kills a person, **what is the** *halakha* **with regard to** sacrificing it on **the altar?**[HN]

HALAKHA

One is owed one hundred dinars by another – לַנּוֹשֶׁה בַּחֲבֵירוֹ מָנֶה: If Levi owes Shimon one hundred dinars, and Shimon owes Reuven the same sum, then the money is collected from Levi and transferred directly to Reuven. It makes no difference whether Levi owed the money to Shimon when Shimon became indebted to Reuven, or only afterward. This *halakha* applies to monetary debts, whether due to a loan, a sale, or a rental, in accordance with the opinion of Rabbi Natan. The *Shakh*, citing the *Or Zarua*, says that this also applies to a deposit or to a liability due to theft. It is stated in the *Shulḥan Arukh* that this principle does not apply if Shimon has other property with which to pay his debt to Reuven, as is implied in the Gemara here (Rambam *Sefer Mishpatim, Hilkhot Malve VeLoveh* 2:6; *Shulḥan Arukh, Ḥoshen Mishpat* 86:1–2).

Was rendered forewarned in the house of the borrower – הוּעַד בְּבֵית שׁוֹאֵל: If an innocuous ox is rendered forewarned while in the custody of a borrower, when the borrower returns it to its owner it reverts to its status of innocuousness, as its custodian was changed. Therefore, if the ox then gores and causes damage, the owner pays half the cost of the damage and the borrower is exempt, having already returned it. This ruling is in accordance with the opinion of Rav Pappa, who maintains that a change of custody changes the ox's status (Rambam *Sefer Nezikin, Hilkhot Nizkei Mamon* 4:9).

A change of custody changes the status of the ox – רְשׁוּת מְשַׁנָּה: If an ox is rendered forewarned and is subsequently sold or given as a gift, it reverts to its previous status of innocuousness, as a change of custody changes the status of the ox. If it is lent or transferred to a bailee for safekeeping, it retains its current status, in accordance with the opinion of Rav Pappa that this is not regarded as a change in custody (Rambam *Sefer Nezikin, Hilkhot Nizkei Mamon* 6:6).

A stadium ox…with regard to sacrificing it on the altar – שׁוֹר הָאִצְטָדִין...לְגַבֵּי מִזְבֵּחַ: If an animal is used for sport and induced to gore until it kills a person, it is not disqualified from being brought as an offering, as it is considered a victim of circumstances beyond its control. This ruling is in accordance with the opinion of Rav, whose opinion is accepted in his disputes with Shmuel with regard to ritual law (Rambam *Sefer Avoda, Hilkhot Issurei Mizbe'aḥ* 4:3).

NOTES

What is the *halakha* with regard to sacrificing it on the altar – מַהוּ לְגַבֵּי מִזְבֵּחַ: It is explained in the *Naḥalat Moshe* that the fundamental dispute between Rav and Shmuel is with regard to the status of a transgression performed due to circumstances beyond one's control. According to Rav, such a transgression is not considered to have been performed at all. Therefore, not only is the ox not put to death, it is fit to be brought as an offering. In Shmuel's opinion, although one who performs a transgression due to circumstances beyond his control is exempt from any liability, in both human law and the laws of Heaven, the action itself is still attributed to him. Therefore, a stadium ox that gores and kills a person is disqualified from being brought as an offering.

רַב אָמַר: כָּשֵׁר, וּשְׁמוּאֵל אָמַר: פָּסוּל. רַב אָמַר כָּשֵׁר, אָנוּס הוּא. וּשְׁמוּאֵל אָמַר פָּסוּל, הֲרֵי נֶעֱבַד בּוֹ עֲבֵירָה.

Rav says that it is **fit** to be brought as an offering, **and Shmuel says** that it is **disqualified. Rav says** that the ox is **fit** because it acted **due to circumstances beyond its control,** as goring is what it was trained to do; **and Shmuel says** that it is **disqualified** as, in any event, **a transgression was committed through it.**

מֵיתִיבֵי: ״מִן הַבְּהֵמָה״ – לְהוֹצִיא אֶת הָרוֹבֵעַ וְאֶת הַנִּרְבָּע, ״מִן הַבָּקָר״ – לְהוֹצִיא אֶת הַנֶּעֱבַד, ״מִן הַצֹּאן״ – לְהוֹצִיא אֶת הַמּוּקְצֶה, ״וּמִן הַצֹּאן״ – לְהוֹצִיא אֶת הַנּוֹגֵחַ;

The Gemara **raises an objection** from a *baraita* that interprets the verse: "You shall bring your offering from the cattle, even from the herd or from the flock" (Leviticus 1:2). The phrase **"from the cattle"** is mentioned **to exclude** an animal that **engaged in bestiality and** an animal that **was the object of bestiality** from eligibility to be brought as an offering. The phrase **"from the herd"** is mentioned **to exclude** an animal that had been **worshipped** as a god.[H] **"From the flock"** is mentioned **to exclude** an animal that had been **set aside** for idol worship.[NH] The additional conjunction "or," in the phrase **"or from the flock"** is mentioned **to exclude** an animal that **gores** a person, killing him.[H]

אָמַר רַבִּי שִׁמְעוֹן: אִם נֶאֱמַר רוֹבֵעַ, לָמָּה נֶאֱמַר נוֹגֵחַ? וְאִם נֶאֱמַר נוֹגֵחַ, לָמָּה נֶאֱמַר רוֹבֵעַ?

The *baraita* continues: **Rabbi Shimon said: If it is stated** that an animal that **engaged in bestiality** is disqualified from being brought as an offering, **why is it stated** that an animal that **gores** is disqualified?[N] **And if it is stated** that an animal that **gores** is disqualified, **why is it stated** that an animal that **engaged in bestiality** is disqualified?

מִפְּנֵי שֶׁיֵּשׁ בָּרוֹבֵעַ שֶׁאֵין בַּנּוֹגֵחַ, וְיֵשׁ בַּנּוֹגֵחַ שֶׁאֵין בָּרוֹבֵעַ;

He explains: It is **because there is** a stringency **pertaining to** an animal that **engaged in bestiality that does not pertain to** one that **gores, and,** conversely, **there is** a stringency **pertaining to** an animal that **gores that does not pertain to** an animal that **engaged in bestiality.**

רוֹבֵעַ – עָשָׂה בּוֹ אוֹנֶס כְּרָצוֹן, נוֹגֵחַ – לֹא עָשָׂה בּוֹ אוֹנֶס כְּרָצוֹן. נוֹגֵחַ – מְשַׁלֵּם כּוֹפֶר, רוֹבֵעַ – אֵינוֹ מְשַׁלֵּם אֶת הַכּוֹפֶר. לְפִיכָךְ הוּצְרַךְ לוֹמַר רוֹבֵעַ וְהוּצְרַךְ לוֹמַר נוֹגֵחַ.

He clarifies: With regard to an animal that **engaged in bestiality,** the Torah **renders** a case where **it**[H] is a victim of **circumstances beyond its control like** a case where it acted **willfully,** as it is disqualified in either case. By contrast, with regard to an animal that **gores,** the Torah **does not render** a case where **it** is a victim of **circumstances beyond its control like** a case where it acted **willfully.** Conversely, with regard to an animal that **gores,** its owner **pays** the **ransom;** whereas the owner of an animal that **engaged in bestiality does not pay a ransom. Therefore,** the Torah **had to state** that an animal that **engaged in bestiality** is disqualified **and had to state** that an animal that **gores** is disqualified.

קָתָנֵי מִיהַת: רוֹבֵעַ – עָשָׂה בּוֹ אוֹנֶס כְּרָצוֹן, נוֹגֵחַ – לֹא עָשָׂה בּוֹ אוֹנֶס כְּרָצוֹן. לְמַאי הִלְכְתָא, לָאו לְקָרְבָּן?

The Gemara explains the objection: **In any event,** the *baraita* **teaches** that with regard to an animal that **engaged in bestiality,** the Torah **renders** a case where **it** is a victim of **circumstances beyond its control like** a case where it acted **willfully.** By contrast, with regard to an animal that **gores,** the Torah **does not render** a case where **it** is a victim of **circumstances beyond its control like** a case where it acted **willfully. With regard to what *halakha*** is this stated? Is it **not with regard to** the animal's eligibility to be brought as **an offering?** Accordingly, a stadium ox, which is considered a victim of circumstances beyond its control, is fit to be brought as an offering, contrary to Shmuel's opinion.

NOTES

An animal set aside for idol worship – הַמּוּקְצֶה: Some commentaries maintain that merely designating an animal to be worshipped as a god, or to be offered for idol worship, is sufficient for the *halakhot* of these types of animals to apply to it (Meiri). Most commentaries agree that some additional action is required for these *halakhot* to apply. The Rashba derives from the Gemara in tractate *Temura* (29a) that, according to one opinion, since there is no concept of consecration with regard to idol worship, an animal set aside for idol worship is disqualified from being sacrificed as an offering only if it was set aside for seven years. According to another opinion, it is disqualified from being sacrificed as an offering only if it was transferred to the priests of the idolatrous sect and was fattened by them.

Why is it stated that an animal that gores is disqualified – לָמָּה נֶאֱמַר נוֹגֵחַ: The *tanna* does not find it necessary to explain why the cases of an animal that was worshipped or set aside for idol worship are stated, as, although it is prohibited to derive benefit from these animals, they are not put to death (*Tosafot*). Furthermore, these animals did not perform the forbidden action themselves. Therefore, their disqualification from being brought as offerings must be derived specifically from the verse.

HALAKHA

An animal worshipped as a god – הַנֶּעֱבַד: If an animal was worshipped as a god, whether by its owner or another person, and whether this was done willingly or under duress, or intentionally or unintentionally, it is disqualified from being brought as an offering (Rambam *Sefer Avoda*, *Hilkhot Issurei Mizbe'aḥ* 4:6).

An animal set aside for idol worship – הַמּוּקְצֶה: The Rambam rules that if an animal was set aside for idol worship, and some act of idolatry was performed with it, e.g., shearing it as an idolatrous ritual, it is disqualified from being brought as an offering. The Ra'avad maintains that merely being set aside for idol worship disqualifies it, even if no action was performed with it. The ox is disqualified only if it was set aside for idol worship by its owner (Rambam *Sefer Avoda*, *Hilkhot Issurei Mizbe'aḥ* 4:4–5).

An ox that gores, with regard to sacrificing it on the altar – הַנּוֹגֵחַ לְעִנְיַן מִזְבֵּחַ: If an animal kills a person in the presence of one witness who is not contradicted by its owner, or if the owner himself testifies to this, the animal is disqualified from being brought as an offering (Rambam *Sefer Avoda*, *Hilkhot Issurei Mizbe'aḥ* 4:1).

An animal that engaged in bestiality, the Torah renders it, etc. – רוֹבֵעַ עָשָׂה בּוֹ וכו׳: An animal that engages in bestiality with a woman or man is disqualified from being brought as an offering in any case, whether or not the woman or man is its owner, and whether the animal's act was willful, unintentional, or even under duress (Rambam *Sefer Avoda*, *Hilkhot Issurei Mizbe'aḥ* 4:5).

לָא, לְקַטְלָא.

The Gemara answers: **No, it is with regard to** the animal being put to **death**, i.e., the ox is not killed if it is a victim of circumstances beyond its control.

הָכִי נַמִי מִסְתַּבְּרָא, דְּאִי אָמְרַתְּ לְקָרְבָּן, נוֹגֵחַ לֹא עָשָׂה בּוֹ אוֹנֶס כְּרָצוֹן, לָאו אוֹנֶס דִּידֵיהּ כְּתִיב וְלָאו רָצוֹן דִּידֵיהּ כְּתִיב! אֶלָּא לָאו, לְקַטְלָא.

So too, it is reasonable, as if you say that the ruling of the *baraita* **is with regard to** the animal's eligibility to be brought as **an offering,** how can the *baraita* state the following: By contrast, with regard to an animal that **gores,** the Torah **does not render** a case where **it** is a victim of **circumstances beyond its control like** a case where it acted **willfully. Neither** are **circumstances beyond its control written** in that context, **nor is its willingness written;** the issue is not mentioned in the Torah at all. **Rather,** is the ruling of the *baraita* **not** stated **with regard to** the animal being put to **death,** where this distinction is indicated in the Torah? The mishna interprets the phrase: "And if an ox gores" (Exodus 21:28), as indicating that the ox is not put to death in a case where it is induced to gore; therefore, this distinction is mentioned in the Torah with regard to the animal being put to death. Accordingly, the *baraita* does not address the topic of dispute between Rav and Shmuel.

אָמַר מָר: נוֹגֵחַ – מְשַׁלֵּם אֶת הַכּוֹפֶר, רוֹבֵעַ – אֵינוֹ מְשַׁלֵּם אֶת הַכּוֹפֶר. הֵיכִי דָּמֵי? אִילֵימָא דְּרַבְעָהּ וְקַטְלָהּ, מָה לִי קַטְלָהּ בְּקַרְנָא מָה לִי קַטְלָהּ בִּרְבִיעָה!

§ **The Master said** in the same *baraita*: With regard to an animal that **gores,** its owner **pays the ransom,** whereas the owner of an animal that **engaged in bestiality does not pay a ransom. What are the circumstances** under which the owner of an animal that engaged in bestiality is not liable to pay the ransom? **If we say that it** is when the animal **engaged in bestiality with** a woman **and killed her** in the process, **what** is the difference **to me** whether **it killed her with its horn,** and **what** is the difference **to me** whether **it killed her through bestiality?**

וְאֶלָּא דְּרַבְעָהּ וְלָא קַטְלָהּ, הַאי דְּלָא מְשַׁלֵּם כּוֹפֶר – מִשּׁוּם דְּלָא קַטְלַהּ הוּא!

And rather, if the *baraita* is referring to a case **where** the animal **engaged in bestiality with her but did not kill her,** in that case, **this** *halakha* **that he does not pay a ransom is** simply **due to** the fact that **it did not kill her,** so paying ransom is irrelevant; it is not a feature associated with the *halakhot* of an animal that engaged in bestiality.

אָמַר אַבַּיֵי: לְעוֹלָם דְּרַבְעָהּ וְלָא קַטְלָהּ, דְּאַתְיוּהָ לְבֵי דִינָא וְקַטְלוּהָ, מַהוּ דְּתֵימָא

Abaye said: Actually, it is referring to a case **where** the animal **engaged in bestiality with her but did not kill her,** and it is still noteworthy that its owner is not liable to pay ransom, as the woman **was brought to court, and they executed her** for her transgression. **Lest you say**

Perek **IV**
Daf **41** Amud **a**

HALAKHA

In that case of an animal killing with its horn its intention is to cause injury – קֶרֶן כַּוּוֹנָתוֹ לְהַזִּיק: An ox is not put to death for killing a person unless its objective was to injure him, but the owner is still liable to pay ransom (Rambam *Sefer Nezikin, Hilkhot Nizkei Mamon* 10:9).

An ox trampled a child with its foot – בְּרֶגֶל שֶׁדְּרָסָה עַל גַּבֵּי תִינוֹק: If one's animal enters the courtyard of another and tramples a child while walking, thereby killing it, the owner is liable to pay ransom (Rambam *Sefer Nezikin, Hilkhot Nizkei Mamon* 10:13).

כְּמַאן דְּקַטְלַהּ דָּמֵי, קָא מַשְׁמַע לַן.

that the ox should be considered **like one that killed her,** as it was the reason for her execution, and therefore its owner should be liable to pay a ransom, the *baraita* **teaches us** that this is not the case.

רָבָא אָמַר: לְעוֹלָם דְּרַבְעָהּ וְקַטְלָהּ, וּדְקָא קַשְׁיָא לָךְ: מָה לִי קַטְלָהּ בְּקַרְנַיִם מָה לִי קַטְלָהּ בִּרְבִיעָה! קֶרֶן כַּוּוֹנָתוֹ לְהַזִּיק, הַאי כַּוּוֹנָתוֹ לַהֲנָאַת עַצְמוֹ הוּא.

Rava said: Actually, it is a case **where** the animal **engaged in bestiality with her and killed her** in the process. **And as for the difficulty you** pose: **What** is the difference **to me** whether **it killed her with its horns,** and **what** is the difference **to me** whether **it killed her through bestiality,** the answer is that in that case of an animal killing with its **horn, its intention is to cause injury,**[H] whereas in **this** case of killing through bestiality **its intention is to** achieve **its own pleasure.**

בְּמַאי פְּלִיגִי? בְּרֶגֶל שֶׁדְּרָסָה עַל גַּבֵּי תִינוֹק בַּחֲצַר הַנִּיזָּק, לְאַבַּיֵי – מְשַׁלֵּם כּוֹפֶר, לְרָבָא – לָא מְשַׁלֵּם כּוֹפֶר.

The Gemara asks: **With regard to what** other case **would** Abaye and Rava **disagree?** They disagree **with regard to** a case where an ox **trampled a child with its foot,**[H] killing it, **in the courtyard of the injured** party. **According to Abaye,** the owner **pays the ransom,** as he holds that ransom is paid even if the animal's objective was not to cause injury or death. **According to Rava, he does not pay** the **ransom.**

תַּנְיָא כְּוָותֵיהּ דְּרַב: שׁוֹר הָאִיצְטָדִין אֵינוֹ חַיָּיב מִיתָה, וְכָשֵׁר לְגַבֵּי מִזְבֵּחַ, מִפְּנֵי שֶׁהוּא כִּמְעוּשֶּׂה.

It is taught in a *baraita* **in accordance with** the opinion **of Rav: A stadium ox** that killed a person **is not liable** to be put to **death and is fit to** be sacrificed as an offering on **the altar, because it is as though it was compelled** to behave in this manner.

מתני׳ שׁוֹר שֶׁנָּגַח אֶת הָאָדָם וּמֵת, מוּעָד – מְשַׁלֵּם כּוֹפֶר, וְתָם – פָּטוּר מִן הַכּוֹפֶר, וְזֶה וָזֶה חַיָּיבִין מִיתָה; וְכֵן בְּבֵן, וְכֵן בְּבַת. נָגַח עֶבֶד אוֹ אָמָה – נוֹתֵן שְׁלֹשִׁים סְלָעִים, בֵּין שֶׁהוּא יָפֶה מֵאָה מָנֶה, וּבֵין שֶׁאֵינוֹ יָפֶה אֶלָּא דִּינָר אֶחָד.

MISHNA With regard to **an ox that gored a person and the person died,**[H] if the ox was **forewarned** its owner **pays ransom, but** if it was **innocuous he is exempt from** paying **the ransom. And** both **this** forewarned ox **and that** innocuous ox **are liable** to be put to **death** for killing a person. **And the same** *halakha* applies **in** a case where the animal killed **a boy**[N] **and the same** applies **in** a case where it killed a **girl.** If the ox **gored** and killed a Canaanite **slave**[H] **or** a Canaanite **maidservant,** its owner **gives** the victim's master **thirty *sela*, whether he was** a slave **worth one hundred *maneh*,** i.e., one hundred silver dinars, **or worth only one dinar.**

גמ׳ וְכִי מֵאַחַר דְּמִתָּם קָטְלִינַן לֵיהּ, מוּעָד הֵיכִי מַשְׁכַּחַתְּ לָהּ?

GEMARA The Gemara asks: **But since we kill** the ox for killing a person **when it is** still considered **innocuous, how can you find** a case of **a forewarned** ox killing a person?[H]

אֲמַר רַבָּה: הָכָא בְּמַאי עָסְקִינַן – כְּגוֹן שֶׁאֲמָדוּהוּ לִשְׁלֹשָׁה בְּנֵי אָדָם.

Rabba said: Here we are dealing with a case **where in three** instances of attacking **people,** the court **assessed** that had the people not escaped, the ox would certainly have killed them. Therefore, despite the fact that the ox did not kill anyone, it now has the status of a forewarned ox.

רַב אַשִׁי אֲמַר: אוּמְדָּנָא לָאו כְּלוּם הוּא. אֶלָּא הָכָא בְּמַאי עָסְקִינַן – כְּגוֹן שֶׁסִּיכֵּן לִשְׁלֹשָׁה בְּנֵי אָדָם.

Rav Ashi said: Such **an assessment is not** worth **anything.** Since the ox did not actually kill them, it is not rendered forewarned even if it intended to kill. **Rather, here we are dealing with** a case **where it endangered** the lives of **three people** by goring them, and they all died only after the third goring. Therefore, the ox had not been put to death.

רַב זְבִיד אֲמַר: כְּגוֹן שֶׁהָרַג שְׁלֹשָׁה בְּהֵמוֹת.

Rav Zevid said: The mishna is discussing a case **where it killed three animals,** which is sufficient to render the ox forewarned but for which it is not put to death.

וּמוּעָד לִבְהֵמָה הָוֵי מוּעָד לְאָדָם? אֶלָּא אֲמַר רַב שִׁימִי: כְּגוֹן שֶׁהָרַג שְׁלֹשָׁה גּוֹיִם.

The Gemara asks: **But is** an animal that is **forewarned with regard to animals** considered **forewarned with regard to people** as well? Certainly it is not. **Rather, Rav Shimi said:** The mishna is discussing a case **where it killed three gentiles,** for which the animal is not put to death.

וּמוּעָד לְגוֹיִם הָוֵי מוּעָד לְיִשְׂרָאֵל? אֶלָּא אֲמַר רַבִּי שִׁמְעוֹן בֶּן לָקִישׁ: כְּגוֹן שֶׁהָרַג שְׁלֹשָׁה בְּנֵי אָדָם טְרֵפָה.

The Gemara asks: **But is** an animal that is **forewarned with regard to gentiles**[N] considered **forewarned with regard to Jews** as well? **Rather, Rabbi Shimon ben Lakish said:** The mishna is discussing a case **where it killed three people who had wounds that would have caused them to die within twelve months** [*tereifa*]. Since they were on the verge of dying anyway, the ox is not put to death for killing them. Nevertheless, it is rendered forewarned with regard to its future goring and killing of people.

וּמוּעָד לִטְרֵפָה הָוֵי מוּעָד לְשָׁלֵם? אֶלָּא אֲמַר רַב פָּפָּא: דִּקְטַל וַעֲרַק לְאַגְמָא, דִּקְטַל וַעֲרַק לְאַגְמָא.

The Gemara asks: **But is** an animal that is **forewarned with regard to a *tereifa*** considered **forewarned with regard to an intact** person, i.e., one who is not a *tereifa*? **Rather, Rav Pappa said:** The mishna is discussing a case **where it killed** a person **and fled to the marsh,** then **killed** again **and fled to the marsh,** and then killed again and fled to the marsh, so the court was not able kill it before it had killed three times, rendering it forewarned.

רַב אַחָא בְּרֵיהּ דְּרַב אִיקָא אֲמַר: כְּגוֹן שֶׁהוּזְמוּ זוֹמְמֵי זוֹמְמִין.

Rav Aḥa, son of Rav Ika, said: The mishna is discussing a case **where** the witnesses **who had rendered** the witnesses who testified to the three incidents of goring as **conspiring witnesses,** resulting in the animal not being put to death, **were** themselves subsequently **proven** to be **conspiring witnesses**[N] by other witnesses. Consequently, the testimonies of the witnesses who testified about the incidents of goring were reinstated, rendering the ox forewarned.

HALAKHA

An ox that gored a person and the person died – שׁוֹר שֶׁנָּגַח אֶת הָאָדָם וּמֵת: If an ox, or any other animal, kills a person intentionally, it is put to death by stoning. There is a distinction between an innocuous ox and a forewarned ox: While no ransom is paid in the case of an innocuous ox, the owner of a forewarned ox is liable to pay ransom (Rambam *Sefer Nezikin, Hilkhot Nizkei Mamon* 10:2).

Gored a slave – נָגַח עֶבֶד: A person whose ox killed the Canaanite slave or Canaanite maidservant of a Jew is liable to pay the fine determined by the Torah, which is thirty silver Tyrian *sela*. This is a fixed amount, regardless of the slave's monetary value (Rambam *Sefer Nezikin, Hilkhot Nizkei Mamon* 11:1).

How can you find a case of a forewarned ox killing a person – מוּעָד הֵיכִי מַשְׁכַּחַתְּ לָהּ: Since any animal that kills a person is put to death, how is it possible for an animal to be rendered forewarned with regard to killing people, thereby deeming its owner liable to pay ransom if it kills again? This could happen in a case where it killed three gentiles and subsequently kills a Jew; or where it killed three Jews who had the status of a *tereifa* and subsequently kills a healthy person; or where it killed three times, fleeing each time, and on the fourth time it was caught. In addition, if the animal endangered the lives of three people, or killed three animals, it is rendered forewarned with regard to killing people as well. This is in accordance with all the *amora'im* cited in this discussion The *Maggid Mishne* notes the apparent contradiction between the Rambam's opinion here and his opinion elsewhere that an animal that is forewarned with regard to other animals is not considered forewarned with regard to people (Rambam *Sefer Nezikin, Hilkhot Nizkei Mamon* 10:3).

NOTES

And the same *halakha* applies in a case where it killed a boy, etc. – וְכֵן בְּבֵן וכו׳: This *halakha* is derived from the verse: "Whether it has gored a son or has gored a daughter" (Exodus 21:31), deeming one liable if his ox kills a minor just as if it kills an adult. The reason it is necessary to specify this *halakha* is that one might have thought that since minors are not obligated to observe the mitzvot, they are not considered to be Jews for all purposes. This *halakha* applies only to children or viable babies, and not to non-viable babies (*Nimmukei Yosef*).

But is an animal that is forewarned with regard to gentiles, etc. – וּמוּעָד לְגוֹיִם וכו׳: There are several explanations for the assumption underlying this question. One possibility is that since the owner of the ox is not liable to pay ransom for the goring of a gentile, consequently, he does not exercise additional caution with regard to safeguarding the ox. Therefore, the owner of the ox is not considered forewarned. Another explanation is that Jews receive greater divine protection against injury. Alternatively, it is explained that since the ox belongs to a Jew and has become accustomed to people dressed as Jews, it does not gore them, but does gore gentiles.

Where the witnesses who had rendered them conspiring witnesses were proven to be conspiring witnesses – כְּגוֹן שֶׁהוּזְמוּ זוֹמְמֵי זוֹמְמִין: The second pair of witnesses were rendered as conspiring witnesses after the ox gored for the third time, causing the ox to be rendered forewarned through a single testimony, namely, that of the third pair of witnesses. The *Penei Yehoshua* suggests that all the witnesses to the first incidents of goring testified in court on the same day, thereby rendering the ox forewarned.

הָנִיחָא אִי לְיַיעוּדֵי תּוֹרָא בָּעֵינַן – שַׁפִּיר, אֶלָּא אִי לְיַיעוּדֵי גַּבְרָא בָּעֵינַן, מֵימַר אָמַר לֵיהּ: לָא הֲוָה יָדַעְנָא! כְּגוֹן דְּאָמְרִי: כָּל אֵימַת דְּקָטֵיל תּוֹרֵיהּ, גַּבֵּיהּ הֲוָה קָאֵי.

The Gemara asks: **This** explanation **works out well if** it is assumed that the purpose of testifying to the ox's goring is because **we wish to establish the ox as forewarned;** once the testimony concerning the incidents of goring is reinstated, it is established that the ox gored three times. **But if we wish to warn the man** who owns the ox by testifying that the animal gored, **he could say to** the judge, after it is established that his ox was forewarned: **I did not know** that my ox was forewarned, since the witnesses had previously been rendered conspiring witnesses. The Gemara answers: This is a case **where the** witnesses **say: Each time his ox killed** a person **he was standing by it,** so that he cannot claim ignorance.

רָבִינָא אָמַר: בְּמַכִּירִין אֶת בַּעַל הַשּׁוֹר וְאֵין מַכִּירִין אֶת הַשּׁוֹר.

Ravina said: The mishna is discussing a case **where the witnesses recognized the owner of the ox**[H] **but did not recognize the ox** itself. Therefore, with regard to the first incidents of goring, they testified that it was his ox that gored, but they did not testify with regard to the ox itself. That is why the ox was not put to death. Only afterward did they realize that this was the ox that had gored three times previously.

מַאי הֲוָה לֵיהּ לְמֶעְבַּד? מִשּׁוּם דְּאָמְרִי לֵיהּ: תּוֹרָא נַגְחָנָא אִית לָךְ בְּבַקְרָךְ, אִיבָּעֵי לָךְ נָטוֹרֵי כּוּלֵּי בַּקְרָךְ.

The Gemara asks: If so, why is the ox rendered forewarned? **What could** the owner **have done** to prevent it from goring again, as he did not know which of his oxen had gored? The Gemara answers that it is rendered forewarned **because** the court effectively **said to him: You have** a habitually **goring ox in your herd,** so **you must safeguard your entire herd.**

״וְזֶה וָזֶה חַיָּיבִין מִיתָה״ כו׳. תָּנוּ רַבָּנַן: מִמַּשְׁמַע שֶׁנֶּאֱמַר ״סָקוֹל יִסָּקֵל הַשּׁוֹר״, אֵינִי יוֹדֵעַ שֶׁנְּבֵילָה הִיא, וּנְבֵילָה אֲסוּרָה בַּאֲכִילָה? מַה תַּלְמוּד לוֹמַר ״לֹא יֵאָכֵל אֶת בְּשָׂרוֹ״? מַגִּיד לְךָ הַכָּתוּב, שֶׁאִם שְׁחָטוֹ לְאַחַר שֶׁנִּגְמַר דִּינוֹ – אָסוּר בַּאֲכִילָה.

§ The mishna teaches: **And** both **this** forewarned ox **and that** innocuous ox **are liable** to be put to **death. The Sages taught:** We learn by **inference from** that **which is stated** with regard to an ox that killed a person: "And if an ox gores a man or a woman, that they die, **the ox shall be stoned,** and its flesh shall not be eaten; but the owner of the ox shall be clear" (Exodus 21:28). **Don't I know** from this verse **that** the stoning makes it an unslaughtered **animal carcass, and it is prohibited to eat** an unslaughtered **animal carcass?**[N] **What** is the meaning when **the verse states: "Its flesh shall not be eaten"? The verse is telling you that** even **if one slaughtered** the ox **after its verdict had been reached**[H] but before it was stoned, it is still **prohibited to eat** it.

אֵין לִי אֶלָּא בַּאֲכִילָה, בַּהֲנָאָה מִנַּיִן? תַּלְמוּד לוֹמַר: ״וּבַעַל הַשּׁוֹר נָקִי״.

I have derived **only** that one is prohibited **to eat** it; **from where** is it derived that one is prohibited **from** deriving **benefit** from the ox as well? **The verse states: "But the owner of the ox shall be clear."**

מַאי מַשְׁמַע? שִׁמְעוֹן בֶּן זוֹמָא אוֹמֵר: כְּאָדָם שֶׁאוֹמֵר לַחֲבֵירוֹ: יָצָא אִישׁ פְּלוֹנִי נָקִי מִנְּכָסָיו וְאֵין לוֹ בָּהֶם הֲנָאָה שֶׁל כְּלוּם.

The Gemara asks: **What is the inference?** How is this *halakha* derived from the statement that the owner shall be clear? **Shimon ben Zoma says:** This is **like a person who says to his friend: So-and-so was left clear of his property, and has no benefit from it at all.** Similarly, "but the owner of the ox shall be clear" means that he may not derive benefit from the ox.

וּמִמַּאי דְּ״לֹא יֵאָכֵל אֶת בְּשָׂרוֹ״ לְהֵיכָא דִּשְׁחָטוֹ אַחַר שֶׁנִּגְמַר דִּינוֹ שֶׁאָסוּר בַּאֲכִילָה? אֵימָא, דְּהֵיכָא דִּשְׁחָטוֹ לְאַחַר שֶׁנִּגְמַר דִּינוֹ – שָׁרֵי בַּאֲכִילָה הוּא, וְהַאי ״לֹא יֵאָכֵל אֶת בְּשָׂרוֹ״ – לְהֵיכָא דְּסַקְלֵיהּ מִסְקָל, דְּאָסוּר בַּהֲנָאָה הוּא, כִּדְרַבִּי אַבָּהוּ,

The Gemara asks: **And from where** is it known **that** this phrase: **"Its flesh shall not be eaten,"** serves to teach a *halakha* **with regard to** a case **where he slaughtered** the ox **after its verdict was reached,** but before it was stoned, and is teaching that one is **prohibited to eat** it? Why not **say that it is permitted to eat** the ox **if he slaughtered** it **after its verdict had been reached. And this** phrase: **"Its flesh shall not be eaten,"** serves to teach a *halakha* **with regard to** a case **where they** had already **stoned it,** but not to teach a prohibition against eating it, as that is already known due to the fact that it was stoned. Rather, it serves to prohibit deriving benefit from the ox, **and** that would be **in accordance with** the statement **of Rabbi Abbahu.**

דְּאָמַר רַבִּי אַבָּהוּ אָמַר רַבִּי אֶלְעָזָר: כָּל מָקוֹם שֶׁנֶּאֱמַר ״לֹא יֵאָכֵל״ ״לֹא תֹאכַל״ ״לֹא תֹאכְלוּ״, אֶחָד אִיסּוּר אֲכִילָה וְאֶחָד אִיסּוּר הֲנָאָה בְּמַשְׁמַע,

As Rabbi Abbahu says that **Rabbi Elazar says** that **wherever it is stated: "It shall not be eaten";**[H] or **"you,"** singular, **"shall not eat"; or "you,"** plural, **"shall not eat"; both a prohibition** against **eating and a prohibition** against deriving **benefit** are indicated. This is so **unless the verse specifies for you** that one may derive benefit, **in the manner that it specified for you with regard to an animal carcass,** from which the verse explicitly permits one to derive benefit.

HALAKHA

Where the witnesses recognized the owner of the ox – בְּמַכִּירִין אֶת בַּעַל הַשּׁוֹר: If the witnesses recognize the owner of the ox but not the ox itself, i.e., they saw an ox from his herd gore and kill three times, but are not sure if it is the same ox that killed the fourth time, since they warned the owner that there is an ox in his herd that gores and kills, he should have safeguarded the entire herd. Since he did not, the owner is liable to pay ransom, in accordance with the opinion of Ravina (Rambam *Sefer Nezikin, Hilkhot Nizkei Mamon* 10:3).

If one slaughtered the ox after its verdict had been reached – אִם שְׁחָטוֹ לְאַחַר שֶׁנִּגְמַר דִּינוֹ: If an ox was sentenced to be killed by stoning, even if it was slaughtered before it was stoned, it is forbidden to eat it or to use its flesh for any benefit. One who eats an olive-bulk of its flesh is liable to receive lashes (Rambam *Sefer Nezikin, Hilkhot Nizkei Mamon* 11:9 and *Sefer Kedusha, Hilkhot Ma'akhalot Assurot* 4:22).

Wherever it is stated, it shall not be eaten – כָּל מָקוֹם שֶׁנֶּאֱמַר לֹא יֵאָכֵל: Whenever the Torah states that one shall not eat a certain item, this includes both eating and deriving any other benefit, unless there is a verse or an oral tradition that explicitly states that only eating, in the narrow sense, is intended (Rambam *Sefer Kedusha, Hilkhot Ma'akhalot Assurot* 8:15).

NOTES

And it is prohibited to eat an unslaughtered animal carcass – וּנְבֵילָה אֲסוּרָה בַּאֲכִילָה: The Ra'ah explains that even without this consideration, since the Torah states that the ox is liable to be stoned, it clearly may not be eaten, since the stoning also serves as punishment for the owner. If he were permitted to eat the carcass, this would not constitute a severe punishment.

עַד שֶׁיִּפְרֹט לְךָ הַכָּתוּב כְּדֶרֶךְ שֶׁפֵּרֵט לְךָ בִּנְבֵלָה: לַגֵּר בִּנְתִינָה, וְלַנָּכְרִי בִּמְכִירָה!

The Gemara continues: This is so **unless the verse specifies for you** that one may derive benefit, **in the manner that it specified for you with regard to an animal carcass,** from which the verse explicitly permits one to derive benefit, as it states: "You may sell it to a foreigner" (Deuteronomy 14:21). Accordingly, it is permitted to transfer an unslaughtered animal carcass **to a *ger toshav*,** i.e., a gentile who resides in Eretz Yisrael and observes the seven Noahide mitzvot, **through giving**[H] it to him as a gift, **and to** any other **gentile through selling** it to him. Apparently, without this explicit permission, it would be prohibited to derive any benefit from a carcass, due to the prohibition: "You shall not eat." Here, too, with regard to the ox that is stoned, the phrase: "Its flesh shall not be eaten," may serve to teach that one may not derive benefit from the stoned ox.

אָמְרִי: הָנֵי מִילֵּי הֵיכָא דְּנָפֵיק לֵיהּ אִיסּוּר אֲכִילָה וְאִיסּוּר הֲנָאָה מִקְּרָא מִ״לֹּא יֵאָכֵל״. אֲבָל הָכָא, דְּאִיסּוּר אֲכִילָה מִ״סָּקֹל יִסָּקֵל״ נָפְקָא, אִי סָלְקָא דַּעְתָּךְ הַאי ״לֹא יֵאָכֵל אֶת בְּשָׂרוֹ״ אִיסּוּר הֲנָאָה הוּא, נִכְתּוֹב רַחֲמָנָא ״לֹא יְהָנֶה״! אִי נַמִי ״לֹא יֵאָכֵל״, ״אֶת בְּשָׂרוֹ״ לָמָּה לִי? דַּאֲפִילּוּ עַל גַּב דַּעֲבַדֵיהּ כְּעֵין בָּשָׂר, דְּשַׁחֲטֵיהּ – אָסוּר.

The Sages **said** in response: **That statement** applies **where** both **the prohibition of eating and the prohibition of deriving benefit are derived from a verse** using an expression such as: **"It shall not be eaten." But here, where the prohibition of eating is derived from** the statement: "The ox **shall be stoned," if it enters your mind** that **this** expression: **"Its flesh shall not be eaten,"** is stated only in reference to the **prohibition of deriving benefit, let the Merciful One write** explicitly: **Benefit shall not be derived** from it. **Alternatively,** let the verse simply state: **"It shall not be eaten"; why do I require** the specific term: **"Its flesh"?** Clearly, the intention of the verse is to teach **that even if he has rendered it like** kosher **flesh by** properly **slaughtering it** after the verdict, one is still **prohibited** to eat it.

מַתְקִיף לַהּ מָר זוּטְרָא, אֵימָא: הָנֵי מִילֵּי

Mar Zutra objects to this: Say that **this statement** applies

Perek **IV**
Daf **41** Amud **b**

הֵיכָא דִּבְדַק צוֹר וְשָׁחַט בּוֹ, דַּעֲבָדֵיהּ כְּעֵין סְקִילָה. אֲבָל הֵיכָא דְּשַׁחֲטֵיהּ בְּסַכִּין – לָא!

only in a case **where he checked** a sharp piece of **flint,**[B] **and,** seeing that it did not have any defects, **slaughtered** the ox **with it.** In that case, one could say **that** by slaughtering it with a stone, **he performed the equivalent to stoning.** Therefore, it is prohibited to eat it. **But** in a case **where he slaughtered it with a knife** made of metal, one is **not** prohibited from eating it.

אָמְרִי: אַטּוּ סַכִּין כְּתִיבָא בְּאוֹרָיְיתָא? וְהָתְנַן: הַשּׁוֹחֵט בְּמַגַּל יָד, בְּצוֹר, וּבְקָנֶה – שְׁחִיטָתוֹ כְּשֵׁירָה!

The Sages **said** in response: **Is that to say** that **it is written in the Torah** that slaughter must performed specifically with **a knife,** which would justify a distinction between slaughtering with a stone and a knife? **But didn't we learn** in the mishna (*Ḥullin* 15b): With regard to **one who slaughters with a hand-sickle,**[H] **with a** piece of **flint, or with a reed,**[B] if these implements were suitable to be used for slaughter, **his slaughter is valid?**

וְהַשְׁתָּא דְּנָפְקָא לֵיהּ אִיסּוּר אֲכִילָה וְאִיסּוּר הֲנָאָה מִ״לֹּא יֵאָכֵל אֶת בְּשָׂרוֹ״, ״בַּעַל הַשּׁוֹר נָקִי״ לָמָּה לִי? לַהֲנָאַת עוֹרוֹ. דְּסָלְקָא דַּעְתָּךְ אָמֵינָא: בְּשָׂרוֹ הוּא דְּאָסוּר בַּהֲנָאָה, עוֹרוֹ נִשְׁתְּרֵי בַּהֲנָאָה, קָמַשְׁמַע לַן ״בַּעַל הַשּׁוֹר נָקִי״.

The Gemara asks: **And** according to Rabbi Abbahu, **now that he derives the prohibition of eating and the prohibition of deriving benefit from** the verse **"Its flesh shall not be eaten," why do I** require the statement: **"The owner of the ox shall be clear"?** The Gemara answers: This is stated **to** prohibit **deriving benefit from its hide**[H] after it has been killed; **as it could enter your mind to say that it is** specifically **its flesh from which it is prohibited to derive benefit,** as the verse states: "Its flesh shall not be eaten," but **deriving benefit from its hide will be permitted.** Therefore, the Torah **teaches us** that **the owner of the ox shall be clear,** to indicate it is prohibited to derive benefit from any part of the ox.

וּלְהָנָךְ תַּנָּאֵי דְּמַפְּקִי לֵיהּ לְהַאי ״בַּעַל הַשּׁוֹר נָקִי״ לִדְרָשָׁה אַחֲרִינָא [כִּדְבָעֵינַן לְמֵימַר קַמָּן], הֲנָאַת עוֹרוֹ מְנָא לְהוּ?

The Gemara asks: **And according to those *tanna'im* who expound this** verse: **"The owner of the ox shall be clear," for another interpretation, as we wish to state below, from where do they derive** this prohibition against **deriving benefit from the** ox's **hide?**

HALAKHA

To a *ger toshav* through giving – לַגֵּר בִּנְתִינָה: It is prohibited to give a gift to an idol worshipper unless the giver knows the recipient (*Shulḥan Arukh*, citing Rosh). It is permitted to give a gift to a *ger toshav*, as explicitly stated in the Torah with regard to an animal carcass (Rambam *Sefer HaMadda, Hilkhot Avoda Zara* 10:4; *Shulḥan Arukh, Yoreh De'a* 151:11).

BACKGROUND

Flint – צוֹר: The use of stonecutting tools is a very ancient practice, and is mentioned several times in the Bible.

When flint is broken in a special manner it creates a strong blade that is sharp enough to cut like any knife. Since stones have no uniform shape, the stone's edge is not always smooth, and a small piece could break off of it during use. For this reason a flint knife must be checked, after which it may be used for ritual slaughter.

Reed – קָנֶה: Reeds and similar plants such as bamboo have hard stalks, which, when broken cleanly without leaving any fibers or splinters along the broken edge, are sufficiently sharp to cut ox hide and flesh.

HALAKHA

One who slaughters with a hand-sickle – הַשּׁוֹחֵט בְּמַגַּל יָד: It is permitted to slaughter with any instrument, whether a knife made of metal or any other material, e.g., flint, glass, or the membrane of a reed, on the condition that its cutting edge is completely smooth and without any defect (Rambam *Sefer Kedusha, Hilkhot Sheḥita* 1:14; *Shulḥan Arukh, Yoreh De'a* 6:1).

Deriving benefit from its hide – הֲנָאַת עוֹרוֹ: It is prohibited to derive benefit from an ox that was killed by stoning, or even one that was slaughtered after being sentenced to be put to death by stoning but before it was stoned. Both its flesh and its hide are forbidden (Rambam *Sefer Kedusha, Hilkhot Ma'akhalot Assurot* 4:22).

נָפְקָא לְהוּ מֵ״אֶת בְּשָׂרוֹ״ – אֶת הַטָּפֵל לִבְשָׂרוֹ, מַאי נִיהוּ? עוֹרוֹ.

The Gemara answers: **They derive it from** the wording: **"Its flesh** may not be eaten [*velo ye'akhel et besaro*]." The verse could have been formulated: *Velo ye'akhel besaro*, which already means: And its flesh shall not be eaten. The addition of the word "*et*" teaches that the prohibition applies also to **that which is secondary to the flesh.** And **what is that?** That is **its hide.**

וְהַאי תַּנָּא ״אֶת״ לָא דָּרֵישׁ,

The Gemara adds: **And this *tanna*,** who derives it from the statement: "The owner of the ox shall be clear," **does not interpret** the word **"*et*"** as a means to derive new *halakhot*. He considers the word "*et*" to be an ordinary part of the sentence structure and not a source for exegetical exposition.

כְּדְתַנְיָא: שִׁמְעוֹן הָעַמְסוֹנִי, וְאָמְרִי לַהּ נְחֶמְיָה הָעַמְסוֹנִי, הָיָה דּוֹרֵשׁ כׇּל ״אֶתִּין״ שֶׁבַּתּוֹרָה, כֵּיוָן שֶׁהִגִּיעַ לְ״אֶת ה׳ אֱלֹהֶיךָ תִּירָא״ פֵּירַשׁ; אָמְרוּ לוֹ תַּלְמִידָיו: רַבִּי, כׇּל ״אֶתִּין״ שֶׁדָּרַשְׁתָּ מָה תְּהֵא עֲלֵיהֶן? אָמַר לָהֶם: כְּשֵׁם שֶׁקִּבַּלְתִּי שָׂכָר עַל הַדְּרִישָׁה, כָּךְ קִבַּלְתִּי שָׂכָר עַל הַפְּרִישָׁה;

As it is taught in a *baraita*: **Shimon HaAmasoni, and some say** that it was **Neḥemya HaAmasoni,**[P] **would interpret all** occurrences of the word **"*et*" in the Torah,**[L] deriving additional *halakhot* with regard to the particular subject matter. **Once he reached** the verse: **"You shall fear the Lord your God"** (Deuteronomy 6:13), which is written with the added word "*et*," **he withdrew** from this method of exposition, as whose fear could be an extension of the fear of God? **His students said to him: Our teacher, what will be with all** the occurrences of the word **"*et*" that you interpreted** until now? **He said to them: Just as I received reward for the exposition, so I received reward for** my **withdrawal** from using this method of exposition.

עַד שֶׁבָּא רַבִּי עֲקִיבָא וְלִימֵּד: ״אֶת ה׳ אֱלֹהֶיךָ תִּירָא״ – לְרַבּוֹת תַּלְמִידֵי חֲכָמִים.

The word "*et*" in this verse was not explained **until Rabbi Akiva came and expounded: "You shall fear the Lord your God":** The word "*et*" serves **to include Torah scholars,**[NH] i.e., that one is commanded to fear them just as one fears God. In any event, Shimon HaAmasoni no longer derived additional *halakhot* from the word *et*.

תָּנוּ רַבָּנַן: ״וּבַעַל הַשּׁוֹר נָקִי״ – רַבִּי אֱלִיעֶזֶר אוֹמֵר: נָקִי מֵחֲצִי כּוֹפֶר;

§ **The Sages taught** with regard to the verse: **"But the owner of the ox shall be clear,"** that **Rabbi Eliezer says:** It means that **he shall be clear from paying half a ransom.**[H] Although the owner of an innocuous ox that causes damage is liable to pay half the cost of the damage, if an ox kills a person its owner is not liable to pay any ransom.

אָמַר לוֹ רַבִּי עֲקִיבָא: וַהֲלֹא הוּא עַצְמוֹ אֵין מְשַׁלֵּם אֶלָּא מִגּוּפוֹ, הֲבִיאֵהוּ לְבֵית דִּין וִישַׁלֵּם לְךָ!

Rabbi Akiva said to him: Why is it necessary for the verse to teach this? **But isn't** compensation for damage caused by an innocuous ox **itself** anyway **paid only from** the value of **its body?** Here too, its owner can say to the claimant: **Bring it to court and it will pay you,** i.e., you will be paid from its value. Since the ox is stoned, there is nothing from which he can receive payment. Therefore, according to your interpretation, the verse does not introduce any *halakha* that could not have been inferred by logic, and is therefore superfluous.

אָמַר לוֹ רַבִּי אֱלִיעֶזֶר: כָּךְ אֲנִי בְּעֵינֶיךָ, שֶׁדִּינִי בְּזֶה שֶׁחַיָּיב מִיתָה? אֵין דִּינִי אֶלָּא כְּשֶׁהֵמִית אֶת הָאָדָם עַל פִּי עֵד אֶחָד אוֹ עַל פִּי בְּעָלִים.

Rabbi Eliezer said to him: Is this how I appear **in your eyes, that my derivation** from the verse is **in** reference to **this** case, that of an ox **that is liable** to be put to **death?** Obviously no verse would be required to teach this *halakha* in such a case. **My derivation is only** with regard to a case **where** the assumption that the ox **killed a person** is **based on** the testimony of **one witness, or** is **based on** the admission of **the owner.** Such proof is not sufficient for the ox to be put to death by stoning, but one might have thought that it is sufficient to require its owner to pay ransom.

עַל פִּי בְּעָלִים, מוֹדֶה בִּקְנָס הוּא!

The Gemara asks: If it is **based on** the admission of **the owner,** he clearly would not be liable to pay ransom, since **he** would be **admitting to** an act that results **in a fine,**[N] in which case a person is exempt from paying the fine; so why would it be necessary for the verse to state this exemption?

קָסָבַר: כּוּפְרָא כַּפָּרָה.

The Gemara answers: Rabbi Eliezer **holds** that **ransom** is for the purpose of **atonement,** and is not considered a fine. Accordingly, one might have assumed that even in a case where there is not conclusive testimony, the owner must pay ransom to atone for the killing. Therefore, the verse states that in the case of an innocuous ox, the owner is not liable to pay half a ransom.

PERSONALITIES

Neḥemya HaAmasoni – נְחֶמְיָה הָעַמְסוֹנִי: Little is known of this *tanna*, but he seems to have been one of Rabbi Akiva's mentors. The Gemara indicates that he preceded Rabbi Akiva in expounding the word *et*, while Rabbi Akiva himself is known for expounding every aspect of the Torah, including the crowns on the letters (*Menaḥot* 29a). Some scholars identify him with Naḥum of Gimzo, who was one of Rabbi Akiva's teachers. By contrast, the Jerusalem Talmud (*Berakhot* 9:5) states that he studied under Rabbi Akiva for twenty-two years, expounding every *et* as an amplification and every mention of the words but [*aḥ*] and only [*rak*] as a restriction.

LANGUAGE

Occurrences of the word *et* in the Torah – אֶתִּין שֶׁבַּתּוֹרָה: The word *et* usually serves as a preposition indicating a direct object, although often the relationship between a verb and its object is unexpectedly expressed without it. When combined with the various possessive suffixes, namely where it appears as *itekha*, *etkhem*, etc., the word *et* means with.

Because of its grammatical irregularity, most Sages viewed the word *et* as a superfluous word included in the verse in order to add something unexpressed by the plain meaning of the text. When they interpret it homiletically, they usually treat it as an expansion of the object to include an additional item that is related to it.

NOTES

To include Torah scholars – לְרַבּוֹת תַּלְמִידֵי חֲכָמִים: Torah scholars are intimately connected to and bound with God and His Torah, and so it is fitting to compare the awe of them to the awe of God, as the mishna states: The awe of your teacher of Torah should be like the awe of Heaven (*Avot* 4:12).

Admitting to an act that results in a fine – מוֹדֶה בִּקְנָס: The assumption is that according to the accepted *halakha*, which states that paying compensation for half the cost of the damage is considered a fine, the liability to pay half a ransom carries a similar definition (see *Tosafot*).

This question was not included in the version of several early commentaries (Rabbeinu Ḥananel; Ra'avad). The Rashba, citing Rabbi Avraham *Av Beit Din*, explains that it was omitted because, while there is a dispute in the Gemara as to whether the ransom is to be viewed as monetary restitution or as atonement, there is no recorded opinion that it is considered a fine.

HALAKHA

To include Torah scholars – לְרַבּוֹת תַּלְמִידֵי חֲכָמִים: There is no greater honor than the honor that is to be given to a teacher of Torah, and no greater awe than the awe one must demonstrate before him; as the verse equates the awe of a teacher of Torah with the awe of Heaven (Rambam *Sefer HaMadda*, *Hilkhot Talmud Torah* 5:1; *Shulḥan Arukh*, *Yoreh De'a* 242:1–2).

He shall be clear from paying half a ransom – נָקִי מֵחֲצִי כּוֹפֶר: If an innocuous ox kills a person, its owner is not liable to pay any ransom (Rambam *Sefer Nezikin*, *Hilkhot Nizkei Mamon* 10:2).

תַּנְיָא אִידָּךְ, אָמַר לוֹ רַבִּי אֱלִיעֶזֶר: עֲקִיבָא, כָּךְ אֲנִי בְּעֵינֶיךָ, שֶׁדִּינִי בָּזֶה שֶׁחַיָּיב מִיתָה? אֵין דִּינִי אֶלָּא בְּמִתְכַּוֵּין לַהֲרוֹג אֶת הַבְּהֵמָה – וְהָרַג אֶת הָאָדָם, לְגוֹי – וְהָרַג יִשְׂרָאֵל, לִנְפָלִים – וְהָרַג בֶּן קַיָּימָא.

It is taught in **another** *baraita* that **Rabbi Eliezer said to him: Akiva, is this how I appear in your eyes, that my derivation** from the verse is **in** reference to **this** case, that of an ox **that is liable** to be put to **death? My derivation is only** with regard to a case **where** the ox **intended to kill an animal but killed a person** instead; or where it intended **to kill a gentile but killed a Jew;** or where it intended **to kill** a **non-viable baby but killed a viable person.** An ox is not put to death if it intended to gore in a manner which would not render it liable to be put to death, even if it did gore in such a manner. In such a case, the owner of the ox must pay ransom. Therefore, the verse states that if it is an innocuous ox, the owner is exempt from paying half a ransom.

הֵי אֲמַר לֵיהּ בְּרֵישָׁא? רַב כָּהֲנָא מִשְּׁמֵיהּ דְּרָבָא אֲמַר: ״מִתְכַּוֵּין״ אֲמַר לֵיהּ בְּרֵישָׁא. רַב טַבְיוּמֵי מִשְּׁמֵיהּ דְּרָבָא אֲמַר: ״הֵמִית״ אֲמַר לֵיהּ בְּרֵישָׁא.

These two *baraitot* cite different responses that Rabbi Eliezer gave Rabbi Akiva. **Which** one of these explanations **did he say to him first? Rav Kahana said in the name of Rava: He first said to him** the explanation referring to the ox's **intention** to kill someone for which it would not be liable to be put to death, and subsequently gave him the second explanation with regard to the testimony of a single witness, or the owner's admission. **Rav Tavyumei said in the name of Rava: He first said to him** the explanation that it is a case where the assumption that the ox **killed** was based on one witness or its owner's admission.

רַב כָּהֲנָא מִשְּׁמֵיהּ דְּרָבָא אֲמַר: ״מִתְכַּוֵּין״ אֲמַר לֵיהּ בְּרֵישָׁא. מָשָׁל לְצַיָּד שֶׁשּׁוֹלֶה דָּגִים מִן הַיָּם,

The Gemara explains the reasoning behind the two opinions: **Rav Kahana said in the name of Rava** that **first he said to him** the explanation involving the ox's **intention,** since this opinion is preferable to the other one, against which a difficulty was raised earlier. This is **analogous to a fisherman pulling fish from the sea.**

Perek **IV**
Daf **42** Amud **a**

מַשְׁכַּח רַבְרְבֵי – שָׁקֵיל, זוּטְרֵי – שָׁקֵיל.

When **he finds big ones he takes** them, and when he finds **small ones he takes** them as well. Here too, although Rabbi Eliezer's first explanation was sufficient, he added an additional response, despite the fact that it was not as good as the first.

רַב טַבְיוּמֵי מִשְּׁמֵיהּ דְּרָבָא אֲמַר: ״הֵמִית״ אֲמַר לֵיהּ בְּרֵישָׁא; מָשָׁל לְצַיָּיד שֶׁשּׁוֹלֶה דָּגִים מִן הַיָּם, מַשְׁכַּח זוּטְרֵי – שָׁקֵיל, מַשְׁכַּח רַבְרְבֵי – שָׁדֵי זוּטְרֵי וְשָׁקֵיל רַבְרְבֵי.

By contrast, **Rav Tavyumei said in the name of Rava** that **he first said to him** the explanation involving inconclusive testimony asserting that the ox **killed,** since this is **analogous to a fisherman pulling fish from the sea,** who **finds small ones** and **takes** them, and when he then **finds big ones, he discards the small ones and takes** only **the big ones.** Here too, once Rabbi Eliezer thought of a better response to Rabbi Akiva's question, he suggested it instead of the first.

תַּנְיָא אִידָּךְ: ״בַּעַל הַשּׁוֹר נָקִי״ – רַבִּי יוֹסֵי הַגְּלִילִי אוֹמֵר: נָקִי מִדְּמֵי וְלָדוֹת;

§ **It is taught** in **another** *baraita* with regard to the verse: **"The owner of the ox shall be clear,"** that **Rabbi Yosei HaGelili says:** It means he shall be **clear from** paying **compensation for** miscarried **offspring.**[H] In other words, if an innocuous ox causes a woman to miscarry, the owner is not liable to pay half the compensation for the miscarried offspring.

אָמַר לוֹ רַבִּי עֲקִיבָא: הֲרֵי הוּא אוֹמֵר ״כִּי יִנָּצוּ אֲנָשִׁים וְנָגְפוּ אִשָּׁה״, אֲנָשִׁים – וְלֹא שְׁוָורִים!

Rabbi Akiva said to him: It is unnecessary for the verse to teach this. **Doesn't it say** with regard to paying compensation for miscarried offspring: **"If men struggle and hurt a** pregnant **woman** and her offspring emerge, and there is no tragedy, he shall be punished as the husband of the woman shall impose upon him and he shall give as the judges determine" (Exodus 21:22); from which it is inferred that **men** who cause a woman to miscarry are liable to pay compensation for the offspring, **but** the owner of **oxen** who cause a woman to miscarry is **not** liable?

HALAKHA

Clear from paying compensation for miscarried offspring – נָקִי בִּדְמֵי וְלָדוֹת: If a person strikes a pregnant woman with the explicit intention of killing her, causing her to miscarry, even if he causes the miscarriage unintentionally, he is exempt from liability to pay damages. If his intention was to strike another person and he killed the woman instead, his action is not punishable by death, and he is therefore liable to pay compensation for the offspring, in accordance with the opinion of Rav Adda bar Ahava. The Rema writes that according to some authorities (Ra'avad), in any case where the woman is killed, the killer is not liable to pay compensation, in accordance with the ruling of the school of Ḥizkiyya, stated on 35a (Rambam *Sefer Nezikin, Hilkhot Ḥovel UMazik* 4:5–6; *Shulḥan Arukh, Ḥoshen Mishpat* 423:4).

שַׁפִּיר קָאָמַר רַבִּי עֲקִיבָא!

The Gemara comments: **Rabbi Akiva is saying well;** he states a reasonable objection. What would Rabbi Yosei HaGelili have responded to him?

אֲמַר רַב עוּלָּא בְּרֵיהּ דְּרַב אִידִי: אִיצְטְרִיךְ; סָלְקָא דַּעְתָּךְ אָמִינָא: אֲנָשִׁים – וְלֹא שְׁוָורִים הַדּוֹמִין לַאֲנָשִׁים, מָה אֲנָשִׁים מוּעָדִין – אַף שְׁוָורִים מוּעָדִין, הָא תָּם מִיחַיַּיב, כְּתַב רַחֲמָנָא ״בַּעַל הַשּׁוֹר נָקִי״ דְּפָטוּר.

Rav Ulla, son of Rav Idi, said: It was necessary for the verse to teach this exemption, as otherwise it might **enter your mind to say** that this inference should be limited, as follows: **Men** are liable to pay compensation for miscarried offspring, **but** the owner of **oxen that are comparable to men is not** liable.[N] Only some oxen are excluded from this *halakha*. **Just as men are** categorically considered **forewarned, so too the oxen,** which are contrasted with men in this case, **are** considered **forewarned** as well. **But** in the case of miscarriage caused by **an innocuous** ox, its owner **would be liable**[N] to pay compensation for miscarried offspring. Therefore, **the Merciful One wrote** with regard to an innocuous ox: **"The owner of the ox shall be clear,"** to teach us **that** he is **exempt** from liability.

אֲמַר רָבָא: יַצִּיבָא בְּאַרְעָא וְגִיּוֹרָא בִּשְׁמֵי שְׁמַיָּא?!

Rava said, in objection to this answer: **The native is on the ground**[N] **and the stranger is in the heavens!** The aforementioned suggestion contradicts the principle that the *halakha* of a forewarned ox is more stringent than that of an innocuous ox.

אֶלָּא אֲמַר רָבָא: אִיצְטְרִיךְ; סָלְקָא דַּעְתָּךְ אָמִינָא: אֲנָשִׁים – וְלֹא שְׁוָורִים הַדּוֹמִין לַאֲנָשִׁים, מָה אֲנָשִׁים מוּעָדִין – אַף שְׁוָורִים מוּעָדִין, וְקַל וָחוֹמֶר לְתַמִּין דִּפְטִירִי, הֲדַר כְּתַב רַחֲמָנָא ״בַּעַל הַשּׁוֹר נָקִי״ – תָּם פָּטוּר, וּמוּעָד חַיָּיב.

Rather, Rava said a different way for Rabbi Yosei HaGelili to counter Rabbi Akiva's objection: **It was necessary** for the verse to teach this exemption, as otherwise it might **enter your mind to say** that only **men** are liable to pay for miscarried offspring, **but** the owner of **oxen that are comparable to men** is **not** liable. **Just as men are** categorically considered **forewarned, so too** the **oxen,** which are contrasted with men in this case, **are** considered **forewarned** as well. **And for** miscarriage caused by **innocuous oxen,** their owners **are** also **exempt** due to an ***a fortiori*** inference. **The Merciful One then wrote** that **the owner of the** innocuous **ox shall be clear,** indicating that only for **an innocuous** ox is one **exempt** from paying compensation for miscarried offspring, **but** for **a forewarned** ox the owner is **liable.**

אֲמַר לֵיהּ אַבַּיֵי: אֶלָּא מֵעַתָּה, גַּבֵּי בּוֹשֶׁת נַמִי נֵימָא הָכִי: אֲנָשִׁים – וְלֹא שְׁוָורִים הַדּוֹמִין לַאֲנָשִׁים, מָה אֲנָשִׁים מוּעָדִין – אַף שְׁוָורִים מוּעָדִין, וְקַל וָחוֹמֶר לְתַמִּין דִּפְטִירִי – הֲדַר כְּתַב רַחֲמָנָא ״בַּעַל הַשּׁוֹר נָקִי״ – תָּם פָּטוּר, וּמוּעָד חַיָּיב!

Abaye said to him: If that is so, then **with regard to** compensation for **humiliation,** which is derived from the verse: "When men struggle together, a man and his brother, and the wife of one drew near to deliver her husband from the hand of the one who smites him, and extended her hand, and grabbed his genitals" (Deuteronomy 25:11), **let us say this as well:** Only **men** are liable to pay for humiliation, **but** the owner of **oxen that are comparable to men** is **not** liable. **Just as men are** categorically considered **forewarned, so too** the **oxen,** which are contrasted with men in this case, **are** considered **forewarned** as well. **And for** humiliation caused by **innocuous oxen,** their owners **are** also **exempt** due to an ***a fortiori*** inference. **The Merciful One then wrote** that **the owner of the** innocuous **ox shall be clear,** indicating that only for **an innocuous** ox is one **exempt** from paying compensation for humiliation, **but** for **a forewarned** ox the owner is **liable.**

NOTES

But the owner of oxen that are comparable to men is not liable – וְלֹא שְׁוָורִים הַדּוֹמִין לַאֲנָשִׁים: The legal status of a person is always that of one who is forewarned, as he is liable to pay for any damage caused by him, whether intentionally or unintentionally, whether by someone who habitually causes damage or not. Therefore, forewarned oxen, whose owners are liable to pay the full cost of the damage, are comparable to people.

By an innocuous ox, its owner would be liable – תָּם מִיחַיַּיב: Rashi apparently understands this inference at face value, that the exemption applies only to forewarned oxen, as they are comparable to people; for innocuous oxen no exemption can be derived from this verse. *Tosafot* reject this interpretation, as it is completely illogical to assume that one is more liable for the action of one's innocuous ox than for the action of one's forewarned ox. They explain instead that one might conclude from Rabbi Akiva's inference that one is exempt only from the additional liability for a forewarned ox, namely, the second half of the damage, but one is liable to pay half the cost of the damage for an innocuous ox as well as for a forewarned one, as the latter retains its innocuous element (see 39b). Rava's subsequent objection should accordingly be understood as follows: If the owner of a forewarned ox is liable to pay for its innocuous element, he should be liable to pay for its forewarned element by an *a fortiori* inference (see *Tosefot Rabbeinu Peretz*).

The native is on the ground, etc. – יַצִּיבָא בְּאַרְעָא וכו׳: This expression is based on the wording of the verse: "The stranger in your midst will rise above you higher and higher, and you will descend lower and lower" (Deuteronomy 28:43). It is used as an expression of astonishment at a ruling that appears to be the opposite of what is logical.

וְכִי תֵּימָא הָכִי נַמִי – אִי הָכִי, לִיתְנֵי: ״בַּעַל הַשּׁוֹר נָקִי״ רַבִּי יוֹסֵי הַגְּלִילִי אוֹמֵר: פָּטוּר מִדְּמֵי וְלָדוֹת וּמְבוֹשֶׁת!

And if you would say that **indeed** that is the *halakha* according to Rabbi Yosei HaGelili, **if so, let** the *baraita* **teach** that with regard to the verse: **"The owner of the ox shall be clear," Rabbi Yosei HaGelili says: He is exempt** both **from** paying **compensation for** miscarried **offspring and from** paying compensation for **humiliation.**

אֶלָּא, אַבַּיֵי וְרָבָא דְּאָמְרִי תַּרְוַיְיהוּ: אֲנָשִׁים – אֵין אָסוֹן בָּאִשָּׁה יֵעָנְשׁוּ, יֵשׁ אָסוֹן בָּאִשָּׁה – לֹא יֵעָנְשׁוּ. וְלֹא שְׁוָורִים, דְּאַף עַל גַּב דְּיֵשׁ אָסוֹן – יֵעָנְשׁוּ, הֲדַר כְּתַב רַחֲמָנָא ״בַּעַל הַשּׁוֹר נָקִי״ דְּפָטוּר.

Rava then retracted this explanation of Rabbi Yosei HaGelili's opinion. **Rather, Abaye and Rava both say** that Rabbi Akiva's inference is correct, according to Rabbi Yosei HaGelili, but with regard to the continuation of the verse: "But if any harm follows, you shall give life for life" (Exodus 21:22). With regard to **men,** if **there is no harm** caused **to the woman,** i.e., she is not killed, **they shall be punished** financially and are liable to pay compensation for miscarried offspring. But if **there is harm** caused **to the woman** and she dies, **they shall not be punished**[N] financially, as they are liable to receive court-imposed capital punishment. This distinction applies only with regard to men **but not** with regard to **oxen,**[N] **as even if there is harm** caused to the woman, the owners **shall be punished** financially. In order to preclude this inference, **the Merciful One then wrote: "The owner of the ox shall be clear,"** to teach **that** he is **exempt** from paying compensation for miscarried offspring.

מַתְקִיף לָהּ רַב אַדָּא בַּר אַהֲבָה: אַטּוּ בְּאָסוֹן תַּלְיָא מִילְּתָא? בְּכַוָּונָה תַּלְיָא מִילְּתָא!

Rav Adda bar Ahava objects to this: Is that to say that **the issue** of financial liability **is dependent on** whether or not there was **harm** caused to the woman?[N] Clearly, **the issue is dependent on the intent** to strike the woman.

אֶלָּא אָמַר רַב אַדָּא בַּר אַהֲבָה: אֲנָשִׁים – כִּי נִתְכַּוְּונוּ זֶה לְזֶה, אַף עַל גַּב שֶׁיֵּשׁ אָסוֹן בָּאִשָּׁה יֵעָנְשׁוּ, כִּי נִתְכַּוְּונוּ לָאִשָּׁה עַצְמָהּ לֹא יֵעָנְשׁוּ. וְלֹא שְׁוָורִים – דַּאֲפִילּוּ נִתְכַּוְּונוּ לָאִשָּׁה עַצְמָהּ יֵעָנְשׁוּ, כְּתַב רַחֲמָנָא ״בַּעַל הַשּׁוֹר נָקִי״ – דִּפְטִירִי.

Rather, Rav Adda bar Ahava said a different inference: With regard to **men,** in a case **where they intended to** strike **each other, even if there is harm** caused **to the woman,** i.e., she dies, **they shall be punished** financially, and are liable to pay compensation for miscarried offspring. But **when they intended to** strike **the woman herself they shall not be punished** financially, as they are liable to receive court-imposed capital punishment. **But** this distinction does **not** apply with regard to **oxen, as even if they intended to** strike **the woman herself,** their owners **shall be punished.** In order to preclude this inference, **the Merciful One wrote: "The owner of the ox shall be clear,"** to teach **that** the owners are **exempt** from paying compensation for miscarried offspring.[H]

וְכֵן כִּי אֲתָא רַב חַגַּי מִדָּרוֹמָא, אֲתָא וְאַיְיתֵי מַתְנִיתָא בִּידֵיהּ כְּוָותֵיהּ דְּרַב אַדָּא בַּר אַהֲבָה.

And similarly, when Rav Ḥaggai came from the South, he came and brought a *baraita* **in his hand** that interprets the verse **in accordance with** the explanation **of Rav Adda bar Ahava.**

תַּנְיָא אִידָךְ: ״בַּעַל הַשּׁוֹר נָקִי״ – רַבִּי עֲקִיבָא אוֹמֵר: נָקִי מִדְּמֵי עֶבֶד.

§ **It is taught** in **another** *baraita* with regard to the verse **"The owner of the ox shall be clear"** that **Rabbi Akiva says:** This statement teaches that if an innocuous ox kills a Canaanite slave, its owner shall be **clear from paying compensation for the slave,**[HN] unlike the case of a forewarned ox that killed a Canaanite slave, where the ox's owner is liable.

HALAKHA

Paying compensation for a miscarriage caused by an ox – שְׁוָורִים בִּדְמֵי וְלָדוֹת: If an ox, whether innocuous or forewarned, gores a woman, causing her to miscarry, its owner is exempt from paying compensation for the miscarried offspring, since this liability applies only to miscarriage caused by a person (Rambam *Sefer Nezikin, Nizkei Mamon* 11:3; *Shulḥan Arukh, Ḥoshen Mishpat* 405:3).

Clear from paying compensation for the slave – נָקִי מִדְּמֵי עֶבֶד: If an innocuous an ox gores and kills a Canaanite slave its owner is exempt from paying a fine, in accordance with the opinion of Rabbi Akiva (Rambam *Sefer Nezikin, Nizkei Mamon* 10:13).

NOTES

If there is harm to the woman they shall not be punished – יֵשׁ אָסוֹן בָּאִשָּׁה לֹא יֵעָנְשׁוּ: This is in accordance with the opinion of Ḥizkiyya, who holds that with regard to any action that is potentially punishable by death, even if the punishment is not given due to incomplete testimony, lack of warning, or lack of intent, the person who performed the action is exempt from monetary liability. This is due to the principle that one who is liable to receive two punishments for one act receives only the greater of the two. According to both Abaye and Rava, this principle applies only to people. With regard to an ox that kills a person and is liable to be stoned, its owner is not necessarily exempt from paying compensation for the damage it caused.

But not with regard to oxen, etc. – וְלֹא שְׁוָורִים וכו׳: The Ra'avad maintains that according to this interpretation, and similarly according to Rav Adda bar Ahava's later interpretation, there is no distinction between an innocuous ox and a forewarned ox. In both cases the owner is exempt from paying compensation for miscarried offspring, and the later commentaries accept this stance. By contrast, the Ra'ah is of the opinion that even according to this interpretation, the exemption from paying compensation for miscarried offspring applies only to an innocuous ox, with regard to which the verse states: "The owner of the ox shall be clear," from which we do not infer: But not oxen that are comparable to men, but rather: But not oxen, which, unless specified otherwise, are assumed to be innocuous. The Rid mentions that in most versions of the Gemara text that were available to him, it is stated explicitly that it is only with regard to an innocuous ox that one is exempt from liability.

Is that to say the issue is dependent on harm to the woman – אַטּוּ בְּאָסוֹן תַּלְיָא מִילְּתָא: Rav Adda bar Ahava holds in accordance with the opinion of Rabbi Shimon that a person who intends to kill a specific person but kills another instead is exempt from court-imposed capital punishment. Furthermore, he disagrees with Ḥizkiyya's opinion that one is exempt from any monetary liability for an action that is potentially punishable by death. Therefore, liability depends on the intention to kill the woman and not on whether or not the woman dies (Rashi).

Clear from paying compensation for the slave – נָקִי מִדְּמֵי עֶבֶד: *Tosafot* cite two interpretations of this exemption. According to one opinion, he is exempt from any payment. According to the other, he is exempt from paying the fixed fine of thirty *sela* but is liable to compensate the owner for the monetary value of his slave, just as any person is liable to compensate another for damaging his property.

NOTES

Let Rabbi Akiva say to himself – נֵימָא רַבִּי עֲקִיבָא לְנַפְשֵׁיהּ: In the Jerusalem Talmud a similar question is raised. One answer given is that the owner slaughtered the ox, as suggested here. Another answer offered is that Rabbi Akiva accepted Rabbi Eliezer's answer to the question.

Where its owner slaughtered it first – כְּשֶׁקְּדָם בְּעָלָיו וּשְׁחָטוֹ: As opposed to an ox that was slaughtered after it was sentenced to death, from which it is prohibited to derive benefit (see 41a), one that is slaughtered before the verdict is not forbidden. Therefore, one might assume that it should be collected by the damaged party.

וְנֵימָא רַבִּי עֲקִיבָא לְנַפְשֵׁיהּ: וַהֲלֹא עַצְמוֹ אֵין מִשְׁתַּלֵּם אֶלָּא מִגּוּפוֹ, הֲבִיאֵהוּ לְבֵית דִּין וִישַׁלֵּם לְךָ!

The Gemara asks: **But let Rabbi Akiva say to himself**[N] the same objection that he raised against Rabbi Eliezer's interpretation of the verse, that the owner of an innocuous ox is exempt from paying half a ransom (see 41b): Why is it necessary for the verse to teach this? **But isn't** compensation for damage caused by an innocuous ox **itself paid only from** the value of **its body?** Therefore, its owner can say to the slave's owner: **Bring it to court and you will be paid from it.** Since the ox was stoned, there is nothing from which he can collect payment.

אֲמַר רַב שְׁמוּאֵל בַּר רַב יִצְחָק: כְּשֶׁקְּדָם בְּעָלָיו וּשְׁחָטוֹ; מַהוּ דְּתֵימָא לִישְׁתַּלֵּם מִינֵּיהּ, קָא מַשְׁמַע לָן: הוֹאִיל וּבַר קְטָלָא הוּא, אַף עַל גַּב דְּשַׁחֲטֵיהּ – לָא לִישְׁתַּלֵּם מִינֵּיהּ.

Rav Shmuel bar Rav Yitzḥak said: Rabbi Akiva's interpretation is applicable in a case **where its owner slaughtered it first,**[N] before it was sentenced to stoning. **Lest you say** that the slave's owner **should be paid from** the value of the flesh, the verse **teaches us** that **since** the ox **was subject to be killed, although** its owner **slaughtered it,** the slave's owner **should not be paid from it.**

אִי הָכִי, לְרַבִּי אֱלִיעֶזֶר נַמִי כְּשֶׁקְּדָם וּשְׁחָטוֹ!

The Gemara asks: **If so,** why did Rabbi Akiva raise this objection against Rabbi Eliezer's interpretation? **According to Rabbi Eliezer as well,** it could be explained as referring to a case **where** its owner **slaughtered it first.**

הָכִי נַמִי, וְסָבַר: דִּלְמָא אִית לֵיהּ טַעֲמָא אַחֲרִינָא דַּעֲדִיף מֵהַאי, וְנֵימָא לֵיהּ.

The Gemara answers: **Indeed,** Rabbi Eliezer's interpretation could also be explained in this manner. **And** the reason Rabbi Akiva raised this objection was because **he reasons: Perhaps** Rabbi Eliezer **has another explanation that is better than this one, and will state it.** Rabbi Eliezer did in fact respond with another explanation.

וְרַבִּי אֱלִיעֶזֶר נַמִי, לִישְׁנֵי לֵיהּ: שֶׁקְּדָם וּשְׁחָטוֹ! אָמַר לָךְ: הָתָם הוּא דְּנִתְכַּוֵּין לַהֲרוֹג אֶת הַבְּהֵמָה וְהָרַג אֶת הָאָדָם, דְּשׁוֹר לָאו בַּר קְטָלָא הוּא כְּלָל, דְּסָלְקָא דַּעְתָּךְ אָמִינָא נִיחַיַּיב – אִיצְטְרִיךְ קְרָא לְמַעוּטֵי. אֲבָל הָכָא, דְּמֵעִיקָּרָא בַּר קְטָלָא הֲוָה – לָא צְרִיךְ קְרָא אַף עַל גַּב דְּשַׁחֲטֵיהּ.

The Gemara asks: **But let Rabbi Eliezer also answer him that** the owner **slaughtered it first.** Why did he offer a different explanation? The Gemara answers that Rabbi Eliezer could have **said to you: Specifically there,** in the case Rabbi Eliezer referred to in his explanation, namely, **where** the ox **intended to kill** another **animal but killed a person** instead, **since the ox was not subject to be killed at all,** it might **enter your mind to say** that **he should be liable** to pay half a ransom from the ox's body. Therefore, **the verse is necessary to exclude** the owner from liability to pay half a ransom. **But here, since** the ox **was initially subject to be killed, a verse is not necessary** to teach that the owner is exempt from paying half a ransom **even if he slaughtered it.**

וּלְרַבִּי עֲקִיבָא נַמִי, וַדַּאי הָכִי הֲוָה!

The Gemara asks: But according **to Rabbi Akiva also, certainly it is so,** that a verse is not necessary to teach that if the owner slaughters the ox before its verdict he is exempt from liability.

אֶלָּא, אֲמַר רַב אַסִּי: הַאי מִילְּתָא מִפִּי דְּגַבְרָא רַבָּה שְׁמִיעַ לִי, וּמַנּוּ? רַבִּי יוֹסֵי בְּרַבִּי חֲנִינָא: סָלְקָא דַּעְתָּךְ אָמִינָא, הוֹאִיל וְאָמַר רַבִּי עֲקִיבָא: אַף תָּם שֶׁחָבַל בְּאָדָם מְשַׁלֵּם בַּמּוֹתָר נֶזֶק שָׁלֵם, מִשְׁתַּלֵּם נַמִי [דְּמֵי עֶבֶד] מֵעֲלִיָּיה – כְּתַב רַחֲמָנָא ״בַּעַל הַשּׁוֹר נָקִי״.

Rather, Rav Asi said: The above explanation of Rabbi Akiva's interpretation should be rejected, as **I heard this** following **statement from a great man, and who is he?** He is **Rabbi Yosei, son of Rabbi Ḥanina.** This is what he said: It might **enter your mind to say** that **since Rabbi Akiva says** in the mishna (33a) that in a case where a person and an innocuous ox damaged each other concurrently, the owner of **an innocuous** ox **that injured a person also pays the full** cost of the **damage with regard to the difference** between the two valuations of the damage, as there is no distinction between an innocuous ox and a forewarned ox with regard to injuries caused to a person, **compensation for the slave is also paid from** his **superior-quality** property, not from the body of the ox; just as in a case where a forewarned ox kills a slave. Therefore, its owner cannot say: Bring it to court and you will be paid from it. To counter this possibility, **the Merciful One wrote: "The owner of the ox shall be clear,"** indicating that he is exempt from this liability.

אֲמַר לֵיהּ רַבִּי זֵירָא לְרַב אַסִי: וְהָא תַּבְרֵיהּ רַבִּי עֲקִיבָא לְגוֹזֵיזֵיהּ! דְּתַנְיָא, רַבִּי עֲקִיבָא אוֹמֵר: יָכוֹל יְשַׁלֵּם מִן הָעֲלִיָּיה? תַּלְמוּד לוֹמַר: ״כַּמִּשְׁפָּט הַזֶּה יֵעָשֶׂה לּוֹ״, מִגּוּפוֹ מְשַׁלֵּם, וְאֵינוֹ מְשַׁלֵּם מִן הָעֲלִיָּיה!

Rabbi Zeira said to Rav Asi: But didn't Rabbi Akiva already **break** the force of **his fist**, i.e., qualify this opinion of his? **As it is taught** in a *baraita* that **Rabbi Akiva says:** One **might** have thought that the owner of an innocuous ox that injured a person **pays** compensation **from** his **superior-quality** property, the same as the owner of a forewarned ox. Therefore, **the verse states: "According to this judgment shall be done to him [*lo*]"** (Exodus 21:31), indicating that **he pays** restitution exclusively **from the body** of the ox[N] **but he does not pay from** his **superior-quality** property, as the word *lo* also means: To it. This negates Rav Asi's explanation of Rabbi Akiva's interpretation.

אֶלָּא, אֲמַר רָבָא: אִיצְטְרִיךְ, סָלְקָא דַּעְתָּךְ אָמִינָא, הוֹאִיל וּמַחְמִירֵנִי בְּעֶבֶד יוֹתֵר מִבֶּן חוֹרִין, שֶׁבֶּן חוֹרִין יָפֶה סֶלַע – נוֹתֵן סֶלַע, שְׁלֹשִׁים – נוֹתֵן שְׁלֹשִׁים, וְעֶבֶד יָפֶה סֶלַע נוֹתֵן שְׁלֹשִׁים, מִשְׁתַּלֵּם נַמִי דְּמֵי עֶבֶד מִן הָעֲלִיָּיה, כְּתַב רַחֲמָנָא ״בַּעַל הַשּׁוֹר נָקִי״.

Rather, Rava said a different explanation of Rabbi Akiva's statement: The verse is **necessary** because it might **enter your mind to say** that **since I,** referring to the Torah, **am more stringent with regard to** a forewarned ox that kills a person in the case of a Canaanite **slave than** in the case of **a freeman; as** in the case of **a freeman** who was **worth** one *sela* the owner of the ox **gives** one *sela* in ransom, and if he was worth **thirty** *sela* **he gives thirty; but** in the case of a Canaanite **slave** the Torah imposes a fixed amount, so even if he was **worth** only one *sela* the owner **gives thirty**[N] *sela*, therefore, since the Torah is more stringent in the case of a slave, **payment for the slave should also be paid from** the owner's **superior-quality** property. To counter this, **the Merciful One writes: "The owner of the ox shall be clear,"** indicating that payment is not required in a case where an innocuous ox kills a slave.

תַּנְיָא כְּוָתֵיהּ דְּרָבָא: ״בַּעַל הַשּׁוֹר נָקִי״ – רַבִּי עֲקִיבָא אוֹמֵר: נָקִי מִדְּמֵי עֶבֶד.

It is taught in a *baraita* **in accordance with** the explanation **of Rava** to Rabbi Akiva's statement. The *baraita* states that with regard to the verse **"The owner of the ox shall be clear," Rabbi Akiva says:** He shall be **clear from payment for** a Canaanite **slave.**

וַהֲלֹא דִּין הוּא: הוֹאִיל וְחִיֵּיב בְּעֶבֶד וְחִיֵּיב בְּבֶן חוֹרִין, מָה כְּשֶׁחִיֵּיב בְּבֶן חוֹרִין – חָלַקְתָּ בּוֹ בֵּין תָּם לְמוּעָד, אַף כְּשֶׁחִיֵּיב בְּעֶבֶד – נַחֲלֵק בּוֹ בֵּין תָּם לְמוּעָד!

Rabbi Akiva discusses this interpretation: **And** could this *halakha* **not** be derived through **logical inference,** without the verse? **Since** the Torah **deemed** him **liable** to pay **for** the killing of **a slave and deemed** him **liable for** the killing of **a freeman** as well, **just as when** the Torah **deemed** him **liable for a freeman you distinguished between an innocuous** ox **and a forewarned** ox, as no ransom is paid in the case of an innocuous ox, **so too, when** the Torah **deemed** him **liable for a slave, let us distinguish between an innocuous** ox **and a forewarned** ox.

וְעוֹד, קַל וָחוֹמֶר: וּמַה בֶּן חוֹרִין שֶׁנּוֹתֵן כׇּל שָׁוְויוֹ – חָלַקְתָּ בּוֹ בֵּין תָּם לְמוּעָד, עֶבֶד שֶׁאֵינוֹ נוֹתֵן אֶלָּא שְׁלֹשִׁים – אֵינוֹ דִּין שֶׁנַּחֲלוֹק בּוֹ בֵּין תָּם לְמוּעָד?

Furthermore, this *halakha* could be proven through an ***a fortiori*** inference: **If,** in the case of **a freeman, where he,** the owner, **gives his full value, you distinguished between an innocuous** ox **and a forewarned** ox, with regard to **a slave, where he gives only thirty** *sela* and not more, even if the slave was worth more, **is it not logical that we should distinguish between an innocuous** ox **and a forewarned** ox, and exempt him from liability for an innocuous ox?

לֹא, מַחְמִירֵנִי בְּעֶבֶד יוֹתֵר מִבֶּן חוֹרִין, שֶׁבֶּן חוֹרִין יָפֶה סֶלַע – נוֹתֵן סֶלַע, שְׁלֹשִׁים – נוֹתֵן שְׁלֹשִׁים, וְעֶבֶד יָפֶה סֶלַע נוֹתֵן שְׁלֹשִׁים, יָכוֹל יְהֵא חַיָּיב? תַּלְמוּד לוֹמַר: ״בַּעַל הַשּׁוֹר נָקִי״, נָקִי מִדְּמֵי עֶבֶד.

Rabbi Akiva rejects this opinion: **No,** one could disagree and say the opposite: **I,** referring to the Torah, **am more stringent with regard to** the case of **a slave than** with regard to that of **a freeman;** as for **a freeman worth** one *sela*, the ox's owner **gives** only one *sela*, and if he is worth **thirty** *sela* **he gives thirty. But** in the case of **a slave,** even if he was **worth** only one *sela*, **he gives thirty** *sela*. Therefore, one **might** have thought that **he should be liable** to pay for a slave killed by his innocuous ox. To counter this, **the verse states: "The owner of the ox shall be clear,"** indicating that he shall be **clear from** paying **compensation for a slave.**

NOTES

He pays restitution exclusively from the body of the ox, etc. – **מִגּוּפוֹ מְשַׁלֵּם וכו׳:** In a case where the ox is stoned, there is no way to collect restitution, since its owner can say: Bring it to court and you will be paid. In other words, the ox no longer exists, so you do not have from where to collect restitution.

But in the case of a slave worth one *sela*, the owner gives thirty – **וְעֶבֶד יָפֶה סֶלַע נוֹתֵן שְׁלֹשִׁים:** The early commentaries comment that the opposite opinion can be presented: In the case of a freeman the *halakha* is more stringent, since for a slave one does not pay more than thirty *sela* even if he is worth much more than that. They explain that the value of a slave does not normally reach thirty *sela*, and so the fine imposed by the Torah is generally more than the value of the slave (*Tosefot Rabbeinu Peretz*; Rosh; Rashba). Others suggest that the fact that the Torah imposes a fixed amount indicates that this amount must be paid in all cases, even if it cannot be paid from the body of the belligerent ox (*Shita Mekubbetzet*, citing Rabbi Yeshaya).

תָּנוּ רַבָּנַן: "וְהֵמִית אִישׁ אוֹ אִשָּׁה", אָמַר רַבִּי עֲקִיבָא: וְכִי מַה בָּא זֶה לְלַמְּדֵנוּ? אִם לְחַיֵּיב עַל הָאִשָּׁה כְּאִישׁ, הֲרֵי כְּבָר נֶאֱמַר: "כִּי יִגַּח שׁוֹר אֶת אִישׁ אוֹ אֶת אִשָּׁה"!

§ **The Sages taught:** The verse states with regard to a forewarned ox: "But if the ox was a goring ox in time past and warning has been given to its owner, and he has not secured it; **and it killed a man or a woman;** the ox shall be stoned" (Exodus 21:29). **Rabbi Akiva said: And what does this come to teach us? If it is to deem** the owner **liable** for the killing **of a woman** just **as** for the killing of **a man, this is already stated** with regard to an innocuous ox, where it is stated: **"When an ox gores a man or a woman,** and they die, the ox shall be stoned" (Exodus 21:28).

אֶלָּא לְהַקִּישׁ אִשָּׁה לְאִישׁ, מָה אִישׁ – נְזָקָיו לְיוֹרְשָׁיו, אַף אִשָּׁה – נְזָקֶיהָ לְיוֹרְשֶׁיהָ.

Rather, the verse is stated **to compare a woman to a man** with regard to another issue: **Just as** with regard to **a man,** payment for **his injuries** is paid **to his heirs,**[H] so too, with regard to **a woman,** payment for **her injuries** is paid **to her heirs,** and not to her husband.

וְסָבַר רַבִּי עֲקִיבָא: לָא יָרֵית לָהּ בַּעַל? וְהָתַנְיָא: "וְיָרַשׁ אוֹתָהּ" – מִכָּאן שֶׁהַבַּעַל יוֹרֵשׁ אֶת אִשְׁתּוֹ, דִּבְרֵי רַבִּי עֲקִיבָא!

The Gemara asks: **And does Rabbi Akiva hold** that **a husband does not inherit** from his wife? **But isn't it taught** in a *baraita*: The verse states: **"And he shall inherit it** [*otah*]" (Numbers 27:11). **From here** it is derived **that the husband inherits** from **his wife,**[HN] as *otah* also means: Her. This is **the statement of Rabbi Akiva.**

אֲמַר רֵישׁ לָקִישׁ: לֹא אָמַר אֶלָּא בְּכוֹפֶר, הוֹאִיל וְאֵין מִשְׁתַּלֵּם אֶלָּא לְאַחַר מִיתָה, וַהֲוָה לֵיהּ רָאוּי, וְאֵין הַבַּעַל נוֹטֵל בְּרָאוּי כְּבְמוּחְזָק.

Reish Lakish said: Rabbi Akiva **says** that her heirs and not her husband receive the payment **only with regard to ransom, since it is paid only posthumously and** is therefore **considered** property **due** to her; **and the husband does not take** in inheritance the property **due**[H] to the deceased **as** he does the property she **possessed.** For instance, an inheritance that would have gone to the woman had she been alive is not awarded to the husband, but rather, to her other heirs.

מַאי טַעְמָא? אָמַר קְרָא: "וְהֵמִית אִישׁ אוֹ אִשָּׁה הַשּׁוֹר יִסָּקֵל וְגַם בְּעָלָיו יוּמָת, אִם כֹּפֶר יוּשַׁת עָלָיו".

What is the reason for the assumption that even if it is clear that the victim is about to die, the husband is not owed ransom? **The verse states: "And it killed a man or a woman; the ox shall be stoned, and its owner also shall be put to death.**[N] **If a ransom is laid on him,** then he shall give for the redemption of his life whatsoever is laid on him" (Exodus 21:29–30), indicating that the owner's liability to pay ransom is dependent on the ox's liability to be stoned, which, in turn, applies only after the death of the victim.

וּבִנְזָקִין לָא אֲמַר רַבִּי עֲקִיבָא?

The Gemara asks: **And with regard to damages, did Rabbi Akiva not say** that damages due to a wife are paid to her heirs and not to her husband, just as with regard to ransom?

וְהָתַנְיָא: הִכָּה אֶת הָאִשָּׁה וְיָצְאוּ יְלָדֶיהָ – נוֹתֵן נֶזֶק וְצַעַר לָאִשָּׁה וּדְמֵי וְלָדוֹת לַבַּעַל. אֵין הַבַּעַל – נוֹתֵן לְיוֹרְשָׁיו, אֵין הָאִשָּׁה – נוֹתֶנֶת לְיוֹרְשֶׁיהָ; הָיְתָה שִׁפְחָה וְנִשְׁתַּחְרְרָה,

But isn't it taught in a *baraita*: If an assailant **struck the woman and her offspring emerged**[H] due to miscarriage, **he gives** compensation for **damage and pain to the woman**[N] **and compensation for** miscarried **offspring to the husband. If the husband is not** alive, **he gives** the compensation for the offspring **to his heirs.**[H] If **the woman is not** alive, **he gives** the payment owed to her **to her heirs.** If **she was a** Canaanite **maidservant**[N] **and** then **she was emancipated,**

HALAKHA

Payment for his injuries is paid to his heirs – נְזָקָיו לְיוֹרְשָׁיו: The ransom is paid to the heirs of the person killed. If the ox killed a married woman, the ransom is awarded to her paternal relatives, and not to her husband (Rambam *Sefer Nezikin, Hilkhot Nizkei Mamon* 11:2).

The husband inherits from his wife – הַבַּעַל יוֹרֵשׁ אֶת אִשְׁתּוֹ: A husband inherits the property of his dead wife, both her usufruct property and her guaranteed property. According to the Rambam a husband inherits from his wife by rabbinic law, whereas the Ra'avad and the Rashba maintain that it is by Torah law (Rambam *Sefer Nashim, Hilkhot Ishut* 22:1 and *Sefer Mishpatim, Hilkhot Naḥalot* 1:8, *Shulḥan Arukh, Even HaEzer* 90:1).

The husband does not take in inheritance property due – אֵין הַבַּעַל נוֹטֵל בְּרָאוּי: A husband inherits the property that was in his wife's possession during her lifetime, but not that which was merely due to her but had not yet come into her possession, e.g., the inheritance of her father or another family member who she was due to inherit, whom she predeceased (Rambam *Sefer Mishpatim, Hilkhot Naḥalot* 1:11; *Shulḥan Arukh, Even HaEzer* 90:1).

Struck the woman and her offspring emerged – הִכָּה אֶת הָאִשָּׁה וְיָצְאוּ יְלָדֶיהָ: If a person strikes a woman causing her to miscarry, he is liable to pay compensation for the miscarried offspring to the husband, and for the damage and pain caused to the woman herself. The *Sma* writes that medical costs are paid to the doctor, and compensation for her loss of livelihood is paid to her husband. With regard to compensation for humiliation, if she sustained an exposed injury he pays a third to her and two-thirds to her husband, and if it is a concealed injury, the reverse (Rambam *Sefer Nezikin, Hilkhot Ḥovel UMazik* 4:1; *Shulḥan Arukh, Ḥoshen Mishpat* 423:1 and see *Even HaEzer* 83:1).

If the husband is not alive, he gives the compensation to his heirs – אֵין הַבַּעַל נוֹתֵן לְיוֹרְשָׁיו: If a person strikes a woman causing her to miscarry, compensation for the miscarried offspring belongs to the husband. If he is not alive, it is awarded to his heirs (Rambam *Sefer Nezikin, Hilkhot Ḥovel UMazik* 4:2; *Shulḥan Arukh, Ḥoshen Mishpat* 423:1).

NOTES

From here it is derived that the husband inherits from his wife – מִכָּאן שֶׁהַבַּעַל יוֹרֵשׁ אֶת אִשְׁתּוֹ: All of the Sages agree that a husband inherits from his wife; there is a dispute as to whether he inherits from her by Torah law, as Rabbi Akiva holds, or due to a rabbinic ordinance.

And its owner also shall be put to death – וְגַם בְּעָלָיו יוּמָת: According to the interpretation of the Sages, this verse does not mean that the owner of the ox is literally liable to receive court-imposed capital punishment, despite his negligence in guarding his forewarned ox. This is apparent from the next verse commanding the owner to pay ransom money, which would not be permitted if he were deemed to be a murderer, as the Torah does not permit a murderer to acquit himself by paying a ransom (Numbers 35:31). The Sages therefore explained that he is liable for death by the hand of Heaven. Since the word: Also, is used, it indicates a similarity between the death of the ox and the death of its owner, as both require intent (see 44b).

Damage and pain to the woman – נֶזֶק וְצַעַר לָאִשָּׁה: The husband has no share in these payments, not even in the profits that accrue from them after his wife receives them (Rashba).

The early commentaries ask why indemnity for loss of livelihood, medical costs, and humiliation are not mentioned. *Tosafot* answer that generally, loss of livelihood and medical costs are no greater in this case than with regard to childbirth, and the assailant is exempt from paying for losses the woman would incur anyway; and this assault did not involve humiliation.

In *Tosefot Rabbeinu Peretz* it is explained that humiliation is not mentioned due to the various details involved. For example, if she was injured in an exposed place the husband receives most of the compensation, and if the injury occurred in a concealed place she receives most of it. The Meiri agrees and explains that medical costs are paid to the husband, because it is his obligation to heal his wife; and if she loses work for a period of time longer than for a common childbirth, compensation for loss of livelihood is also paid to him, as a wife's earnings go to her husband.

If she was a maidservant, etc. – הָיְתָה שִׁפְחָה וכו׳: Rashi explains that this case is referring to a Canaanite maidservant who married either a convert or an emancipated Canaanite slave, and both spouses died without children. Since they have no Jewish relatives, they have no heirs.

אוֹ גִּיּוֹרֶת – זָכָה!

and subsequently married a Canaanite slave who had also been emancipated, and became pregnant from him, **or** if she was **a convert**[H] who became pregnant from a male convert, and both the husband and wife died without heirs, the assailant **gains** by not having to pay, since there are no heirs. In any event, it is explicitly stated in the *baraita* that the beneficiary of the compensation due to her, including that which she would have received during her lifetime, is not her husband but rather her heirs.

אָמַר רַבָּה: בִּגְרוּשָׁה. וְכֵן אָמַר רַב נַחְמָן: בִּגְרוּשָׁה.

Rabba said: This *baraita* relates **to a divorcée;** since they got divorced, the husband does not inherit from her. **Likewise, Rav Naḥman said:** The *baraita* relates **to a divorcée.**

אָמְרִי: גְּרוּשָׁה נַמִי תִּיפְלוֹג בִּדְמֵי וְלָדוֹת!

The Sages **said** in response: If she is **a divorcée,** she **should also share**[N] in the **compensation for** the miscarried **offspring.** Why should her ex-husband receive the full payment?

אָמַר רַב פַּפָּא: הַתּוֹרָה זִכְּתָה דְּמֵי וְלָדוֹת לַבַּעַל, אֲפִילּוּ בָּא עָלֶיהָ בִּזְנוּת. מַאי טַעְמָא? אָמַר קְרָא ״כַּאֲשֶׁר יָשִׁית עָלָיו בַּעַל הָאִשָּׁה״.

Rav Pappa said: The Torah awarded the payment of **compensation for** miscarried **offspring to the husband, even if he** is not actually her legal husband but rather **engaged in licentious sexual intercourse with her.**[N] Although he has no rights to her property, the damages for the miscarried offspring belong to him alone, as he is the father of the offspring. **What is the reason? The verse states: "As the husband** [*ba'al*] **of the woman shall impose upon him"** (Exodus 21:22), indicating that damages are not collected by the woman, but by the man who engaged in intercourse [*ba'al*] with her, impregnating her. Therefore, if they got divorced, the ex-husband receives the payment.

וְנוֹקְמָהּ לְרַבָּה – כְּגוֹן שֶׁגָּבוּ מָעוֹת, וּלְרַב נַחְמָן – כְּגוֹן שֶׁגָּבוּ קַרְקַע.

The Gemara asks: Why do Rabba and Rav Naḥman explain this *baraita* as referring to a divorcée? They could have answered, in accordance with their own opinions elsewhere (*Bava Batra* 124b), that it is referring to payments that are not considered to have been in the woman's possession during her lifetime, but rather are considered property due to the woman, which her husband does not inherit. **Let us establish** this *baraita,* according **to Rabba,** as referring to a case **where they collected money** for the damage and pain, **and** according **to Rav Naḥman, where they collected land.**

דְּאָמַר רַבָּה: גָּבוּ קַרְקַע – יֵשׁ לוֹ, גָּבוּ מָעוֹת – אֵין לוֹ; וְרַב נַחְמָן אָמַר: גָּבוּ מָעוֹת – יֵשׁ לוֹ, גָּבוּ קַרְקַע – אֵין לוֹ!

As with regard to the right of a firstborn to receive a double portion of the inheritance of his father, he receives a double portion only of the property possessed by his father, not of the property due to him. In a case where money was owed to the father, **Rabba says:** If the heirs **collected** the debt from **land,**[N] the firstborn **has** the right to a double portion, since it is considered property that was already in the father's possession. If **they collected money, he does not have** a double portion, as it is considered property due to the father. **And Rav Naḥman says:** If **they collected money, he has** a double portion, and if **they collected land, he does not have** a double portion.

HALAKHA

If she was a maidservant and she was emancipated, or if she was a convert – הָיְתָה שִׁפְחָה וְנִשְׁתַּחְרְרָה אוֹ גִּיּוֹרֶת: If a person strikes the pregnant wife of a convert, causing her to miscarry, the husband receives the compensation for the miscarried offspring. If the husband dies before payment is made the assailant is exempt from liability. If he strikes her after the death of her husband, or if she was a maidservant or a gentile at the time that she became pregnant, and at the time of the incident she was emancipated or had converted, the damages for the miscarried offspring are paid to her. Some authorities maintain (see 49a) that the assailant is exempt in these cases as well (Rambam *Sefer Nezikin, Hilkhot Ḥovel UMazik* 4:3–4; *Shulḥan Arukh, Ḥoshen Mishpat* 423:3).

NOTES

If she is a divorcée she should also share, etc. – גְּרוּשָׁה נַמִי תִּיפְלוֹג וכו׳: The underlying assumption of this question is that the father of the offspring is considered "the woman's husband [*ba'al*]" (Exodus 21:22) only if he was married to her at the time of the miscarriage. Otherwise, he forfeits his right to the compensation, and it should be paid to the woman instead (*Tosafot*).

Some commentaries ask why the woman should share the compensation, and not receive it in full. In *Tosefot Rabbeinu Peretz* the Gemara's question is interpreted as follows: The woman and not the husband should receive the full amount, or at the very least, she should receive part of it. Similarly, the Rosh writes that the word: Share, is imprecise. The Rashba cites a version of the text that reads that she should receive full payment of compensation for damage for the miscarried offspring.

The commentaries ask why the woman should be paid damages for the miscarried offspring at all, as it is not property; the payment awarded to the husband is a Torah edict that cannot be extended to additional recipients. The Ra'ah answers that since the woman is no longer married to the father of the fetus, and it is a part of her body, it is logical that she should receive at least some of the compensation.

Even if he engaged in licentious sexual intercourse with her – אֲפִילּוּ בָּא עָלֶיהָ בִּזְנוּת: It is stated in the Jerusalem Talmud that although the father of the offspring receives the payment even if he was not married to the woman, if the two were not eligible for marriage, as their engaging in intercourse constituted forbidden sexual intercourse punishable by *karet*, he does not receive payment, as he cannot be considered "the woman's husband."

As Rabba says, if they collected the debt from land, etc. – דְּאָמַר רַבָּה: גָּבוּ קַרְקַע וכו׳: Rabba maintains that if they collected land as payment for the debt, it is considered property possessed by the father in his lifetime, since he had a lien on the land; whereas if they received money, the firstborn does not receive a double portion of it, since it was merely owed to the father and was not in his possession. Rav Naḥman, by contrast, holds that since the debtor's fundamental liability is to pay the debt in cash, the money is considered possessed by the father; whereas if the debt is collected from land, it is considered property due to the father, of which the firstborn does not receive a double portion.

הָנֵי מִילֵּי לִבְנֵי מַעֲרָבָא אַלִּיבָּא דְּרַבָּנַן,

The Gemara answers: **That statement** applies **according to the residents of the West,**[N] i.e., Eretz Yisrael, **in accordance with** the opinion **of the Rabbis,** who limit the rights of a firstborn to his father's property to the extent that they hold he does not receive a double portion of any appreciation in the property occurring after his father's death.

כִּי קָאָמְרִי הָכָא – כְּרַבִּי.

By contrast, **when they state** that this *baraita* **here** relates to a divorcée, it is **in accordance with** the opinion of **Rabbi** Yehuda HaNasi[N] that the firstborn receives a double portion even in the appreciation of the property occurring after the father's death. According to this opinion, clearly everything due to the father is considered to be in his possession, whether he receives his compensation in money or in land. The same applies to a husband, who inherits the rights to inherit compensation for damage and pain inflicted on his wife. That is why Rabba and Rav Naḥman had to interpret this *baraita* as relating to a divorcée.

אָמַר רַבִּי שִׁמְעוֹן בֶּן לָקִישׁ: שׁוֹר שֶׁהֵמִית אֶת הָעֶבֶד שֶׁלֹּא בְּכַוָּונָה – פָּטוּר מִשְּׁלֹשִׁים שְׁקָלִים, שֶׁנֶּאֱמַר ״כֶּסֶף שְׁלֹשִׁים שְׁקָלִים יִתֵּן לַאדֹנָיו וְהַשּׁוֹר יִסָּקֵל״, כָּל זְמַן שֶׁהַשּׁוֹר בִּסְקִילָה – הַבְּעָלִים מְשַׁלְּמִין שְׁלֹשִׁים שְׁקָלִים, אֵין הַשּׁוֹר בִּסְקִילָה – אֵין הַבְּעָלִים מְשַׁלְּמִין שְׁלֹשִׁיח שְׁקָלִיח

§ **Rabbi Shimon ben Lakish says:** With regard to **an ox that killed** a Canaanite **slave unintentionally,** the owner is **exempt from** paying the fine of **thirty shekels, as it is stated: "He shall give to their master thirty shekels of silver, and the ox shall be stoned"** (Exodus 21:32). It is derived from the verse that the liability to pay thirty shekels is dependent on the stoning of the ox; **whenever the ox is** liable **to** be killed by **stoning, the owner pays thirty shekels** as compensation for the damage. If **the ox is not** liable **to** be killed by **stoning,** e.g., if it killed unintentionally, **the owner does not pay thirty shekels.**

אָמַר רַבָּה: שׁוֹר שֶׁהֵמִית בֶּן חוֹרִין שֶׁלֹּא בְּכַוָּונָה – פָּטוּר מִכּוֹפֶר, שֶׁנֶּאֱמַר: ״הַשּׁוֹר יִסָּקֵל וְגַם בְּעָלָיו יוּמָת, אִם כֹּפֶר יוּשַׁת עָלָיו״, כָּל זְמַן שֶׁהַשּׁוֹר בִּסְקִילָה – בְּעָלִים מְשַׁלְּמִין כּוֹפֶר, אֵין הַשּׁוֹר בִּסְקִילָה – אֵין בְּעָלִים מְשַׁלְּמִין כּוֹפֶר.

Similarly, **Rabba says:** With regard to **an ox that killed a freeman unintentionally,** its owner **is exempt from** paying **ransom;** as **it is stated: "The ox shall be stoned, and its owner also shall be put to death. If a ransom is laid on him"** (Exodus 21:29–30). This indicates that **whenever the ox is** liable **to** be killed by **stoning the owner pays ransom;** and if **the ox is not** liable **to** be killed by **stoning the owner does not pay ransom.**

אֵיתִיבֵיהּ אַבַּיֵי: ״הֵמִית שׁוֹרִי אֶת פְּלוֹנִי״ אוֹ ״שׁוֹרוֹ שֶׁל פְּלוֹנִי״ – הֲרֵי זֶה מְשַׁלֵּם עַל פִּי עַצְמוֹ; מַאי לָאו כּוֹפֶר?

Abaye raised an objection to Rabba's statement from a mishna: If a person admits: **My ox killed so-and-so, or:** My ox killed **the ox of so-and-so, this** owner **pays based on his own** admission (*Ketubot* 41a). This cannot be referring to the payment of a fine, as a person who admits his responsibility for an act incurring a fine is exempt from paying the fine. Clearly, it must be referring to a payment for which one can render himself liable through admission. **What, is it not** referring to the payment of **ransom?**[N] If so, this proves that payment of ransom is not dependent on whether the ox is liable to be killed by stoning, as the ox cannot be killed based on its owner's admission alone.

לָא, דָּמִים.

The Gemara answers: **No,** it is referring to payment of the monetary **value** of the victim.[N] Although he is not liable to pay ransom, as the ox is not killed, nevertheless, since by his own admission his ox caused damage, he is liable to pay damages.

אִי דָּמִים, אֵימָא סֵיפָא: ״הֵמִית שׁוֹרִי אֶת עַבְדּוֹ שֶׁל פְּלוֹנִי״ – אֵינוֹ מְשַׁלֵּם עַל פִּי עַצְמוֹ; וְאִי דָּמִים, אַמַּאי לָא?

Abaye challenged this answer: **If** it is referring to the **value** of the victim, **say the latter clause** of that mishna: If a person admits: **My ox killed the** Canaanite **slave of so-and-so, he does not pay based on his own** admission. **And if,** as you claim, the mishna is referring to the **value** of the victim, not to the thirty-shekel fine, **why** should he **not** pay?

אֲמַר לֵיהּ: יְכֵילְנָא לְשַׁנּוּיֵי לָךְ: רֵישָׁא דָּמִים, וְסֵיפָא קְנָס, מִיהוּ שִׁנּוּיָא דְּחִיקָא לָא מְשַׁנֵּינָא לָךְ. אִידִי וְאִידִי דָּמִים,

Rabba **said to** Abaye: **I could have answered you** by saying that **the former clause,** which discusses an ox killing a freeman, is referring to the **value** of the victim, **and the latter clause,** which relates to an ox that gored a slave, is referring to payment of the thirty-shekel **fine. But I will not answer you with a forced answer.** Instead, I will answer as follows: Both **this** clause **and that** clause refer to the **value** of the victim;

NOTES

That statement applies according to the residents of the West, etc. – הָנֵי מִילֵּי לִבְנֵי מַעֲרָבָא וכו׳: The Sages of Eretz Yisrael stated that a firstborn receives a double portion of money owed to the father, but not of the interest. The Gemara (*Bava Batra* 124b) explains that this statement is in accordance with the opinion of the Rabbis, who hold that a firstborn does not receive a double portion of the appreciation in the value of the father's property after his death. By contrast, Rabbi Yehuda HaNasi holds that a firstborn does receive a double portion of the appreciation of the property, and also receives a double portion of the interest of a loan.

Tosafot note that apparently Rabba's opinion is that even if the debt is collected from land, the firstborn does not receive a double portion, since he holds that the *halakha* that land is liened toward a loan is not by Torah law, but only by rabbinic law (see *Bava Batra* 175b).

It is in accordance with the opinion of Rabbi Yehuda HaNasi – כְּרַבִּי: With regard to a loan, Rabbi Yehuda HaNasi maintains that the firstborn receives a double portion whether payment is collected from land or money. The same *halakha* applies with regard to a husband's inheritance of his wife's property. With regard to ransom, Rabbi Yehuda HaNasi would concede that it is considered property that had been due to the deceased and not property possessed by him, regardless of the means of payment.

What, is it not referring to payment of ransom – מַאי לָאו כּוֹפֶר: Just as a person is not sentenced to death based on his own admission, so too, an ox is not sentenced to death based on its owner's admission.

No, it is referring to payment of the monetary value of the victim – לָא דָּמִים: The early commentaries ask what the practical difference is if the payment is defined as ransom or as compensation for damage. According to the opinion that the ransom is the monetary value of the person who is liable (40a), the difference is obvious, as the liable person and the victim may have different values (*Tosafot*).

As for a difference according to the opinion that the ransom is the monetary value of the injured party, Rashi explains that if the liable party does not have any funds with which to pay, if he owes ransom, he is subject to divine punishment until he atones for his actions. If he merely owes compensation, which is not for the purpose of atonement, he is not subject to divine punishment.

The Ra'avad adds that if the liable party has only the minimal amount of funds necessary to cover his liability, if he merely owes compensation the court deducts his essential living requirements from the amount that is collected from him. If he owes ransom, the entire amount is collected, as it serves for atonement.

Others add that if the liable party dies, his heirs are liable to pay compensation but not ransom. Furthermore, the heirs of the victim can waive the compensation owed them but not the ransom (*Tosafot*, citing Rabbeinu Yitzḥak of Dampierre).

The Ra'avad raises an additional suggestion: Perhaps the amount of the ransom is not the value of the victim nor of the liable party but rather is based on the fixed valuation of the person specified in Leviticus, chapter 27 (see also Rashba).

מִיהוּ, בֶּן חוֹרִין דִּמְשַׁלֵּם כּוֹפֶר עַל פִּי עַצְמוֹ, וְהֵיכִי דָּמֵי – דְּאִי אָתוּ סָהֲדֵי וְאַסְהִידוּ בֵּיהּ דִּקְטַל, וְלָא יָדְעִי אִי תָּם הֲוָה אִי מוּעָד הֲוָה, וַאֲמַר מָרֵיהּ דְּמוּעָד הוּא, דִּמְשַׁלֵּם כּוֹפֶר עַל פִּי עַצְמוֹ – הֵיכָא דְּלֵיכָּא עֵדִים מְשַׁלֵּם דָּמִים.

but there is a distinction between the two cases. With regard to an ox killing **a freeman,** there is a scenario **where** the owner **pays ransom based on his own** admission. **And what are the circumstances? If witnesses came and testified that** the ox **killed** a freeman and is therefore liable to be killed by stoning, **but they did not know whether it was innocuous** or **if it was forewarned, and its owner said that it was forewarned.** In this case, the owner **pays ransom based on his own** admission, since the ox is liable to be killed, and the ransom is for atonement and does not constitute a fine. Therefore, even **where there are no witnesses,** and the ox is therefore not liable to be killed by stoning for killing a person, nevertheless, the owner at least **pays** the monetary **value** of the victim based on his admission.

גַּבֵּי עֶבֶד שֶׁאֵינוֹ מְשַׁלֵּם קְנָס עַל פִּי עַצְמוֹ, וְהֵיכִי דָּמֵי – דְּאִי אָתוּ עֵדִים וְאַסְהִידוּ בֵּיהּ דִּקְטַל, וְלָא יָדְעִי אִי תָּם הֲוָה אִי מוּעָד הֲוָה, וַאֲמַר מָרֵיהּ מוּעָד הוּא, לָא מִשְׁתַּלֵּם קְנָס עַל פִּי עַצְמוֹ – הֵיכָא דְּלֵיכָּא עֵדִים לָא מְשַׁלֵּם דָּמִים.

By contrast, **with regard to** an ox killing **a slave,** there is a scenario **where** one **does not pay the fine** of thirty shekels **based on his own** admission. **And what are the circumstances** where one would be liable to pay this fine due to his own admission? **If witnesses came and testified that** the ox **killed** a slave, **but they did not know whether it was innocuous** or **if it was forewarned, and its owner said that it was forewarned.** In this case, even though the ox is liable to be killed, the owner **does not pay the fine based on his own** admission, due to the principle that one does not pay a fine based on his own admission. Therefore, in a case **where there are no witnesses, he does not** even **pay** the **value** of the victim based on his own admission.

מַתִיב רַב שְׁמוּאֵל בַּר רַב יִצְחָק: כָּל שֶׁחַיָּיב בְּבֶן חוֹרִין חַיָּיב בְּעֶבֶד, בֵּין בְּכוֹפֶר בֵּין בְּמִיתָה;

Rav Shmuel bar Rav Yitzḥak raises an objection from a *baraita* that states a principle: In **any** scenario **where** a person is **liable for** his ox killing **a freeman,** he is **liable for** his ox killing a Canaanite **slave, whether with regard to** liability to pay **ransom or with regard to** the ox being put to **death.**

כּוֹפֶר בְּעֶבֶד מִי אִיכָּא? אֶלָּא לָאו דָּמִים!

The wording of the *baraita* is unclear: **Is there a ransom** to be paid **in** the case **of a slave?** Ransom is paid only for the killing of a freeman. **Rather, is it not** referring to payment of the **value** of the victim? This poses a difficulty for Rabba's opinion that one is not liable to pay the value of the victim for admitting to his ox's killing of a slave.

אִיכָּא דְּאָמְרִי: הוּא מוֹתִיב לַהּ וְהוּא מְפָרֵק לַהּ; אִיכָּא דְּאָמְרִי: אֲמַר לֵיהּ רַבָּה, הָכִי קָתָנֵי: כָּל שֶׁחַיָּיב בְּבֶן חוֹרִין, בְּכַוָּונָה עַל פִּי עֵדִים, כּוֹפֶר – חַיָּיב בְּעֶבֶד קְנָס. וְכָל שֶׁחַיָּיב בְּבֶן חוֹרִין, שֶׁלֹּא בְּכַוָּונָה עַל פִּי עֵדִים, דָּמִים – חַיָּיב בְּעֶבֶד, שֶׁלֹּא בְּכַוָּונָה עַל פִּי עֵדִים, דָּמִים.

There are those **who say that he,** Rav Shmuel bar Rav Yitzḥak, **raised the objection and he resolved it,** and **there are** those **who say** it was **Rabba** who **said to him** in response, that **this is** what the *baraita* **is teaching:** In **any** scenario **where** a person is **liable** to pay **ransom for** his ox killing **a freeman,** e.g., where it gored **intentionally based on** the testimony of **witnesses,** he is **liable** to pay **a fine for** his ox killing **a slave. And** in **any** scenario **where** one is **liable** to pay the **value** of the victim **for** his ox killing **a freeman,** e.g., where it gored **unintentionally based on** the testimony of **witnesses, for a slave** too, one is **liable** to pay the **value,** namely, where it gored **unintentionally based on** the testimony of **witnesses.** Accordingly, one does not pay the value of a slave based on his own admission, although he does pay the value of a freeman if he admits that his ox killed him.

אֲמַר לֵיהּ רָבָא: אִי הָכִי, אִשּׁוֹ שֶׁלֹּא בְּכַוָּונָה עַל פִּי עֵדִים נְשַׁלֵּם דָּמִים!

Rava said to Rabba: **If that is so,**[N] that one is liable to pay the value of the victim in cases where he is exempt from paying ransom, then if a person burns another to death **unintentionally** with **his fire,**[N] and the proof is **based on** the testimony of **witnesses, he should,** likewise, at least **pay** the **value** of the victim.

וּמְנָא לֵיהּ לְרָבָא דְּלָא מְשַׁלֵּם?

The Gemara asks: **And from where does Rava** know **that he does not pay** the value of the victim if he started the fire unintentionally?

NOTES

If that is so, etc. – אִי הָכִי וכו׳: The early commentaries point out that this comparison between a person's ox and his fire is in accordance with the opinion of Reish Lakish that liability for damage caused by one's fire is due to its similarity to his property. According to Rabbi Yoḥanan, who maintains that liability for damage caused by one's fire is due to its similarity to his arrows, there is no comparison, as death caused by one's fire is tantamount to death caused by him directly (*Tosafot*; Rid).

Unintentionally with his fire – אִשּׁוֹ שֶׁלֹּא בְּכַוָּונָה: Why does Rava relate specifically to a case where he started the fire unintentionally? Rashi explains that if it was done intentionally the perpetrator would certainly be exempt from paying compensation, as he would be subject to court-imposed capital punishment and would therefore be liable to receive only the greater punishment of the two.

This is rejected in *Tosefot Rabbeinu Peretz* on the grounds that if the principle that one receives only the greater punishment is applied here, the perpetrator would be exempt in an unintentional case as well, as this principle is applied even when the action is unintentional and therefore does not warrant, in practice, court-imposed capital punishment (see 35a). They accept the interpretation of *Tosafot,* who say that Rava is not referring specifically to an unintentional fire, as it may be inferred *a fortiori* that he is liable if he lit the fire intentionally. The only reason Rava mentions an unintentional fire is to compare it to the case of an ox that gores unintentionally.

אִילֵימָא מִדְּתְנַן: הָיָה גְּדִי כָּפוּת לוֹ וְעֶבֶד סָמוּךְ לוֹ וְנִשְׂרַף עִמּוֹ – חַיָּיב, עֶבֶד כָּפוּת לוֹ וּגְדִי סָמוּךְ לוֹ וְנִשְׂרַף עִמּוֹ – פָּטוּר?

If we say that it is **from what we learned** in a mishna (61b): If one ignites a heap of grain and **there was a goat bound** to an item adjacent **to it, and** there was also **a slave adjacent to it** but not bound, **and** they were **burned** together **with** the heap of grain, he is **liable** to pay for the heap of grain and for the goat. If the **slave** was **bound to it** in such a way that he was unable to flee from the fire, **and** the **goat** was **adjacent to it, and** they were **burned with it,** he is **exempt** from liability. Apparently, there is no liability even if he unintentionally burned the slave to death.

הָאֲמַר רֵישׁ לָקִישׁ: כְּגוֹן שֶׁהִצִּית בְּגוּפוֹ שֶׁל עֶבֶד, דְּקָם לֵיהּ בִּדְרַבָּה מִינֵּיהּ!

The Gemara comments: If this is Rava's source, there is no proof from here. **Didn't Reish Lakish say** that the mishna is referring to a case **where he ignited the body of the slave** directly, in which case he is exempt from paying damages **because he receives the greater** punishment **of them?** Since he is liable to receive court-imposed capital punishment for killing the slave, he is not liable to pay damages. Therefore, this does not serve as proof that one is not liable to pay the value of a fire victim.

וְאֶלָּא מֵהָא דְּתַנְיָא: חוֹמֶר בָּאֵשׁ מִבְּבוֹר, שֶׁהָאֵשׁ מוּעֶדֶת לֶאֱכוֹל בֵּין דָּבָר הָרָאוּי לָהּ בֵּין דָּבָר שֶׁאֵין רָאוּי לָהּ, מַה שֶּׁאֵין כֵּן בְּבוֹר, וְאִילּוּ ״שֶׁהָאֵשׁ מְשַׁלֶּמֶת שֶׁלֹּא בְּכַוָּונָה דָּמִים, מַה שֶּׁאֵין כֵּן בְּבוֹר״ לָא קָתָנֵי?

And if Rava's proof is **rather from that which is taught** in a *baraita* (10a): The **stringency that** applies **to Fire as opposed to Pit** is **that** the one responsible for **Fire is** considered **forewarned**[B] with regard **to its consuming both something that is fitting for it and something that is not fitting for it,** i.e., both flammable and non-flammable items. **This is not so with regard to Pit,** as damages are not paid for everything that can be damaged by a pit. **But** the *baraita* **does not teach: That** with regard to **Fire,** one is liable to **pay the value** of the victim even if the fire was ignited **unintentionally. This is not so with regard to Pit.** This would seem to support Rava's opinion that one is not liable to pay the value of an unintentional victim of fire.

דִּלְמָא תְּנָא וְשִׁיֵּיר!

The Gemara comments: If this is Rava's source, there is no proof from here. **Perhaps** the *baraita* **taught** one distinction **and omitted** another; it simply did not enumerate all the differences.

אֶלָּא, רָבָא גּוּפֵיהּ אִבַּעוּיֵי מִבַּעְיָא לֵיהּ: אִשּׁוֹ שֶׁלֹּא בְּכַוָּונָה, מִי מְשַׁלֵּם דָּמִים אוֹ לָא?

Rather, Rava's statement should not be understood as an objection to Rabba's opinion, as **Rava himself had a dilemma** with regard to the matter: If a person burns another to death **unintentionally** with **his fire, does he pay** the **value** of the victim **or not?**

מִי אָמְרִינַן: גַּבֵּי שׁוֹר הוּא דִּבְכַוָּונָה מְשַׁלֵּם כּוֹפֶר – שֶׁלֹּא בְּכַוָּונָה מְשַׁלֵּם דָּמִים, אֲבָל אִשּׁוֹ, דִּבְכַוָּונָה לֹא מְשַׁלֵּם כּוֹפֶר – שֶׁלֹּא בְּכַוָּונָה נַמִי לֹא מְשַׁלֵּם דָּמִים. אוֹ דִּלְמָא: כֵּיוָן דְּגַבֵּי שׁוֹרוֹ שֶׁלֹּא בְּכַוָּונָה אַף עַל גַּב דְּלֵיכָּא כּוֹפֶר מְשַׁלֵּם דָּמִים, גַּבֵּי אִשּׁוֹ נַמִי, אַף עַל גַּב דִּבְכַוָּונָה לֹא מְשַׁלֵּם כּוֹפֶר, שֶׁלֹּא בְּכַוָּונָה מִיהַת מְשַׁלֵּם דָּמִים?

The Gemara elaborates on the question: **Do we say** that it **is specifically with regard to** death caused by one's **ox, where** if it was done **intentionally he pays ransom** and **where** it was done **unintentionally he pays** the victim's monetary **value** instead; **but** with regard to death caused by **his fire, where** even if it was done **intentionally he does not pay ransom,** if it was done **unintentionally he does not pay the value either? Or perhaps, since with regard to** the case where **his ox** gored **unintentionally, although there is no** liability to pay **ransom,** nevertheless, **he** at least **pays** the **value** of the victim. One should say that **with regard to his fire too, even though** in a case where it was done **intentionally he does not pay ransom,** when it was done **unintentionally, he should pay** the **value in any event.**

וְלָא יָדְעִינַן, תֵּיקוּ.

The Gemara concludes: **And we do not know**[N] the solution to this dilemma, which **shall stand** unresolved.

כִּי אֲתָא רַב דִּימִי אָמַר רַבִּי יוֹחָנָן: ״כֹּפֶר״, מַה תַּלְמוּד לוֹמַר ״אִם כֹּפֶר״? לְרַבּוֹת כּוֹפֶר שֶׁלֹּא בְּכַוָּונָה כְּכוֹפֶר בְּכַוָּונָה.

§ With regard to Rabba's statement that for an ox that killed a person unintentionally one is exempt from paying ransom, the Gemara relates that **when Rav Dimi came** from Eretz Yisrael, he reported that **Rabbi Yoḥanan says:** It would have been sufficient for the verse to state: **"A ransom** is laid on him." **What** is the meaning when **the verse states: "If a ransom** is laid on him" (Exodus 21:30)? It is **to include** liability to pay **ransom** in a case where the ox killed **unintentionally,**[H] just **as** one is liable to pay **ransom** when it killed **intentionally,** in contrast to Rabba's opinion.

BACKGROUND

That Fire is considered forewarned, etc. – שֶׁהָאֵשׁ מוּעֶדֶת וכו׳: Although fire burns only flammable material, it can also cause significant damage to nonflammable materials. Depending on the size of the fire, damage may be caused indirectly due to the intense heat, even to materials that cannot be burned at all, such as earth, stones, metal, and earthenware.

NOTES

And we do not know – וְלָא יָדְעִינַן: According to the *Ḥazon Ish*, it appears from the Rambam that this dilemma occurs only with regard to a case where the victim is a freeman. If he is a Canaanite slave, the perpetrator is certainly liable to pay compensation to his owner for the financial damage incurred, just like any other damage for which one is liable to pay. The Meiri concludes that there is no liability to pay compensation in this case.

HALAKHA

Ransom where the ox killed unintentionally – כּוֹפֶר שֶׁלֹּא בְּכַוָּונָה: If a forewarned ox kills a person, even unintentionally, if the victim is a freeman the owner pays ransom, and if the one killed is a Canaanite slave he pays a fine. This ruling is in accordance with the opinion of Rabbi Yoḥanan, whose opinions are accepted when in conflict with those of Reish Lakish (Rambam *Sefer Nezikin*, *Hilkhot Nizkei Mamon* 10:9).

אֲמַר לֵיהּ אַבַּיֵי: אֶלָּא מֵעַתָּה, עֶבֶד נַמִי, מַה תַּלְמוּד לוֹמַר "אִם עֶבֶד"? לְרַבּוֹת עֶבֶד שֶׁלֹּא בְּכַוָּונָה כְּעֶבֶד בְּכַוָּונָה! וְכִי תֵּימָא הָכִי נַמִי, וְהָאָמַר רֵישׁ לָקִישׁ: שׁוֹר שֶׁהֵמִית אֶת הָעֶבֶד שֶׁלֹּא בְּכַוָּונָה – פָּטוּר מִשְּׁלֹשִׁים שְׁקָלִים!

Abaye said to Rav Dimi: **If** Rabbi Yoḥanan's interpretation **is so,** it should be implemented with regard to the fine for a Canaanite **slave as well,** and it would have been sufficient for the verse to state: The ox gores a slave or a maidservant, he shall give to their master thirty shekels of silver. **What** is the meaning when **the verse states: "If** the ox gores **a slave"** (Exodus 21:32)? It is **to include** liability in a case where the ox killed a Canaanite **slave unintentionally,** just as when it killed **a slave intentionally. And if you would say** that **indeed** this is the *halakha*, **but doesn't Reish Lakish say** that for **an ox that killed a slave unintentionally** its owner is **exempt from** paying the **thirty shekels?**

אֲמַר לֵיהּ: גַּבְרָא אַגַּבְרָא קָא רָמֵית?

Rav Dimi **said to** Abaye: **Are you setting** the statement of one **man against** the statement of another **man?** It could be that although Reish Lakish maintains that he is exempt, Rabbi Yoḥanan holds that he is liable.

כִּי אֲתָא רָבִין אָמַר רַבִּי יוֹחָנָן: "עֶבֶד", מַה תַּלְמוּד לוֹמַר "אִם עֶבֶד"? לְרַבּוֹת עֶבֶד שֶׁלֹּא בְּכַוָּונָה כְּעֶבֶד בְּכַוָּונָה.

When Ravin came from Eretz Yisrael, he confirmed that this is the opinion of **Rabbi Yoḥanan,** as he **says** that it would have been sufficient for the verse to state: "The ox gores a **slave." What** is the meaning when **the verse states: "If** the ox gores **a slave"?** It is **to include** liability in a case where the ox killed **a slave unintentionally,** just **as** when it killed **a slave intentionally.**

וּלְרֵישׁ לָקִישׁ נַמִי נֵימָא: מִדְּ"עֶבֶד, אִם עֶבֶד" לָא דָּרֵישׁ, "כֹּפֶר, אִם כֹּפֶר" נַמִי לָא דָּרֵישׁ!

The Gemara suggests: **And** according **to Reish Lakish, let us say similarly** that **from** the fact **that he does not interpret** the difference between the terms **"a slave"** and **"if a slave"** to derive an additional *halakha*, it may be inferred that **he does not interpret** the difference between the terms **"a ransom"** and **"if a ransom" either,** and holds that ransom is not paid if the incident was unintentional.

אָמְרִי: לָא, "עֶבֶד, אִם עֶבֶד" לָא דָּרֵישׁ, "כֹּפֶר, אִם כֹּפֶר" דָּרֵישׁ.

The Sages **said: No,** that is not a valid comparison. Although Reish Lakish **does not interpret** the difference between the terms **"a slave"** and **"if a slave," he does interpret** the difference between the terms **"a ransom"** and **"if a ransom."**

וּמַאי שְׁנָא? "עֶבֶד, אִם עֶבֶד" לָא כְּתִיב בִּמְקוֹם תַּשְׁלוּמִין, "כֹּפֶר, אִם כֹּפֶר" כְּתִיב בִּמְקוֹם תַּשְׁלוּמִין.

And what is different between the two verses? The terms **"a slave"** and **"if a slave" are not written where** the liability for **payment** is stated, but rather in the presentation of the case: "If the ox gores a slave." Therefore, the use of the word "if" is warranted. By contrast, the terms **"a ransom"** and **"if a ransom" are written where** the liability for **payment** is stated, where it would have been sufficient for the verse to state: "A ransom is laid on him." Therefore, the superfluous word "if" lends itself to interpretation to include liability to pay ransom even in a case where the killing was unintentional.

"וְכֵן בְּבֵן אוֹ בְּבַת". תָּנוּ רַבָּנַן: "אוֹ בֵן יִגָּח אוֹ בַת יִגָּח" – לְחַיֵּיב עַל הַקְּטַנִּים כִּגְדוֹלִים.

§ The mishna teaches: **And the same** *halakha* applies **in** a case where the ox killed **a boy or in** a case where it killed **a girl. The Sages taught:** The verse states: **"Whether it has gored a son or has gored a daughter"** (Exodus 21:31), **to deem** the owner **liable for** the death of **minors** just **as for adults.**

וַהֲלֹא דִּין הוּא: הוֹאִיל וְחִיֵּיב אָדָם בְּאָדָם וְחִיֵּיב שׁוֹר בְּאָדָם, מַה כְּשֶׁחִיֵּיב אָדָם בְּאָדָם – לָא שְׁנָא בֵּין קְטַנִּים לִגְדוֹלִים, אַף כְּשֶׁחִיֵּיב שׁוֹר בְּאָדָם – לֹא תַּחֲלוֹק בּוֹ בֵּין קְטַנִּים לִגְדוֹלִים!

The *baraita* asks: **And could this not** be derived through **logical inference? Since** the Torah **renders a person liable** to receive court-imposed capital punishment **for** killing another **person, and,** similarly, **renders an ox liable** to be killed **for** killing **a person,** it should be derived that **just as when** the Torah **renders a person liable for** killing **a person** the Torah makes **no distinction between** killing **minors and** killing **adults, so too, when it renders an ox liable** to be killed **for** killing **a person, do not differentiate with regard to it between minors and adults.**

וְעוֹד, קַל וָחוֹמֶר הוּא: וּמָה אָדָם בְּאָדָם, שֶׁלֹּא עָשָׂה בּוֹ קְטַנִּים כִּגְדוֹלִים – חִיֵּיב בּוֹ עַל הַקְּטַנִּים כִּגְדוֹלִים,

And furthermore, it could be inferred ***a fortiori*: If** in the case of **a person** killing **a person** the Torah **does not render minors** entirely **like adults with regard to this** act, inasmuch as minors are exempt from liability for killing, but nevertheless **it renders** a person **liable for** killing **minors** as well **as adults,**

שׁוֹר בְּאָדָם, שֶׁעָשָׂה בּוֹ קְטַנִּים כִּגְדוֹלִים, אֵינוֹ דִּין שֶׁחַיָּיב עַל הַקְּטַנִּים כִּגְדוֹלִים?

then in the case of **an ox** killing **a person, where** the Torah **renders small** oxen **like large** ones **with regard to this** act, as a young calf that kills a person is killed just as an adult ox that kills a person, **is it not logical that** the Torah **renders** it **liable for** killing **minors,** i.e., a boy or a girl, just **as** for killing **adults?** Why is it necessary for the verse to teach this *halakha*?

לֹא, אִם אָמַרְתָּ אָדָם בְּאָדָם שֶׁכֵּן חַיָּיב בְּאַרְבָּעָה דְּבָרִים, תֹּאמַר בְּשׁוֹר שֶׁאֵינוֹ חַיָּיב בְּאַרְבָּעָה דְּבָרִים – תַּלְמוּד לוֹמַר: ״אוֹ בֵן יִגָּח אוֹ בַת יִגָּח״, לְחַיֵּיב עַל הַקְּטַנִּים כִּגְדוֹלִים.

The Gemara rejects this claim: **No,** this cannot be derived by logic alone. **If you say** that **a person** who kills **a person** is liable even when the victim is a minor, this may be due to the extra severity in the case of a human assailant, **as he is liable to** pay **four types of indemnity** for causing injury; pain, humiliation, medical costs, and loss of livelihood, in addition to payment for the actual damage. **Shall you** also **say** that this is the *halakha* **with regard to an ox, whose** owner **is not liable to** pay these **four types of indemnity?** Clearly, this *halakha* cannot be derived merely through logical comparison between the two cases. Therefore, **the verse states: "Whether it has gored a son**[H] **or has gored a daughter,"** to render it **liable for minors** as well **as adults.**

וְאֵין לִי אֶלָּא בְּמוּעָדִין, בְּתָם מִנַּיִן?

And I have derived this *halakha* **only with regard to forewarned** oxen; **from where** do I derive that **in** the case of **an innocuous** ox, it is killed if it kills a boy or a girl?

דִּין הוּא: הוֹאִיל וְחַיָּיב בְּאִישׁ וְאִשָּׁה וְחַיָּיב בְּבֵן וּבַת, מָה כְּשֶׁחַיָּיב בְּאִישׁ וְאִשָּׁה – לֹא חִלַּקְתָּ בּוֹ בֵּין תָּם לְמוּעָד, אַף כְּשֶׁחַיָּיב בְּבֵן וּבַת – לֹא תַּחֲלוֹק בּוֹ בֵּין תָּם לְמוּעָד.

The *baraita* asks: Could this not be derived through **logical inference? Since** the Torah **renders** an ox **liable** to be killed **for** killing **a man or a woman, and** likewise **renders** it **liable** to be killed **for** killing **a boy or a girl;** then **just as when it renders** it **liable** to be killed **for** killing **a man or a woman you do not differentiate between an innocuous** ox **and a forewarned** ox, as both are stoned, **so too, when it renders** an ox **liable** to be killed **for** killing **a boy or a girl do not differentiate between an innocuous** ox **and a forewarned** ox.

וְעוֹד, קַל וָחוֹמֶר: מָה אִישׁ וְאִשָּׁה שֶׁכֵּן הוּרַע כֹּחָם בִּנְזָקִין – לֹא חִלַּקְתָּ בּוֹ בֵּין תָּם לְמוּעָד, בֵּן וּבַת שֶׁיָּפֶה כֹּחָם בִּנְזָקִין – אֵינוֹ דִּין שֶׁלֹּא תַּחֲלוֹק בָּהֶן בֵּין תָּם לְמוּעָד?

And furthermore, it can be inferred ***a fortiori*****: If** with regard to **a man or a woman, whose power is diminished with regard to damages** because adults who cause damage are liable to pay, but nevertheless **you do not differentiate between an innocuous** ox **and a forewarned** ox that kills them; then with regard to **a boy or girl, whose power is enhanced with regard to damages** because they are not liable to pay for damage they cause, **is it not logical that you should not differentiate between an innocuous** ox **and a forewarned** ox that kills them?

אָמַרְתָּ: וְכִי דָּנִין קַל מֵחָמוּר לְהַחְמִיר עָלָיו? אִם הֶחְמִיר בְּמוּעָד הֶחָמוּר, תַּחְמִיר בְּתָם הַקַּל?

The *baraita* answers that **you could say** in response: **But does one derive** the *halakha* of **a lenient** matter **from a stringent** matter **in order to be more stringent with regard to it? If** the Torah **is stringent with regard to** the case of **a forewarned** ox, **which is a stringent** matter, rendering it liable to be killed for killing a minor, does that mean that **you should be stringent with regard to an innocuous** ox, **which is** a relatively **lenient** matter?

וְעוֹד, אִם אָמַרְתָּ בְּאִישׁ וְאִשָּׁה שֶׁכֵּן חַיָּיבִין בְּמִצְוֹת, תֹּאמַר בְּבֵן וּבַת שֶׁפְּטוּרִין מִן הַמִּצְוֹת?

And furthermore, there is another reason to reject the earlier opinion: **If you say** that an innocuous ox is liable to be killed **for** killing **a man or a woman, as they are obligated to** observe the **mitzvot,** which gives them importance, does that mean that **you should say** the same **with regard to a boy or a girl, who are exempt from the mitzvot?**

תַּלְמוּד לוֹמַר: ״אוֹ בֵן יִגָּח אוֹ בַת יִגָּח״, נְגִיחָה בְּתָם נְגִיחָה בְּמוּעָד, נְגִיחָה לְמִיתָה נְגִיחָה לִנְזָקִין.

Since this *halakha* could not have been derived through logic alone, **the verse states: "Whether it has gored a son or has gored a daughter,"** stating the phrase "has gored" twice, to teach that it is referring both to the **goring of an innocuous** ox and to the **goring of a forewarned** ox, and both to **goring** that causes **death** and to **goring** that causes **injury.** In all these cases the owner of the ox is liable even if the ox gores a minor.

HALAKHA

Whether it has gored a son – אוֹ בֵן יִגָּח: An ox that kills a person, whether an adult or a minor, is liable to be killed by stoning, regardless if the ox was innocuous or forewarned (Rambam *Sefer Nezikin, Hilkhot Nizkei Mamon* 10:1).

מתני׳ שׁוֹר שֶׁהָיָה מִתְחַכֵּךְ בְּכוֹתֶל וְנָפַל עַל הָאָדָם, נִתְכַּוֵּין לַהֲרוֹג אֶת הַבְּהֵמָה וְהָרַג אֶת הָאָדָם, לְגוֹי וְהָרַג בֶּן יִשְׂרָאֵל, לִנְפָלִים וְהָרַג בֶּן קַיָּימָא – פָּטוּר.

MISHNA If an ox was rubbing against a wall, and as a result the wall fell on a person and killed him; or if the ox intended to kill another animal but killed a person; or if it intended to kill a gentile but killed a Jew; or intended to kill a non-viable baby[N] but killed a viable person; in all these cases the ox is exempt from being killed.

גמ׳ אָמַר שְׁמוּאֵל: פָּטוּר מִמִּיתָה וְחַיָּיב בְּכוֹפֶר, וְרַב אָמַר: פָּטוּר מִזֶּה וּמִזֶּה.

GEMARA Shmuel says: The ox is exempt from being put to death, since it did not intend to kill, but its owner is liable to pay ransom.[N] And Rav says: They are exempt from this liability and from that liability.

וְאַמַּאי? הָא תָּם הוּא! כִּדְאָמַר רַב: בְּמוּעָד לִיפּוֹל עַל בְּנֵי אָדָם בְּבוֹרוֹת, הָכָא נַמִּי – בְּמוּעָד לְהִתְחַכֵּךְ עַל בְּנֵי אָדָם בִּכְתָלִים.

The Gemara asks about Shmuel's opinion: **And why** is he liable to pay ransom? **Isn't the ox innocuous** with regard to this action? The Gemara answers: **As Rav says** in a different context, it is referring **to** an ox that was **forewarned with regard to falling on people in pits. Here too,** it is referring **to** an ox that was **forewarned with regard to rubbing against walls,**[NH] causing them to fall **on people.**

אִי הָכִי, בַּר קְטָלָא הוּא! בִּשְׁלָמָא הָתָם דַּחֲזָא יְרוֹקָא וְנָפַל, אֶלָּא הָכָא מַאי אִיכָּא לְמֵימַר?

The Gemara asks: **If so,** if it was forewarned with regard to this behavior, it clearly intended to kill the person and **is** therefore **subject to** being put to **death,** contrary to the ruling in the mishna. The Gemara explains: **Granted there,** in the case where the ox was forewarned with regard to falling on people in pits, it could be **that it saw a vegetable** on the edge of the pit **and** subsequently **fell** in, without any intention to kill. **But here,** where it rubbed against a wall, causing it to fall on a person, and was forewarned with regard to this behavior, **what is there to say** in its defense?

הָכָא נַמִּי בְּמִתְחַכֵּךְ בְּכוֹתֶל לַהֲנָאָתוֹ. וּמְנָא יָדְעִינַן? דְּבָתַר דִּנְפַל קָא מִתְחַכֵּךְ בֵּיהּ.

The Gemara answers: **Here also** the case is **where it rubbed against the wall for its pleasure** and not in order to kill. The Gemara asks: **And from where do we know** that it did not intend to kill? The Gemara answers: **Because** even **after** the wall **fell it was still rubbing against it,** which proves that this was its intention.

NOTES

Intended to kill…a non-viable baby, etc. – נִתְכַּוֵּין לַהֲרוֹג...לִנְפָלִים וכו׳: The Rashba writes that the mishna could have added an additional case, namely where the ox intended to kill a person who has a wound that will cause him to die within twelve months [*tereifa*], and instead killed a person who is not a *tereifa*. Since there is no court-imposed capital punishment for killing a *tereifa* the ox would be exempt in this case as well. He explains that this case was not mentioned because it is similar to the case involving a non-viable baby.

Its owner is liable to pay ransom – וְחַיָּיב בְּכוֹפֶר: Rashi explains that Shmuel agrees with Rabbi Yoḥanan's opinion that one is liable to pay ransom for his ox's unintentional killing, whereas Rav holds in accordance with Rabba's opinion that ransom is not paid in such a case. An alternative explanation, suggested by the Ra'avad, is that both *amora'im* agree with Rabbi Yoḥanan's opinion; Shmuel interprets the mishna as referring to a forewarned ox, whose owner is liable to pay ransom, whereas Rav interprets it in reference to an innocuous ox, where there is no ransom.

Forewarned with regard to rubbing against walls, etc. – בְּמוּעָד לְהִתְחַכֵּךְ...בִּכְתָלִים וכו׳: According to Rashi, this is a case where an ox rubbed against walls in order to knock them down on people three times, rendering it forewarned, but this time it merely rubbed against the wall for pleasure. *Tosafot* and other early commentaries write that this explanation is convoluted. They also maintain that if the ox is forewarned with regard to rubbing against walls to knock them down on people, it should not be considered forewarned with regard to rubbing for pleasure. Therefore, they explain that the ox is considered forewarned because for an ox to cause damage by rubbing against a wall for pleasure does not fall under the category of Goring, but rather, under the category of Eating, i.e., where the ox derives pleasure or benefit from the act, and with regard to this category of damage an ox is categorically considered forewarned. Accordingly, *Tosafot* conclude that it is not necessary for the ox to have done so three times prior to the incident.

The Ra'avad maintains that it is a Torah edict that ransom is paid only in the case of an ox that has actually been forewarned after three previous incidents. Therefore, the case here is necessarily a case where the ox had rubbed against walls, killing people as a result, on three previous occasions, thereby rendering itself forewarned with regard to this behavior.

HALAKHA

An ox that rubbed against a wall – שׁוֹר שֶׁהִתְחַכֵּךְ בַּכֹּתֶל: If an ox rubbed against a wall for pleasure, as it was seen rubbing against it even after the wall fell, and the wall collapsed on top of a person and he died, the ox is not liable to be stoned since it had no intention to kill the person. If the ox was forewarned with regard to rubbing against walls and causing them to collapse, its owner must pay ransom, in accordance with the opinion of Shmuel, whose opinion is followed in monetary law (Rambam *Sefer Nezikin, Hilkhot Nizkei Mamon* 10:10).

Perek **IV**
Daf **44** Amud **b**

וְאַכַּתִּי, צְרוֹרוֹת נִינְהוּ! אֲמַר רַב מָרִי בְּרֵיהּ דְּרַב כָּהֲנָא: דְּקָאָזֵיל מִינֵּיהּ מִינֵּיהּ.

The Gemara asks: **But still, is it** not a case of **pebbles?**[N] Is this case not analogous to damage caused by pebbles inadvertently propelled from under the feet of an animal while it is walking, which is not considered damage caused directly by the ox, but rather, damage caused indirectly? Ransom is not imposed for such indirect killing. **Rav Mari, son of Rav Kahana, said:** It is a case **where the** wall **gradually gave way**[H] under the pressure applied by the ox, and so while the ox was still pushing the wall it collapsed and killed the person.

NOTES

But still is it not a case of pebbles – וְאַכַּתִּי צְרוֹרוֹת נִינְהוּ: Even though pebbles are propelled by the ox's force, and with regard to certain matters what is caused by one's force is considered equivalent to what is caused by one's body, nevertheless, the Torah stipulates the payment of ransom specifically in the context of goring, which is an action performed directly by the ox's body (Rashi).

HALAKHA

Where the wall gradually gave way – דְּקָאָזֵיל מִינֵּיהּ מִינֵּיהּ: If an ox is forewarned with regard to rubbing against walls and knocking them down on people, its owner is liable to pay ransom the fourth time only if the wall fell down on the person while the ox was rubbing against it (Rambam *Sefer Nezikin, Hilkhot Nizkei Mamon* 10:10 and *Leḥem Mishne* there).

תניא כוותיה דשמואל ותיובתא דרב: יש חייב במיתה ובכופר, ויש חייב בכופר ופטור ממיתה, ויש חייב במיתה ופטור מן הכופר, ויש פטור מזה ומזה;

It is taught in a *baraita* **in accordance with** the opinion **of Shmuel, and** this *baraita* is **a conclusive refutation** of the opinion **of Rav: There are** cases where the ox is **liable to** be put to **death and** the owner is liable **to** pay **ransom,**[H] **and there are** cases where the owner is **liable to** pay **ransom but** the ox is **exempt from** being put to **death, and there are** cases where the ox is **liable to** be put to **death but** the owner is **exempt from** paying **ransom, and there are** cases where they are **exempt from this** punishment **and from that** one.

הא כיצד? מועד בכוונה – חייב במיתה ובכופר, מועד שלא בכוונה – חייב בכופר ופטור ממיתה, תם בכוונה – חייב במיתה ופטור מכופר, תם שלא בכוונה – פטור מזה ומזה;

How so? In a case where **a forewarned** ox kills a person **intentionally,** the ox is **liable to** be put to **death and** the owner is liable to pay **ransom;** if **a forewarned** ox kills **unintentionally,** the owner is **liable to** pay **ransom but** the ox is **exempt from** being put to **death;** if **an innocuous** ox kills **intentionally,** the ox is **liable to** be put to **death but** the owner is **exempt from** paying **ransom;** and if **an innocuous** ox kills **unintentionally,** they are **exempt from this** punishment **and from that** one. The *baraita* states explicitly that although a forewarned ox that kills a person unintentionally is exempt from being put to death, its owner is liable to pay ransom, in accordance with Shmuel's opinion, and in contrast with Rav's opinion.

והנזקין שלא בכוונה – רבי יהודה מחייב, ורבי שמעון פוטר.

The *baraita* adds: **And** for **injuries** caused by an ox **unintentionally,**[N] from which the victim is not killed, **Rabbi Yehuda deems** the owner **liable** to pay for the injury **and Rabbi Shimon exempts** him.[N]

מאי טעמא דרבי יהודה? יליף מכופרו, מה כופרו שלא בכוונה חייב, אף הנזקין נמי שלא בכוונה חייב;

The Gemara asks: **What is the reason** for the opinion **of Rabbi Yehuda?** The Gemara answers: **He derives** the *halakha* with regard to injury caused by the ox **from** the *halakha* with regard to **its** owner's **ransom** payment. **Just as** with regard to **its** owner's **ransom** payment he is **liable** even if the ox gores **unintentionally, so too,** with regard to **injuries** he is **also liable** even if it gores **unintentionally.**

ורבי שמעון יליף מקטליה דשור, מה קטליה שלא בכוונה פטור, אף נזקין שלא בכוונה פטור.

And Rabbi Shimon derives his opinion **from** the *halakha* of the putting to **death of an ox** by the court: **Just as** with regard to **its** being put to **death,** if it kills a person **unintentionally** it is **exempt, so too,** if it causes **injuries unintentionally** its owner is **exempt** from payment.

ורבי יהודה נמי נילף מקטליה! דנין תשלומין מתשלומין, ואין דנין תשלומין ממיתה.

The Gemara questions the above explanation: **And let Rabbi Yehuda also derive** the *halakha* concerning an ox unintentionally causing injury **from** the *halakha* of **its** being put to **death.** The Gemara answers: In his opinion, **we can derive** a *halakha* with regard to **payment** for injury **from** the *halakha* of ransom, which is another *halakha* with regard to **payment. But we cannot derive** a *halakha* with regard to **payment from** a *halakha* concerning **death.**

ורבי שמעון נמי נילף מכופרו! דנין חיוביה דשור מחיוביה דשור, לאפוקי כופר דחיוביה דבעלים הוא.

Conversely, the Gemara asks: **And let Rabbi Shimon also derive** the *halakha* here **from** the *halakha* concerning **its** owner's **ransom** payment. The Gemara answers: **We can derive** a *halakha* with regard to the **liability of an ox from a** *halakha* with regard to the **liability of an ox, to the exclusion of** the payment of **ransom, which is the liability of the owner.** Compensation for injury is considered the ox's liability, as it is the ox that caused the injury, whereas the ransom paid is for the owner's atonement. Therefore, the *halakha* concerning injury cannot be derived from the *halakha* of ransom, as they are dissimilar.

"נתכוין להרוג את הבהמה והרג את האדם [וכו'] – פטור". הא נתכוין להרוג את זה והרג את זה – חייב. מתניתין דלא כרבי שמעון; דתניא, רבי שמעון אומר: אפילו נתכוין להרוג את זה והרג את זה – פטור.

§ The mishna teaches that if an ox **intended to kill** another **animal but killed a person,** or if it intended to kill a person for whom it would not be liable to be put to death but killed a person for whom it would be liable, it is **exempt.** The Gemara infers: If the ox **intended to kill this** person,[H] for whom it would be liable, **but killed that** person instead, it is still **liable.** Accordingly, **the mishna is not in accordance with** the opinion of **Rabbi Shimon, as it is taught** in a *baraita* that **Rabbi Shimon says: Even if** the ox **intended to kill this** person **but killed that** person, it is **exempt.**

HALAKHA

There are cases where the ox is liable to be put to death and the owner is liable to pay ransom, etc. – יש חייב במיתה ובכופר וכו': If a forewarned ox killed intentionally it is stoned and its owner must pay ransom. If it killed unintentionally it is exempt from being put to death but its owner must still pay ransom. An innocuous ox that killed intentionally is stoned but its owner is exempt from paying ransom, and if it killed unintentionally both are exempt from their respective liabilities. This is in accordance with the *baraita* (Rambam *Sefer Nezikin*, *Hilkhot Nizkei Mamon* 10:13).

The ox intended to kill this person, etc. – נתכוין להרוג את זה וכו': An animal that killed a person is not stoned unless its intention was to gore a person for whom it would be liable to be killed by stoning. Consequently, if an ox intended to kill an animal but killed a person instead, or if it intended to kill a gentile but killed a Jew, or intended to kill a non-viable baby but killed a viable person, it is exempt from being put to death. If it intended to kill a specific person for whom it is liable to be killed by stoning, even if it killed a different person instead, it is liable to be stoned, in accordance with the unattributed opinion in the mishna and contrary to the opinion of Rabbi Shimon (Rambam *Sefer Nezikin*, *Hilkhot Nizkei Mamon* 10:9).

NOTES

And for injuries caused by an ox unintentionally – והנזקין שלא בכוונה: The Ra'avad writes that this is referring to injury caused by the ox in any manner, whether by Goring, Eating, or Trampling (see *Shita Mekubbetzet*). By contrast, the Ra'ah maintains that this is referring specifically to injury caused by Goring, as only in this category can a distinction be made between intentional and unintentional injury.

And Rabbi Shimon exempts him – ורבי שמעון פוטר: Although the Gemara suggests a case-specific explanation for the disagreement, Rabbeinu Ḥananel writes that the dispute is part of a general difference of opinion between Rabbi Yehuda and Rabbi Shimon with regard to the issue of intention, as Rabbi Shimon exempts a person in cases lacking intention in many areas of *halakha*.

מַאי טַעְמָא דְּרַבִּי שִׁמְעוֹן? דְּאָמַר קְרָא: ״הַשּׁוֹר יִסָּקֵל וְגַם בְּעָלָיו יוּמָת״, כְּמִיתַת בְּעָלִים כָּךְ מִיתַת הַשּׁוֹר, מָה בְּעָלִים עַד דְּמִיכַּוֵּין לֵיהּ, אַף שׁוֹר נַמִי עַד דְּמִיכַּוֵּין לֵיהּ.

The Gemara asks: **What is the reason** for the opinion **of Rabbi Shimon?** The Gemara answers that it is **because the verse states: "The ox shall be stoned, and its owner also shall be put to death"** (Exodus 21:29); the juxtaposition of the ox and its owner indicates that **as the death of the owner,** i.e., a person, for killing another person, **so is the death of the ox** for killing a person. In other words, the two *halakhot* are applied in the same circumstances. Specifically, **just as the owner,** i.e., a person, is not liable to receive court-imposed capital punishment **unless he intends** to kill the person whom he ultimately kills, **so too, an ox** is not put to death **either, unless it intends** to kill the one whom it ultimately kills.

וּבְעָלִים גּוּפַיְיהוּ מְנָלַן? דְּאָמַר קְרָא: ״וְאָרַב לוֹ וְקָם עָלָיו״, עַד שֶׁיִּתְכַּוֵּין לוֹ.

The Gemara asks: **And** with regard to **the owner himself, from where do we** derive that he is not liable unless he killed the one whom he intended to kill? It is **as the verse states: "And he lay in wait for him, and rose against him,** and struck him mortally and he died" (Deuteronomy 19:11). From the term "for him," Rabbi Shimon derives that the killer is not liable **unless he intends** to kill **him,**[H] i.e., the one whom he ultimately killed.

וְרַבָּנַן, הַאי ״וְאָרַב לוֹ״ מַאי עָבְדִי לֵיהּ? אָמְרִי דְּבֵי רַבִּי יַנַּאי: פְּרָט לְזוֹרֵק אֶבֶן לְגוֹ.

The Gemara asks: **And what do the Rabbis,** who deem the killer liable in that case and who therefore disagree with Rabbi Shimon's opinion, **do with this** phrase: **"And he lay in wait for him"?** How do they interpret it? The Gemara answers that the Sages **of the school of Rabbi Yannai say** that this phrase **excludes** from liability **one who throws a stone into** an area where there are several people, some of whom are people for whom he would not be liable to receive court-imposed capital punishment, e.g., gentiles, and a stone killed a person for whom he would receive court-imposed capital punishment.

הֵיכִי דָּמֵי? אִילֵימָא דְּאִיכָּא תִּשְׁעָה גּוֹיִם וְאֶחָד יִשְׂרָאֵל בֵּינֵיהֶם – תֵּיפוֹק לֵיהּ דְּרוּבָּא גּוֹיִם נִינְהוּ! אִי נַמִי פַּלְגָא וּפַלְגָא – סְפֵק נְפָשׁוֹת לְהָקֵל!

The Gemara asks: **What are the circumstances** of this case? **If we say that there are nine gentiles** in the crowd **and one Jew among them,** even without the verse **derive** the exemption from the fact **that a majority of them are gentiles. Alternatively,** even if **half** the people are gentiles **and half** are Jews, derive the exemption from the principle that when there is **uncertainty** concerning **capital law,** the *halakha* is **to be lenient.**

לָא צְרִיכָא, דְּאִיכָּא תִּשְׁעָה יִשְׂרְאֵלִים וְאֶחָד גּוֹי, דְּאַף עַל גַּב דְּרוּבָּא יִשְׂרְאֵלִים נִינְהוּ, כֵּיוָן דְּאִיכָּא חַד גּוֹי בֵּינַיְיהוּ – הָוֵי לֵיהּ קָבוּעַ, וְכׇל קָבוּעַ כְּמֶחֱצָה עַל מֶחֱצָה דָּמֵי, וּסְפֵק נְפָשׁוֹת לְהָקֵל.

The Gemara answers: **No,** the verse **is necessary** in a case **where there are nine Jews and one gentile. Although a majority of them are Jews,** the thrower is exempt from liability **because there is one gentile among them** who is **considered fixed** in his place, **and the** legal status of **any** item **fixed** in its place **is like** that of an uncertainty that is **equally balanced;**[N] **and** when there is **uncertainty** concerning **capital law** the *halakha* is **to be lenient.** This is what the Rabbis derive from the phrase: "And he lay in wait for him."

מתני׳ שׁוֹר הָאִשָּׁה, וְשׁוֹר הַיְתוֹמִים, שׁוֹר הָאַפּוֹטְרוֹפּוֹס, שׁוֹר הַמִּדְבָּר, שׁוֹר הַהֶקְדֵּשׁ, שׁוֹר הַגֵּר שֶׁמֵּת וְאֵין לוֹ יוֹרְשִׁין – הֲרֵי אֵלּוּ חַיָּיבִין מִיתָה; רַבִּי יְהוּדָה אוֹמֵר: שׁוֹר הַמִּדְבָּר, שׁוֹר הַהֶקְדֵּשׁ, שׁוֹר הַגֵּר שֶׁמֵּת – פְּטוּרִין מִן הַמִּיתָה, לְפִי שֶׁאֵין לָהֶם בְּעָלִים.

MISHNA With regard to **an ox belonging to a woman,**[HN] **and** similarly **an ox belonging to** orphans,[N] and **an ox** belonging to orphans that is in the custody **of** their **steward,** and **a desert ox,** which is ownerless, and **an ox** that was **consecrated** to the Temple treasury, and **an ox belonging to a convert who died and has no heirs,** rendering the ox ownerless; all of **these** oxen **are liable** to be put to **death** for killing a person. **Rabbi Yehuda says: A desert ox, a consecrated ox, and an ox belonging to a convert who died are exempt from** being put to **death, since they have no owners.**

גמ׳ תָּנוּ רַבָּנַן: ״שׁוֹר״ ״שׁוֹר״ שִׁבְעָה – לְהָבִיא שׁוֹר הָאִשָּׁה, שׁוֹר הַיְתוֹמִים, שׁוֹר הָאַפּוֹטְרוֹפּוֹס, שׁוֹר הַמִּדְבָּר, שׁוֹר הַהֶקְדֵּשׁ, שׁוֹר הַגֵּר שֶׁמֵּת וְאֵין לוֹ יוֹרְשִׁין; רַבִּי יְהוּדָה אוֹמֵר: שׁוֹר הַמִּדְבָּר, שׁוֹר הַהֶקְדֵּשׁ, שׁוֹר הַגֵּר שֶׁמֵּת וְאֵין לוֹ יוֹרְשִׁין – פְּטוּרִין מִן הַמִּיתָה, לְפִי שֶׁאֵין לָהֶם בְּעָלִים.

GEMARA **The Sages taught:** In the passage discussing an ox that kills a person (Exodus 21:28–32), the Torah states: **"An ox," "an ox,"** repeating this word **seven times,**[N] **to include** an additional six cases, in addition to the classic case of an ox goring and killing a person. They are: **An ox belonging to a woman, an ox belonging to orphans, an ox** belonging to orphans that is in the custody **of a steward, a desert ox, a consecrated ox,** and **an ox belonging to a convert who died and has no heirs. Rabbi Yehuda says: A desert ox, a consecrated ox,** and **an ox belonging to a convert who died and has no heirs are** all **exempt from** being put to **death, since they have no owners.**

HALAKHA

Unless he intends to kill him – עַד שֶׁיִּתְכַּוֵּין לוֹ: The Rambam rules that a person who intends to kill a specific person, but ultimately kills another, is exempt from capital punishment and from paying compensation, in accordance with Rabbi Shimon's opinion. Therefore, if a person throws a stone into a Jewish crowd and kills one of them, he is exempt from capital punishment. The Ra'avad and other authorities disagree with Rabbi Shimon's ruling, claiming that his opinion is not the accepted *halakha* (Rambam *Sefer Nezikin*, *Hilkhot Rotze'aḥ* 4:1 and *Hilkhot Ḥovel UMazik* 1:14 and *Leḥem Mishne* there).

An ox belonging to a woman, etc. – שׁוֹר הָאִשָּׁה וכו׳: If an ox kills a person, it is liable to be killed even if it is ownerless, e.g., a desert ox, a consecrated ox, or an ox belonging to a convert who died; or if it belongs to a woman, or is in the custody of a steward. This is in accordance with the unattributed opinion in the mishna (Rambam *Sefer Nezikin*, *Hilkhot Nizkei Mamon* 10:6).

NOTES

The legal status of any item fixed in its place is like that of an uncertainty that is equally balanced – כׇּל קָבוּעַ כְּמֶחֱצָה עַל מֶחֱצָה דָּמֵי: Although *halakha* generally follows the majority, this principle applies only with regard to a random group. With regard to a fixed, nonrandom group, majority is given no significance and the uncertainty is considered equally balanced. The commentaries write that this verse serves as the source for the general principle of items fixed in their places.

This raises the question: Since Rabbi Shimon interprets the verse: "And he lay in wait for him," in a different manner, from where does he derive this principle? Some commentaries suggest that he derives it from the following phrase in the verse: "And rose against him," as the expression: "Against him," denotes a specific, identifiable person. Others suggest that Rabbi Shimon does derive it from: "And he lay in wait for him," and the main source for his opinion that a person is not liable to receive the death penalty for killing someone whom he did not intend to kill is actually another verse (*Shita Mekubbetzet*, citing Rabbeinu Yeshaya; see Rashba).

An ox belonging to a woman – שׁוֹר הָאִשָּׁה: As there is no distinction between men and women with regard to the *halakhot* of damages, the commentaries ask why the mishna must mention an ox belonging to a woman. Several commentaries explain that since the wording of the verse is: "And if one man's ox [*shor ish*] hurts the ox of another" (Exodus 21:35), one might assume that these *halakhot* apply only to a man's ox (*Tosafot*). The Meiri cites an interpretation that the mishna refers specifically to a married woman who, it could be argued, does not have complete ownership of the ox. The Meiri himself explains that since women are not usually as knowledgeable as men when it comes to safeguarding oxen, one could maintain that they cannot be held fully responsible for the ox's goring.

An ox belonging to orphans, etc. – שׁוֹר הַיְתוֹמִים וכו׳: The significance of these cases is explained in *Nimmukei Yosef*. It was necessary to state the case of an ox belonging to orphans because one might have assumed that there would be no liability since orphans are not halakhically competent. It was necessary to mention the case of an ox under the custody of a steward because one might have assumed that a steward should not be treated as stringently as an owner. With regard to a desert ox, one might have thought that because it is ownerless it is exempt. Finally, with regard to a consecrated ox, one could maintain that killing the ox would cause a loss to the Temple treasury.

An ox, an ox, seven times – שׁוֹר שׁוֹר שִׁבְעָה: The first appearance of the word is necessary to the *halakha* itself, while the other six are essentially superfluous and are written to include these six additional cases (*Tosafot*).

NOTES

And the owner's standing trial – וְהַעֲמָדָה בַּדִּין: This derivation is based on the fact the word *huad*, which means warning has been given, is related to the term *ed*, which means a witness. Accordingly, the phrase is interpreted as referring to the trial (Rashi).

The ox's status…is the same – שָׁוִין כְּאֶחָד: The Rashba writes that Rabbi Yehuda concedes that if the ox was sold after it gored it is not exempt from liability; the verse relates to an ox that has an owner, whether or not it is the same owner in the different stages of the process, from the goring through the trial. By contrast, Rashi (13b) requires the ox to be under the same ownership in all these stages.

אָמַר רַב הוּנָא: פּוֹטֵר הָיָה רַבִּי יְהוּדָה אֲפִילּוּ נָגַח וּלְבַסּוֹף הִקְדִּישׁ, נָגַח וּלְבַסּוֹף הִפְקִיר;

Rav Huna says: Rabbi Yehuda would deem the ox **exempt even** if it **gored** and killed **and** its owner **ultimately consecrated** it, or if **it gored and he ultimately renounced** his **ownership** over it, since at the time of the trial in court the ox does not have an owner.

מִמַּאי? מִדְּקָתָנֵי תַּרְתֵּי: שׁוֹר הַמִּדְבָּר, וְשׁוֹר הַגֵּר שֶׁמֵּת וְאֵין לוֹ יוֹרְשִׁין; שׁוֹר הַגֵּר שֶׁמֵּת מַאי נִיהוּ? דְּכֵיוָן דְּאֵין לוֹ יוֹרְשִׁין הָוֵה לֵיהּ שׁוֹר הֶפְקֵר, הַיְינוּ שׁוֹר הַמִּדְבָּר הַיְינוּ שׁוֹר הַגֵּר שֶׁמֵּת וְאֵין לוֹ יוֹרְשִׁין! אֶלָּא לָאו הָא קָמַשְׁמַע לַן, דַּאֲפִילּוּ נָגַח וּלְבַסּוֹף הִקְדִּישׁ, נָגַח וּלְבַסּוֹף הִפְקִיר. שְׁמַע מִינַּהּ.

The Gemara asks: **From where** did Rav Huna derive this assertion? **From the fact that** Rabbi Yehuda **teaches two cases, a desert ox and an ox belonging to a convert who died and has no heirs. What is the legal status of an ox belonging to a convert who died? Since he has no heirs it is considered to be an ownerless ox.** Accordingly, the case of a **desert ox is** the same as the case of **an ox belonging to a convert who died and has no heirs,** and it does not seem necessary for the *baraita* to state both cases. **Rather, does it not teach us this: That even if** the ox **gored and he ultimately consecrated** it, or, if **it gored and he ultimately renounced ownership** over it, it is exempt, just as in a case where a convert's ox gores and subsequently the owner dies? The Gemara concludes: Indeed, **conclude from** the *baraita* that this is the opinion of Rabbi Yehuda.

תַּנְיָא נַמִי הָכִי, יָתֵר עַל כֵּן אָמַר רַבִּי יְהוּדָה: אֲפִילּוּ נָגַח וּלְבַסּוֹף הִקְדִּישׁ, נָגַח וּלְבַסּוֹף הִפְקִיר – פָּטוּר, שֶׁנֶּאֱמַר: ״וְהוּעַד בִּבְעָלָיו... וְהֵמִית״ וגו׳, עַד שֶׁתְּהֵא מִיתָה וְהַעֲמָדָה בַּדִּין שָׁוִין כְּאֶחָד.

This assertion **is also taught** in a *baraita*: **Moreover, Rabbi Yehuda said** that **even if it gored and he ultimately consecrated** it, or if **it gored and he ultimately renounced ownership** over it, the ox is **exempt, as it is stated: "And warning has been given [*vehuad*] to its owner… and it killed…** the ox shall be stoned" (Exodus 21:29). It is derived from here that the owner of the ox is exempt **unless** the ox's status as the owner's property at the time of the **death** of the victim **and** at the time of the owner's **standing trial**[N] **is the same,**[N] i.e., that the ox has an owner.

וּגְמַר דִּין לָא בָּעֵינַן? וְהָא ״הַשּׁוֹר יִסָּקֵל״ גְּמַר דִּין הוּא! אֶלָּא אֵימָא: עַד שֶׁתְּהֵא מִיתָה וְהַעֲמָדָה בַּדִּין וּגְמַר דִּין שָׁוִין כְּאֶחָד.

The Gemara asks: **But don't we require** that the ox's status be the same at the time of the **verdict** as well? **And isn't** the phrase **"the ox shall be stoned"** also referring to the **verdict? Rather,** emend the statement and **say** that the owner of the ox is exempt **unless** the ox's status as the owner's property at the time of the **death** of the victim **and** at the time of the owner's **standing trial and** at the time of **the verdict are identical as one.**

מתני׳ שׁוֹר שֶׁהוּא יוֹצֵא לִיסָּקֵל וְהִקְדִּישׁוֹ בְּעָלָיו – אֵינוֹ מוּקְדָּשׁ, שְׁחָטוֹ – בְּשָׂרוֹ אָסוּר; וְאִם עַד שֶׁלֹּא נִגְמַר דִּינוֹ הִקְדִּישׁוֹ בְּעָלָיו – מוּקְדָּשׁ, וְאִם שְׁחָטוֹ – בְּשָׂרוֹ מוּתָּר.

MISHNA With regard to **an ox that is leaving** court **to be stoned** for killing a person **and its owner** then **consecrated it, it is not** considered **consecrated,** i.e., the consecration does not take effect, since deriving benefit from the ox is prohibited and the ox is therefore worthless. If one **slaughtered it, its flesh is forbidden** to be eaten and it is prohibited to derive benefit from it. **But if its owner consecrated it before its verdict** the ox **is** considered **consecrated, and if he slaughtered it its flesh is permitted.**

מְסָרוֹ לְשׁוֹמֵר חִנָּם וּלְשׁוֹאֵל, לְנוֹשֵׂא שָׂכָר וּלְשׂוֹכֵר – נִכְנְסוּ תַּחַת הַבְּעָלִים, מוּעָד – מְשַׁלֵּם נֶזֶק שָׁלֵם, וְתָם – מְשַׁלֵּם חֲצִי נֶזֶק.

If the owner of an ox **conveyed it to an unpaid bailee,**[H] **or to a borrower,** or **to a paid bailee, or to a renter,** and it caused damage while in their custody, **they enter** into the responsibilities and liabilities **in place of the owner.** Therefore, if it was **forewarned** the bailee **pays the full** cost of the **damage, and if it was innocuous he pays half** the cost of **the damage.**

גמ׳ תָּנוּ רַבָּנַן: שׁוֹר שֶׁהֵמִית, עַד שֶׁלֹּא נִגְמַר דִּינוֹ, מְכָרוֹ

GEMARA **The Sages taught:** With regard to **an ox that killed** a person, if its owner **sold it before its verdict,**

HALAKHA

If the owner conveyed it to an unpaid bailee, etc. – מְסָרוֹ לְשׁוֹמֵר חִנָּם וכו׳: If an ox's owner conveyed it to a bailee, whether an unpaid bailee, a paid bailee, or a borrower, the bailee is considered responsible for the ox instead of the owner, and if it causes damage, he is liable to pay damages. This applies only when the bailee did not safeguard the ox at all (Rambam *Sefer Nezikin, Hilkhot Nizkei Mamon* 4:4; *Shulḥan Arukh, Ḥoshen Mishpat* 396:8).

מָכוּר, הִקְדִּישׁוֹ – מוּקְדָּשׁ, שְׁחָטוֹ – בְּשָׂרוֹ מוּתָּר, הֶחְזִירוֹ שׁוֹמֵר לְבֵית בְּעָלָיו – מוּחְזָר;

it is considered legally **sold**[N] and belongs to the purchaser for all purposes. Similarly, if **he consecrated it, it is** halakhically **consecrated,**[N] and all the *halakhot* of consecrated property apply to it. If **he slaughtered it,** one **is permitted** to eat **its meat.** If a **bailee** charged with safeguarding it **returned it to its owner's house** before the verdict **it is** considered to be **returned,** and the owner has no further claim against the bailee.[H]

מִשֶּׁנִּגְמַר דִּינוֹ, מְכָרוֹ – אֵינוֹ מָכוּר, הִקְדִּישׁוֹ – אֵינוֹ מוּקְדָּשׁ, שְׁחָטוֹ – בְּשָׂרוֹ אָסוּר, הֶחֱזִירוֹ שׁוֹמֵר לְבֵית בְּעָלָיו – אֵינוֹ מוּחְזָר; רַבִּי יַעֲקֹב אוֹמֵר: אַף מִשֶּׁנִּגְמַר דִּינוֹ, הֶחְזִירוֹ שׁוֹמֵר לִבְעָלָיו – מוּחְזָר.

By contrast, **once its verdict has been issued,**[NH] if the owner **sells it, it is not** considered **sold,** since the ox is no longer his. Similarly, if **he consecrates it, it is not** considered **consecrated. If he slaughters it, its meat is forbidden. If a bailee returns it to its owner's house it is not** considered to have been **returned,** since the ox is considered to have been killed. **Rabbi Ya'akov says: Even once its verdict has been issued, if the bailee returns it to its owner it is** considered to have been **returned.**

לֵימָא בְּהָא קָמִיפַּלְגִי, דְּרַבָּנַן סָבְרִי: אֵין אוֹמְרִין בְּאִיסּוּרֵי הֲנָאָה "הֲרֵי שֶׁלְּךָ לְפָנֶיךָ", וְרַבִּי יַעֲקֹב סָבַר: אוֹמְרִין בְּאִיסּוּרֵי הֲנָאָה "הֲרֵי שֶׁלְּךָ לְפָנֶיךָ"?

The Gemara suggests: **Let us say that they disagree about this: The Rabbis hold** that **with regard to items from which it is prohibited** to derive **benefit one does not say: That which is yours is before you,** and no compensation is required. Once the deposited item was rendered forbidden, the bailee cannot return it as is to its owner, claiming that since it has not been physically damaged he has fulfilled his obligation to return it and therefore the owner has no further claims against him. **And Rabbi Ya'akov holds** that **one does say, with regard to items from which it is prohibited** to derive **benefit: That which is yours is before you.**

אֲמַר רַבָּה: דְּכוּלֵּי עָלְמָא – אוֹמְרִין בְּאִיסּוּרֵי הֲנָאָה "הֲרֵי שֶׁלְּךָ לְפָנֶיךָ", דְּאִם כֵּן, נִפְלוֹג לְעִנְיַן חָמֵץ בְּפֶסַח!

Rabba said: Clearly, according **to everyone, one says with regard to items from which it is prohibited** to derive **benefit: That which is yours is before you;**[H] as, if this was the subject of disagreement, **let them dispute** this matter **with regard to leavened bread on Passover,** which is a more common case of an item from which it is prohibited to derive benefit.

אֶלָּא הָכָא בְּגוֹמְרִין דִּינוֹ שֶׁל שׁוֹר שֶׁלֹּא בְּפָנָיו קָמִיפַּלְגִי, דְּרַבָּנַן סָבְרִי: אֵין גּוֹמְרִין דִּינוֹ שֶׁל שׁוֹר אֶלָּא בְּפָנָיו, דְּאָמַר לֵיהּ: אִי אַהֲדַרְתֵּיהּ נִיהֲלִי – הֲוָה מַעֲרֵקְנָא לֵיהּ לְאַגְמָא, הָשְׁתָּא אַתְפַּשְׂתֵּיהּ לְתוֹרַאי בִּידָא דְּלָא יָכֵילְנָא לְאִשְׁתַּעוֹיֵי דִּינָא בַּהֲדֵיהּ;

Rather, here they disagree with regard to the matter of **issuing the verdict for an ox in its absence. The Rabbis hold that the verdict for an ox**[H] **can be issued only in its presence.** Therefore, the bailee is not exempt by returning it after the verdict, as the owner **could say to him: If you had returned** the ox **to me** before the verdict **I would have smuggled it to the marsh,** and the court would not have been able to sentence it to stoning. **Now you have let my ox be seized by** the court, **with whom I cannot engage in litigation.**

וְרַבִּי יַעֲקֹב סָבַר: גּוֹמְרִין דִּינוֹ שֶׁל שׁוֹר שֶׁלֹּא בְּפָנָיו, דְּאָמַר לֵיהּ: סוֹף סוֹף מִיגְמַר הָווּ גָּמְרִי לֵיהּ לְדִינָא.

And Rabbi Ya'akov holds that **the verdict for an ox can be issued in its absence.** Therefore, the bailee is exempt, **as he can say to the** owner in response to his claim: **Ultimately, they would have issued the verdict** anyway, so I did not cause your ox to be stoned by not returning it to you before the verdict.

מַאי טַעֲמָא דְּרַבָּנַן? "הַשּׁוֹר יִסָּקֵל וְגַם בְּעָלָיו יוּמָת", כְּמִיתַת הַבְּעָלִים כָּךְ מִיתַת הַשּׁוֹר, מַה בְּעָלִים בִּפְנֵיהֶם – אַף שׁוֹר בְּפָנָיו.

According to this explanation, **what is the reason** for the opinion **of the Rabbis** that the ox's verdict can be issued only in its presence? The verse states: **"The ox shall be stoned, and its owner also shall be put to death"** (Exodus 21:29), indicating that **as the death of the owner,** i.e., a person, for killing another person, **so is the death of the ox** for killing a person. **Just as the owner** is sentenced to death only **in his presence,**[H] **so too, an ox** is sentenced to death only **in its presence.**

וְרַבִּי יַעֲקֹב: בִּשְׁלָמָא בְּעָלִים בְּנֵי טַעֲנָה נִינְהוּ, אֶלָּא שׁוֹר בַּר טַעֲנְתָּא הוּא?

And Rabbi Ya'akov holds that the owner and the ox cannot be compared. **Granted, the owner** must be present when the verdict is issued, as people **are able to present claims** in their defense; **but as for an ox, is it capable of presenting claims?** Consequently, it makes no difference whether or not the verdict is issued in its presence.

NOTES

If its owner sold it…it is sold – מְכָרוֹ מָכוּר: Rashi explains that the ox is considered sold inasmuch as the purchaser may use it for work in the meantime, until the court sentences it to stoning; until then, one is still permitted to derive benefit from it. *Tosafot* and others cite another version of Rashi's commentary, in which he explains that it is not considered a mistaken transaction because the purchaser can slaughter it for its meat and hide, as one is still permitted to derive benefit from it.

If he consecrated it, it is consecrated – הִקְדִּישׁוֹ מוּקְדָּשׁ: According to the unattributed opinion in the mishna above (44b) that maintains that even a consecrated ox that kills a person is stoned, nevertheless, in the meantime the consecration is effective. The practical significance of this is that one who uses it is considered to have transgressed the prohibition of misusing consecrated property (Rashi). The Meiri writes that the owner is obligated to pay the redemption fee to release it from its consecrated status. He adds that after the ox's verdict is issued, just as it can no longer be consecrated, as its owner no longer has the power to change its status, so too, its owner cannot renounce ownership of it.

Once its verdict has been issued, etc. – מִשֶּׁנִּגְמַר דִּינוֹ וכו׳: Most commentaries explain that since it is prohibited to derive benefit from the ox, it has no monetary value and consequently cannot be sold or consecrated. Rabbeinu Tam maintains that as long as the ox is still alive there is no prohibition against deriving benefit from it. He further explains that the reason for these *halakhot* is that it is prohibited to delay the killing of the ox (see *Tosefot Rabbeinu Peretz*).

HALAKHA

Before its verdict, etc. – עַד שֶׁלֹּא נִגְמַר דִּינוֹ וכו׳: If an ox killed a person but has not yet been sentenced to death by stoning, if its owner consecrates it, it is considered consecrated; if he renounces ownership of it, it is rendered ownerless; if he sells it, it is legally sold; if a bailee returns it to its owner, it is considered returned; and if one slaughters it, one is permitted to derive benefit from its meat (Rambam *Sefer Nezikin, Hilkhot Nizkei Mamon* 11:9).

Once its verdict has been issued – מִשֶּׁנִּגְמַר דִּינוֹ: Once an ox has been sentenced to stoning, if its owner consecrates it, it is not considered consecrated; if he sells it, it is not considered sold; if a bailee returns it to its owner, it is not considered returned; and if one slaughters it, it is prohibited to derive benefit from its meat, in accordance with the unattributed opinion in the *baraita* (Rambam *Sefer Nezikin, Hilkhot Nizkei Mamon* 11:9).

That which is yours is before you – הֲרֵי שֶׁלְּךָ לְפָנֶיךָ: If one steals an item from another and subsequently returns it, even if it became prohibited to derive benefit from it, e.g., leavened bread that remained in the thief's possession over Passover, it is considered returned and no compensation is required (Rambam *Sefer Nezikin, Hilkhot Gezeila VaAveda* 3:4; *Shulḥan Arukh, Ḥoshen Mishpat* 363:1).

The verdict for an ox – דִּינוֹ שֶׁל שׁוֹר: An ox's verdict may be issued only in its presence (Rambam *Sefer Nezikin, Hilkhot Nizkei Mamon* 11:10).

Just as the owner is sentenced to death only in his presence – מַה בְּעָלִים בִּפְנֵיהֶם: The court can issue the verdict in a capital case only in the presence of the defendant (Rambam *Sefer Nezikin, Hilkhot Nizkei Mamon* 10:6 and *Sefer Shofetim, Hilkhot Sanhedrin* 14:7; *Shulḥan Arukh, Ḥoshen Mishpat* 13:6, 18:6).

"מְסָרוֹ לְשׁוֹמֵר חִנָּם וּלְשׁוֹאֵל" כו׳. תָּנוּ רַבָּנַן: אַרְבָּעָה נִכְנְסוּ תַּחַת הַבְּעָלִים, וְאֵלּוּ הֵן: שׁוֹמֵר חִנָּם וְהַשּׁוֹאֵל, נוֹשֵׂא שָׂכָר וְהַשּׁוֹכֵר; הָרְגוּ, תַּמִּין – נֶהֱרָגִין וּפְטוּרִין מִן הַכּוֹפֶר, מוּעָדִין – נֶהֱרָגִין וּמְשַׁלְּמִין אֶת הַכּוֹפֶר, וְחַיָּיבִין לְהַחֲזִיר דְּמֵי שׁוֹר לִבְעָלָיו, חוּץ מִשּׁוֹמֵר חִנָּם.

§ The mishna teaches: If the ox's owner **conveyed it to an unpaid bailee, or to a borrower, or** to a paid bailee, or to a renter, they enter into the responsibilities and liabilities in place of the owner. **The Sages taught:** There are **four** people who **enter into** the responsibilities and liabilities **in place of the owner, and they are: An unpaid bailee, and a borrower, a paid bailee, and a renter.** If the oxen **killed** people while in the possession of one of these people, if the oxen were **innocuous** at the time they killed, **they are killed and** the bailees are **exempt from** paying **ransom.** If they were **forewarned, they are killed and** the bailees **pay ransom. And** regardless if they were innocuous or forewarned, the bailees **are liable to return the value of the ox to its owner, with the exception of an unpaid bailee.**

אָמְרִי: הֵיכִי דָּמֵי? אִי דְּנַטְרֵיהּ – אֲפִילּוּ כּוּלְּהוּ נָמֵי לִיפַּטְרוּ, וְאִי דְּלָא נַטְרֵיהּ – אֲפִילּוּ שׁוֹמֵר חִנָּם נִיחַיַּיב!

The Sages **said: What are the circumstances** in which the bailees are liable, with the exception of an unpaid bailee? **If he safeguarded** the ox[N] appropriately but the ox killed a person anyway, **all of the** other bailees **should also be exempt** from reimbursing the owner for the ox and not just an unpaid bailee, as they did everything that was required of them. **And if he did not safeguard it** properly, **even the unpaid bailee should be liable,** as he was also required to safeguard it.

אָמְרִי: הָכָא בְּמַאי עָסְקִינַן – דְּנַטְרֵיהּ שְׁמִירָה פְּחוּתָה וְלָא נַטְרֵיהּ שְׁמִירָה מְעוּלָּה, שׁוֹמֵר חִנָּם כָּלְתָה לוֹ שְׁמִירָתוֹ, הָנָךְ לֹא כָּלְתָה שְׁמִירָתָן.

The Sages **said** in response: **Here we are dealing with** a case **where** the bailee **provided reduced safeguarding**[H] **and did not provide superior safeguarding.** In this case **the unpaid bailee has fulfilled his safeguarding** duties; since he does not receive anything in exchange this level of safeguarding is sufficient. **Those** other bailees, who have a greater responsibility, **have not fulfilled their** required level of **safeguarding.**

אָמְרִי: כְּמַאן? אִי כְּרַבִּי מֵאִיר,

The Sages **said,** in clarification of the *baraita*: **In accordance with whose** opinion is this *baraita*? **If it is in accordance with** the opinion of **Rabbi Meir,**

NOTES

If he safeguarded the ox – **אִי דְּנַטְרֵיהּ**: He provided it superior safeguarding by keeping it in an enclosed place that cannot be breached even by an atypical wind.

Rashi interprets the discussion as pertaining to the bailee's liability to compensate the owner for the value of the ox. He maintains that this degree of safeguarding exempts from liability even a paid bailee and a renter, although not a borrower. By contrast, the Rashba writes that a paid bailee and a renter are exempt only if they guarded the ox personally. Therefore, he interprets the discussion as referring to the bailees' exemption from paying the ransom, since, in this regard, they safeguarded it sufficiently.

HALAKHA

Where he provided reduced safeguarding – **דְּנַטְרֵיהּ שְׁמִירָה פְּחוּתָה**: If a person conveyed his animal to a bailee, who provided reduced safeguarding, e.g., he closed it behind a gate that can withstand only a typical wind, if he was a paid bailee, a renter, or a borrower he is liable for any damage the animal causes. If he is an unpaid bailee he is exempt and the owner is liable. If the bailee provided superior safeguarding and the animal caused damage anyway, the bailee is exempt. The Rambam and the *Shulḥan Arukh* maintain that the owner is liable in this case. Later, the Rambam amended this ruling in a responsum, writing that since the bailee provided superior safeguarding the owner is exempt from liability as well. This is the consensus among most halakhic authorities (Rambam *Sefer Nezikin*, *Hilkhot Nizkei Mamon* 4:4 and *Kesef Mishne* there; *Shulḥan Arukh*, *Ḥoshen Mishpat* 396:8).

Perek **IV**
Daf **45** Amud **b**

דְּאָמַר: שׂוֹכֵר כְּשׁוֹמֵר חִנָּם דָּמֵי – לִיתְנֵי: חוּץ מִשּׁוֹמֵר חִנָּם וְהַשּׂוֹכֵר,

who says that **a renter is** considered **like an unpaid bailee** with regard to his responsibility for the rented item, **let it teach** that bailees are liable to compensate the owner, **with the exception of an unpaid bailee and a renter.**

וְאִי כְּרַבִּי יְהוּדָה דְּאָמַר: שׂוֹכֵר כְּנוֹשֵׂא שָׂכָר דָּמֵי – נִיתְנֵי: חוּץ מִשּׁוֹמֵר חִנָּם, וְכוּלָּן בְּמוּעָדִין פְּטוּרִין לְעִנְיַן כּוֹפֶר!

And if it is **in accordance with** the opinion of **Rabbi Yehuda, who says** that **a renter is** considered **like a paid bailee,**[H] **let it teach: With the exception of an unpaid bailee,** as it in fact states; **but** it should also state that **in** a case where the oxen are **forewarned, all of them are exempt with regard to ransom,** as Rabbi Yehuda says in the next mishna that a forewarned ox requires only a reduced level of safeguarding. Therefore, this *baraita* does not appear to be in accordance with the opinion of either *tanna*.

אָמַר רַב הוּנָא בַּר חִינָּנָא: הָא מַנִּי? רַבִּי אֱלִיעֶזֶר הִיא, דְּאָמַר: אֵין לוֹ שְׁמִירָה אֶלָּא סַכִּין, וּלְעִנְיַן שׂוֹכֵר סָבַר לַהּ כְּרַבִּי יְהוּדָה, דְּאָמַר: שׂוֹכֵר כְּנוֹשֵׂא שָׂכָר דָּמֵי.

Rav Huna bar Ḥinnana said: In accordance with **whose** opinion **is this** *baraita*? **It is** in accordance with the opinion of **Rabbi Eliezer, who says** that an ox **has no** sufficient **safeguarding** at all **other than** slaughtering it with **a knife**; i.e., there is no degree of safeguarding that exempts the ox's owner, or in the context of the *baraita*, the bailee, from liability if the ox causes damage or kills. **And with regard to a renter,** the *baraita* **holds in accordance with** the opinion of **Rabbi Yehuda, who says** that **a renter is** considered **like a paid bailee.**

אַבַּיֵי אָמַר: לְעוֹלָם כְּרַבִּי מֵאִיר, וְכִדְמַחֲלִיף רַבָּה בַּר אֲבוּהּ וְתָנֵי: שׂוֹכֵר כֵּיצַד מְשַׁלֵּם? רַבִּי מֵאִיר אוֹמֵר: כְּשׁוֹמֵר שָׂכָר, רַבִּי יְהוּדָה אוֹמֵר: כְּשׁוֹמֵר חִנָּם.

Abaye said: Actually, the *baraita* is **in accordance with** the opinion **of Rabbi Meir; and** it is **as Rabba bar Avuh reversed** the two opinions **and taught: How does a renter pay?** In other words, what is his degree of responsibility? **Rabbi Meir says: Like a paid bailee. Rabbi Yehuda says: Like an unpaid bailee.**

HALAKHA

A renter is considered like a paid bailee – **שׂוֹכֵר כְּנוֹשֵׂא שָׂכָר דָּמֵי**: When a person rents an animal or utensils from another, his responsibilities toward them are like those of a paid bailee. Therefore, he is liable in cases of theft and loss, but he is exempt in a case of damage beyond his control. This is in accordance with the opinion of Rabbi Yehuda (Rambam *Sefer Mishpatim*, *Hilkhot Sekhirut* 1:2; *Shulḥan Arukh*, *Ḥoshen Mishpat* 307:1).

אָמַר רַבִּי אֶלְעָזָר: מָסַר שׁוֹרוֹ לְשׁוֹמֵר חִנָּם, הִזִּיק – חַיָּיב, הוּזַּק – פָּטוּר.

§ **Rabbi Elazar says:** If the owner **conveyed his ox to an unpaid bailee,** if the ox **caused damage,** the bailee is **liable** to pay damages; but if the ox **was injured,** he is **exempt.**

אָמְרִי: הֵיכִי דָּמֵי? אִי דְּקַבֵּיל עֲלֵיהּ שְׁמִירַת נִזְקָיו – אֲפִילּוּ הוּזַּק נַמִּי לִיחַיֵּיב, וְאִי דְּלָא קַבֵּיל עֲלֵיהּ שְׁמִירַת נִזְקָיו – אֲפִילּוּ הִזִּיק נַמִּי לִיפָּטֵר!

The Sages **said: What are the circumstances? If** Rabbi Elazar was referring to a bailee **who accepted** responsibility **upon himself** for **guarding it from** causing **damage,**[H] **even** if the ox **was injured he should be liable. And if** he was referring to a bailee **who did not accept** responsibility for **guarding it from** causing **damage, even** if **it causes damage he should be exempt** from payment.

אָמַר רָבָא: לְעוֹלָם שֶׁקִּיבֵּל עָלָיו שְׁמִירַת נִזְקָיו, וְהָכָא בְּמַאי עָסְקִינַן – כְּגוֹן שֶׁהִכִּיר בּוֹ שֶׁהוּא נַגְחָן. וּסְתָמָא דְּמִילְּתָא, דְּלָא אָזֵיל אִיהוּ וּמַזִּיק אַחֲרִינֵי – קַבֵּיל עֲלֵיהּ, דְּאָתוּ אַחֲרִינֵי וּמַזְּקִי לֵיהּ לְדִידֵיהּ – לָא אַסֵּיק אַדַּעְתֵּיהּ.

Rava said: Actually, Rabbi Elazar was referring to a case **where he accepted** responsibility **upon himself** for **guarding it from causing damage;**[N] **but here we are dealing with** a case **where** the bailee **recognized that** the ox **was a goring** ox,[H] **and** in that case **the normal way of things is that** the bailee **accepted upon himself** responsibility for safeguarding it so **that it would not go and injure others,** since he knew that it was dangerous. But **it** presumably **did not enter his mind that other** oxen **would come and injure it.** Therefore, he did not accept responsibility for safeguarding against such an occurrence.

מַתְנִי׳ קְשָׁרוֹ בְּעָלָיו בְּמוֹסֵרָה וְנָעַל בְּפָנָיו כָּרָאוּי, וְיָצָא וְהִזִּיק, אֶחָד תָּם וְאֶחָד מוּעָד – חַיָּיב, דִּבְרֵי רַבִּי מֵאִיר;

MISHNA If **the** ox's **owner tied it with reins** to a fence **or locked** the gate **before it in an appropriate manner,**[H] **but** nevertheless the ox **emerged and caused damage, whether** the ox is **innocuous or forewarned** the owner is **liable,** since this is not considered sufficient precaution to prevent damage; this is **the statement of Rabbi Meir.**

רַבִּי יְהוּדָה אוֹמֵר: תָּם – חַיָּיב, וּמוּעָד – פָּטוּר, שֶׁנֶּאֱמַר: ״וְלֹא יִשְׁמְרֶנּוּ בְּעָלָיו״, וְשָׁמוּר הוּא זֶה;

Rabbi Yehuda says that if the ox is **innocuous** the owner is **liable** even if he safeguarded it appropriately, since the Torah does not limit the required safeguarding for an innocuous ox. **But** if the ox is **forewarned,** the owner is **exempt**[N] from paying compensation for damage, **as it is stated** in the verse describing damage by a forewarned ox: **"And the owner has not secured it"** (Exodus 21:36), **and this** ox that was tied with reins or behind a locked gate **was secured.**

רַבִּי אֱלִיעֶזֶר אוֹמֵר: אֵין לוֹ שְׁמִירָה אֶלָּא סַכִּין.

Rabbi Eliezer says: An ox **has no** sufficient **safeguarding** at all **other than** slaughtering it with **a knife;** there is no degree of safeguarding that exempts the ox's owner from liability.

גְּמָ׳ מַאי טַעְמָא דְּרַבִּי מֵאִיר? קָסָבַר: סְתָם שְׁוָורִים לָאו בְּחֶזְקַת שִׁימּוּר קָיְימִי, וְאָמַר רַחֲמָנָא: תָּם נִיחַיַּיב, דְּנִבְעֵי לֵיהּ שְׁמִירָה פְּחוּתָה, הֲדַר אֲמַר רַחֲמָנָא ״וְלֹא יִשְׁמְרֶנּוּ״ גַּבֵּי מוּעָד, דְּנִבְעֵי לֵיהּ שְׁמִירָה מְעוּלָּה, וְיָלֵיף נְגִיחָה לְתָם נְגִיחָה לְמוּעָד;

GEMARA **What is the reason** for the opinion **of Rabbi Meir? He holds that ordinary oxen are not presumed to be under safeguarding,** as their owners do not ordinarily safeguard them; **and the Merciful One stated** in the Torah that one **will be liable** even for damage caused by **an innocuous** ox inasmuch **as it requires** at least **a reduced** level of **safeguarding,** such as with reins. **The Merciful One then stated with regard to a forewarned** ox: **"And the** owner **has not secured it,"** to indicate that it is not sufficient to provide it with only a reduced level of safeguarding, **as it requires superior safeguarding. And** Rabbi Meir **derives** this requirement with regard to an innocuous ox from a verbal analogy between the term **goring** stated **with regard to an innocuous** ox and the term **goring** stated **with regard to a forewarned** ox. In both cases superior safeguarding is required; otherwise the owner is liable.

רַבִּי יְהוּדָה סָבַר: סְתָם שְׁוָורִים בְּחֶזְקַת שִׁימּוּר קָיְימִי, אֲמַר רַחֲמָנָא: תָּם נְשַׁלֵּם, דְּנִבְעֵי לֵיהּ שְׁמִירָה מְעוּלָּה, הֲדַר אֲמַר רַחֲמָנָא ״וְלֹא יִשְׁמְרֶנּוּ״ גַּבֵּי מוּעָד, דְּנַעֲבֵיד לֵיהּ שְׁמִירָה מְעוּלָּה, הָוֵי רִיבּוּי אַחַר רִיבּוּי, וְאֵין רִיבּוּי אַחַר רִיבּוּי אֶלָּא לְמַעֵט – מִיעֵט הַכָּתוּב לִשְׁמִירָה מְעוּלָּה.

By contrast, **Rabbi Yehuda holds** that **ordinary oxen are presumed to be under** some reduced level of **safeguarding.** Since **the Merciful One stated** nevertheless that even for damage caused by **an innocuous** ox the owner **will pay,** it may be inferred **that it requires superior safeguarding. The Merciful One then states with regard to a forewarned** ox: **"And the** owner **has not secured it,"** emphasizing again **that one must provide it with superior safeguarding. This constitutes** one **amplification following** another **amplification, and** the principle is that **an amplification following an amplification is** stated **only** in order **to restrict** its extent. Accordingly, **the verse excludes** the requirement of **superior safeguarding** with regard to a forewarned ox, and therefore reduced safeguarding is sufficient to exempt the owner from liability.

HALAKHA

Who accepted responsibility upon himself for guarding it from causing damage – דְּקַבֵּיל עֲלֵיהּ שְׁמִירַת נִזְקָיו: If a person gives his animal to a bailee, it is assumed that the latter accepted responsibility for safeguarding it from causing damage and also from getting injured. This applies only in the case of an ox not known to be a goring ox (Rambam *Sefer Nezikin, Hilkhot Nizkei Mamon* 4:10 and Ra'avad there; *Shulḥan Arukh, Ḥoshen Mishpat* 396:8).

Where the bailee recognized that the ox was a goring ox – כְּגוֹן שֶׁהִכִּיר בּוֹ שֶׁהוּא נַגְחָן: If a person agrees to safeguard an ox that he knows to be a goring ox, presumably he has accepted responsibility to safeguard it from causing damage, but not from getting injured by other oxen (Rambam *Sefer Nezikin, Hilkhot Nizkei Mamon* 4:10; *Shulḥan Arukh, Ḥoshen Mishpat* 396:8).

Or locked the gate before it in an appropriate manner – וְנָעַל בְּפָנָיו כָּרָאוּי: If a person tied his ox to a fence with reins, or locked it in an appropriate manner behind a gate capable of withstanding a typical wind, but nevertheless it escapes and causes damage, if it is innocuous he is liable to pay half the cost of the damage and if it is forewarned he is exempt from liability, in accordance with the opinion of Rabbi Yehuda. If he did not even lock it behind a gate capable of withstanding a typical wind, he is liable even in the case of a forewarned ox (Rambam *Sefer Nezikin, Hilkhot Nizkei Mamon* 7:1; *Shulḥan Arukh, Ḥoshen Mishpat* 396:1).

NOTES

A bailee who accepted responsibility upon himself for guarding it from causing damage – שֶׁקִּיבֵּל עָלָיו שְׁמִירַת נִזְקָיו: The Ra'avad explains that this refers to a bailee who explicitly accepted responsibility to guard it from damage. By contrast, the Rashba holds that if this were stipulated explicitly it would be the determining factor in any ruling. Rather, Rava means that he agreed to safeguard the ox without specifying that he does not accept liability for any damage it causes. That is why the bailee's intention is taken into account.

If the ox is innocuous the owner is liable…but if it is forewarned he is exempt – תָּם חַיָּיב וּמוּעָד פָּטוּר: This *halakha*, which states that a forewarned ox requires a lower degree of safeguarding than an innocuous one, seems difficult to understand. The Meiri suggests that since a forewarned ox is known to be dangerous people take the necessary precautions to avoid it, and superior safeguarding on the part of the owner is therefore unnecessary.

וְכִי תֵּימָא, נְגִיחָה לְתָם נְגִיחָה לְמוּעָד – הָא מִיעֵט רַחֲמָנָא ״וְלֹא יִשְׁמְרֶנּוּ״, לָזֶה וְלֹא לְאַחֵר.

And if you would say that through the verbal analogy between the term **goring** stated **with regard to an innocuous** ox and the term **goring** stated **with regard to a forewarned** ox the Torah compares their *halakhot*, nevertheless, **the Merciful One restricted** this *halakha* by emphasizing: **"And** the owner **has not secured it,"** referring specifically **to it,** a forewarned ox, **and not to the other,** i.e., innocuous, ox.

וְהָא מִיבָּעֵי לֵיהּ לְלָאו! אִם כֵּן, נִכְתּוֹב רַחֲמָנָא ״וְלֹא יִשְׁמוֹר״, מַאי ״וְלֹא יִשְׁמְרֶנּוּ״? לָזֶה וְלֹא לְאַחֵר.

The Gemara asks: **But isn't this** phrase **necessary for the negative** [*lav*] statement that if the owner does not provide superior safeguarding he is liable? The Gemara answers: **If that is so, let the Merciful One write: And** the owner **has not secured. What** is the purpose of the added emphasis: **"And** the owner **has not secured it"?** It is to indicate that the restriction of this *halakha* relates specifically **to it,** a forewarned ox, **and not to the other,** i.e., innocuous, ox.

תַּנְיָא, רַבִּי אֱלִיעֶזֶר בֶּן יַעֲקֹב אוֹמֵר: אֶחָד תָּם וְאֶחָד מוּעָד שֶׁשְּׁמָרוֹ שְׁמִירָה פְּחוּתָה – פָּטוּר.

It is taught in a *baraita* that there is a fourth opinion. **Rabbi Eliezer ben Ya'akov says:** In the cases of **both an innocuous** ox **and a forewarned** ox in **which** its owner **provided reduced safeguarding,** he is **exempt from liability.**

מַאי טַעֲמָא? סָבַר לָהּ כְּרַבִּי יְהוּדָה, דְּאָמַר: מוּעָד בִּשְׁמִירָה פְּחוּתָה סַגִּי לֵיהּ, וְיָלֵיף נְגִיחָה לְתָם וּנְגִיחָה לְמוּעָד.

The Gemara asks: **What is the reason** for his opinion? **He holds in accordance with** the opinion of **Rabbi Yehuda, who says** that **reduced safeguarding is sufficient for a forewarned** ox, **and he derives** from the verbal analogy between the term **goring** stated **with regard to an innocuous** ox **and** the term **goring** stated **with regard to a forewarned** ox that just as reduced safeguarding is sufficient for a forewarned ox, it is sufficient for an innocuous ox as well.

אֲמַר רַב אַדָּא בַּר אַהֲבָה: לֹא פָּטַר רַבִּי יְהוּדָה אֶלָּא צַד הַעֲדָאָה שֶׁבּוֹ, אֲבָל צַד תַּמּוּת בִּמְקוֹמָהּ עוֹמֶדֶת.

Rav Adda bar Ahava said: Rabbi Yehuda deemed only the forewarned element of the ox **exempt.** Rabbi Yehuda's ruling that reduced safeguarding is sufficient to exempt the owner of a forewarned ox relates only to the additional half of the damage that is paid for a forewarned ox beyond the half of the damage that one is liable to pay for an innocuous ox. **But** the liability for its **element of innocuousness remains in place.**[N] Therefore, if the owner did not provide superior safeguarding for the forewarned ox he is still liable to pay half the cost of the damage as he would if it were innocuous.

אָמַר רַב: מוּעָד לְקֶרֶן יָמִין אֵינוֹ מוּעָד לְקֶרֶן שְׂמֹאל.

Rav says: If an ox is **forewarned with regard to** goring with its **right horn,**[NH] it **is not** thereby **forewarned with regard to** goring with its **left horn.**

אָמְרִי: אַלִּיבָּא דְּמַאן? אִי אַלִּיבָּא דְּרַבִּי מֵאִיר – הָאָמַר: אֶחָד תָּם וְאֶחָד מוּעָד שְׁמִירָה מְעוּלָּה בָּעֵי, אִי אַלִּיבָּא דְּרַבִּי יְהוּדָה – מַאי אִירְיָא קֶרֶן שְׂמֹאל? אֲפִילּוּ בְּיָמִין נַמִי אִית בֵּיהּ צַד תַּמּוּת וְאִית בֵּיהּ צַד מוּעֶדֶת!

The Sages said: In accordance with whose opinion is Rav's statement made? **If** it is **in accordance with** the opinion **of Rabbi Meir,**[N] **doesn't** Rabbi Meir **say** that **both an innocuous** ox **and a forewarned** ox **require superior safeguarding? If** it is **in accordance with** the opinion **of Rabbi Yehuda, why** did he state that the ox still has an innocuous element **specifically** with regard to **the left horn? Even with regard to the right horn** itself it has both elements; **it has an element of innocuousness and it also has a forewarned element.**

אָמְרִי: לְעוֹלָם כְּרַבִּי יְהוּדָה, וְלָא סְבִירָא לֵיהּ דְּרַב אַדָּא בַּר אַהֲבָה, וְהָכִי קָאָמַר: כִּי הַאי גַּוְונָא הוּא דְּמַשְׁכַּחַתְּ בֵּיהּ צַד תַּמּוּת וּמוּעֶדֶת,

The Sages said: Actually, Rav's statement is **in accordance with** the opinion of **Rabbi Yehuda, and he does not hold** in accordance with the opinion **of Rav Adda bar Ahava** that the ox's innocuous element remains. **And this is what he is saying: You find an element** both **of innocuousness and of a forewarned** status in the same ox specifically **in a case like this,** where an ox is forewarned with regard to one horn but not with regard to the other.

NOTES

Its element of innocuousness remains in place – צַד תַּמּוּת בִּמְקוֹמָהּ עוֹמֶדֶת: *Tosafot* explain that the *halakha* concerning a forewarned ox cannot logically be more lenient than that of an innocuous ox. As a result, superior safeguarding is necessary for the owner to be exempt from paying at least half the cost of the damage, even according to Rabbi Yehuda. This *halakha* has a lenient ramification as well; since the ox retains its innocuous element, half the cost of the damage is paid exclusively from the proceeds from the sale of the ox (see 39b). One leniency, however, does not carry over from the ox's innocuous status: If the owner admits to his liability, he is not exempt from paying compensation for half the cost of the damage, even according to the opinion that the payment of compensation for half the cost of the damage for an innocuous ox is considered a fine. This is because once the ox is rendered forewarned, all opinions agree that the entire payment of compensation for the damage is considered monetary restitution and not a fine. The Rashba adds that the ox's innocuous element does not deduct from the amount of ransom its owner is liable to pay if it kills a person.

Forewarned with regard to goring with its right horn – מוּעָד לְקֶרֶן יָמִין: Several commentaries maintain that Rav referred specifically to a case where the ox is forewarned with regard to its right horn, as the right side is the dominant one; but if it is forewarned with regard to its left horn it is thereby forewarned with regard to its right horn as well. According to other commentaries, both sides are treated equally, and if it is forewarned with regard to the left horn it is not forewarned with regard to the right (see *Tosafot*).

The Meiri maintains that according to Rav, an ox is never rendered forewarned in a general sense, with regard to all the potential ways of causing damage. For instance, if it is forewarned with regard to goring it is still rendered innocuous with regard to kicking, etc.

If it is in accordance with the opinion of Rabbi Meir, etc. – אִי אַלִּיבָּא דְּרַבִּי מֵאִיר וכו׳: Rashi explains that the Gemara assumes Rav was not referring to the amount that the owner is liable to pay, since it is obvious that he is liable only to pay half the cost of the damage for the left horn. Rather, he must have been referring to the required degree of safeguarding vis-à-vis the respective horns. The Ra'avad presents an alternative interpretation.

HALAKHA

Forewarned with regard to goring with its right horn – מוּעָד לְקֶרֶן יָמִין: If an ox is forewarned with regard to goring with its right horn but not with its left horn, and its owner safeguarded it appropriately, if it escaped and gored, whether with its right or left horn, the owner is liable to pay half the cost of the damage, as the ox retains its innocuous element with regard to the requirement for superior safeguarding. This is in accordance with the opinion of Rav (Rambam *Sefer Nezikin*, *Hilkhot Nizkei Mamon* 7:2).

אֲבָל מוּעָד לְגַמְרֵי לָא מַשְׁכַּחַתְּ בֵּיהּ צַד תַּמּוּת כְּלָל.

But if an ox is **entirely** rendered **forewarned, you do not find an element of innocuousness with regard to it at all.** If it is forewarned with regard to goring with either horn, its status of innocuousness is completely revoked.

״רַבִּי אֱלִיעֶזֶר אוֹמֵר: אֵין לוֹ שְׁמִירָה אֶלָּא סַכִּין״ (כו׳). אָמַר רַבָּה: מַאי טַעְמָא דְּרַבִּי אֱלִיעֶזֶר? דְּאָמַר קְרָא: ״וְלֹא יִשְׁמְרֶנּוּ״ – שׁוּב אֵין לוֹ שְׁמִירָה לָזֶה.

§ The mishna teaches that **Rabbi Eliezer says:** An ox **has no** sufficient **safeguarding** at all **other than** slaughtering it with **a knife. Rabba said: What is the reason** for the opinion **of Rabbi Eliezer?** It is **as the verse states** with regard to a forewarned ox: **"And** the owner **has not secured it"** (Exodus 21:36), meaning that once it is rendered forewarned the owner **no longer has** any sufficient manner of **safeguarding this** animal, and the owner is responsible for all damage it causes.

אֲמַר לֵיהּ אַבָּיֵי: אֶלָּא מֵעַתָּה, דִּכְתִיב: ״וְלֹא יְכַסֶּנּוּ״, נַמִי שׁוּב אֵין לוֹ כִּיסּוּי לָזֶה!

Abaye said to Rabba: **If that is so,** does **that which is written** with regard to a pit: "And if a man shall open a pit, or if a man shall dig a pit **and not cover it"** (Exodus 21:33), **also** mean that once a pit has been dug the owner **no longer has** any adequate way of **covering this** pit, which would exempt its owner from paying damages?

וְכִי תֵּימָא הָכִי נַמִי, וְהָתְנַן: כִּסָּהוּ כָּרָאוּי, וְנָפַל לְתוֹכוֹ שׁוֹר אוֹ חֲמוֹר וּמֵת – פָּטוּר!

And if you would say that **indeed** that is the *halakha*, **but didn't we learn** in a mishna (52a) that if **he covered** the pit **appropriately, and an ox or a donkey fell into it and died,** he is **exempt?** Evidently, a pit can be covered adequately.

אֶלָּא אָמַר אַבָּיֵי: הַיְינוּ טַעְמֵיהּ דְּרַבִּי אֱלִיעֶזֶר, כִּדְתַנְיָא, רַבִּי נָתָן אוֹמֵר: מִנַּיִין שֶׁלֹּא יְגַדֵּל אָדָם כֶּלֶב רַע בְּתוֹךְ בֵּיתוֹ, וְאַל יַעֲמִיד סוּלָּם רָעוּעַ בְּתוֹךְ בֵּיתוֹ? שֶׁנֶּאֱמַר: ״וְלֹא תָשִׂים דָּמִים בְּבֵיתֶךָ״.

Rather, Abaye rejected Rabba's explanation of Rabbi Eliezer's opinion, and **said** that **this is the reason** for the opinion **of Rabbi Eliezer:**[N] **As it is taught** in a *baraita* that **Rabbi Natan says: From where** is it derived **that one may not raise a vicious dog in his house,**[H] **and** that **one may not set up an unstable ladder in his house? As it is stated: "You shall not bring blood into your house"** (Deuteronomy 22:8),[B] which means that one may not allow a hazardous situation to remain in his house. Similarly, a person should not keep a forewarned ox in his possession, as it is dangerous. This is why Rabbi Eliezer rules that no level of safeguarding is sufficient for it; the ox should be slaughtered so that it will not cause damage.

הדרן עלך שור שנגח ארבעה וחמשה

NOTES

This is the reason for the opinion of Rabbi Eliezer – הַיְינוּ טַעְמֵיהּ דְּרַבִּי אֱלִיעֶזֶר: The Rif, the Ra'avad, and other commentaries maintain that according to Abaye's interpretation of Rabbi Eliezer's statement, Abaye does not refer to the owner's liability to pay for the damage caused by the ox but rather to the owner's obligation to slaughter it in order to remove the hazard. The Rashba writes that there are ramifications with regard to compensation as well, e.g., if the owner provides only reduced safeguarding he is liable. Nevertheless, the Rashba agrees with the assumption that Rabbi Eliezer's explicit statement is referring to a moral obligation, not a monetary liability.

The Rid, on the other hand, holds that all the *tanna'im* agree that the owner is obligated to slaughter the belligerent ox. The dispute, in his opinion, is that according to Rabbi Eliezer, if he does not slaughter it he is legally liable for any damage it causes, as the Sages fined the owner for refraining from fulfilling his obligation. By contrast, the other *tanna'im* hold that he is liable only by the laws of Heaven. The difference between the interpretation of Abaye and that of Rabba is that according to Rabba, Rabbi Eliezer deems him liable by Torah law.

HALAKHA

One may not raise a vicious dog in his house – לֹא יְגַדֵּל אָדָם כֶּלֶב רַע בְּתוֹךְ בֵּיתוֹ: It is prohibited to breed a vicious dog unless it is secured with chains. In a city next to the border of a country it is permitted to chain the dog during the day and release it at night (Rambam *Sefer Nezikin, Hilkhot Nizkei Mamon* 5:9; *Shulḥan Arukh, Ḥoshen Mishpat* 409:3).

BACKGROUND

You shall not bring blood into your house – לֹא תָשִׂים דָּמִים בְּבֵיתֶךָ: The Torah obligates a person building a house to erect a parapet so that people will not fall off the roof, resulting in a situation where there will then figuratively be blood in his house. Rabbi Natan extends this *halakha* to include any type of dangerous item which should not be kept in a person's house for the same reason. The Maharsha explains that one might think that in the case of a vicious dog it is familiar with the members of the house, and in the case of an unstable ladder they know it is unstable, and therefore Rav Natan emphasizes that despite this awareness one should still not maintain these items in one's house.

Summary of **Perek IV**

This chapter discussed the *halakhot* of innocuous and forewarned oxen.

Since restitution for damage caused by an innocuous ox is paid exclusively from the proceeds from the sale of the ox, if the ox injures or kills several other oxen while retaining its innocuous status, its value is not usually sufficient to cover the damages. The ruling in such a case is that the last damaged party receives the entire amount that he deserves, namely, half the value of the belligerent ox. Since each damaged party becomes a partner in the ownership of the ox, the next most recently damaged party receives half of what remains of the ox's value. Similarly, the damaged party prior to that receives half of what then remains and so forth.

The Gemara ruled that a forewarned ox is not considered hazardous at all times and for all purposes but only for those types of behavior for which it was rendered forewarned. For example, if it was rendered forewarned for goring a certain species of animal, or at a specific time, it is considered forewarned only with regard to that species or that time, and it retains its innocuous status with regard to other cases.

There are exceptions to the standard *halakhot* of compensation for Goring. If an animal consecrated to the Temple causes damage, the Temple treasury is exempt, as is a person whose ox gores a consecrated animal. A gentile who is tried under the jurisdiction of a Jewish court is liable to pay the full cost of the damage caused by his ox, even if it was innocuous; whereas if a Jew's ox gores a gentile's ox, the Jew is exempt from liability. One who is halakhically incompetent is not liable to pay compensation for damage caused by his ox. To protect society, the court appoints a steward to safeguard this person's animals, and consequently, if they cause damage, compensation can be collected.

The *halakha* that an ox that kills a person is sentenced in court to death by stoning, provided there are two witnesses, applies whether the victim is male or female, young or old, a freeman or a Canaanite slave. A stadium ox, which is an ox trained to gore in bullfights, is exempt from being put to death because it is considered a victim of circumstances beyond its control. An ox that kills a person unintentionally is also not killed.

The purpose of paying ransom when one's ox kills a person is for the owner's atonement. The amount of the ransom is based on the monetary value of the victim. If the ox killed a Canaanite slave, his owner is paid a set amount of thirty shekels, as specified in the Torah.

This chapter delineated additional *halakhot* pertaining to the killing of an ox that killed a person: An ox that kills a person is killed even if it is ownerless, or if

its owner is not halakhically competent. If it has an owner, its verdict is issued only in his presence. Once the verdict is issued, it is prohibited to derive benefit from the ox.

The chapter concludes with a return to its discussion of damage caused by an ox. Although the owner of an ox is liable to pay for damage it causes, if he entrusts it to a bailee, the latter accepts this responsibility and is liable to pay for damage the ox causes, whereas the owner is exempt from liability. If a forewarned ox was safeguarded adequately, the owner is exempt from paying damages. With regard to an innocuous ox the Torah requires superior safeguarding; otherwise the owner is liable.

Introduction to **Perek V**

And if one man's ox hurts the ox of another, and it dies; then they shall sell the live ox, and divide its monetary value, and the carcass they shall also divide.

(Exodus 21:35)

And if men struggle and hurt a pregnant woman and her offspring emerge and there is no tragedy, he shall be punished as the husband of the woman shall impose upon him and he shall give as the judges determine. But if any harm follows, then you shall give life for life, an eye for an eye, a tooth for a tooth, a hand for a hand, a foot for a foot, a burn for a burn, a wound for a wound, a stripe for a stripe.

(Exodus 21:22–25)

And if a man shall open a pit, or if a man shall dig a pit and not cover it, and an ox or a donkey fall therein, the owner of the pit shall pay, he shall recompense money to its owners and the carcass shall be for him.

(Exodus 21:33–34)

This chapter completes the discussion of the *halakhot* of Goring, though the bulk of the chapter focuses on the *halakhot* of Pit.

The first issue raised in the chapter concerns a pregnant cow that gores or one that is gored. If a pregnant cow gores another animal, one must address whether the fetus has the same status as the mother and if payment may be collected from the proceeds of the sale of its body or not. If the pregnant cow is gored, then the question becomes whether the fetus has the status of the mother with regard to estimating the value of the damage. In both cases, this may depend on the status of the fetus at the time of the goring, i.e., whether it already emerged from the womb, or if the cow miscarried at that time.

The second issue explored in this chapter is a more general one, involving what happens when one brings his animal into another's property and it does damage or is damaged there. In this case, the *halakha* depends on whether the animal enters with permission. The questions posed relate to whether granting an animal's owner permission for the animal to enter one's property causes the property owner to be responsible for any damage that might occur to that animal, as well as whether the animal's owner is responsible for preventing his animal from doing damage.

Based on the discussions about Goring, the Gemara goes on to analyze a *halakha* that is not directly related to the case of a pregnant cow: The Torah requires one who injures a pregnant woman, causing her to miscarry, to pay the husband compensation for the miscarried offspring. What is the *halakha* when an ox gores a woman and causes a miscarriage? The Gemara enumerates a number of details with regard to these circumstances, such as when one must pay, whom he pays, how the value of the compensation is assessed, and what the other payments are that the one who causes damage must pay.

After this chapter addresses the *halakhot* of Goring, the bulk of it deals with the *halakhot* of Pit, which were not comprehensively detailed in previous chapters. The Mishna and Gemara elaborate on a number of different facets of Pit that are only briefly mentioned in the Torah, for instance, the definition of what constitutes a pit

are clarified, including its form and depth. Similarly, the issues of ownership and location of the pit are discussed, in addition to the question of whether one who digs a pit must have some element of ownership over the area in which the pit is found in order to be liable for damage caused or whether he is liable irrespective of his ownership of the property. The chapter also addresses a fundamental question concerning the nature of the damage classified as Pit: Does the damage occur due to the impact of hitting the ground, although the ground is not the property of the one who digs the pit? Or is the damage due to the animal's exposure to fumes when falling into the pit, which is unrelated to the impact with the ground?

The Torah requires that a pit be covered. Therefore, the definition of a covering that exempts the owner from liability must be clarified. A related question this chapter explores concerns the status of a pit jointly owned by multiple partners, and how to divide the payment of damages between them.

Yet another issue examined in this chapter is the type of damage the owner of the pit is liable to pay for. Is he liable to pay for any type of damage or only for damage caused to animals? If the latter, are only the animals listed explicitly by the Torah included, or are those specific cases expanded to include other types of animals as well?

In addition to these issues, the Gemara also explains a number of other points that are not directly related to the main themes of the tractate.

מתני׳ שׁוֹר שֶׁנָּגַח אֶת הַפָּרָה וְנִמְצָא עוּבָּרָהּ בְּצִדָּהּ, וְאֵין יָדוּעַ אִם עַד שֶׁלֹּא נְגָחָהּ יָלְדָה אִם מִשֶּׁנְּגָחָהּ יָלְדָה – מְשַׁלֵּם חֲצִי נֶזֶק לַפָּרָה וּרְבִיעַ נֶזֶק לַוָּלָד.

MISHNA In the case of an innocuous **ox that gored** and killed **a cow,**[H] **and the cow's fetus was found** dead **at its side, and it is not known whether** the cow **gave birth before** the ox **gored it** and the fetus's death is unrelated to the goring or **whether it gave birth after** the ox **gored it** and the fetus died on account of the goring, the owner of the ox **pays half** the cost of **the damage for the cow and one-quarter** of the cost **of the damage for the offspring.** Since it is uncertain whether the ox was responsible for the death of the fetus, in which case he would pay half the damages, its owner pays only half the amount for the fetus that he would ordinarily be required to pay, i.e., one-quarter.

וְכֵן פָּרָה שֶׁנָּגְחָה אֶת הַשּׁוֹר וְנִמְצָא וְלָדָהּ בְּצִדָּהּ, וְאֵין יָדוּעַ אִם עַד שֶׁלֹּא נָגְחָה יָלְדָה אִם מִשֶּׁנָּגְחָה יָלְדָה – מִשְׁתַּלֵּם חֲצִי נֶזֶק מִן הַפָּרָה וּרְבִיעַ נֶזֶק מִן הַוָּלָד.

And likewise, there is uncertainty in the case of an innocuous **cow that gored an ox, and** the cow's newborn **offspring was found at its side** dead or alive, **and it is not known whether** the cow **gave birth before it gored** the ox or **whether** the cow **gave birth after it gored.** When damage is caused by an innocuous animal, the liability of the owner is limited to the value of the animal that gored. Therefore, **half** the cost of **the damage is paid from** the value of **the cow,** as in the standard case of an innocuous animal. **And** if that does not suffice to pay for half the cost of the damage, **one-quarter of** the cost of **the damage** is paid **from the offspring.** Since it is uncertain whether the offspring was part of the cow at the time the cow gored, the owner pays only half of what he would pay if it were certain that it was part of the cow.

גמ׳ אָמַר רַב יְהוּדָה אָמַר שְׁמוּאֵל: זוֹ דִּבְרֵי סוּמָּכוֹס, דְּאָמַר: מָמוֹן הַמּוּטָּל בְּסָפֵק – חוֹלְקִין, אֲבָל חֲכָמִים אוֹמְרִים: זֶה כְּלָל גָּדוֹל בַּדִּין: הַמּוֹצִיא מֵחֲבֵירוֹ עָלָיו הָרְאָיָה.

GEMARA **Rav Yehuda says** that **Shmuel says: This** ruling in the mishna is **the statement of Sumakhos,**[N] **who says: Property of uncertain ownership** is **divided** by the two parties. **But the Rabbis say** that **this is the significant principle of** monetary **law: The burden of proof rests upon the claimant,** and the disputed sum is not divided. According to the Rabbis, in the cases of uncertainty in the mishna, no payment is made for the fetus or from the offspring, respectively.

לָמָּה לִי לְמֵימַר ״זֶה כְּלָל גָּדוֹל בַּדִּין״? אִצְטְרִיךְ, דַּאֲפִילּוּ נִיזָּק אוֹמֵר בָּרִי וּמַזִּיק אוֹמֵר שֶׁמָּא – הַמּוֹצִיא מֵחֲבֵירוֹ עָלָיו הָרְאָיָה.

The Gemara asks: **Why do I need** for the Rabbis **to say** the words: **This is the significant principle of** monetary **law?** Why not just state the principle? The Gemara answers: **It was necessary** to say them **because even** in a case where the **injured** party **states:** I am **certain** that such and such occurred, **and the one liable for the damage says: Perhaps** it was otherwise, without definitively refuting the claim against him, **the burden of proof rests upon the claimant.** Although the injured party claims with certainty that he is correct and the defendant's claim is only speculative, the definite claim still does not render the defendant liable to pay, absent proof.

אִי נָמֵי, לְכִי הָא דְּאִתְּמַר: הַמּוֹכֵר שׁוֹר לַחֲבֵירוֹ וְנִמְצָא נַגְחָן, רַב אָמַר: הֲרֵי זֶה מִקַּח טָעוּת, וּשְׁמוּאֵל אָמַר: יָכוֹל שֶׁיֹּאמַר לוֹ: לִשְׁחִיטָה מְכַרְתִּיו לָךְ.

Alternatively, the phrase: This is the significant principle of monetary law, was necessary **for** instances **such as this, as it was stated:** In the case of **one who sells an ox to another and** the ox **is found** to be one that **habitually gores, Rav says** that **this is** considered to be **a mistaken transaction,** since the purchaser can claim that he bought the ox specifically for labor, and an ox that gores is not suitable for such tasks. **And Shmuel says:** The seller can **say to him: I sold it to you for slaughter,** and the fact that it gores is immaterial.

אַמַּאי? וְנִיחְזֵי אִי גַּבְרָא דְּזָבֵין לְרִדְיָא, אִי גַּבְרָא דְּזָבֵין לְנִכְסָתָא! לָא צְרִיכָא, בְּגַבְרָא דְּזָבֵין לְהָא וּלְהָא.

The Gemara asks: **Why** are Rav and Shmuel speculating about the purpose of the sale? **But let us** simply **see if** the purchaser is **a person who buys** oxen **for plowing**[H] **or a person who buys** oxen **for slaughter.** The Gemara answers: **No,** it is **necessary** for them to engage in a dispute in the case **of a person who buys** oxen **for** both **this and for that** reason, and in this instance it was unclear for which purpose it was intended.

HALAKHA

An ox that gored a cow, etc. – שׁוֹר שֶׁנָּגַח אֶת הַפָּרָה וכו׳: If an ox gores a cow and its fetus is found dead by its side, and it is not known whether it miscarried before being gored or on account of being gored, the injured party seeking to exact payment must provide proof. This applies even if the injured party makes a definite claim and the claim of the one who caused damage is uncertain, in accordance with the opinion of Rav Yehuda citing Shmuel, as opposed to the mishna, which follows Sumakhos. The Rema adds, based on the *Tur* and the Rosh, that if the injured party unilaterally seizes payment, it is not confiscated from him (Rambam *Sefer Nezikin, Hilkhot Nizkei Mamon* 9:2; *Shulḥan Arukh, Ḥoshen Mishpat* 399:3).

If the purchaser is a person who buys for plowing, etc. – אִי גַּבְרָא דְּזָבֵין לְרִדְיָא וכו׳: If someone buys an ox without specifying the purpose of the purchase, and the ox is found to be one that habitually gores, the purchaser may not retract, since the seller can claim that he sold it for the purpose of slaughtering. By contrast, if the purchaser usually purchases oxen for plowing, it is considered to be a mistaken transaction, and he must be reimbursed (Rambam *Sefer Kinyan, Hilkhot Mekhira* 16:5; *Shulḥan Arukh, Ḥoshen Mishpat* 232:23).

NOTES

This is the statement of Sumakhos – זוֹ דִּבְרֵי סוּמָּכוֹס: Some early commentaries note that according to the Gemara's conclusion elsewhere (*Bava Metzia* 100a), Sumakhos maintains this opinion only when neither party is in possession of the ox, e.g., the goring occurred in an ownerless area like a marshland. Therefore, this case should also be explained as referring to such a scenario.

The Rashba explains that even in this case, the Rabbis' claim that the burden of proof rests upon the claimant should be understood as meaning that the one who had owned the ox before the goring still has presumptive ownership of the ox, and the other party is the claimant, upon whom the burden of proof rests. Although the one who had owned the ox is currently not in possession of the ox, his prior title of possession is still pertinent, and with respect to him, the claimant is still considered to be extracting payment. The Rashba further explains, in contrast to *Tosafot*, that this understanding is logical not only according to Rabbi Akiva's opinion, that the injured party has a partial ownership of the ox that caused damage (see 33a), but even according to the opinion of Rabbi Yishmael. He maintains that the injured party does not actually own any part of the ox that caused damage, but the ox is nevertheless explicitly designated as the security for the injured party's compensation.

Others, however, draw a distinction between a case where each party makes definite claims, in which case Sumakhos maintains that the disputed sum is divided only if neither side is in possession, and the case of this mishna, where the claims are only tentative. Since the parties admit that they do not know what actually occurred, possession is therefore of no consequence in determining who is correct (Rashbam; Ra'ah).

וְנֶיחֱזֵי אִי דְּמֵי רִדְיָא – לְרִדְיָא, אִי דְּמֵי נִכְסְתָא – לְנִכְסְתָא!

The Gemara asks: **But let us see** what the purchase price was: **If** he paid **the price of** an ox fit for **plowing,**[HB] which is a large amount of money, then it can be assumed it was intended **for plowing.** But **if** he paid the **price of** an ox for **slaughtering,** which is a much smaller amount, it can be assumed that it was sold **for slaughtering.**

לָא צְרִיכָא, דְּאוֹקִיר בִּישְׂרָא וְקָאֵי בִּדְמֵי רִדְיָא.

The Gemara answers: **No,** it is **necessary** for them to engage in a dispute in a case **where** the cost of **meat rose and** an ox purchased for slaughtering **stands at the** same **price** as an ox purchased **for plowing.** In that case, Rav and Shmuel dispute whether the purchaser can claim that the transaction was made in error, or whether the seller can claim that he sold it to be slaughtered and the purchaser must provide proof for his claim.

אָמְרִי:

The Sages **said:**

HALAKHA

If he paid the price of plowing, etc. – 'אִי דְּמֵי רִדְיָא וכו: If one frequently purchases oxen for both plowing and slaughtering, and there is a discrepancy in price between them, then if he purchases an ox and pays the price charged for plowing, it is assumed that he purchased it for plowing. If he pays the price of an ox normally charged for slaughtering, it is assumed that he purchased it for slaughtering (*Shulḥan Arukh*, *Ḥoshen Mishpat* 232:23).

BACKGROUND

The price of plowing – דְּמֵי רִדְיָא: The price of an ox capable of plowing was generally higher than that of an ox used for meat. This is due in part to the fact that there was a high demand for strong animals, especially oxen, to work the fields, especially by plowing.

וְאִי לֵיכָּא לְאִשְׁתַּלּוּמֵי מִינֵּיהּ לִישְׁקְלֵיהּ לְתוֹרָא בְּזוּזֵי, דְּאָמְרִי אֱנָשֵׁי: מִמָּרֵי רַשְׁוָותָךְ פָּארֵי אִפְרַע!

But if the loss to the purchaser **cannot be reimbursed from** the purchasing money by returning it, e.g., if the seller spent it already, **let** the purchaser **take the ox** itself **in lieu of the money, as people say:** Allow yourself to be **repaid by your debtors** even in **bran,** since anything may be used as payment for a debt. In the event that the seller has no money with which to reimburse the purchaser, even if it is a mistaken transaction the result may be that the purchaser keeps the ox in lieu of having his money returned. Accordingly, there would be no practical difference between the opinions of Rav and Shmuel.

לָא צְרִיכָא, דְּאִיכָּא לְאִשְׁתַּלּוּמֵי מִינֵּיהּ.

The Gemara answers: **No,** it is **necessary** for them to engage in a dispute in a case **where** the seller **does have** sufficient funds **from** which **to repay**[H] the purchaser, and the purchaser demands that his money be returned as opposed to keeping the ox as payment.

רַב אָמַר: הֲרֵי זֶה מִקַּח טָעוּת, זִיל בָּתַר רוּבָּא, וְרוּבָּא דְּאֱינָשֵׁי לְרִדְיָא הוּא דְּזָבְנִי. וּשְׁמוּאֵל אָמַר: יָכוֹל שֶׁיֹּאמַר לוֹ: לִשְׁחִיטָה מְכַרְתִּיו לָךְ, וְלָא אָזְלִינַן בָּתַר רוּבָּא; כִּי אָזְלִינַן בָּתַר רוּבָּא – בְּאִיסּוּרָא, אֲבָל בְּמָמוֹנָא – לָא אָזְלִינַן בָּתַר רוּבָּא, אֶלָּא הַמּוֹצִיא מֵחֲבֵירוֹ עָלָיו הָרְאָיָה.

The Gemara now explains the logic of Rav and Shmuel: **Rav says** that **this is** a case of **a mistaken transaction,** due to the principle: **Follow the majority, and the majority of people buy oxen for plowing. And Shmuel says** that the seller **can say to him: I sold it to you for slaughtering, and we do not follow the majority** in this case. **When do we follow the majority** according to Shmuel? Only **in** determining the **prohibited** or permitted status of an item. **But in monetary matters** such as this, **we do not follow the majority.**[H] **Rather,** the operative principle is that **the burden of proof rests upon the claimant.**

תַּנְיָא נַמִּי הָכִי: שׁוֹר שֶׁנָּגַח אֶת הַפָּרָה וְנִמְצָא עוּבָּרָהּ בְּצִדָּהּ, וְאֵינוֹ יוֹדֵעַ אִם עַד שֶׁלֹּא נְגָחָהּ יָלְדָה אִם מִשֶּׁנְּגָחָהּ יָלְדָה – מְשַׁלֵּם חֲצִי נֶזֶק לַפָּרָה וּרְבִיעַ נֶזֶק לַוָּלָד, דִּבְרֵי סוּמְכוֹס; וַחֲכָמִים אוֹמְרִים: הַמּוֹצִיא מֵחֲבֵירוֹ עָלָיו הָרְאָיָה.

That which Rav Yehuda stated above, that the mishna follows the opinion of Sumakhos, **is also taught** in a *baraita*: In the case of **an ox that gores a cow, and its fetus is found** dead **at its side, and he does not know whether it gave birth before** the ox **gored** it **or it gave birth after** the ox **gored it,** the owner of the ox **pays half** the cost of **the damage for the cow and one-quarter** of the cost of **the damage for the offspring;** this is **the statement of Sumakhos. The Rabbis say: The burden of proof rests upon the claimant.**

אָמַר רַבִּי שְׁמוּאֵל בַּר נַחְמָנִי: מִנַּיִין לְהַמּוֹצִיא מֵחֲבֵירוֹ עָלָיו הָרְאָיָה? שֶׁנֶּאֱמַר: ״מִי בַעַל דְּבָרִים יִגַּשׁ אֲלֵהֶם״, יַגִּישׁ רְאָיָה אֲלֵיהֶם.

Rabbi Shmuel bar Naḥmani said: From where is it derived **that the burden of proof rests upon the claimant? As it is stated** in the Torah when Moses appointed Aaron and Hur to judge the people: **"Whoever has a cause, let him come near** [*yiggash*] **to them"** (Exodus 24:14). This is interpreted to mean that whoever has a claim against another **should submit** [*yaggish*] **proof to them.** According to this interpretation, this verse demonstrates clearly that the claimant is responsible for supplying the proof.

HALAKHA

Where the seller does have sufficient funds from which to repay – דְּאִיכָּא לְאִשְׁתַּלּוּמֵי מִינֵּיהּ: Whenever there is a mistaken transaction and the seller is required to reimburse the purchaser, he must compensate the purchaser specifically with money, since the purchaser has the legal status of a creditor. This ruling is in accordance with the wording of the Gemara here and not in accordance with the opinion that the seller may compensate him with land (*Shulḥan Arukh*, *Ḥoshen Mishpat* 232:23, and in the comment of Rema).

But in monetary matters we do not follow the majority – אֲבָל בְּמָמוֹנָא לָא אָזְלִינַן בָּתַר רוּבָּא: In monetary matters the majority is not followed. For instance, in a case where one purchased an ox and it is found to gore habitually, and the purchaser claims that had he known this he would not have purchased it, if he is not known to purchase oxen for plowing, and there is no difference in price between an ox purchased for plowing and one purchased for slaughtering, the fact that most people purchase oxen for the purpose of plowing is not decisive. This ruling is in accordance with the opinion of Shmuel, whom the *halakha* follows in monetary law (Rambam *Sefer Kinyan*, *Hilkhot Mekhira* 16:5; *Shulḥan Arukh*, *Ḥoshen Mishpat* 232:23).

מַתְקִיף לַהּ רַב אָשֵׁי: הָא לָמָּה לִי קְרָא? סְבָרָא הוּא, דְּכָאֵיב לֵיהּ כְּאֵיבָא אָזֵיל לְבֵי אַסְיָא!

Rav Ashi objects to this: Why do I need a verse to derive this? It is based on logical reasoning that one who suffers from pain goes to the doctor. Just as here the individual with the problem has the responsibility to resolve it, so too, someone with a claim against another must bring a proof to corroborate his claim.

אֶלָּא, קְרָא לְכִדְרַב נַחְמָן אָמַר רַבָּה בַּר אֲבוּהּ, דְּאָמַר רַב נַחְמָן אָמַר רַבָּה בַּר אֲבוּהּ: מִנַּיִן שֶׁאֵין נִזְקָקִין אֶלָּא לַתּוֹבֵעַ תְּחִלָּה? שֶׁנֶּאֱמַר: "מִי בַעַל דְּבָרִים יִגַּשׁ אֲלֵיהֶם", יַגִּישׁ דְּבָרָיו אֲלֵיהֶם.

Rather, the verse is needed **for that which Rav Naḥman** says that **Rabba bar Avuh says, as Rav Naḥman says** that **Rabba bar Avuh says: From where** is it derived **that** a court **first attends only to** the arguments of **the claimant**[NH] and only afterward attends to the counterclaims of the defendant and discusses them? **As it is stated: "Whoever has a cause, let him come near** [*yiggash*] **to them,"** which is interpreted to mean that whoever has a claim against another **should submit** [*yaggish*] **his claim to them** first before the defendant.

אָמְרִי נְהַרְדָּעֵי: פְּעָמִים שֶׁנִּזְקָקִין לַנִּתְבָּע תְּחִלָּה, וְהֵיכִי דָּמֵי? דְּקָא זִילֵי נִכְסֵיהּ.

The Sages **of Neharde'a say** that despite this principle, **sometimes** a court **attends to the defendant first** and listens to his defense before discussing the arguments of the claimant. **What are the circumstances** where this occurs? This occurs in a case **where his assets are depreciating**[N] because of the claim against him. In that situation, the court allows him to present his arguments first so that he can sell his assets at their true price.

"וְכֵן פָּרָה שֶׁנָּגְחָה אֶת הַשּׁוֹר" [וכו']. חֲצִי נֶזֶק וּרְבִיעַ נֶזֶק? פַּלְגָא נִזְקָא הוּא דְּבָעֵי שַׁלּוֹמֵי, כּוּלֵּי נִזְקָא נְכִי רִבְעָא מַאי עֲבִידְתֵּיהּ?!

§ The mishna teaches: **And likewise,** in the case of **a cow that gored an ox,** and the cow's newborn offspring was subsequently found at its side, half the cost of the damage is paid from the cow and one-quarter of the cost of the damage is paid from the offspring. The Gemara asks: The mishna's wording indicates that the owner of the cow pays **half** the cost of **the damage and** an additional **one-quarter of** the cost of **the damage,** thereby amounting to three-quarters of the cost of the damage. This is difficult to understand, as **he is required to pay** only **half** the cost of **the damage,** since the ox is innocuous. If the mishna states that he pays **three-quarters of** the cost of **the damage, what is its purpose?**

אָמַר אַבָּיֵי: חֲצִי נֶזֶק – אֶחָד מֵאַרְבָּעָה בַּנֶּזֶק, וּרְבִיעַ נֶזֶק – אֶחָד מִשְּׁמֹנָה בַּנֶּזֶק.

Abaye said: The phrase: **Half** the cost of **the damage,** actually means **one-fourth** of the cost **of the damage.** Since there are two animals that may have accomplices in the incident, the owner of the cow pays only half of the normal amount from the value of the cow, i.e., one-quarter of the cost of the damage. The other half of the payment, which is **one-quarter of** the cost of **the damage,** should be paid from the value of the newborn, who is the accomplice of the cow. Yet, due to the uncertainty of whether it was born before the goring or afterward, only half of that amount is paid from it, which is **one-eighth of the** cost of the **damage.**[N] Therefore, the owner of the ox receives a total of three-eighths of the cost of the damage.

וְאִי פָּרָה וְוָלָד דְּחַד נִינְהוּ, הָכִי נַמִי דְּמָצֵי אָמַר לֵיהּ לְבַעַל פָּרָה: מִמָּה נַפְשָׁךְ חֲצִי נֶזֶק הַב לִי. אֶלָּא, לָא צְרִיכָא, דְּפָרָה דְּחַד וְוָלָד דְּחַד.

The Gemara asks: **But if the cow and the offspring are** owned **by one** person, the injured party **can indeed say to the owner of the cow: Whichever** way **you** look at it, **give me half** the cost of **the damage,** either from the value of the cow or the newborn, which both belong to you. Why is it necessary to give half of the payment specifically from the cow and half from the newborn? **Rather,** this ruling of the mishna **is not necessary** except for the case **where the cow** belongs **to one** person **and the offspring to another,** and so each can claim that he is only partially responsible for the damage.

וְאִי דְּקָדֵים תַּבְעֵיהּ לְבַעַל פָּרָה תְּחִלָּה, הָכִי נַמִי דְּאָמַר לֵיהּ לְבַעַל פָּרָה: פָּרָה דִּידָךְ אַזִּיקְתַּן, הַב לִי רְאָיָה דְּאִית לָךְ שׁוּתָּפֵי.

The Gemara asks: **But** even in this case, **if** the injured party **came** forward and **claimed** payment from **the owner of the cow first, he can indeed say to the owner of the cow: Your cow** certainly **caused damage** to my property, so **bring me a proof that you have a partner.** The owner of the cow would then have to prove that the newborn calf was still a fetus at the time and therefore a partner in the incident, in order to exempt himself from paying the entire payment of half the cost of the damage.

NOTES

First...only to the claimant – אֶלָּא לַתּוֹבֵעַ תְּחִילָּה: Rashi explains that this is a case where one party claims to be owed money by the other, and the defendant claims that he too is owed money by the claimant due to a separate issue. In that case, the first claimant's arguments are clarified, the case is adjudicated, his money or property is returned if the claim is accurate, and only afterward are the claims of the defendant discussed.

Tosafot comment that if the case is one of claims and counterclaims, there should be no problem with discussing the claims of all parties together. They explain that this is a case where the defendant has witnesses to support his claim, but it will take them more than thirty days to arrive, in which case the court first attends exclusively to the claimant's assertion. *Tosafot* also explain that the claim here doesn't concern a loan but rather compensation for an injury, and the accused makes a counterclaim that he is owed money by the injured party. It is specifically in cases of injury where the *halakha* of first attending exclusively to the claimant is applicable.

An alternative explanation is cited in the name of Rav Hai Gaon. The Gemara is discussing a case where no claim has actually been lodged in court, but there is merely a rumor circulating that such a claim will be made, and so the defendant asks the court to summon the claimant. In that case, they do not force the claimant to appear in court until he is ready and willing to do so. According to the Ra'avad, this means that the court will not force the claimant to appear in court in order for them to render a verdict, but they will force the defendant.

His assets are depreciating – זִילֵי נִכְסֵיהּ: Rashi, in his first explanation, understands the case to be one where purchasers are prepared to purchase the defendant's property for a large sum of money but cannot do so while it is being claimed by the claimant, and the purchasers intend to abandon the purchase if the court proceedings continue for an extended period of time. Therefore, the defendant's claim is dealt with first and his property returned, so that he may then sell it immediately thereafter to the potential purchasers.

Rashi offers a second explanation. The very fact that a claim exists against the defendant causes his property to plummet in value, as purchasers are aware of the fact that he may be desperate for funds due to the impending claim against him, and they will therefore propose to pay a smaller sum of money for the property. To prevent this from happening, his claim is attended to first, so that he can then pay his creditor the amount owed him using the recovered article or a sum of money.

One-eighth of the damage – אֶחָד מִשְּׁמֹנָה בַּנֶּזֶק: The early commentaries find puzzling the underlying assumption that the newborn calf is an equal partner in the damage. Clearly the calf was not involved in the act of goring itself, and even though it was part of the cow's body, so that the additional weight contributed to the damage, its contribution was certainly not equal to that of the cow. One suggestion proposed is that the matter is presented this way merely for the sake of simplifying the calculations. In reality, the share of the damages for which the owner of the calf is liable is assessed based on the actual contribution of the weight of the calf to the goring (*Tosafot*).

HALAKHA

First attends only to the claimant – אֵין נִזְקָקִין אֶלָּא לַתּוֹבֵעַ תְּחִלָּה: The court first attends to the arguments of the claimant, but if this results in a financial loss to the defendant due to the delay, the court must first attend to the defendant's counterclaim. In practice, there are various interpretations of this ruling, some of which are stated by the Rema, and all of which are accepted as *halakha* (Rambam *Sefer Nezikin*, *Hilkhot Ḥovel UMazik* 2:20; *Shulḥan Arukh*, *Ḥoshen Mishpat* 24:1 and *Sma* there).

NOTES

I know that I have a partner – מֵידַע יָדְעִי אֲנָא דְּשׁוּתָּפָא אִית לִי: Although the owner of the cow does not know whether the cow had given birth before it gored, he can still say that, based on its present status, it had not yet given birth when it gored, in which case the owner of the offspring is also partially responsible (Rashba).

אֶלָּא, דְּקָדֵים תַּבְעֵיהּ לְבַעַל וָלָד תְּחִלָּה, דְּאָמַר לֵיהּ: גַּלֵּית אַדַּעְתָּךְ דְּשׁוּתָּפָא אִית לִי.

Rather, the case of the mishna is one **where he claimed** payment from **the owner of the offspring first, as** in this case the owner of the cow **can say to him:** Since you claimed payment from the owner of the newborn, **you** thereby **disclosed your opinion** on the matter, **that I have a partner** who is responsible for part of the damage. Therefore, I am not prepared to pay the full amount required, i.e., half the cost of the damage, but only half of that amount, i.e., one-quarter.

אִיכָּא דְּאָמְרִי: אַף עַל גַּב דְּקָדֵים תַּבְעֵיהּ לְבַעַל פָּרָה תְּחִלָּה – מָצֵי מַדְחֵי לֵיהּ, דְּאָמַר לֵיהּ: מֵידַע יָדְעִי אֲנָא דְּשׁוּתָּפָא אִית לִי.

There are those **who say: Even though** the injured party came forward and **claimed** payment from **the owner of the cow first,** the latter **can dismiss his** claim, **as he can say to him: I know that I have a partner**[N] in this matter, i.e., the owner of the newborn calf.

אֲמַר רָבָא: אַטּוּ ״אֶחָד מֵאַרְבָּעָה בַּנֶּזֶק״ וְ״אֶחָד מִשְּׁמוֹנָה בַּנֶּזֶק״ קָתָנֵי? ״חֲצִי נֶזֶק״ וּ״רְבִיעַ נֶזֶק״ קָתָנֵי! אֶלָּא אֲמַר רָבָא: לְעוֹלָם בְּפָרָה וּוָלָד דְּחַד, וְהָכִי קָאָמְרִינַן: אִיתָהּ לְפָרָה – מְשַׁתַּלֵּם חֲצִי נֶזֶק מִפָּרָה,

Rava said, in challenging Abaye's explanation: **Is that to say** that the mishna **teaches: One-quarter of** the cost of **the damage and one-eighth of the** cost of the **damage?** The mishna **teaches half** the cost of **the damage and one-quarter of** the cost of **the damage. Rather, Rava said: Actually,** the mishna is referring to a case where the **cow and** its **offspring belong to one** person, **and this is what we are saying:** The *halakha* is that with regard to damage caused by an innocuous animal, restitution is paid only from the money realized by selling the belligerent animal. Therefore, if **the cow is here, half** the cost of **the damage is paid from** the value of **the cow** itself;

Perek **V**
Daf **47** Amud **a**

BACKGROUND

The egg is simply a secretion – פִּירְשָׁא בְּעָלְמָא הוּא: An embryo cannot grow inside an egg while it is within the hen's body, as it requires an incubation period outside her body to mature and hatch. Therefore, it is not considered a viable part of the hen and cannot be held partially responsible for damage caused by the hen. By contrast, a fetus, which sustains itself from its mother and grows inside her, is considered part of its mother with regard to damage she causes.

לֵיתָא לְפָרָה – מְשַׁתַּלֵּם רְבִיעַ נֶזֶק מִוָּלָד.

if **the cow is not** here, e.g., it went astray, only **one-quarter of** the cost of **the damage** is reimbursed **from the offspring.**

טַעְמָא דְּלָא יָדְעִינַן אִי הֲוָה וָלָד בַּהֲדָהּ כִּי נָגְחָה אִי לָא הֲוָה, אֲבָל אִי פְּשִׁיטָא לַן דַּהֲוָה וָלָד בַּהֲדָהּ כִּי נָגְחָה – מְשַׁתַּלֵּם כּוּלֵּיהּ חֲצִי נֶזֶק מִוָּלָד.

The Gemara infers: According to Rava, **the reason** for paying only one-quarter of the cost of the damage is **that we do not know if the offspring was with it,** as a fetus, **when** the cow **gored or whether it was not. But if it is obvious to us that the offspring was with it** as a fetus **when it gored, the full** amount of **half** the cost of **the damage may be reimbursed from the offspring** if the cow is not there.

רָבָא לְטַעְמֵיהּ, דְּאָמַר רָבָא: פָּרָה שֶׁהִזִּיקָה – גּוֹבֶה מִוְּלָדָהּ, מַאי טַעְמָא? גּוּפָהּ הִיא. תַּרְנְגוֹלֶת שֶׁהִזִּיקָה – אֵינוֹ גּוֹבֶה מִבֵּיצָתָהּ, מַאי טַעְמָא? פִּירְשָׁא בְּעָלְמָא הוּא.

The Gemara comments: In this respect, **Rava** conforms **to his** line of **reasoning, as Rava says:** In the case of **a cow that caused damage** while pregnant, the injured party **collects** compensation **from its offspring,**[H] i.e., the offspring that had been a fetus at the time of the goring. **What is the reason?** It is because **it is** considered an integral part of **its body** and therefore may be used to collect payment. By contrast, in the case of **a hen that caused damage,**[H] the injured party **does not collect** compensation **from its egg.** Payment can be collected only from the body of the hen. **What is the reason?** The egg **is simply a secretion**[B] and not an integral part of the hen's body.

HALAKHA

The injured party collects from its offspring – גּוֹבֶה מִוְּלָדָהּ: If an innocuous, pregnant cow causes damage, half the cost of the damage is collected from both the cow and its newborn calf, since the calf was considered an integral part of the cow's body when it was a fetus. If the cow is not there, half the cost of the damage is collected exclusively from the newborn (Rambam *Sefer Nezikin, Hilkhot Nizkei Mamon* 9:1; *Shulḥan Arukh, Ḥoshen Mishpat* 399:1).

A hen that caused damage – תַּרְנְגוֹלֶת שֶׁהִזִּיקָה: If a hen causes damage, payment is not collected from its egg. The Rema adds that, according to some authorities, if the egg was attached to its body, it may be used as payment for the damage (Rambam *Sefer Nezikin, Hilkhot Nizkei Mamon* 9:1; *Shulḥan Arukh, Ḥoshen Mishpat* 399:1).

וְאָמַר רָבָא: אֵין שָׁמִין לַפָּרָה בִּפְנֵי עַצְמָהּ וְלַוָּלָד בִּפְנֵי עַצְמוֹ, אֶלָּא שָׁמִין לַוָּלָד עַל גַּב פָּרָה, שֶׁאִם אִי אַתָּה אוֹמֵר כֵּן – נִמְצָא אַתָּה מַכְחִישׁ אֶת הַמַּזִּיק.

§ **And Rava also says:** When assessing the damage inflicted by a goring ox on a cow whose newborn calf is found dead by its side, the court **does not appraise** the damage **to the cow by itself and** the damage **to the offspring by itself. Rather,** the court **appraises the offspring together with the cow**[H] and evaluates the overall damage inflicted on the pregnant cow, which will be slightly less than it would be with two separate evaluations. The reason for this is **that if you do not say this, you** will be **found** to have ultimately **weakened the one liable for damage**[N] by inflicting a loss on him, as the market value of a newborn calf is greater than the difference in market value between a pregnant cow and one that is not pregnant.

וְכֵן אַתָּה מוֹצֵא בְּקוֹטֵעַ יַד עַבְדּוֹ שֶׁל חֲבֵירוֹ, וְכֵן אַתָּה מוֹצֵא בְּמַזִּיק שָׂדֶה שֶׁל חֲבֵירוֹ.

And similarly, you find this principle in a case **where** someone **severed the hand of another's slave.**[H] The difference in value between a slave with a hand and a slave without a hand is assessed, rather than determining how much money the owner would request in exchange for allowing the hand of his slave to be cut off. **And similarly, you** also **find** this principle in a case **of one who causes damage** to part **of another's field.**[H] The court appraises not the garden bed that was eaten or trampled, but the depreciation in value of the bed as part of the surrounding area. This results in a smaller payment, as the damage appears less significant in the context of a larger area.

אֲמַר לֵיהּ רַב אַחָא בְּרֵיהּ דְּרָבָא לְרַב אַשִׁי: וְאִי דִּינָא הוּא, לִיכְחוֹשׁ מַזִּיק!

Rav Aḥa, son of Rava, said to Rav Ashi: The main reason invoked by Rava is that otherwise you will be found to have ultimately weakened the one liable for damage. **But if this is the** ***halakha*** of assessing the damage, then **let the one liable for damage be weakened** by losing money.

מִשּׁוּם דְּאָמַר לֵיהּ: פָּרָה מְעַבַּרְתָּא אַזִּיקְתָךְ, פָּרָה מְעַבַּרְתָּא שַׁיְימְנָא לָךְ.

Rav Ashi answered: This is **because** the one liable for damage **can say to him: I caused damage** to you through injuring **a pregnant cow,** and so **I am assessing** the value of **a pregnant cow for you.** Therefore, it is not correct to evaluate separately the damage to the cow and the damage to the offspring.

פְּשִׁיטָא, פָּרָה דְּחַד וְוָלָד דְּחַד – פִּיטְמָא לְבַעַל פָּרָה, נִפְחָא מַאי? רַב פַּפָּא אָמַר: לְבַעַל פָּרָה, רַב אַחָא בְּרֵיהּ דְּרַב אִיקָא אָמַר: חוֹלְקִין. וְהִלְכְתָא: חוֹלְקִין.

The Gemara raises a question: It **is obvious** that in a case where **the cow** belonged **to one** person **and the offspring** belonged **to another** that the compensation for the cow's loss of **fat** is paid **to the owner of the cow.**[H] The additional value that the cow had due to the fact that it was fatter due to the pregnancy is paid to the owner of the cow. The question is: **What** is the *halakha* concerning the cow's **bulk?**[BH] There is an increase in value of a pregnant cow that it is attributed to its improved appearance, which results from its carrying a fetus. Who is considered the injured party with regard to that sum? **Rav Pappa said:** This too belongs **to the owner of the cow,** whereas **Rav Aḥa, son of Rav Ika, said: They divide** the restitution. **And the** ***halakha*** is that **they divide** the restitution.

NOTES

You will be found to have weakened the one liable for damage – נִמְצָא אַתָּה מַכְחִישׁ אֶת הַמַּזִּיק: Rashi and others explain that the loss to the owner of the ox here results from the method of evaluating the damage. If the damage to each component is assessed separately, the amount will be greater than if an all-inclusive appraisal is made of the damage to the pregnant cow. Rabbeinu Barukh explains that assessing the damage to the offspring separately would result in an injustice, since the cow might have miscarried or given birth to a dead fetus in any event, and the owner of the ox would be liable for a loss for which he is not definitely responsible.

BACKGROUND

Bulk – נִפְחָא: Though the true value of a cow depends on its health and how much fat it has, nevertheless it is clear that a cow that appears bulkier and better-nourished will sell for a better price. For this reason, even the bulk of an animal has a monetary value.

HALAKHA

Appraises the offspring together with the cow – שָׁמִין לַוָּלָד עַל גַּב פָּרָה: If an ox injured a pregnant cow that then miscarried, the depreciation of the cow and the depreciation of the fetus are not assessed by itself. Rather, a single, all-inclusive appraisal is performed of the difference between the value of the cow when it was pregnant and healthy and its current value, together with the value of the carcass of the fetus. The owner of the ox then pays this amount in full if the ox was forewarned; if the ox was innocuous he pays half of it (Rambam *Sefer Nezikin, Hilkhot Nizkei Mamon* 9:1; *Shulḥan Arukh, Ḥoshen Mishpat* 399:4).

The hand of another's slave – יַד עַבְדּוֹ שֶׁל חֲבֵירוֹ: How are damages assessed? If someone severs the hand of another, whether the latter is a freeman or a slave, an assessment is made as to how much he would be worth in the market if sold as a slave before his hand was severed and how much he is currently worth. The sum of this difference must be paid as compensation (Rambam *Sefer Nezikin, Hilkhot Ḥovel UMazik* 1:2, 4:10 and *Sefer Kinyan, Hilkhot Avadim* 4:6; *Shulḥan Arukh, Yoreh De'a* 267:21 and *Ḥoshen Mishpat* 420:15, 424:3).

One who causes damage to part of another's field – מַזִּיק שָׂדֶה שֶׁל חֲבֵירוֹ: If someone's animal ate produce from another's field, the damage caused to the garden bed from which he ate is not assessed by itself. Rather, the damage is assessed by determining how much the field would be worth if it had sixty such garden beds, and how much it would be worth with fifty-nine such garden beds. The difference is paid as compensation (Rambam *Sefer Nezikin, Hilkhot Nizkei Mamon* 4:13; *Shulḥan Arukh, Ḥoshen Mishpat* 394:4).

The cow's loss of fat is paid to the owner of the cow – פִּיטְמָא לְבַעַל פָּרָה: If the cow belonged to one person and the fetus to another, and both were injured, the decrease in the cow's value on account of the loss of body fat is paid to the owner of the cow (Rambam *Sefer Nezikin, Hilkhot Nizkei Mamon* 9:5; *Shulḥan Arukh, Ḥoshen Mishpat* 399:5).

Bulk – נִפְחָא: The depreciation in the cow's value due to its reduced bulkiness is divided between the owner of the cow and the owner of the fetus, in accordance with the opinion of Rav Aḥa, son of Rav Ika (Rambam *Sefer Nezikin, Hilkhot Nizkei Mamon* 9:5; *Shulḥan Arukh, Ḥoshen Mishpat* 399:5).

MISHNA In the case of a **potter who brought his pots**[H] **into a homeowner's courtyard without permission, and the homeowner's animal broke** the pots, the homeowner is **exempt. If** the owner's animal **was injured by** the pots, **the owner of the pots is liable. But if** the potter **brought** them **inside with permission, the owner of the courtyard is liable** if his animal caused damage to the pots.

מתני׳ הַקַּדָּר שֶׁהִכְנִיס קְדֵרוֹתָיו לַחֲצַר בַּעַל הַבַּיִת שֶׁלֹּא בִּרְשׁוּת, וְשִׁבְּרָה בְּהֶמְתּוֹ שֶׁל בַּעַל הַבַּיִת – פָּטוּר. וְאִם הוּזְּקָה בָּהֶן – בַּעַל הַקְּדֵרוֹת חַיָּיב. וְאִם הִכְנִיס בִּרְשׁוּת – בַּעַל הֶחָצֵר חַיָּיב.

Similarly, if someone **brought his produce**[H] **into the homeowner's courtyard without permission, and the homeowner's animal ate them,** the homeowner is **exempt. If** his animal was **injured by them,** e.g., if it slipped on them, **the owner of the produce is liable. But if he brought** his produce **inside with permission, the owner of the courtyard is liable** for the damage caused by his animal to them.

הִכְנִיס פֵּירוֹתָיו לַחֲצַר בַּעַל הַבַּיִת שֶׁלֹּא בִּרְשׁוּת, וַאֲכָלָתַן בְּהֶמְתּוֹ שֶׁל בַּעַל הַבַּיִת – פָּטוּר, וְאִם הוּזְּקָה בָּהֶן – בַּעַל הַפֵּירוֹת חַיָּיב, וְאִם הִכְנִיס בִּרְשׁוּת – בַּעַל הֶחָצֵר חַיָּיב.

Similarly, if one **brought his ox into the homeowner's courtyard without**

הִכְנִיס שׁוֹרוֹ לַחֲצַר בַּעַל הַבַּיִת שֶׁלֹּא

HALAKHA

A potter who brought his pots – הַקַּדָּר שֶׁהִכְנִיס קְדֵרוֹתָיו: If a potter brought his pots into a homeowner's courtyard without permission, and the homeowner's animal then broke the pots, the homeowner is exempt. Moreover, if the animal was injured by the pots, the potter is liable (Rambam *Sefer Nezikin, Hilkhot Nizkei Mamon* 3:13).

If someone brought his produce – הִכְנִיס פֵּירוֹתָיו: If one brought his produce into the courtyard of a homeowner without permission, and the homeowner's animal then ate them, the homeowner is exempt. Moreover, if the animal slipped on the produce and was injured from it, the owner of the produce is liable (Rambam *Sefer Nezikin, Hilkhot Nizkei Mamon* 3:14; *Shulḥan Arukh, Ḥoshen Mishpat* 393:1).

permission,[H] **and the homeowner's ox gored it or the homeowner's dog bit it,** the homeowner is **exempt. If** it **gored the homeowner's ox,**[N] the owner of the goring ox is **liable.** Furthermore, if the ox that he brought into the courtyard without permission **fell into** the owner's **pit**[H] **and contaminated its water,** the owner of the ox is **liable** to pay compensation for despoiling the water. If the homeowner's **father or son were inside** the pit at the time the ox fell and the person died as a result, the owner of the ox **pays the ransom.**[B] **But if he brought** the ox into the courtyard **with permission, the owner of the courtyard is liable** for the damage caused.

בִּרְשׁוּת, וּנְגָחוֹ שׁוֹרוֹ שֶׁל בַּעַל הַבַּיִת אוֹ שֶׁנְּשָׁכוֹ כַּלְבּוֹ שֶׁל בַּעַל הַבַּיִת – פָּטוּר. נָגַח הוּא שׁוֹרוֹ שֶׁל בַּעַל הַבַּיִת – חַיָּיב; נָפַל לְבוֹרוֹ וְהִבְאִישׁ מֵימָיו – חַיָּיב; הָיָה אָבִיו אוֹ בְנוֹ לְתוֹכוֹ – מְשַׁלֵּם אֶת הַכּוֹפֶר. וְאִם הִכְנִיס בִּרְשׁוּת – בַּעַל הֶחָצֵר חַיָּיב.

Rabbi Yehuda HaNasi **says:**[N] The homeowner **is not liable in any** of the cases in the mishna, even if he gave his permission for the items to be brought into his premises, **unless he** explicitly **accepts** responsibility **upon himself to safeguard** them.

רַבִּי אוֹמֵר: בְּכוּלָּן אֵינוֹ חַיָּיב עַד שֶׁיְּקַבֵּל עָלָיו לִשְׁמוֹר.

GEMARA From the first case of the mishna, it can be inferred that **the reason** the potter is liable **is** that he brought his pots into another's courtyard **without permission. But** if he brought them in **with permission, the potter would not be liable for damage** caused **to the courtyard owner's animal; and we do not say** that **the potter accepted** responsibility for the **safeguarding of the courtyard owner's animal** from his own pots.

גמ׳ טַעְמָא דְּשֶׁלֹּא בִּרְשׁוּת, הָא בִּרְשׁוּת – לָא מִיחַיַּיב בַּעַל קְדֵירוֹת בְּנִזְקֵי בְּהֶמְתּוֹ דְּבַעַל חָצֵר, וְלָא אָמְרִינַן קַבּוֹלֵי קַבֵּיל בַּעַל קְדֵירוֹת נְטִירוּתָא דִּבְהֶמְתּוֹ דְּבַעַל חָצֵר.

Whose opinion is this? **It is** that of **Rabbi** Yehuda HaNasi, **who says** at the conclusion of the mishna that **any case** where permission is granted to allow an item into one's premises **without specification,** i.e., without an explicit agreement as to who is responsible for safeguarding the item, it is assumed that with regard to each party, he **has not accepted upon himself** the responsibility of **safeguarding** the item. Therefore, the potter who received permission to bring his pots into the owner's courtyard similarly did not accept responsibility to safeguard against damage to the property of the owner of the courtyard.

מַנִּי? רַבִּי הִיא, דְּאָמַר: כָּל בִּסְתָמָא לָא קַבֵּיל עֲלֵיהּ נְטִירוּתָא.

HALAKHA

Without permission – שֶׁלֹּא בִּרְשׁוּת: If one brought his ox into another's courtyard without permission, and the courtyard owner's ox gored it or his dog bit it, then the owner of the courtyard is exempt. If this ox gored the courtyard owner's ox, then if the goring ox is an innocuous ox, its owner pays half the cost of the damage. If it is a forewarned ox, then its owner pays full damages (Rambam *Sefer Nezikin, Hilkhot Nizkei Mamon* 7:4; *Shulḥan Arukh, Ḥoshen Mishpat* 398:1–2).

If the ox fell into the owner's pit, etc. – נָפַל לְבוֹרוֹ וכו׳: If an ox entered another's courtyard without permission and fell into a pit, despoiling the water in the process, its owner is liable for the damage caused to the water. If the ox was forewarned and then killed someone while falling, its owner is liable to pay a ransom. If the ox was brought in with the permission of the owner of the courtyard, its owner is exempt (Rambam *Sefer Nezikin, Hilkhot Nizkei Mamon* 7:5; *Shulḥan Arukh, Ḥoshen Mishpat* 398:4–5).

NOTES

If it gored the homeowner's ox, etc. – נָגַח הוּא שׁוֹרוֹ שֶׁל בַּעַל הַבַּיִת וכו׳: This clause of the mishna discusses the *halakha* only in a case where the ox enters without permission. The Rashba notes that one cannot infer from here that if it entered with permission and gored the homeowner's ox that the owner of the ox would be exempt, as was inferred in the previous cases. This is because here the damage is included in the category of Goring, for which one is liable even if it occurs in a courtyard of joint ownership. *Tosafot* dispute this and maintain that by granting him permission to enter, the owner of the courtyard implicitly waives any rights to compensation should the animal cause damage (see *Tosefot Rabbi Akiva Eiger* on the mishna). Similarly, the Ra'ah holds that even if the ox that was brought into the courtyard actively caused damage, its owner is exempt if he entered with permission.

NOTES

Rabbi Yehuda HaNasi says – רַבִּי אוֹמֵר: In the Jerusalem Talmud, it is stated that all agree that one who allows entry into his house accepts responsibility to safeguard against damage. If he allows entry into his field, he doesn't accept such responsibility, apart from exceptional cases. The dispute in the mishna concerns only someone allowing entry into his courtyard. The Rabbis hold that it is comparable to a house, whereas Rabbi Yehuda HaNasi holds that it is comparable to a field.

אֵימָא סֵיפָא: אִם הִכְנִיס בִּרְשׁוּת – בַּעַל חָצֵר חַיָּיב – אֲתָאן לְרַבָּנַן, דְּאָמְרִי: בִּסְתָמָא נַמִי קַבּוֹלֵי קַבֵּיל עֲלֵיהּ נְטִירוּתָא!

But say **the latter clause: If** the potter **brought them into** the courtyard **with permission, the owner of the courtyard is liable.** In this case, **we arrive** at the opinion of **the Rabbis, who** disagree with Rabbi Yehuda HaNasi and **say** that, even **in** a case where permission is granted to allow an item into one's premises **without specification,** where the owner merely said he could bring them into the courtyard, the homeowner **accepts upon himself** responsibility for **safeguarding** the items to ensure that they are not damaged, **as well.**

וְתוּ, רַבִּי אוֹמֵר: בְּכוּלָּן אֵינוֹ חַיָּיב עַד שֶׁיְּקַבֵּל עָלָיו בַּעַל הַבַּיִת לִשְׁמוֹר; רֵישָׁא וְסֵיפָא רַבִּי, וּמְצִיעֲתָא רַבָּנַן!

And furthermore, the end of the mishna states: **Rabbi** Yehuda HaNasi **says** that the owner of the courtyard **is not liable in any** of the cases in the mishna, even if he gave his permission for the items to be brought into his premises, **unless the homeowner** explicitly **accepts** responsibility **upon himself to safeguard** them. Therefore, it emerges that **the first clause and the last clause** of the mishna are in accordance with the opinion of **Rabbi** Yehuda HaNasi, **but the middle clause** of the mishna is in accordance with the opinion of **the Rabbis.** Is this a reasonable way to read the mishna?

אֲמַר רַבִּי זֵירָא: תַּבְרָא, מִי שֶׁשָּׁנָה זוֹ לֹא שָׁנָה זוֹ. רָבָא אֲמַר: כּוּלָּהּ רַבָּנַן הִיא, וּבִרְשׁוּת – שְׁמִירַת קְדֵירוֹת קִבֵּל עָלָיו בַּעַל הֶחָצֵר, וַאֲפִילּוּ נִשְׁבְּרוּ בָּרוּחַ.

The Gemara answers that **Rabbi Zeira said:** This mishna is **disjointed** and doesn't follow a single opinion. Rather, the one **who taught this** clause of the mishna **did not teach that** clause of the mishna. **Rava said:** The beginning of the mishna **is entirely** in accordance with the opinion of **the Rabbis.**[N] In the case **where** the potter received **permission** to place his pots there, **the owner of the courtyard accepted** responsibility **upon himself** for the **safeguarding of the pots, and even** to the extent that if the pots **broke due to the wind,** he would be liable. The owner of the pots, by contrast, did not accept any responsibility to ensure that his items would not cause damage.

״הִכְנִיס פֵּירוֹתָיו לַחֲצַר בַּעַל הַבַּיִת״ וכו׳. אָמַר רַב: לֹא שָׁנוּ אֶלָּא שֶׁהוּחְלְקָה בָּהֶן, אֲבָל אָכְלָה – פָּטוּר; מַאי טַעְמָא? הֲוָה לַהּ שֶׁלֹּא תֹּאכַל.

§ The mishna teaches: If **he brought his produce into the homeowner's courtyard** without permission, and the owner's animal was injured by the produce, he is liable. **Rav says: They taught** this *halakha* **only** in a case **where** the animal **slipped on it** and fell, **but** if **it ate** from the produce and was injured, he is **exempt. What is the reason?** The animal **should not have eaten** it,[N] and it was not the owner of the fruit who acted improperly but the animal itself.

אֲמַר רַב שֵׁשֶׁת: אָמֵינָא, כִּי נָיֵים וְשָׁכֵיב רַב אֲמַר לְהָא שְׁמַעְתָּא. דְּתַנְיָא: הַנּוֹתֵן סַם הַמָּוֶת לִפְנֵי בֶּהֱמַת חֲבֵירוֹ – פָּטוּר מִדִּינֵי אָדָם וְחַיָּיב בְּדִינֵי שָׁמַיִם. סַם הַמָּוֶת הוּא דְּלָא עֲבִידָא דְּאָכְלָה, אֲבָל פֵּירוֹת דַּעֲבִידָא דְּאָכְלָה – בְּדִינֵי אָדָם נַמִי מִיחַיַּיב, וְאַמַּאי? הֲוָיא לַהּ שֶׁלֹּא תֹּאכַל!

Rav Sheshet said: I say that Rav stated this *halakha* **while dozing and lying down,**[B] and it is not entirely precise, **as it is taught** in a *baraita*: **One who places poison**[H] **before another's animal** is **exempt according to human laws but liable according to the laws of Heaven.** From the above statement, it may be inferred that **it is** specifically where he put **poison** before the animal that he is exempt, **since it is not suitable for eating.**[B] **But** if he put **produce** before it, **which is suitable for eating,** and the animal dies from eating it, **he is also liable according to human laws.** The Gemara analyzes this ruling: **But why** is he liable? Here also Rav's logic can be invoked, that the animal **should not have eaten** it. Therefore, this *baraita* poses a difficulty for Rav.

NOTES

Is entirely in accordance with the opinion of the Rabbis – כּוּלָּהּ רַבָּנַן הִיא: The Rid explains the dispute between Rabbi Zeira and Rava based on their interpretations of the opinion of the Rabbis, that the owner of the courtyard implicitly accepts responsibility for safeguarding the items. Rabbi Zeira maintains that by allowing another person to enter with his pots or produce, he accepts responsibility for safeguarding these items from damage, but not to the extent that their owner is completely absolved. Rather, the owner of the pots or produce still has the responsibility to ensure that they do not cause damage to animals belonging to the owner of the courtyard. Rava maintains that when the owner of the courtyard grants him permission to enter with his items, he thereby acquires the status of a bona fide bailee with respect to these items. He is fully responsible for them, as if they had been placed in his custody.

The animal should not have eaten it – הֲוָה לַהּ שֶׁלֹּא תֹּאכַל: One possible explanation of this phrase is alluded to by *Tosafot* and explicitly mentioned by the Rosh, that it is an unusual and unforeseeable occurrence for an animal to be injured simply by eating food. Therefore, it may be comparable to an atypical wind, which is included in the category of an accident for which one is exempt from payment. *Tosafot* reject this possibility and explain instead that the owner of the produce cannot be held responsible for an action performed by the animal of its own volition and damage it caused to itself. The Rid formulates this idea by writing: The owner of the produce is an indirect cause of the damage and is therefore exempt.

HALAKHA

One who places poison – הַנּוֹתֵן סַם הַמָּוֶת: One who places poison in front of another's animal is exempt according to the laws of man but liable according to the laws of Heaven (Rambam *Sefer Nezikin, Hilkhot Nizkei Mamon* 4:2).

BACKGROUND

That Rav stated this *halakha* while dozing and lying down – כִּי נָיֵים וְשָׁכֵיב רַב אֲמַר לְהָא שְׁמַעְתָּא: Rav Sheshet's tone seems to be irreverent toward Rav. Rabbi Ya'ir Bakharakh explains that this was in fact a compliment to Rav, indicating that he was so great in Torah learning that it is impossible that he could have made such a mistake unless one assumes that he was sleeping when he said it (*Havvot Ya'ir* 152).

Poison, since it is not suitable for eating – סַם הַמָּוֶת הוּא דְּלָא עֲבִידָא דְּאָכְלָה: Most animals refrain from eating poison, either because it is not their normal food or because they can detect its harmful properties with their sense of smell. For this reason, to poison an animal, the poison must be wrapped inside a food that the animal does eat so that it will not detect the taste and smell of the poison.

Similarly, animals do not usually eat poisonous plants. Nevertheless, there are some poisonous plants that animals do not recognize, either because the poison contained is not detectable by its smell, e.g., poisonous bacteria, or because the plant's smell and taste do not ward off animals. Consequently, animals do sometimes eat produce or plants that are harmful or even deadly to them.

BACKGROUND

Afrazta – אַפְרַזְתָּא: There are several opinions with regard to the correct version of this word and its identity. Some identify it as *Nerium oleander*, commonly called oleander, which is a poisonous plant. Some claim it is *Iris pseudacorus*, or yellow iris. Others suggest that it is a species of plant containing a high concentration of oxalic acid, such as *Oxalis pes-caprae*, or sour grass, which is very common in Eretz Yisrael. It is harmful and possibly deadly to animals.

Oleander

Yellow iris

Sour grass

אָמְרִי: הוּא הַדִּין אֲפִילּוּ פֵּירוֹת נַמִּי פָּטוּר מִדִּינֵי אָדָם, וְהָא קָא מַשְׁמַע לַן, דַּאֲפִילּוּ סַם הַמָּוֶת נַמִּי דְּלָא עֲבִידָא דְּאָכְלָה – חַיָּיב בְּדִינֵי שָׁמַיִם.

In order to explain Rav's statement, the Sages **said: The same is true,** that **even** if the animal was injured by eating the produce, he would **also** be **exempt according to human laws, and this** *baraita* **teaches us this, that even** in the case of **poison, which is not suitable for eating,** the one who placed the poison before the animal is **liable according to the laws of Heaven.**

וְאִיבָּעֵית אֵימָא: סַם הַמָּוֶת נַמִּי – בְּאַפְרַזְתָּא, דְּהַיְינוּ פֵּירֵי.

And if you wish, say instead that the case where the *baraita* exempts from liability according to human laws the one who placed **poison** before the animal is referring **to** an item suitable for eating **as well,** such as ***afrazta*,**[B] a type of herb that appears edible for animals but is actually poisonous. Therefore, this herb **is** halakhically equivalent to any other **produce** for which he is exempt from liability according to human laws, since, as Rav explained, the animal should not have eaten it.

מֵיתִיבֵי: הָאִשָּׁה שֶׁנִּכְנְסָה לִטְחוֹן חִטִּים אֵצֶל בַּעַל הַבַּיִת שֶׁלֹּא בִּרְשׁוּת, וַאֲכָלָתַן בְּהֶמְתּוֹ שֶׁל בַּעַל הַבַּיִת – פָּטוּר, אִם הוּזְּקָה – חַיֶּיבֶת; וְאַמַּאי? נֵימָא: הֲוָה לָהּ שֶׁלֹּא תֹּאכַל!

The Gemara **raises an objection** to Rav's statement from a *baraita*: In the case of **a woman who entered** the house of **a homeowner without permission** in order **to grind wheat,**[NH] **and the homeowner's animal ate** the wheat, he is **exempt.** Moreover, **if** the homeowner's animal **was injured** by the wheat, the woman is **liable.** Now according to Rav's explanation, **why** is she liable? **Let us say** here as well that the animal **should not have eaten** it.

אָמְרִי: וּמִי עֲדִיפָא מִמַּתְנִיתִין דְּאוֹקִימְנָא שֶׁהוּחְלְקָה בָּהֶן?

In order to explain Rav's statement, the Sages **said:** What is the difficulty here? **Is this** *baraita* **preferable to the mishna that we interpreted** as a scenario **where** the animal **slipped on** the produce? Similarly, the *baraita* is also referring to a case where the animal was injured by slipping on the wheat, not by eating it.

וּדְקָאָרֵי לָהּ מַאי קָאָרֵי לָהּ? אָמַר לָךְ: בִּשְׁלָמָא מַתְנִיתִין קָתָנֵי "אִם הוּזְּקָה בָּהֶן" – שֶׁהוּחְלְקָה בָּהֶן הוּא, אֲבָל הָכָא קָתָנֵי "אִם הוּזְּקָה" וְלָא קָתָנֵי "בָּהֶן", אֲכִילָה הוּא דְּקָתָנֵי.

The Gemara asks: **And he who asked it, why did he ask it?** This answer seems obvious. The Gemara answers: The questioner could have **said to you: Granted, the mishna** that teaches: **If** it is **injured by them** [*bahen*], **is** referring to a case **where** the animal **slipped on them** [*bahen*]. **But here** in the *baraita* it **teaches** the phrase: **If it is injured, and** it **does not teach** the additional term: ***Bahen*.** Since this case is immediately preceded by the case of: And the owner's animal ate them, it is reasonable to surmise **that** when the *baraita* **teaches** the case of the animal being injured, the injury **is** due to **eating.**

וְאִידָּךְ, אָמַר לָךְ: לָא שְׁנָא.

The Gemara notes: **And the other** one, i.e., the one who provided the answer, could have **said to you** in response: There **is no difference** whether it states: It was injured, or: It was injured by them, as in both cases the injury can be explained as resulting from slipping and not from eating.

תָּא שְׁמַע: הִכְנִיס שׁוֹרוֹ לַחֲצַר בַּעַל הַבַּיִת שֶׁלֹּא בִּרְשׁוּת, וְאָכַל חִטִּין וְהִתְרִיז וּמֵת – פָּטוּר, וְאִם הִכְנִיס בִּרְשׁוּת – בַּעַל הֶחָצֵר חַיָּיב. וְאַמַּאי? הֲוָה לֵיהּ שֶׁלֹּא יֹאכַל!

Come and hear a proof from a *baraita*: If one **brought his ox into a homeowner's courtyard without permission, and** the ox **ate wheat** belonging to the homeowner **and** consequently was stricken with **diarrhea**[H] **and died,** then the homeowner is **exempt. But if** the ox's owner **brought** it into the courtyard **with permission, the owner of the courtyard** is **liable.** The Gemara comments: **Why,** in the latter case, is the owner liable for the damage to the ox? Shouldn't the assertion: The ox **shouldn't have eaten** it, be invoked, and any injury that follows is the responsibility of the ox's owner?

HALAKHA

A woman who entered…to grind wheat – הָאִשָּׁה שֶׁנִּכְנְסָה לִטְחוֹן חִטִּים: If a woman entered a homeowner's courtyard without permission in order to grind wheat there, and the owner's animal ate the wheat, he is exempt. Even if the homeowner is one who grinds grain, and she brought him wheat to grind for which he would receive payment, the same *halakha* applies, because she nevertheless entered without permission (*Shulḥan Arukh*, *Ḥoshen Mishpat* 393:1).

And the ox ate wheat and was stricken with diarrhea – וְאָכַל חִטִּין וְהִתְרִיז: If someone brought produce into another's courtyard and the owner's animal became sick by eating it, the owner of the produce is exempt, whether he brought in the produce with or without permission, since the animal should not have eaten it. If the courtyard owner's animal was injured by slipping on the produce and the owner of the produce brought it in without permission, he is liable, in accordance with the opinion of Rav (Rambam *Sefer Nezikin*, *Hilkhot Nizkei Mamon* 3:14; *Shulḥan Arukh*, *Ḥoshen Mishpat* 393:2).

NOTES

In order to grind wheat – לִטְחוֹן חִטִּים: The early commentaries note that this case introduces the following novelty: Although the woman entered the house in order to grind wheat and would have paid for use of the millstone, if she entered without permission, the owner is not responsible for any damage sustained.

אֲמַר רָבָא: בִּרְשׁוּת אַשֶּׁלֹּא בִּרְשׁוּת קָרָמֵית? בִּרְשׁוּת – שְׁמִירַת שׁוֹרוֹ קִבֵּל עָלָיו, וַאֲפִילּוּ חָנַק אֶת עַצְמוֹ.

Rava said in response: **Are you raising a contradiction** from a case **with permission** and applying it **against** a case **without permission?** There is no difficulty here, since **in** the case where the ox's owner brought the ox into the courtyard **with permission,** the homeowner thereby **accepted** responsibility **upon himself** for **safeguarding** against any damage to the other's **ox. And even** if the ox **strangled itself,** he would still be liable.

אִיבַּעְיָא לְהוּ: הֵיכָא דְּקַבֵּיל עֲלֵיהּ נְטִירוּתָא, מַהוּ? דְּנַפְשֵׁיהּ הוּא דְּקַבֵּיל עֲלֵיהּ, אוֹ דִּלְמָא אֲפִילּוּ נְטִירוּתָא דְּעָלְמָא קַבֵּיל עֲלֵיהּ?

§ **A dilemma was raised before** the Sages: In a case **where** the owner of the courtyard **accepted upon himself** responsibility for **safeguarding**[HN] the items entering his premises, **what is** the *halakha*? **Did he accept upon himself only** the responsibility of safeguarding **himself** and his animals from causing damage? **Or, perhaps he even accepted** responsibility **upon himself** for **safeguarding** against all forms of damage that originate **from the outside.**[N]

תָּא שְׁמַע, דְּתָנֵי רַב יְהוּדָה בַּר סִימוֹן בִּנְזָקִין דְּבֵי קַרְנָא: הִכְנִיס פֵּירוֹתָיו לַחֲצַר בַּעַל הַבַּיִת שֶׁלֹּא בִּרְשׁוּת, וּבָא שׁוֹר מִמָּקוֹם אַחֵר וַאֲכָלָן – פָּטוּר, וְאִם הִכְנִיס בִּרְשׁוּת – חַיָּיב. מַאן פָּטוּר וּמַאן חַיָּיב? לָאו פָּטוּר בַּעַל חָצֵר, [וְחַיָּיב בַּעַל חָצֵר]?

Come and hear a solution based on **that** which **Rav Yehuda bar Simon taught in** the tractate of ***Nezikin*** from **the school of** Karna:[NP] If one **brought his produce into a homeowner's courtyard without permission, and an ox came from elsewhere and ate it,** he is **exempt. But if** one **brought** the produce **into** the courtyard **with permission,** he is **liable.** The Gemara clarifies: **Who is** the phrase: He is **exempt,** referring to, **and who** is the phrase: He is **liable,** referring to? **Does it not** mean that **the owner of the courtyard** is **exempt and the owner of the courtyard** is **liable?** This would indicate that by granting permission for the produce to be brought in, he accepts responsibility to safeguard against other damage as well, such as that caused by another ox entering from the outside.

אָמְרִי: לָא, פָּטוּר בַּעַל הַשּׁוֹר, וְחַיָּיב בַּעַל הַשּׁוֹר.

In response, **they said** that this interpretation should be rejected: **No,** it means that **the owner of the ox** that causes damage is **exempt, and the owner of the ox is liable.**

וְאִי בַּעַל הַשּׁוֹר,

The Gemara asks: **But if** it is referring to **the owner of the ox,**

HALAKHA

Where he accepted responsibility upon himself for safeguarding – הֵיכָא דְּקַבֵּיל עֲלֵיהּ נְטִירוּתָא: If someone entered another person's courtyard and was injured by an item or animal not belonging to the owner of the courtyard, the latter is exempt, unless he accepted responsibility for safeguarding the items. This is because the issue is not resolved by the Gemara. Since doubts in cases of monetary law are treated leniently, payment is not extracted from the owner of the courtyard (*Tur*). According to the Rif and the Rambam, the question was raised only according to the opinion of the Rabbis, whereas the *halakha* follows the opinion of Rabbi Yehuda HaNasi (*Shulḥan Arukh*, *Ḥoshen Mishpat* 398:5, and in the comment of Rema, and see *Beur HaGra* there).

NOTES

Where he accepted upon himself responsibility for safeguarding – הֵיכָא דְּקַבֵּיל עֲלֵיהּ נְטִירוּתָא: According to the opinion of Rabbi Yehuda HaNasi, this refers to a case where one explicitly accepted responsibility by stating: Bring your ox in and I will safeguard it. According to the opinion of the Rabbis in the mishna, it refers to any case where one granted permission to bring an item into his property (Rashi). Others prove from here that the Gemara implicitly follows the opinion of Rabbi Yehuda HaNasi, since it employs the language of: He accepted upon himself responsibility for safeguarding, indicating that the homeowner explicitly accepted upon himself to do so (Rashba).

Or perhaps he even accepted upon himself safeguarding against damage from the outside – אוֹ דִּלְמָא אֲפִילּוּ נְטִירוּתָא דְּעָלְמָא קַבֵּיל עֲלֵיהּ: *Tosafot* ask: Previously, Rava explicitly stated that the owner of the courtyard accepts complete responsibility for safeguarding against any eventuality, including pots breaking in the wind. Why, then, is the Gemara here uncertain about this point? One answer suggested is that the purpose of the Gemara's question here is to clarify whether this was Rava's opinion. Alternatively, it is possible that even though the owner of the courtyard accepted responsibility for safeguarding the pots from normal damage, he did not anticipate that an ox would enter from elsewhere, and in that case he might be exempt. The Rid explains that although the homeowner accepts responsibility for the pots even if they break on their own, in a case where an ox belonging to someone else causes the damage, perhaps the owner of the pots should claim compensation from the owner of the ox instead (see *Tosafot*).

In *Nezikin* from the school of Karna – בִּנְזָקִין דְּבֵי קַרְנָא: In the period after the completion of the Mishna, various Sages edited parallel compilations of *baraitot*, which usually followed the order of the Mishna but contained different material. Examples of these include the *Tosefta* and collections of Rabbi Oshaya and Rabbi Ḥiyya, which are regarded as the most significant of all such compilations. Karna was another such Sage. He edited a compilation of *mishnayot* containing material from the *baraitot* concerning damages (*Shita Mekubbetzet*). The term *Nezikin* often refers specifically to the subject matter of the tractates *Bava Kamma*, *Bava Metzia*, and *Bava Batra*.

PERSONALITIES

Karna – קַרְנָא: This Sage, one of the first-generation Babylonian *amora'im*, is sometimes referred to as Rav Karna. Together with his colleague Shmuel, he welcomed Rav when he came to Babylonia. The Gemara in *Sanhedrin* (17b) states that the phrase: Judges of the exile, refers to Karna, who served as a judge in Neharde'a. He edited a special collection of *baraitot* named after him: *Nezikin* of the academy of Karna. He was employed as a wine taster.

מַאי בִּרְשׁוּת וּמַאי שֶׁלֹּא בִּרְשׁוּת אִיכָּא?

what reason is there to rule one way where the produce is brought in **with permission, and what** reason **is there** to rule another way where the produce is brought in **without permission?** With regard to damage done by the ox of a stranger, it should not make any difference.

אָמְרִי: בִּרְשׁוּת – הָוְיָא לָהּ שֵׁן בִּרְשׁוּת הַנִּיזָּק, וְשֵׁן בִּרְשׁוּת הַנִּיזָּק חַיֶּיבֶת. שֶׁלֹּא בִּרְשׁוּת – הָוְיָא לָהּ שֵׁן בִּרְשׁוּת הָרַבִּים, וְשֵׁן בִּרְשׁוּת הָרַבִּים פְּטוּרָה.

The Sages **said** in response: If he brought in the produce **with permission, it is** a case of damage under the category of **Eating** (see 2a), **in the domain of the injured** party,[H] since, with respect to the produce, the courtyard is treated as belonging to its owner, **and** the *halakha* is that if an animal causes damage categorized as **Eating in the domain of the injured** party, the ox's owner is **liable.** But if he brought it into the courtyard **without permission, it is** a case of damage under the category of **Eating in the public domain, and** if an animal causes damage categorized as **Eating in the public domain,** the ox's owner is **exempt.** Given this explanation, the answer to the question of what type of safeguarding the courtyard owner accepted cannot be derived from the *baraita*.

תָּא שְׁמַע: הִכְנִיס שׁוֹרוֹ לַחֲצַר בַּעַל הַבַּיִת שֶׁלֹּא בִּרְשׁוּת, וּבָא שׁוֹר מִמָּקוֹם אַחֵר וּנְגָחוֹ – פָּטוּר, וְאִם הִכְנִיס בִּרְשׁוּת – חַיָּיב. מַאן פָּטוּר וּמַאן חַיָּיב? לָאו פָּטוּר בַּעַל חָצֵר, וְחַיָּיב בַּעַל חָצֵר?

Come and **hear** a proof from another *baraita*: If one **brought his ox into a homeowner's courtyard without permission, and an ox from elsewhere comes and gores it,** he is **exempt. But if he brought** it **into** the courtyard **with permission,** he is **liable.** The Gemara clarifies: **Who is exempt and who is liable? Is it not the owner of the courtyard** who is **exempt and the owner of the courtyard** who is **liable?** If so, this proves that the owner of the courtyard accepted responsibility for all damage occurring on his premises.

לָא, פָּטוּר בַּעַל הַשּׁוֹר, וְחַיָּיב בַּעַל הַשּׁוֹר. אִי הָכִי, מַאי בִּרְשׁוּת וּמַאי שֶׁלֹּא בִּרְשׁוּת אִיכָּא?

The Gemara responds: **No, the owner of the ox** that gored is **exempt, and the owner of the ox** that gored is **liable.** The Gemara asks: **If so, what** significance is there to specifying the case of **with permission, and what** significance **is there** to specifying the case of **without permission** with regard to this ox? For damage categorized as Goring (see 2b), the owner of the animal is liable wherever the goring occurred, even in the public domain.

אָמְרִי: הָא מַנִּי? רַבִּי טַרְפוֹן הִיא, דְּאָמַר: מְשׁוּנָּה קֶרֶן בַּחֲצַר הַנִּיזָּק – נֶזֶק שָׁלֵם מְשַׁלֵּם. בִּרְשׁוּת – הָוְיָא לָהּ קֶרֶן בַּחֲצַר הַנִּיזָּק, וּמְשַׁלֵּם נֶזֶק שָׁלֵם. שֶׁלֹּא בִּרְשׁוּת – הָוְיָא לָהּ קֶרֶן בִּרְשׁוּת הָרַבִּים, וְלָא מְשַׁלְּמָא אֶלָּא חֲצִי נֶזֶק.

The Sages **said** in response: In accordance with **whose** opinion **is this? It is** in accordance with the opinion of **Rabbi Tarfon, who says:** The *halakha* of damage categorized as **Goring in the courtyard of the injured** party **is different,** and the owner of the goring animal **pays** the **full** cost of the **damage.** According to this opinion, the *baraita* should be interpreted as follows: If the injured party brought his ox into the courtyard **with permission, it is** a case of damage categorized as **Goring in the property of the injured** party, **and** the owner of the Goring animal **pays** the **full** cost of the **damage.** But if he brought it in **without permission, it is** a case of damage categorized as **Goring in the public domain, and he pays only half** the cost of **the damage.**

הַהִיא אִיתְּתָא דְּעָלְתָה לְמֵיפָא בְּהַהוּא בֵּיתָא, אֲתָא בַּרְתָא דְּמָרֵי דְּבֵיתָא אֲכָלָהּ לְלִישָׁא, חֲבֵיל וּמִית, חַיְּיבַהּ רָבָא לְשַׁלּוּמֵי דְּמֵי בַּרְתָא.

§ The Gemara relates that there was **a certain woman who entered a certain house to bake.**[H] Subsequently, a **goat** belonging **to the owner of the house came** and **ate the** woman's **dough,** and as a result **it became overheated and died. Rava deemed** the woman **liable to pay compensation for the goat.**

HALAKHA

It is Eating, in the domain of the injured party – הָוְיָא לָהּ שֵׁן בִּרְשׁוּת הַנִּיזָּק: If Reuven brought his produce into Shimon's courtyard without permission, and Levi's ox ate the produce, Levi is exempt. But if Reuven brought his produce into Shimon's courtyard with permission, Levi is liable, since the courtyard is considered to be jointly owned by Reuven and Shimon, and the owner of an ox that eats from such a location is liable (*Shulḥan Arukh*, *Ḥoshen Mishpat* 389:16, and in the comment of Rema).

A certain woman who entered…to bake – הַהִיא אִיתְּתָא דְּעָלְתָה לְמֵיפָא: If someone brings his produce into another's courtyard with permission, and the owner of the courtyard leaves him there to supervise the premises, if the homeowner's animal eats the produce and becomes sick from it, the owner of the produce is liable. There was once an incident where a woman entered her neighbor's courtyard to bake, and, after allowing her in, the neighbor absented himself to allow her privacy while kneading the dough and baking (see *Taz*). Subsequently, the homeowner's goat came and ate the wheat and became sick from it, and the Sages obligated her to pay damages. This ruling is in accordance with the opinion of Rava (Rambam *Sefer Nezikin*, *Hilkhot Nizkei Mamon* 3:14; *Shulḥan Arukh*, *Ḥoshen Mishpat* 393:3).

לֵימָא פְּלִיגָא אַדְּרַב, דְּאָמַר רַב: הָוְיָא לַהּ שֶׁלֹּא תֹּאכַל?

The Gemara suggests: **Shall we say** that Rava **disagrees with** the opinion **of Rav, as Rav says** that in a case where someone brings in his produce to another's courtyard without permission, and the latter's animal is injured by eating it, the owner of the produce is nevertheless exempt, since the animal **should not have eaten** it.

אָמְרִי: הָכִי הָשְׁתָּא?! הָתָם שֶׁלֹּא בִּרְשׁוּת – לָא קַבֵּיל עֲלֵיהּ נְטִירוּתָא, הָכָא בִּרְשׁוּת – קַבֵּיל עֲלֵיהּ נְטִירוּתָא.

The Sages **said** in response: **How can these** cases **be compared? There,** in the case where someone brought in his produce **without permission,** he **did not accept** responsibility **upon himself** for **safeguarding** against the produce causing damage, whereas **here,** where the woman brought in the dough **with permission,** the woman did **accept** responsibility **upon herself**[N] for **safeguarding** against the dough causing damage.

וּמַאי שְׁנָא מֵהָאִשָּׁה שֶׁנִּכְנְסָה לִטְחוֹן חִטִּין אֵצֶל בַּעַל הַבַּיִת שֶׁלֹּא בִּרְשׁוּת, וַאֲכָלָתַן בְּהֶמְתּוֹ שֶׁל בַּעַל הַבַּיִת – פָּטוּר, וְאִם הוּזְּקָה – חַיֶּיבֶת. טַעְמָא שֶׁלֹּא בִּרְשׁוּת, הָא בִּרְשׁוּת – פָּטוּר?

The Gemara asks: **And in what** way **is it different from** the case of the *baraita* mentioned previously: In the case of **a woman who entered** the house of **a homeowner without permission** in order **to grind wheat, and the homeowner's animal ate** the wheat, he is **exempt? And** moreover, **if** the homeowner's animal **was injured** by the wheat, the woman is **liable.** The Gemara infers: **The reason** she is liable is specifically that she entered **without permission, but** if she entered **with permission,** she would be **exempt.**

אָמְרִי: לִטְחוֹן חִטִּים, כֵּיוָן דְּלָא בָּעְיָא צְנִיעוּתָא מִידֵּי – לָא בָּעֵי מְסַלְּקִי מָרָוָתָא דְּחָצֵר נַפְשַׁיְיהוּ, וַעֲלַיְיהוּ דִּידְהוּ רָמֵי נְטִירוּתָא. אֲבָל לְמֵיפָא, כֵּיוָן דְּבָעְיָא הִיא צְנִיעוּתָא – מָרָוָתָא דְּחָצֵר מְסַלְּקִי נַפְשַׁיְיהוּ, הִלְכָּךְ עֲלַהּ דִּידַהּ רָמְיָא נְטִירוּתָא.

The Sages **said** in response: If she entered the house **to grind wheat, since she does not require any privacy, the owners of the courtyard do not need** to **absent themselves** from there, **and the** responsibility for **safeguarding** against damage therefore **rests upon them. But** if she enters **to bake, since she requires privacy** for this, as the process of kneading involves exposing her elbows, **the owners of the courtyard absent themselves** from there to allow her to bake. **Therefore,** the responsibility for **safeguarding** against damage to anything in the courtyard **rests upon her.**

״הִכְנִיס שׁוֹרוֹ לַחֲצַר בַּעַל הַבַּיִת״. אָמַר רָבָא: הִכְנִיס שׁוֹרוֹ לַחֲצַר בַּעַל הַבַּיִת שֶׁלֹּא בִּרְשׁוּת, וְחָפַר בָּהּ בּוֹרוֹת שִׁיחִין וּמְעָרוֹת – בַּעַל הַשּׁוֹר חַיָּיב בְּנִזְקֵי חָצֵר, וּבַעַל חָצֵר חַיָּיב בְּנִזְקֵי הַבּוֹר,

§ The mishna teaches: If one **brought his ox inside the homeowner's courtyard** without permission and the homeowner's ox gored it or the homeowner's dog bit it, the homeowner is exempt. **Rava says:** If one **brought his ox into a homeowner's courtyard without permission, and** the ox **dug pits, ditches, or caves in it, the owner of the ox** is **liable for the damage** caused by his animal **to the courtyard,**[H] **but the owner of the courtyard is liable for** any **damage** caused by **the pit** if someone falls inside.

אַף עַל גַּב דְּאָמַר מָר: ״כִּי יִכְרֶה אִישׁ בּוֹר״ – וְלֹא שׁוֹר בּוֹר, הָכָא כֵּיוָן דְּאִית לֵיהּ לְהָאֵיךְ לְמַלּוּיֵיהּ וְלָא קָא מַלְיֵיהּ – כְּמַאן דִּכְרָיֵיהּ דָּמֵי.

Even though the Master says that when the verse states: **"And if a man shall open a pit"** (Exodus 21:33), it limits the liability for the pit to a person who digs a pit, **but not an ox** that digs a pit,[H] in which case the owner of the courtyard should be exempt, nevertheless, **here,** in Rava's statement, **since this** owner of the courtyard **should have filled** the pit[N] with earth **and he did not fill it,** he is considered **like someone who** actually **dug** the pit.

וְאָמַר רָבָא: הִכְנִיס שׁוֹרוֹ לַחֲצַר בַּעַל הַבַּיִת שֶׁלֹּא בִּרְשׁוּת, וְהִזִּיק אֶת בַּעַל הַבַּיִת אוֹ בַּעַל הַבַּיִת הוּזַּק בּוֹ – חַיָּיב, רָבַץ – פָּטוּר.

And similarly, **Rava says:** In the case of one who **brought his ox into a homeowner's courtyard without permission, and** the ox **injured the homeowner, or the homeowner** stumbled and **was injured by it,** the owner of the ox is **liable.** If the ox **crouched** [*ravatz*], and by doing so caused damage, the ox's owner is **exempt.**

וּמִשּׁוּם דְּרָבַץ פָּטוּר? אָמַר רַב פָּפָּא: מַאי רָבַץ? שֶׁהִרְבִּיץ גְּלָלִים וְנִטַּנְּפוּ כֵּלָיו שֶׁל בַּעַל הַבַּיִת, דְּהָוְיָא גְּלָלִים בּוֹר, וְלֹא מָצִינוּ בּוֹר שֶׁחַיָּיב בּוֹ אֶת הַכֵּלִים.

The Gemara asks: **And is** he **exempt because** the animal caused damage when it **crouched? Rav Pappa said: What** is the meaning of the term *ravatz*? It means **that it dropped feces**[H] [*hirbitz*] on the ground, **and** subsequently **the clothes of the homeowner were soiled.** Consequently, **the feces constitute a pit, and we do not find** a case of damage categorized as **Pit** that **one is liable** for causing damage to **utensils.** Therefore, the owner of the animal is exempt.

הָנִיחָא לִשְׁמוּאֵל, דְּאָמַר: כׇּל תַּקָּלָה בּוֹר הוּא, אֶלָּא לְרַב דְּאָמַר: עַד דְּמַפְקַר לֵיהּ, מַאי אִיכָּא לְמֵימַר?

The Gemara asks: **This works out well according to** the opinion of **Shmuel, who says: Any obstruction is** categorized as Pit, and the same *halakha* exempting the one responsible for the pit from damage to utensils applies to them as well. **But according to** the opinion of **Rav, who says** that one's property is not categorized as Pit **until he renounces ownership of it, what is there to say?**

NOTES

Here, with permission, the woman did accept responsibility upon herself – הָכָא בִּרְשׁוּת קַבֵּיל עֲלֵיהּ: The commentaries explain that this does not contradict Rava's own opinion mentioned earlier, that one who grants permission for entry onto his premises thereby accepts comprehensive responsibility for any damage. Here the Gemara anticipates what is subsequently explained later: Since the owner absents himself to allow the woman the privacy required to knead the dough, clearly the woman bears the responsibility to supervise the premises. Indeed, some commentaries suggest that if she entered without permission, then the homeowner would in fact be present in the courtyard and would therefore be responsible for ensuring that his animal does not eat.

Since this owner should have filled the pit, etc. – כֵּיוָן דְּאִית לֵיהּ לְהָאֵיךְ לְמַלּוּיֵיהּ וכו׳: Even though the owner did not create the pit, he is nevertheless responsible for ensuring that nothing falls into it, either by filling it or by covering it. If he later renounces ownership of his property, he is responsible for the fact that he left a hazard in a place that is used by the public and he would be liable for damages (Rashi).

It is also possible that the same *halakha* might apply even if a person dug the pit. Although he would be liable to compensate the owner for the damage caused to his courtyard, the owner is ultimately responsible for damage caused by the courtyard itself (*Tosafot*). According to the Ra'avad, in principle the owner of the ox is responsible for filling or covering the pit, and if damage is caused by it, he is liable. Once he has compensated the owner of the courtyard for the damage to the courtyard, he is no longer responsible for the pit, which is now the sole responsibility of the owner of the courtyard.

HALAKHA

The owner of the ox is liable for the damage to the courtyard, etc. – בַּעַל הַשּׁוֹר חַיָּיב בְּנִזְקֵי חָצֵר וכו׳: If an ox entered another's courtyard and dug a pit in it, thereby causing damage, the owner of the ox is liable for the damage caused to the courtyard. The owner of the courtyard is liable for any damage that subsequently results from the pit, if the pit is adjacent to the public domain or if he renounces ownership of his property (*Sma*). This ruling is in accordance with the opinion of Rava (Rambam *Sefer Nezikin, Hilkhot Nizkei Mamon* 7:6; *Shulḥan Arukh, Ḥoshen Mishpat* 398:3).

But not an ox that digs a pit – וְלֹא שׁוֹר בּוֹר: If an ox dug a pit in the public domain or on the premises of another person, and the pit subsequently caused damage, the owner of the ox is exempt, since the verse states: "And if a man shall open a pit," but not: When an ox digs a pit (*Shulḥan Arukh, Ḥoshen Mishpat* 410:5).

It dropped feces – הִרְבִּיץ גְּלָלִים: If one brought his ox into another's courtyard without permission and the ox defecated there and the clothes of the owner of the courtyard were then soiled by the feces, the owner of the animal is exempt, since the feces are categorized as Pit, and there is no liability for this category of damage for damage to utensils (Rambam *Sefer Nezikin, Hilkhot Nizkei Mamon* 13:4; *Shulḥan Arukh, Ḥoshen Mishpat* 421:7).

HALAKHA

Injured the homeowner or the homeowner was injured by stumbling on him – הִזִּיק אֶת בַּעַל הַבַּיִת אוֹ בַּעַל הַבַּיִת הוּזַּק בּוֹ: If a person or his property entered another's courtyard without permission and injured the owner, or the owner was injured by stumbling on the intruder, the intruder is liable even if the damage was unintentional. The Ramah rules that if the owner was aware of the intrusion and was injured by stumbling on the intruder, the latter is exempt (Rambam *Sefer Nezikin, Hilkhot Nizkei Mamon* 7:6 and *Hilkhot Ḥovel UMazik* 1:16; *Shulḥan Arukh, Ḥoshen Mishpat* 378:6, 398:1).

You do not have the right to injure me – לְאַזּוּקִי לֵית לָךְ רְשׁוּתָא: If someone enters another's courtyard or his possessions are brought into another's courtyard without permission, and the owner of the courtyard injures the intruder or damages the possessions, the owner of the courtyard is liable to pay. Although the owner of the courtyard has the right to eject the intruder, he doesn't have the right to injure him. This ruling applies only if the owner of the courtyard injures the intruder intentionally; the owner of the courtyard is exempt if he injures the intruder unwittingly (Rambam *Sefer Nezikin, Hilkhot Nizkei Mamon* 7:7 and *Hilkhot Ḥovel UMazik* 1:16; *Shulḥan Arukh, Ḥoshen Mishpat* 378:6, 398:1).

אָמְרִי: סְתָם גְּלָלִים אַפְקוּרֵי מַפְקִיר לְהוּ.

The Sages **said** in response: The animal's owner usually **renounces ownership of ordinary feces,** and so they are categorized as Pit even according to the opinion of Rav.

וְאָמַר רָבָא: נִכְנַס לְחָצַר בַּעַל הַבַּיִת שֶׁלֹּא בִּרְשׁוּת, וְהִזִּיק אֶת בַּעַל הַבַּיִת אוֹ בַּעַל הַבַּיִת הוּזַּק בּוֹ – חַיָּיב, הִזִּיקוֹ בַּעַל הַבַּיִת – פָּטוּר.

And Rava says: In the case of a person or an animal that **entered the courtyard of a homeowner without permission and injured the homeowner, or the homeowner was injured by** stumbling on the intruder,[H] the person or owner of the animal is **liable.** Moreover, if **the homeowner damages** the person or animal, he is **exempt.**

אָמַר רַב פַּפָּא: לָא אֲמָרַן אֶלָּא דְּלָא הֲוָה יָדַע בֵּיהּ, אֲבָל הֲוָה יָדַע בֵּיהּ, הִזִּיקוֹ בַּעַל הַבַּיִת – חַיָּיב. מַאי טַעְמָא? מִשּׁוּם דְּאָמַר לֵיהּ: נְהִי דְּאִית לָךְ רְשׁוּתָא לְאַפּוּקַי, לְאַזּוּקַי לֵית לָךְ רְשׁוּתָא.

Rav Pappa said: We said this only when the homeowner **did not know of his** presence. **But if he knew of his** presence,[N] even if he entered without permission, then if the **homeowner injured him,** the homeowner is **liable. What is the reason?** It is **due to** the fact **that** the injured party can **say to** the owner of the courtyard: **Although you have the right to eject** me from your courtyard, **you do not have the right to injure me.**[H]

וְאָזְדוּ לְטַעְמַיְיהוּ, דְּאָמַר רָבָא, וְאִיתֵּימָא רַב פַּפָּא:

The Gemara comments: **And** Rava and Rav Pappa, who hold that one who enters without permission is liable if damage is caused, **follow their** lines of **reasoning, as Rava says, and some say** it was **Rav Pappa** who said it:

NOTES

But if he knew of his presence – אֲבָל הֲוָה יָדַע בֵּיהּ: Rashi interprets this to mean that the homeowner was aware of the other person's entry into his courtyard. Consequently, he is liable for injuring him even unintentionally, since there is no distinction between intentional and unintentional damage inflicted by a person. The Rambam maintains that even if the homeowner was aware of the other person's entry, he is not liable for the intruder's injuries, since the intruder entered without permission. Consequently, he explains the term: Knew of his presence, as meaning that the homeowner intended to injure the intruder, and the term: Did not know of his presence, as meaning that the homeowner did not have such an intention (*Leḥem Mishne*).

Perek **V**
Daf **48** Amud **b**

HALAKHA

Two people with permission, etc. – שְׁנֵיהֶם בִּרְשׁוּת וכו׳: If two people entered the courtyard of another person and injured each other either directly or through their property, then they are exempt provided that they were unaware of the other's presence. This is the *halakha* whether they both had permission or neither had permission. If they were aware of each other's presence, they are liable even if the injuries were caused unintentionally. This ruling is in accordance with Rashi's explanation, and both the Ra'avad and the *Shulḥan Arukh* rule likewise. Some authorities maintain that if one injures the other's property unintentionally, he is exempt (Rambam *Sefer Nezikin, Hilkhot Ḥovel UMazik* 1:16, 6:3; *Shulḥan Arukh, Ḥoshen Mishpat* 378:7, 421:8).

שְׁנֵיהֶם בִּרְשׁוּת אוֹ שְׁנֵיהֶם שֶׁלֹּא בִּרְשׁוּת, הִזִּיקוּ זֶה אֶת זֶה – חַיָּיבִין, הוּזְּקוּ זֶה בָּזֶה – פְּטוּרִין. טַעְמָא דִּשְׁנֵיהֶם בִּרְשׁוּת אוֹ שְׁנֵיהֶם שֶׁלֹּא בִּרְשׁוּת, אֲבָל אֶחָד בִּרְשׁוּת וְאֶחָד שֶׁלֹּא בִּרְשׁוּת, דְּבִרְשׁוּת – פָּטוּר, שֶׁלֹּא בִּרְשׁוּת – חַיָּיב.

In a case of **two** people who were both somewhere **with permission,**[HN] **or two** people who were both somewhere **without permission, if they injure each other**[N] directly, they are both **liable.** If **they were injured by one another** through stumbling over one another, they are **exempt.** From this statement, it may be inferred that **the reason** both are liable if either damages the other is specifically **that the two of them** were both there **with permission or the two of them** were both there **without permission. But if one,** i.e., the homeowner, was there **with permission, and the other** entered **without permission,** then the one who was there **with permission is exempt** if he injured the other, but the one who entered **without permission is liable** if he injured the homeowner, in accordance with the opinion of Rava and Rav Pappa.

NOTES

Two were somewhere with permission, etc. – שְׁנֵיהֶם בִּרְשׁוּת וכו׳: Rashi explains that there are several cases where both people have permission, e.g., two people walking in the public domain or two partners who jointly own a courtyard. Similarly, the case where neither has permission includes a scenario where two people are running in the public domain, which is prohibited.

According to *Tosafot*, this explanation is difficult, since most of these issues were addressed previously in an earlier mishna (32a). Consequently, they explain the *halakha* as relating entirely to entering another person's property. If both entered with permission, they must take note of the other's presence. Similarly, if they both entered without permission, each should consider the possibility that perhaps another did as well. If one entered with permission, he is not required to anticipate that another person may enter without permission, and if the first injured the second, he is exempt.

They injure each other, etc. – הִזִּיקוּ זֶה אֶת זֶה וכו׳: It appears that Rashi explains the scenario as one where two people collide with each other. Many early commentaries question this explanation, and even Rashi himself partially alludes to difficulty with it: In the case of a collision, there is no distinction between whether they caused damage to each other directly or whether each was indirectly injured by the other. Moreover, the mishna (32a) states that if two people are walking in the public domain and injure each other, they are both exempt.

The Ra'avad explains that the Gemara here does not refer to a case of mutual injury but to separate occurrences. If either of the two people caused damage to the other, e.g., one person who was walking injured another person lying in the road, the one who caused the injury is liable. By contrast, if the one who was walking was injured by the one lying in the road, the one lying down is exempt.

Rashi explains that the distinction in the Gemara between injuring each other and being injured by each other is that injuring each other is through an action, even if the action is unintentional. Being injured refers to damage that occurs passively, e.g., through one person tripping over another. It seems that the Rambam explains that the distinction here is between intentional and unintentional injury (see *Leḥem Mishne*).

״נָפַל לַבּוֹר וְהִבְאִישׁ מֵימָיו – חַיָּיב״. אָמַר רָבָא: לֹא שָׁנוּ אֶלָּא שֶׁהִבְאִישׁ בִּשְׁעַת נְפִילָה, אֲבָל לְאַחַר נְפִילָה – פָּטוּר. מַאי טַעֲמָא? הָוֵי שׁוֹר – בּוֹר, וּמַיִם – כֵּלִים, וְלֹא מָצִינוּ בּוֹר שֶׁחַיָּיב בּוֹ אֶת הַכֵּלִים.

§ The mishna teaches: If the ox that he brought into the courtyard without permission **fell into** the owner's **pit and contaminated its water,**[H] the owner of the ox is **liable. Rava says: They taught** this *halakha* **only** in a case **where** the ox **contaminated** the water **at the time of the fall. But** if it contaminated the water **after the fall,** e.g., the animal died there and the decomposing carcass despoiled the water, he is **exempt. What is the reason?** The **ox,** in this case, **is** considered as a **pit, and the water** has the status of **utensils** that fall into a pit, **and we have not found** a case of damage categorized as **Pit that renders one liable** for causing damage to **utensils.** Therefore, he is exempt.

הָנִיחָא לִשְׁמוּאֵל, דְּאָמַר: כָּל תַּקָּלָה בּוֹר הוּא. אֶלָּא לְרַב, דְּאָמַר: עַד דְּמַפְקַר לֵיהּ, מַאי אִיכָּא לְמֵימַר?

The Gemara asks: **This works out well according to** the opinion of **Shmuel, who says: Any obstruction is** categorized as **Pit,** and the same *halakha* exempting the one responsible for the pit from damage to utensils applies to them as well. **But according to** the opinion of **Rav, who says** that one's property is not categorized as Pit **until he renounces ownership of it, what is there to say?** Presumably, the owner did not renounce ownership of the ox or even of the carcass.

אֶלָּא אִי אִיתְּמַר הָכִי אִיתְּמַר, אָמַר רָבָא: לֹא שָׁנוּ אֶלָּא שֶׁהִבְאִישׁ מִגּוּפוֹ, אֲבָל הִבְאִישׁ מֵרֵיחוֹ – פָּטוּר. מַאי טַעֲמָא? גְּרָמָא בְּעָלְמָא הוּא, וּגְרָמָא בְּעָלְמָא לָא מִיחַיַּיב.

Rather, if this statement **was stated, it was stated like this: Rava says** that **they taught** this *halakha* **only** in the case **where** the ox **contaminated** the water **with its body,** i.e., its carcass. **But** if it **contaminated** the water **with its stench,** the owner is **exempt. What is the reason?** It is because the damage **is** caused **merely** by **an indirect** action. Although the ox's owner was initially responsible for his animal falling into the pit, the stench did not result directly from this action. It subsequently occurred on its own, **and** one is **not liable** for damage that is caused **merely** by **an indirect** action.

״הָיָה אָבִיו אוֹ בְּנוֹ לְתוֹכוֹ – מְשַׁלֵּם אֶת הַכּוֹפֶר״. וְאַמַּאי? הָא תָּם הוּא! אָמַר רַב: בִּמְוּעָד לִיפּוֹל עַל בְּנֵי אָדָם בְּבוֹרוֹת עָסְקִינַן.

§ The mishna teaches: If the homeowner's **father or son were inside** the pit at the time the ox fell and the person died as a result, the owner of the ox **pays the ransom.** The Gemara asks: **But why** does he pay a ransom? **Isn't** the ox **innocuous,** in which case its owner is not liable to pay a ransom? **Rav says:** Here **we are dealing with** an ox that is **forewarned for falling on people in pits.**

אִי הָכִי, בַּר קְטָלָא הוּא! אֲמַר רַב יוֹסֵף: דַּחֲזָא יְרוֹקָא וְנָפַל.

The Gemara asks: **If so,** the ox **is liable** to be put to **death,** because if it is forewarned for this behavior, it is considered to have acted intentionally. **Rav Yosef said** in response: This is a case **where it saw** some **grass**[HN] that it intended to eat on the edge of the pit, **and fell** in the pit instead. Since there was no intention to cause damage by falling, the ox is not liable to be put to death, but since it was forewarned for this behavior, its owner still pays ransom.

שְׁמוּאֵל אֲמַר: הָא מַנִּי? רַבִּי יוֹסֵי הַגְּלִילִי הִיא, דְּאָמַר: תָּם – מְשַׁלֵּם חֲצִי כוֹפֶר.

Shmuel said: This ox mentioned in the mishna is innocuous, and in accordance with **whose** opinion **is this? It is** the opinion of **Rabbi Yosei HaGelili, who says:** The owner of an **innocuous** ox that caused damage **pays half a ransom.** Therefore, when the mishna states that he pays a ransom, it means that he pays half a ransom.

עוּלָּא אֲמַר: רַבִּי יוֹסֵי הַגְּלִילִי הִיא, דְּאָמַר כְּרַבִּי טַרְפוֹן, דְּאָמַר: קֶרֶן בַּחֲצַר הַנִּיזָּק – נֶזֶק שָׁלֵם מְשַׁלֵּם, הָכִי נַמִי – כּוֹפֶר שָׁלֵם מְשַׁלֵּם.

Ulla said: The mishna **is in accordance with** the opinion of **Rabbi Yosei HaGelili, who** maintains that payment of a ransom is applicable even in the case of an innocuous ox, but he **states** his ruling **in accordance with** the opinion of **Rabbi Tarfon, who says:** For damage categorized as **Goring** that is carried out by an innocuous ox **in the courtyard of the injured** party, the ox's owner **pays** the **full** cost of the **damage. So too,** he **pays a full ransom** despite the fact that the ox is innocuous.

בִּשְׁלָמָא לְעוּלָּא, הַיְינוּ דְּקָתָנֵי: הָיָה אָבִיו אוֹ בְּנוֹ לְתוֹכוֹ. אֶלָּא לִשְׁמוּאֵל, מַאי אִירְיָא אָבִיו אוֹ בְּנוֹ? אֲפִילּוּ אַחֵר נַמִי!

The Gemara asks: **Granted, according to Ulla, this** explanation **is** consistent with **that which** the mishna **teaches: If his father or his son were inside** the pit at the time the ox fell and the person died as a result, the owner of the ox pays the ransom. The mishna thereby provides a case of damage categorized as Goring in the courtyard of the injured party. **But according to Shmuel's** explanation, **why** mention **his father or his son specifically? Even** if the injured party were **another** person, not a close relative of the owner of the property, the owner of the animal would be required to pay half a ransom, and even if it was in the public domain.

HALAKHA

Fell…and contaminated its water – נָפַל...וְהִבְאִישׁ מֵימָיו: If an ox fell into a pit in a courtyard and contaminated the water in the pit, and if the water became contaminated immediately at the time of the fall, then the owner of the ox is liable to pay for the damage to the water. If the damage occurred later, he is exempt, in accordance with the opinion of Rava and Shmuel, whom the *halakha* follows in cases of monetary law (Rambam *Sefer Nezikin, Hilkhot Nizkei Mamon* 7:5; *Shulḥan Arukh, Ḥoshen Mishpat* 398:4).

Where it saw some grass – דַּחֲזָא יְרוֹקָא: If an ox that was forewarned with regard to falling on people inside pits saw grass, and while attempting to eat it fell into a pit and killed a person, the ox is not killed, since it did not intend to injure. The same applies to an ox that was forewarned with regard to rubbing against walls for pleasure, and while rubbing against a wall caused it to collapse on a person, thereby killing him. In both cases, the owner of the ox is liable to pay a ransom, in accordance with the opinion of Rav and Rabbi Yosef (Rambam *Sefer Nezikin, Hilkhot Nizkei Mamon* 10:10).

NOTES

Where it saw some grass – דַּחֲזָא יְרוֹקָא: The Rashba notes that the Gemara does not state: Rather, Rav Yosef said. Consequently, it appears that Rav Yosef is explaining Rav's opinion. With regard to the explanation of the case itself, Rashi says that since each time the ox fell only due to its attempt to eat the grass, it is exempt from being killed. Nevertheless, since the animal was forewarned for this behavior, the owner must pay a ransom. The Ra'ah explains that since the ox fell into the pit due to its attempt to eat the grass, the act is not categorized as Goring, for which multiple occurrences are required to render it forewarned, but rather as Eating or Trampling (see 2a), for which an animal is considered forewarned from the outset. The Rashba explains, citing the Ra'avad, that although the incidents are categorized as Eating by a forewarned ox, the Torah decrees nevertheless that ransom is paid only if the owner was warned three times not to allow the ox to do so.

אוֹרְחֵיהּ דְּמִילְּתָא קָתָנֵי.

The Gemara answers: Indeed, that is the case, and the mishna is simply **teaching** this ruling by means of **the typical scenario,** that presumably it was someone from the family of the one who owns the property containing the pit that was inside the pit.

"וְאִם הִכְנִיס בִּרְשׁוּת – בַּעַל חָצֵר חַיָּיב" [כו']. אִיתְּמַר, רַב אָמַר: הֲלָכָה כְּתַנָּא קַמָּא, וּשְׁמוּאֵל אָמַר: הֲלָכָה כְּרַבִּי.

§ The mishna teaches: **But if he brought** the ox into the courtyard **with permission,**[H] **the owner of the courtyard is liable** for the damage caused. Rabbi Yehuda HaNasi says: The homeowner is not liable in any of the cases in the mishna, even if he gave his permission for the items to be brought onto his premises, unless he explicitly accepts responsibility upon himself to safeguard them. It **was stated** that the Sages disagreed with regard to the *halakha* in this dispute: **Rav said** that **the *halakha* is in accordance with** the opinion of **the first *tanna*, and Shmuel said** that **the *halakha*** is **in accordance with** the opinion of **Rabbi** Yehuda HaNasi.

תָּנוּ רַבָּנַן: "כְּנוֹס שׁוֹרְךָ וְשָׁמְרוֹ" – הִזִּיק חַיָּיב, הוּזַּק פָּטוּר; "כְּנוֹס שׁוֹרְךָ וַאֲנִי אֶשְׁמְרֶנּוּ" – הוּזַּק חַיָּיב, הִזִּיק פָּטוּר.

The Sages taught a case similar to that of the mishna: If the owner of the courtyard said to the owner of the ox: **Bring your ox into** my courtyard **and safeguard it,** then if the ox **caused damage** to the property of the owner of the courtyard, the animal's owner is **liable.** And if the ox **was injured,** the owner of the courtyard is **exempt.** If he said to him: **Bring your ox in and I will safeguard it,** then if the ox **was injured,** the owner of the courtyard is **liable;** if the ox **caused damage,** its owner is **exempt.**

הָא גּוּפָא קַשְׁיָא, אָמְרַתְּ: "כְּנוֹס שׁוֹרְךָ וְשָׁמְרוֹ" – הִזִּיק חַיָּיב, הוּזַּק פָּטוּר.

The Gemara asks: **This** matter **itself** is **difficult: You said** in the first clause that if the courtyard's owner said to him: **Bring your ox into** my courtyard **and safeguard it,** then if the ox **caused damage,** its owner is **liable.** And if it **was injured,** the owner of the courtyard is **exempt.**

טַעְמָא דְּאָמַר לֵיהּ "שָׁמְרוֹ" – דְּחַיָּיב בַּעַל הַשּׁוֹר וּפָטוּר בַּעַל חָצֵר, הָא סְתָמָא – חַיָּיב בַּעַל חָצֵר וּפָטוּר בַּעַל הַשּׁוֹר, דְּבִסְתָמָא מְקַבֵּל עֲלֵיהּ נְטִירוּתָא.

The Gemara infers: **The reason that the owner of the ox** is **liable and the owner of the courtyard** is **exempt** is specifically **that** the owner of the courtyard **said to** the owner of the ox: **Safeguard it.** One can infer that if he granted permission for the ox to enter **without specifying** that the owner of the animal safeguard it, **the owner of the courtyard** is **liable** if the ox was injured, **and the owner of the ox is exempt** if it caused damage. The reason the owner of the courtyard is liable is that the *tanna* of this *baraita* holds **that in an unspecified** case, where the obligation to safeguard the animal was not mentioned, the owner of the courtyard implicitly **accepts upon himself** responsibility for **safeguarding** the ox.

אֵימָא סֵיפָא: "כְּנוֹס שׁוֹרְךָ וַאֲנִי אֶשְׁמְרֶנּוּ" – הוּזַּק חַיָּיב, הִזִּיק פָּטוּר.

The Gemara continues its analysis of the *baraita*: **Say the latter clause:** If he said to him: **Bring your ox in and I will safeguard it,** then if the ox **was injured,** the owner of the courtyard is **liable;** if the ox **caused damage,** its owner is **exempt.**

טַעְמָא דְּאָמַר לֵיהּ "וַאֲנִי אֶשְׁמְרֶנּוּ" הוּא דְּמִחַיַּיב בַּעַל הֶחָצֵר וּפָטוּר בַּעַל הַשּׁוֹר, הָא סְתָמָא – חַיָּיב בַּעַל הַשּׁוֹר וּפָטוּר בַּעַל חָצֵר, דְּבִסְתָמָא לָא מְקַבֵּל עֲלֵיהּ נְטִירוּתָא.

The Gemara infers: **The reason that the owner of the courtyard** is **liable and the owner of the ox** is **exempt** is specifically **that** the homeowner **said to** the owner of the ox: **And I will safeguard it.** One can infer that if the owner of the courtyard granted permission for the ox to enter **without specifying** that the owner of the animal safeguard it, **the owner of the ox** is **liable** if it damages the property of the owner of the courtyard, **and the owner of the courtyard** is **exempt** if the ox is damaged. The reason the owner of the courtyard is not liable is that the *tanna* of this *baraita* holds **that in an unspecified** case, where the obligation to safeguard the animal was not mentioned, the owner of the courtyard **does not accept upon himself** responsibility for **safeguarding** the ox.

אֲתָאן לְרַבִּי, דְּאָמַר: עַד שֶׁיְּקַבֵּל עָלָיו נְטִירוּתָא בַּעַל הַבַּיִת לִשְׁמוֹר. רֵישָׁא רַבָּנַן, וְסֵיפָא רַבִּי!

The Gemara concludes its analysis: **We come to** the opinion of **Rabbi** Yehuda HaNasi, **who says** that **unless the homeowner** explicitly **accepts upon himself** responsibility for **safeguarding,** he is not liable. Based on this understanding, the **first clause** of the *baraita* is in accordance with the opinion of **the Rabbis, and the latter clause** is in accordance with the opinion of **Rabbi** Yehuda HaNasi.

HALAKHA

But if he brought it into the courtyard with permission, etc. – **וְאִם הִכְנִיס בִּרְשׁוּת וכו׳**: If someone brought his produce or ox into a courtyard with the owner's permission, and the owner's animal caused damage to it or the ox fell into a pit inside the courtyard, then the owner of the courtyard is exempt unless he explicitly accepted responsibility for safeguarding them. This ruling is in accordance with the opinion of Shmuel, who follows Rabbi Yehuda HaNasi's opinion, and whom the *halakha* follows in cases of monetary law.

The Rema adds that according to some authorities, the owner's granting permission to enter the courtyard is tantamount to his accepting responsibility for safeguarding the one who enters his property. This ruling is in accordance with the opinion of Rav, who rules that the *halakha* follows the anonymous *tanna* in the mishna, and in accordance with the opinion of Rava, who is a later authority and interpreted the mishna according to the opinion of the Rabbis (Rambam *Sefer Nezikin, Hilkhot Nizkei Mamon* 3:14 and *Hilkhot Ḥovel UMazik* 7:5; *Shulḥan Arukh, Ḥoshen Mishpat* 398:5).

אָמַר רַבִּי אֶלְעָזָר: תַּבְרָא, מִי שֶׁשָּׁנָה זוֹ לֹא שָׁנָה זוֹ. רָבָא אָמַר: כּוּלָּהּ רַבָּנַן הִיא, אַיְּידֵי דְּנָסֵיב רֵישָׁא "שָׁמְרוֹ", תְּנָא סֵיפָא "וַאֲנִי אֶשְׁמְרֶנּוּ".

Rabbi Elazar said: Indeed, the *baraita* is **disjointed,** and the one **who taught this** clause **did not teach that** clause. **Rava said: The entire** *baraita* is in accordance with the opinion of **the Rabbis,** and no inference should be drawn from the extra words: And I will safeguard it, in the latter clause. **Since the first clause mentions** that the owner of the courtyard instructed: **Safeguard it, the latter clause also teaches** that he said: **And I will safeguard it,** to maintain symmetry. The same *halakha* applies even when granting permission to enter without specification, since, according to the Rabbis, granting permission to enter includes an implicit acceptance of responsibility for safeguarding.

רַב פָּפָּא אָמַר: כּוּלָּהּ רַבִּי הִיא, וְסָבַר לַהּ כְּרַבִּי טַרְפוֹן, דְּאָמַר: קֶרֶן בַּחֲצַר הַנִּיזָּק – נֶזֶק שָׁלֵם מְשַׁלֵּם.

Rav Pappa said: The entire *baraita* **is** in accordance with the opinion of **Rabbi** Yehuda HaNasi, who holds that if no specification was made, the owner of the courtyard does not accept responsibility, as inferred from the latter clause of the *baraita*. **And** as for the inference drawn from the first clause, **he holds in accordance with** the opinion of **Rabbi Tarfon, who says:** For damage categorized as **Goring** that is carried out by an innocuous ox **in the courtyard of the injured** party, the ox's owner **pays** the **full** cost of the **damage.**

הִלְכָּךְ, אָמַר לֵיהּ "שָׁמְרוֹ" – לָא מַקְנֵי לֵיהּ מָקוֹם בֶּחָצֵר, וְהָוְיָא לֵיהּ קֶרֶן בַּחֲצַר הַנִּיזָּק, וְקֶרֶן בַּחֲצַר הַנִּיזָּק מְשַׁלֵּם נֶזֶק שָׁלֵם.

Therefore, if the owner of the courtyard **said to** the owner of the ox: **Safeguard it,** he is clearly **not transferring** the rights to any **portion of the courtyard to him,** as evident from the fact that the owner of the ox must safeguard it and may not treat the courtyard as if it were his own. Consequently, if the ox gored, **it is** a case of damage categorized as **Goring in the courtyard of the injured** party, **and** one responsible for damage categorized as **Goring in the courtyard of the injured** party **pays** the **full** cost of the **damage.**

לָא אָמַר לֵיהּ "שָׁמְרוֹ" – אַקְנוּיֵי אַקְנֵי לֵיהּ מָקוֹם בֶּחָצֵר, וְהָוְיָא לֵיהּ חֲצַר הַשּׁוּתָּפִין, וְקֶרֶן בַּחֲצַר הַשּׁוּתָּפִין אֵינוֹ מְשַׁלֵּם אֶלָּא חֲצִי נֶזֶק.

By contrast, if the owner of the courtyard **did not say to** the owner of the ox: **Safeguard it,** then by granting him permission to bring the ox onto his courtyard, he effectively **transfers** rights to **an area within the courtyard.** Therefore, with regard to damages, it becomes **a courtyard of partners, and** the one responsible for damage categorized as **Goring in the courtyard of partners pays only half** the cost of **the damage.**

מתני׳ שׁוֹר שֶׁהָיָה מִתְכַּוֵּין לַחֲבֵירוֹ, וְהִכָּה אֶת הָאִשָּׁה וְיָצְאוּ יְלָדֶיהָ – פָּטוּר מִדְּמֵי וְלָדוֹת; וְאָדָם שֶׁהָיָה מִתְכַּוֵּין לַחֲבֵירוֹ, וְהִכָּה הָאִשָּׁה וְיָצְאוּ יְלָדֶיהָ – מְשַׁלֵּם דְּמֵי וְלָדוֹת.

MISHNA In the case of **an ox that was intending to** gore **another** ox[H] **but struck** a pregnant **woman, and her offspring,** i.e., the fetuses, **emerged** due to miscarriage, the owner of the ox is **exempt from** paying **compensation for** miscarried **offspring.**[N] **But** in the case of **a person who was intending to** injure **another**[H] **but struck** a pregnant **woman** instead, **and her offspring emerged** due to miscarriage, **he pays compensation for** miscarried **offspring.**

כֵּיצַד מְשַׁלֵּם דְּמֵי וְלָדוֹת? שָׁמִין הָאִשָּׁה כַּמָּה הִיא יָפָה עַד שֶׁלֹּא יָלְדָה, וְכַמָּה הִיא יָפָה מִשֶּׁיָּלְדָה. אָמַר רַבָּן שִׁמְעוֹן בֶּן גַּמְלִיאֵל:

How does he pay compensation for miscarried **offspring,**[H] i.e., how is their value assessed? The court **appraises** the value of **the woman** by calculating **how much she** would be **worth** if sold as a maidservant **before giving birth, and how much she** would be **worth after giving birth.** He then pays the difference in value to the woman's husband. **Rabban Shimon ben Gamliel said:**

NOTES

Exempt from paying compensation for miscarried offspring – פָּטוּר מִדְּמֵי וְלָדוֹת: The owner of the ox is exempt in this case because the Torah required payment of compensation for miscarried offspring only where a person causes the wound (Rambam's Commentary on the Mishna). Rashi explains that it is derived in the Gemara above (42a), from the verse: "And the owner of the ox is clear" (Exodus 21:28), meaning that he is absolved from payment of compensation for miscarried offspring (see *Tosefot Rabbi Akiva Eiger* and Rashash on the mishna).

HALAKHA

An ox that was intending to gore another ox – שׁוֹר שֶׁהָיָה מִתְכַּוֵּין לַחֲבֵירוֹ: If an ox intended to injure another ox but wounded a woman instead, causing her to miscarry, the owner of the ox is exempt from paying compensation for the miscarried offspring (Rambam *Sefer Nezikin, Hilkhot Nizkei Mamon* 11:3; *Shulḥan Arukh, Ḥoshen Mishpat* 405:3).

A person who was intending to injure another – אָדָם שֶׁהָיָה מִתְכַּוֵּין לַחֲבֵירוֹ: If one who intended to strike another wounded a woman instead and caused her to miscarry, he is liable to pay compensation for the miscarried offspring (Rambam *Sefer Nezikin, Hilkhot Ḥovel UMazik* 4:1; *Shulḥan Arukh, Ḥoshen Mishpat* 423:1).

How does he pay compensation for miscarried offspring – כֵּיצַד מְשַׁלֵּם דְּמֵי וְלָדוֹת: The payment of compensation for miscarried offspring is appraised by evaluating how much the woman would be worth before giving birth and how much she is worth after giving birth. The difference in value is considered the value of the offspring, in accordance with the anonymous opinion in the mishna (Rambam *Sefer Nezikin, Hilkhot Ḥovel UMazik* 4:2; *Shulḥan Arukh, Ḥoshen Mishpat* 423:1).

אִם כֵּן מִשֶּׁהָאִשָּׁה יוֹלֶדֶת מִשְׁבַּחַת! אֶלָּא שָׁמִין אֶת הַוְּלָדוֹת כַּמָּה הֵן יָפִין וְנוֹתֵן לַבַּעַל, וְאִם אֵין לָהּ בַּעַל – נוֹתֵן לְיוֹרְשָׁיו.

If so, the consequences would be absurd, as **when a woman gives birth** her value **increases. Rather,** the court **appraises how much the offspring are worth, and** the one liable for the damage **gives** that amount **to the husband. And if she does not have a husband,** e.g., her husband died, he **gives** the money **to his heirs.**[H]

הָיְתָה שִׁפְחָה וְנִשְׁתַּחְרְרָה אוֹ גִּיּוֹרֶת – פָּטוּר.

If the pregnant woman **was** a Canaanite **maidservant**[N] **and** then **she was emancipated, or a convert,** and she was married to an emancipated Canaanite slave or to a convert who died without any heirs, the one who caused the damage is **exempt** from pay-ing compensation for miscarried offspring. This is because this payment is made specifically to the husband, not to the woman.

גמ׳ טַעְמָא דְּמִתְכַּוֵּין לַחֲבֵירוֹ, הָא מִתְכַּוֵּין לָאִשָּׁה – מְשַׁלֵּם דְּמֵי וְלָדוֹת; לֵימָא, תֶּיהֱוֵי תְּיוּבְתָּא דְּרַב אַדָּא בַּר אַהֲבָה, דְּאָמַר רַב אַדָּא בַּר אַהֲבָה: שְׁוָורִים שֶׁנִּתְכַּוְּונוּ לָאִשָּׁה – פְּטוּרִים מִדְּמֵי וְלָדוֹת?

GEMARA The first clause of the mishna indicates that **the reason** the owner is exempt from paying compensation for the offspring when an ox unintentionally gores a pregnant woman is specifically **that it was intending to** gore **another** ox. By inference, if it **was intending to** gore **the woman,** the owner **pays compensation for** miscarried **offspring. Shall we say** that this **should be a conclusive refutation** of the opinion **of Rav Adda bar Ahava, as Rav Adda bar Ahava says:** With regard to **oxen that intended to gore a woman** and then did so, the owners are **exempt** from paying **compensation for** miscarried **offspring?**

אָמַר לָךְ רַב אַדָּא בַּר אַהֲבָה: הוּא הַדִּין דַּאֲפִילּוּ נִתְכַּוְּונוּ לָאִשָּׁה נַמִי פְּטוּרִים מִדְּמֵי וְלָדוֹת. וְהָא דְּקָתָנֵי: ״שׁוֹר שֶׁהָיָה מִתְכַּוֵּין לַחֲבֵירוֹ״, אַיְּידֵי דְּקָא בָּעֵי לְמִיתְנָא סֵיפָא: ״אָדָם שֶׁהָיָה מִתְכַּוֵּין לַחֲבֵירוֹ״, דְּהָכִי כְּתִיב קְרָא – קָתָנֵי רֵישָׁא נַמִי: ״שׁוֹר שֶׁהָיָה מִתְכַּוֵּין לַחֲבֵירוֹ״.

The Gemara answers that **Rav Adda bar Ahava** could have **said to you: The same is true, that even** if the oxen **intended to** gore **the woman,** the owners are **also exempt from** paying **compensation for** miscarried **offspring.** As for **that which is taught** in the mishna: **An ox that was intending to** gore **another** ox, it is taught this way **since it wants to teach the latter clause: A person that was intending to** injure **another** person, **as this** case **is written** explicitly in **the verse:** "And if men struggle and hurt a pregnant woman and her offspring emerge" (Exodus 21:22). In the case in the verse, the assailant intended to injure another person but injured the woman instead. Therefore, the mishna **also teaches the first clause** in that style: **An ox that was intending to** gore **another** ox.

אָמַר רַב פַּפָּא: שׁוֹר שֶׁנָּגַח אֶת הַשִּׁפְחָה וְיָצְאוּ יְלָדֶיהָ – מְשַׁלֵּם דְּמֵי וְלָדוֹת; מַאי טַעְמָא? חֲמָרְתָּא מְעַבַּרְתָּא בְּעָלְמָא הוּא דְּאַזִּיק, דְּאָמַר קְרָא: ״שְׁבוּ לָכֶם פֹּה עִם הַחֲמוֹר״, עַם הַדּוֹמֶה לַחֲמוֹר.

Rav Pappa says: In the case of **an ox that gored** a Canaanite **maidservant,**[H] **and her offspring emerged** due to miscarriage, the owner **pays compensation for** miscarried **offspring. What is the reason?** The ox **injured a mere pregnant donkey.** With regard to the matter of compensation for offspring, who would be the property of the master were they to be born, a Canaanite slave is considered property of the master. **As the verse states** that Abraham addressed Eliezer, who was a Canaanite, by saying: **"You remain here with** [*im*] **the donkey"** (Genesis 22:5), on which the Sages expound that he was alluding to the idea that Eliezer is of **a people** [*am*] **that is similar to a donkey.**[N] Therefore, the case of an ox goring a Canaanite maidservant is not included in the Torah's exemption from paying compensation for miscarried offspring.

״כֵּיצַד מְשַׁלֵּם דְּמֵי וְלָדוֹת״. דְּמֵי וְלָדוֹת? שֶׁבַח וְלָדוֹת מִיבְּעֵי לֵיהּ! הָכִי נַמִי קָאָמַר: כֵּיצַד מְשַׁלֵּם דְּמֵי וְלָדוֹת וְשֶׁבַח וְלָדוֹת? שָׁמִין הָאִשָּׁה כַּמָּה הִיא יָפָה עַד שֶׁלֹּא יָלְדָה, וְכַמָּה הִיא יָפָה מִשֶּׁיָּלְדָה.

§ The mishna teaches: **How does he pay compensation for** miscarried **offspring?** The court appraises how much the value of the woman increased due to the offspring. The Gemara asks: Would this be a correct interpretation of the term: **Compensation for** miscarried **offspring?** If this is how the sum is calculated, the mishna **should have** stated: How does he pay **the increase** in value due to **the offspring?** The Gemara answers: **That is also what** the *tanna* **is saying: How does he pay compensation for** miscarried **offspring and the increase** in value due to **the offspring?** Apart from evaluating the compensation for the miscarried offspring, the court also **appraises** the value of **the woman** by calculating **how much she** would be **worth** if sold as a maidservant **before giving birth, and how much** she would be **worth after giving birth.**

HALAKHA

And if she does not have a husband, he gives to his heirs – וְאִם אֵין לָהּ בַּעַל נוֹתֵן לְיוֹרְשָׁיו: If someone injures a woman, causing her to miscarry, and then her husband dies, the assailant pays damages for miscarried offspring to the husband's heirs. If he injured her after the death of her husband and then she miscarries, she receives the compensation. The Rema writes that, according to some authorities, compensation is paid to his heirs even in the latter case (Rambam *Sefer Nezikin, Hilkhot Ḥovel UMazik* 4:2; *Shulḥan Arukh, Ḥoshen Mishpat* 423:1).

An ox that gored a maidservant – שׁוֹר שֶׁנָּגַח אֶת הַשִּׁפְחָה: If an ox gores a Canaanite maidservant, causing her to miscarry, its owner pays compensation for miscarried offspring, or half the cost of the damage if the ox is innocuous, to the master of the maidservant (Rambam *Sefer Nezikin, Hilkhot Nizkei Mamon* 11:4; *Shulḥan Arukh, Ḥoshen Mishpat* 405:3).

NOTES

If the woman was a maidservant, etc. – הָיְתָה שִׁפְחָה וכו׳: According to Rashi, the woman's being a convert or freed Canaanite maidservant is merely the most likely scenario. The *halakha* is the same if she was born Jewish. Once her husband, the convert, dies without heirs, financial obligations owed to him revert to whoever is in possession of them, and the person who caused the miscarriage therefore retains the payment for the damage.

A people that is similar to a donkey – עַם הַדּוֹמֶה לַחֲמוֹר: The Gemara does not mean to equate a Canaanite slave with a donkey, as indicated by the fact that murdering a Canaanite slave is a capital offense. Rather, the Gemara means that just as an animal belongs to its master, a Canaanite maidservant also belongs to her master, and he is entitled to damages paid for her offspring.

״אָמַר רַבָּן שִׁמְעוֹן בֶּן גַּמְלִיאֵל: אִם כֵּן, מִשֶּׁהָאִשָּׁה יוֹלֶדֶת מַשְׁבַּחַת״. מַאי קָאָמַר? אָמַר רַבָּה, הָכִי קָאָמַר: וְכִי אִשָּׁה מַשְׁבַּחַת קוֹדֶם שֶׁתֵּלֵד יוֹתֵר מִלְּאַחַר שֶׁתֵּלֵד? וַהֲלֹא אִשָּׁה מַשְׁבַּחַת לְאַחַר שֶׁתֵּלֵד יוֹתֵר מִקּוֹדֶם שֶׁתֵּלֵד! אֶלָּא שָׁמִין אֶת הַוְּלָדוֹת וְנוֹתְנִין לַבַּעַל.

The mishna teaches: **Rabban Shimon ben Gamliel said: If so,** the consequences would be absurd, as **when a woman gives birth** her value **increases.** The Gemara asks: **What is** Rabban Shimon ben Gamliel **saying? Rabba said: This is** what he **is saying: But is** the monetary value of **a woman higher before she gives birth than after she gives birth? But isn't** the opposite true, that the monetary value of **a woman is higher after giving birth**[B] **than before giving birth,** since the concern for her dying during childbirth, which lowers her monetary value prior to giving birth, is no longer a concern? **Rather,** the court **appraises** the value of **the fetuses**[N] **and gives** that amount **to the husband.**

תַּנְיָא נַמִי הָכִי: וְכִי אִשָּׁה מַשְׁבַּחַת קוֹדֶם שֶׁתֵּלֵד יוֹתֵר מִלְּאַחַר שֶׁתֵּלֵד? וַהֲלֹא אִשָּׁה מַשְׁבַּחַת לְאַחַר שֶׁתֵּלֵד יוֹתֵר מִקּוֹדֶם שֶׁתֵּלֵד! אֶלָּא שָׁמִין אֶת הַוְּלָדוֹת וְנוֹתְנִין לַבַּעַל.

This explanation of Rabban Shimon ben Gamliel's statement **is also taught** in a *baraita*: **But is** the monetary value of **a woman higher before she gives birth than after she gives birth? But isn't** the opposite true, that the monetary value of **a woman is higher after giving birth than before giving birth? Rather,** the court **appraises** the value of **the fetuses and gives** that amount **to the husband.**

רָבָא אָמַר, הָכִי קָתָנֵי: וְכִי אִשָּׁה לְמִי שֶׁיּוֹלֶדֶת מַשְׁבַּחַת, וְאֵין לְעַצְמָהּ בְּשֶׁבַח וְלָדוֹת כְּלוּם? אֶלָּא שָׁמִין אֶת הַוְּלָדוֹת וְנוֹתְנִין לַבַּעַל, וְשֶׁבַח וְלָדוֹת חוֹלְקִין.

Rava said: This is what Rabban Shimon ben Gamliel **is teaching: But is** the value of **the woman higher** only **for the one for whom she gives birth,** i.e., her husband, **and she herself does not have any increase** in value **at all** due to the **offspring?** A pregnant woman's monetary value is increased on account of her pregnancy, beyond the monetary value of the offspring. **Rather, the court appraises** the value of **the offspring and gives it to the husband. And** in addition, **the** husband and wife **divide the increase** in her value due to the **offspring.**

תַּנְיָא נַמִי הָכִי, אָמַר רַבָּן שִׁמְעוֹן בֶּן גַּמְלִיאֵל: וְכִי אִשָּׁה לְמִי שֶׁיּוֹלֶדֶת מַשְׁבַּחַת, וְאֵין לְעַצְמָהּ בְּשֶׁבַח וְלָדוֹת כְּלוּם? אֶלָּא שָׁמִין נֶזֶק בִּפְנֵי עַצְמוֹ וְצַעַר בִּפְנֵי עַצְמוֹ, וְשָׁמִין אֶת הַוְּלָדוֹת וְנוֹתְנִין לַבַּעַל, וְשֶׁבַח וְלָדוֹת חוֹלְקִין.

This explanation of Rabban Shimon ben Gamliel's opinion **is also taught** in a *baraita*: **Rabban Shimon ben Gamliel said: But is** the value of **the woman higher** only **for the one for whom she gives birth,** i.e., her husband, **and she herself does not have any increase** in value **at all** due to the **offspring? Rather,** the court **appraises damage by itself and pain**[H] **by itself, and appraises** the value of **the offspring and gives it to the husband, and the** husband and wife **divide the increase** in her value due to the **offspring.**

קַשְׁיָא דְּרַבָּן שִׁמְעוֹן בֶּן גַּמְלִיאֵל אַדְּרַבָּן שִׁמְעוֹן בֶּן גַּמְלִיאֵל!

The Gemara asks: The opinion **of Rabban Shimon ben Gamliel** in the first *baraita*, that the woman's value decreases because of pregnancy, poses **a difficulty for that of Rabban Shimon ben Gamliel** in the second *baraita*, that it increases.

לָא קַשְׁיָא; כָּאן בִּמְבַכֶּרֶת, כָּאן בְּשֶׁאֵינָהּ מְבַכֶּרֶת.

The Gemara answers: This is **not difficult,** since each *baraita* is referring to a different case: **Here,** the first *baraita*, which stated that the woman's value increases after giving birth, is referring **to a** woman **giving birth to her firstborn.**[NB] Her value decreases prior to birth out of concern that she might die in childbirth. **There,** the second *baraita*, which stated that her value increases due to pregnancy, is referring **to a woman who is not giving birth to** her **firstborn.**

NOTES

The court appraises the offspring – שָׁמִין אֶת הַוְּלָדוֹת: This assessment is made in the same way that slaves are appraised. The court evaluates how much one is willing to pay for these offspring, who will eventually become the purchaser's slaves once they are born, while they are still in their mother's womb. Others explain that the appraisal is performed by seeing how much one would pay to prevent a miscarriage (see Meiri). Some commentaries note that it seems that two separate assessments are made, one of the value of the offspring and a second of the increased value of the woman due to the pregnancy.

Some commentaries raise the following question: Why in the case of a cow is the loss of the fetus assessed as part of the overall depreciation of the pregnant cow, but not in this case? They explain that with regard to a pregnant cow, where the cow and the fetus belong to the same person, this overall evaluation can be made. By contrast, here the woman does not belong to her husband, who receives the compensation for the miscarried offspring. Therefore, the evaluation of the woman and the offspring is not made together (Rid; *Tosefot Rabbeinu Peretz*). The Ra'avad maintains that the evaluation of the miscarried offspring is made as part of the overall assessment of the pregnant woman (see Meiri).

A woman giving birth to her firstborn – מְבַכֶּרֶת: Most early commentaries explain that in the case of a woman giving birth to her firstborn, the labor and childbirth are likely to be more lengthy and difficult. Therefore, there is increased concern that she might die during the birth, and whether the fetus will survive. Moreover, her value depreciates due to the severe pain she suffers. By contrast, with regard to a woman who has already given birth, the birthing process is generally easier, and her pregnancy therefore serves only to increase her value.

Rabbeinu Barukh explains the opposite. If a woman becomes pregnant for the first time, she thereby demonstrates that she is capable of becoming pregnant without miscarrying. Therefore, her value increases. This information is already known in subsequent pregnancies, in which case her value will not increase due to the pregnancy.

HALAKHA

Damage…and pain – נֶזֶק...וְצַעַר: If one injured a woman, causing her to miscarry, in addition to compensation for the miscarried offspring, which he pays to the husband, he pays the woman for the damage and pain caused her. Damage and pain are assessed based on how much more her body was injured and how much more pain she suffered due to the miscarriage than she would have had she given birth normally. Compensation for medical costs and loss of livelihood are paid to the husband. With regard to humiliation, if the injury occurred in public, she receives one-third and the husband two-thirds. If it was in private, the amounts are reversed (Rambam *Sefer Nezikin, Hilkhot Ḥovel UMazik* 4:1; *Shulḥan Arukh, Ḥoshen Mishpat* 423:1 and *Sma* there, and *Even HaEzer* 83:1).

BACKGROUND

Isn't the monetary value of a woman higher after giving birth – הֲלֹא אִשָּׁה מַשְׁבַּחַת לְאַחַר שֶׁתֵּלֵד: A woman's value decreases during pregnancy for several reasons, when estimated based on her worth as a maidservant. First, a pregnant woman is less capable of doing difficult labor, so the immediate value of her labor is reduced. Moreover, every pregnancy involved considerable risk, whether due to a difficult birth that could involve a dangerous loss of blood or due to an infection, which could originate from various sources. As is noted both in the Bible and in the Talmud, death during childbirth was an all-too-common occurrence. For this reason, a woman who had already recovered after childbirth was worth more.

A woman giving birth to her firstborn – מְבַכֶּרֶת: The concerns with regard to a woman about to give birth, which cause a reduction in her value as a maidservant, are a greater issue for the birth of a first child. Giving birth to a first child takes longer than births that follow, for a combination of reasons, such as the strength and inflexibility of the muscles and emotional stress that could cause unwanted contractions. In addition, in the ancient world, the young age of the women, whose bodies had not yet fully developed, was also a factor. Furthermore, for a woman who had not yet given birth there was uncertainty as to the health or the life expectancy of the fetus, and at times problems would arise that could result in a stillborn or a birth defect.

וְרַבָּנַן דְּאָמְרִי: שֶׁבַח וְלָדוֹת נַמִי לַבַּעַל, מַאי טַעֲמָא? כִּדְתְנַן: מִמַּשְׁמַע שֶׁנֶּאֱמַר "וְיָצְאוּ יְלָדֶיהָ" אֵינִי יוֹדֵעַ שֶׁהִיא הָרָה? מַה תַּלְמוּד לוֹמַר "הָרָה"? לוֹמַר לְךָ: שֶׁבַח הֵרָיוֹן לַבַּעַל.

The Gemara asks: **And what is the reason of the Rabbis** in the second *baraita*, **who say: The increase** in her value due to **the offspring is also** given **to the husband?** The Gemara answers: They derive it from a redundancy in a verse, **as we learned** in a *baraita*: The verse states: "And hurt a pregnant woman and her offspring emerge" (Exodus 21:22). **From the fact that it is stated: "And her offspring emerge," don't I know** by inference **that she was pregnant?** If so, **what** is the meaning when **the verse states: "A pregnant** woman," and not just "a woman"? **To inform you** that even the **increase** in her value due to **the pregnancy** is given **to the husband.**

וְרַבָּן שִׁמְעוֹן בֶּן גַּמְלִיאֵל, הַאי "הָרָה" מַאי דָּרֵישׁ בֵּיהּ? מִבָּעֵי לֵיהּ לְכִדְתַנְיָא, רַבִּי אֱלִיעֶזֶר בֶּן יַעֲקֹב אוֹמֵר: לְעוֹלָם אֵינוֹ חַיָּיב עַד שֶׁיַּכֶּנָּה כְּנֶגֶד בֵּית הַהֵרָיוֹן. אֲמַר רַב פָּפָּא: לָא תֵּימָא כְּנֶגֶד בֵּית הֵרָיוֹן מַמָּשׁ, אֶלָּא כָּל הֵיכָא דְּסָלֵיק בֵּיהּ שִׁיחֲמָא לַוָּלָד, לְאַפּוּקֵי יָד וְרֶגֶל דְּלָא.

The Gemara asks: **And what** *halakha* **does Rabban Shimon ben Gamliel expound on this** extra word **"pregnant"?** The Gemara answers: **He requires it for that which is taught** in a *baraita*: **Rabbi Eliezer ben Ya'akov says** that one who injures a woman **is never liable** to pay compensation for miscarried offspring **unless he strikes her opposite the womb,** i.e., on the abdomen. **Rav Pappa said: Do not** say that it must be **literally opposite the womb. Rather,** he is liable if she was struck **anywhere that the wound's** impact could **reach the offspring,** i.e., any part of the torso, **to exclude** a wound to her **hand or foot, for which** he is **not** liable, since it could be argued that it was not the wound to the hand or foot that caused the miscarriage.

"הָיְתָה שִׁפְחָה וְנִשְׁתַּחְרְרָה אוֹ גִּיּוֹרֶת – פָּטוּר". אָמַר רַבָּה: לֹא שָׁנוּ אֶלָּא שֶׁחָבַל בָּהּ בְּחַיֵּי הַגֵּר וּמֵת הַגֵּר, דְּכֵיוָן דְּחָבַל בָּהּ בְּחַיֵּי הַגֵּר זָכָה בְּהוּ גֵּר, וְכֵיוָן דְּמֵת הַגֵּר זָכָה בְּהוּ מִן הַגֵּר. אֲבָל חָבַל בָּהּ לְאַחַר מִיתַת הַגֵּר – זָכְיָא לָהּ אִיהִי בְּגַוַּיְיהוּ, וּמִיחַיַּיב לְשַׁלּוּמֵי לָהּ לְדִידָהּ.

§ The mishna teaches: If the pregnant woman **was a maidservant and** then **she was emancipated, or a convert,** he is **exempt** from the payment of damages for miscarried offspring. **Rabba says: They taught** this *halakha* **only** in a case **where one injured her during the lifetime of the convert,** i.e., her husband, **and the convert died** before the payment was given. The reason for this is **that since** the assailant **injured her during the lifetime of the convert,**[H] **the convert acquires** the money, although it is still in the possession of the one liable for the damage. **And once the convert dies** without heirs, the money is ownerless. Therefore, the assailant **acquires it from the convert.** Since anyone can assume ownership of ownerless property, the assailant, who already possesses the money, becomes the owner. **But if he injured her after the convert** had **died, she acquires** the money, **and he must pay the woman herself.**

אֲמַר רַב חִסְדָּא: מָרֵי דִּיכִי! אַטּוּ וְלָדוֹת צְרָרֵי נִינְהוּ וְזָכְיָא בְּהוּ? אֶלָּא אִיתֵיהּ לַבַּעַל – זָכָה לֵיהּ רַחֲמָנָא, לֵיתֵיהּ לַבַּעַל – לָא.

Rav Ḥisda said in amazement: **Master of this** ruling! **Is that to say** that compensation for the **offspring is** like **bundles** of money,[N] **and she acquires them** when her husband dies? Rabba seems to understand that the pregnant woman assumes ownership of the offspring by virtue of being in possession of them when the husband dies, and therefore has the right to compensation for them. That is not the case. **Rather, if the husband is present, the Merciful One grants** compensation for the offspring **to him,** but if **the husband is not** alive, the Torah does **not** grant compensation to anyone else.

מֵיתִיבֵי: הִכָּה אֶת הָאִשָּׁה וְיָצְאוּ יְלָדֶיהָ – נוֹתֵן נֶזֶק וְצַעַר לָאִשָּׁה וּדְמֵי וְלָדוֹת לַבַּעַל. אֵין הַבַּעַל – נוֹתֵן לְיוֹרְשָׁיו, אֵין הָאִשָּׁה – נוֹתֵן לְיוֹרְשֶׁיהָ. הָיְתָה שִׁפְחָה וְנִשְׁתַּחְרְרָה אוֹ גִּיּוֹרֶת – זָכָה!

The Gemara **raises an objection** against the opinion of Rabba from the following: If the assailant **struck the woman and her offspring emerged** due to miscarriage, **he gives** compensation for **damage and pain to the woman and compensation for** miscarried **offspring to the husband. If the husband is not** alive, **he gives** the compensation for the offspring **to his heirs. If the woman is not** alive, **he gives** the payment owed to her **to her heirs. If she was a maidservant and** then **she was emancipated, or a convert,** the assailant **acquires** the money. This indicates that if the husband is no longer alive, the woman doesn't receive anything.

אָמְרִי: וּמִי עֲדִיפָא מִמַּתְנִיתִין, דְּאוֹקִימְנָא שֶׁחָבַל בָּהּ בְּחַיֵּי הַגֵּר וּמֵת הַגֵּר? הָכָא נַמִי שֶׁחָבַל בָּהּ בְּחַיֵּי הַגֵּר וּמֵת הַגֵּר. וְאִיבָּעֵית אֵימָא: לְאַחַר מִיתַת הַגֵּר,

The Sages **said** in response to this: **But is** the *baraita* **preferable to the mishna, which we interpreted** as a referring to case **where he injured her during the lifetime of the convert, and the convert** then **died? Here also,** it must be explained **that he injured her during the lifetime of the convert, and the convert** then **died. And if you wish, say** instead that he injured her even **after the death of the convert.**

HALAKHA

He injured her during the lifetime of the convert, etc. – חָבַל בָּהּ בְּחַיֵּי הַגֵּר וכו׳: If an emancipated Canaanite maidservant or convert married to a convert was injured while the husband was still alive, compensation for miscarried offspring is paid to the husband. If he died, the one who caused damage is exempt (Rambam *Sefer Nezikin, Hilkhot Ḥovel UMazik* 4:3; *Shulḥan Arukh, Even HaEzer* 83:2).

NOTES

Compensation for the offspring is like bundles of money – וְלָדוֹת צְרָרֵי נִינְהוּ: *Tosafot* note that even Rav Ḥisda would agree that if the husband has heirs, they would inherit not only the husband's assets but also other items to which he is entitled, including the compensation for miscarried offspring.

וּתְנֵי ״זָכְתָה״.

And as for the expression in the *baraita*: He acquires, referring to the one who causes the damage, **teach: She acquires.**

לֵימָא כְּתַנָּאֵי: בַּת יִשְׂרָאֵל שֶׁנִּישֵּׂאת לְגֵר וְנִתְעַבְּרָה מִמֶּנּוּ, וְחָבַל בָּהּ – בְּחַיֵּי הַגֵּר, נוֹתֵן דְּמֵי וְלָדוֹת לַגֵּר, לְאַחַר מִיתַת הַגֵּר, תָּנֵי חֲדָא חַיָּיב, וְתָנֵי חֲדָא פָּטוּר, מַאי לָאו תַּנָּאֵי נִינְהוּ? לְרַבָּה וַדַּאי תַּנָּאֵי הִיא. אֶלָּא לְרַב חִסְדָּא מִי לֵימָא תַּנָּאֵי הִיא?

The Gemara suggests: **Let us say** that the dispute between Rabba and Rav Ḥisda **is parallel to** a dispute between ***tanna'im*:** With regard to **a Jewish woman who was married to a convert, and she became pregnant from him, and** someone **injured her,** causing her to miscarry: If this was **during the lifetime of the convert,** the assailant **gives compensation for** miscarried **offspring to the convert,** i.e., her husband. If this was **after the death of the convert,**[H] it **is taught** in **one** *baraita* that the assailant is **liable,** and it **is taught** in **one** *baraita* that the assailant is **exempt. What, is it not** a dispute between ***tanna'im*?** The Gemara clarifies: **According to** the opinion of **Rabba,** it **is certainly** a dispute between ***tanna'im*.** His opinion does not accord with the second *baraita*. **But according to** the opinion of **Rav Ḥisda, shall we say** that it **is** a dispute between ***tanna'im*?**

לָא קַשְׁיָא הָא רַבָּנַן הָא רַבָּן שִׁמְעוֹן בֶּן גַּמְלִיאֵל.

This is not necessarily so, as Rav Ḥisda could say that both *baraitot* are in accordance with his opinion. As for the difference between them, that is **not difficult.** They can be explained as referring to the increase in the woman's value due to the offspring, which is subject to dispute in the mishna, rather than referring to the payment of compensation for miscarried offspring. **This** *baraita*, which taught that he is exempt, is in accordance with the opinion of **the Rabbis,** who maintain that the increase in her value on account of the offspring belongs to the husband. **That** *baraita*, which taught that he is liable, is in accordance with the opinion of **Rabban Shimon ben Gamliel,** who maintains that the woman has a share in her increase in value due to pregnancy, and this is paid even if the incident occurred after the husband's death.

אִי רַבָּן שִׁמְעוֹן בֶּן גַּמְלִיאֵל, מַאי אִרְיָא לְאַחַר מִיתָה? אֲפִילּוּ מֵחַיִּים נַמִּי אִית לַהּ פַּלְגָא! מֵחַיִּים אִית לַהּ פַּלְגָא, לְאַחַר מִיתָה כּוּלֵּיהּ.

The Gemara asks: **If** it is in accordance with the opinion of **Rabban Shimon ben Gamliel, why** state **specifically** that it occurs **after the death** of the husband? **Even during** the husband's **lifetime, she also has a half** share, as explained earlier in the discussion. The Gemara answers: **While** he is **alive, she has a half** share, but **after** his **death, all of it** belongs to her.

וְאִיבָּעֵית אֵימָא הָא וְהָא רַבָּן שִׁמְעוֹן בֶּן גַּמְלִיאֵל, כָּאן בְּשֶׁבַח וְלָדוֹת כָּאן בִּדְמֵי וְלָדוֹת.

And if you wish, say instead that both **this** *baraita* **and that** *baraita* are in accordance with the opinion of **Rabban Shimon ben Gamliel,** but they refer to different payments. **Here,** the *baraita* that taught that he is liable, is referring **to the increase** in her value due to the **offspring,** which belongs partly to the woman, and if the husband dies, she acquires the rights to all of it. By contrast, **there,** the *baraita* that taught that he is exempt, is referring **to compensation for** miscarried **offspring,** which belongs exclusively to her husband. Since he is a convert, the one liable for damage is exempt after his death.

אָמְרִי מִשֶּׁבַח וְלָדוֹת, לִישְׁמַע דְּמֵי וְלָדוֹת, וּמֵרַבָּן שִׁמְעוֹן בֶּן גַּמְלִיאֵל לִישְׁמַע לְרַבָּנַן!

The Sages **said,** in questioning this answer: Why is there a difference between the two cases? **From** the *halakha* that after the husband's death the woman acquires his share of the **increase** in her value due to **the offspring, let** it be **derived** that according to the opinion of Rabban Shimon ben Gamliel she also acquires the rights to the **compensation for** miscarried **offspring** if she was wounded after his death. Moreover, **from** the opinion of **Rabban Shimon ben Gamliel, let us derive** that this is also the opinion **of the Rabbis,** since there is no dispute between them with regard to the payment of compensation for miscarried offspring.

HALAKHA

After the death of the convert – לְאַחַר מִיתַת הַגֵּר: If a woman was injured after the death of her husband, who was a convert, then all of the damages, including the compensation for miscarried offspring, are paid to the woman, in accordance with the opinion of Rabba. The Rema writes that according to some authorities, e.g., the Rosh, the one who causes damage is exempt, in accordance with the opinion of Rav Ḥisda (Rambam *Sefer Nezikin*, *Hilkhot Ḥovel UMazik* 4:3; *Shulḥan Arukh*, *Ḥoshen Mishpat* 423:2).

אָמְרִי לֹא, שֶׁבַח וְלָדוֹת דְּשַׁיְיכָא יָדָהּ בְּגַוַּיְיהוּ זָכְיָא בְּהוּ בְּכוּלְּהוּ, דְּמֵי וְלָדוֹת לָא שַׁיְיכָא יָדָהּ בְּגַוַּיְיהוּ לָא זָכְיָא בְּהוּ כְּלָל,

In response, the Sages **said: No,** the first assumption is untenable, since with regard to the **increase** in her value due to **the offspring, in which she has a share** from the outset, **she acquires all of it** after her husband's death. By contrast, with regard to the **compensation for** miscarried **offspring, in which she does not have a share** from the outset, **she does not acquire** the rights **to it at all,** since she has no greater claim to this than any other individual does.

בָּעֵי מִינֵּיהּ רַב יֵיבָא סָבָא מֵרַב נַחְמָן: הַמַּחֲזִיק בִּשְׁטָרוֹתָיו שֶׁל גֵּר מַהוּ? מַאן דְּמַחֲזִיק בִּשְׁטָרָא אַדַּעְתֵּיהּ דְּאַרְעָא הוּא מַחֲזִיק, וּבְאַרְעָא הָא לָא אַחְזִיק וּשְׁטָרָא נַמִי לָא קָנֵה דְּלָאו דַּעְתֵּיהּ אַשְּׁטָרָא. אוֹ דִּלְמָא דַּעְתֵּיהּ נַמִי אַשְּׁטָרָא?

§ **Rav Yeiva the Elder raises a dilemma to Rav Naḥman:** With regard to **one who takes possession of the documents of a convert,**[NH] **what is the** *halakha* after the death of the convert? On the one hand, it can be argued that one **who takes possession of the document takes possession with the intention of** acquiring **the land** that the document states is under lien, **and since he did not take possession of the land** itself, **he also does not acquire the document.** This is **because he had no intention** to acquire **the document,** but just the property specified in the document. Therefore, since the convert has died, perhaps the lien is canceled and can no longer be collected, **or perhaps his intention is also to** acquire **the document,** and the paper on which it is written belongs to him.

אָמַר לֵיהּ: עֲנִי מוֹרִי, וְכִי לָצוּר עַל פִּי צְלוֹחִיתוֹ הוּא צָרִיךְ, אָמַר לֵיהּ: לָצוּר וְלָצוּר.

Rav Naḥman **said to him: Answer** this, **my Master: Does he need** to acquire the document to use as paper **to cover the opening of his flask?**[B] Why would he want the document if it does not grant him ownership of the land described therein? Rav Yeiva the Elder **said to him:** Indeed, his intention is even **to cover** the flask **and to cover** it with the paper, albeit a mundane purpose.

אָמַר רַבָּה: מַשְׁכּוֹנוֹ שֶׁל יִשְׂרָאֵל בְּיַד גֵּר, וּמֵת הַגֵּר, וּבָא יִשְׂרָאֵל אַחֵר וְהֶחֱזִיק בּוֹ – מוֹצִיאִין אוֹתוֹ מִיָּדוֹ, מַאי טַעֲמָא? כֵּיוָן דְּמִית לֵיהּ גֵּר פָּקַע לֵיהּ שִׁעְבּוּדֵיהּ.

Rabba says: In a case where the **collateral of a Jew was in the possession of a convert**[H] who lent him money, **and the convert died, and another Jew came and took possession of it,** then, since the convert has no heirs, the court **appropriates it from his possession** and returns it to its owner. **What is the reason? Since the convert died, his lien** on the property **is abrogated.** Therefore, the deposit automatically returns to its owner, and no one else has the right to take it.

מַשְׁכּוֹנוֹ שֶׁל גֵּר בְּיַד יִשְׂרָאֵל וּמֵת הַגֵּר, וּבָא יִשְׂרָאֵל אַחֵר וְהֶחֱזִיק בּוֹ זֶה קָנָה כְּנֶגֶד מְעוֹתָיו, וְזֶה קָנָה אֶת הַשְּׁאָר.

By contrast, if the **collateral of a convert**[H] **is in the possession of a Jew** who lent him money **and the convert died, and another Jew came and took possession of it, this** one, i.e., the one owed money, **acquires** a share of the collateral **corresponding to the money** owed **to him** by the convert, **and that** one, i.e., the one who took possession of it, **acquires the rest.**

וְאַמַּאי? תִּקְנֵי לֵיהּ חֲצֵירוֹ, דְּהָאָמַר רַבִּי יוֹסֵי בַּר חֲנִינָא: חֲצֵירוֹ שֶׁל אָדָם קוֹנָה לוֹ שֶׁלֹּא מִדַּעְתּוֹ!

The Gemara asks: **But why** doesn't the creditor acquire the entire collateral? If it is in his possession, **let his courtyard effect acquisition for him, as doesn't Rabbi Yosei bar Ḥanina say: A person's courtyard**[H] **effects acquisition for him even without his knowledge?**

NOTES

One who takes possession of the documents of a convert – הַמַּחֲזִיק בִּשְׁטָרוֹתָיו שֶׁל גֵּר: Rashi explains that this refers to promissory notes belonging to the convert, by which real estate of the debtors is mortgaged to the convert. Others explain that it refers to a deed of sale for land (see *Shita Mekubbetzet*). This also appears to be the understanding of the Rambam and the *Shulḥan Arukh*.

BACKGROUND

To cover the opening of his flask – לָצוּר עַל פִּי צְלוֹחִיתוֹ: People in the ancient world would take care to use their material resources to the maximum extent possible. Their careful use of possessions is seen in the case of flasks, which were used to hold wine or oil and were often made of clay. Since flasks did not always have covers, people used any available material, such as paper, to cover them. It should be noted that paper in those days, usually papyrus, was much stronger and durable than the paper of today, and it was suitable for covering a bottle. Nevertheless, it was an unimportant item and worth very little.

HALAKHA

One who takes possession of the documents of a convert – הַמַּחֲזִיק בִּשְׁטָרוֹתָיו שֶׁל גֵּר: If one takes possession of documents belonging to a convert who died without heirs in order to acquire the land specified in the document, he thereby acquires not the land, but only the physical paper on which the document is written (Rambam *Sefer Kinyan, Hilkhot Zekhiya UMattana* 1:9; *Shulḥan Arukh, Ḥoshen Mishpat* 275:11).

Collateral of a Jew in the possession of a convert – מַשְׁכּוֹנוֹ שֶׁל יִשְׂרָאֵל בְּיַד גֵּר: If collateral belonging to a Jew was in the possession of a convert, and the convert dies, and another Jew comes and takes possession of it, it is confiscated from him. This is because the lien on the convert's property becomes void following his death (Rambam *Sefer Kinyan, Hilkhot Zekhiya UMattana* 2:14; *Shulḥan Arukh, Ḥoshen Mishpat* 275:27, 72:36).

Collateral of a convert – מַשְׁכּוֹנוֹ שֶׁל גֵּר: If the collateral of a convert is in the possession of a Jew and the convert dies, and another Jew takes possession of it, then the first Jew takes from the collateral an amount corresponding to the lien for the debt, and the second takes the rest (Rambam *Sefer Kinyan, Hilkhot Zekhiya UMattana* 2:15; *Shulḥan Arukh, Ḥoshen Mishpat* 72:28, 39).

A person's courtyard – חֲצֵירוֹ שֶׁל אָדָם: A person's courtyard acquires items in it even without his knowledge. Therefore, if a lost item fell there, it belongs to the owner of the courtyard. This applies only if the courtyard is secure. If it is not secure, e.g., if it is a field or garden, then if the owner is standing there and declares that his field should acquire it for him, he thereby acquires the item. Otherwise, he does not acquire it. The Rema adds that, according to some authorities, it is sufficient for him to simply stand next to the field (Rambam *Sefer Nezikin, Hilkhot Gezeila VaAveda* 17:8; *Shulḥan Arukh, Ḥoshen Mishpat* 268:3).

אמרי: הכא במאי עסקינן דליתיה, כל היכא דאיתא לדידיה, דאי בעי מקני [מצי] קני – קניא ליה [נמי] חצירו. כל היכא דליתיה לדידיה, דאי בעי הוא למיקני לא מצי קני – חצירו נמי לא קניא.

The Sages said in response: **Here we are dealing with** a case where the creditor **is not** standing next to the courtyard. **Anywhere that he is** present, next to the collateral, so that **if he wants to acquire** it **he could** pick it up and **acquire** it himself, **his courtyard also effects acquisition for him.** But **anywhere that he is not** present, next to the collateral, **so that if he wants to acquire** it **he could not acquire it, his courtyard also does not effect acquisition** for him.

והלכתא: דליתיה בחצירו דלא קנה.

The Gemara concludes: **And the *halakha* is that** where the creditor **is not present**[N] **in his courtyard,**[H] **he does not acquire** the rest of the collateral.

מתני׳ החופר בור ברשות היחיד ופתחו לרשות הרבים, או ברשות הרבים ופתחו לרשות היחיד, ברשות היחיד ופתחו לרשות היחיד אחר – חייב.

MISHNA **One who digs** part of **a pit**[H] **on private property**[N] **and opens** its entrance **in the public domain,**[N] or digs a pit **in the public domain and opens its** entrance **on private property,** or digs a pit **on private property and opens its** entrance **on another** person's **private property,**[N] **is liable** for damage caused by the pit in each case.

גמ׳ תנו רבנן: החופר בור ברשות היחיד ופתחו לרשות הרבים, ברשות הרבים ופתחו לרשות היחיד – חייב, וזהו בור האמור בתורה, דברי רבי ישמעאל; רבי עקיבא אומר: הפקיר רשותו ולא הפקיר בורו – זהו בור האמור בתורה.

GEMARA **The Sages taught** in a *baraita*: **One who digs a pit on private property and opens** its entrance **in the public domain, or** who digs a pit **in the public domain and opens its** entrance **on private property is liable, and this is the** case of **Pit that is stated in the Torah;** this is the **statement of Rabbi Yishmael. Rabbi Akiva says:** With regard to one who **renounced ownership of his property but did not renounce ownership of his pit** located in the property, **this is** the case of **Pit that is stated in the Torah.**

אמר רבה: בבור ברשות הרבים – כולי עלמא לא פליגי דמיחייב, מאי טעמא? אמר קרא: "כי יפתח" ו"כי יכרה", אם על פתיחה חייב, על כרייה לא כל שכן? אלא, שעל עסקי פתיחה ועל עסקי כרייה באה לו; לא נחלקו אלא

In explanation of this dispute, **Rabba says: With regard to a pit** that a person digs or opens **into the public domain, everyone agrees that he is liable** for damage that occurs as a result. **What is the reason? The verse states:** "And **if a man shall open** a pit," and it also states: **"If a man shall dig** a pit" (Exodus 21:33), which raises the question: **If** one is **liable for opening** a pit by removing the cover of a pit that has already been dug, then is it **not all the more so** obvious that he should be liable **for digging** a new pit? What, then, does the latter phrase add? **Rather,** the interpretation of the verse must be that the responsibility for the pit **comes to him by engaging in opening** the pit **and by engaging in digging** the pit.[H] Although he does not own the area itself, he is liable for creating a public hazard. **They disagree only**

HALAKHA

Where the creditor is not in his courtyard – דליתיה בחצירו: The *halakha* that one who seizes the collateral of a convert that died acquires the remainder applies only if it was not located in the secured courtyard of the creditor. If it was in the creditor's courtyard, his courtyard acquires it on his behalf even without his knowledge, and the one who seized it has no claim to it at all (Rambam *Sefer Kinyan, Hilkhot Zekhiya UMattana* 2:16; *Shulḥan Arukh, Ḥoshen Mishpat* 72:28, 39).

One who digs a pit, etc. – החופר בור וכו׳: If one digs a pit in the public domain, or if he digs a pit on his own property and it opens into the public domain or onto another's property, he is liable for any damage that results from it (Rambam *Sefer Nezikin, Hilkhot Nizkei Mamon* 12:2; *Shulḥan Arukh, Ḥoshen Mishpat* 410:6).

Opening and digging – פתיחה וכרייה: One is liable for damage caused by Pit, whether he dug the pit himself or uncovered a pit that had already been dug (Rambam *Sefer Nezikin, Hilkhot Nizkei Mamon* 12:4; *Shulḥan Arukh, Ḥoshen Mishpat* 410:2).

NOTES

And the *halakha* is that where the creditor is not present – והלכתא דליתיה: Rashi, as well as Rabbeinu Ḥananel, understand this statement as an additional ruling. According to them, it refers to a case where the collateral is not in that Jew's courtyard at the time. Therefore, he does not acquire it by means of his courtyard, even if it is secured by its owner and would normally effect acquisition of the item on his behalf. By contrast, *Tosafot* and the Ra'avad explain that it refers to a case in which the owner of the courtyard is not present, and the phrase: And the *halakha* is, means that this ruling, given previously, is in fact the conclusive halakhic ruling. According to this opinion, the Gemara is referring to a courtyard not secured by its owner, and this is why the owner must be present in order for it to effect acquisition.

One who digs a pit on private property – החופר בור ברשות היחיד: The principle is that the status of a pit depends on the location of its opening. If the opening is located in a place that does not belong to the one who dug it, he is liable for damage that results from it. The Ra'avad explains that each of the three rulings in the mishna introduce a novel aspect. In the case where one digs a pit on private property and opens it into the public domain, his initial digging was performed with permission, but the opening was dug in a place where he did not have the right to do so. In the case where one digs a pit in the public domain and opens it on private property, the initial digging was done in a place where he did not have the right to do so, as the Gemara will explain, though the digging of the opening was done with permission. Finally, in the case where one digs on his private property and opens it on another's private property, he dug with permission but opened it in a place where he did not have the right to do so. As opposed to the first case, here, the reason he does not have the right to do so is due to the rights of another individual, as opposed to the rights of the public. It is obvious that one who digs and opens the pit in the public domain is liable, as explained in the Gemara (Rashi).

And opens its entrance in the public domain – ופתחו לרשות הרבים: Some explain that he dug the pit under one domain either horizontally or diagonally (see Ra'avad and Meiri), and it eventually reached the other domain, where he created the vertical opening. Others explain that in all of these cases the opening of the pit is in one domain, and he dug diagonally, thereby eventually passing to another domain. The novelty of the *halakha* is as follows: Although the pit was not of a depth sufficient to render one liable for causing death in the place where one started digging, since the end of the pit ultimately reached a sufficient depth, he is liable for the damage, as if it were sufficiently deep at the location of the fall (Rabbeinu Barukh, *Torat Ḥayyim*).

And opens its entrance on another person's private property – ופתחו לרשות היחיד אחר: Rashi explains that in this case, the second private property, where one dug the opening of the pit, also belongs to him, i.e., he owns a second courtyard. He then renounced ownership of the second area, rendering him liable.

Tosafot and most other early commentaries explain that the private property where the opening was made belongs to someone else. Based on this explanation, *Tosafot* question the ruling of the mishna, as the Gemara ruled earlier (see 48b) that although one who digs a pit on the property of another is required to pay the owner of the other property for the damage caused, the responsibility for covering the pit subsequently rests with the owner of that property. Some commentaries explain that the owner of the other property was unaware of the pit dug in his courtyard (Rosh), or, alternatively, he did not have time to fill or cover the pit. *Tosefot Rabbeinu Peretz* explains that as long as the digger has not yet compensated the owner of the other property for causing damage to his courtyard, the responsibility to fill or cover the pit and pay for damage rests with the one who dug it.

NOTES

Where one dug the pit on his own property, etc. – **בְּבוֹר בִּרְשׁוּתוֹ וכו׳**: Rashi explains that Rabbi Yishmael exempts one who renounces ownership of his property but not of the pit. This is because he never anticipated that by transferring property to public ownership, he would thereby become liable for damages for the pit that remains there, and his renunciation of ownership was not performed with this in mind. According to *Tosafot*, Rabbi Yishmael's reasoninq is unrelated to the intentions of the courtyard's owner, but rather, he reasons that members of the public should not have approached the pit so closely that they may be injured (see *Tosefot Rabbeinu Peretz*).

בְּבוֹר בִּרְשׁוּתוֹ. רַבִּי עֲקִיבָא סָבַר: בּוֹר בִּרְשׁוּתוֹ נַמִּי חַיָּיב, דִּכְתִיב ״בַּעַל הַבּוֹר״ – בְּבוֹר דְּאִית לֵיהּ בְּעָלִים קָאָמַר רַחֲמָנָא.

in the case **where** one dug **the pit on his** own **property**[NH] and then renounced ownership of the surrounding area. Consequently, the entire area except for the pit is now open to public passage. In this case, **Rabbi Akiva maintains** that one who digs **a pit on his** own **property** is **also liable,** not only when the pit is located in the public domain, **as it is written: "The owner of the pit** shall pay" (Exodus 21:34). Clearly, **the Merciful One is referring to a pit that has an owner.** Therefore, the owner of the pit pays even if it is located on private property.

וְרַבִּי יִשְׁמָעֵאל סָבַר: בַּעַל הַתַּקָלָה.

And Rabbi Yishmael maintains that "the owner of the pit" means that **the one responsible for the hazard** is liable even if he dug the pit in the public domain and then renounced ownership of it. But one who digs a pit on his own property is not liable.

אֶלָּא מַאי ״זֶהוּ בּוֹר הָאָמוּר בַּתּוֹרָה״ דְּקָאָמַר רַבִּי עֲקִיבָא? זֶהוּ בּוֹר שֶׁפָּתַח בּוֹ הַכָּתוּב תְּחִלָּה לְתַשְׁלוּמִין.

The Gemara asks: **Rather,** according to Rabba's explanation, **what** is meant by the clause: **This is** the case of **Pit that is stated in the Torah,** in reference to digging a pit on one's property, **that Rabbi Akiva states?** According to him, one is liable for damage in all cases, including digging in the public domain. The Gemara answers: It means that **this is the pit** with **which the verse initially introduces** the subject **of compensation** for damage caused. In that context, the Torah states: "The owner of the pit shall pay" (Exodus 21:34), indicating that even a pit owned on one's private property renders one liable.

וְרַב יוֹסֵף אָמַר: בְּבוֹר בִּרְשׁוּת הַיָּחִיד – כּוּלֵּי עָלְמָא לָא פְּלִיגִי דְּמִחַיֵּיב, מַאי טַעְמָא? ״בַּעַל הַבּוֹר״ אָמַר רַחֲמָנָא, בְּבוֹר דְּאִית לֵיהּ בְּעָלִים עָסְקִינַן.

And Rav Yosef said that one can explain the dispute between Rabbi Yishmael and Rabbi Akiva differently: **With regard to** one who dug **a pit on** his **private property** and then renounced ownership of the property aside from the pit, **everyone agrees that he is liable. What is the reason?** Since **the Merciful One states: "The owner of the pit,"** it indicates that **we are dealing with a pit that has an owner.**

כִּי פְּלִיגִי – בְּבוֹר בִּרְשׁוּת הָרַבִּים. רַבִּי יִשְׁמָעֵאל סָבַר: בּוֹר בִּרְשׁוּת הָרַבִּים נַמִּי חַיָּיב, דִּכְתִיב ״כִּי יִפְתַּח״ וְ״כִי יִכְרֶה״, אִם עַל פְּתִיחָה חַיָּיב, עַל כְּרִיָּיה לֹא כׇּל שֶׁכֵּן? אֶלָּא שֶׁעַל עִסְקֵי פְתִיחָה וְעַל עִסְקֵי כְרִיָּיה בָּאָה לוֹ.

When they disagree, it is in a case **where the pit** was dug **in the public domain. Rabbi Yishmael maintains** that one is **also liable** for **a pit** dug **in the public domain, as it is written:** "And **if** a man **shall open** a pit," and: **"If** a man **shall dig** a pit" (Exodus 21:33), which raises the question: **If** he is **liable for opening** a pit by removing the cover of a pit that has already been dug, then is it **not all the more so** obvious that he should be liable **for digging** a new pit? **Rather,** the verse means that the responsibility for the pit **comes to him by engaging in opening** the pit **and by engaging in digging** the pit. Although he does not own the area itself, he is liable for creating a public hazard.

וְרַבִּי עֲקִיבָא: הָנְהוּ מִיצְרַךְ צְרִיכִי, דְּאִי כְּתַב רַחֲמָנָא ״כִּי יִפְתַּח״, הֲוָה אָמִינָא: פּוֹתֵחַ הוּא דְּסָגֵי לֵיהּ בְּכִסּוּי, כּוֹרֶה לָא סַגִּי לֵיהּ בְּכִסּוּי עַד דְּטָאֵים לֵיהּ.

And Rabbi Akiva, by contrast, holds that one is liable only in the case of a pit located on private property, where he renounced ownership of the property aside from the pit, and one cannot derive otherwise from any extraneous phrases. This is because **these** phrases **are necessary, for if the Merciful One wrote** only: **"If a man shall open** a pit" (Exodus 21:33), **I would say** that **it is** specifically when **one opens** the covering of a pit that has already been dug **that it is sufficient for him to** place **a covering** on it to absolve himself of responsibility for damage it causes. This is the case where the Torah states: "And not cover it" (Exodus 21:33). But if one actually **digs** a pit, it **would not be sufficient** to place **a covering** on it, and one would not be exempt from damages **unless he** completely **packs it.**

HALAKHA

Where one dug the pit on his property, etc. – **בְּבוֹר בִּרְשׁוּתוֹ וכו׳**: One is liable for damage caused by Pit, whether he dug the pit in the public domain or on his own property, when he opens it into the public domain or into another's property. Similarly, one who digs a pit on his own property and subsequently renounces ownership of the property but not of the pit is liable for damages. If he renounces ownership of both the property and the pit, or just of the pit on his property, he is exempt, even if the public has permission to walk there (Gra), because this pit currently has no owner and was initially dug with permission. This ruling is in accordance with the opinion of Rabbi Akiva, which the *halakha* follows when it disagrees with that of his colleagues, and in accordance with Rabba's explanation of his opinion (Rambam *Sefer Nezikin, Hilkhot Nizkei Mamon* 12:2; *Shulḥan Arukh, Ḥoshen Mishpat* 410:6).

וְאִי כְּתַב רַחֲמָנָא "כִּי יִכְרֶה", הֲוָה אָמִינָא: כְּרִיָּיה הוּא דְּבָעֵי כִּסּוּי מִשּׁוּם דַּעֲבַד מַעֲשֶׂה, אֲבָל פּוֹתֵחַ דְּלָא עֲבַד מַעֲשֶׂה – אֵימָא כִּסּוּי נַמִי לָא בָּעֵי, קָא מַשְׁמַע לַן.

And conversely, **if the Merciful One had written** only: **"If** a man **shall dig," I would say** that **it is** specifically in a case of **digging that a covering is required** to exempt one from liability, **because he performed an action** of creating the pit. **But** for merely **opening** it, **where one has not performed an action, say** that he **does not require a covering** to absolve him of liability. Therefore, the Torah **teaches us** that he is liable for damage caused by a pit in both cases, and one should interpret the verse that states: "The owner of the pit" (Exodus 21:34), in its plain sense, i.e., that he is the owner of the pit because it is located on his private property. Accordingly, one would not be liable for a pit dug in the public domain.

וְאֶלָּא מַאי "זֶהוּ בּוֹר הָאָמוּר בַּתּוֹרָה" דְּקָאָמַר רַבִּי יִשְׁמָעֵאל? זֶהוּ בּוֹר שֶׁפָּתַח בּוֹ הַכָּתוּב תְּחִלָּה לִנְזָקִין.

The Gemara asks: **But rather,** according to Rav Yosef's explanation, **what** is meant by the clause: **This is** the case of **Pit that is stated in the Torah,** in reference to digging a pit in the public domain, **that Rabbi Yishmael states?** Isn't one liable for any pit, including one dug on his own property? The Gemara answers: It means that **this is the pit** with **which the verse initially introduces** the subject **of damage** caused by Pit, as explained by Rabbi Yishmael above. Only afterward does it state: "The owner of the pit shall pay," referring to a pit dug on one's own property.

מֵיתִיבֵי: הַחוֹפֵר בּוֹר בִּרְשׁוּת הָרַבִּים וּפְתָחוֹ לִרְשׁוּת הַיָּחִיד – פָּטוּר, וְאַף עַל פִּי שֶׁאֵינוֹ רַשַּׁאי לַעֲשׂוֹת כֵּן, לְפִי שֶׁאֵין עוֹשִׂין חָלָל תַּחַת רְשׁוּת הָרַבִּים.

The Gemara **raises an objection** from a *baraita*: **One who digs a pit** whose hollow space is **in the public domain and** then **opens its** entrance **into private property is exempt, and** this is the *halakha* **even though he does not have permission to do so.** The reason he does not have permission to do so is **that one may not create a hollow** space **under the public domain.**[H]

הַחוֹפֵר בּוֹרוֹת שִׁיחִין וּמְעָרוֹת בִּרְשׁוּת הַיָּחִיד וּפְתָחוֹ לִרְשׁוּת הָרַבִּים – חַיָּיב; וְהַחוֹפֵר בּוֹרוֹת בִּרְשׁוּת הַיָּחִיד הַסְּמוּכָה לִרְשׁוּת הָרַבִּים, כְּגוֹן אֵלּוּ הַחוֹפְרִים לְאוּשִׁין – פָּטוּר. וְרַבִּי יוֹסֵי בְּרַבִּי יְהוּדָה מְחַיֵּיב, עַד שֶׁיַּעֲשֶׂה מְחִיצָה עֲשָׂרָה, אוֹ עַד שֶׁיַּרְחִיק מִמְּקוֹם דְּרִיסַת רַגְלֵי אָדָם וּמִמְּקוֹם דְּרִיסַת רַגְלֵי בְהֵמָה אַרְבָּעָה טְפָחִים.

One who digs pits, ditches, and caves on private property and then **opens their** entrances **into the public domain is liable.** In addition, one **who digs pits on private property that is adjacent to the public domain** but not actually located in the public domain itself, **such as these** people **who dig foundations** [*ushin*][L] for their houses or walls, is **exempt. But Rabbi Yosei, son of Rabbi Yehuda, deems** one **liable** even for damage caused by pits made to lay foundations, **unless he builds a partition** that is **ten** handbreadths high in front of the pits, **or unless he distances** them by **four handbreadths from the area where pedestrians walk and from the area where animals walk.**

טַעֲמָא דִּלְאוּשִׁין, הָא לָאו לְאוּשִׁין – חַיָּיב,

The Gemara infers: **The reason** for the exemption is that one digs **for** the purpose of **foundations,** which is the usual and accepted practice, **but** if he did **not** dig **for** the purpose of **foundations,** he is **liable.** Although he did so on his own property, he is nevertheless liable, since people walk there.

הָא מַנִּי? בִּשְׁלָמָא לְרַבָּה, רֵישָׁא רַבִּי יִשְׁמָעֵאל וְסֵיפָא רַבִּי עֲקִיבָא.

The Gemara clarifies: In accordance with **whose** opinion **is this** *baraita*? **Granted, according to Rabba, the first clause,** where one is seemingly exempt for opening a pit onto private property even if he subsequently renounced ownership of the area, can be established in accordance with the opinion of **Rabbi Yishmael, and the last clause** can be established in accordance with the opinion of **Rabbi Akiva,** who maintains that one is liable for a pit dug on his own property if it is open to public traffic.

אֶלָּא לְרַב יוֹסֵף, בִּשְׁלָמָא סֵיפָא דִּבְרֵי הַכֹּל, אֶלָּא רֵישָׁא מַנִּי? לָא רַבִּי יִשְׁמָעֵאל וְלָא רַבִּי עֲקִיבָא!

But according to Rav Yosef's explanation, **granted,** with regard to **the last clause, all agree** that this is the *halakha*. **But** with regard to **the first clause,** which exempts one who digs a pit on his own property, in accordance with **whose opinion is this?** It appears to be **neither** that of **Rabbi Yishmael nor** that of **Rabbi Akiva,** since Rav Yosef explained that both of them maintain that one is liable for a pit on his own property, even if he subsequently renounces ownership of the area.

LANGUAGE

Foundations [*ushin*] – אוּשִׁין: This word is similar to the word *ashya* found in the Bible in the plural form (see Jeremiah 50:15), meaning a foundation or the lower section of a wall or building. It appears to have originated from the Akkadian word *asita* and a similar form in ancient Aramaic (see Ezra 4:12). From there it was incorporated into Hebrew. It appears to be connected to the root *alef, shin, shin,* in the sense of strengthening an object.

HALAKHA

A hollow space under the public domain – חָלָל תַּחַת רְשׁוּת הָרַבִּים: One may not hollow out a space under the public domain, nor may he dig pits, ditches, or caves there, even if he ensures that wagons can pass over them, as the structure might become weakened without his knowledge. The Rema adds that according to some authorities, despite this ruling, in his time it had become common practice to construct vaults and similar structures under the public domain, and no one opposed the practice, especially in locations under gentile rule where the authorities permitted it (Rambam *Sefer Nezikin, Hilkhot Nizkei Mamon* 13:23; *Shulḥan Arukh, Ḥoshen Mishpat* 417:1).

אָמַר לָךְ רַב יוֹסֵף: כּוּלָּהּ דִּבְרֵי הַכֹּל הִיא, וְרֵישָׁא – שֶׁלֹּא הִפְקִיר לֹא רְשׁוּתוֹ וְלֹא בּוֹרוֹ.

The Gemara answers that **Rav Yosef** could have **said to you: Everyone agrees with the entire** passage.[N] As for **the first clause,** which exempts one who digs a pit under the public domain and opens it onto his own property, it is referring to a case **where one did not renounce ownership of either his property or his pit.** This certainly is not included in the category of Pit with regard to damages, and the owner is therefore exempt.

אֲמַר רַב אַשִׁי: הָשְׁתָּא דְּאוֹקִימְתָּא לְרַב יוֹסֵף לְדִבְרֵי הַכֹּל, לְרַבָּה נַמִּי לָא תּוֹקְמָהּ כְּתַנָּאֵי.

Rav Ashi said: Now that you have interpreted Rav Yosef's explanation of the *baraita* as being **in accordance with all** opinions, then **also according to Rabba,** you are **not** required to **establish it as a** dispute between *tanna'im.*

מִדְּרֵישָׁא רַבִּי יִשְׁמָעֵאל – סֵיפָא נַמִּי רַבִּי יִשְׁמָעֵאל, וְטַעֲמָא דִּלְאוּשִׁין, הָא לָאו לְאוּשִׁין חַיָּיב – כְּגוֹן דְּאַרְוַוח אַרְווֹחֵי לִרְשׁוּת הָרַבִּים.

Rather, one can say that **since the first clause** is in accordance with the opinion of **Rabbi Yishmael,** who exempts one who renounces ownership of his property but not the pit, **the last clause can also** be explained in accordance with the opinion of **Rabbi Yishmael. And** it was previously inferred that **the reason** for the exemption when digging on one's private property adjacent to the public domain is that one digs **to lay foundations. But** if it is **not to lay foundations,** one is **liable. For instance,** in a case **where one widened**[H] the pit unnecessarily, extending it **into the public domain,** he has effectively dug a pit in the public domain itself.

מֵיתִיבֵי: הַחוֹפֵר בּוֹר בִּרְשׁוּת הַיָּחִיד וּפְתָחוֹ לִרְשׁוּת הָרַבִּים – חַיָּיב, בִּרְשׁוּת הַיָּחִיד הַסְּמוּכָה לִרְשׁוּת הָרַבִּים – פָּטוּר. בִּשְׁלָמָא לְרַבָּה – כּוּלָּהּ רַבִּי יִשְׁמָעֵאל הִיא. אֶלָּא לְרַב יוֹסֵף, בִּשְׁלָמָא רֵישָׁא רַבִּי יִשְׁמָעֵאל, אֶלָּא סֵיפָא מַנִּי? לָא רַבִּי יִשְׁמָעֵאל וְלָא רַבִּי עֲקִיבָא!

The Gemara **raises an objection** from a *baraita*: One **who digs a pit on private property and opens it into the public domain is liable.** But if he dug it **on private property that was adjacent to the public domain,** he is **exempt. Granted, according to Rabba,** this mishna is **entirely** in accordance with the opinion of **Rabbi Yishmael,** who does not hold one liable for digging on his own property. **But according to Rav Yosef, granted, the first clause** works out well in accordance with the opinion of **Rabbi Yishmael,** who holds one liable even for digging in the public domain, **but whose** opinion is **the latter clause?** It appears to be **neither** that of **Rabbi Yishmael nor** that of **Rabbi Akiva.**

אָמַר לָךְ: בְּחוֹפֵר לְאוּשִׁין, וְדִבְרֵי הַכֹּל.

The Gemara answers that Rav Yosef could have **said to you:** The latter clause of this *baraita* is referring **to** one who **digs to lay foundations,** and therefore **all agree** with the ruling.

תָּנוּ רַבָּנַן: חָפַר וּפָתַח וּמָסַר לָרַבִּים – פָּטוּר, חָפַר וּפָתַח וְלֹא מָסַר לָרַבִּים – חַיָּיב. וְכֵן מִנְהָגוֹ שֶׁל נְחוּנְיָא חוֹפֵר בּוֹרוֹת שִׁיחִין וּמְעָרוֹת, שֶׁהָיָה חוֹפֵר וּפוֹתֵחַ וּמוֹסֵר לָרַבִּים, וּכְשֶׁשָּׁמְעוּ חֲכָמִים בַּדָּבָר, אָמְרוּ: קִיֵּים זֶה הֲלָכָה זוֹ. הֲלָכָה זוֹ וְתוּ לָא? אֶלָּא אֵימָא: אַף הֲלָכָה זוֹ.

§ **The Sages taught:** If someone **dug or opened** a well **and transferred it to the public**[NH] for their use, he is **exempt** from damage caused by the well. If **he dug or opened** a well **and did not transfer it to the public, he is liable. And this was the practice of Neḥunya the digger of pits, ditches, and caves, who would dig, open, and transfer** them **to the public** so that there would be wells of water for public use. **When the Sages heard about the matter, they said: This** individual **has fulfilled this** *halakha.* The Gemara asks: Only **this** *halakha* **and no more?** Isn't it well known that Neḥunya was a great man? **Rather, say:** He fulfilled **even this** *halakha* and did not forget to transfer the wells to the public.

תָּנוּ רַבָּנַן: מַעֲשֶׂה בְּבִתּוֹ שֶׁל נְחוּנְיָא חוֹפֵר שִׁיחִין שֶׁנָּפְלָה לְבוֹר גָּדוֹל, בָּאוּ וְהוֹדִיעוּ אֶת רַבִּי חֲנִינָא בֶּן דּוֹסָא. שָׁעָה רִאשׁוֹנָה – אָמַר לָהֶם: שָׁלוֹם, שְׁנִיָּה – אָמַר לָהֶם: שָׁלוֹם, שְׁלִישִׁית – אָמַר לָהֶם: עָלְתָה.

Having mentioned the deeds of Neḥunya, the Gemara relates that **the Sages taught: An incident** occurred **involving the daughter of Neḥunya the ditchdigger, where she fell into a large cistern**[B] and no one could extricate her from it. **They came and informed Rabbi Ḥanina ben Dosa** so that he would pray on her behalf. When **the first hour** had passed from the time of her fall, **he said to them:** She is at **peace** and unharmed. After the **second** hour, **he said to them:** She is at **peace.** After the **third** hour, **he said to them: She has ascended** from the well, and indeed this was the case.

אָמְרוּ לָהּ: מִי הֶעֶלֵךְ? אָמְרָה לָהֶם: זָכָר שֶׁל רְחֵלִים נִזְדַּמֵּן לִי וְזָקֵן אֶחָד מַנְהִיגוֹ. אָמְרוּ לוֹ: נָבִיא אַתָּה? אָמַר לָהֶם: לֹא נָבִיא אָנֹכִי וְלֹא בֶּן נָבִיא אָנֹכִי, אֶלָּא כָּךְ אָמַרְתִּי: דָּבָר שֶׁאוֹתוֹ צַדִּיק מִצְטַעֵר בּוֹ יִכָּשֵׁל בּוֹ זַרְעוֹ?

They said to her: Who brought you up out of the well? **She said to them: A male sheep,**[N] i.e., a ram, **happened** to come **to me, and a certain old man,** i.e., Abraham, **was leading it,** and he pulled me out. **They said to** Rabbi Ḥanina ben Dosa: **Are you a prophet?** How did you know she had ascended? Rabbi Ḥanina ben Dosa **said to them: "I am no prophet, neither am I a prophet's son"** (Amos 7:14), **but this** is what **I said** to myself: **Shall the offspring of** Neḥunya **stumble by means of** the very **matter which distressed that righteous man?**

NOTES

Everyone agrees with the entire passage – **כּוּלָּהּ דִּבְרֵי הַכֹּל הִיא**: The commentaries note that the wording here is imprecise, since the *baraita* cannot be explained in accordance with all opinions, as it holds one liable for a pit dug on private property with the opening placed in the public domain, which is specifically in accordance with the opinion of Rabbi Yishmael as explained by Rav Yosef. Rather, this statement refers only to the first and last clauses. In some versions of the text this latter statement was explicit (see Rashba).

And transferred it to the public – **וּמָסַר לָרַבִּים**: Some explain that since initially he did not dig the well for his own use but rather with intent to transfer it to the public, he is not considered to have been the owner at any time (Ra'avad). The Rambam also appears to accept this interpretation. With regard to the actual mode of transferring the well to the public, some explain that he gives them a bucket to draw water from the well. Indeed, some early commentaries had this in their version of the text. See the commentaries of Rashi and the Rashba. Others explain that when transferring a well to the public, one must also provide a cover for the well so as not to endanger the public (Rosh; Ra'ah, cited in *Shita Mekubbetzet*). Yet others maintain that it is sufficient to inform the authorities that he has dug a well for public use and it is unnecessary to cover it unless it was dug in a prohibited area or was originally maintained for private use (Ramah, cited in the *Beit Yosef*, *Ḥoshen Mishpat* 410:7).

A male sheep, etc. – **זָכָר שֶׁל רְחֵלִים וכו׳**: In other words, her savior, who was Abraham, appeared as an old man and was leading a ram, which was the one offered instead of Isaac. This was done so she would realize the identity of her savior (Rashi, based on *Ge'onim*). Some commentaries write that it is fitting that it was Abraham who saved her. Abraham showed concern for and acted on behalf of not only his son Isaac but also Hagar and Ishmael. Consequently, Neḥunya, who also acted out of concern for others, was the recipient of a miracle specifically through Abraham. Some commentaries cite the version of the incident related in the Jerusalem Talmud, that an angel appeared to her whose face was similar to that of Rabbi Ḥanina ben Dosa.

HALAKHA

Where one widened, etc. – **דְּאַרְוַוח אַרְווֹחֵי וכו׳**: One who builds adjacent to the public domain may dig for laying the foundation, even if he extends it into the public domain. In addition, he is exempt from liability for damage caused by it. Some authorities claim that this ruling is mistaken, and that one is liable for damages (*Shakh*, citing *Yam shel Shlomo*). These opinions interpret the case in the Gemara to be specifically where the wall is inside his property and the digging is entirely on his property (*Shulḥan Arukh*, *Ḥoshen Mishpat* 410:9).

Dug or opened a well and transferred it to the public – **חָפַר וּפָתַח וּמָסַר לָרַבִּים**: If one digs a well in the public domain for the benefit of the public and transfers a covering for the well to them, or he informs the court that he is disassociating himself from it and they should deal with it, he is exempt from any damage caused by the well. This *halakha* applies to a case where he dug in a location where he had permission to do so, but not where it would be hazardous to the public (Rambam *Sefer Nezikin*, *Hilkhot Nizkei Mamon* 13:23; *Shulḥan Arukh*, *Ḥoshen Mishpat* 410:7 and *Sma* there, 417:1).

BACKGROUND

Large cistern – **בּוֹר גָּדוֹל**: According to the version of the text that states: The large cistern, as opposed to: A large cistern, this was a special cistern located on the grounds of the Temple mentioned in the Mishna (*Eruvin* 103b).

אָמַר רַבִּי אַחָא: אַף עַל פִּי כֵן מֵת בְּנוֹ בְּצָמָא, שֶׁנֶּאֱמַר ״וּסְבִיבָיו נִשְׂעֲרָה מְאֹד״, מְלַמֵּד שֶׁהַקָּדוֹשׁ בָּרוּךְ הוּא מְדַקְדֵּק עִם סְבִיבָיו אֲפִילּוּ כְּחוּט הַשַּׂעֲרָה. רַבִּי נְחוּנְיָא אָמַר, מֵהָכָא: ״אֵל נַעֲרָץ בְּסוֹד קְדֹשִׁים רַבָּה וְנוֹרָא עַל כׇּל סְבִיבָיו״.

Rabbi Aḥa says: Although Neḥunya ensured that others would have water, **even so, his son died of thirst,** fulfilling that which **is stated: "And around Him it storms [*nisara*] mightily"** (Psalms 50:3). This **teaches that the Holy One, Blessed be He, is scrupulous with those around Him,**[N] i.e., the righteous, **even to the extent of a hairsbreadth [*hasa'ara*],** so that even minor transgressions elicit a severe punishment. **Rabbi Neḥunya says:** The same idea may be learned **from here,** in the following verse: **"A God dreaded in the great council of the holy ones, and feared by all those that surround Him"** (Psalms 89:8), indicating that God is most careful and exacting with those that surround Him, i.e., the righteous.

אָמַר רַבִּי חֲנִינָא: כׇּל הָאוֹמֵר הַקָּדוֹשׁ בָּרוּךְ הוּא וַתְּרָן הוּא – יְוַתְּרוּ חַיָּיו, שֶׁנֶּאֱמַר: ״הַצּוּר תָּמִים פׇּעֳלוֹ כִּי כׇל דְּרָכָיו מִשְׁפָּט״. אָמַר רַבִּי חָנָא, וְאִיתֵּימָא רַבִּי שְׁמוּאֵל בַּר נַחְמָנִי: מַאי דִּכְתִיב

Rabbi Ḥanina says: Anyone who states that **the Holy One, Blessed be He, is forgiving [*vateran*]**[N] of transgressions, **his life will be relinquished [*yivatru*], as it is stated: "The Rock, His work is perfect, for all His ways are justice"** (Deuteronomy 32:4). In other words, God does not waive heavenly justice. **Rabbi Ḥana says, and some say** that **Rabbi Shmuel bar Naḥmani** says: **What** is the meaning of that **which is written**

NOTES

The Holy One, Blessed be He, is scrupulous with those around Him – הַקָּדוֹשׁ בָּרוּךְ הוּא מְדַקְדֵּק עִם סְבִיבָיו: Although God intended that the world be judged with the attribute of strict justice, when He saw that this was not possible, He included the attribute of compassion as well. Since the righteous can fulfill God's original intention and live according to strict justice, He is therefore more exacting with them. This is also the meaning of God's statement when Rabbi Akiva was tortured with iron combs: This was My original intention, i.e., for this purpose the world was initially created (see *Menaḥot* 29b). Obviously, those who are judged so strictly also merit to be closer to God, as they are purified from all their sins through this attribute (*Torat Ḥayyim*).

Anyone who states that the Holy One, Blessed be He, is forgiving – כׇּל הָאוֹמֵר הַקָּדוֹשׁ בָּרוּךְ הוּא וַתְּרָן הוּא: This statement appears odd, as God is also described as merciful and compassionate, which generally includes such attributes as forgiving of sins as well. Some later commentaries explain that the fact that sins are not overlooked is not because God chooses to punish a person but because the sin itself effects the punishment, as it causes a defect in the world that must be rectified. It can be corrected only once the transgressor undergoes a process of purification or repentance, which repairs the damage, so to speak, that was caused to the world (*Nefesh HaḤayyim* 1:12).

״אֶרֶךְ אַפַּיִם״ וְלָא כְּתִיב ״אֶרֶךְ אַף״? אֶרֶךְ אַפַּיִם לַצַּדִּיקִים וְלָרְשָׁעִים.

in the verse that recounts the thirteen attributes of mercy: **"Long-suffering [*erekh appayim*]"** (Exodus 34:6), using the plural form, **and it is not written as *erekh af*,** in the singular? In order to teach that He is **long-suffering for** both **the righteous**[N] **and for the wicked**[N] and does not punish them immediately for their transgressions.

תָּנוּ רַבָּנַן: לֹא יְסַקֵּל אָדָם מֵרְשׁוּתוֹ לִרְשׁוּת הָרַבִּים. מַעֲשֶׂה בְּאָדָם אֶחָד שֶׁהָיָה מְסַקֵּל מֵרְשׁוּתוֹ לִרְשׁוּת הָרַבִּים, וּמְצָאוֹ חָסִיד אֶחָד, אָמַר לוֹ: רֵיקָה, מִפְּנֵי מָה אַתָּה מְסַקֵּל מֵרְשׁוּת שֶׁאֵינָהּ שֶׁלְּךָ לִרְשׁוּת שֶׁלְּךָ? לִגְלֵג עָלָיו.

§ **The Sages taught: A person should not throw stones from his property into the public domain.**[H] **An incident** occurred **involving a certain individual who was throwing stones from his property into the public domain, and a certain pious man found him. The** latter **said to him: Lowlife [*reika*],**[L] **for what reason are you throwing stones from property that is not yours into your property?** The man **mocked him,** as he did not understand what he meant, as the property from which he was throwing stones was his.

לְיָמִים נִצְרַךְ לִמְכּוֹר שָׂדֵהוּ, וְהָיָה מְהַלֵּךְ בְּאוֹתוֹ רְשׁוּת הָרַבִּים וְנִכְשַׁל בְּאוֹתָן אֲבָנִים, אָמַר: יָפֶה אָמַר לִי אוֹתוֹ חָסִיד מִפְּנֵי מָה אַתָּה מְסַקֵּל מֵרְשׁוּת שֶׁאֵינָהּ שֶׁלְּךָ לִרְשׁוּת שֶׁלְּךָ.

Some days later, **he was forced to sell his field** from which he had thrown the stones. **And he was walking in the same public domain** into which he had thrown them, **and he stumbled on those same stones. He said: That pious man said it well to me** when he said: **For what reason are you throwing stones from property that is not yours into your** own **property,** since that property no longer belongs to me, and only the public domain remains mine to use.

HALAKHA

A person should not throw stones from his property into the public domain – לֹא יְסַקֵּל אָדָם מֵרְשׁוּתוֹ לִרְשׁוּת הָרַבִּים: One may not throw stones from his property into the public domain (Rambam *Sefer Nezikin*, *Hilkhot Nizkei Mamon* 13:23; *Shulḥan Arukh*, *Ḥoshen Mishpat* 417:1).

LANGUAGE

Lowlife [*reika*] – רֵיקָה: This expression, which was apparently more prevalent in those times and is also mentioned in external sources, is an Aramaic form of the Hebrew *reik*, as used in the verse: "And there were gathered foolish [*reikim*] fellows unto Jephthah" (Judges 11:3). It refers to ill-mannered individuals or those who are incapable of shouldering responsibilities.

NOTES

Long-suffering for the righteous – אֶרֶךְ אַפַּיִם לַצַּדִּיקִים: Rashi explains this to mean that their reward for fulfilling mitzvot is not immediate.

For the wicked – לָרְשָׁעִים: The wicked are not punished immediately for their actions but are given time before justice is meted out. In *Tosafot*, it is explained that sometimes this represents the attribute of justice, as when their punishment is delayed, the wicked do not necessarily express remorse for their evil ways and may continue to sin until the time of great punishment eventually arrives. Still, this delay also entails a certain amount of clemency, since it gives them the opportunity to repent and rectify their wrongdoing.

מתני׳ הַחוֹפֵר בּוֹר בִּרְשׁוּת הָרַבִּים וְנָפַל לְתוֹכוֹ שׁוֹר אוֹ חֲמוֹר – חַיָּיב. אֶחָד הַחוֹפֵר בּוֹר, שִׁיחַ וּמְעָרָה, חֲרִיצִין וּנְעִיצִין – חַיָּיב. אִם כֵּן, לָמָּה נֶאֱמַר בּוֹר? מַה בּוֹר שֶׁיֵּשׁ בּוֹ כְּדֵי לְהָמִית – עֲשָׂרָה טְפָחִים, אַף כֹּל שֶׁיֵּשׁ בּוֹ כְּדֵי לְהָמִית – עֲשָׂרָה טְפָחִים. הָיוּ פְּחוּתִין מֵעֲשָׂרָה טְפָחִים, וְנָפַל לְתוֹכוֹ שׁוֹר אוֹ חֲמוֹר וּמֵת – פָּטוּר, וְאִם הוּזַּק בּוֹ – חַיָּיב.

MISHNA In the case of **one who digs a pit in the public domain and an ox or a donkey fell into it,** he is **liable.** The *halakha* is the **same for one who digs** either **a pit; a ditch,** which is narrow and long; **or a cave,** which is rectangular and roofed; **trenches and water channels.**[N] In all these cases he is **liable. If so, why is** the verse **stated** as referring to **a pit,** as it states: "And if a man shall open a pit" (Exodus 21:33)? To teach that **just as a pit that has sufficient** depth **to cause death** when falling into it is at least **ten handbreadths** deep,[H] **so too, any** other excavations **that have sufficient** depth **to cause death** may be no less than **ten handbreadths.** If any of the types of excavations **were less than ten handbreadths** deep,[N] **and an ox or a donkey fell into** one of **them and died,** the digger of the excavation is **exempt. But if it was injured in it,** not killed, he is **liable** to pay damages.

גמ׳ אָמַר רַב: בּוֹר שֶׁחִיְּיבָה עָלָיו תּוֹרָה – לְהֶבְלוֹ וְלֹא לַחֲבָטוֹ. אַלְמָא קָסָבַר: חֲבָטָה, קַרְקַע עוֹלָם הוּא דְּמַזִּקָא לֵיהּ.

GEMARA **Rav says:** Damage by **Pit for which the Torah obligates one** to pay is referring specifically **to** damage caused by the pit's **lethal fumes,**[BN] i.e., suffocation, **but not to** damage caused by **the impact**[N] of hitting the ground, for which the digger of the pit is exempt from paying compensation. The Gemara continues to explain: **Apparently,** it can be inferred that Rav **maintains** that with regard to the **impact** of hitting the bottom of the pit, **it is merely the ground that injures him.** The digger of the pit does not own the ground, so it is not a case where his property caused damage. Therefore, he does not bear responsibility for the damage.

וּשְׁמוּאֵל אָמַר: לְהֶבְלוֹ וְכׇל שֶׁכֵּן לַחֲבָטוֹ, וְאִם תֹּאמַר: לַחֲבָטוֹ אָמְרָה תּוֹרָה וְלֹא לְהֶבְלוֹ – הַתּוֹרָה הֵעִידָה עַל הַבּוֹר וַאֲפִילּוּ מָלֵא סְפוֹגִין שֶׁל צֶמֶר.

And Shmuel says: The Torah renders one liable for damage caused **by its lethal fumes, and all the more so for** damage resulting from **the impact.**[H] Shmuel adds: **And if you say** that the **Torah spoke** only **about** liability for **its impact and not for its lethal fumes,** one could respond that **the Torah testifies about a pit** without specifying for which type of pit one is liable, **and** this includes **even** a pit **full of woolen sponges** [*sefogin*],[HL] which would completely absorb the impact.

NOTES

Trenches and water channels [*ḥaritzin une'itzin*] – **חֲרִיצִין וּנְעִיצִין:** Rashi explains that *ḥaritzin* are rectangular pits without a covering, and *ne'itzin* are pits that are narrow at the bottom and wide at the top. Rabbeinu Ḥananel explains that *ḥaritzin* are wide at the bottom and narrow at the top, and *ne'itzin* are narrow at the bottom and wide at the top, similar to Rashi's opinion.

Were less than ten handbreadths deep – **הָיוּ פְּחוּתִין מֵעֲשָׂרָה טְפָחִים:** The Rambam explains that if the pit is less than ten handbreadths deep, it is uncommon for it to cause an animal's death. If an animal is killed by falling into such a pit, the owner is exempt since it is considered an accident.

To the pit's lethal fumes – **לְהֶבְלוֹ:** The early commentaries are puzzled by Rav's statement: How can one say that liability for damage caused by Pit is only on account of its lethal fumes, when clearly an animal that falls into a pit and breaks its bones is harmed by the impact? Some commentaries explain that it was only due to the lethal fumes that it fell in this manner, and were it not for the lethal fumes, perhaps the ox would have been able to fall on its feet without collapsing (*Tosefot Rabbeinu Peretz*). Rabbeinu Barukh explains that when the term lethal fumes [*hevel*] is used, it refers not only to the empty space, but to all manner of injury caused to the ox while falling, besides injury caused by the final impact with the ground. For example, sometimes the ox is suffocated through lack of fresh air, while sometimes it is damaged as a result of the blood rushing to its head due to its falling headfirst. Alternatively, the ox's bones may be broken if its body knocks against the walls either during the fall or while it is squirming to escape. All of these injuries are included in Rav's term of lethal fumes.

But not to the impact – **וְלֹא לַחֲבָטוֹ:** The commentaries explain that Rav's reasoning is not that the impact doesn't cause injury. Rather, the surface of the pit is public land that doesn't belong to the person who dug the pit. Therefore, he is not held liable for this. This opinion is consistent with the Gemara's statement that if an ox falls into a pit on the property of the one who dug it, he is held liable for the impact even according to Rav (53a).

HALAKHA

The minimum height of a pit – **שִׁיעוּר הַבּוֹר:** If someone digs a pit or any other type of hole, e.g., a trench or channel, if it has a depth of ten handbreadths and an animal falls inside it and dies, the one who dug it is liable. If its depth is less than this and an animal falls in and dies, he is exempt. If the animal is only injured, he is liable for full damages (Rambam *Sefer Nezikin, Hilkhot Nizkei Mamon* 12:10; *Shulḥan Arukh, Ḥoshen Mishpat* 410:10).

By its lethal fumes and all the more so for the impact – **לְהֶבְלוֹ וְכׇל שֶׁכֵּן לַחֲבָטוֹ:** The Torah holds a person liable for damage by Pit even if the animal dies merely due to the lethal fumes. There is certainly liability if the animal dies due to the impact of its fall. Therefore, if the pit's width is equal to its depth, in which case there are no lethal fumes, and the animal's death was not caused by the impact of the fall, the one who dug the pit is exempt. This ruling is in accordance with the opinion of Shmuel, whom the *halakha* follows in monetary law (Rambam *Sefer Nezikin, Hilkhot Nizkei Mamon* 12:14; *Shulḥan Arukh, Ḥoshen Mishpat* 410:17).

And even a pit full of woolen sponges – **ואפילו מלא ספוגין של צֶמֶר:** If an animal dies because of one's pit, the Torah holds him liable for the full cost of the damage. This is the *halakha* even in a case where the pit was filled with bundles of wool (Rambam *Sefer Nezikin, Hilkhot Nizkei Mamon* 12:1).

BACKGROUND

The pit's lethal fumes – **הֶבְלוֹ:** According to Rav, the owner of the pit is liable, not due to the impact of the fall, although this is the cause of death. Rather, he is liable for strangulation, as the narrow space in the pit prevented the animal from falling to the bottom and standing on its legs, which caused it to choke to death on the lethal fumes of the pit.

LANGUAGE

Sponges [*sefogin*] – **סְפוֹגִין:** From the Greek σπόγγος, *spongos*, meaning sea sponges or multi-celled organisms that live in the water. In ancient times, their skeletons were used for washing and soaking up liquids. Even in Greek, its meaning was widened to include anything similar to a sea sponge in its softness, flexibility, and ability to soak up water.

Yellow tube sponge

מַאי בֵּינַיְיהוּ? אִיכָּא בֵּינַיְיהוּ דַּעֲבַד גּוֹבַהּ בִּרְשׁוּת הָרַבִּים, לְרַב – אַגּוֹבַהּ לָא מִיחַיַּיב, לִשְׁמוּאֵל – אַגּוֹבַהּ נַמִּי מִיחַיַּיב.

The Gemara asks: **What** is the difference **between** the opinions of Rav and Shmuel, given that falling into any pit involves injury due to both the lethal fumes and the impact? The Gemara answers: The practical difference **between them** is in the case **where** one **fashioned a mound**[N] with a height of ten handbreadths **in the public domain** without digging, and an animal fell from this raised platform and died. **According to Rav,** the one who fashioned the mound **is not liable for** damage by Pit in the case of **a mound,** since there are no fumes, as the animal fell to the level ground. By contrast, **according to Shmuel, he is also liable for** damage by Pit in the case of **a mound,**[H] since there is nevertheless an impact when hitting the ground.

מַאי טַעְמָא דְּרַב? דְּאָמַר קְרָא: ״וְנָפַל״, עַד שֶׁיִּפּוֹל דֶּרֶךְ נְפִילָה. וְלִשְׁמוּאֵל? ״וְנָפַל״, כָּל דְּהוּ מַשְׁמַע.

The Gemara asks: **What is** the source for **the reasoning of Rav,** that one is not liable in that case? The Gemara answers: **Since the verse states: "And** an ox or a donkey **fall** therein" (Exodus 21:33), indicating that there is no liability for damage by Pit **unless** the animal **falls** in the **normal manner of falling,** but not where it first climbed onto an elevated surface and then fell from there to the level ground. **And according to Shmuel,** the term: **"And** an ox or a donkey **fall," indicates any manner** of falling, regardless of whether the animal fell into a hole or fell to the ground from an elevated surface.

תְּנַן: אִם כֵּן, לָמָּה נֶאֱמַר בּוֹר? מַה בּוֹר שֶׁיֵּשׁ בּוֹ כְּדֵי לְהָמִית – עֲשָׂרָה טְפָחִים, אַף כָּל שֶׁיֵּשׁ בּוֹ כְּדֵי לְהָמִית – עֲשָׂרָה טְפָחִים; בִּשְׁלָמָא לִשְׁמוּאֵל, ״אַף כָּל״ לְאַתּוּיֵי גּוֹבַהּ. אֶלָּא לְרַב, ״אַף כָּל״ לְאַתּוּיֵי מַאי?

The Gemara challenges Rav's opinion: **We learned** in the mishna: **If so, why is** the verse **stated** as referring to **a pit,** as it states: "And if a man shall open a pit" (Exodus 21:33)? To teach that **just as a pit that has sufficient** depth **to cause death** when falling into it is at least **ten handbreadths** deep, **so too, any** other excavations **that have sufficient** depth **to cause death** may be no less than **ten handbreadths.** Now, **granted** that according **to Shmuel,** the term: **So too, any** other, serves **to include** the case where the animal fell from **a height** of ten handbreadths, in which case the one who fashioned the mound would also be liable. **But according to Rav,** who exempts him in that case, **what** does the term: **So too, any** other, **add?**

לְאַתּוּיֵי חֲרִיצִין וּנְעִיצִין. חֲרִיצִין וּנְעִיצִין בְּהֶדְיָא קָתָנֵי לְהוּ! תָּנֵי וַהֲדַר מְפָרֵשׁ.

The Gemara answers: According to Rav, it serves **to include trenches and** water **channels.** The Gemara asks: But **trenches and** water **channels are explicitly taught** in the mishna. Why does the mishna then allude to them again? The Gemara answers: It first **teaches** the *halakha* about them **and then explains**[N] its source in the Torah.

וְהָנֵי כּוּלְּהוּ דְּקָתָנֵי לָמָּה לִי? צְרִיכָא; דְּאִי תְּנָא בּוֹר, הֲוָה אָמִינָא: בּוֹר עֲשָׂרָה הוּא דְּאִית בֵּיהּ הַבְלָא, מִשּׁוּם דְּקָטִין וּכְרִיכָא, אֲבָל שִׁיחַ דַּאֲרִיךְ – אֵימָא בַּעֲשָׂרָה לֵית בֵּיהּ הַבְלָא.

Having mentioned these details, the Gemara asks: **And why do I** need **all these** cases **that are taught** by the mishna? The Gemara answers: They are **necessary, for had** it **taught** only the case of **a pit, I would say** that it is specifically **a pit of ten** handbreadths **that contains** lethal **fumes, because it is constricted and round.** Therefore, this measurement suffices to cause death. **But** concerning **a ditch, which is long, say** that **in** a case where it is **ten** handbreadths deep, **there are no** lethal **fumes** and there is no liability. Therefore, the mishna teaches both the case of a pit and a ditch.

וְאִי תְּנָא שִׁיחַ, הֲוָה אָמִינָא: שִׁיחַ עֲשָׂרָה הוּא דְּאִית בֵּיהּ הַבְלָא, מִשּׁוּם דְּקָטִין, אֲבָל מְעָרָה דִּמְרַבְּעָא – אֵימָא בַּעֲשָׂרָה לֵית בַּהּ הַבְלָא.

And furthermore, **had** the mishna **taught** the case of **a ditch** in addition to the pit, **I would say** that it **is** specifically **a ditch of ten** handbreadths **that contains** the necessary lethal **fumes, because it is narrow. But** concerning **a cave, which is rectangular** and not narrow, **say** that **in** a case where it is **ten** handbreadths deep, **there are no** lethal **fumes** and there is no liability. Therefore, the mishna teaches the case of a cave as well.

וְאִי תָּנֵי מְעָרָה, הֲוָה אָמִינָא: מְעָרָה בַּעֲשָׂרָה הוּא דְּאִית בָּהּ הַבְלָא, מִשּׁוּם דְּמִטַּלְּלָא, אֲבָל חֲרִיצִין דְּלָא מְטַלְּלֵי – אֵימָא בַּעֲשָׂרָה לֵית בְּהוּ הַבְלָא;

And furthermore, **had** the mishna **taught** the case of **a cave** in addition to the previous two, **I would say** that it **is** specifically **a cave of ten** handbreadths **that contains** lethal **fumes, because it is covered. But** concerning **trenches, which are not covered, say** that at a depth **of ten** handbreadths, **there are no** lethal **fumes** and there is no liability. Therefore, the mishna also teaches the case of trenches.

NOTES

Where one fashioned a mound – **דַּעֲבַד גּוֹבַהּ**: *Tosafot* note that this is only one example of the possible differences between them. Other differences include cases where the ox fell backward or where the width of the pit was greater than its depth (see Ra'avad).

Teaches and then explains – **תָּנֵי וַהֲדַר מְפָרֵשׁ**: According to some commentaries, such as Rashi, this expression is not to be understood in the same sense as when it appears elsewhere. It is usually employed when the *tanna* first states the principle and then lists various details, but here it means that first he taught the details and afterward explained their source in the Torah. According to this explanation of the Gemara, the mishna is referring not only to trenches and channels, but also to ditches and caves. It is simply using shorthand (see *Shita Mekubbetzet*).

HALAKHA

He is also liable for a mound – **אַגּוֹבַהּ נַמִּי מִיחַיַּיב**: If one fashions a mound in the public domain with a height of ten handbreadths or higher, and an animal crashes into it or falls from it and dies, he is liable. If the mound is less than ten handbreadths high, he is liable for damages but not for death, in accordance with the opinion of Shmuel (Rambam *Sefer Nezikin, Hilkhot Nizkei Mamon* 12:15; *Shulḥan Arukh, Ḥoshen Mishpat* 410:18).

וְאִי תְּנָא חֲרִיצִין, הֲוָה אָמִינָא: חֲרִיצִין עֲשָׂרָה הוּא דְּאִית בְּהוּ הַבְלָא, מִשּׁוּם דְּלֵית בְּהוּ רְוִיחָא מִלְּעֵיל טְפֵי מִתַּתַּאי, אֲבָל נְעִיצִין דִּרְוִיחֵי מִלְּעֵיל טְפֵי מִתַּתַּאי – אֵימָא בַּעֲשָׂרָה לֵית בְּהוּ הַבְלָא, קָא מַשְׁמַע לַן.

And finally, had the mishna **taught** the case of **trenches** in addition to the previous three, **I would say** that it is specifically **trenches** of **ten** handbreadths **that contain** lethal **fumes, since they are no wider at the top than at the bottom. But with regard to channels, which are wider at the top than at the bottom, say** that at a depth **of ten** handbreadths **there are no** lethal **fumes** and there is no liability. Therefore, the mishna **teaches us** the case of channels as well, and each subsequent case listed contains a novel aspect.

תְּנַן: הָיוּ פְּחוּתִין מֵעֲשָׂרָה טְפָחִים וְנָפַל לְתוֹכוֹ שׁוֹר אוֹ חֲמוֹר וָמֵת – פָּטוּר, וְאִם הוּזַּק בּוֹ – חַיָּיב; נָפַל לְתוֹכוֹ שׁוֹר אוֹ חֲמוֹר וָמֵת – פָּטוּר, מַאי טַעְמָא? לָאו מִשּׁוּם דְּלֵית בֵּיהּ חֲבָטָה?

The Gemara raises a further challenge from that which **we learned** in the mishna: If any of the types of excavations **were less than ten handbreadths** deep, **and an ox or a donkey fell into** one of **them and died,** the digger of the excavation is **exempt. But if it was injured,** not killed, he is **liable** to pay damages. **What is the reason** for the ruling of: If **an ox or a donkey fell into it and died,** he is **exempt? Is it not because** at this height **there is not** sufficient **impact,**[N] although there are lethal fumes?

לָא, מִשּׁוּם דְּלֵית בֵּיהּ הַבְלָא. אִי הָכִי, אִם הוּזַּק בּוֹ – חַיָּיב? הָא לֵית בֵּיהּ הַבְלָא! אָמְרִי: אֵין הַבְלָא לְמִיתָה, וְיֵשׁ הַבְלָא לְנֶזֶק.

The Gemara responds: **No,** he is exempt **because there are no** lethal **fumes.** The Gemara challenges this: **If that is so,** that a pit less than ten handbreadths deep lacks sufficient lethal fumes, why is the one who dug it **liable if** the animal **is injured; but there are no** lethal **fumes?** The Gemara **answers: There are not** sufficient **fumes to cause death, but there are** sufficient **fumes to** cause **damage.**

הַהוּא תּוֹרָא דִּנְפַל לַאֲרִיתָא דְּדַלָּאֵי, שַׁחֲטֵיהּ מָרֵיהּ, טַרְפֵיהּ רַב נַחְמָן.

The Gemara relates: There was **a certain ox that fell into a water channel** [*la'arita dedala'ei*][L] whose depth was one cubit, i.e., six handbreadths. Because it suffered the impact of the fall, **its owner** assumed it would die and **slaughtered it** first, in order to eat the meat. **Rav Naḥman,** who was concerned that its organs were crushed by the fall, **deemed it an animal with a condition that will cause it to die within twelve months** [*tereifa*], which it is prohibited to consume.

אֲמַר רַב נַחְמָן: אִי שָׁקֵיל מָרֵיהּ דְּהַאי תּוֹרָא קַבָּא דְּקִמְחָא, וַאֲזַל תְּנָא בֵּי מִדְרָשָׁא: אִם שָׁהֲתָה מֵעֵת לְעֵת כְּשֵׁירָה – לָא אַפְסְדֵיהּ לְתוֹרָא דְּשָׁוֶה כַּמָּה קַבֵּי. אַלְמָא קָסָבַר רַב נַחְמָן: יֵשׁ חֲבָטָה בְּפָחוֹת מֵעֲשָׂרָה.

Furthermore, **Rav Naḥman said: If the owner of this ox had taken a *kav* of flour** to bake into bread to eat instead of slaughtering his animal for its meat, **and gone and learned in the study hall** that although an ox that falls and hits the ground is considered *tereifa* if slaughtered immediately, **if** the animal **remained**[N] alive **for twenty-four hours**[H] and is then slaughtered, **it is fit to eat, he would not have lost** his **ox that was worth several *kav*** of flour. The Gemara notes: **Apparently, Rav Naḥman maintains** that **there is an impact** caused even **by** a pit that is **less than ten** handbreadths, as Rav Naḥman was concerned in this case that its organs were crushed and it was fatally wounded.

אֵיתִיבֵיהּ רָבָא לְרַב נַחְמָן: הָיוּ פְּחוּתִין מֵעֲשָׂרָה טְפָחִים, וְנָפַל לְתוֹכוֹ שׁוֹר אוֹ חֲמוֹר וָמֵת – פָּטוּר; מַאי טַעְמָא? לָאו מִשּׁוּם דְּלֵית בֵּיהּ חֲבָטָה?

Rava raised an objection to the opinion of **Rav Naḥman** from the mishna: If any of the types of excavations **were less than ten handbreadths** deep, **and an ox or a donkey fell into** one of **them and died,** he is **exempt. What is the reason** for this? **Is it not because there is no** significant **impact** capable of causing death? If so, why is this animal deemed a *tereifa*?

לָא, מִשּׁוּם דְּלֵית בֵּיהּ הַבְלָא. אִי הָכִי ״הוּזַּק בּוֹ חַיָּיב״, הָא לֵית בֵּיהּ הַבְלָא! אֲמַר לֵיהּ: אֵין הֶבֶל לְמִיתָה, וְיֵשׁ הֶבֶל לְנֵזָקִין.

Rav Naḥman responds: **No,** he is exempt here **because there are not** sufficient **fumes** to cause death, in accordance with the opinion of Rav. Nevertheless, the impact from hitting the ground is sufficient to cause death, and therefore an ox that fell into a water channel is suspected of being a *tereifa*. Rava again challenges him: **If so,** then how is the statement: If the animal **was injured by it,** he is **liable,** to be explained? **There are not** sufficient **fumes?** Rav Naḥman **said to him: There are not** sufficient **fumes to** cause **death, but there are** sufficient **fumes to cause injury.**

NOTES

Is it not because there is not sufficient impact – לָאו מִשּׁוּם דְּלֵית בֵּיהּ חֲבָטָה: Rashi explains that this question is being directed to both Rav and Shmuel. Shmuel agrees that one is liable for an animal's death caused solely by the lethal fumes, but from here it appears that he is exempt even if the fumes are capable of causing death. By contrast, Rabbeinu Ḥananel and others explain that the Gemara's assumption is that the fumes cannot cause injury if the pit is less than ten handbreadths, and the difficulty is relevant specifically according to the opinion of Rav.

If the animal remained – אִם שָׁהֲתָה: One of the cases of *tereifa* is an animal that falls from a high location. Even though no external wound may be seen, it is possible that its internal organs have been crushed due to the fall. There are various means of determining whether this is the case, such as checking if the animal can stand up by itself or walk independently. According to Rav Naḥman, even if the animal remains where it fell for twenty-four hours, the injury is still not sufficiently severe to render it a *tereifa*. In *Tosafot*, it is suggested that the animal may still require a physical inspection to verify whether its organs were crushed.

LANGUAGE

Water channel [*arita dedala'ei*] **– אֲרִיתָא דְּדַלָּאֵי:** Apparently, this term is similar in meaning to the Hebrew word *ye'or*, meaning a river or canal. It may also be akin to the Syriac *ḥarita* with the guttural *ḥet* suppressed, meaning digging or canal.

HALAKHA

If the animal remained alive for twenty-four hours – אִם שָׁהֲתָה מֵעֵת לְעֵת: If an animal falls from a height of ten handbreadths, and the impact from the fall is so severe that it is unable to stand, it is prohibited to slaughter it until it remains alive in its location for twenty-four hours. If one slaughters the animal during this period, even if it is checked and no sign of a *tereifa* is found, it nevertheless has the status of a *tereifa*. If the animal did remain alive for a period of twenty-four hours, and it is checked after its slaughter and no signs of a *tereifa* are found, it is suitable for consumption (Rambam *Sefer Kedusha*, *Hilkhot Sheḥita* 9:19; *Shulḥan Arukh*, *Yoreh De'a* 58:3).

אֵיתִיבֵיהּ: בֵּית הַסְּקִילָה הָיָה גָּבוֹהַּ שְׁתֵּי קוֹמוֹת, וְתָנֵי עֲלָהּ: וְקוֹמָה שֶׁלּוֹ, הֲרֵי כָּאן שָׁלֹשׁ; וְאִי סָלְקָא דַּעְתָּךְ יֵשׁ חֲבָטָה בְּפָחוֹת מֵעֲשָׂרָה, לָמָּה לִי כּוּלֵּי הַאי?

Rava **raised an objection to** the opinion of Rav Naḥman from a mishna (*Sanhedrin* 45a): **The structure** from which **the** punishment of **stoning**[NH] was implemented **was a height of two** people, **and it is taught in that regard** in a *baraita*: When the two-person height of the structure is combined with **his height,** i.e., the height of the one being stoned, **there is** a total height equal to that of **three** people. Rava explains his objection: **And if it enters your mind** that **there is an impact** capable of causing death **in** a pit **less than ten** handbreadths deep, **why do I need all of this** height?

וּלְטַעֲמִיךְ, נַעֲבֵיד עֲשָׂרָה! אֶלָּא כְּרַב נַחְמָן, דְּאָמַר רַב נַחְמָן אָמַר רַבָּה בַּר אֲבוּהּ, אָמַר קְרָא: ״וְאָהַבְתָּ לְרֵעֲךָ כָּמוֹךָ״, בְּרוֹר לוֹ מִיתָה יָפָה.

Rav Naḥman answered him: **And according to your reasoning, let us make** the structure a minimal **ten** handbreadths. Why must it have a height of two people? **Rather,** no proof can be brought from here, since the reason is **in accordance with** the opinion of **Rav Naḥman, as Rav Naḥman says** that **Rabba bar Avuh says** that the **verse states: "And you shall love your fellow as yourself"** (Leviticus 19:18), teaching that even with regard to a condemned prisoner, **select a good,** i.e., a compassionate, **death for him.**[N] Therefore, the structure used for stoning is constructed sufficiently high that he dies quickly, without any unnecessary suffering.

אִי הָכִי, נַגְבְּהּ טְפֵי! מִשּׁוּם דְּמִינַּוֵּול.

The Gemara asks: **If so, let us raise** the structure even **more,** so that his death will be even less painful. The Gemara answers: This is not done, **because** if he fell from a greater height, his organs would be crushed and he would become completely **disfigured,** which is certainly not a way one would prefer to die.

אֵיתִיבֵיהּ: ״כִּי יִפֹּל הַנֹּפֵל מִמֶּנּוּ״, ״מִמֶּנּוּ״ – וְלֹא בְּתוֹכוֹ,

Rava again **raised an objection to** the opinion of Rav Naḥman: The Torah requires constructing a parapet on the roof of one's house to prevent anyone from falling to his death, as the verse states (Deuteronomy 22:8): "You shall not bring blood upon your house, **if any man falls from it."** The term **"from it"** teaches that liability exists only for falling from the roof of the house, **but not onto** the roof[H] of a house.

כֵּיצַד? הָיְתָה רְשׁוּת הָרַבִּים גְּבוֹהָה מִמֶּנּוּ עֲשָׂרָה טְפָחִים וְנָפַל מִתּוֹכָהּ לְתוֹכוֹ – פָּטוּר, עֲמוּקָּה מִמֶּנּוּ עֲשָׂרָה טְפָחִים וְנָפַל מִתּוֹכוֹ לְתוֹכָהּ – חַיָּיב.

How is this **so?** If an area in the **public domain was ten handbreadths higher than** a private house and the owner did not construct a fence between his house and the public domain, **and** someone **fell from inside** the public domain **onto** the house, the owner of the house is **exempt.** By contrast, if the public domain was **ten handbreadths lower than** the house, and the owner did not construct a fence on his roof, **and** someone **fell from** the roof of the house **into** the public domain,[N] he is **liable.**

וְאִי סָלְקָא דַּעְתָּךְ יֵשׁ חֲבָטָה בְּפָחוֹת מֵעֲשָׂרָה, לָמָּה לִי עֲשָׂרָה? אֲמַר לֵיהּ: שָׁאנֵי בַּיִת, דְּכָל פָּחוֹת מֵעֲשָׂרָה לָאו בַּיִת הוּא.

And if it enters your mind that **there is** a sufficiently strong **impact** to cause death even at a height **of less than ten** handbreadths, **why do I** need the roof to be **ten** handbreadths high for there to be a requirement to construct a parapet? Rav Naḥman **said to him:** The *halakha* of the parapet for the roof of **a house is different, since any** structure **less than ten** handbreadths **is not** classified as **a house,** and only a house requires a parapet.

אִי הָכִי, הָשְׁתָּא נַמִי דְּהָוֵי מֵאַבְּרַאי עֲשָׂרָה, דַּל מִינֵּיהּ תִּקְרָה וּמַעֲזִיבָה, מִגַּוַּאי לָא הָוֵי עֲשָׂרָה! אֲמַר לֵיהּ: כְּגוֹן דְּחַק מִגַּוַּאי.

Rava objects: **If that is so,** i.e., if the requirement to build a parapet is limited to a house that is ten handbreadths high, then **also now, where** the house **is ten** handbreadths higher than the public domain when measured **from the outside, remove** the height of **the ceiling and the plaster,** which is an additional layer on top of the ceiling. When measured **from the inside** in this manner, its height **is not ten.** According to you, then, it is not classified as a house. Rav Naḥman **said to him:** It is a case **where he hollowed out** an extra space **inside** in the floor of the house so that its height would be ten handbreadths.

אִי הָכִי, כִּי לָא הָוֵי נַמִי מֵאַבְּרַאי עֲשָׂרָה, מַשְׁכַּחַתְּ לָהּ דְּהָוֵי מִגַּוַּאי עֲשָׂרָה, כְּגוֹן דְּחַק בָּהּ טְפֵי!

Rava challenges him: **If so,** in a situation **where** the house **is not ten** handbreadths **from the outside as well, you** can **find** a scenario **where it is ten** handbreadths **from the inside, such as where he hollowed out extra** space **in** the floor, thereby transforming it into a house with the required height. Why, then, would a person be exempt in this case?

NOTES

The structure…of stoning – בֵּית הַסְּקִילָה: In tractate *Sanhedrin* (45a) it is explained that execution by stoning did not consist only of throwing stones on the person. Rather, it first began by hurling the convicted individual from the structure on which he stood for stoning, since the resulting impact with the ground is also classified as stoning. This is derived from the verse: "But he shall be stoned or hurled down" (Exodus 19:13), where hurling him down is included in the penalty of stoning.

Select a good death for him – בְּרוֹר לוֹ מִיתָה יָפָה: Some explain that the reason why Rabba bar Avuh understood that this verse applies specifically to one being executed is that while a person cannot show concern for others in the same way that he does for himself, concerning the manner of death, he can wholeheartedly agree that another person should be treated as he would want to be treated himself. Other commentaries explain the point to be that although in this case the person is so sinful that he is condemned to death, nevertheless, the mitzva of loving another still applies to him. Therefore, despite the fact that he is to be executed, one should do the utmost to ensure that his death is as painless as possible, both physically and emotionally.

And fell from the roof into the public domain, he is liable – וְנָפַל מִתּוֹכוֹ לְתוֹכָהּ חַיָּיב: The early commentaries explain that the terms liable and exempt, used here for the *halakhot* of constructing a parapet, do not refer to monetary liability for damage caused, since in any event the house is not classified as a pit. Instead, these terms should be understood as referring to the very obligation to construct such a parapet (Rashi). See also the Rashba, who notes that the text of the Gemara must be read differently according to this explanation. Alternatively, others, including the Ra'avad and Rashba, explain that they refer to whether one is responsible or even financially liable according to the laws of Heaven for causing this hazard. This is because he has transgressed the injunction: "You shall not bring blood upon your house."

HALAKHA

The structure…of stoning – בֵּית הַסְּקִילָה: The structure built for the purpose of stoning had a height equal to that of two people standing one on top of the other (Rambam *Sefer Shofetim, Hilkhot Sanhedrin* 15:1).

From it but not onto the roof – מִמֶּנּוּ וְלֹא בְּתוֹכוֹ: If the public domain is higher than one's roof, he is not required to build a fence (Rambam *Sefer Nezikin, Hilkhot Rotze'aḥ UShmirat HaNefesh* 11:2; *Shulḥan Arukh, Ḥoshen Mishpat* 427:4).

אֶלָּא, הַיְינוּ טַעְמָא דְּרַב נַחְמָן, סָבַר: מִכְּרֵיסָא דְּתוֹרָא לְאַרְעָא כַּמָּה הָוֵי? אַרְבָּעָה, אֲרִיתָא דְּדַלָאֵי כַּמָּה הָוֵי? שִׁיתָּא, הָא עֲשָׂרָה, אִישְׁתַּכַּח דְּכִי קָא מִחְבַּט – מֵעֲשָׂרָה הוּא דְּקָא מִחְבַּט.

The Gemara answers: **Rather,** the previous explanation must be entirely rejected, and **this is the reasoning of Rav Naḥman** when he ruled that one must suspect that the ox's organs were crushed upon falling into the water channel. He **maintains** the following argument: **How** far is the distance **from the stomach of the ox**[HB] **to the ground?** It is **four** handbreadths. **How** deep **is the water channel?** It is **six** handbreadths. **This** totals **ten** handbreadths. Therefore, it **transpires that when** the ox **hits** the ground, **it is from** a height of **ten** handbreadths **that it hits** the ground, since it landed on its stomach and not on its feet.

אֶלָּא מַתְנִיתִין דְּקָתָנֵי: מָה בּוֹר שֶׁהוּא כְּדֵי לְהָמִית – עֲשָׂרָה טְפָחִים, אַף כֹּל שֶׁיֵּשׁ בּוֹ כְּדֵי לְהָמִית – עֲשָׂרָה טְפָחִים, בְּשִׁיתָּא נַמִּי סַגְיָא!

The Gemara asks: **But** with regard to **the mishna, which teaches: Just as a pit that has sufficient** depth **to cause death** when falling into it is at least **ten handbreadths** deep,[H] **so too, any** other excavations **that have sufficient** depth **to cause death** may be no less than **ten handbreadths** deep, why not say that a pit **with six** handbreadths would **also be sufficient?**

אָמְרִי: מַתְנִיתִין – דְּאִיגַּנְדַּר לַבּוֹר.

The Sages **said** in reply: **The mishna** is referring to a case **where** the animal **rolled into the pit,** in which case the pit would be required to have a depth of ten handbreadths. By contrast, if it fell while walking, the extra height from the ground to its stomach is included in calculating the ten handbreadths.

מתני׳ בּוֹר שֶׁל שְׁנֵי שׁוּתָּפִין, עָבַר עָלָיו הָרִאשׁוֹן וְלֹא כִּסָּהוּ, וְהַשֵּׁנִי וְלֹא כִּסָּהוּ – הַשֵּׁנִי חַיָּיב.

MISHNA If **a pit belonging to two partners**[H] was uncovered and **the first** partner **passed by it**[N] **and did not cover it,** and then **the second** passed by it **and did not cover it, the second** is **liable** for any damage caused by means of the pit.

גמ׳ אָמְרִי: בּוֹר שֶׁל שְׁנֵי שׁוּתָּפִין הֵיכִי מַשְׁכַּחַתְּ לַהּ? הָנִיחָא אִי סְבִירָא לַן כְּרַבִּי עֲקִיבָא, דְּאָמַר בּוֹר בִּרְשׁוּתוֹ חַיָּיב, מַשְׁכַּחַתְּ לַהּ בְּחָצֵר שֶׁל שְׁנֵיהֶם וּבוֹר שֶׁל שְׁנֵיהֶם, וְהִפְקִירוּ רְשׁוּתָן וְלֹא הִפְקִירוּ בּוֹרָן.

GEMARA The Sages **say: How can you find** such a case **of a pit belonging to two partners? This works out well if we hold in accordance with** the opinion of **Rabbi Akiva, who says** that one who digs **a pit** on his own property and then declares the property, but not the pit, ownerless, is **liable** for damage. According to him, **you find** such a case **where the courtyard belongs to both of them and the pit belongs to both of them, and they renounced ownership of their property but did not renounce ownership of their pit.** In that case, both are responsible for any damage caused.

אֶלָּא אִי סְבִירָא לַן בּוֹר בִּרְשׁוּתוֹ פָּטוּר, הֵיכִי מַשְׁכַּחַתְּ לַהּ דְּחַיָּיב עֲלֵיהּ – בִּרְשׁוּת הָרַבִּים, וּבִרְשׁוּת הָרַבִּים בּוֹר שֶׁל שְׁנֵי שׁוּתָּפִין הֵיכִי מַשְׁכַּחַתְּ לַהּ?

But if we hold that one who digs **a pit on his** own **property** and then declares the property, but not the pit, ownerless, is **exempt** from liability for damage caused, **how can you find** a case of a pit **for** which a person is **liable?** It can only be a case where it is located **in the public domain, and how can you find** a case of a **pit belonging to two partners in the public domain?**

אִי דְּשַׁווּ שָׁלִיחַ תַּרְוַיְיהוּ, וְאָמְרִי לֵיהּ: זִיל כְּרִי לַן, וַאֲזַל כָּרָה לְהוּ – אֵין שָׁלִיחַ לִדְבַר עֲבֵירָה. וְאִי דִּכְרָה הַאי חַמְשָׁה וְהַאי חַמְשָׁה – נִסְתַּלְּקוּ לְהוּ מַעֲשֶׂה רִאשׁוֹן!

If they both jointly **appointed an agent**[H] **and said to him: Go dig** a pit **for us, and he went** and **dug** a pit **for** both of **them,** then neither is liable. This is because **there is no agency for transgression,**[N] and the digger is solely responsible. **And if this** partner **dug** a pit **five** handbreadths deep **and this** partner dug **five** further handbreadths deep, **the** significance of the initial **act** of digging performed by **the first** partner **has been removed.** Now all responsibility rests with the second partner, who deepened the pit to ten handbreadths, which is the minimum depth for which one is liable for an animal's death. Therefore, this is also not treated as a jointly owned pit.

HALAKHA

From the stomach of the ox, etc. – מִכְּרֵיסָא דְּתוֹרָא וכו׳: It is prohibited to eat an animal that fell, due to concern that it is a *tereifa*. In what case is this concern relevant? If an animal fell from a standing position and the distance from its stomach to the place where it landed was ten handbreadths or more, it is forbidden due to concern that its internal organs were crushed. If it was lying down and rolled into a pit, this concern applies only if the pit itself was ten handbreadths deep, in accordance with the Gemara's concluding interpretation of Rav Naḥman. Based on the Rambam, it appears that the animal must fall from a height of ten handbreadths to warrant this concern (Rambam *Sefer Kedusha, Hilkhot Sheḥita* 9:8; *Shulḥan Arukh, Yoreh De'a* 58:1).

Falling into a pit – נְפִילָה בְּבוֹר: If a pit itself is less than ten handbreadths deep, and an animal falls into it and dies, the owner of the pit is exempt (*Tur*). This ruling appears to be accepted by the Rambam and the *Shulḥan Arukh* as well. According to some authorities, if the length of the animal's legs plus the depth of the pit equals a total height of ten handbreadths, he is liable (Rambam *Sefer Nezikin, Hilkhot Nizkei Mamon* 12:10; *Shulḥan Arukh, Ḥoshen Mishpat* 410:10).

A pit belonging to two partners – בּוֹר שֶׁל שְׁנֵי שׁוּתָּפִין: If a pit belongs to two partners and the first passes by it without covering it, and the second also passes by without covering it, the first is liable. This is in accordance with the version of the text of the Rif, and found in the Rambam's Commentary on the Mishna, which is not the same as the standard version of the text. The Rema adds that according to some authorities, both are liable (Rambam *Sefer Nezikin, Hilkhot Nizkei Mamon* 12:7; *Shulḥan Arukh, Ḥoshen Mishpat* 410:25).

If they…appointed an agent – אִי דְּשַׁווּ שָׁלִיחַ: If someone instructs another to dig a pit in the public domain, and he did so, and the pit subsequently caused damage, the digger is liable and the one who appointed him is exempt, since there is no agency for transgression (*Shulḥan Arukh, Ḥoshen Mishpat* 410:8).

BACKGROUND

From the stomach of the ox – מִכְּרֵיסָא דְּתוֹרָא: The distance from the stomach of an ox or cow to the ground is more than four handbreadths, which is approximately 35 cm. This is true even for breeds of cattle with short legs, as well as when measuring from the fattest parts. It appears that the statement here is an exaggeration, as the stomach of an ox would certainly be higher than four handbreadths from the ground, and at times even ten.

NOTES

Passed by it, etc. – עָבַר עָלָיו וכו׳: Rashi (51b) explains that the phrase: He passed by it, means: He made use of it.

There is no agency for transgression – אֵין שָׁלִיחַ לִדְבַר עֲבֵירָה: When a person appoints an agent to act on his behalf to perform a transgression, the action is not attributed to the one who appointed him, but rather solely to the agent. This is because one may not renounce personal responsibility on the grounds that he acted on another's behalf (Rashi). The Rashba notes that the scenario also cannot involve a gentile agent, for whom a certain action might not be prohibited, since the *halakhot* of agency do not apply to gentiles. The later commentaries discuss the question of exactly what transgression is involved here, since while there is certainly a monetary obligation to pay compensation for potential damage, it is not clear what prohibition is violated by digging the pit. According to the *Mishne LaMelekh*, it is a rabbinic transgression to cause destruction in the public domain, from which he derives that the principle: There is no agency for transgression, applies even to rabbinic prohibitions. Others suggest that the Torah prohibition of: Do not do to others what you yourself dislike, which is derived from the verse: "You shall love your neighbor as yourself" (Leviticus 19:18), is violated (*Kovetz Biurim*). A third suggestion offered is that such a person violates the prohibition of: "You shall not put a stumbling block before the blind" (Leviticus 19:14).

הָנִיחָא לְרַבִּי וְלִנְזָקִין מַשְׁכַּחַתְּ לַהּ. אֶלָּא לְרַבִּי וּלְמִיתָה, וּלְרַבָּנַן בֵּין לְמִיתָה בֵּין לִנְזָקִין, הֵיכִי מַשְׁכַּחַתְּ לַהּ?

The Gemara notes: **This works out well according to** the opinion of **Rabbi** Yehuda HaNasi, **and you find in** a case of **damage** that both would be liable, as the Gemara will soon explain. Therefore, it qualifies as a case of a pit belonging to two partners. **But according to** the opinion of **Rabbi** Yehuda HaNasi, the first partner is not held liable at all in a case **where** the pit causes an animal's **death; and according to** the opinion of **the Rabbis,** the first partner is not held liable both in a situation **where it causes death and** in a situation where it merely causes **damage.** If so, **how,** can **you find** an instance of a pit belonging to partners?

אָמַר רַבִּי יוֹחָנָן: כְּגוֹן שֶׁעָקְרוּ שְׁנֵיהֶן חוּלְיָא בְּבַת אַחַת וְהִשְׁלִימוּ לַעֲשָׂרָה.

Rabbi Yoḥanan says: This is referring to a case **where they both extracted a chunk** of earth[B] from the bottom of the pit **simultaneously, and** thereby **completed** it **to** a depth of **ten** handbreadths. This, then, would constitute a pit belonging to both of them.

מַאי רַבִּי וּמַאי רַבָּנַן? דְּתַנְיָא: אֶחָד הַחוֹפֵר בּוֹר תִּשְׁעָה, וּבָא אַחֵר וְהִשְׁלִימָהּ לַעֲשָׂרָה – הָאַחֲרוֹן חַיָּיב; רַבִּי אוֹמֵר: אַחַר אַחֲרוֹן לְמִיתָה, וְאַחַר שְׁנֵיהֶם לִנְזָקִין.

Having mentioned the dispute between Rabbi Yehuda HaNasi and the Rabbis, the Gemara inquires: **What** is the opinion of **Rabbi** Yehuda HaNasi, **and what** is the opinion of **the Rabbis? As it is taught** in a *baraita*: With regard to **one who digs a pit nine** handbreadths deep, **and another** person **came and completed** the digging **to** a depth of **ten** handbreadths, **the latter** individual alone is **liable** for an injury or death caused by the pit. **Rabbi** Yehuda HaNasi **says:** One **follows the latter** for restitution **for death** caused by the pit. The latter is solely liable, since only a pit of ten handbreadths renders a person liable for an animal's death. **And** one **follows both of them** for restitution **for damage** caused by the pit.

מַאי טַעְמָא דְּרַבָּנַן? דְּאָמַר קְרָא: ״כִּי יִפְתַּח״ וְ״כִי יִכְרֶה״, אִם עַל פְּתִיחָה חַיָּיב, עַל כְּרִיָּיה לֹא כׇּל שֶׁכֵּן! אֶלָּא, לְהָבִיא כּוֹרֶה אַחַר כּוֹרֶה שֶׁסִּילֵּק מַעֲשֵׂה רִאשׁוֹן.

The Gemara explains: **What is the reason** for the opinion **of the Rabbis? As the verse states: "If a man shall open** a pit, **or if** a man **shall dig** a pit" (Exodus 21:33), it raises the question: **If** he is **liable for opening** a covered pit that has already been dug, then is it **not all the more so** that he should be liable **for digging** a new pit? What, then, does that latter phrase add? **Rather,** the verse serves **to include** the case of one person who begins to **dig** a pit and **after** he does so, a second person continues to **dig.** By subsequently stating: "If a man shall dig a pit," the Torah teaches **that** a new pit is effectively created by the second digger, whose digging **removed,** i.e., rendered irrelevant, **the action of the first**[N] digger and who bears full responsibility for the pit.

וְרַבִּי אָמַר לָךְ: הָנְהוּ מִיצְרָךְ צְרִיכִי, כִּדְאָמְרִינַן. וְרַבָּנַן נַמִי, מִיצְרַךְ צְרִיכִי!

And Rabbi Yehuda HaNasi could have **said to you: These** two clauses in the verse **are** both **necessary,** and the second clause cannot serve to teach the *halakha* of the sole liability of the second digger. The reason they are necessary is **as we said** earlier (50a), where interpretations were cited according to both Rabbi Yishmael and Rabbi Akiva. The Gemara asks: **And** don't **the Rabbis also** agree that they **are necessary** for those interpretations? If so, what is the source of their opinion that responsibility for the pit rests solely with the second partner?

אֶלָּא הַיְינוּ טַעְמָא דְּרַבָּנַן, אָמַר קְרָא: ״כִּי יִכְרֶה אִישׁ בּוֹר״, אֶחָד וְלֹא שְׁנַיִם.

Rather, the previous explanation must be rejected, and **this is the reason of the Rabbis:** The **verse states: "If a man shall dig a pit,"** indicating that **one** person is liable, **but not two.** Therefore, if two people jointly created the pit, the second bears responsibility and not the first.

וְרַבִּי? הַהוּא מִיבְּעֵי לֵיהּ: ״כִּי יִכְרֶה אִישׁ בּוֹר״ – וְלֹא שׁוֹר בּוֹר.

The Gemara asks: **And** how does **Rabbi** Yehuda HaNasi understand the phrase "if a man shall dig a pit"? The Gemara answers: **He requires that** phrase to teach another *halakha*. The phrase **"if a man shall dig a pit"** indicates that a person who digs a pit is liable, **but** one is **not** liable if his **ox** digs a **pit.**

וְרַבָּנַן? תְּרֵי ״אִישׁ בּוֹר״ כְּתִיבִי.

The Gemara asks: **And** from where do **the Rabbis** derive this *halakha*? The Gemara answers that the combination of words: **Man** and **pit,** is **written twice:** "If a man shall open a pit, or if a man shall dig a pit." From one phrase, the *halakha* is derived that a person must do the digging, and not an animal. From the second phrase, the *halakha* is derived that one person bears responsibility for the damage, and not two people.

BACKGROUND

A chunk of earth – חוּלְיָא: This word generally refers to something hollow. It appears that here the word refers to the stones in the pit itself that, once removed, allow for an empty space inside the pit.

NOTES

That removed the action of the first – שֶׁסִּילֵּק מַעֲשֵׂה רִאשׁוֹן: According to *Tosafot*, this *halakha* that the first is completely exempt applies specifically where the pit is nine handbreadths deep and the second digger dug an additional handbreadth. This is because the pit has been changed in a fundamental way, in that a person or animal could be killed through falling into it. According to this opinion, if the pit was previously only eight handbreadths in depth and the second digger dug an additional handbreadth, then, since the essence of the pit has not fundamentally changed, the first action is not considered to have been removed, and both diggers would be liable.

וְרַבִּי? אַיְּידֵי דִּכְתַב הַאי כְּתַב הַאי.

The Gemara asks: **And** what does **Rabbi** Yehuda HaNasi derive from this repetition? The Gemara answers: In his opinion, **since** the Torah **wrote this**[B] first clause using this wording, it similarly **wrote this** second clause in the same fashion. The repetition is for stylistic reasons, and is not meant to teach a new *halakha*.

וּמִמַּאי דִּלְחַיּוּבֵי בַּתְרָא? דִּלְמָא לְחַיּוּבֵי קַמָּא!

The Gemara continues to ask about the opinion of the Rabbis: **And** even if they derive from the verse that only one person is liable for damage caused through the pit, **from where** do they know **that** the Torah intends **to render** specifically **the latter one liable** for the damage? **Perhaps** it is **to render the first one** who started the digging **liable** for the damage.

לָא סָלְקָא דַּעְתָּךְ, דַּאֲמַר קְרָא: ״וְהַמֵּת יִהְיֶה לּוֹ״, הַהוּא דְּקָא עָבֵיד מִיתָה.

The Gemara answers: It should **not** enter your mind to suggest this, **since the verse states: "And the carcass shall be for him"** (Exodus 21:34). This indicates that it is **the one who causes the death,** i.e., the second one, who is liable, and not the first. This is because it is the second one who completed digging the necessary depth for causing death, and not the first.

וְהַאי ״וְהַמֵּת יִהְיֶה לּוֹ״ מִבָּעֵי לֵיהּ לְכִדְרָבָא, דְּאָמַר רָבָא: שׁוֹר פְּסוּלֵי הַמּוּקְדָּשִׁין שֶׁנָּפַל לַבּוֹר – פָּטוּר, שֶׁנֶּאֱמַר: ״וְהַמֵּת יִהְיֶה לּוֹ״, בְּמִי שֶׁהַמֵּת שֶׁלּוֹ!

The Gemara asks: **But** isn't **this** clause: **"And the carcass shall be for him," necessary for that which Rava states? As Rava says:** With regard to **a disqualified consecrated ox**[HB] **that fell into a pit,** the pit's owner is **exempt, as it is stated: "And the carcass shall be for him."** Evidently, the verse is stated **with regard to** a case **where the carcass belongs** to him. This ox, which was consecrated and subsequently disqualified, does not fully belong to anybody, since its use is restricted. Since this verse serves to teach Rava's ruling, it cannot serve to teach about the liability of the second digger.

אָמְרִי: וְלָאו מִמֵּילָא שָׁמְעַתְּ מִינָּהּ דִּבְהַהוּא דַּעֲבַד מִיתָה עָסְקִינַן?

The Sages **said** in response: **And can't you learn from** the words and emphasis of the verse **by itself that we are dealing with the one who caused** the animal's **death,** even if these words are also used to derive Rava's ruling? Therefore, the verse can serve as a source for both rulings.

תָּנוּ רַבָּנַן: אֶחָד הַחוֹפֵר בּוֹר עֲשָׂרָה, וּבָא אַחֵר וְהִשְׁלִימָהּ לְעֶשְׂרִים, וּבָא אַחֵר וְהִשְׁלִימָהּ לִשְׁלֹשִׁים – כּוּלָּן חַיָּיבִין. וּרְמִינְהוּ: אֶחָד הַחוֹפֵר בּוֹר עֲשָׂרָה, וּבָא אַחֵר וְסִיֵּיד וְכִיֵּיד – הָאַחֲרוֹן חַיָּיב.

On a similar subject, **the Sages taught:** In a case of **one who digs a pit** to a depth of **ten** handbreadths, **and another comes**[H] **and completes** the depth **to twenty** handbreadths[N] by digging an additional ten handbreadths, **and another comes and completes it to thirty,** they are **all liable** for any damage caused by this pit. The Gemara comments: **And** one can **raise a contradiction** against this from a *baraita*: In a case of **one who digs a pit** to a depth of **ten** handbreadths, **and another came and plastered** it **and cemented** [*vekhiyyeid*][L] it,[N] **the latter** is **liable** for damage, and not the first.

HALAKHA

Disqualified consecrated ox – שׁוֹר פְּסוּלֵי הַמּוּקְדָּשִׁין: If a consecrated ox that was disqualified for use as a sacrifice fell into a pit and died or was injured, the owner of the pit is exempt. The same *halakha* applies to a firstborn animal. The Ra'avad adds that this is true even if the disqualified consecrated ox has already been redeemed (Ra'avad; Rambam *Sefer Nezikin, Hilkhot Nizkei Mamon* 12:17; *Tur, Ḥoshen Mishpat* 410).

One who digs a pit of ten and another comes, etc. – אֶחָד הַחוֹפֵר בּוֹר עֲשָׂרָה וּבָא אַחֵר וכו׳: If one person digs a pit that is ten handbreadths deep and another deepens it to twenty handbreadths and a third to thirty handbreadths, they all share liability (Rambam *Sefer Nezikin, Hilkhot Nizkei Mamon* 12:12; *Shulḥan Arukh, Ḥoshen Mishpat* 410:14).

NOTES

And completes the depth to twenty handbreadths – וְהִשְׁלִימָהּ לְעֶשְׂרִים: According to most early commentaries, the same principle would apply if he added only one handbreadth. In either case, he has participated in digging the pit but has not fundamentally altered the halakhic status of the pit, which was previously capable of causing a death. By contrast, the Ra'ah is of the opinion that they share liability only in the Gemara's case, where each subsequent digger adds at least ten handbreadths, since that is the minimal depth at which a pit is capable of causing death.

And cemented it – וְכִיֵּיד: From the context, it appears to mean that he made sketches on the walls of the pit using clay or mud, thereby slightly reducing its width.

LANGUAGE

Cemented [*kiyyeid*] – כִּיֵּיד: The root of this word, as well as the root of the parallel form *kiyyer* found in other versions and sources, is unclear. Some compare it to the word for plaster or lime, *sid*, or the word for chalk, *gir*. In any event, the terms *kiyyed* or *kiyyer* mean to draw images on a wall by cementing it with some kind of material.

BACKGROUND

Since the Torah wrote this – אַיְּידֵי דִּכְתַב הַאי: The Torah does not generally employ superfluous language, and the Sages therefore sought to expound on every word and even every letter of the Torah. Nevertheless, the concept of stylistic embellishment is mentioned by the Gemara with regard to the Written Torah (*Nedarim* 37b), and the Ran explains it to mean that sometimes the Torah adds words to create a felicitous expression. Moreover, in a number of places in the Talmud, certain Sages do not expound specific words that others do expound, because they considered the words used to be part of a normal mode of expression. In this case, the words "man" and "pit" are repeated as a type of stylistic embellishment (*Minḥat Yehuda*).

Disqualified consecrated ox – שׁוֹר פְּסוּלֵי הַמּוּקְדָּשִׁין: This refers to an ox or any other animal whose body was consecrated and designated to be brought to the Temple as an offering, and a blemish was subsequently discovered in it. Although the animal no longer possesses its previous level of sanctity and may be eaten by anyone upon being redeemed, there still are limits to how this animal may be used while it is alive. Furthermore, even after it dies, its carcass may not be fed to dogs and it must be buried instead. For this reason, with regard to the *halakhot* of Ox, where the verse states: "The ox of another," one is liable for injury caused to it. With regard to the *halakhot* of Pit, there is no liability where such an animal falls into a pit. This is because the verse states: "And the carcass shall be for him," which is not the case for a disqualified consecrated animal, which requires burial.

לֵימָא הָא רַבִּי וְהָא רַבָּנַן?

Shall we say that this *baraita*, which teaches that they are all liable, is in accordance with the opinion of **Rabbi** Yehuda HaNasi, who holds both liable for digging, **and this** *baraita*, which holds the latter liable, is in accordance with the opinion of **the Rabbis,** who hold only the last one liable?

אֲמַר רַב זְבִיד: הָא וְהָא רַבָּנַן; עַד כָּאן לָא קָאָמְרִי רַבָּנַן אַחֲרוֹן חַיָּיב – אֶלָּא הֵיכָא דְּלָא עֲבַד קַמָּא שִׁיעוּר מִיתָה, אֲבָל הֵיכָא דַּעֲבַד קַמָּא שִׁיעוּר מִיתָה, אֲפִילּוּ רַבָּנַן מוֹדוּ דְּכוּלָּן חַיָּיבִין.

Rav Zevid said: Both **this** *baraita* **and that** *baraita* are in accordance with the opinion of **the Rabbis.** The way the first *baraita* accords with their opinion is that **the Rabbis say** that **the last one** is **liable only where the first** one **did not make the** pit of sufficient **measurement** to cause **death,** but dug less than ten handbreadths. **But where the first one made** a pit of sufficient **measurement** to cause **death,** such as in this case, where the first one dug ten handbreadths himself and it was subsequently deepened further by others, **even the Rabbis concede that they are all liable.**

וְהָא סַיֵּיד וְכַיֵּיד, דְּקָא עֲבַד קַמָּא שִׁיעוּר מִיתָה, וְקָתָנֵי: אַחֲרוֹן חַיָּיב! אָמְרִי: הָתָם שֶׁלֹּא הָיָה בּוֹ הֶבֶל לְמִיתָה, וּבָא אַחֵר וְהוֹסִיף בָּהּ הֶבֶל לְמִיתָה.

The Gemara asks: **But** in the second *baraita*, where **he plastered and cemented** it, **the first made** a pit of sufficient **measurement** to cause **death, and** nevertheless, the *baraita* **teaches** that **the last person** is **liable. They said** in response: **There** it is referring to a case **where** the pit **did not have fumes**[N] capable of leading **to death,** since it was very wide. **And** then **the other came, and** by narrowing it with plaster and cementing it, **he added to it** the characteristic of having **fumes** capable of leading **to death.**

אִיכָּא דְּאָמְרִי, אֲמַר רַב זְבִיד: הָא וְהָא רַבִּי; הַךְ דְּקָתָנֵי "כּוּלָּן חַיָּיבִין" – שַׁפִּיר, הָא דְּקָתָנֵי "אַחֲרוֹן חַיָּיב" – כְּגוֹן שֶׁלֹּא הָיָה בּוֹ הֶבֶל לֹא לְמִיתָה וְלֹא לְנֶזֶקִין, וּבָא אַחֵר וְהוֹסִיף בּוֹ הֶבֶל בֵּין לְמִיתָה בֵּין לְנֶזֶקִין.

There are those who say that this is what **Rav Zevid said:** Both **this** *baraita* **and that** *baraita* are in accordance with the opinion of Rabbi Yehuda HaNasi. **This** first *baraita*, **which teaches: They are all liable,** fits **well** with his opinion. **That** second *baraita*, **which teaches: The last one** alone is **liable,** is referring to a case **where** the pit **did not have** sufficient **fumes in it** that were capable of leading to **either death or damage, and** then **another** person **came and** by narrowing it with plaster and cementing it, **he added to it** the characteristic of having **fumes** capable of leading **to both death and damage.**

אָמַר רָבָא: הִנִּיחַ אֶבֶן עַל פִּי הַבּוֹר וְהִשְׁלִימָהּ לַעֲשָׂרָה, בָּאנוּ לְמַחֲלוֹקֶת רַבִּי וְרַבָּנַן.

Elaborating on this subject, **Rava says:** With regard to one who **placed a stone at the opening of a pit**[H] less than ten handbreadths deep **and brings** the pit **to** a depth of **ten** handbreadths by raising the ground next to the opening of the pit, **we have arrived at the dispute** between **Rabbi** Yehuda HaNasi **and the Rabbis** concerning whether only the second or both are responsible for damage caused.

פְּשִׁיטָא! מַהוּ דְּתֵימָא, לְמַטָּה הוּא דְּהַבְלָא דִּידֵיהּ קָא קָטֵיל לֵיהּ, אֲבָל לְמַעְלָה דְּלָא הַבְלָא דִּידֵיהּ קָא קָטֵיל – אֵימָא לָא, קָא מַשְׁמַע לַן.

The Gemara asks: **Isn't this obvious?** This is precisely the case they are disputing, so what does Rava's statement add to this? The Gemara answers: **Lest you say** that there is a distinction between a person deepening a pit **at the bottom,** in which case it **is his** lethal **fumes** that he caused **that kill** the animal, **but** if he added to the pit **at the top, where it is not his** lethal **fumes** that **kill** the animal, **say** that he would **not** be liable. Rava's statement **teaches us** that the last one is liable, and this case is subject to dispute between Rabbi Yehuda HaNasi and the Rabbis as to whether only the last one or both are liable.

בָּעֵי רָבָא: טַם טֶפַח וְסִילֵּק אֲבָנָיו, מַהוּ? מִי אָמְרִינַן מַאי דַּעֲבַד שַׁקְלֵיהּ,

Rava raises the following **dilemma:** If someone dug another handbreadth in a pit that was nine handbreadths deep, so that it reached a depth of ten handbreadths, and subsequently **closed up** that **handbreadth**[H] inside the pit, **or if he removed his stones** that he had placed at the opening of the pit so that the depth of the pit was reduced to less than ten handbreadths, **what is the** *halakha*?[N] **Do we say that what he did** to increase the depth of the pit to ten handbreadths, **he has** removed, and restored the initial situation that existed before he dug the extra handbreadth, causing responsibility for damage to revert solely to the original digger?

NOTES

Where the pit did not have fumes – שֶׁלֹּא הָיָה בּוֹ הֶבֶל: The early commentaries discuss whether the Gemara's discussion here is in accordance with the opinion of Rav or Shmuel. Some understand that the Gemara's discussion here is in accordance with the opinion of Rav, since the Gemara discusses the increase and decrease in lethal fumes as a significant factor. They therefore rule in accordance with his opinion, despite the general principle of ruling in accordance with the opinion of Shmuel in monetary law. Others understand that the Gemara's discussion here is even in accordance with the opinion of Shmuel, explaining that Shmuel agrees that one is also liable if the animal died due to the lethal fumes. In addition, there are some cases in which the death cannot have been caused by the impact of the fall, such as where the pit was padded with sponges. Therefore, they rule in accordance with the opinion of Shmuel, as in other cases of monetary law.

What is the *halakha* – מַהוּ: According to the Rosh, the question is directed only at the Rabbis, since according to the opinion of Rabbi Yehuda HaNasi, both are liable in a case where the second person adds a handbreadth to the previous nine, indicating that he does not ascribe to the logic of: He removed the action of the first digger. According to the explanation of the Rosh, it would appear that the phrase: He removed the action of the first digger, occurs through the extra handbreadth that he added. If it is interpreted to mean that it is undone by sealing the extra handbreadth dug by the second, then the question can be interpreted even according to the opinion of Rabbi Yehuda HaNasi.

HALAKHA

One who placed a stone at the opening of a pit – הִנִּיחַ אֶבֶן עַל פִּי הַבּוֹר: If one person digs a pit less than ten handbreadths deep and another brings it to a depth of ten handbreadths, either by digging further or by elevating the height of the surrounding ground, the latter bears responsibility even for damage. This is in accordance with the opinion of Rava and follows the opinion of the Rabbis (Rambam *Sefer Nezikin, Hilkhot Nizkei Mamon* 12:12; *Shulḥan Arukh, Ḥoshen Mishpat* 410:15).

Closed up that handbreadth, etc. – טַם טֶפַח וכו׳: If one dug an additional handbreadth in an already existing pit and then filled in the handbreadth that he added, or if he added an additional handbreadth at the opening of the pit and then removed it, it is uncertain whether the initial act of digging is considered to be undone. Consequently, in a case where damage was caused through the pit, the burden of proof rests upon the claimant (Rambam *Sefer Nezikin, Hilkhot Nizkei Mamon* 12:12; *Shulḥan Arukh, Ḥoshen Mishpat* 410:15, and see *Sma* there).

אוֹ דִּלְמָא נִסְתַּלְּקוּ מַעֲשֵׂה רִאשׁוֹן וְקָמָה לֵיהּ כּוּלֵּיהּ בִּרְשׁוּתֵיהּ? תֵּיקוּ.

Or perhaps, by closing it up, he **removed the action of** the **first** digger, since he has removed the ability of the pit to cause death? If so, it **moves entirely into his possession** and he now assumes full responsibility for the pit of nine handbreadths. The Gemara concludes: The question **shall stand** unresolved.

אָמַר רַבָּה בַּר בַּר חָנָה אָמַר שְׁמוּאֵל בַּר מָרְתָא: בּוֹר שְׁמוֹנָה וּמֵהֶן שְׁנֵי טְפָחִים מַיִם – חַיָּיב; מַאי טַעֲמָא? כָּל טֶפַח דְּמַיָּא, כִּתְרֵי דְּיַבָּשָׁה דָּמֵי.

§ **Rabba bar bar Ḥana says** that **Shmuel bar Marta says:** With regard to **a pit** that is **eight**[H] handbreadths deep and **two handbreadths of it** contain **water,** one is **liable** for it. **What is the reason? Each handbreadth of water is like two** handbreadths **of dry** space. Therefore, the pit is effectively ten handbreadths in depth and contains a sufficient quantity of lethal fumes to render its owner liable.

אִיבַּעְיָא לְהוּ: בּוֹר תִּשְׁעָה וּמֵהֶן טֶפַח אֶחָד מַיִם, מַהוּ? מִי אָמְרִינַן כֵּיוָן דְּלָא נְפִישִׁי מַיָּא לֵית בֵּיהּ הַבְלָא, אוֹ דִּלְמָא כֵּיוָן דְּעָמֵיק טְפֵי אִית בֵּיהּ הַבְלָא?

A dilemma was raised before the Sages: If a **pit** is **nine** handbreadths deep, **and from that** measurement, **one handbreadth** contains **water, what is** the *halakha*? Is this case equivalent to the previous one? **Do we say** that **since** there is **not** as **large** a quantity **of water** as in the case stated by Rabba bar bar Ḥana, the pit **does not have** a sufficient quantity of lethal **fumes** to render the digger liable? **Or perhaps** it can be argued that **since** the pit is **deeper** than the one in the previous case, **it does have** lethal **fumes,** despite containing less water?

בּוֹר שִׁבְעָה וּמֵהֶן שְׁלֹשָׁה טְפָחִים מַיִם, מַהוּ? מִי אָמְרִינַן כֵּיוָן דִּנְפִישִׁי מַיִם טְפֵי אִית בֵּיהּ הַבְלָא, אוֹ דִּלְמָא כֵּיוָן דְּלָא עַמְקָא לֵית בֵּיהּ הַבְלָא? תֵּיקוּ.

Similarly, the following question can be raised: **What is** the *halakha* if a **pit is seven** handbreadths deep **and three of the handbreadths** contain **water? Do we say** that **since** there is a **much larger** quantity **of water** in this case, it is equivalent to a pit of ten handbreadths and therefore **has** lethal **fumes, or perhaps since it is not as deep, it does not have** a sufficient quantity of lethal **fumes** to render the digger liable? The Gemara concludes: The question **shall stand** unresolved.

בְּעָא מִינֵּיהּ רַב שֵׁיזְבִי מֵרַבָּה: הִרְחִיבָהּ, מַהוּ? אֲמַר לֵיהּ: הֲרֵי מִיעֵט הַבְלָא. אֲמַר לֵיהּ: אַדְּרַבָּה, הֲרֵי קֵירֵב הֶיזֵּיקָא!

Rav Sheizevi asked the following question **of Rabba:** If one **widened** the opening of a pit that was already ten handbreadths deep, **what is** the *halakha*?[H] Rabba **said to him:** By doing so, **he** has actually **reduced the** lethal **fumes** and has not worsened the situation. Therefore, he should not be liable. Rav Sheizevi **said to him: On the contrary,** by widening the opening of the pit, **he has brought the** potential for **damage closer** to an animal that might fall inside.

אֶלָּא אֲמַר רַב אַשִׁי: נֶיחֱזֵי אֲנַן, אִי בְּהַבְלָא מָיֵית – הֲרֵי מִיעֵט הַבְלָא, אִי בַּחֲבָטָה מָיֵית – הֲרֵי קֵירֵב הֶיזֵּיקָא. אִיכָּא דְּאָמְרִי, אֲמַר רַב אַשִׁי: נֶיחֱזֵי אֲנַן, אִי מֵהַהִיא גִּיסָא נָפַל – הֲרֵי קֵירֵב הֶיזֵּיקָא, וְאִי מֵאִידָּךְ גִּיסָא נָפַל – הֲרֵי מִיעֵט הַבְלָא.

Rather, Rav Ashi said concerning this question: **Let us see: If** the animal **died because of the** lethal **fumes,** the one who widened the pit should be exempt, since **he reduced the** lethal **fumes.** But **if** the animal **died because of the impact,** he should be liable, since **he has brought the** potential for **damage closer** to it. **There are** those **who say** that **Rav Ashi said: Let us see: If** the animal **fell on that side** that he widened, then his action **has brought the** potential for **damage closer,** and so he should be liable. But **if** the animal **fell on the other side,** he should bear no responsibility, since **he reduced the** lethal **fumes.**

אִיתְּמַר: בּוֹר שֶׁעוֹמְקָהּ כְּרָחְבָּהּ – רַבָּה וְרַב יוֹסֵף דְּאָמְרִי תַּרְוַיְיהוּ מִשְּׁמֵיהּ דְּרַבָּה בַּר בַּר חָנָה דְּאָמַר מִשְּׁמֵיהּ דְּרַבִּי מָנִי, חַד אָמַר: לְעוֹלָם יֵשׁ בָּהּ הֶבֶל – עַד שֶׁיְּהֵא רָחְבָּהּ יָתֵר עַל עוֹמְקָהּ, וְחַד אָמַר: לְעוֹלָם אֵין בָּהּ הֶבֶל – עַד שֶׁיְּהֵא עוֹמְקָהּ יָתֵר עַל רָחְבָּהּ.

It was stated: With regard to **a pit whose depth is equal to its width,**[H] **Rabba and Rav Yosef** both **say** a ruling **in the name of Rabba bar bar Ḥana, who says** it **in the name of Rabbi Mani,** but each present it differently. **One of them says:** A pit **always contains** a quantity of lethal **fumes** sufficient for liability, **unless its width is greater than its depth.** Therefore, when they are equal, the digger is liable. **And one says:** A pit **never contains** a quantity of lethal **fumes** sufficient for liability, **unless its depth is greater than its width.** Consequently, when they are equal, the digger is exempt.

HALAKHA

A pit that is eight, etc. – בּוֹר שְׁמוֹנָה וכו׳: With regard to a pit that is eight handbreadths deep, two of which contain water, or a pit that is seven handbreadths deep and three of which contain water, it is uncertain whether the pit has the status of being ten handbreadths deep. Therefore, one is not liable for any damage caused. If the injured party unilaterally seizes payment, it is not confiscated from him. The Rema adds that some authorities dispute this and maintain that this seizing of payment is ineffective in the case of such an uncertainty.

If a pit is nine handbreadths deep and one of them contains water, it is considered equivalent to a pit of ten handbreadths, and one is held liable if it causes the death of an animal. This is the ruling of the Rambam and the *Shulḥan Arukh*, following an alternative text of the Gemara. According to the Rosh, whose version of the text is the same as the standard text, one is liable for the death of an animal in a pit with a depth of eight handbreadths if two of them contain water. If the pit is nine handbreadths deep and one of them contains water, or if the pit is seven handbreadths deep and three of them contain water, the ruling remains in doubt (Rambam *Sefer Nezikin*, *Hilkhot Nizkei Mamon* 12:11; *Tur*, *Ḥoshen Mishpat* 410; *Shulḥan Arukh*, *Ḥoshen Mishpat* 410:11–12).

If one widened the opening of the pit, what is the *halakha* – הִרְחִיבָהּ מַהוּ: In this case, a person dug a pit of ten handbreadths and another came and widened it, and an ox subsequently fell into it and died. If the ox died on account of the lethal fumes, the first person is liable and the second is exempt. By contrast, if the ox died because of the impact of the fall, the second is liable. Furthermore, even if the ox died due to the lethal fumes, if it fell from the side of the pit that the second had widened, the second is liable. If the ox fell from the side dug by the first, the first is liable. This ruling is in accordance with both versions of Rav Ashi's statement which, according to the Rambam, are not mutually exclusive. The Rema adds that according to some authorities, such as the Rosh, it makes no difference whether the ox died due to the lethal fumes or the impact. In either case, if the ox fell from the side widened by the second, the second is liable, and if it fell from the other side, the first is liable, based on the second version of Rav Ashi's statement (Rambam *Sefer Nezikin*, *Hilkhot Nizkei Mamon* 12:13; *Shulḥan Arukh*, *Ḥoshen Mishpat* 410:16).

HALAKHA

A pit whose depth is equal to its width – בּוֹר שֶׁעוֹמְקָהּ כְּרָחְבָּהּ: If the width of a pit is equal to its depth, and certainly if its width is greater than its depth, and an animal dies on account of its lethal fumes, the digger is exempt. If the animal died because of the impact of the fall, he is liable, in accordance with the opinion of Shmuel (Rambam *Sefer Nezikin*, *Hilkhot Nizkei Mamon* 12:14; *Shulḥan Arukh*, *Ḥoshen Mishpat* 410:17).

״עָבַר עָלָיו הָרִאשׁוֹן וְלֹא כִּסָּהוּ״. וְרִאשׁוֹן מֵאֵימַת מִיפְּטַר? רַבָּה וְרַב יוֹסֵף דְּאָמְרִי תַּרְוַיְיהוּ מִשְּׁמֵיהּ דְּרַבָּה בַּר בַּר חָנָה דְּאָמַר מִשְּׁמֵיהּ דְּרַבִּי מָנִי, חַד אֲמַר: מִשֶּׁמַּנִּיחוֹ מִשְׁתַּמֵּשׁ, וְחַד אֲמַר: מִשֶּׁיִּמְסוֹר לוֹ דְּלְיוֹ.

§ The mishna teaches that if **the first** partner **passed by** the pit **and did not cover it,** and then the second also passed by it and did not cover it, the second is liable. The Gemara asks: **And from what point is the first exempt** from responsibility for the pit? **Rabba and Rav Yosef** both **say** a ruling **in the name of Rabba bar bar Ḥana, who says** it **in the name of Rabbi Mani,** but each one presents it differently: **One says: From** the time **he leaves** the other partner **using it, and one says:** The first is absolved of responsibility only **when he conveys to him his bucket,**[NH] with which he will draw water from the pit.

כְּתַנָּאֵי: הַמַּדְלֶה מַיִם מִן הַבּוֹר, וּבָא חֲבֵירוֹ וְאָמַר לוֹ: הַנַּח לִי וַאֲנִי אֶדְלֶה מַיִם, כֵּיוָן שֶׁהִנִּיחוֹ מִשְׁתַּמֵּשׁ – פָּטוּר; רַבִּי אֱלִיעֶזֶר בֶּן יַעֲקֹב אוֹמֵר: מִשֶּׁיִּמְסוֹר לוֹ דְּלְיוֹ.

The Gemara notes: This dispute is **like** a dispute between ***tanna'im***, as it is taught in a *baraita*: With regard to one **who draws water from a cistern, and his friend comes and says to him: Leave me and I will draw water, once** the first person **leaves** the second person while the second is **using** the cistern, the first is now **exempt** if he did not cover it. **Rabbi Eliezer ben Ya'akov says:** The first person is not absolved of responsibility until the time **when he conveys his bucket to** the second person.

בְּמַאי קָמִיפַּלְגִי? רַבִּי אֱלִיעֶזֶר בֶּן יַעֲקֹב סָבַר: יֵשׁ בְּרֵירָה,

The Gemara clarifies the dispute: **With regard to what** principle **do they disagree? Rabbi Eliezer ben Ya'akov maintains that there is** a legal concept of **designation.**[N] According to this principle, a situation in which certain aspects were not initially clearly defined can become clarified retroactively after a certain action or event occurs. The *halakha* treats all the aspects as being clearly defined and identifiable from the outset.

הַאי מִדִּידֵיהּ קָא מְמַלֵּא וְהַאי מִדִּידֵיהּ קָא מְמַלֵּא; וְרַבָּנַן סָבְרִי: אֵין בְּרֵירָה.

In this case, the water is considered divided between the partners even before they draw it. When they do draw it, it is treated as if **this one were filling from his** part, the location of which has now been determined retroactively, **and this one were filling from his** part. Therefore, as long as the first partner has not conveyed his bucket to the second, he, as an owner of a defined part of the water, has not absolved himself of responsibility for the cistern. **And** by contrast, **the Rabbis maintain** that **there is no designation** and they both have the right to draw water from the cistern. Therefore, as soon as the second partner is left alone to draw water, he is responsible for the cistern and all the water it contains, even without conveying the bucket.

אֲמַר רָבִינָא: וְאָזְדוּ לְטַעֲמַיְיהוּ, דִּתְנַן: הַשּׁוּתָּפִין שֶׁנָּדְרוּ הֲנָאָה זֶה מִזֶּה – אֲסוּרִין לִיכָּנֵס לֶחָצֵר, רַבִּי אֱלִיעֶזֶר בֶּן יַעֲקֹב אוֹמֵר: זֶה נִכְנָס לְתוֹךְ שֶׁלּוֹ וְזֶה נִכְנָס לְתוֹךְ שֶׁלּוֹ.

Ravina said: And in this regard, they **follow** their lines of **reasoning** in an analogous case, **as we learned** in a mishna (*Nedarim* 45b): With regard to **the** case of **partners that vowed** not to derive any **benefit**[H] **from each other,** it is **prohibited for them to enter** their jointly owned **courtyard,** as this would violate their vows. **Rabbi Eliezer ben Ya'akov says:** It is permitted for them to enter the courtyard, since **this one enters into his** portion of the courtyard **and that one enters into his** portion.

בְּמַאי קָמִיפַּלְגִי? רַבִּי אֱלִיעֶזֶר בֶּן יַעֲקֹב סָבַר: יֵשׁ בְּרֵירָה, הַאי לְדִנְפְשֵׁיהּ עָיֵיל וְהַאי לְדִנְפְשֵׁיהּ עָיֵיל; וְרַבָּנַן סָבְרִי: אֵין בְּרֵירָה.

The Gemara explains: **With regard to what** principle **do they disagree? Rabbi Eliezer ben Ya'akov maintains** that **there is** retroactive **designation,** and retroactively the section of the courtyard that each one enters becomes the portion that belongs to him. Therefore, **this one enters his** part, **and that one enters his** part. By contrast, **the Rabbis maintain** that **there is no** retroactive **designation,** and each portion of the courtyard belongs jointly to both.

NOTES

He conveys to him his bucket [*dilyo*] – יִמְסוֹר לוֹ דְּלְיוֹ: Rabbeinu Ḥananel explains that here an individual gives his partner the bucket he used to draw water. Through this transfer, he demonstrates that he has finished drawing water. He transfers the bucket, as well as responsibility for the pit, to his partner. Rashi has a different approach. He explains the word *dilyo* not in accordance with its standard meaning, which is bucket, but as the cover of the pit. According to the Rashba, Rashi explained it in this manner because he holds that simply transferring the bucket to a partner is not sufficiently significant and does not indicate that the first individual absolves himself of responsibility, regardless of whether the second person uses his own bucket or that of someone else. By contrast, if the first individual gives his partner the cover for the pit, he is clearly transferring the responsibility for covering the pit.

There is designation, etc. – יֵשׁ בְּרֵירָה וכו׳: In general, the concept of designation is invoked in a situation where an uncertain status eventually becomes clarified. For instance, if one has not decided in which direction he will walk or which portion of produce he will set aside as tithe, then those that subscribe to this principle posit that the action of walking or tithing part of the produce determines its status retroactively. Consequently, the portion set aside as tithe is viewed as if it had always had the status of tithe even prior to the separation. The Ra'avad questions the application of this concept to the Gemara's case of the water. After all, in the case of joint partners of a courtyard, it is possible that each one's use of a portion of the courtyard retroactively determines which portion belonged to him initially. By contrast, the question of ownership of the water in the jointly owned pit revolves around its current status prior to either partner's usage of it, and is not determined retroactively upon the division of the water. The Ra'avad explains that the discussion refers to the status of the current water in the pit based on what will be determined retroactively after the future division of the water. The Ra'ah claims that the term designation here is used in a different sense than its usual meaning. In this case, it means that by performing a certain action, the first partner clearly demonstrates his renunciation of responsibility for the pit. On this basis, the *Nimmukei Yosef* resolves certain contradictions between various halakhic rulings in this matter.

HALAKHA

When he conveys to him his bucket – מִשֶּׁיִּמְסוֹר לוֹ דְּלְיוֹ: If a pit belongs to two partners, and the first passes by without covering it, and the second also passes by without covering it, the first bears responsibility, so long as he has not conveyed his bucket to the second. This ruling is in accordance with the text of the Rif and the Rambam in the mishna that reads: The first is liable, and in accordance with the second version of Rabbi Mani's statement. Once the first conveys his bucket to the second, the latter is liable. The Rema adds that according to some authorities, such as the Rosh, they both share responsibility as long as the first has not yet conveyed his bucket to the second, as appears from the wording of the standard text of the mishna (Rambam *Sefer Nezikin, Hilkhot Nizkei Mamon* 12:7; *Shulḥan Arukh, Ḥoshen Mishpat* 410:25).

Partners that vowed not to derive benefit – הַשּׁוּתָּפִים שֶׁנָּדְרוּ הֲנָאָה: If two partners that jointly own a courtyard vow not to derive any benefit from one another, if it is possible to divide the courtyard such that each one will receive more than four by four cubits in area (*Shakh*), they are both prohibited from entering it until they have divided it. After that, each may enter his part. If the courtyard is not sufficiently large to be divided, the vow does not apply to the courtyard and both are permitted to enter it, in accordance with the opinion of Rabbi Eliezer ben Ya'akov (Rambam *Sefer Hafla'a, Hilkhot Nedarim* 7:4; *Shulḥan Arukh, Yoreh De'a* 226:1).

אָמַר רַבִּי אֶלְעָזָר: הַמּוֹכֵר בּוֹר לַחֲבֵירוֹ, כֵּיוָן שֶׁמָּסַר לוֹ דִּלְיוֹ – קָנָה. הֵיכִי דָּמֵי? אִי בְּכַסְפָּא – לִיקְנֵי בְּכַסְפָּא, אִי בַּחֲזָקָה – לִיקְנֵי בַּחֲזָקָה!

§ Having mentioned this *halakha* concerning conveying a bucket to transfer responsibility for the pit, the Gemara cites that which **Rabbi Elazar says:** With regard to **one who sells a cistern to another,**[H] **once** the seller **conveys his bucket to** the buyer for drawing water from the cistern, the buyer **acquires** the cistern. The Gemara asks: **What are the circumstances?** How does conveying the bucket serve to effect acquisition of the cistern? **If** he is acquiring the cistern **by** means of paying **money, let him acquire** it **with money** that he paid. **If** he is acquiring the cistern **by** means of **taking possession,** then **let** him **acquire** it **by taking possession,** which is accomplished by using it.

לְעוֹלָם בַּחֲזָקָה, וּבָעֵי לְמֵימַר לֵיהּ ״לֵךְ חֲזֵק וּקְנֵי״, וְכֵיוָן שֶׁמָּסַר לוֹ דִּלְיוֹ, כְּמַאן דַּאֲמַר לֵיהּ ״לֵךְ חֲזֵק וּקְנֵי״ דָּמֵי.

The Gemara answers: **Actually,** the case is **where** the cistern was acquired through **taking possession, and** in that case, the seller usually **must say to him: Go, take possession, and** thereby **acquire** it for yourself. **And** in this case, **when he conveys his bucket to him, he is like one who says to him: Go, take possession, and** thereby **acquire** it. Therefore, once he begins drawing water from the cistern, he has acquired it through taking possession.

אָמַר רַבִּי יְהוֹשֻׁעַ בֶּן לֵוִי: הַמּוֹכֵר בַּיִת לַחֲבֵירוֹ,

The Gemara cites a related ruling: **Rabbi Yehoshua ben Levi says:** If one **sells a house to another,**[H]

HALAKHA

One who sells a cistern to another – הַמּוֹכֵר בּוֹר לַחֲבֵירוֹ: If one purchases a cistern from another person, he acquires it only if he takes possession of it in the seller's presence, or if the seller instructs him: Go, perform an act of acquisition. If he conveys the bucket to him, this is equivalent to saying: Go, perform an act of acquisition (Rambam *Sefer Kinyan*, *Hilkhot Mekhira* 1:9; *Shulḥan Arukh*, *Ḥoshen Mishpat* 192:2).

If one sells a house to another – הַמּוֹכֵר בַּיִת לַחֲבֵירוֹ: If one sells a house to another and gives him the key, it is equivalent to him saying: Go, perform an act of acquisition (Rambam *Sefer Kinyan*, *Hilkhot Mekhira* 1:9; *Shulḥan Arukh*, *Ḥoshen Mishpat* 192:2).

כֵּיוָן שֶׁמָּסַר לוֹ מַפְתֵּחַ – קָנָה.

once he has conveyed the key to him, he has acquired it.

הֵיכִי דָּמֵי? אִי בְּכַסְפָּא – לִיקְנֵי בְּכַסְפָּא, אִי בַּחֲזָקָה – לִיקְנֵי בַּחֲזָקָה! לְעוֹלָם בַּחֲזָקָה, וּבָעֵי לְמֵימַר לֵיהּ ״לֵךְ חֲזֵק וּקְנֵי״, וְכֵיוָן שֶׁמָּסַר לוֹ מַפְתֵּחַ, כְּמַאן דְּאָמַר לֵיהּ ״לֵךְ חֲזֵק וּקְנֵי״ דָּמֵי.

Here too, the Gemara asks: **What are the circumstances** involving this sale? **If** it was a transaction **by** payment of **money,** then **let him acquire it by** paying **money. If** it was **by taking possession** of it, **let him acquire** it **by taking possession.** What is the significance of transferring the key? The Gemara answers: **Actually,** the transaction occurred by **taking possession, and** in that case, the seller usually **must say to him: Go, take possession, and** thereby **acquire** it for yourself. **And** in this case, **once he conveys the key to him,** he is considered **like one who says to him: Go, take possession, and** thereby **acquire** it.

אָמַר רֵישׁ לָקִישׁ מִשּׁוּם רַבִּי יַנַּאי: הַמּוֹכֵר עֵדֶר לַחֲבֵירוֹ, כֵּיוָן שֶׁמָּסַר לוֹ מַשְׁכּוֹכִית – קָנָה.

Similarly, **Reish Lakish says in the name of Rabbi Yannai:** With regard to one **who sells a flock** of sheep **to another,**[H] **once he conveys the** ***mashkukhit*** to the buyer, **he has acquired** the flock.

הֵיכִי דָּמֵי? אִי בִּמְשִׁיכָה – לִיקְנֵי בִּמְשִׁיכָה, אִי בִּמְסִירָה – לִיקְנֵי בִּמְסִירָה! לְעוֹלָם בִּמְשִׁיכָה, וּבָעֵי לְמֵימַר לֵיהּ ״לֵךְ מְשׁוֹךְ וּקְנֵי״, וְכֵיוָן דְּמָסַר לוֹ מַשְׁכּוֹכִית, כְּמַאן דְּאָמַר לֵיהּ ״לֵךְ מְשׁוֹךְ וּקְנֵי״ דָּמֵי.

The Gemara asks: **What are the circumstances** of this case? **If** the transaction occurred **by pulling**[N] the flock into his possession, then **let** the buyer **acquire** it **by pulling. If** it was **by conveying** it, **let** the buyer **acquire** it **by** the seller **conveying** it. The Gemara answers: **Actually,** it was a transaction **by pulling, and** in that case, the seller usually **must say to him: Go, pull** it **and acquire** it for yourself. **And** in this case, **once he conveys the** ***mashkukhit*** **to him,** he is **like one who says to him: Go, pull it and acquire** it.

HALAKHA

One who sells a flock to another – הַמּוֹכֵר עֵדֶר לַחֲבֵירוֹ: With regard to one who sells a flock to another or gives the flock as a gift, if he gives him the *mashkukhit*, i.e., the animal that walks at the head of the flock, it is equivalent to saying: Go, pull it, and acquire it. Once the buyer, or the recipient of the gift, pulls the *mashkukhit*, he acquires the entire flock. This is in accordance with the opinion of Rabbi Ya'akov, which is stated last. Nevertheless, if there is a different local custom, the *halakha* follows the local custom (Rambam *Sefer Kinyan*, *Hilkhot Mekhira* 2:7; *Shulḥan Arukh*, *Ḥoshen Mishpat* 197:4, and see *Shakh* there).

NOTES

If by pulling, etc. – אִי בִּמְשִׁיכָה וכו׳: Rashi explains that a small domesticated animal can be acquired either by pulling, which is accomplished by making the animal walk in front of him, or by conveying the reins. In fact, the latter method is effective even in a domain that does not belong to either party, such as the public domain, whereas pulling is not effective in the public domain. The Rid disagrees with Rashi, and explains that acquisition by conveying is not effective for small domesticated animals since the process of taking possession is not usually done in this way. Rather, the statement means that if the animal is a small domesticated animal, let it be acquired by pulling, whereas if the animal is a large domesticated animal, let it be acquired by transferring the reins.

מַאי מַשְׁכּוּכִית? הָכָא תַּרְגְּמוּ: קַרְקַשְׁתָּא. רַבִּי יַעֲקֹב אוֹמֵר: עִיזָּא דְּאָזְלָא בְּרֵישׁ עֶדְרָא; כִּדְדָרֵשׁ הַהוּא גְּלִילָאָה עֲלֵיהּ דְּרַב חִסְדָּא: כַּד רָגֵיז רָעְיָא עַל עָנָא, עָבֵיד לְנַגָּדָא סַמּוּתָא.

The Gemara asks: **What is this *mashkukhit*? Here,** in Babylonia, **they translate** it as **a bell [*karkashta*]**[L] that the shepherd rings and whose sound the flock follows. **Rabbi Ya'akov says:** It is referring to **the goat that goes at the front of the flock** that they follow. The Gemara notes: This explanation of Rabbi Ya'akov is similar to **that which a certain Galilean taught**[N] **in the presence of Rav Ḥisda concerning** this goat: **When a shepherd is angry with his flock, he renders** the goat **leading [*lenaggada*]**[L] them, i.e., the *mashkukhit*, **blind.**[N] Similarly, when God is angry with the Jewish people, he appoints unsuitable leaders for them.

מתני׳ כִּסָּהוּ הָרִאשׁוֹן, וּבָא הַשֵּׁנִי וּמְצָאוֹ מְגוּלֶּה וְלֹא כִּסָּהוּ – הַשֵּׁנִי חַיָּיב. כִּסָּהוּ כָּרָאוּי, וְנָפַל לְתוֹכוֹ שׁוֹר אוֹ חֲמוֹר וּמֵת – פָּטוּר; לֹא כִּסָּהוּ כָּרָאוּי, וְנָפַל לְתוֹכוֹ שׁוֹר אוֹ חֲמוֹר וּמֵת – חַיָּיב.

MISHNA The mishna lists several *halakhot* that pertain to damage classified as Pit: In the case of a pit that **the first** person who passed by **covered** after using **it, and then the second came** to use it **and found it uncovered**[H] after the cover fell off or was damaged, **and** he **did not cover it, the second** one is **liable** for damage caused by the pit. If the owner **covered** the pit **appropriately**[N] **and an ox or a donkey fell into it and died,** he is **exempt.** If he **did not cover** the pit **appropriately and an ox or a donkey fell into it and died,** he is **liable.**

נָפַל לְפָנָיו מִקּוֹל הַכְּרִיָּיה – חַיָּיב, לְאַחֲרָיו מִקּוֹל הַכְּרִיָּיה – פָּטוּר.

If a man was digging or widening a pit, and an ox passing by **fell forward** into it in fright **due to the sound of the digging,** he is **liable.** If it fell **backward** into the pit **due to the sound of the digging,** he is **exempt.**

נָפַל לְתוֹכוֹ שׁוֹר וְכֵלָיו וְנִשְׁתַּבְּרוּ, חֲמוֹר וְכֵלָיו וְנִתְקָרְעוּ – חַיָּיב עַל הַבְּהֵמָה וּפָטוּר עַל הַכֵּלִים.

If **an ox and its accoutrements,** i.e., the vessels it was carrying, **fell into** the pit **and** the vessels **were broken,** or if **a donkey and its accoutrements** fell in **and** the accoutrements **were torn,** the owner of the pit is **liable for** damage to **the animal** caused by the pit, **but** he is **exempt** from liability **for** damage caused to **the vessels,** by Torah edict.

נָפַל לְתוֹכוֹ שׁוֹר חֵרֵשׁ שׁוֹטֶה וְקָטָן – חַיָּיב; בֵּן אוֹ בַּת, עֶבֶד אוֹ אָמָה – פָּטוּר.

If **an ox** that was impaired by being **deaf,** or an ox that was **an imbecile, or** an ox that was very **young fell into** the pit, he is **liable.** If **a boy or a girl,**[N] a Canaanite **slave or** a Canaanite **maidservant**[N] fell in, he is **exempt,** since there is a Torah edict that the digger of a pit is liable only for damage caused to an animal.

גמ׳ וְרִאשׁוֹן עַד אֵימַת מִיפְּטַר? אָמַר רַב: בִּכְדֵי שֶׁיֵּדַע. וּשְׁמוּאֵל אָמַר: בִּכְדֵי שֶׁיּוֹדִיעוּהוּ. וְרַבִּי יוֹחָנָן אָמַר: בִּכְדֵי שֶׁיּוֹדִיעוּהוּ, וְיִשְׂכּוֹר פּוֹעֲלִים, וְיִכְרוֹת אֲרָזִים וִיכַסֶּנּוּ.

GEMARA With regard to the first case in the mishna, the Gemara asks: **And until when is the first** person **exempt**[H] if the pit is later uncovered? **Rav says:** He is exempt from liability for the time necessary **for him to** become **aware** that it became uncovered. Once this time has passed, he bears responsibility. **And Shmuel says:** He is exempt for the time necessary **for** others **to** realize that the pit is uncovered and **inform him. And Rabbi Yoḥanan says:** He is exempt for the time necessary **for** others **to inform him** that the cover has fallen down **and** for him to **hire workers and cut cedar trees** to make a suitable cover **and cover it.** After this period of time has passed, the first bears responsibility.

HALAKHA

The first covered it and the second came and found it uncovered – כִּסָּהוּ הָרִאשׁוֹן וּבָא הַשֵּׁנִי וּמְצָאוֹ מְגוּלֶּה: If a pit belongs to two partners and the first covered it, and the second subsequently came and found it uncovered and did not cover it, the second is liable for any damage caused by the pit (Rambam *Sefer Nezikin, Hilkhot Nizkei Mamon* 12:7; *Shulḥan Arukh, Ḥoshen Mishpat* 410:26).

And until when is the first exempt – וְרִאשׁוֹן עַד אֵימַת מִיפְּטַר: For how long is the first person, who covered the pit, exempt from liability? He is exempt until he becomes aware that the pit has become uncovered and he is able to hire workers to do whatever is necessary to cover it appropriately, i.e., until he is actually informed, not merely until a time when he could theoretically have been informed (*Sma*). Until that time, the second person bears full responsibility, in accordance with the opinion of Rabbi Yoḥanan. The Rema adds that according to some authorities, such as *Tosafot* and the Rosh, the second person is also granted sufficient time to hire workers to cover it, but he does not need to be informed (Rambam *Sefer Nezikin, Hilkhot Nizkei Mamon* 12:7; *Shulḥan Arukh, Ḥoshen Mishpat* 410:26).

LANGUAGE

Bell [*karkashta*] – קַרְקַשְׁתָּא: This word comes from the root *kuf, reish, kuf, shin*, meaning to shake an item in a way that creates sound. Here too, *karkashta* is an item that makes noise when shaken, such as a bell or a similar instrument.

Leading [*naggada*] – נַגָּדָא: This word comes from the root *nun, gimmel, dalet*, meaning to move or lead, such as in the Hebrew word *nagid*, meaning ruler. The *naggada* is the lead animal and may be a trained ram or goat that leads the herd, which is accustomed to following after it.

NOTES

That which a certain Galilean taught – כִּדְדָרֵשׁ הַהוּא גְּלִילָאָה: Rabbeinu Yehonatan of Lunel explains that the Galilean mentioned here was Rav Ḥisda's interpreter. The interpreter's role was to explain and amplify the words of the Sage so that the audience would hear and understand the exposition, since the Sage spoke quietly. On occasion, the interpreter would also expand on the words of the Sage, adding ideas of his own. In this case, the Galilean expanded on the words of Rav Ḥisda and, therefore, the Gemara cites this statement in his name.

He renders the goat leading them blind – עָבֵיד לְנַגָּדָא סַמּוּתָא: This statement, which was said by the Galilean in the presence of Rav Ḥisda, would appear to be a derogatory one, as it indicates that Rav Ḥisda's leadership was flawed. Nevertheless, it is possible that the Galilean wished to explain to Rav Ḥisda something else entirely: In some generations, the personal merit of the leader is sufficient to bring rain and sustenance to his generation. Nevertheless, when the people themselves do not merit this, even a righteous leader cannot help them, as he is like a blind goat and cannot successfully determine how to entreat God for help (*Ein Eliyahu*).

Covered the pit appropriately – כִּסָּהוּ כָּרָאוּי: It is stated in the Jerusalem Talmud that an appropriate cover is one that is capable of withstanding the weight of a wagon loaded with stones crossing over it.

A boy or a girl, etc. – בֵּן אוֹ בַּת וכו׳: Although young children generally lack the cognitive skills to exercise requisite caution, the digger of the pit is exempt, since the Torah does not hold one liable for the death of a person in a case of Pit (Rashi).

Slave or maidservant – עֶבֶד אוֹ אָמָה: The novelty in this statement is that although for the purpose of damages, Canaanite slaves are legally considered to be the property of their master, nevertheless, they are still considered people. Therefore, the digger of the pit is not liable for their death, as he is exempt from liability for the death of any person (*Tosefot Yom Tov*).

"כִּסָּהוּ כָּרָאוּי וְנָפַל לְתוֹכוֹ שׁוֹר אוֹ חֲמוֹר וּמֵת – פָּטוּר". כֵּיוָן דְּכַסְּהוּ כָּרָאוּי הֵיכִי נָפַל? אָמַר רַבִּי יִצְחָק בַּר בַּר חָנָה: שֶׁהִתְלִיעַ מִתּוֹכוֹ.

§ The mishna teaches: If he **covered** the pit **appropriately and an ox or a donkey fell inside and died,** he is **exempt.** The Gemara asks: **Since he covered** the pit **appropriately, how** did it **fall** in? **Rabbi Yitzḥak bar bar Ḥana says:** This is a case **where** the cover **rotted from the inside,**[HB] and he could not have known that the cover was damaged. Therefore, he is not responsible for damage caused as a result.

אִיבַּעְיָא לְהוּ: כִּסָּהוּ כִּסּוּי שֶׁיָּכוֹל לַעֲמוֹד לִפְנֵי שְׁוָורִים וְאֵין יָכוֹל לַעֲמוֹד בִּפְנֵי גְמַלִּים, וַאֲתוּ גְּמַלִּים וְאַרְעוּהּ, וַאֲתוּ שְׁוָורִים וְנָפְלִי בֵּיהּ, מַאי? אָמְרִי: הֵיכִי דָּמֵי? אִי דִּשְׁכִיחִי גְּמַלִּים – פּוֹשֵׁעַ הוּא, וְאִי דְּלָא שְׁכִיחִי גְּמַלִּים – אָנוּס הוּא!

A dilemma was raised before the Sages: If he **covered it** with **a cover that is able to withstand** the weight of **oxen**[H] **but cannot withstand** the weight of **camels,**[B] which are heavier, **and camels came and weakened it, and** subsequently **oxen came** and broke the weakened cover **and fell into** the pit,[N] **what is the** *halakha*? The Sages **said** in response: **What are the circumstances? If camels** are commonly **found** there, **he is negligent,** since he should have constructed the cover suitably for camels as well. And **if camels are not** commonly **found** there, then **he is a victim of circumstances beyond his control** if by chance they did come and weaken the cover.

לָא צְרִיכָא, דַּאֲתוּ לִפְרָקִים; מִי אָמְרִינַן כֵּיוָן דְּאָתְיָין לִפְרָקִים – פּוֹשֵׁעַ הוּא, דְּאִיבָּעֵי לֵיהּ אַסּוֹקֵי אַדַּעְתֵּיהּ. אוֹ דִּלְמָא כֵּיוָן דְּהַשְׁתָּא מִיהַת לֵיכָּא – אָנוּס הוּא?

The Gemara answers: **No,** it is **necessary** in a case **where** camels **come occasionally,** in which case the question effectively becomes: **Do we say** that **since they come occasionally, he is** considered **negligent, since he should have anticipated** their coming? **Or perhaps since now, in any event, there are no** camels, **he is a victim of circumstances beyond his control.**

תָּא שְׁמַע: כִּסָּהוּ כָּרָאוּי, וְנָפַל לְתוֹכוֹ שׁוֹר אוֹ חֲמוֹר וּמֵת – פָּטוּר; הֵיכִי דָּמֵי? אִילֵימָא כָּרָאוּי לִשְׁוָורִים וְכָרָאוּי לִגְמַלִּים, הֵיכִי נְפוּל? אֶלָּא לָאו כָּרָאוּי לִשְׁוָורִים

Come and **hear** a possible proof from the mishna: If he **covered** the pit **appropriately, and an ox or a donkey fell into it and died,** he is **exempt.** Now **what are the circumstances? If we say** that he covered it **appropriately for oxen and appropriately for camels,** then **how** did they **fall** in? **Rather, is it not** the case that he covered it with a covering that was **appropriate for oxen**

וְלֹא כָּרָאוּי לִגְמַלִּים; וְאִי דִּשְׁכִיחִי גְּמַלִּים – אַמַּאי פָּטוּר? פּוֹשֵׁעַ הוּא, וְאִי דְּלָא שְׁכִיחִי גְּמַלִּים – פְּשִׁיטָא, אָנוּס הוּא! אֶלָּא לָאו דְּאָתְיָין לִפְרָקִים, וַאֲתוּ גְּמַלִּים וְאַרְעוּהּ וַאֲתוּ שְׁוָורִים וּנְפַלוּ בֵּיהּ, וְקָתָנֵי: פָּטוּר; אַלְמָא: כֵּיוָן דְּהַשְׁתָּא לֵיכָּא – אָנוּס הוּא!

but not appropriate for camels? In this case, the following must be clarified: **If** it is a location **where camels are** commonly **found, why** is he **exempt? He is negligent. And if camels are not** commonly **found** there, it **is obvious** that he is exempt, since **he is** clearly **a victim of circumstances beyond his control. Rather, is it not the** case that this is a location **where** camels **come occasionally, and camels came and weakened** the covering, after which **oxen came and fell into it? And** with regard to this case, **it teaches** that he is **exempt. Apparently, since now,** in any event, the camels **are not** there, he is considered **a victim of circumstances beyond his control.**

אָמְרִי: לָא, לְעוֹלָם כָּרָאוּי לִשְׁוָורִים וְכָרָאוּי לִגְמַלִּים, וּדְקָא קַשְׁיָא לָךְ: הֵיכִי נְפוּל? אָמַר רַבִּי יִצְחָק בַּר בַּר חָנָה: שֶׁהִתְלִיעַ מִתּוֹכוֹ.

They said in reply: **No; actually,** the scenario is where he covered it **appropriately for oxen and appropriately for camels,** and as for what was **difficult for you** to explain: **How did they fall? Rabbi Yitzḥak bar bar Ḥana says:** It is **where** the cover **rotted from the inside,** and so nothing can be derived from here with regard to the question posed above with regard to the camels.

HALAKHA

Where the cover rotted from the inside – שֶׁהִתְלִיעַ מִתּוֹכוֹ: If the owner covered the pit appropriately, even if the cover becomes rotten from the inside and an animal falls into the pit and dies, he is exempt. This is in accordance with the mishna as explained by Rabbi Yitzḥak bar bar Ḥana (Rambam *Sefer Nezikin*, *Hilkhot Nizkei Mamon* 12:4; *Shulḥan Arukh*, *Ḥoshen Mishpat* 410:22).

He covered it with a cover that is able to withstand oxen – כִּסָּהוּ כִּסּוּי שֶׁיָּכוֹל לַעֲמוֹד לִפְנֵי שְׁוָורִים: Here the owner covered the pit in a manner capable of withstanding the weight of oxen but not that of camels, and camels passed over it and weakened the cover, and subsequently oxen fell in. If camels are not frequently found in that place, this is considered to be a case of circumstances beyond the owner's control, and he is therefore exempt from liability. An alternative opinion is presented by the Rema, who writes, based on the opinions of Rashi and the Rosh, that if a camel passes over it, falls in, and dies, the owner is liable (Rambam *Sefer Nezikin*, *Hilkhot Nizkei Mamon* 12:4; *Shulḥan Arukh*, *Ḥoshen Mishpat* 410:23).

BACKGROUND

The cover rotted from the inside – הִתְלִיעַ מִתּוֹכוֹ: According to some authorities, this means that the moisture of the cistern caused the underside of the cover to rot. Alternatively, this may mean that woodworms gnawed out the insides of the cover. It is not always possible to see the entry holes made by woodworms, despite the fact that they originate from the outside, because the holes they make are very small.

Oxen and camels – שְׁוָורִים וּגְמַלִּים: Most species of domesticated cattle in talmudic times were quite small, weighing between 400 kg and 500 kg. Camels were much larger and heavier, especially the camels that were used to carry loads. Some species of camels can carry loads of up to 250 kg, and when adding this to the weight of the camel itself, the total weight could reach more than 1,000 kg.

NOTES

And oxen came and fell into the pit – וַאֲתוּ שְׁוָורִים וְנָפְלִי בֵּיהּ: The early commentaries write that the owner of the pit is liable to pay for damage caused to camels in any situation. The Rid explains that since the cover is not constructed to bear the weight of camels, the pit is considered to be completely uncovered with respect to them. In this regard, there is no difference whether camels frequent this location or not, since, in general, the owner of a pit is liable for any damage caused even if animals are not frequently found there.

תָּא שְׁמַע: לֹא כִּסָּהוּ כָּרָאוּי, וְנָפַל לְתוֹכוֹ שׁוֹר אוֹ חֲמוֹר וּמֵת – חַיָּיב; הֵיכִי דָּמֵי? אִילֵימָא לֹא כָּרָאוּי לִשְׁוָורִים וְלֹא כָּרָאוּי לִגְמַלִּים – פְּשִׁיטָא, צְרִיכָא לְמֵימַר דְּחַיָּיב? אֶלָּא לָאו כָּרָאוּי לִשְׁוָורִים וְלֹא כָּרָאוּי לִגְמַלִּים; הֵיכִי דָּמֵי? אִי דִּשְׁכִיחִי גְּמַלִּים – פּוֹשֵׁעַ הוּא, וְאִי דְּלָא שְׁכִיחִי גְּמַלִּים – אָנוּס הוּא!

The Gemara suggests: **Come and hear** a different proof from the mishna: If he **did not cover** the pit **appropriately, and an ox or a donkey fell in and died,** he is **liable. Now, what are the circumstances? If we say** that he did **not** cover it **appropriately for oxen and** he did **not** cover it **appropriately for camels,** and they fell in, it **is obvious. Does it need to be said that** he is **liable** in that case? **Rather, is it not** referring to a case where he covered it **appropriately for oxen but not appropriately for camels?** And if this is the case, the following point must be clarified: **What are the circumstances? If camels are** commonly **found** there, **he is** clearly **negligent, but if camels are not** commonly **found** there, **he is a victim of circumstances beyond his control.**

אֶלָּא לָאו דְּאָתְיָין לִפְרָקִים, וַאֲתוּ גְּמַלִּים וְאַרְעוּהוּ וַאֲתוּ שְׁוָורִים וְנָפְלוּ בֵּיהּ, וְקָתָנֵי: חַיָּיב; אַלְמָא: כֵּיוָן דְּאָתְיָין לִפְרָקִים – פּוֹשֵׁעַ הוּא, דְּאִיבָּעֵי לֵיהּ אַסּוֹקֵי אַדַּעְתֵּיהּ!

Rather, is it not referring to a case **where** camels **come occasionally,**[H] **and camels came and weakened it, and** subsequently **oxen came and fell into it? And** in this case, it **teaches** that he is **liable. Apparently, since they** do **come occasionally, he is** considered **negligent, since he should have anticipated** that they would come.

לְעוֹלָם כָּרָאוּי לִשְׁוָורִים וְלֹא כָּרָאוּי לִגְמַלִּים, וּשְׁכִיחִי גְּמַלִּים. וּדְקָא קַשְׁיָא לָךְ: פּוֹשֵׁעַ הוּא! אַיְּידֵי דְּנָסֵיב רֵישָׁא כִּסָּהוּ כָּרָאוּי, נְסֵיב סֵיפָא נַמִי לֹא כִּסָּהוּ כָּרָאוּי.

The Gemara responds: **Actually,** it is possible that he covered it **appropriately for oxen** but **not appropriately for camels, and camels are** commonly **found** there. **And as for** what was **difficult for you** to explain: In such a case **he is** considered **negligent** and should be liable, rendering the ruling in the mishna superfluous, one may answer that **since** the *tanna* needs to **cite the first clause** with regard to the *halakha* if he **covered it appropriately, he cites the latter clause as well,** with regard to the *halakha* that if he **did not cover it appropriately, he is liable.**

אִיכָּא דְּאָמְרִי: הָא נַמִי וַדַּאי לָא אִיבַּעְיָא לָן, דְּכֵיוָן דְּאָתְיָין לִפְרָקִים – פּוֹשֵׁעַ הוּא, דְּאִיבָּעֵי לֵיהּ אַסּוֹקֵי אַדַּעְתֵּיהּ.

There are those **who say** that the discussion is as follows: With regard to **this also we certainly did not raise the dilemma,** because **since they occasionally come, he is** considered **negligent, as he should have anticipated** this possibility.

כִּי אִיבָּעֵי לָן – הָכִי הוּא דְּאִיבַּעְיָא לָן: כִּסָּהוּ כִּסּוּי שֶׁיָּכוֹל לַעֲמוֹד בִּפְנֵי שְׁוָורִים וְאֵינוֹ יָכוֹל לַעֲמוֹד בִּפְנֵי גְּמַלִּים, וּשְׁכִיחִי גְּמַלִּים, וְהִתְלִיעַ מִתּוֹכוֹ, מַהוּ? מִי אָמְרִינַן: מִגּוֹ דַּהֲוֵי פּוֹשֵׁעַ אֵצֶל גְּמַלִּים הָוֵי פּוֹשֵׁעַ נַמִי לְעִנְיַן הַתְלָעָה, אוֹ דִּלְמָא לָא אָמְרִינַן מִגּוֹ?

When we raised the dilemma, this is the dilemma that we raised: He **covered it** with **a cover that is able** to **withstand the presence of oxen but is unable to withstand the presence of camels, and camels are** commonly **found** in that location. What actually transpired was that the cover **rotted from** the **inside.** In this case, **what is** the *halakha*? **Do we say: Since he was negligent concerning camels, he is** considered **negligent also concerning** the **rotting? Or perhaps we do not say** that **since** he was negligent concerning camels he is considered negligent concerning rotting, and since in practice he is not to blame for the incident, he is not held liable?

תָּא שְׁמַע: כִּסָּהוּ כָּרָאוּי, וְנָפַל לְתוֹכוֹ שׁוֹר אוֹ חֲמוֹר וּמֵת – פָּטוּר. וְאִתְּמַר עֲלָהּ, אָמַר רַבִּי יִצְחָק בַּר בַּר חָנָה: שֶׁהִתְלִיעַ מִתּוֹכוֹ; הֵיכִי דָּמֵי? אִילֵימָא כָּרָאוּי לִשְׁוָורִים וְכָרָאוּי לִגְמַלִּים, וְהִתְלִיעַ מִתּוֹכוֹ – פְּשִׁיטָא דְּפָטוּר, מַאי הֲוָה לֵיהּ לְמֶעְבַּד?

The Gemara suggests: **Come** and **hear** a proof from the mishna: If **he covered** the pit **appropriately and an ox or a donkey fell into it and died,** he is **exempt. And it was stated with regard to** this that **Rabbi Yitzḥak bar bar Ḥana says:** This *halakha* applies **where** the cover **rotted from the inside.** The Gemara clarifies: **What are the circumstances? If we say** that it is referring to where he covered it in a manner **appropriate for oxen and appropriate for camels and** it **rotted from the inside,** isn't it **obvious that** he is **exempt?** Being unaware of this, **what should he have done?**

אֶלָּא לָאו כָּרָאוּי לִשְׁוָורִים וְלֹא כָּרָאוּי לִגְמַלִּים, וּשְׁכִיחִי גְּמַלִּים, וְהִתְלִיעַ מִתּוֹכוֹ, וְקָתָנֵי: פָּטוּר; אַלְמָא לָא אָמְרִינַן: מִגּוֹ דַּהֲוֵי פּוֹשֵׁעַ לְעִנְיַן גְּמַלִּים הָוֵי פּוֹשֵׁעַ לְעִנְיַן הַתְלָעָה!

Rather, is it not referring to a case where he covered it **appropriately for oxen** but **not appropriately for camels, and camels are** commonly **found** in that location? **And** the strength of the cover vis-à-vis oxen and camels is not relevant to the *halakha* here because the cover **rotted from the inside. And** the mishna **teaches** that he is **exempt. Apparently, we do not say** that **since**[H] he is considered **negligent concerning camels, he is** also considered **negligent with regard to the rotting.**

HALAKHA

Where camels come occasionally – דְּאָתְיָין לִפְרָקִים: In this case, one covered his pit with a covering capable of withstanding oxen but not camels, and camels occasionally pass through that place. The camels passed over the covering, thereby weakening it, and an ox then fell into the pit and died. In this situation, one is liable (Rambam *Sefer Nezikin, Hilkhot Nizkei Mamon* 12:4; *Shulḥan Arukh, Ḥoshen Mishpat* 410:23).

We do not say that since – לָא אָמְרִינַן מִגּוֹ: In this case, one covered a pit with a covering capable of withstanding the weight of oxen passing over it, but not the weight of camels. If the cover subsequently rotted from the inside, and this was not due to the camels, and then an ox fell into the pit, he is exempt even if it is a place where camels are commonly found, in accordance with the Gemara's conclusion. The Rema, citing Rabbeinu Yitzḥak in *Tosafot*, explains that if the cover was initially strong enough that even camels would not have actually fallen into the pit but would only have weakened the cover, then, since he was effectively negligent from the outset also with regard to oxen, he is held liable, even if the damage ultimately occurred by means beyond his control (Rambam *Sefer Nezikin, Hilkhot Nizkei Mamon* 12:5; *Shulḥan Arukh, Ḥoshen Mishpat* 410:24, and see *Sma* there).

NOTES

We do not say that since, etc. – **לא אמרינן מגו וכו׳**: The Gemara's conclusion here is to reject the principle that since one was negligent in one respect, he is considered negligent in a different respect. This seems to contradict an established halakhic principle that one is liable if one is initially negligent and then damage ultimately occurs by accident. Some explain that the principle of liability in cases that were initially an issue of negligence and ultimately damage occurs by accident applies only where the accident results from the initial negligence. In a case where the accident is completely unrelated to the initial negligence, such as the rotting of the cover mentioned here, this principle does not apply (*Tosafot*, citing Riva).

Some commentaries suggest a similar explanation, that the principle is invoked only where the accident would have been prevented had he not been negligent. In a case where the accident would have occurred regardless, even if the accident is with regard to the same type of event as the negligence, it does not apply and he is not liable (*Sefer Hashlama*; see Rif). A third answer given is that he is liable only if the accident was a somewhat common occurrence that he could have anticipated, but otherwise he is not liable (*Sefer HaIttur*; see Meiri). Yet others suggest that one is liable only if both the negligence and the accident relate to the same matter, but one's negligence in one matter does not render him liable for an accident relating to another matter (Rabbeinu Avraham *Av Beit Din*, cited in Ra'avad and Rashba).

A fifth explanation given is that this principle does not apply to Pit, since the Torah already limits the scope of the owner's responsibility in that one is exempt from damage caused by a pit to vessels. The Ra'avad himself, in his glosses on the Rambam, suggests that the entire passage is based on the assumption that one is exempt from liability for initial negligence that ultimately ends up as an accident. In his opinion, this is the reason that the Rif doesn't include this discussion or its conclusion, since the actual *halakha* would be that he is liable due to his initial negligence.

לא, לעולם כראוי לגמלים וכראוי לשוורים, והתליע מתוכו. ודקא קשיא לך: כי התליע מאי הוה ליה למעבד? מהו דתימא איבעי ליה למיזל ומנקש עליה, קא משמע לן.

The Gemara rejects this: **No; actually,** the case is where the cover was **appropriate for camels and appropriate for oxen, and it rotted from the inside. And as for** what was **difficult for you** to explain: **When it rotted** from the inside, **what should he have done,** and shouldn't he be exempt? There is, nevertheless, a novelty in this ruling: It is necessary **lest you say** that **he should have gone and knocked on** the covering to ensure it was not hollow on the inside. Therefore, the mishna **teaches us** that he is not required to check to this extent.

תא שמע: לא כסהו כראוי, ונפל לתוכו שור או חמור ומת – חייב; היכי דמי? אילימא לא כראוי לשוורים ולא כראוי לגמלים, צריכא למימר דחייב?

The Gemara suggests: **Come** and **hear** a proof from the continuation of the mishna: If he **did not cover** the pit **appropriately and an ox or a donkey fell into it and died,** he **is liable.** The Gemara clarifies: **What are the circumstances? If we say** that it is referring to where he did **not** cover it **appropriately for oxen and** did **not** cover it **appropriately for camels,** does it **need to be said that** he is **liable?**

אלא לאו כראוי לשוורים ולא כראוי לגמלים; ואי דשכיחי גמלים – פושע הוא, ואי דלא שכיחי גמלים – אנוס הוא! אלא לאו דשכיחי גמלים, והתליע מתוכו, וקתני: חייב; אלמא אמרינן: מגו דהוי פושע לענין גמלים הוי פושע לענין התלעה!

Rather, is it not a case where he covered it **appropriately for oxen** but **not appropriately for camels?** In this case, the following point needs clarification: **If camels are** commonly **found** there, **he is negligent** and should be liable. **And if camels are not** commonly **found** there, he is **a victim of circumstances beyond his control. Rather, is it not** a case **where camels are** commonly **found** there, **and it rotted from the inside,** and the mishna **teaches** that he is **liable? Apparently, we** do **say** that **since he is negligent concerning the camels, he is** considered **negligent concerning the rotting,** and he is therefore liable.

אמרי: לא, לעולם כראוי לשוורים ולא כראוי לגמלים, ושכיחי גמלים, ואתו גמלים וארעוהו ואתו שוורים ונפלו ביה. ודקא קשיא לך: פשיטא פושע הוא! איידי דנסיב רישא כסהו כראוי, נסיב סיפא נמי לא כסהו.

They said in response: **No; actually** it is referring to where he covered the pit **appropriately for oxen** but **not appropriately for camels; and camels are** commonly **found** there, **and camels came and weakened** the cover. **And,** subsequently, **oxen came and fell in. And as for** what was **difficult for you** to explain: It **is obvious** that he is liable, since **he is** clearly **negligent,** so what novelty is being introduced? The answer is that **since he** needs to **cite the first clause** of the mishna, i.e., where he **covered** the pit **appropriately, he** therefore **cites the latter clause as well,** i.e., where he **did not cover it.**

תא שמע: נפל לתוכו שור חרש שוטה וקטן סומא ומהלך בלילה – חייב, פקח ומהלך ביום – פטור; ואמאי? נימא: מדהוי פושע לענין חרש – הוי נמי פושע לענין פקח! אלא לאו שמע מינה: לא אמרינן מגו, שמע מינה.

The Gemara suggests: **Come** and **hear** a different proof from a *baraita*: With regard to **an ox** that was impaired by being **deaf,** or an ox that was **an imbecile,**[H] **or** an ox that was very **young,** or **a blind** ox **or** an ox that is **walking at night** and unable to see, if it fell into the pit, he is **liable.** If the ox was of **standard intelligence** for its species **and** was **walking in the day,** the owner of the pit is **exempt,** since the ox should have been aware of the pit. The Gemara asks: **But why** is he exempt? **Let us say that since he is** considered **negligent concerning** a **deaf** ox, **he is also negligent concerning** an ox of **standard intelligence. Rather, is it not** correct to **conclude** the following principle **from** here: **We do not say** that **since**[N] he is negligent with regard to one matter, it is also considered negligence with regard to another matter, but he is held liable only for the damage actually attributable to his negligence? The Gemara affirms: Yes, **conclude from** the mishna that this is so.

"נפל לפניו" כו׳. אמר רב: לפניו – לפניו ממש, לאחריו – אחריו ממש,

§ The mishna teaches: If a man was digging or widening a pit, and an ox passing by **fell forward** into it in fright due to the sound of the digging, he is liable. If it fell backward into the pit due to the sound of the digging, he is exempt. **Rav says:** The term **forward** means **literally forward,** and the term **backward** means **literally backward,**

HALAKHA

An ox that was deaf or an imbecile, etc. – **שור חרש שוטה וכו׳**: The owner of a pit is liable only if the animal that fell in was deaf, an imbecile, very young, or blind, or if the incident occurred at night. If an ox of standard intelligence was walking in the daytime and fell into the pit, the owner of the pit is not liable (Rambam *Sefer Nezikin, Hilkhot Nizkei Mamon* 12:16; *Shulḥan Arukh, Ḥoshen Mishpat* 410:19).

וְזֶה וָזֶה בְּבוֹר.

and both **this and that** refer **to** where it fell into **the pit** itself, but nevertheless if it fell backward, he is exempt.

רַב לְטַעֲמֵיהּ, דְּאָמַר רַב: בּוֹר שֶׁחִיְּיבָה עָלָיו תּוֹרָה – לְהֶבְלוֹ וְלֹא לַחֲבָטוֹ.

The Gemara notes: **Rav** conforms **to his** line of **reasoning, as Rav says:** Damage classified as **Pit for which the Torah obligates him** to pay is referring specifically **to** damage caused by the pit's lethal **fumes,** such as if an animal suffocates inside it, **but not to** damage caused by the **impact** of hitting the ground, for which he is exempt from paying compensation. Since the ox in this case fell backward on its back, the owner of the pit is exempt from paying compensation, as the ox wasn't killed by the lethal fumes of the pit, but by the impact of the fall.

וּשְׁמוּאֵל אָמַר: בְּבוֹר, בֵּין מִלְּפָנָיו בֵּין מִלְּאַחֲרָיו – חַיָּיב.

And Shmuel says: If the ox fell **into the pit, whether** it fell **forward** or **whether** it fell **backward,** he is **liable.**

שְׁמוּאֵל לְטַעֲמֵיהּ, דְּאָמַר: לְהֶבְלוֹ וְכׇל שֶׁכֵּן לַחֲבָטוֹ. אֶלָּא הֵיכִי דָּמֵי לְאַחֲרָיו מִקּוֹל הַכְּרִיָּיה דְּפָטוּר? כְּגוֹן דְּנִתְקַל בְּבוֹר, וְנָפַל לַאֲחוֹרֵי הַבּוֹר חוּץ לַבּוֹר.

The Gemara notes: **Shmuel** conforms **to his** line of **reasoning, as** Shmuel **says:** With regard to damage classified as Pit, the Torah holds one liable for damage caused **by its** lethal **fumes, and all the more so for** damage resulting from the **impact** of the fall. The Gemara asks: **But** according to Shmuel, **what are the circumstances** concerning which the mishna stated that if the ox fell **backward**[N] into the pit **due to the sound of the digging**[HB] **that** one is **exempt?** The Gemara answers: This applies, **for example, where** the ox **stumbled on the pit, and** then **fell behind the pit**[H] and was injured **outside the pit.**

אֵיתִיבֵיהּ: בְּבוֹר, בֵּין לְפָנָיו בֵּין לְאַחֲרָיו – חַיָּיב. תְּיוּבְתָּא דְּרַב!

The Sages **raised an objection to** the opinion of Rav from a *baraita*: With regard **to** an animal that fell into **a pit, whether** it fell in **forward** or **whether** it fell in **backward,** he is **liable.** This constitutes **a conclusive refutation of Rav.**

אֲמַר רַב חִסְדָּא: מוֹדֶה רַב בְּבוֹר בִּרְשׁוּתוֹ דְּחַיָּיב, מִשּׁוּם דְּאָמַר לֵיהּ: מִמָּה נַפְשָׁךְ? אִי בְּהַבְלָא מִית – הַבְלָא דִּידָךְ הוּא, אִי בַּחֲבָטָא מִית – חֲבָטָא דִּידָךְ הוּא.

Rav Ḥisda said in explanation of how Rav's opinion could accord with the *baraita*: **Rav concedes** in the case **of a pit on his own property**[N] **that** a person is **liable** even if the animal fell backward, **because** the owner of the animal can **say to** the owner of the pit: **Whichever way you** look at it, you are liable. **If** my animal **died** due **to the** lethal **fumes,** these **are your** lethal **fumes. If** it **died** on account **of the impact,** this **is the impact** of **your** land, and not the impact of land in the public domain, which is the typical case of Pit.

רַבָּה אֲמַר: הָכָא בְּמַאי עָסְקִינַן – בְּמִתְהַפֵּךְ, דְּנָפַל אַאַפֵּיהּ וְאִתְהַפֵּיךְ וְנָפַל אַגַּבֵּיהּ, דְּהַבְלָא דְּאַהֲנֵי בֵּיהּ אַהֲנֵי בֵּיהּ.

Rabba said that this is how the *baraita* should be explained according to Rav: **Here we are dealing with where** the animal **tumbled,**[N] i.e., **where** it began to **fall on its face, and** afterward **tumbled and** continued to **fall on its back.** In this case, he is liable **because the** lethal **fumes, which were effective** in injuring the animal, **were** also **effective** in killing **it.**

רַב יוֹסֵף אֲמַר: הָכָא בְּנִזְקֵי בּוֹר בְּשׁוֹר עָסְקִינַן, מַאי נִיהוּ? שֶׁהִבְאִישׁ אֶת מֵימָיו, דְּלָא שְׁנָא לְפָנָיו וְלָא שְׁנָא לְאַחֲרָיו – מִיחַיַּיב.

Rav Yosef said: Here, in this *baraita*, **we are dealing with damage** to **the pit** that is caused **by the ox.**[N] And **what is** the damage? The damage is **that it contaminated the water** in the pit, in which case the *baraita* states **that** it makes **no difference** if the animal fell **forward and** it makes **no difference** if it fell **backward,** since he **is liable** either way.

תָּנֵי רַב חֲנַנְיָה לְסִיּוּעֵי לְרַב: ״וְנָפַל״ – עַד שֶׁיִּפּוֹל דֶּרֶךְ נְפִילָה, מִכָּאן אָמְרוּ: נָפַל לְפָנָיו מִקּוֹל הַכְּרִיָּיה – חַיָּיב, לְאַחֲרָיו מִקּוֹל הַכְּרִיָּיה – פָּטוּר, וְזֶה וָזֶה בְּבוֹר.

Rav Ḥananya taught a *baraita* **in support of** the opinion **of Rav:** The verse states with regard to damage caused by a pit to an animal: **"And** an ox or a donkey **fall** therein" (Exodus 21:33), which is interpreted to mean that one is not liable **unless** the animal **falls** in the usual **manner of falling. From here** the Sages **stated** that if it **fell forward due to the sound of the digging,** he is **liable,** but if it fell **backward due to the sound of the digging,** he is **exempt, and** both **this** case **and that** case refer to damage **by a pit.**

NOTES

But what are the circumstances, if the ox fell backward, etc. – אֶלָּא הֵיכִי דָּמֵי לְאַחֲרָיו וכו׳: According to this explanation of the Gemara, Rav and Shmuel disagree with regard to the precise interpretation of the word backward. Rav understands the term as relating to the ox, and therefore the distinction is between the ox falling forward on its face and falling backward. By contrast, Shmuel explains it as relating to the pit, meaning that if the ox fell forward into the pit, the pit's owner is always liable. According to the opinion of Shmuel, if the ox falls behind the pit rather than into it, the pit's owner is exempt.

The case of a pit on his own property – בְּבוֹר בִּרְשׁוּתוֹ: Rabbeinu Ḥananel explains the scenario as one where a person gave permission for someone else's ox to enter his courtyard but did not renounce ownership of the courtyard or of the pit inside of it. The Rid rejects this explanation because it has been previously stated that the owner of the courtyard is responsible for any damage caused to the ox. Therefore, he explains that it is referring to a case where a person renounced ownership of his courtyard, but not of his pit.

Where the animal tumbled – בְּמִתְהַפֵּךְ: In other words, the ox initially fell face forward. Then, in the midst of its fall into the pit, it tumbled and landed on its back. Therefore, the owner of the ox claims that the ox could not stand up on its feet due to the lethal fumes in the pit, and this is what caused its eventual death.

With damage to the pit by the ox – בְּנִזְקֵי בּוֹר בְּשׁוֹר: In this case, the pit was damaged by the ox. The reason the owner of the pit is not liable for damage caused to the ox in the process is that the ox entered his courtyard without permission (Rashi).

HALAKHA

Fell backward due to the sound of the digging – לְאַחֲרָיו מִקּוֹל הַכְּרִיָּיה: If a person entered an existing pit to widen and deepen it, and an ox was standing at the edge and fell into the pit due to fright from the noise of the digging, whether the ox fell forward or backward, the owner of the pit is liable. This is the case even if the ox was clear-sighted and it fell during daytime, in accordance with the opinion of Shmuel (Rambam *Sefer Nezikin, Hilkhot Nizkei Mamon* 12:18; *Shulḥan Arukh, Ḥoshen Mishpat* 410:31).

Fell behind the pit – נָפַל לַאֲחוֹרֵי הַבּוֹר: If the ox was frightened from the noise of the digging and fell behind the pit, the owner of the pit is exempt since the damage was caused by land in the public domain, in accordance with the opinion of Shmuel (Rambam *Sefer Nezikin, Hilkhot Nizkei Mamon* 12:18; *Shulḥan Arukh, Ḥoshen Mishpat* 410:31).

BACKGROUND

Due to the sound of the digging – מִקּוֹל הַכְּרִיָּיה: A sudden loud noise can make a person stumble or swerve from his path and fall into a pit. The same is true for an ox that hears a sudden, loud noise without seeing the source of a noise, such as a digger inside a nearby pit. This type of noise is likely to shock the ox and cause it to fall into the pit.

אָמַר מָר: נָפַל לְפָנָיו מִקּוֹל הַכְּרִיָּיה חַיָּיב. וְאַמַּאי? נֵימָא: כּוֹרֶה גָּרַם לֵיהּ! אֲמַר רַב שִׁימִי בַּר אַשִׁי: הָא מַנִּי? רַבִּי נָתָן הִיא, דְּאָמַר: בַּעַל הַבּוֹר הֶיזֵּיקָא קָא עָבֵיד, וְכָל הֵיכָא דְּלָא אֶפְשָׁר לְאִשְׁתַּלּוּמֵי מֵהַאי מִשְׁתַּלֵּם מֵהַאי.

§ **The Master said** in the mishna: If it **fell forward due to the sound of the digging,** he is **liable.** The Gemara asks: **But why is this so? Let us say** that it is the sound of **the digger** that **caused** the animal to fall, and not the pit itself. The Gemara answers that **Rav Shimi bar Ashi said:** In accordance with **whose** opinion **is this?** It is in accordance with the opinion of **Rabbi Natan,**[P] **who says: The owner of the pit causes the damage**[H] by his digging, **and anywhere that** it is **not possible to collect** payment **from this** one who caused the fall, i.e., the digger, payment is **collected from that** one, i.e., the owner of the pit. This is because in any event, he bears responsibility for the hazard he created.

דְּתַנְיָא: שׁוֹר שֶׁדָּחַף אֶת חֲבֵירוֹ לַבּוֹר – בַּעַל הַשּׁוֹר חַיָּיב, בַּעַל הַבּוֹר פָּטוּר; רַבִּי נָתָן אוֹמֵר: בַּעַל הַשּׁוֹר מְשַׁלֵּם מֶחֱצָה וּבַעַל הַבּוֹר מְשַׁלֵּם מֶחֱצָה.

As it is taught in a *baraita*: With regard to **an ox that pushed another ox into a pit,**[H] **the owner of the** first **ox is liable,**[N] and **the owner of the pit is exempt. Rabbi Natan says: The owner of the** first **ox pays half** the amount, **and the owner of the pit pays half** the amount.

וְהָתַנְיָא, רַבִּי נָתָן אוֹמֵר: בַּעַל הַבּוֹר מְשַׁלֵּם שְׁלֹשָׁה חֲלָקִים וּבַעַל הַשּׁוֹר רְבִיעַ! לָא קַשְׁיָא: הָא בְּתָם, הָא בְּמוּעָד.

The Gemara clarifies Rabbi Natan's opinion: **But isn't it taught** in a *baraita* that **Rabbi Natan says:** If an ox pushed another ox into a pit, **the owner of the pit pays three-quarters, and the owner of the** first **ox** pays **one-quarter?** The Gemara resolves the contradiction: This is **not difficult,** as **this** second *baraita* is referring **to an innocuous** ox that pushed the second ox. Therefore, the owner of the ox that caused damage pays only one-quarter of the cost of the damage, which is half of the half for which he is responsible. By contrast, **that** other *baraita* is referring **to a forewarned** ox that pushed a second ox. Consequently, the owner of the forewarned ox pays the full amount for which he is responsible, i.e., half the value of the total damage.

וּבְתָם מַאי קָסָבַר? אִי קָסָבַר: הַאי כּוּלֵּיהּ הֶיזֵּיקָא עֲבַד וְהַאי כּוּלֵּיהּ הֶיזֵּיקָא עֲבַד – הַאי מְשַׁלֵּם פַּלְגָא וְהַאי מְשַׁלֵּם פַּלְגָא,

The Gemara asks: **And** with regard **to an innocuous** ox, **what does** Rabbi Natan **hold** as to why this person pays one-quarter and the owner of the pit pays three-quarters? **If he holds** that **this** one, i.e., the ox, **performed all the damage and the other,** i.e., the pit, **performed** all the damage, then he should have ruled that **this** one **pays half and that** one **pays half,** since they are both fully responsible. Although the ox was innocuous, the owner is still liable to pay half the cost of the damage, as that is the liability incurred for an act of damaging by an innocuous ox.

וְאִי קָסָבַר: הַאי פַּלְגָא הֶיזֵּיקָא עֲבַד וְהַאי פַּלְגָא הֶיזֵּיקָא עֲבַד – בַּעַל הַבּוֹר מְשַׁלֵּם פַּלְגָא וּבַעַל הַשּׁוֹר רְבִיעַ, וְאִידָּךְ רִיבְעָא מַפְסִיד!

And if Rabbi Natan **holds** that **this** one, i.e., the owner of the ox, **performed half the damage, and that** one, i.e., the owner of the pit, **performed half the damage,**[N] then **the owner of the pit** should **pay half** of the amount for which he is responsible, i.e., half the cost of the damage, **and the owner of the** innocuous **ox** should pay only **one-quarter,** which is half the amount for which he is responsible. As for **the other** remaining **quarter,** the injured party has no recourse to claim it, and **loses** it. Why, then, does Rabbi Natan hold that the owner of the pit pays for three-quarters of the damage?

אֲמַר רָבָא: רַבִּי נָתָן דַּיָּינָא הוּא וְנָחֵית לְעוּמְקָא דְּדִינָא; לְעוֹלָם קָסָבַר: הַאי כּוּלֵּיהּ הֶיזֵּיקָא עֲבַד וְהַאי כּוּלֵּיהּ הֶיזֵּיקָא עֲבַד. וּדְקָא קַשְׁיָא לָךְ: לְשַׁלֵּם הַאי פַּלְגָא וְהַאי פַּלְגָא! מִשּׁוּם דְּאָמַר לֵיהּ בַּעַל הַשּׁוֹר לְבַעַל הַבּוֹר: שׁוּתָּפוּתַאי מַאי אַהֲנְיָא לִי.

Rava said: Rabbi Natan is a judge and has **plumbed the full depths of the** *halakha*. **Actually, he holds** that **this one performed all of the damage and that** one **performed all of the damage. And** as for your **difficulty,** that **this** one **should pay half and that** one should pay **half,** that is not difficult. The owner of the ox pays only one-quarter, **because the owner of the ox** can **say to the owner of the pit: How did my partnership** with you in this situation **help me?** Even if my ox caused all the damage and none of the damage was caused by the pit, I would be required to pay only half the cost of the damage. Therefore, as we are partners in this situation, I should pay half of what I should have paid, which is one-quarter. You should pay the other half of what I should have paid, in addition to your share, since you would have had to pay full damages.

PERSONALITIES

Rabbi Natan – רַבִּי נָתָן: This refers to Rabbi Natan the Babylonian, who ascended to Eretz Yisrael and was one of the greatest *tanna'im* during the generation prior to the redaction of the Mishna. He was the son of the Exilarch in Babylonia and a descendant of King David, the Jewish family with the noblest lineage. Due to his prominence as a Torah scholar and his noble lineage, he was named deputy to the *Nasi* of the Sanhedrin. He was also famous for his profound knowledge of civil law. He was known for his piety, and it is related that Elijah the prophet would appear to him.

Rabbi Natan, together with Rabbi Meir, attempted to alter the procedure for choosing the *Nasi* of the Sanhedrin. This effort failed, and as punishment, it was decreed that Rabbi Natan's statements would not be attributed to him by name in the Mishna but would be introduced anonymously with the phrase: Some say (*Horayot* 13b). This decision was not always observed. Rabbi Natan edited a number of collections of tannaitic pronouncements, and the tractate *Avot DeRabbi Natan* is named for him. Many Sages of the following generation were his students, the most prominent being Rabbi Yehuda HaNasi.

HALAKHA

The owner of the pit causes the damage – בַּעַל הַבּוֹר הֶיזֵּיקָא קָא עָבֵיד: If an ox fell into a pit due to the sound of digging, the digger is exempt because his role in the damage was indirect. The owner of the pit is liable, since the pit directly caused the damage (*Shulḥan Arukh*, *Ḥoshen Mishpat* 410:31).

An ox that pushed another ox into a pit – שׁוֹר שֶׁדָּחַף אֶת חֲבֵירוֹ לַבּוֹר: In this case, an ox pushed another animal into a pit, and the animal died as a result. If the ox was forewarned, its owner pays half the value of the damage and the owner of the pit pays the other half. If the ox was innocuous, its owner pays one-quarter of the amount and the owner of the pit pays three-quarters. This applies even if the ox was fully grown and of standard intelligence for its species, since it is treated as if it fell at night. This ruling is in accordance with the opinion of Rabbi Natan and the alternative explanation in the Gemara. Nowadays, where the owner of an innocuous ox is exempt since the *halakhot* concerning fines are not in effect, as there are no longer ordained judges, some authorities maintain that the owner of the pit pays the entire amount. Others say that since the owner of the ox is liable in principle, despite the inability to collect this payment, the owner of the pit pays only three-quarters (Rambam *Sefer Nezikin*, *Hilkhot Nizkei Mamon* 12:19; *Shulḥan Arukh*, *Ḥoshen Mishpat* 410:32, 37).

NOTES

The owner of the ox is liable – בַּעַל הַשּׁוֹר חַיָּיב: Most commentaries explain that according to the first *tanna* of the *baraita*, the owner of the ox is liable to pay half, since his ox did not cause all the damage. The owner of the pit is completely exempt, since he isn't liable for damage caused by the pit unless the ox fell by itself, and not where it fell due to some other cause (see *Tosafot*). By contrast, Rashi (see Rashba) understands that the owner of the ox pays the entire amount if the ox is forewarned, since he caused the damage to occur.

That one performed half the damage, etc. – הַאי פַּלְגָא הֶיזֵּיקָא עֲבַד וכו׳: Some early commentaries ask: If Rabbi Natan holds the owner of the pit liable for only half the cost of the damage, why should he pay more than his share? They answer that although he is responsible for only half the damage, nevertheless, the pit directly caused the actual injury, and the ox died as a direct result of the pit. Therefore, he is obligated to pay as if the ox fell on its own (*Tosafot*).

אִיבָּעֵית אֵימָא, לְעוֹלָם קָסָבַר: הַאי פַּלְגָּא הֶזֵּיקָא עֲבַד וְהַאי פַּלְגָּא הֶזֵּיקָא עֲבַד, וּדְקָא קַשְׁיָא לָךְ: בַּעַל הַבּוֹר מְשַׁלֵּם פַּלְגָּא וּבַעַל הַשּׁוֹר מְשַׁלֵּם רְבִיעַ, וְאִידָךְ רִיבְעָא נַפְסִיד! מִשּׁוּם דְּאָמַר לֵיהּ בַּעַל הַשּׁוֹר לְבַעַל הַבּוֹר: אֲנָא תּוֹרַאי בְּבֵירָךְ אַשְׁכַּחִיתֵיהּ, אַתְּ קְטַלְתֵּיהּ, מַאי דְּאִית לִי לְאִשְׁתַּלּוּמֵי מֵהַאָךְ מִשְׁתַּלְּמְנָא, מַאי דְּלֵית לִי לְאִשְׁתַּלּוּמֵי מֵהַאָךְ מִשְׁתַּלְּמְנָא מִמָּךְ.

The Gemara adds: **If you wish, say** instead a different explanation: **Actually,** Rabbi Natan **maintains** that **this one performed half the damage and that** one **performed half the damage. As for your difficulty** with the fact that the **owner of the pit** should **pay half and the owner of the ox** should **pay one-quarter, and** the injured party **loses the other** remaining **quarter,** that is not difficult. This is **because the owner of the** killed **ox can say to the owner of the pit: I found my ox in your pit.** Consequently, I am assuming that **you killed it.** Therefore, concerning **that** portion of the payment **that I can receive from the other,** i.e., the owner of the damaging ox, **I will receive** it. Concerning **that** portion **that I am unable to receive from the other** individual, **I will receive it from you.**

אָמַר רָבָא: הִנִּיחַ אֶבֶן עַל פִּי הַבּוֹר, וּבָא שׁוֹר וְנִתְקַל בָּהּ וְנָפַל בַּבּוֹר, בָּאנוּ לְמַחֲלוֹקֶת רַבִּי נָתָן וְרַבָּנַן. פְּשִׁיטָא!

On the same subject, **Rava says:** If one **left a stone at the opening of a pit**[H] belonging to another person, **and an ox came and stumbled on it and fell into the pit, we have arrived at the dispute** between **Rabbi Natan and the Rabbis**[N] concerning the division of responsibility between them. The Gemara asks: Isn't this **obvious,** since what is the difference whether the ox fell into the pit due to another ox pushing it or due to the stone?

מַהוּ דְּתֵימָא, הָתָם הוּא דְּאָמַר בַּעַל הַבּוֹר לְבַעַל הַשּׁוֹר: אִי לָאו בֵּירָא דִּידִי – תּוֹרָא דִּידָךְ הֲוָה קָטֵיל לֵיהּ, אֲבָל הָכָא מָצֵי אָמַר לֵיהּ בַּעַל אֶבֶן לְבַעַל הַבּוֹר: אִי לָאו בֵּירָא דִּידָךְ, אַבְנָא דִּידִי מַאי הֲוָה עָבְדָא? אִי הֲוָה מִיתְקַל בָּהּ, הֲוָה נָפַל וְקָאֵי! קָא מַשְׁמַע לָן דְּאָמַר לֵיהּ: אִי לָאו אֶבֶן לָא הֲוָה נָפֵיל לְבֵירָא.

The Gemara answers: This ruling needed to be stated explicitly, **lest you say** that only **there the owner of the pit** can **say to the owner of the ox** who was responsible for the damage: **If not** for **my pit, your ox would have killed** the second ox anyway, in which case my pit was not the cause of the damage, **but here, the owner of the stone can say to the owner of the pit: If not for your pit, what would my stone have done?** If the ox **would have stumbled on it,** it **would have** simply **fallen and gotten up,** and I should be exempt. Therefore, Rava **teaches us** that this claim is not a valid one, **because** the owner of the pit can **say** in response **to** the owner of the stone: **If not for** your **stone,** the ox **would not have fallen into the pit** in the first place.

אִיתְּמַר:

§ **It was stated:**

Perek **V**
Daf **53** Amud **b**

שׁוֹר וְשׁוֹר פְּסוּלֵי הַמּוּקְדָּשִׁין שֶׁנָּגְחוּ, מַאי נִיהוּ? שׁוֹר בְּכוֹר דְּלָא פָּרֵיק לֵיהּ, אַבַּיֵּי אָמַר: מְשַׁלֵּם חֲצִי נֶזֶק, רָבִינָא אָמַר: מְשַׁלֵּם רְבִיעַ נֶזֶק.

There is a dispute with regard to a case of an ordinary innocuous **ox and a disqualified consecrated ox**[NH] **that gored** another ox together. **What is this** case of an ox[N] that was consecrated and disqualified? It is **a firstborn ox that** became blemished and was consequently disqualified as an offering. Nevertheless, its initial consecration remains, and therefore it may **not be redeemed.** Consequently, the priest in possession of it is not liable to pay damages, since it is not classified as: The ox of another, as its status is not that of a non-sacred ox belonging to a person. Given this background, what is the liability of the owner of the non-sacred ox that gored together with it? **Abaye says: He pays half** the cost of **the damage,** whereas **Ravina says: He pays one-quarter of** the cost of **the damage.**

HALAKHA

One left a stone at the opening of a pit – הִנִּיחַ אֶבֶן עַל פִּי הַבּוֹר: If one left a stone by the edge of a pit, and an animal came, stumbled on the stone, and fell into the pit and died, the one who placed the stone pays half the amount and the owner of the pit pays the other half. This ruling is in accordance with the opinion of Rabbi Natan (Rambam *Sefer Nezikin, Hilkhot Nizkei Mamon* 12:20; *Shulḥan Arukh, Ḥoshen Mishpat* 410:33).

An ordinary ox and a disqualified consecrated ox – שׁוֹר וְשׁוֹר פְּסוּלֵי הַמּוּקְדָּשִׁין: In this case, a non-sacred ox and a disqualified consecrated ox that was not redeemed both gore together. If the non-sacred ox was innocuous, its owner pays half the cost of the damage. If it was forewarned, its owner pays the full amount of the damage, since the injured party cannot collect payment from a disqualified consecrated ox. This ruling is in accordance with the opinion of Rabbi Natan. Some authorities derive from this ruling that if there are two individuals responsible for the damage and one of them fled or could not be made to pay, the entire amount is collected from the other (Ramah). Others (Mordekhai; Rosh) dispute this, maintaining that since both are liable for their actions, the one who is present is required to pay only his share of the damage (Rambam *Sefer Nezikin, Hilkhot Nizkei Mamon* 12:21; *Shulḥan Arukh, Ḥoshen Mishpat* 410:37).

NOTES

We have arrived at the dispute between Rabbi Natan and the Rabbis, etc. – בָּאנוּ לְמַחֲלוֹקֶת רַבִּי נָתָן וְרַבָּנַן וכו׳: Therefore, according to the Rabbis, the owner of the stone pays the full cost of the damage, in Rashi's opinion; or half of it, according to the other early commentaries. This is because he is liable for leaving his stone, his load, or his knife in the public domain (see 28b). The owner of the pit is exempt, since the sequence of events leading to the damage began with the stone (Rashi).

A disqualified consecrated ox – שׁוֹר פְּסוּלֵי הַמּוּקְדָּשִׁין: This refers to an animal that was consecrated to be brought as an offering on the altar but subsequently was disqualified due to a blemish. Many early commentaries claim that it must refer to a case of a consecrated animal that became blemished, that had not yet been redeemed or that cannot be redeemed. The reason for this is that a consecrated animal that was blemished and redeemed is considered to be the property of its owner for all purposes, despite the fact it still retains a certain aspect of sanctity. Therefore, one would be required to pay damages on its account.

What is this ox, etc. – מַאי נִיהוּ וכו׳: It appears that these words did not appear in the text of many early commentaries, and they are attributed (see *Tosafot*) to Rav Yehudai Gaon, the author of the *Halakhot Gedolot*. In addition, it would seem that even those whose text does contain these words simply took his comment and inserted it into the text itself. This occurs in a number of other places in the Talmud, as well, where additional explanations of the *savora'im* and early *ge'onim* were inserted into the text.

הָא וְהָא בְּתָם, הָא כְּרַבָּנַן וְהָא כְּרַבִּי נָתָן.

The Gemara explains the dispute: Both **this** one, Abaye, **and that** one, Ravina, refer **to** a case where the ordinary ox was **innocuous. This** opinion stated by Ravina is **in accordance with** the opinion of **the Rabbis** that each party is responsible for only half the damage. Since the non-sacred ox was innocuous, its owner pays half the cost of the damage for which he is responsible, i.e., one-quarter of the total. **And that** opinion stated by Abaye is **in accordance with** the opinion of **Rabbi Natan** that each party in turn is responsible for all the damage. Consequently, since the non-sacred ox is innocuous, its owner pays half the total amount.

אִיבָּעֵית אֵימָא: הָא וְהָא כְּרַבָּנַן, הָא בְּתָם הָא בְּמוּעָד.

If you wish, say instead that there is no dispute, and that both **this** one, Abaye, **and that** one, Ravina, state their opinions **in accordance with** the opinion of **the Rabbis. This** one, Ravina, is referring **to** where the non-sacred ox is **innocuous,** and so its owner pays half of a half, and **that** one, Abaye, is referring **to** where the non-sacred ox is **forewarned,** so its owner pays his entire share, i.e., half the total damage.

אִיכָּא דְּאָמְרִי, אַבַּיֵּי אָמַר: חֲצִי נֶזֶק, רָבִינָא אָמַר: כּוּלֵּיהּ נֶזֶק. הָא וְהָא בְּמוּעָד, הָא כְּרַבָּנַן וְהָא כְּרַבִּי נָתָן.

There are those **who say** that there was another version of this dispute: **Abaye says** that he pays **half** the cost of **the damage,** and **Ravina says:** He pays **the full** cost of **the damage.** The Gemara explains their reasoning: Both **this** one and **that** one are referring **to** where the ox was **forewarned. This** one, Abaye, holds **in accordance with** the opinion of **the Rabbis,** that each one is responsible for half the damage, and so he pays his share of half the total cost of the damage. **And that** one, Ravina, holds **in accordance with** the opinion of **Rabbi Natan,** that each one is fully responsible for the damage, and when one perpetrator of the damage is exempt from payment, such as this case, the entire amount is collected from the other.

אִיבָּעֵית אֵימָא: הָא וְהָא כְּרַבִּי נָתָן, הָא בְּמוּעָד וְהָא בְּתָם.

If you wish, say instead that there is no dispute, and that both **this** one **and that** one hold **in accordance with** the opinion of **Rabbi Natan. This** one, Ravina, is referring **to** where the ox was **forewarned** and the owner pays the full cost of the damage, **and that** one, Abaye, is referring **to** an **innocuous** ox, for which only half the cost of the damage is paid.

אָמַר רָבָא: שׁוֹר וְאָדָם שֶׁדְּחָפוּ לַבּוֹר, לְעִנְיַן נְזָקִין – כּוּלָּן חַיָּיבִין, לְעִנְיַן אַרְבָּעָה דְּבָרִים וּדְמֵי וְלָדוֹת – אָדָם חַיָּיב, וְשׁוֹר וּבוֹר פָּטוּר.

§ **Rava says:** With regard to **an ox and a person that push** a person or animal **into a pit,**[NH] then **concerning** the **damage** that they caused, **they,** i.e., the man who pushed the person or animal, the owner of the ox, and the owner of the pit, **are all liable**[N] to pay the indemnity of damage. **Concerning the four** additional **types of indemnity,** which are loss of livelihood, pain, medical costs, and humiliation, **and** also with regard to the **compensation for** miscarried **offspring,** the **person** who pushed is **liable, and** the owner of **the ox and** the owner of **the pit** are **exempt,** since the Torah did not impose any obligation on them to pay these payments.

לְעִנְיַן כּוֹפֶר וּשְׁלֹשִׁים שֶׁל עֶבֶד – שׁוֹר חַיָּיב, אָדָם וּבוֹר פְּטוּרִים. לְעִנְיַן כֵּלִים וְשׁוֹר פְּסוּלֵי הַמּוּקְדָּשִׁין – אָדָם וְשׁוֹר חַיָּיבִין, וּבוֹר פָּטוּר.

With regard to the payment of **ransom** if it was a person who was pushed and killed, **and** also concerning the **thirty** shekels paid **for** a Canaanite **slave** who was killed, the owner of **the ox is liable,** and **the man** who did the pushing **and** the owner of **the pit** are **exempt.**[N] **With regard to** vessels and **a disqualified consecrated ox**[N] that fell into the pit, **the man** who did the pushing **and** the owner of the **ox** are **liable, and** the owner of the **pit** is **exempt.**

NOTES

An ox and a person that push a person or animal into a pit – שׁוֹר וְאָדָם שֶׁדְּחָפוּ לַבּוֹר: The early commentaries explain that this does not mean that someone pushed another person into the pit intentionally, since in that case, the owner of the pit would certainly not be liable (see *Tosafot* and Rashba). Rather, the case is where he pushed him without intending for him to fall into the pit. The Rid adds that the very fact that it discusses an ox and a person jointly causing damage indicates that they both have equivalent status here. Just as an ox does not push someone with specific intention that he fall into the pit, so too, the person in this case did not intend for the injured party to fall in the pit. The Rashba adds that according to this explanation, the four additional types of indemnity enumerated here are not to be interpreted in the usual sense. Generally, the four additional types of indemnity include pain, loss of livelihood, medical costs, and humiliation. The *halakha* is that one is exempt from compensation for humiliation if there was no intent, so it would not be paid in this case. Therefore, he explains that the four items are: Damage, pain, medical costs, and loss of livelihood, but not humiliation. Others say that this conclusion is unnecessary and the case involves a situation in which a person did push another intentionally but did not know that there was a pit nearby and did not have intention to push him into the pit (*Shita Mekubbetzet*).

Concerning the damage, they are all liable – לְעִנְיַן נְזָקִין כּוּלָּן חַיָּיבִין: Although it is derived from the verse that no compensation is paid for one who falls into a pit, this is only if the person dies. Compensation is paid by the owner of the pit for injuries sustained from the pit (Rashi).

The man and the owner of the pit are exempt – אָדָם וּבוֹר פְּטוּרִים: The owner of the pit is exempt because a pit does not render him liable for a person's death. The one who pushed him is exempt due to the halakhic principle that when one is liable to receive two different punishments for one action, he receives only the more severe of the two punishments, as in this case he is liable to receive the death penalty for this killing. Furthermore, even if the scenario is such that he would not actually be put to death, such as where no warning was issued, he is nevertheless exempt from compensation, in accordance with Ḥizkiyya's principle that in cases where the death penalty is even a possibility, there is no monetary liability (Rashi).

With regard to vessels and a disqualified consecrated ox – לְעִנְיַן כֵּלִים וְשׁוֹר פְּסוּלֵי הַמּוּקְדָּשִׁין: In this case, the term: A consecrated ox that is blemished, must refer to where it had also been redeemed (*Tosafot*). This is in distinct contrast to the term's usage at the beginning of the *daf*.

Were it talking about an ox that is not redeemed, it would not satisfy the requirement of: "An ox of another," and both the person and the owner of the ox would be exempt. The Ra'ah agrees and notes that this is one of a number of examples where the same term is used multiple times with slightly different meanings.

HALAKHA

An ox and a person that push a person or animal into a pit – שׁוֹר וְאָדָם שֶׁדְּחָפוּ לַבּוֹר: If an ox and a person jointly push another individual or an animal into a pit and cause damage, if the person did so unintentionally, then the person, the owner of the ox, and the owner of the pit divide between them the payment for the damage. With regard to compensation for miscarried offspring, where applicable, and the additional four types of indemnity, i.e., pain, humiliation, medical costs, and loss of livelihood, the one who did the pushing is liable and the owners of the ox and the pit are exempt. If it is a person who was pushed, the owner of the ox is liable to pay the ransom for a freeman or the fine if he is a Canaanite slave. The owner of the pit and person who pushed are exempt. If they pushed vessels or a disqualified consecrated ox, the one who pushed and the owner of the ox are liable, and the owner of the pit is exempt (Rambam *Sefer Nezikin, Hilkhot Ḥovel UMazik* 6:16; *Shulḥan Arukh, Ḥoshen Mishpat* 410:34–36).

מַאי טַעֲמָא? אָמַר קְרָא: "וְהַמֵּת יִהְיֶה לּוֹ" – בְּמִי שֶׁהַמֵּת שֶׁלּוֹ, יָצָא זֶה שֶׁאֵין הַמֵּת שֶׁלּוֹ.

Rava explains: **What is the reason** that the owner of the pit is exempt from liability for damage caused to a disqualified consecrated ox? Since **the verse states** with regard to a pit: **"And the carcass shall be for him"** (Exodus 21:34), it teaches that the obligation to pay damages is imposed only **on the one to whom the carcass** subsequently **belongs,** thereby **excluding this** case of a disqualified consecrated ox, **where the carcass does not belong to him.** In this case, it is prohibited to sell the carcass. The owner of the pit cannot derive benefit from it, and it no longer belongs to anyone, so the conditions written in the verse are not in effect.

לְמֵימְרָא, דִּפְשִׁיטָא לֵיהּ לְרָבָא? וְהָא מִיבַּעְיָא בָּעֵי לֵיהּ לְרָבָא! דְּבָעֵי רָבָא: שׁוֹר פְּסוּלֵי הַמּוּקְדָּשִׁין שֶׁנָּפַל לַבּוֹר, מַהוּ? הַאי "וְהַמֵּת יִהְיֶה לּוֹ" – בְּמִי שֶׁהַמֵּת שֶׁלּוֹ, יָצָא זֶה שֶׁאֵין הַמֵּת שֶׁלּוֹ. אוֹ דִּילְמָא "וְהַמֵּת יִהְיֶה לּוֹ" – לִבְעָלִים מְטַפְּלִין בַּנְּבֵילָה הוּא דַּאֲתָא?

The Gemara asks: **Is this to say that** this matter was **obvious to Rava? Is it not a dilemma** that was already raised **by Rava, as Rava asked: What** is the *halakha* with regard to **a disqualified consecrated ox that fell into a pit? Is this** verse: **"And the carcass shall be for him,"** referring **to the one** to whom **the carcass belongs,** i.e., the owner of the pit, **excluding this** case **where the carcass does not belong to him,** and therefore the owner is exempt from paying for it? **Or perhaps** the verse **"And the carcass shall be for him" comes to teach that** the **owner** of the animal **attends to,** i.e., retains ownership of, **the carcass,** and the perpetrator of the damage pays him the difference?

בָּתַר דְּבָעְיָא הֲדַר פַּשְׁטָהּ.

The Gemara answers: Initially, Rava was in doubt about the matter, but **after** he **raised the dilemma,** he **then resolved it** and concluded that the verse imposes liability for the cost of damage only on a person to whom the carcass belongs, excluding the case of a disqualified consecrated ox.

אֶלָּא, בְּעָלִים מְטַפְּלִין בַּנְּבֵילָה מְנָא לֵיהּ? נָפְקָא לֵיהּ מִן "וְהַמֵּת יִהְיֶה לּוֹ" דְּשׁוֹר. מַאי חָזֵית דְּ"וְהַמֵּת יִהְיֶה לּוֹ" דְּשׁוֹר – מַפְּקַתְּ לֵיהּ לִבְעָלִים מְטַפְּלִין בַּנְּבֵילָה, "וְהַמֵּת יִהְיֶה לּוֹ" דְּבוֹר – מַפְּקַתְּ לֵיהּ לְמִי שֶׁהַמֵּת שֶׁלּוֹ? אֵיפוֹךְ אֲנָא!

The Gemara asks: **Rather, from where does he** derive the *halakha* that the **owner attends to the animal carcass?** The Gemara answers: He **derives it from** the verse: **"And the carcass shall be for him"** (Exodus 21:36), stated **with regard to Ox.** The Gemara asks further: **What did you see** to determine **that from** the verse **"And the carcass shall be for him,"** stated **with regard to Ox, you derive** from it the *halakha* that **the owner** of the dead ox **attends to the carcass,** and from the verse **"And the carcass belongs to him,"** stated **with regard to Pit, you derive from it** the *halakha* that only **the one to whom the carcass belongs** pays damages? Why can't **I reverse** the derivations from each verse and say the opposite?

מִסְתַּבְּרָא פָּטוּר גַּבֵּי בּוֹר, הוֹאִיל וּפָטַר בּוֹ אֶת הַכֵּלִים. אַדְּרַבָּה, פָּטוּר גַּבֵּי שׁוֹר, שֶׁכֵּן פָּטַר בּוֹ חֲצִי נֶזֶק! כּוּלֵּיהּ נֶזֶק מִיהַת לָא אַשְׁכְּחַן.

The Gemara answers: It **is reasonable** that the **exemption** applies to the verse stated **with regard to Pit, since** the Torah also **exempts** one from paying for damage classified as Pit caused to **vessels** that fall into it and break. The Gemara challenges this answer: **On the contrary,** one could claim that the **exemption** applies to the verse stated **with regard to Ox, since** the Torah also **exempted** the owner from **half** the cost of **the damage** in the case of an innocuous ox. The Gemara responds: **In any event, we do not find** that the owner of the ox is exempt from compensation for **the full** cost of **damage.** By contrast, with regard to Pit, there are certain items for which a person is not liable at all. Therefore, it is logical to conclude that the Torah is more lenient in cases of Pit than of Ox.

"נָפַל לְתוֹכוֹ שׁוֹר וְכֵלָיו וְנִשְׁתַּבְּרוּ" כּו׳. מַתְנִיתִין דְּלָא כְּרַבִּי יְהוּדָה, דְּתַנְיָא: רַבִּי יְהוּדָה מְחַיֵּיב עַל נִזְקֵי כֵלִים בְּבוֹר.

§ The mishna teaches: If **an ox and its accoutrements,** i.e., the vessels it was carrying, **fell into** the pit **and** the vessels **were broken,** or if a donkey and its accoutrements fell in and the accoutrements were torn, the owner of the pit is liable for damage to the animal caused by the pit, but he is exempt from liability for damage caused to the vessels, by Torah edict. The Gemara notes: **The mishna is not in accordance with** the opinion of **Rabbi Yehuda, as it is taught** in a *baraita*: **Rabbi Yehuda obligates** a person to pay **for damage** caused **to vessels in** cases of **Pit.**

מַאי טַעֲמָא דְּרַבָּנַן? דְּאָמַר קְרָא: "וְנָפַל שָׁמָּה שׁוֹר אוֹ חֲמוֹר", "שׁוֹר" – וְלֹא אָדָם, "חֲמוֹר" – וְלֹא כֵלִים. וְרַבִּי יְהוּדָה? "אוֹ" – לְרַבּוֹת אֶת הַכֵּלִים. וְרַבָּנַן?

The Gemara explains: **What is the reasoning of the Rabbis? Since the verse states: "And an ox or a donkey fall therein"** (Exodus 21:33), it is inferred that it is specifically **an ox, but not a person,** for whose death the owner of the pit is liable. Moreover, one is liable for **a donkey, but not vessels.** By contrast, **Rabbi Yehuda** expounds the word **"or"** in the expression "an ox or a donkey" **to include vessels.** The Gemara asks: **And** how do **the Rabbis** explain the word "or"?

NOTES

But birds would not be included – אֲבָל עוֹפוֹת לָא: The carcass of a bird does not cause impurity imparted by contact or carrying. Rather, the only impurity is caused by the carcass of a kosher species of bird as it is swallowed.

An item that is not sacrificed on the altar does not render him liable – שֶׁאֵינוֹ קָרֵב לְגַבֵּי מִזְבֵּחַ לָא: Only cattle, sheep, goats, doves, and pigeons may be sacrificed on the altar, whereas other animals, even those that it is permitted to eat, may not be sacrificed.

Vessels that fall into a pit – כֵּלִים בְּבוֹר: An opinion stated in the Jerusalem Talmud on this matter differs from that of the Babylonian Talmud, which exempts the owner of any type of pit for damage caused to vessels. According to the opinion in the Jerusalem Talmud, a pit that is less than ten handbreadths deep and merely causes damage does render its owner liable for the damage to vessels. Moreover, Shmuel's opinion is cited that even if the pit is ten handbreadths deep and is capable of causing death, its owner is exempt only if the vessels were destroyed by the fumes of the pit, such as through rotting. If the vessels broke due to the impact of the fall, the pit's owner is liable for them.

HALAKHA

Their shattering is their death – שְׁבִירָתָן זוֹ הִיא מִיתָתָן: If a person digs a pit, and vessels fall into it and break, he is exempt, whether they were completely broken or just damaged (Rambam *Sefer Nezikin*, *Hilkhot Nizkei Mamon* 13:1; *Shulḥan Arukh*, *Ḥoshen Mishpat* 410:21).

״אוֹ״ מִיבָּעֵי לֵיהּ לְחַלֵּק. וְרַבִּי יְהוּדָה? לְחַלֵּק מִ״וְנָפַל״ נָפְקָא. וְרַבָּנַן? ״וְנָפַל״ טוּבָא מַשְׁמַע.

The word "or" is **necessary to separate** the cases of the ox and donkey. This indicates that if either falls in individually, the owner of the pit is liable. **And** how does **Rabbi Yehuda** derive the *halakha* **to separate** the cases in the verse? He derives it **from** the use of the singular form of the verb: "**And** an ox or donkey **fall** [*venafal*]," indicating that he is liable if even one animal falls. **And the Rabbis** maintain that the term **and fall** can also **indicate many** animals, as the use of the singular form of a verb does not prove that the subject is necessarily singular.

אֵימָא: ״וְנָפַל״ – כְּלָל, ״שׁוֹר וַחֲמוֹר״ – פְּרָט, כְּלָל וּפְרָט – אֵין בַּכְּלָל אֶלָּא מַה שֶּׁבַּפְּרָט, שׁוֹר וַחֲמוֹר אִין, מִידֵּי אַחֲרִינָא לָא!

The Gemara now challenges both opinions: **Say** that the term "**and fall**" is **a generalization,** whereas the phrase "**an ox or a donkey**" is **a detail.** According to the principles of halakhic exegesis, when the Torah presents **a generalization and a detail, the generalization** includes **only what** is contained **in the detail.** Therefore, **an ox and a donkey** are **indeed** included, but **anything else** is **not** included.

אָמְרִי: ״בַּעַל הַבּוֹר יְשַׁלֵּם״ – חָזַר וְכָלַל, כְּלָל וּפְרָט וּכְלָל אִי אַתָּה דָּן אֶלָּא כְּעֵין הַפְּרָט, מַה הַפְּרָט מְפוֹרָשׁ בַּעֲלֵי חַיִּים, אַף כָּל בַּעֲלֵי חַיִּים.

The Sages **said** in response: The following verse: "**The owner of the pit shall pay**" (Exodus 21:34), means that **it then generalized** again. The verses are structured according to the principle of halakhic exegesis of: **A generalization, and a detail, and a generalization.** According to this principle, **you may deduce** that the verses are referring **only** to items that are **similar to the detail.** In this case, **just as the explicit detail** is referring to **animals, so too, all** items included in the generalization must be **animals.**

אִי מַה הַפְּרָט מְפוֹרָשׁ דָּבָר שֶׁנִּבְלָתָהּ מְטַמְּאָה בְּמַגָּע וּבְמַשָּׂא, אַף כָּל דָּבָר שֶׁנִּבְלָתָהּ מְטַמְּאָה בְּמַגָּע וּבְמַשָּׂא, אֲבָל עוֹפוֹת לָא!

The Gemara now challenges this answer: **If** so, **just as the explicit detail,** i.e., the ox and donkey, is referring to **items whose carcass renders** a person ritually **impure by contact or by carrying, so too, all items,** i.e., all animals, **whose carcass renders** a person ritually **impure through contact or by carrying,** should be included in the *halakhot* of damage classified as Pit. **But birds,** whose carcasses do not render a person impure through contact or by carrying, would **not** be included.[N]

אִם כֵּן, נִכְתּוֹב רַחֲמָנָא חַד פְּרָטָא. הֵי נִכְתּוֹב? אִי כְּתַב ״שׁוֹר״, הֲוָה אָמִינָא: קָרֵב לְגַבֵּי מִזְבֵּחַ – אִין, שֶׁאֵינוֹ קָרֵב לְגַבֵּי מִזְבֵּחַ – לָא. וְאִי כְּתַב רַחֲמָנָא ״חֲמוֹר״, הֲוָה אָמִינָא: קָדוֹשׁ בִּבְכוֹרָה – אִין, שֶׁאֵין קָדוֹשׁ בִּבְכוֹרָה – לָא!

The Gemara answers: **If so, let the Merciful One write** only **one detail,** from which the exclusion of birds could be derived. The Gemara asks: **Which** detail **should** the Torah **write? If** it **writes** only **an ox, I would say** that an item that **is sacrificed on the altar,** such as an ox, **indeed** renders the owner of the pit liable, whereas an item **that is not sacrificed on the altar** does **not** render him liable.[N] **And if the Merciful One writes** only **a donkey, I would say:** Those animals whose **firstborn** is **sanctified,** such as a donkey, as described in the Torah (Exodus 13:13), do **indeed** render their owners liable, but animals whose **firstborn** is **not sanctified** do **not** render them liable. Therefore, the Torah states both an ox and a donkey.

אֶלָּא, אָמַר קְרָא: ״וְהַמֵּת יִהְיֶה לּוֹ״, כָּל דְּבַר מִיתָה.

The original difficulty therefore resurfaces: Why is the verse not expounded as a generalization, a detail, and a generalization, thereby excluding birds? **Rather,** the previous method of deriving liability for a pit must be rejected, and instead it should be derived as follows: The **verse states:** "**And the carcass shall be for him**" (Exodus 21:34), from which it may be inferred that **anything subject to death** is included.

בֵּין לְרַבָּנַן דְּקָא מְמַעֲטִי לְהוּ לְכֵלִים, וּבֵין לְרַבִּי יְהוּדָה דְּקָא מְרַבֵּי לְהוּ לְכֵלִים, כֵּלִים בְּנֵי מִיתָה נִינְהוּ? אָמְרִי: שְׁבִירָתָן זוֹ הִיא מִיתָתָן.

The Gemara asks: If this is the basis for liability for a pit, then **both according to the Rabbis, who exclude vessels** from liability based on another verse, **and according to Rabbi Yehuda, who has amplified** the *halakha* to include **vessels,**[N] one could ask: **Are vessels subject to death?** Clearly, vessels cannot be subject to death. Why, then, is a separate source necessary to derive their halakhic status? The Sages **said** in reply: Vessels may also be considered subject to death in the sense that **their shattering is** tantamount to **their death.**[H]

וּלְרַב דְּאָמַר: בּוֹר שֶׁחִיְּיבָה עָלָיו תּוֹרָה – לְהֶבְלוֹ וְלֹא לַחֲבָטוֹ, בֵּין לְרַבָּנַן בֵּין לְרַבִּי יְהוּדָה, כֵּלִים בְּנֵי הַבְלָא נִינְהוּ? אָמְרִי: בַּחֲדָתֵי, דְּמִיפַּקְעִי מֵהַבְלָא.

The Gemara continues to challenge this explanation: **But according to Rav, who says:** With regard to **Pit, for which the Torah deems** a person **liable,** it is only **for** damage caused by **its** lethal **fumes, but not for** damage caused by **the impact** of the fall, the following question may be raised **both according to the Rabbis and according to Rabbi Yehuda: Are vessels capable** of being broken by the lethal **fumes,** such that a verse is necessary to exclude them? The Sages **said** in reply: There is such a case concerning **new** vessels, **which crack from the fumes.**

הַאי "וְהַמֵּת יִהְיֶה לּוֹ" מִבָּעֵי לֵיהּ לְכִדְרָבָא. דְּאָמַר רָבָא: שׁוֹר פְּסוּלֵי הַמּוּקְדָּשִׁין שֶׁנָּפַל לַבּוֹר – פָּטוּר, שֶׁנֶּאֱמַר: "וְהַמֵּת יִהְיֶה לּוֹ", בְּמִי שֶׁהַמֵּת שֶׁלּוֹ, יָצָא זֶה שֶׁאֵין הַמֵּת שֶׁלּוֹ!

The Gemara asks further: But isn't **this** verse: **"And the carcass shall be for him," necessary for that which Rava** ruled, **as Rava says:** With regard to **a disqualified consecrated ox that fell into a pit,** the owner of the pit is **exempt, as it is stated: "And the carcass shall be for him."** It is referring **to** a person to **whom** the **carcass belongs,** thereby **excluding this** person, to **whom** the **carcass** does **not belong.** Once a *halakha* has already been derived from this verse, it cannot be used as the basis for deriving a second *halakha*.

אֶלָּא, אָמַר קְרָא: "כֶּסֶף יָשִׁיב לִבְעָלָיו", לְרַבּוֹת כָּל דְּאִית לֵיהּ בְּעָלִים. אִי הָכִי, אֲפִילּוּ כֵּלִים וְאָדָם נַמִּי!

Rather, the *halakhot* of liability for Pit must be derived from another source. The **verse states** concerning Pit: **"He shall recompense money to its owners"** (Exodus 21:34), thereby **including any** item **that has an owner** within the scope of liability. The Gemara challenges this answer: **If so,** then **even vessels and people** should be included **as well,** which presents a difficulty for all opinions.

אָמַר קְרָא: "שׁוֹר" – וְלֹא אָדָם, "חֲמוֹר" – וְלֹא כֵּלִים. וּלְרַבִּי יְהוּדָה דְּקָא מְרַבֵּי לְהוּ לְכֵלִים, בִּשְׁלָמָא "שׁוֹר" מְמַעֵט בֵּיהּ אָדָם, אֶלָּא "חֲמוֹר" מַאי מְמַעֵט בֵּיהּ?

The Gemara answers: This is why **the verse states: "An ox,"** but **not a person; "a donkey," but not vessels.** The Gemara asks: **And according to Rabbi Yehuda, who amplifies** the scope of liability to include **vessels, granted** that the term **"an ox"** is necessary, as he **excludes people based on it,** for which he is not liable. **But** with regard to the term **"a donkey," what** does he **exclude based on it?**

אֶלָּא אָמַר רָבָא: "חֲמוֹר" דְּבוֹר לְרַבִּי יְהוּדָה, וְ"שֶׂה" דַּאֲבֵידָה לְדִבְרֵי הַכֹּל – קַשְׁיָא.

Rather, Rava said: The term **"donkey"** stated **with regard to Pit, according to** the opinion of **Rabbi Yehuda, and** the term **"sheep"** (Deuteronomy 22:1), stated **with regard to a lost** item, **according to** the opinion of **everyone** (see *Bava Metzia* 27a) are **difficult.** There is no explanation for why they are stated.

"נָפַל לְתוֹכוֹ שׁוֹר חֵרֵשׁ שׁוֹטֶה וְקָטָן – חַיָּיב". מַאי "שׁוֹר חֵרֵשׁ שׁוֹטֶה וְקָטָן"? אִילֵּימָא שׁוֹר שֶׁל חֵרֵשׁ, שׁוֹר שֶׁל שׁוֹטֶה, שׁוֹר שֶׁל קָטָן. הָא שׁוֹר שֶׁל פִּקֵּחַ – פָּטוּר?

§ The mishna teaches: If a ***ḥeresh*** **ox** or a ***shoteh*** ox **or a** ***katan*** ox **fell into** the pit, the owner of the pit is **liable.** The Gemara clarifies: **What** is meant by the phrase: **A** ***ḥeresh*** **ox** or a ***shoteh*** ox **or a** ***katan*** ox? **If we say** that it means: **An ox belonging to a deaf-mute** [***ḥeresh***], **an ox belonging to an imbecile** [***shoteh***], or **an ox belonging to a minor** [***katan***], then it can be inferred that if it was **an ox** belonging to a halakhically **competent** adult, the owner of the pit would be **exempt.** What would be the reason for this exemption?

אָמַר רַבִּי יוֹחָנָן: שׁוֹר שֶׁהוּא חֵרֵשׁ, שׁוֹר שֶׁהוּא שׁוֹטֶה, שׁוֹר שֶׁהוּא קָטָן.

Rabbi Yoḥanan says: Instead, it should be interpreted as: **An ox that is** impaired by being **deaf,**[N] or **an ox that is an imbecile,** or **an ox that is** very **young.**[N]

NOTES

An ox that is deaf [*ḥeresh*] – שׁוֹר שֶׁהוּא חֵרֵשׁ: In talmudic terms, the word *ḥeresh* when employed with regard to people refers to a deaf-mute. In those times, people who were deaf from a very young age almost always suffered severe cognitive developmental problems, which rendered them halakhically incompetent. With regard to an ox, this presumably means a mentally impaired ox, though the commentaries note that it is not clear how this would be measured.

An ox that is very young – שׁוֹר שֶׁהוּא קָטָן: The early commentaries are unclear as to how these matters should be defined, as there is no method for examining an ox to determine its intellect. In addition, it is unclear why an ox of substandard intelligence would not be included in the standard *halakhot* of liability, nor is there a definition of what is defined as a very young ox. Concerning the last point, the Meiri explains that a very young ox is one that has still not learned how to plow, since an ox that has been taught to plow is also taught how to avoid falling into a pit.

HALAKHA

An ox that is of standard intelligence, etc. – שׁוֹר שֶׁהוּא פִּקֵּחַ וכו׳: One is not liable for the death of an animal that fell into his pit unless the animal suffered from an impairment that renders it incapable of avoiding a pit, or if an ordinary ox fell at night. If a mentally competent ox fell in the pit during the day, the pit's owner is exempt, since the animal should have looked where it was going, as most animals do. With regard to compensation for damage, he is liable in any case where an animal falls into his pit. The Rema writes that according to the Ra'avad and the Rosh, if an animal of standard intelligence fell into a pit during the day, the owner is exempt from compensation for damage as well (Rambam *Sefer Nezikin, Hilkhot Nizkei Mamon* 12:16; *Shulḥan Arukh, Ḥoshen Mishpat* 410:19–20, 412:3).

A person that fell into a pit – אָדָם שֶׁנָּפַל לַבּוֹר: If a person fell into a pit in the public domain and died, the owner of the pit is exempt. If the person was merely injured, the owner of the pit is liable, even if the fall occurred during the day, since people do not usually pay attention to the path on which they walk (Rambam *Sefer Nezikin, Hilkhot Nizkei Mamon* 12:16; *Shulḥan Arukh, Ḥoshen Mishpat* 410:20, 412:1).

הָא שׁוֹר שֶׁהוּא פִּקֵּחַ – פָּטוּר?

The Gemara asks: **But** can it be inferred that if **an ox that is of** standard **intelligence**[H] fell into a pit, the owner of the pit would be **exempt?**

אָמַר רַבִּי יִרְמְיָה: לָא מִיבַּעְיָא קָאָמַר, לָא מִבַּעְיָא שׁוֹר שֶׁהוּא פִּקֵּחַ דְּחַיָּיב, אֲבָל שׁוֹר חֵרֵשׁ שׁוֹטֶה וְקָטָן – אֵימָא: חֵרְשׁוּתוֹ גָּרְמָה לוֹ, קְטַנּוּתוֹ גָּרְמָה לוֹ, וְלִיפָּטַר, קָא מַשְׁמַע לָן.

Rabbi Yirmeya said: The mishna **is speaking** utilizing the style of: **It is not necessary,** and should be understood as follows: **It is not necessary** to state that if **an ox that is of** standard **intelligence** fell into a pit, **that** the pit's owner **is liable. But** with regard to **an ox** that is **deaf, an imbecile, or** very **young,**[B] **say** that it was not due to the pit alone that it fell in, but **its deafness caused it** to fall in or **its young age caused it** to fall in, **and** the owner of the pit **should be exempt.** Therefore, it **teaches us** that he is liable in these cases as well.

אֲמַר לֵיהּ רַב אַחָא לְרָבִינָא, וְהָתַנְיָא: נָפַל לְתוֹכוֹ בַּר דַּעַת – פָּטוּר; מַאי לָאו שׁוֹר בַּר דַּעַת? אֲמַר לֵיהּ: לָא, אָדָם. אֶלָּא מֵעַתָּה, אָדָם בֶּן דַּעַת הוּא דְּפָטוּר, הָא לָאו בֶּן דַּעַת הוּא דְּחַיָּיב? ״שׁוֹר״ – וְלֹא אָדָם כְּתִיב!

Rav Aḥa said to Ravina: But isn't it taught in a *baraita*: If a living being that is **mentally competent fell into** a pit, the owner is **exempt. What, is it not** referring to **an ox** that is **mentally competent?** Ravina **said to him: No,** it is referring to **a person.**[H] Rav Aḥa challenges this response: **If that is so,** you should then infer that it is only for the injuries of a **person** who is **mentally competent that** he is **exempt,**[N] **but** if one is **not mentally competent,** is the *halakha* **that** he would be **liable?** But the term **"an ox" is written** in the Torah as causing liability, **and not a person.**

אֶלָּא מַאי ״בֶּן דַּעַת״? מִין בֶּן דַּעַת. אֲמַר לֵיהּ, וְהָתַנְיָא: נָפַל לְתוֹכוֹ שׁוֹר בֶּן דַּעַת – פָּטוּר!

Rava responded to Rav Aḥa: **Rather, what** does the term **mentally competent** mean? It is referring to **a species** that is **mentally competent,** and thereby includes all humans in the exemption from liability. Rav Aḥa **said to him: But isn't it taught** in a *baraita*: If **an ox** that was **mentally competent fell inside it,** he is **exempt.**

אֶלָּא אָמַר רָבָא: שׁוֹר וְהוּא חֵרֵשׁ, שׁוֹר וְהוּא שׁוֹטֶה, שׁוֹר וְהוּא קָטָן דַּוְקָא. אֲבָל שׁוֹר וְהוּא פִּקֵּחַ – פָּטוּר, מַאי טַעְמָא? דְּבָעֵי לֵיהּ עִיּוּנֵי וּמֵיזַל. תַּנְיָא נָמֵי הָכִי: נָפַל לְתוֹכוֹ שׁוֹר חֵרֵשׁ שׁוֹטֶה וְקָטָן וְסוּמָא וּמְהַלֵּךְ בַּלַּיְלָה – חַיָּיב, פִּקֵּחַ וּמְהַלֵּךְ בַּיּוֹם – פָּטוּר.

Rather, Rava said that Rabbi Yirmeya's explanation should be rejected, and the mishna is referring **specifically** to **an ox that is deaf,**[N] **an ox that is an imbecile, and an ox that is** very **young,** for which he is liable; **but for an ox that is** of standard **intelligence,** he is **exempt. What is the reason?** The reason is **that** the ox **should have looked carefully** while **walking.** If it did not, it is responsible for its own injury. The Gemara notes: **That** idea **is also taught** in a *baraita*: With regard to an **ox** that is **deaf, an imbecile, or** very **young, blind, or** that is **walking at night** and unable to see, if it **fell into** a pit, the pit's owner is **liable.** But if the ox is of standard **intelligence** or is **walking during the day,** the pit's owner is **exempt,** since normal behavior for oxen is that, ordinarily, they watch where they are going and avoid pits.

BACKGROUND

An ox that is deaf, an imbecile, or very young – שׁוֹר חֵרֵשׁ שׁוֹטֶה וְקָטָן: There are a number of cases where oxen may qualify as imbeciles. In addition to head injuries that might cause an animal brain damage, there are also contagious diseases that may lead to various kinds of nerve damage. Sometimes this can result in a form of degeneration, and in other instances it can induce animals to act in careless ways, making them more susceptible to danger and the possibility of falling into a pit. As for the category of a very young ox, some explain that this refers to calves that have not yet been trained to pull a plow. For this reason, they behave in a reckless manner and could thereby suffer harm from falling into a pit.

NOTES

It is for the injuries of a person who is mentally competent that he is exempt – אָדָם בֶּן דַּעַת הוּא דְּפָטוּר: This appears to be a strong argument, since a mentally competent person is capable of watching where he walks, while someone who is mentally incompetent is incapable of walking cautiously. In fact, based on this logic Rava differentiates with regard to oxen between those that are of standard intelligence and those that are not. The Rosh explains that the argument that the injured party should have looked carefully while walking is more applicable to animals, which, unlike people, look downward as they walk, and immediately become aware of a pit.

An ox that is deaf, etc. – שׁוֹר וְהוּא חֵרֵשׁ וכו׳: In the Jerusalem Talmud, it is similarly concluded that the mishna is characterizing the oxen themselves, not their owners.

מתני׳ אֶחָד שׁוֹר וְאֶחָד כָּל בְּהֵמָה – לִנְפִילַת הַבּוֹר, וּלְהַפְרָשַׁת הַר סִינַי, וּלְתַשְׁלוּמֵי כֶּפֶל, וְלַהֲשָׁבַת אֲבֵידָה, לִפְרִיקָה, לַחֲסִימָה, לְכִלְאַיִם, וּלְשַׁבָּת.

MISHNA The *halakha* is the same **whether** concerning **an ox**[N] **or whether** concerning **any other animal with regard to** liability for **falling** into **a pit,**[H] **and with regard to** keeping its **distance** from **Mount Sinai**[N] at the time of the receiving of the Torah, when it was forbidden for any animal to ascend the mountain, **and with regard to the payment of double**[H] the principal by a thief, **and with regard to** the mitzva of **returning a lost item,**[H] **and with regard to unloading**[H] its burden, and **with regard to** the prohibition of **muzzling**[H] it while threshing, and **with regard to** the prohibition of **diverse kinds,**[H] **and with regard to** the prohibition against its working on **Shabbat.**[H]

וְכֵן חַיָּה וְעוֹף כַּיּוֹצֵא בָּהֶן. אִם כֵּן, לָמָּה נֶאֱמַר שׁוֹר אוֹ חֲמוֹר? אֶלָּא שֶׁדִּבֵּר הַכָּתוּב בַּהוֹוֶה.

And similarly, undomesticated animals and birds are subject to the same *halakhot* as domesticated animals. **If so,** why **are** all of the above *halakhot* **stated** in the Torah only in reference to **an ox or a donkey? Rather,** the reason is **that the verse speaks of a common** scenario, from which the other cases may be derived.

גמ׳ לִנְפִילַת הַבּוֹר – ״כֶּסֶף יָשִׁיב לִבְעָלָיו״ כְּתִיב, כָּל דְּאִית לֵיהּ בְּעָלִים, כִּדְאָמְרַן. לְהַפְרָשַׁת הַר סִינַי – ״אִם בְּהֵמָה אִם אִישׁ לֹא יִחְיֶה״, וְחַיָּה בִּכְלַל בְּהֵמָה הָוְיָא, ״אִם״ לְרַבּוֹת אֶת הָעוֹפוֹת.

GEMARA The Gemara explains the sources for all of the *halakhot* enumerated in the mishna that apply to all animals. **With regard to falling** into **a pit, it is written: "He shall recompense money to its owners"** (Exodus 21:34), which means that any animal **that has owners** is included, **as we mentioned** (see 54a). **With regard to** the requirement that animals keep their **distance** from **Mount Sinai** before the giving of the Torah, this is derived from the verse: **"Whether it be animal or person, it shall not live"** (Exodus 19:13), **and an undomesticated animal** [*ḥayya*] **is** also **included in** the term **animal** [*behema*].[L] In addition, the word **"whether"** serves **to include birds.**

לְתַשְׁלוּמֵי כֶּפֶל – כִּדְאָמְרִינַן: ״עַל כָּל דְּבַר פֶּשַׁע״, כָּלַל כָּל דְּבַר פְּשִׁיעָה. לַהֲשָׁבַת אֲבֵידָה – ״לְכָל אֲבֵדַת אָחִיךָ״. לִפְרִיקָה – יָלֵיף ״חֲמוֹר״ ״חֲמוֹר״ מִשַּׁבָּת.

With regard to the double payment of a thief, it is **as we say** in a halakhic exegesis of the verse: **"For any matter of trespass"** (Exodus 22:8), that it is a general statement which **includes any matter** of **negligence. With regard to** the mitzva of **returning a lost item,** the verse states comprehensively: **"For every lost thing of your brother"** (Deuteronomy 22:3). **With regard to** the *halakha* of **unloading** a burden, **derive it from** a verbal analogy **from** the context of **Shabbat,** as the word **donkey** is employed in the context of unloading a burden (see Exodus 23:5), and the word **donkey** is employed in the context of the prohibition against having one's animal perform labor on Shabbat (see Deuteronomy 5:14), and that verse is clearly referring to any animal.

NOTES

Whether an ox – אֶחָד שׁוֹר: Having stated this *halakha* in reference to Pit, the mishna cites other cases that are also generalized to include all animals within their purview. The *halakhot* presented in the mishna follow the order in which they appear in the Torah, with two exceptions: Falling into a pit, which is placed first since it is the subject of the tractate, and resting on Shabbat, which serves as the source for the other *halakhot*.

And with regard to keeping its distance from Mount Sinai – וּלְהַפְרָשַׁת הַר סִינַי: Concerning this type of matter, the Gemara occasionally asks why it is stated. It seems to be merely of historical interest, and no longer relevant. In one location, the Gemara answers that the purpose of the discussion is simply to interpret the verses in the Torah properly (*Yoma* 5b; see *Sanhedrin* 15b).

LANGUAGE

An undomesticated animal [*ḥayya*] is included in the term animal [*behema*] – חַיָּה בִּכְלַל בְּהֵמָה: The words *ḥayya* and *behema* are not interchangeable. The Sages proved from verses in the Torah that *behema* is a general term for domesticated animals, while *ḥayya* refers to certain kinds of wild animals (see Deuteronomy 14:4 and Rashi there). Based on this, *behema* is often used to mean a kosher, domesticated, animal, e.g., a cow or sheep, whereas a *ḥayya* is a kosher, undomesticated animal, e.g., a deer or ram. These terms are also used to distinguish between non-kosher animals. A non-kosher domesticated animal, e.g., a horse or donkey, is a *behema*, and a non-kosher, undomesticated animal is a *ḥayya*. In modern usage, *ḥayya* is used in a more general sense, while *behema* often refers to domesticated animals.

HALAKHA

Whether an ox…with regard to falling into a pit – אֶחָד שׁוֹר...לִנְפִילַת הַבּוֹר: The owner of a pit in the public domain is liable whether an ox, donkey, or creature from any other species of wild or domestic animals or birds fell into it (Rambam *Sefer Nezikin, Hilkhot Nizkei Mamon* 12:1).

Payment of double – תַּשְׁלוּמֵי כֶּפֶל: A thief is liable to pay double the value of what he stole, whether it is an animal, a utensil, or any other item of monetary worth (Rambam *Sefer Nezikin, Hilkhot Geneiva* 1:6).

Returning a lost item – הֲשָׁבַת אֲבֵידָה: One who finds a lost article belonging to a Jew is obligated to return it to its owner, whether it is an animal, money, or a utensil (Rambam *Sefer Nezikin, Hilkhot Gezeila VaAveda* 14:1; *Shulḥan Arukh, Ḥoshen Mishpat* 259:1).

Unloading – פְּרִיקָה: One who encounters another on the road and sees that his donkey, ox, or other type of domesticated or undomesticated animal is struggling under the weight of its load is obligated by the Torah to help unload it (Rambam *Sefer Nezikin, Hilkhot Rotze'aḥ UShmirat HaNefesh* 13:1; *Shulḥan Arukh, Ḥoshen Mishpat* 272:1).

Muzzling – חֲסִימָה: One who prevents an animal from eating from the ground while it works transgresses a negative mitzva, for which he receives lashes. In this regard, all domesticated and undomesticated animals are equivalent (Rambam *Sefer Mishpatim, Hilkhot Sekhirut* 13:2; *Shulḥan Arukh, Ḥoshen Mishpat* 338:2).

The prohibition of diverse kinds – כִּלְאַיִם: It is forbidden to crossbreed two diverse species, whether they are domesticated or undomesticated animals or sea creatures, aside from fish. It is also prohibited to have two animals of different species working together, such as having them both plow or pull a wagon. This prohibition applies to both two kosher animals, two non-kosher animals, or one of each. It appears from the Rambam that one receives lashes specifically for working a kosher animal and a non-kosher animal together (Rambam *Sefer Zera'im, Hilkhot Kilayim* 9:1,7; *Shulḥan Arukh, Yoreh De'a* 297:10).

Shabbat – שַׁבָּת: It is forbidden to have one's animal work on Shabbat, whether a domesticated animal, an undomesticated animal, or a bird (Rambam *Sefer Zemanim, Hilkhot Shabbat* 20:1–2).

לַחֲסִימָה – יָלֵיף ״שׁוֹר״ ״שׁוֹר״ מִשַּׁבָּת.

With regard to the prohibition against **muzzling** an animal, mentioned in the verse: "You shall not muzzle an ox while it is threshing" (Deuteronomy 25:4), **derive** it **from** a verbal analogy **from** the context of **Shabbat,** as the word **"ox"** is employed in the context of muzzling, and the word **"ox"** is employed in the context of the prohibition against having one's animal perform labor on Shabbat (see Deuteronomy 5:14), and that verse is clearly referring to any animal.

לְכִלְאַיִם, אִי כִּלְאַיִם דַּחֲרִישָׁה – יָלֵיף ״שׁוֹר״ ״שׁוֹר״ מִשַּׁבָּת,

With regard to the prohibition of **diverse kinds, if** it is referring to the prohibition against using **diverse kinds for plowing,** due to which it is forbidden to plow with an ox and a donkey together (see Deuteronomy 22:10), **derive** it **from** a verbal analogy **from** the context of **Shabbat,** as the word **"ox"** is employed in the context of plowing with diverse kinds, and the word **"ox"** is employed in the context of the prohibition against having one's animal perform labor on Shabbat (see Deuteronomy 5:14), and that verse is clearly referring to any animal.

אִי כִּלְאַיִם דְּהַרְבָּעָה – יָלֵיף ״בְּהֶמְתְּךָ״ ״בְּהֶמְתְּךָ״ מִשַּׁבָּת.

If it is referring to the prohibition of **diverse kinds for crossbreeding,**[N] **derive** it **from** a verbal analogy **from** the context of **Shabbat,** as the term **"your cattle"** is employed in the context of crossbreeding animals (see Leviticus 19:19), and the term **"your cattle"** is employed in the context of the prohibition against having one's animal perform labor on Shabbat (see Exodus 20:10), and that verse is clearly referring to any animal.

וְגַבֵּי שַׁבָּת מְנָלַן? דְּתַנְיָא, רַבִּי יוֹסֵי אוֹמֵר מִשּׁוּם רַבִּי יִשְׁמָעֵאל: בְּדִבְּרוֹת הָרִאשׁוֹנוֹת נֶאֱמַר ״עַבְדְּךָ וַאֲמָתְךָ וּבְהֶמְתֶּךָ״, וּבַדִּבְּרוֹת הָאַחֲרוֹנוֹת נֶאֱמַר ״וְשׁוֹרְךָ וַחֲמֹרְךָ וְכָל בְּהֶמְתֶּךָ״, וַהֲלֹא שׁוֹר וַחֲמוֹר בִּכְלַל כָּל בְּהֵמָה הָיוּ, וְלָמָּה יָצְאוּ? לוֹמַר לְךָ: מַה שּׁוֹר וַחֲמוֹר הָאָמוּר כָּאן – חַיָּה וְעוֹף כַּיּוֹצֵא בָּהֶן, אַף כָּל חַיָּה וְעוֹף כַּיּוֹצֵא בָּהֶן.

The Gemara asks: **And from where do we** derive **concerning Shabbat** itself that the words "ox" and "donkey" are referring to all types of animals? **As it is taught** in a *baraita*: **Rabbi Yosei says in the name of Rabbi Yishmael: In the first** version of the Ten **Commandments** it **is stated: "Your manservant, your maidservant, nor your cattle"** (Exodus 20:10), whereas **in the second** version of the Ten **Commandments** it **is stated: "Nor your ox, nor your donkey, nor any of your cattle"** (Deuteronomy 5:14). Now, **aren't an ox and a donkey** already **included in** the category of: **All animals,** which are included in the term "cattle"? **Why,** then, were they **specified? To teach you** that **just as** with regard to the terms **ox and donkey that are stated here, undomesticated animals and birds** have the same *halakha* **as them, so too,** everywhere that an ox and donkey are mentioned, **all** types of **undomesticated animals and birds** have the same *halakha* **as them.**

אֵימָא: בְּהֵמָה דְּדִבְּרוֹת הָרִאשׁוֹנוֹת – כְּלָל, ״שׁוֹרְךָ וַחֲמֹרְךָ״ דְּדִבְּרוֹת הָאַחֲרוֹנוֹת – פְּרָט, כְּלָל וּפְרָט אֵין בַּכְּלָל אֶלָּא מַה שֶּׁבַּפְּרָט; שׁוֹר וַחֲמוֹר – אִין, מִידֵּי אַחֲרִינָא – לָא!

The Gemara asks: But why not **say** that the verses be expounded as follows: The term **"cattle"** used **in the first** version of the Ten **Commandments is a generalization,**[N] and the phrase **"your ox and your donkey"** used **in the latter** version of the Ten **Commandments** is a **detail.** In the case of **a generalization and a detail,** the principles of halakhic exegesis dictate that **the generalization includes only what** is specified **in the detail.** Therefore, with regard to this subject, **an ox and a donkey** should **indeed** be included, but **anything else** should **not** be included.

אָמְרִי: ״וְכָל בְּהֶמְתֶּךָ״ דְּדִבְּרוֹת הָאַחֲרוֹנוֹת – חָזַר וְכָלַל, כְּלָל וּפְרָט וּכְלָל אִי אַתָּה דָּן אֶלָּא כְּעֵין הַפְּרָט; מַה הַפְּרָט מְפוֹרָשׁ בַּעֲלֵי חַיִּים, אַף כָּל בַּעֲלֵי חַיִּים.

The Sages said in reply: In the phrase **"nor any of your cattle"** stated **in the latter** version of the Ten **Commandments** following the phrase "your ox and your donkey," **it then generalized** again. Therefore, the verse is structured as **a generalization, and a detail, and a generalization.** According to the principles of halakhic exegesis, **you may deduce** that the verse is referring **only** to items **similar to the detail.** Consequently, **just as** the items mentioned in **the detail** are clearly **defined as animals, so too, all** items included in the general term must be **animals.**

וְאֵימָא: מַה הַפְּרָט מְפוֹרָשׁ דָּבָר שֶׁנִּבְלָתוֹ מְטַמֵּא בְּמַגָּע וּבְמַשָּׂא, אַף כָּל דָּבָר שֶׁנִּבְלָתוֹ מְטַמֵּא בְּמַגָּע וּבְמַשָּׂא, אֲבָל עוֹפוֹת לֹא!

The Gemara challenges the answer: **But say** instead that **just as** the items mentioned in **the detail** are clearly **defined as an item,** i.e., an animal, **whose carcass renders** a person ritually **impure through contact or through carrying, so too, all items whose carcass renders** a person ritually **impure through contact or through carrying** should be included. **But birds,** whose carcasses do not render one impure through contact or through carrying, should **not** be included.

NOTES

The prohibition of diverse kinds for crossbreeding – כִּלְאַיִם דְּהַרְבָּעָה: The Ra'avad notes that the Torah states: "According to its species" (Genesis 1:25), in reference to all animals, from which it is derived that each species is considered to be a separate entity that may not be crossbred with another species. According to some opinions, this was a mitzva given to Adam. Nevertheless, Genesis 1:25 cannot be used as a source for the *halakha* of crossbreeding, since there it is stated as a positive mitzva, whereas the mishna is referring to a prohibition, which carries the punishment of lashes.

Cattle in the first version of the Ten Commandments is a generalization, etc. – בְּהֵמָה דְּדִבְּרוֹת הָרִאשׁוֹנוֹת כְּלָל וכו׳: In this case, the generalization and the detail are not stated in close proximity to each other in the Torah, and the principle of: A generalization and a detail, is not generally invoked in such cases. Nevertheless, since in this case both contexts essentially include the same content of the Ten Commandments and both versions were uttered simultaneously, they may be viewed as a single unit. Therefore, the corresponding verses are treated as if they were adjacent to each other (*Tosafot*).

אָמְרִי: אִם כֵּן, נִכְתּוֹב רַחֲמָנָא חַד פְּרָטָא. הֵי נִכְתּוֹב רַחֲמָנָא? אִי כְּתַב רַחֲמָנָא שׁוֹר, הֲוָה אָמִינָא: קָרֵב לְגַבֵּי מִזְבֵּחַ – אִין, שֶׁאֵינוֹ קָרֵב לְגַבֵּי מִזְבֵּחַ – לָא, כְּתַב רַחֲמָנָא חֲמוֹר; וְאִי כְּתַב רַחֲמָנָא חֲמוֹר, הֲוָה אָמִינָא: קָדוֹשׁ בִּבְכוֹרָה – אִין, שֶׁאֵין קָדוֹשׁ בִּבְכוֹרָה – לָא, כְּתַב רַחֲמָנָא שׁוֹר!

The Sages **said** in reply: **If so, let the Merciful One write** only **one detail** from which this could be derived. The Gemara asks: **Which** detail **should the Merciful One write? If the Merciful One writes** only **an ox, I would say:** An animal that **is sacrificed on the altar,** such as an ox, **indeed** renders the owner of the pit liable, whereas an animal **that is not sacrificed on the altar** does **not** render him liable. **And if the Merciful One writes** only **a donkey, I would say:** An animal whose **firstborn** is **sanctified,** such as a donkey, as described in the Torah (Exodus 13:13), does **indeed** render him liable, but an animal whose **firstborn** is **not sanctified** does **not** render him liable. Therefore, **the Merciful One writes** both **an ox** and a donkey.

אֶלָּא, "וְכָל בְּהֶמְתֶּךָ" רִיבּוּיָא הוּא.

Consequently, there is no redundancy, and each detail is required for correctly deriving other *halakhot*. If so, the previous question resurfaces: Why are the verses not expounded such that the prohibition does not include birds? **Rather,** the term: **"Nor any [*vekhol*] of your cattle,"** should be understood as **an amplification,**[N] encompassing any item that is even partially similar to the detail.

וְכָל הֵיכָא דִּכְתַב רַחֲמָנָא "כָּל", רִיבּוּיָא הוּא? וְהָא גַּבֵּי מַעֲשֵׂר דִּכְתִיב "כֹּל", וְקָא דָּרְשִׁינַן לֵיהּ בִּכְלָל וּפְרָט!

The Gemara asks: **But** is it the case that **anywhere that the Merciful One states** the word **"any [*kol*]"** it is intended as an **amplification?**[N] **But concerning tithes, where it is written "any [*kol*]," and** yet **we expound** the verses **with** the method of **a generalization and a detail,** rather than using the method of amplification and restriction.

דְּתַנְיָא: "וְנָתַתָּה הַכֶּסֶף בְּכֹל אֲשֶׁר תְּאַוֶּה נַפְשְׁךָ" – כְּלָל, "בַּבָּקָר וּבַצֹּאן וּבַיַּיִן וּבַשֵּׁכָר" – פְּרָט, "וּבְכֹל אֲשֶׁר תִּשְׁאָלְךָ נַפְשֶׁךָ" – חָזַר וְכָלַל,

This is **as it is taught** in a *baraita* concerning second-tithe money brought to Jerusalem: The verse states: **"And you shall give the money for anything [*bekhol*] your soul desires"** (Deuteronomy 14:26), which is a **generalization,** followed by: **"For oxen, or for sheep, or for wine, or for strong drink,"** which is **a detail,** and concludes with: **"Or for anything [*uvkhol*] your soul asks of you,"** where **it then generalized** again.

כְּלָל וּפְרָט וּכְלָל אִי אַתָּה דָּן אֶלָּא כְּעֵין הַפְּרָט; מַה הַפְּרָט מְפוֹרָשׁ פְּרִי מִפְּרִי וְגִידּוּלֵי קַרְקַע, אַף כָּל פְּרִי מִפְּרִי וְגִידּוּלֵי קַרְקַע!

Therefore, the verse is structured as **a generalization, and a detail, and a generalization.** According to the principles of halakhic exegesis, **you may deduce** that the verse is referring **only** to items **similar to the detail.** Consequently, **just as** the items mentioned in **the detail** are clearly **defined as produce of produce,** i.e., they grow from a parent organism, such as agricultural produce or animals, **and** they are **grown from the ground,**[H] i.e., their sustenance comes from the ground, **so too,** it includes **all** things that are **the produce of produce and are grown from the ground.** It is evident from here that the method of a generalization and a detail is used in connection with the term "kol," as opposed to interpreting it as an amplification.

אָמְרִי: "בְּכֹל" – כְּלָלָא, "כָּל" – רִיבּוּיָא. אִיבָּעֵית אֵימָא: "כָּל" נַמִי כְּלָלָא הוּא, מִיהוּ הַאי "כָּל" דְּהָכָא רִיבּוּיָא הוּא, מִדַּהֲוָה לֵיהּ לְמִכְתַּב "וּבְהֶמְתֶּךָ" כְּדִכְתִיב בַּדִּבְּרוֹת הָרִאשׁוֹנוֹת, וּכְתַב "וְכָל בְּהֶמְתֶּךָ", שְׁמַע מִינָּהּ רִיבּוּיָא.

The Sages **said** in response: A distinction may be drawn between the term: **"For anything [*bekhol*],"** which is **a generalization,** and the term **"any [*kol*],"** as in: "Any of your cattle," which is **an amplification.**[N] And **if you wish, say** instead that the word **"any [*kol*]" is a generalization as well,** in addition to "for anything [*bekhol*]." **But this** word **"any,"** written **here, is an amplification.** This is the case **since it could have written: And your cattle, as it is written in** the **first** version of the Ten **Commandments, and** instead **it writes: "Nor any of your cattle." Learn from** this that it is **an amplification** and encompasses other animals as well.

הַשְׁתָּא דְּאָמְרַתְּ: "כָּל" רִיבּוּיָא הוּא, "בְּהֶמְתֶּךָ" דְּדִבְּרוֹת הָרִאשׁוֹנוֹת וְשׁוֹר וַחֲמוֹר דְּדִבְּרוֹת הָאַחֲרוֹנוֹת לָמָּה לִי?

The Gemara continues to analyze this matter: **Now that you** have **said** that the term **"any [*kol*]" is an amplification, why do I** need the words **"your cattle,"** stated **in the first** version of the Ten **Commandments, and** the terms **"an ox or a donkey,"** stated **in the latter** version of the Ten **Commandments?** The phrase "and any of your cattle" already includes any animal.

NOTES

"Nor any of your cattle" is an amplification – וְכָל בְּהֶמְתְּךָ רִיבּוּיָא: Some commentaries have asked: If this is so, shouldn't vessels be included in the prohibition? Why, then, is the injunction of resting one's vessels on Shabbat a matter of dispute? They answer that resting and not performing prohibited labor on Shabbat is not a concept that is relevant to vessels. Therefore, with regard to vessels, one may not derive any principles from the *halakhot* of resting on Shabbat (*Tosefot Rabbeinu Peretz*).

"Any [*kol*]" is an amplification – כָּל רִיבּוּיָא הוּא: There are two similar methods employed in halakhic exegesis. One is known as: A generalization and a detail, and the other is known as: An amplification and a restriction. Although in principle all *tanna'im* accept both methods, in certain cases they disagree as to which one is preferable and some employ one method, while others employ the other. The method of exegesis based on a generalization and a detail is based on the fact that a general inclusive expression appears in the initial presentation of a *halakha* in the Torah followed by more specific examples that clarify which cases are included in the generalization. Occasionally these details are subsequently followed by another general expression, which yields the method: A generalization, a detail, and a generalization. In this case, the detail is meant to describe which types of categories are included in the generalization, and any case similar to that of the detail is included in the *halakha* as well. According to the method: An amplification and a restriction, the latter case would be interpreted to include nearly all examples and exclude only cases that are entirely different from the specific, restrictive case.

"For anything [*bekhol*]" is a generalization and "any [*kol*]" is an amplification – בְּכֹל כְּלָלָא כָּל רִיבּוּיָא: The Gemara explains here that the expression "for anything that your heart desires" should be viewed as one single generalization. By contrast, the word "*kol*" in the phrase "and all [*kol*] your cattle," in the context of Shabbat observance, does not serve an essential role in the verse. Therefore, its purpose must be to include additional cases to which the *halakha* applies.

HALAKHA

Items in the detail are defined as produce of produce and are grown from the ground – פְּרָט מְפוֹרָשׁ פְּרִי מִפְּרִי וְגִידּוּלֵי קַרְקַע: One may use second-tithe money brought to Jerusalem to purchase only items similar to those specified in the Torah, i.e., foods that grow from the ground or that derive from items growing from the ground and that are suitable for people (Rambam *Sefer Zera'im, Hilkhot Ma'aser Sheni* 7:3).

HALAKHA

It is permitted for a person to plow and pull with any of them – אדם מותר עם כולן: It is permitted for a person and an animal to work together, as the prohibition applies only to two heterogeneous animal species (Rambam *Sefer Zera'im, Hilkhot Kilayim* 9:10; *Shulḥan Arukh, Yoreh De'a* 297:16).

NOTES

I have equated them concerning resting – להנחה הקשתיו: Some commentaries ask the following question: If they are equated concerning resting, then shouldn't the *halakha* of unloading, which is derived from the *halakhot* of Shabbat, also apply only to animals and not to humans? Why, then, is it taught that a mitzva exists to unload a burden from a person as well? The commentaries answer that there is no requirement in the *halakha* of unloading for one to unload the burden of another person. Rather, it is a separate rabbinic obligation that stems from the concept of loving a fellow Jew and performing acts of kindness for him (*Tosefot Rabbeinu Peretz*).

אמרי: שור – לאגמורי "שור" "שור" לחסימה,

The Sages **said** in response: Each of these terms is required. The term **"ox"** can be used **to derive** the *halakha* **with regard to** the prohibition against **muzzling,** as the word **"ox"** is employed in the context of muzzling, and the word **"ox"** is employed in the context of the prohibition against having one's animal perform labor on Shabbat.

"חמור" – לאגמורי "חמור" "חמור" לפריקה,

The term **"donkey"** can be used **to derive** the *halakha* **with regard to** the *halakha* of **unloading** a burden, as the word **"donkey"** is employed in the context of unloading a burden (see Exodus 23:5), and the word **"donkey"** is employed in the context of the prohibition against having one's animal perform labor on Shabbat (see Deuteronomy 5:14).

"בהמתך" – לאגמורי "בהמתך" "בהמתך" לכלאים.

The term **"your cattle"** can be used **to derive** the *halakha* **with regard to** the prohibition of **diverse kinds,** as the term **"your cattle"** is employed in the context of crossbreeding animals (see Leviticus 19:19), and the term **"your cattle"** is employed in the context of the prohibition against having one's animal perform labor on Shabbat (see Exodus 20:10).

אי הכי, אפילו אדם ליתסר! אלמה תנן: אדם מותר עם כולן לחרוש ולמשוך!

The Gemara asks: **If so,** that this redundancy is the source for extending the prohibition of diverse kinds, then it **should be prohibited even** for **a person** to plow together with an ox or another animal. **Why,** then, **did we learn** in a mishna (*Kilayim* 8:6): It is **permitted** for **a person to plow and pull with any of them,**[H] indicating that the prohibition relates only to animals?

אמר רב פפא: פפונאי ידעי טעמא דהא מילתא, ומנו? רב אחא בר יעקב; אמר קרא: "למען ינוח עבדך ואמתך כמוך", להנחה הקשתיו ולא לדבר אחר.

Rav Pappa said: The Sages of **Paphunya know the reason for this matter, and who are these Sages? Rav Aḥa bar Ya'akov,** who resided in Paphunya. The reason is that the **verse states:** "You shall not perform any labor, neither you, your son, your daughter, your slave, your maidservant, your ox, your donkey, any of your animals, or the stranger residing within your city gates, **that your manservant and your maidservant may rest as well as you"** (Deuteronomy 5:14), as if to say: **I have equated** people with animals only **concerning resting**[N] on Shabbat, **but not with regard to another matter.**

שאל רבי חנינא בן עגיל את רבי חייא בר אבא: מפני מה בדברות הראשונות לא נאמר בהם טוב, ובדברות האחרונות

Having discussed some differences between the two versions of the Ten Commandments, the Gemara now discuses a related matter: **Rabbi Ḥanina ben Agil asked Rabbi Ḥiyya bar Abba: For what reason is** the word **good not stated in the first** version of the Ten **Commandments,** whereas **in the latter** version of the Ten **Commandments,**

Perek **V**
Daf **55** Amud **a**

NOTES

Ask me if…is stated, etc. – שאלני אם נאמר וכו׳: The straightforward understanding is that Rabbi Ḥiyya bar Abba, who was predominantly an expert in *halakha*, said that he was not sufficiently proficient in the biblical text to remember the exact wording of each verse. He advised Rabbi Ḥanina ben Agil to consult with an expert in *aggada*, who expounded on all the verses in the Bible, to answer his question. Several commentaries explain this passage homiletically, since they find it difficult to accept that Rabbi Ḥiyya bar Abba was not familiar with such an important verse in the Torah. Others explain that the question was whether the version of the Ten Commandments in Exodus is what was written on the tablets that were broken, and which was actually uttered by God, or whether the version in Deuteronomy is the primary one, which was uttered by God. Rabbi Ḥiyya bar Abba then responded that no one, including himself, knows what was on the tablets that were broken (Riaf; see *Penei Yehoshua*).

נאמר בהם טוב? אמר לו: עד שאתה שואלני למה נאמר בהם טוב, שאלני אם נאמר בהן טוב אם לאו, שאיני יודע אם נאמר בהן טוב אם לאו. כלך אצל רבי תנחום בר חנילאי, שהיה רגיל אצל רבי יהושע בן לוי שהיה בקי באגדה.

in the context of the mitzva to honor one's parents, the word **good is stated there:** "In order that it shall be good for you" (Deuteronomy 5:16)? Rabbi Ḥiyya bar Abba **said to him: Before you ask me why** the word **good is stated, ask me if** the word **good is** actually **stated**[N] **there or not, since** I am not sufficiently proficient in my knowledge of the biblical verses to remember the precise wording, and **I do not know**[B] if the word **good is stated there or not. Go to Rabbi Tanḥum bar Ḥanilai, who was** commonly **found** at the academy of **Rabbi Yehoshua ben Levi, who was an expert in *aggada*.** Perhaps he heard something from him on this matter and can answer your question.

BACKGROUND

Since I do not know, etc. – שאיני יודע וכו׳: During talmudic times, every Jewish male child learned the Bible, and most knew the Bible almost by heart. Nevertheless, not all of the Sages continued to study the Bible in a consistent and in-depth fashion. Rabbi Ḥiyya bar Abba was primarily a master of *halakha* and thoroughly involved in this field. Among the Sages, there were masters of *aggada* who were greatly engaged in the study of the Bible and aggadic midrash, to the extent that they had virtually perfect recall of anything in the Bible.

אֲזַל לְגַבֵּיהּ, אֲמַר לֵיהּ: מִמֶּנּוּ לֹא שָׁמַעְתִּי, אֶלָּא כָּךְ אָמַר לִי שְׁמוּאֵל בַּר נַחוּם אֲחִי אִמּוֹ שֶׁל רַב אַחָא בְּרַבִּי חֲנִינָא, וְאָמְרִי לָהּ אֲבִי אִמּוֹ שֶׁל רַב אַחַי בְּרַבִּי חֲנִינָא: הוֹאִיל וְסוֹפָן לְהִשְׁתַּבֵּר.

Rabbi Ḥanina ben Agil **went to him** and asked him. Rabbi Tanḥum **said to him: I did not hear** anything on this matter **from** Rabbi Yehoshua ben Levi **himself. But this** is what **Shmuel bar Naḥum, the brother of the mother of Rav Aḥa, son of Rabbi Ḥanina, said to me, and some say** it was **the father of the mother of Rav Aḥai, son of Rabbi Ḥanina:** It does not mention the word good in the first tablets, **since they** were **ultimately** destined **to be broken**[N] after the Jews made the Golden Calf.

וְכִי סוֹפָן לְהִשְׁתַּבֵּר מַאי הָוֵי? אָמַר רַב אַשִׁי: חַס וְשָׁלוֹם, פָּסְקָה טוֹבָה מִיִּשְׂרָאֵל.

The Gemara asks: **And** even **if** it had mentioned the term good, and **they were ultimately** destined **to break, what of it? Rav Ashi said:** If this term had been mentioned in the first tablets, all **good** would have, **God forbid, ceased from Israel** once they were broken. Therefore, only the second version, which was written after the breaking of the tablets, contains the word good, so that there would always be good for the Jewish people.

אָמַר רַבִּי יְהוֹשֻׁעַ: הָרוֹאֶה טֵי״ת בַּחֲלוֹמוֹ – סִימָן יָפֶה לוֹ. מַאי טַעְמָא? אִילֵימָא מִשּׁוּם דִּכְתִיב ״טוֹב״, אֵימָא: ״וְטֵאטֵאתִיהָ בְּמַטְאֲטֵא הַשְׁמֵד״! חַד טֵי״ת קָאָמְרִינַן.

Rabbi Yehoshua says: If **one sees** the letter ***tet* in his dream,** it is **a good sign for him.** The Gemara asks: **What is the reason? If we say** that it is **because** the word **good** [*tov*] **is written** in the Torah and begins with the letter *tet*, then one could **say** instead that it is an allusion to the verse: **"And I will sweep it with the broom** [***vetetetiha bemate'ateh***] **of destruction"** (Isaiah 14:23), which also contains the letter *tet* several times but is referring to punishment. The Gemara answers: **We mean** that when someone sees **one** *tet* in his dream, it is a good sign, but this latter verse contains several.

אֵימָא: ״טֻמְאָתָהּ בְּשׁוּלֶיהָ״! טֵי״ת בֵּי״ת קָאָמְרִינַן. אֵימָא: ״טָבְעוּ בָאָרֶץ שְׁעָרֶיהָ״!

The Gemara asks: This latter statement is problematic, as even according to this explanation, one can **say** that a single letter *tet* alludes to the verse: **"Her filthiness** [***tumatah***] **is in her skirts"** (Lamentations 1:9), which begins with the letter *tet*. The Gemara answers: **We mean** that when one sees the letter ***tet*** together with the letter ***bet*** in his dream, it is a good sign for him, as the word *tov* is written with both. The Gemara asks further: According to this, **say** that it alludes to the verse: **"Her gates are sunk** [***tave'u***] **into the ground"** (Lamentations 2:9), which begins with the letter *tet* followed by the letter *bet*.

אֶלָּא, הוֹאִיל וּפָתַח בּוֹ הַכָּתוּב לְטוֹבָה תְּחִילָּה, שֶׁמִּ״בְּרֵאשִׁית״ עַד ״וַיַּרְא אֱלֹהִים אֶת הָאוֹר״ לָא כְּתִיב טֵי״ת.

Rather, it is not merely because it is the first letter of the word good [*tov*] that it is considered a good omen. **Since the Torah initially introduces** the letter *tet* in a context **of good,** with the word good [*tov*] itself, it is a good omen. **As from** the word ***bereshit***, the first word in the Torah, **until** the verse: **"And God saw that the light** was good [*tov*]" (Genesis 1:4), the letter ***tet* is not written** anywhere.

וְאָמַר רַבִּי יְהוֹשֻׁעַ בֶּן לֵוִי: הָרוֹאֶה הֶסְפֵּד בַּחֲלוֹמוֹ – חָסוּ עָלָיו מִן הַשָּׁמַיִם וּפְדָאוּהוּ. הָנֵי מִילֵּי בִּכְתָבָא.

And Rabbi Yehoshua ben Levi says: If **one sees a eulogy** [***hesped***][N] **in his dream,** it is an allusion that **in Heaven they had pity** [***ḥasu***] **on him and saved him** [***peda'uhu***] from actually being eulogized. The Gemara notes: **This statement** applies specifically when he actually saw the word: Eulogy [*hesped*], **in writing.**

״וְכֵן חַיָּה וְעוֹף כַּיּוֹצֵא בָּהֶן״ וְכוּ׳. אָמַר רֵישׁ לָקִישׁ, כָּאן שָׁנָה רַבִּי: תַּרְנְגוֹל טַוָּוס וּפַסְיוֹנֵי – כִּלְאַיִם זֶה בָּזֶה.

§ The mishna teaches: **And similarly, undomesticated animals and birds** are subject to the same *halakhot* **as** domesticated animals. **Reish Lakish says: Here Rabbi** Yehuda HaNasi **taught** a ruling from the *Tosefta* that illustrates the statement that birds and undomesticated animals are also subject to the prohibition of diverse kinds: **A cock, a peacock** [***tavvas***],[L] **and a pheasant** [***ufasyonei***][LB] are **diverse kinds with** respect to **each other,** since this *halakha* applies to birds as well.

פְּשִׁיטָא! אָמַר רַב חֲבִיבָא: מִשּׁוּם דְּרָבוּ בַּהֲדֵי הֲדָדֵי, מַהוּ דְּתֵימָא מִין חַד הוּא, קָא מַשְׁמַע לָן.

The Gemara asks: Isn't this **obvious;** what novelty is stated here? **Rav Ḥaviva said:** The novelty here is **because** they are **reared together.**[H] **Lest you say:** Since they are reared together, they **are** essentially **one species,** and not considered diverse kinds. Therefore, it **teaches us** that they are actually separate species, and the *halakhot* of diverse kinds do apply to them.

HALAKHA

Because they are reared together – **מִשּׁוּם דְּרָבוּ בַּהֲדֵי הֲדָדֵי:** The prohibition of diverse kinds applies to any two species of domesticated animals, undomesticated animals, or birds, even if they are similar to each other and are reared or even mingle with each other (Rambam *Sefer Zera'im*, *Hilkhot Kilayim* 9:4; *Shulḥan Arukh*, *Yoreh De'a* 297:6).

NOTES

Since they were ultimately destined to be broken – **הוֹאִיל וְסוֹפָן לְהִשְׁתַּבֵּר:** The tablets are called: "A work of God" (Exodus 32:16), as they were written by God Himself. Since God knows all that will occur even though human beings have free choice, He did not use the term good with reference to the tablets, due to His foreknowledge that they would be shattered following the incident of the Golden Calf.

If one sees a eulogy [*hesped*] – **הָרוֹאֶה הֶסְפֵּד:** There is a clear connection between the sound of the Hebrew word *hesped*, eulogy, and the Hebrew terms in the Gemara *ḥas* and *peda'uhu*, they had pity...and saved him. The word *hesped* can even be seen as a type of acronym. According to Rashi, this is referring to a case in which he sees this word, alone, in his dream.

LANGUAGE

Peacock [*tavvas*] – **טַוָּוס:** Apparently from the Greek term for peacock, ταώς, *taos*. According to the *Targum Yonatan* (I Kings 10:22), the name for this bird in the Bible is *tuki*.

Pheasant [*pasyonei*] – **פַּסְיוֹנֵי:** From the Greek φασιανός, *phasianos*, meaning pheasant.

BACKGROUND

A cock, a peacock, and a pheasant – **תַּרְנְגוֹל טַוָּוס וּפַסְיוֹנֵי:** These three birds are all members of the Phasianidae family, but each one belongs to a different genus of the family: The rooster is a member of the *Gallus* genus, the peacock of the *Pavo* genus, and the pheasant of the *Phasianus* genus. Despite the differences between them, their overall form and behavior shows that they are closely related, and they even mate with one another when placed together in captivity.

Peacock in flight

Pheasant

Rooster

אָמַר שְׁמוּאֵל: אַוָּוז וְאַוַּוז הַבָּר – כִּלְאַיִם זֶה בָּזֶה. מַתְקִיף לָהּ רָבָא בַּר רַב חָנָן: מַאי טַעֲמָא? אִילֵימָא מִשּׁוּם דְּהַאי אֲרִיךְ קוֹעֵיהּ וְהַאי זוּטָר קוֹעֵיהּ? אֶלָּא מֵעַתָּה, גַּמְלָא פַּרְסָא וְגַמְלָא טַיָּעָא, דְּהַאי אַלִּים קוֹעֵיהּ וְהַאי קַטִּין קוֹעֵיהּ, הָכִי נַמִי דְּהָווּ כִּלְאַיִם זֶה בָּזֶה!?

Following the discussion of the prohibition of diverse kinds as it relates to birds, **Shmuel says:** The domestic **goose and the wild goose**[HB] **are diverse kinds** with respect **to each other** and are not one species. **Rava bar Rav Ḥanan objects to this: What is the reason? If we say** it is **because the beak of**[N] **this one is long and the beak of that one is short, if that is so,** then with regard to **a Persian camel and an Arabian camel,**[B] **where the neck of this one** is **thick and the neck of that one is thin,** they **should indeed be** considered **diverse kinds** with respect **to one another.** Clearly, though, the camels are in fact two variants of a single species.

אֶלָּא אָמַר אַבַּיֵי: זֶה בֵּיצָיו מִבַּחוּץ, וְזֶה בֵּיצָיו מִבִּפְנִים. רַב פַּפָּא אֲמַר: הָא טְעוּנָה חֲדָא בֵּיעֲתָא בְּשִׁיחֲלָא, וְהָא טְעוּנָה כַּמָּה בֵּיעֲתָא בְּשִׁיחֲלָא.

Rather, Abaye says: That is not the reason, but rather another difference exists between the domestic goose and the wild goose, concerning the male: With regard to **this** type, i.e., the wild goose, **its testicles** are visible **from the outside, and** with regard to **that** one, i.e., the domestic goose, **its testicles are inside. Rav Pappa said** that another difference exists between them, concerning the female: **This** one, i.e., the wild goose, **releases** only **one egg in** its **ovary** and later releases another, **and that** one, i.e., the domestic goose, **releases several eggs** at once **in** its **ovary.** Consequently, they are not considered to be the same species.

אָמַר רַבִּי יִרְמְיָה אָמַר רֵישׁ לָקִישׁ: הַמַּרְבִּיעַ שְׁנֵי מִינִים שֶׁבַּיָּם – לוֹקֶה. מַאי טַעֲמָא? אֲמַר רַב אַדָּא בַּר אַהֲבָה מִשְּׁמֵיהּ דְּעוּלָּא: אָתְיָא ״לְמִינֵהוּ״ ״לְמִינֵהוּ״ מִיַּבָּשָׁה.

In connection with the prohibition of diverse kinds, **Rabbi Yirmeya** says that **Reish Lakish says:** One **who crossbreeds two species** of creatures **that** live **in the sea**[HN] **is flogged** for transgressing the prohibition of crossbreeding diverse kinds. The Gemara asks: **What is the reason,** i.e., where is there an allusion to this in the Torah? **Rav Adda bar Ahava said in the name of Ulla:** It is **derived** from a verbal analogy between the term: **"According to its species** [*leminehu*]" (Genesis 1:21), referring to animals living **on dry land,** and the same term: **"According to its species** [*leminehu*]" (Genesis 1:25),[N] referring to sea creatures. In the same way that the former may not be crossbred, similarly, the latter may not be crossbred.

HALAKHA

The domestic goose and the wild goose, etc. – אַוָּוז וְאַוַּוז הַבָּר וכו׳: If one group of animals within a species inhabits the wilderness and another group inhabits populated areas, it is permitted for them to be crossbred and to work together. A domestic goose and a wild goose are separate species, and so the prohibition of breeding diverse kinds applies to them (Rambam *Sefer Zera'im, Hilkhot Kilayim* 9:5; *Shulḥan Arukh, Yoreh De'a* 297:7).

Two species that live in the sea – שְׁנֵי מִינִים שֶׁבַּיָּם: A person is flogged for crossbreeding a male and female of different species, whether they are domesticated animals, undomesticated animals, birds, or even two species of sea creatures, in accordance with the opinion of Reish Lakish (Rambam *Sefer Zera'im, Hilkhot Kilayim* 9:1; *Shulḥan Arukh, Yoreh De'a* 297:1).

NOTES

The beak of [*ko'eih*] – קוֹעֵיהּ: Rashi explains that in reference to a goose, the term *ko'eih* means beak, whereas in reference to a camel, it means neck. In the *Arukh*, the word in the text is *kakei*, which the author understands to refer to the neck. Rabbeinu Ḥananel has the same text as the *Arukh*, but explains *kakei* as referring to its thighs or legs.

One who crossbreeds two species that live in the sea – הַמַּרְבִּיעַ שְׁנֵי מִינִים שֶׁבַּיָּם: *Tosafot* cite a midrash from which it appears that fish cannot be crossbred, and the only relevant component of the prohibition relates to working two different species of fish together. If this is correct, then the discussion in this Gemara, which clearly mentions crossbreeding, must be referring to sea creatures other than fish. One opinion cited in *Tosafot* suggests emending the text so that the discussion of the Gemara concerns a person who drives a wagon with two species of fish, and not one who crossbreeds them.

According to its species…according to its species – לְמִינֵהוּ...לְמִינֵהוּ: There is a tannaitic dispute as to whether the prohibition of diverse kinds applies to the descendants of Noah. The dispute hinges on the question whether the term: According to its species, as mentioned in Genesis (1:21), is equivalent to a mitzva that each species must remain separate and not mix together, or just a statement by God that they should issue forth in that manner. The halakhic conclusion is that the verse is not stating a mitzva. According to *Tosafot*, even if that verse is not expounded as a mitzva, it can still serve as the source to teach details of the prohibition of diverse kinds, in which the Jewish people are commanded. The Ra'avad suggests that the phrase: According to its species, indicates only that a positive commandment exists, and the verbal analogy demonstrates that a prohibition also exists.

BACKGROUND

The domestic goose and the wild goose – אַוָּוז הַבַּיִת וְאַוָּוז הַבָּר: Today, these two types of birds are treated as one species. The wild goose is classified as the *Anser anser*, also known as the greylag goose, and the domestic goose is classified as the *Anser anser domestica*. Although the differences between them are not always apparent, they do differ in several ways, such as in their appearance, voice, and behavior. In terms of their appearance, they differ in color, as the wild goose is usually gray and the domestic goose white, and the neck of the domestic goose is shorter than that of the wild goose.

Another difference is that the male organ of the wild goose is more recognizable than that of the domestic goose. As for laying eggs, the wild goose lays fewer eggs than the domestic goose, which can lay more than ten eggs at a time.

Domestic goose

Greylag goose

A Persian camel and an Arabian camel – גַּמְלָא פַּרְסָא וְגַמְלָא טַיָּעָא: This refers to different breeds of camels. The Persian camels were bulkier and heavier. They were used as work animals, for carrying and, at times, for plowing, in place of oxen. The Arabian camels used by the wanderers of the desert were generally lighter in build and had a thinner neck than the Persian breed.

Camel plowing

בָּעֵי רַחֲבָה: הַמַּנְהִיג בְּעִיזָּא וְשִׁיבּוּטָא, מַהוּ? מִי אָמְרִינַן: כֵּיוָן דְּעִיזָּא לָא נָחֵית בְּיָם וְשִׁיבּוּטָא לָא סָלֵיק לְיַבָּשָׁה – לָא כְּלוּם עָבֵיד, אוֹ דִּלְמָא הַשְׁתָּא מִיהַת קָא מַנְהִיג?

The Sage **Raḥava raises a dilemma:** With regard to one **who drives** a wagon on the seashore **with a goat and a *shibbuta*,**[HB] a certain species of fish, together, pulled by the goat on land and the fish at sea, **what is** the *halakha*? Has he violated the prohibition against performing labor with diverse kinds, in the same way that one does when plowing with an ox and a donkey together, or not? The two sides of the question are as follows: **Do we say** that **since the goat does not descend into the sea and the *shibbuta* does not ascend onto the land,** they are not working together at all, and so he **has not done anything** forbidden? **Or perhaps,** since **in any event,** he is **now driving** the wagon with both of them, he thereby transgresses the prohibition?

מַתְקִיף לַהּ רָבִינָא: אֶלָּא מֵעַתָּה, חִיבֵּר חִטָּה וּשְׂעוֹרָה בְּיָדוֹ, וְזָרַע חִטָּה בָּאָרֶץ וּשְׂעוֹרָה בְּחוּצָה לָאָרֶץ, הָכִי נַמִי דְּמִחַיַּיב!

Ravina objects to this: But if that is so that one is liable, then if a person **joined wheat and barley** together **in his hand and sowed the wheat in Eretz** Yisrael **and the barley outside of Eretz** Yisrael, where the prohibition of diverse kinds does not apply to seeds, **so too** he **should be liable.** Clearly, however, they are two distinct regions, and the seeds are not considered to be mixed together.

אָמְרִי: הָכִי הַשְׁתָּא? הָתָם – אֶרֶץ מְקוֹם חִיּוּבָא, חוּצָה לָאָרֶץ לָאו מְקוֹם חִיּוּבָא, הָכָא – אִידֵי וְאִידֵי חִיּוּבָא הוּא.

The Sages **said** in response to this objection: **How can** these cases **be compared? There,** in the case of planting diverse kinds of seeds, it is specifically **Eretz** Yisrael that is **the location** subject to this **obligation,** whereas **outside of Eretz** Yisrael is **not a location** subject to this **obligation. Here,** by contrast, in the case of the person driving a wagon, both **this** location, i.e., the land, **and that** location, i.e., the sea, are **locations** subject to this **obligation.** Consequently, if one works together two different species either on the land or in the sea, he is liable. Therefore, the question is a valid one.

הדרן עלך שור שנגח את הפרה

HALAKHA

One who drives with a goat and a *shibbuta* – הַמַּנְהִיג בְּעִיזָּא וְשִׁיבּוּטָא: It is prohibited to pull a wagon by means of both a land animal and a sea creature together, such as by means of a goat and a fish. One does not receive lashes for doing so, since this matter was not resolved (Rambam *Sefer Zera'im, Hilkhot Kilayim* 9:8; *Tur, Yoreh De'a* 297).

BACKGROUND

***Shibbuta* – שִׁיבּוּטָא:** This is a large fish, the *Barbus grypus* from the Cyprinidae family, which is found in the larger rivers of Babylonia. Even today it is called by a similar name in Arabic, شابوط, *shabbūt*. It is an edible fish that can reach up to 1.5 m in length. Due to its size and strength, it is possible to use it to pull a wagon, leading to the Gemara's question.

Summary of **Perek V**

This chapter dealt with two main subjects, the completion of the *halakhot* of Goring and the *halakhot* of Pit.

Continuing a discussion in the previous chapter about compensation, this chapter concludes that in a situation of uncertainty with regard to the measure of liability of one who causes damage, one follows the principle that the burden of proof rests upon the claimant. Based on this, if an ox gores a pregnant cow and a dead fetus is subsequently found at its side, the owner of the cow must bring proof that the miscarriage was directly caused by the goring in order to receive compensation. Similarly, if an innocuous pregnant cow gored, although the fetus is considered to be part of the cow that caused damage, payment is not collected from the proceeds of the sale of the fetus unless proof is brought that the cow was still pregnant at the time of the goring.

Another topic explored in this chapter concerns one who brought his own animal or a movable item into the courtyard of another, and damage was caused either to the animal who entered the courtyard, or to the owner of the courtyard. In this case, the *halakha* is that the owner of the courtyard is not responsible for safeguarding the property of one who enters his courtyard unless he obligates himself to do so. Similarly, one who enters another's property with permission is not responsible for damage caused to the property of the owner of the courtyard unless he obligates himself to this effect. If damage is caused by an animal through goring, eating, or trampling, or if the animal itself is injured, if the one responsible for the damage explicitly obligated himself to compensate the other for it, he must do so. If he had not explicitly obligated himself, he is exempt from liability. If one entered another's courtyard without permission and damage was caused, the owner of the courtyard is exempt from liability for damage caused by his property; but the one who entered without permission is responsible for any damage caused by his possessions. All of these *halakhot* apply only to damage caused by property. By contrast, one who causes damage himself is liable, unless it was completely accidental.

Another topic raised in the Gemara concerns compensation paid for miscarried offspring. The *halakha* is that this payment is not applicable unless an individual intended to injure his friend and instead struck a pregnant woman, causing her to miscarry. The compensation for miscarried offspring is generally given to the father of the fetus even if he is not married to the mother at that time. If the father dies, the money is given to his heirs. In a case where he has no heirs, such as in the case of a convert, the one responsible for the damage does not have to pay damages.

Most of this chapter focused on the *halakhot* of Pit. The digger of a pit is liable for damage caused by it if he dug the pit on property that does not belong to him and if he did not cover or seal it properly. The Sages had a tradition stating that a pit must

be a minimum of ten handbreadths deep in order for the pit's owner to be liable for the death of any animals that fall inside. If the pit was partially filled with water, the owner is liable even if the pit is less than ten handbreadths deep. No minimum measurement exists with regard to the digger's responsibility for injuries caused by the pit, and the digger would consequently be liable in every case. Excluding depth, there is no specific form or structure that determines liability. Any hole dug in the ground with the minimum depth of ten handbreadths qualifies as a pit.

In a case where a death occurs due to a pit, one is liable only for animals, not for people, that die. Even concerning animals, the owner is liable only if the death occurred at specific times, such as at night; or if it occurred with specific animals, such as a very young animal or one of substandard intelligence for its species; or if the pit's covering was insufficiently strong for that particular animal and as a result it fell into the pit. Although the owner of the pit is liable for damage caused to animals and humans, he is not liable for damage caused to vessels, including those that were attached to the animals at the time of the fall.

With regard to the reason for liability for damage that occurs in a pit, it is concluded that liability stems from both the actual impact of hitting the ground as well as from the exposure to fumes during the fall itself.

One who digs a pit or owns the pit has responsibility for covering a pit properly, and he is liable for damage incurred. If the pit is owned jointly by two partners, if each one individually dug a part of the pit in a manner that was sufficient to cause damage, both of them are liable. If the damage was caused because the pit was not covered appropriately, the last partner who attended to the pit is responsible.

The Gemara used this last discussion as a springboard to describe other scenarios where damage is caused by multiple parties. For example, in the case of an ox that pushes another ox into a pit, the Gemara concluded that the owner of the belligerent ox and the owner of the pit are considered to be liable. Concerning compensation, the *halakha* is that if one of the partners cannot pay, the entire sum is collected from the other partner.

Although the Torah mentions specifically an ox or donkey that falls into a pit, the *halakha* applies to any animal. In fact, it is stated that the principle that all animals are included in a *halakha*, even if the Torah mentioned specific animals, applies to many other areas of *halakha* as well, such as animals working on Shabbat, the mitzva of returning lost items, unloading or loading an animal with a heavy burden, and the prohibition of diverse kinds. The only reason the Torah specifically mentions an ox and a donkey as examples is that they are more commonly found in the scenarios described in the verses.

Image **Credits**

My Notes

My Notes

My Notes

My Notes

My Notes